3000 Quiz

Ampia **raccolta di quesiti** tratti da **prove reali** e **10 simulazioni d'esame** per la preparazione ai **test di ammissione**

SCIENZE PSICOLOGICHE

$\frac{1}{5} : 10 = (10:5) \times 2$

Accedi ai servizi riservati

Il codice personale contenuto nel riquadro dà diritto a servizi esclusivi riservati ai nostri clienti. Registrandoti al sito, dalla tua area riservata potrai accedere a:

- **Numerose video-lezioni**
  Quesiti svolti in aula virtuale e tutoraggio online
- **Infinite esercitazioni**
  Scegli se esercitarti su singole materie, sulle prove degli anni precedenti o se simulare una prova d'esame con le stesse modalità del test reale
- **Ulteriori materiali di interesse**
  Contenuti extra, test attitudinali, prospettive e sbocchi occupazionali ed altro ancora su **www.ammissione.it**

CODICE PERSONALE

W0390196

Grattare delicatamente la superficie per visualizzare il codice personale.
Le **istruzioni per la registrazione** sono riportate nella Prefazione
Il volume NON può essere venduto né restituito se il codice personale risulta visibile
L'accesso ai servizi riservati ha la durata di 18 mesi dall'attivazione del codice e viene garantito esclusivamente sulle edizioni in corso.

3000 Quiz

Ampia **raccolta di quesiti** tratti da **prove reali** e **10 simulazioni d'esame** per la preparazione ai **test di ammissione**

SCIENZE PSICOLOGICHE

editest

EdiTest – 3000 Quiz per Scienze psicologiche – X edizione

I Edizione 2006

9 8 7 6 5 4 3 2 1 0
2025 2024 2023 2022 2021

Le cifre sulla destra indicano il numero e l'anno dell'ultima ristampa effettuata

Grafica di copertina e progetto grafico: curvilinee

Fotocomposizione: ProMedia Studio di A. Leano

Stampato presso: PrintSprint S.r.l. - Napoli

per conto della Edises edizioni S.r.l. – Napoli

ISBN 978 88 9362 472 5

www.edises.it
assistenza.edises.it

I curatori, l'editore e tutti coloro in qualche modo coinvolti nella preparazione o pubblicazione di quest'opera hanno posto il massimo impegno per garantire che le informazioni ivi contenute siano corrette, compatibilmente con le conoscenze disponibili al momento della stampa; essi, tuttavia, non possono essere ritenuti responsabili dei risultati dell'utilizzo di tali informazioni e restano a disposizione per integrare la citazione delle fonti, qualora incompleta o imprecisa.

Realizzare un libro è un'operazione complessa e nonostante la cura e l'attenzione poste dagli autori e da tutti gli addetti coinvolti nella lavorazione dei testi, l'esperienza ci insegna che è praticamente impossibile pubblicare un volume privo di imprecisioni. Saremo grati ai lettori che vorranno inviarci le loro segnalazioni e/o suggerimenti migliorativi sulla piattaforma *assistenza.edises.it*

PREFAZIONE

Rivolto a tutti i candidati agli esami di ammissione in **Scienze psicologiche** e ai corsi di laurea affini, questo volume costituisce un utile strumento di preparazione.

Il testo contiene numerosi **quesiti suddivisi per materia e argomento**, tratti in parte dalle **prove svolte degli ultimi anni**, che vertono sull'intero **programma d'esame** favorendo uno studio sistematico di tutte le materie previste (Logica, Cultura generale, Filosofia e Scienze sociali, Cultura matematico-scientifica, Inglese) e un'**agevole assimilazione dei concetti**.
Un'ampia parte è dedicata alle **simulazioni d'esame**, simili per struttura e composizione al test reale, utili per esercitarsi nella soluzione di quiz analoghi a quelli che vengono realmente somministrati e per una **verifica trasversale delle conoscenze**.
Tale parte contiene dieci esercitazioni: le prime sette, composte da 50 quiz ciascuna, sono di tipologia e struttura analoga al test **TOLC-SU** del CISIA (Consorzio Interuniversitario Sistemi Integrati per l'Accesso) per l'ammissione ai corsi di studi umanistici e adottato da diversi atenei per l'accesso ai corsi di laurea in Scienze psicologiche; le ultime tre simulazioni, composte da 30 domande di inglese, sono realizzate in modo simile alla prova di conoscenza di lingua inglese predisposta anch'essa dal CISIA come sezione aggiuntiva del TOLC-SU.

Il **codice personale**, contenuto nella prima pagina del volume, consente di accedere a una serie di servizi riservati ai clienti tra cui:

- il **software di simulazione online** (infinite esercitazioni per materia e simulazioni d'esame gratuite);
- **spiegazioni in aula virtuale** di numerosi quesiti, facilmente individuabili nel testo tramite una specifica icona ;
- **materiali e contenuti extra**.

Tutti i materiali e i servizi associati al volume sono accessibili dall'**area riservata** che si attiva mediante registrazione al sito **edises.it**. Per accedere alla tua area riservata segui le istruzioni riportate nella pagina seguente.

ISTRUZIONI PER ACCEDERE AI SERVIZI ON-LINE

Collegati al sito edises.it

• Se sei registrato al sito

- clicca su *Accedi al materiale didattico*
- inserisci email e password
- inserisci le ultime 4 cifre del codice ISBN, riportato in basso a destra sul retro di copertina
- inserisci il tuo **codice personale** per essere reindirizzato automaticamente all'area riservata

• Se non sei già registrato al sito

- clicca su *Accedi al materiale didattico*
- registrati al sito o autenticati tramite facebook
- attendi l'email di conferma per perfezionare la registrazione
- torna sul sito **edises.it** e segui la procedura già descritta per *utenti registrati*

INDICE GENERALE

MATERIE D'ESAME

SEZIONE 1 | Logica

SEZIONE 2 | Cultura generale

SEZIONE 3 | Filosofia e Scienze sociali

SEZIONE 4 | Cultura matematico-scientifica

SEZIONE 5 | Lingua straniera

SIMULAZIONI D'ESAME

TEST CISIA | TOLC-SU

TEST CISIA | Inglese

MATERIE D'ESAME

LOGICA

CAPITOLO 1 | Logica verbale

CAPITOLO 2 | Ragionamento critico

CAPITOLO 3 | Logica numerica

CAPITOLO 1
Logica verbale

1.1 • I sinonimi

1) Individuare tra le alternative proposte un sinonimo del seguente termine: AVALLARE.

A. Permettere
B. Garantire
C. Accodare
D. Perorare
E. Incavare

2) Individuare tra le alternative proposte un sinonimo del seguente termine: PATETICO.

A. Insofferente
B. Sereno
C. Mesto
D. Dubbioso
E. Veloce

3) Individuare tra le alternative proposte un sinonimo del seguente termine: ENDEMICO.

A. Riprovevole
B. Diffuso
C. Certo
D. Raro
E. Probabile

4) Individuare tra le alternative proposte un sinonimo del seguente termine: VAGLIARE.

A. trascurare
B. custodire
C. decidere
D. esaminare
E. rinviare

5) Individuare tra le alternative proposte un sinonimo del seguente termine: IMPLEMENTARE.

A. Serbare
B. Mandare
C. Scardinare
D. Attivare
E. Costruire

6) Individuare tra le alternative proposte un sinonimo del seguente termine: ESAUSTIVO.

A. Finito
B. Esaurito
C. Lavato
D. Sdoppiato
E. Completo

7) Individuare tra le alternative proposte un sinonimo del seguente termine: EUFEMISMO.

A. Femminismo
B. Vandalismo
C. Serbare
D. Perifrasi
E. Operare

8) Individuare tra le alternative proposte un sinonimo del seguente termine: GLABRO.

A. Liscio
B. Limpido
C. Aperto
D. Sereno
E. Pulito

9) Individuare tra le alternative proposte un sinonimo del seguente termine: PAVENTARE.

A. Piastrellare
B. Minare
C. Temere
D. Coprire
E. Impaurire

10) Individuare tra le alternative proposte un sinonimo del seguente termine: ELUDERE.

A. Eleggere
B. Affrontare
C. Aprire
D. Evitare
E. Accogliere

11) Individuare tra le alternative proposte un sinonimo del seguente termine: PLEONASTICO.

A. Indispensabile
B. Vario
C. Superfluo
D. Chiuso
E. Utile

12) Individuare tra le alternative proposte un sinonimo del seguente termine: PRAGMATICO.

A. Sincero
B. Concreto
C. Vivace
D. Curioso
E. Astratto

13) Individuare tra le alternative proposte un sinonimo del seguente termine: EMPIO.

A. Vuoto
B. Irriverente
C. Religioso
D. Calmo
E. Emozionato

14) Individuare tra le alternative proposte un sinonimo del seguente termine: REDIGERE.

A. Abbattere
B. Scrivere
C. Sorreggere
D. Eseguire
E. Cancellare

15) Individuare tra le alternative proposte un sinonimo del seguente termine: ATAVICO.

A. Favorevole
B. Primitivo
C. Stropicciato
D. Semplice
E. Prioritario

16) Individuare tra le alternative proposte un sinoimo del seguente termine: CONCIONE

A. arringa
B. acconto
C. giudizio
D. riepilogo
E. riunione

17) Individuare tra le alternative proposte un sinonimo del seguente termine: LAIDO.

A. Ributtante
B. Sconcio
C. Turpe
D. Sudicio
E. Pulito

18) Individuare tra le alternative proposte un sinonimo del seguente termine: DICOTOMICO.

A. Sincero
B. Vero
C. Aperto
D. Chiaro
E. Duplice

19) Qual è il sinonimo di *panacea*?

A. Benda
B. Focaccia
C. Fasciatura
D. Pane raffermo
E. Rimedio universale

20) Qual è il sinonimo di *stocastico*?

A. Finito
B. Adoperato
C. Impattato
D. Casuale
E. Colorato

21) Qual è il sinonimo di *cadenza*?

A. Precipizio
B. Rialzo
C. Ritmo
D. Instabilità
E. Ribasso

22) Qual è il sinonimo di *ricettivo*?

A. Culinario
B. Sensibile
C. Respinto
D. Fatturato
E. Contraccettivo

23) Qual è il sinonimo di *ferino*?

A. Esordiale
B. Festivo
C. Conclusivo
D. Curiale
E. Animalesco

24) Qual è il sinonimo di *basito*?

A. Accigliato
B. Vizzo
C. Sciupato
D. Attonito
E. Ilare

25) Qual è il sinonimo di *alterco*?

A. Ostacolo
B. Scelta
C. Testardaggine
D. Albagia
E. Litigio

26) Qual è il sinonimo di *ravvivare*?

A. Rassettare
B. Nascere
C. Rianimare
D. Riesumare
E. Rivivere

27) Qual è il sinonimo di *redimere*?

A. Riporre
B. Misurare
C. Mettere
D. Rassettare
E. Liberare

28) Qual è il sinonimo di *sancire*?

A. Dissanguare
B. Santificare
C. Stabilire
D. Passare attraverso
E. Sacrificare

29) Qual è il sinonimo di *indefesso*?

A. Superficiale
B. Stanco
C. Sottosviluppato
D. Integerrimo
E. Instancabile

30) Qual è il sinonimo di *vetustà*?

A. Vecchiezza
B. Divieto
C. Esuberanza
D. Parsimonia
E. Lontananza

31) Qual è il sinonimo di *incongruente*?

A. Irrilevante
B. Cospicuo
C. Contraddittorio
D. Incontinente
E. Misero

32) Qual è il sinonimo di *ingerenza*?

A. Capacità di ingerire
B. Assimilazione
C. Digestione
D. Intromissione
E. Gestione

33) Qual è il sinonimo di *prototipo*?

A. Schema
B. Originale
C. Esemplare tipo
D. Cellula
E. Tipologia

34) Qual è il sinonimo di *debellare*?

A. Riempire
B. Mietere
C. Imbottire
D. Sconfiggere
E. Combattere

35) Qual è il sinonimo di *balìa*?

A. Inganno
B. Spillone
C. Potere
D. Levatrice
E. Badante

36) Qual è il sinonimo di *tralcio*?

A. Ramoscello
B. Brano
C. Traliccio
D. Impedimento
E. Insulto

37) Qual è il sinonimo di *dozzinale*?

A. Pari
B. Numerico
C. Esiguo
D. Abbondante
E. Ordinario

38) Qual è il sinonimo di *altèro*?

A. Estraneo
B. Superbo
C. Umile
D. Remoto
E. Elevato

39) Qual è il sinonimo di *concomitanza*?

A. Coincidenza
B. Fusione
C. Compagnia
D. Sovrapposizione
E. Slittamento

40) Qual è il sinonimo di *farraginoso*?

A. Confuso
B. Arrugginito
C. Insidioso
D. Inceppato
E. Surreale

1.2 • I contrari

41) Indicare il contrario di *evasivo*:

A. destabilizzante
B. preciso
C. elusivo
D. suggestivo
E. sfuggente

42) Indicare il contrario di *sollecito*:

A. veloce
B. negligente
C. ostile

D. avaro
E. vietato

43) Indicare l'unico contrario di *eludere* tra:

A. affrontare
B. tergiversare
C. occultare
D. ingannare
E. compromettere

44) Individuare il termine contrario della parola indicata di seguito: DEMAGOGO.

A. Selvaggio
B. Vigliacco
C. Agitatore
D. Coscienzioso
E. Credulone

45) Individuare il termine contrario della parola indicata di seguito: SFARZOSO.

A. Maestoso
B. Ospitale
C. Ristretto
D. Composto
E. Dimesso

46) Individuare il termine contrario della parola indicata di seguito: LOGORROICO.

A. Ascetico
B. Prolisso
C. Avulso
D. Sintetico
E. Ripetitivo

47) Individuare il termine contrario della parola indicata di seguito: COGENTE.

A. Penoso
B. Ben cotto
C. Gelido
D. Freddo
E. Rinviabile

48) Individuare il termine contrario della parola indicata di seguito: ERESIA.

A. Sacro
B. Apertura
C. Ortodossia
D. Sincerità
E. Divisione

49) Individuare il termine contrario della parola indicata di seguito: PERVICACE.

A. Attaccato
B. Creato
C. Pratico
D. Temerario
E. Arrendevole

50) Individuare il termine contrario della parola indicata di seguito: NEMESI.

A. Schiettezza
B. Ricorrenza
C. Vuoto
D. Perdono
E. Chiusura

1.3 • Le proporzioni verbali o analogie concettuali

51) grafomane : x = y : canto. Una sola delle soluzioni completa correttamente l'eguaglianza di rapporti:

A. x = libro; y = opera
B. x = melomane; y = scrittore
C. x = scrittura; y = lirica
D. x = scrittura; y = melomane
E. x = scrittore; y = musicista

52) Quale tra le coppie di termini proposti completa logicamente la seguente proporzione verbale?
x : provvisorio = stabile : y

A. x = frettoloso y = prorogato
B. x = futile y = improrogabile
C. x = accidentale y = posticipato
D. x = inessenziale y = procrastinabile
E. x = fugace y = prolungato

53) Se scuola sta ad x come ospedale sta ad y, cosa sono rispettivamente x ed y?

A. x = insegnante, y = paziente
B. x = studente, y = insegnante
C. x = studente, y = medico
D. x = impiegati, y = operai
E. x = studente, y = paziente

54) Quale tra le coppie di termini proposti completa logicamente la seguente proporzione verbale?
x : branco = briganti : y

A. x = transumanza y = lupara
B. x = iene y = banditismo
C. x = orda y = saccheggio
D. x = leoni y = latitanza
E. x = lupi y = masnada

55) Joyce: Dublino = x : Lubecca = Bulgakov : y
Quale delle coppie di parole proposte completa correttamente l'uguaglianza?

A. x = Th. Mann; y = Mosca
B. x = Brecht; y = Berlino
C. x = Goethe; y = Dublino
D. x = Mosca; y = Tolstoj
E. x = Amsterdam; y = Puskin

56) Romanticismo sta a Foscolo come x sta ad y:

A. x = Voltaire; y = Dadaismo
B. x = Ungaretti; y = Futurismo
C. x = D'Annunzio; y = Pascoli
D. x = Surrealismo; y = Monti
E. x = Futurismo; y = Marinetti

57) Individuare la coppia di termini che completa la proporzione. Sbadiglio : sonnolenza = x : y

A. x = viso; y = espressione
B. x = risata; y = buonumore
C. x = sogno; y = dormire
D. x = impazienza; y = ribellione
E. x = raffreddore; y = starnuto

58) determinismo : libertà = x : y
Quale delle coppie proposte si adatta meglio alla proporzione?

A. x = colpevolezza; y = innocenza
B. x = predeterminazione; y = onniscienza
C. x = certezza; y = probabilità
D. x = congettura; y = scienza
E. x = comprensione; y = azione

59) intonso : libro = _______ : _______
Scegliere tra le coppie sotto elencate quella che completa correttamente l'uguaglianza.

A. ignoto : vero
B. gas : inerte
C. insondabile : mistero
D. intatto : colpito
E. inviolato : suolo

60) Quali tra i termini proposti completano correttamente la seguente proporzione?
"lancetta : orologio = x : y"

A. x = fertilizzante; y = contadino
B. x = ala; y = aereo
C. x = canile; y = vaccinazione
D. x = nuvola; y = vento
E. x = biblioteca; y = libro

61) Scegliere nella espressione x : grande = poco : y, la coppia x ed y più plausibile in modo che, tra le varie alternative, il rapporto tra il primo e secondo

termine sia simile o analogo a quello tra terzo e quarto.

A. x = ieri, y = oggi
B. x = piccolo, y = molto
C. x = vuoto, y = pieno
D. x = gallina, y = uovo
E. x = abbastanza, y = sufficiente

62) Scegliere nell'espressione x : vino = conchiglia : y, la coppia x ed y più plausibile in modo che, tra le varie alternative, il rapporto tra il primo e secondo termine sia simile o analogo a quello tra terzo e quarto.

A. x = semi, y = sabbia
B. x = foglia, y = mollusco
C. x = grappolo, y = valva
D. x = uva, y = mare
E. x = botte, y = perla

63) Quali tra i termini proposti completano correttamente la seguente proporzione?
"scala : x = y : foglio"

A. x = piolo; y= risma
B. x = quaranta; y = asso
C. x = 40; y = jolly
D. x = tris; y = fiori
E. x = re minore; y = carta

64) Quali tra i termini proposti completano correttamente la seguente proporzione?
"giornale : emeroteca = x : y"

A. x = giornalaio; y = custode
B. x = albero; y = giungla
C. x = quadro; y = pinacoteca
D. x = giardino; y = sedia
E. x = enoteca; y = vino

65) Quale tra le coppie di termini proposti completa logicamente la seguente proporzione verbale? "x : litografo = chitarra : y"

A. x = ritratto; y = metronomo
B. x = stampa; y = liutaio
C. x = affresco; y = accordi
D. x = scultura; y = plettro
E. x = ipotassi; y = violino

66) Quali tra i termini proposti completano correttamente la seguente proporzione? "Manzoni : Adelchi = x : y"

A. x = Pirandello; y = Questa sera si recita a soggetto
B. x = Leopardi; y = La cavallina storna
C. x = Il piacere; y = D'Annunzio
D. x = Pascoli; y = L'infinito
E. x = Verdi; y = La cavalcata delle valchirie

67) Quali, tra i termini proposti, completano correttamente la seguente proporzione verbale?
"triangolo : x = y : cubo"

A. x = piramide; y = quadrato
B. x = geometria; y = algebra
C. x = tre; y = rettangolo
D. x = solido; y = piano
E. x = angoli; y = lati

68) Quale, tra i termini proposti, completa correttamente la seguente proporzione?
"musicista : orchestra = studente : x"

A. x = insegnanti
B. x = aula
C. x = classe
D. x = truppa
E. x = amici

69) Quali, tra i termini proposti, completano correttamente la seguente proporzione?
"Taranto : x = Terni : y"

A. x = Abruzzo; y = Molise
B. x = Campania; y = Puglia
C. x = Puglia; y = Umbria
D. x = Milano; y = Bologna
E. x = Emilia Romagna; y = Basilicata

70) Quale, tra i termini proposti, completa correttamente la seguente proporzione? "pittore : pennello = scultore : y"

A. x = fornello
B. x = pialla
C. x = forbici
D. x = sega
E. x = scalpello

71) Quali, tra i termini proposti, completano correttamente la seguente proporzione? "pizzaiolo : pizza = x : y"

A. x = scalpello; y = falegname
B. x = statua; y = scultore
C. x = architetto; y = abitazione
D. x = pennello; y = colore
E. x = tela; y = cavalletto

72) Quale, tra i termini proposti, completa correttamente la seguente proporzione? "faggio : albero = gramigna : x"

A. x = erba
B. x = frutto
C. x = fiore
D. x = animale
E. x = fungo

73) Quali, tra i termini proposti, completano correttamente la seguente proporzione? "rinvenire : recuperare = x : y"

A. x = mangiare; y = bere
B. x = strofinare; y = sfregare
C. x = esplicativo; y = illuminato
D. x = vivere; y = mancare
E. x = disegnare; y = dipinto

74) Quale, tra i termini proposti, completa correttamente la seguente proporzione? "propenso : x = devoto : infedele"

A. x = ostile
B. x = attento
C. x = positivo
D. x = fedele
E. x = affettuoso

75) Quale, tra i termini proposti, completa correttamente la seguente proporzione? "due e cinquantaquattro : pollice = tre e settecentottantacinque : x"

A. x = gomito
B. x = gallone
C. x = yard
D. x = pollice
E. x = piede

76) Quali, tra i termini proposti, completano correttamente la seguente proporzione verbale? "camicia : x = y : suola"

A. x = bottone; y = cuoio
B. x = giacca; y = stringhe
C. x = manica; y = scarpa
D. x = maglietta; y = calzino
E. x = cotone; y = pianta

77) Quali, tra i termini proposti, completano correttamente la seguente proporzione? "Renzo Tramaglino : I promessi sposi = x : y"

A. x = Edmondo De Amicis; y = Cuore
B. x = Malerba; y = Le avventure di Tom Sawyer
C. x = Geppetto; y = Le avventure di Pinocchio
D. x = Salgari; y = Le avventure di Pinocchio
E. x = Gargantua; y = I promessi sposi

78) Quali, tra i termini proposti, completano correttamente la seguente proporzione? "cuoco : mestolo = x : y"

A. x = cacciavite; y = bullone
B. x = geometra; y = fiore
C. x = chirurgo; y = bisturi
D. x = ingegnere; y = studio
E. x = cucina; y = ingresso

79) Quale, tra i termini proposti, completa correttamente la seguente proporzione? "porcino : fungo = pesca : x"

A. x = frutto
B. x = fusto
C. x = fiore
D. x = pianta
E. x = foresta

80) Quale, tra i termini proposti, completa correttamente la seguente proporzione? "Lima : Perù = Oslo : x"

A. Svezia
B. Ucraina
C. Finlandia
D. Norvegia
E. Islanda

81) Quali, tra i termini proposti, completano correttamente la seguente proporzione? "Bergamo : x = Foggia : y"

A. x = Lombardia; y = Puglia
B. x = Abruzzo; y = Lombardia
C. x = Piemonte; y = Cuneo
D. x = Lombardia; y = Sicilia
E. x = Basilicata; y = Veneto

82) Quali, tra i termini proposti, completano correttamente la seguente proporzione? "libro : biblioteca = x : y"

A. x = pinacoteca; y = quadro
B. x = quaderno; y = aula studio
C. x = mobile; y = cassetti
D. x = piatto; y = bicchiere
E. x = quadro; y = pinacoteca

83) Quali, tra i termini proposti, completano correttamente la seguente proporzione? "annoiarsi : x = divertirsi : y"

A. x = circo; y = teatro
B. x = sbadiglio; y = risata
C. x = università; y = corso
D. x = sillogismo; y = acronimo
E. x = ragionamento; y = cinema

84) Quali, tra i termini proposti, completano correttamente la seguente proporzione?
"Manzoni : Il Conte di Carmagnola = x : y"

A. x = Verga; y = La coscienza di Zeno
B. x = Petrarca; y = Il Conte di Montecristo
C. x = Shakespeare; y = Re Lear
D. x = Pirandello; y = Andromeda
E. x = Monti; y = Amleto

85) Quali, tra i termini proposti, completano correttamente la seguente proporzione? "Messina : Sicilia = x : y"

A. x = Sardegna; y = Sassari
B. x = Sondrio; y = Piemonte
C. x = Trieste; y = Veneto
D. x = Cagliari; y = Calabria
E. x = Brindisi; y = Puglia

86) Quale, tra i termini proposti, completa correttamente la seguente proporzione?
"clorofilla : pigmento = mercurio : x"

A. x = gas
B. x = vetro
C. x = metallo
D. x = pasta
E. x = termometro

87) Camilleri : Montalbano = x : y

A. x = Il visconte dimezzato; y = Italo Calvino
B. x = Rousseau; y = Candido
C. x = Renzo; y = Manzoni
D. x = Joyce; y = Alla ricerca del tempo perduto
E. x = Stendhal; y = J. Sorel

88) Individuare la coppia che completa correttamente l'uguaglianza:
x : Molly Bloom = y : von Aschenbach

A. x = Londra; y = Berlino
B. x = Dublino; y = Vienna
C. x = Parigi; y = Milano

D. x = Dublino; y = Venezia
E. x = New York; y = Trieste

89) Olimpo : dei = _________ : _________

A. Paradiso : vita eterna
B. Eden : beatitudine
C. cielo : nuvole
D. Parnaso : Muse
E. calvario : croci

90) Cosmo : galassia = _________ : _________

A. vento : correnti
B. nuvole : fumo
C. terra : sabbia
D. stelle : pianeti
E. foresta : albero

91) Coerenza : armonia = _________ : _________

A. costanza : continuità
B. integrazione : concordia
C. dissonanza : rumore
NO D. frequenza : sonorità
E. convergenza : rapporto

92) Autonomia: dipendenza = _______ : _________

A. garanzia: disimpegno
B. dominio: tirannia
C. libertà: soggezione
D. redenzione: espiazione
E. autarchia: dittatura

93) Sbadiglio : noia = _________ : _________

A. cammello : deserto
B. alterco : rissa
C. bicicletta : veicolo
D. elettricità : scossa
E. pianto : dolore

94) Spergiuro : verità = _________ : _________

A. tradimento: fedeltà
B. coraggio: paura
C. avvocato: cliente
D. pazienza: indecisione
E. magia: stregoneria

95) Oppresso : libero = _________ : _________

A. triste : gioioso
B. infelice : irritato
C. mare : fiume
D. montagna : collina
E. cavallo : asino

96) Completare i termini mancanti della proporzione:
x : pasta = pomodoro : y

A. x = oliva, y = verdura
B. x = grano, y = salsa
C. x = pesca, y = cucina
D. x = riso, y = vino
E. x = salsa, y = cipolla

97) Completare i termini mancanti della proporzione: insolito : x = y : lento

A. x = capace, y = solito
B. x = forte, y = corpo
C. x = leggero, y = veloce
D. x = indolente, y = leggero
E. x = veloce, y = solito

98) Quale tra le coppie di termini proposti completa logicamente la seguente proporzione verbale:
x : serenità = conciliazione : y

A. x = avvenenza y = rammarico
B. x = oblio y = intesa
C. x = inquietudine y = diverbio
D. x = tolleranza y = intolleranza
E. x = boria y = cruccio

99) Quali tra i termini proposti completano correttamente la seguente proporzione? "Asia : continente = x : y"

A. x = senso; y = vista
B. x = verde; y = blu
C. x = ocra; y = indaco
D. x = sapore; y = salato
E. x = giallo; y = colore

100) Quali tra i termini proposti completano correttamente la seguente proporzione? "suono : immagine = x : y"

A. x = udito; y = vista
B. x = udito; y = tatto
C. x = tatto; y = gusto
D. x = udito; y = gusto
E. x = elice; y = cornea

1.4 • Le classificazioni concettuali

101) Individuare, tra le alternative proposte, il termine da scartare:

A. tuttavia
B. ma
C. oltre
D. però
E. mentre

102) Individuare, tra le alternative proposte, il termine da scartare:

A. polmone
B. fegato
C. stomaco
D. intestino
E. dente

103) Individuare, tra le alternative proposte, il termine da scartare:

A. paraplegico
B. ematologo
C. dermatologo
D. pediatra
E. otorinolaringoiatra

104) Individuare, tra le alternative proposte, il termine da scartare:

A. annuncio
B. comunicato
C. segnalazione
D. avviso
E. avvisaglia

105) Individuare, tra le alternative proposte, il termine da scartare:

A. pentagono
B. trapezio
C. esagono
D. tetraedro
E. triangolo

106) Individuare, tra le alternative proposte, il termine da scartare:

A. neutrone
B. atomo
C. protone
D. bottone
E. elettrone

107) Individuare, tra le alternative proposte, il termine da scartare:

A. antico
B. antisemita
C. antifurto
D. antipatico
E. antiteticoa

108) Individuare, tra le alternative proposte, il termine da scartare:

A. ticcoso
B. avaro
C. tirato
D. tirchio
E. spilorcio

109) Individuare, tra le alternative proposte, il termine da scartare:

A. dentale
B. redento
C. dentato
D. dentellato
E. tridente

110) Individuare, tra le alternative proposte, il termine da scartare:

A. casuale
B. avventizio
C. ordinario
D. fortuito
E. estemporaneo

111) Individuare, tra le alternative proposte, il termine da scartare:

A. politeismo
B. divisionismo
C. simbolismo
D. cubismo
E. impressionismo

112) Individuare, tra le alternative proposte, il termine da scartare:

A. oboe
B. clavicembalo
C. sassofono
D. clarinetto
E. tromba

113) Indicate quale delle seguenti parole è eterogenea rispetto alle altre:

A. cornea
B. iride
C. patella
D. cristallino
E. retina

114) Individuare, tra le alternative proposte, il termine da scartare:

A. lidio
B. dorico
C. ionico
D. tuscanico
E. corinzio

115) Individuare, tra le alternative proposte, il termine da scartare:

A. animali selvatici vaganti
B. discesa pericolosa
C. attraversamento pedonale
D. divieto di sosta
E. caduta massi

116) Individuare, tra le alternative proposte, il termine da scartare:

A. seta
B. lino
C. cotone
D. lana
E. nylon

117) Individuare, tra le alternative proposte, il termine da scartare:

A. Cimabue
B. Giotto
C. Caravaggio
D. Pinturicchio
E. Bruegel

118) Individuare, tra le alternative proposte, il termine da scartare:

A. Tamigi
B. Tigri
C. Volga
D. Senna
E. Danubio

119) Individuare, tra le alternative proposte, il termine da scartare:

A. De Pisis
B. Boccioni
C. Velazquez
D. Picasso
E. Fattori

120) Individuare, tra le alternative proposte, il termine da scartare:

A. Richelieu
B. Francesco Giuseppe
C. Luigi XIV
D. Carlo Alberto
E. Vittorio Emanuele II

121) Individuare, tra le alternative proposte, il termine da scartare:

A. Picasso
B. Mirò
C. Monet
D. Kafka
E. Renoir

122) Individuare il termine la cui etimologia NON segue la stessa "logica" degli altri:

A. refrigerio
B. artico
C. perfrigerazione
D. raffreddamento
E. frigorifero

123) Individuare, tra le alternative proposte, il termine da scartare:

A. Robespierre
B. Campanella
C. Rousseau
D. Voltaire
E. Beccaria

124) Individuare il termine da scartare:

A. cellulare
C. ferro da stiro
C. netbook
D. fotocamera digitale
E. i-pod

125) Indicare l'unica parola specifica dell'ambito biomedico:

A. antinflativo
B. antifrastico
C. antitetico
D. antimicotico
E. antinomico

126) Individuare il termine NON congruente con gli altri:

A. impressionismo
B. astrattismo
C. decostruttivismo
D. surrealismo
E. cubismo

127) Le parole qui elencate riguardano lo stesso ambito, eccetto una:

A. antagonista
B. trama
C. decisionista
D. protagonista
E. intreccio

128) Quale, tra i termini che seguono, non è coerente con gli altri?

A. Futurismo
B. Simbolismo
C. Decadentismo
D. Verismo
E. Liberismo

129) Identificare tra i seguenti termini quello NON coerente:

A. paradentosi
B. paracadutista
C. parafrasi
D. parapsicologia
E. paradigma

130) Uno degli esempi riportati va escluso dall'elenco perché non omogeneo agli altri:

A. se verrai, vedrai
B. non so se valga la pena
C. se tu sapessi!
D. se lo mise in tasca
E. mi chiedo se ti piacerebbe questo regalo

131) Una delle seguenti parole non possiede la curiosa caratteristica delle altre:

A. ingegni
B. radar
C. ebbe
D. fiuto
E. aveva

132) Individuare nella seguente serie il termine NON omogeneo:

A. poema
B. ballata
C. endecasillabo
D. sonetto
E. canzone

133) Individuate il termine etimologicamente anomalo:

A. panlogismo
B. panteista
C. panflettista
D. paneuropeo
E. panpsichismo

134) Individuate il termine anomalo:

A. mielato
B. mieloso
C. mieloma
D. mellifero
E. mellifluo

135) Individuare il termine anomalo:

A. politico
B. poligamo
C. polimorfo
D. politecnico
E. politeismo

136) Individuare nella seguente serie il termine NON omogeneo:

A. filodendro
B. georgofilo
C. filigrana
D. filarmonia
E. necrofilia

137) Individuate il termine etimologicamente anomalo:

A. eufonico
B. euclideo
C. euforico
D. eupeptico
E. euritmico

138) Individuate il "don" anomalo rispetto agli altri quattro:

A. don Giovanni
B. don Abbondio
C. don Rodrigo
D. don Carlos
E. don Gesualdo

139) Individuare nella seguente serie il termine etimologicamente NON OMOGENEO:

A. olocausto
B. olimpico
C. ologenesi
D. olografo
E. olistico

140) Individuare il termine etimologicamente incongruente:

A. telecomandato
B. telepatico
C. telefonico
D. teleologico
E. telegenico

141) Quale delle parole elencate NON è affine per significato alle altre?

A. Epitaffio
B. Epigramma
C. Epistéme
D. Epigrafe
E. Epigrafia

142) Quattro delle seguenti parole hanno una radice etimologica comune. Individuate quella anomala:

A. antipatia
B. antiquario
C. antibiotico
D. antifonario
E. antiemetico

143) Quale delle parole sotto elencate è etimologicamente anomala?

A. Interdentale
B. Addentato
C. Incidentale
D. Dentellato
E. Tridente

144) Individuare il termine la cui etimologia NON segue la stessa "logica" degli altri:

A. idrovoro
B. divorare
C. mellivoro
D. vorace
E. famelico

145) Individuare il termine la cui etimologia NON segue la stessa "logica" degli altri:

A. antonomasia
B. omonimia
C. pronominale
D. toponomastica
E. omofonia

146) Si individui il termine che NON appartiene alla sfera semantica degli altri quattro:

A. futurismo
B. fauvismo
C. espressionismo
D. epicureismo
E. divisionismo

147) Individuare, tra le alternative proposte, la parola da scartare:

A. motonave
B. automobile
C. bicicletta
D. motocicletta
E. motocarro

148) S'individui il termine che non appartiene allo stesso campo semantico degli altri quattro:

A. abbagliare
B. abbarbagliare
C. accecare
D. abbacinare
E. abbrumare

149) Qual è la parola da scartare?

A. Rinvigorire
B. Spossare
C. Fiaccare
D. Affaticare
E. Logorare

150) Qual è la parola da scartare?

A. Scimpanzé
B. Ghiro
C. Orso
D. Pipistrello
E. Scoiattolo

1.5 • Le prove di vocabolario

151) Il significato di *espellere* è:

A. lasciare la patria
B. mandare in esplorazione
C. cacciare fuori
D. strappare la pelle
E. accogliere

152) Un significato di *parvenza* è:

A. apparizione improvvisa
B. somiglianza vaga

C. equivoco
D. trascuratezza
E. dissolvenza

153) Qual è il significato di *meandro*?

A. Ansa formata da un fiume
B. Pianta ornamentale
C. Legno esotico
D. Tipo di anfibio
E. Animale della savana

154) Nella frase: "Luisa mi ha spiegato il problema in modo affatto persuasivo", *affatto* vuol dire:

A. per niente
B. del tutto
C. piuttosto
D. poco
E. discretamente

155) Qual è il significato della parola *coalizione*?

A. Coordinamento di testi
B. Raccolta di oggetti
C. Alleanza per il conseguimento di fini comuni
D. Costrizione
E. Assembramento

156) Qual è il significato di *masserizie*?

A. Vasto podere con fabbricati
B. Enorme ammasso di rifiuti
C. Struttura per contenere stoviglie
D. Insieme di mobili e suppellettili di una casa
E. Covone di fieno

157) Qual è il significato di *moldavo*?

A. Importuno, molesto
B. Proprio della Moldavia
C. Proprio della mola del mulino
D. Titolo del sovrano dell'India orientale
E. Nome di un dente dell'arcata superiore

158) Qual è il significato di *spianare*?

A. Fare la spia
B. Rendere piano
C. Rompere il silenzio
D. Agitarsi rumorosamente
E. Districarsi

159) Un significato di *ottundere* è:

A. aggirare
B. ostruire
C. smussare
D. pretendere
E. affermare

160) Con *profilassi* si definisce:

A. l'insieme di misure da prendere per evitare il sopraggiungere di malattie
B. lo studio delle caratteristiche di personalità a partire dalle espressioni facciali
C. l'abolizione dei metodi contraccettivi
D. la valutazione del rendimento scolastico nella scuola media
E. l'insieme di misure prese dallo Stato per livellare la bilancia dei pagamenti

1.6 • Inserzione logica di termini in un contesto

161) Completare la seguente frase: *I soci ordinari possono deliberare di ________ all'Accademia venti accademici italiani e altrettanti stranieri.*

A. prodigare
B. disgregare
C. promulgare
D. segregare
E. aggregare

162) Completare la seguente frase: *Il ferro si lega a una proteina, la transferrina, che viene sintetizzata dal fegato ed è __________ al trasporto degli ioni ferrici nel circolo sanguigno.*

A. supposta

B. anteposta
C. proposta
D. imposta
E. preposta

163) Completare la seguente frase che si potrebbe leggere in un referto medico: ***Si è provveduto _____________ di un basalioma nella regione temporale sinistra.***

A. all'escissione
B. all'accezione
C. all'eccezione
D. all'accessione
E. all'esecrazione

164) Completare la frase con l'unico aggettivo pertinente: ***restare _________ per la sorpresa.***

A. inaudito
B. indifferente
C. emerito
D. sollecito
E. attonito

165) Completare la frase con l'unico verbo pertinente: ***La legge non può _________ nelle decisioni personali di un adulto tranne che queste non arrechino danno ad altri.***

A. intercalare
B. intromettere
C. interferire
D. interporre
E. interdire

166) "L'uomo è in fondo un animale _______________. Noi lo conosciamo solo in quello stato di ammansimento e di domesticità che è detto civiltà: perciò ci spaventano le rare esplosioni della sua vera natura. Ma fate che vengano tolte le catene dell'ordine legale, e nell'anarchia l'uomo si mostrerà quale esso è". In base al senso generale di questa affermazione di A. Schopenhauer, reintegra nello spazio vuoto l'unica coppia di aggettivi corretta:

A. incauto e sprovveduto
B. selvaggio e feroce
C. coerente e prevedibile
D. buono e altruista
E. prevedibile e abitudinario

167) "Perciò io penso che il ____________ non nasca dal rimpianto di una mala azione già commessa, ma dalla visione della propria colpevole disposizione. La parte superiore del corpo si china a guardare e giudicare l'altra parte e la trova deforme. Ne sente ribrezzo e questo si chiama ____________ . Anche nella tragedia antica la vittima non ritornava in vita e tuttavia il __________ passava. Ciò significava che la deformità era guarita e che ormai il pianto altrui non aveva alcuna importanza. Dove poteva esserci posto per il __________ in me che con tanta gioia e tanto affetto correvo dalla mia legittima moglie? Da molto tempo non m'ero sentito tanto puro."

I. Svevo, *La coscienza di Zeno*

In questo testo uno stesso termine ricorre per quattro volte: qual è?

A. bene
B. pensiero
C. dolore
D. rimorso
E. coraggio

168) Completare la frase con l'unico sostantivo pertinente: ***gli enti locali devono fronteggiare l'attuale crisi __________ nel settore manifatturiero.***

A. dell'indulto
B. del condotto
C. dell'edotto
D. del ridotto
E. dell'indotto

169) Completare la seguente frase con l'unica congiunzione pertinente: "E fin qui, _____ a parlare sia il direttore di un festival culturale che si annuncia imponente, al punto da coinvolgere l'intero Nordest d'Italia, potrebbe sembrare d'essere ancora immersi nella tradizionale filosofia produttiva "made in Veneto".

D. Fertilio "Corriere della sera", 8/4/2010

A. cosicché
B. poiché
C. benché
D. affinché
E. finché

170) La __________ è la scienza che studia i sintomi morbosi per interpretarli; la __________ è la scienza che descrive gli stati morbosi e ne fa la storia.
Inserite nella frase la coppia di parole opportune:

A. bioetica / anamnestica
B. semeiotica / patologia
C. patologia / diagnostica
NO D. diagnostica / bioetica
E. patologia / semeiotica

171) "Eccoti: _____________ un veleno anche più pestifero del tuo per le anime umane; e ne uccide in questo odioso mondo più che questi intrugli che t'è vietato vendere. Io a te ho venduto un veleno, non tu a me...".

Shakespeare, *Romeo e Giulietta*, atto V, scena 1

Con queste parole Romeo si rivolge allo speziale che gli ha venduto un veleno. Scegliete l'espressione che, secondo logica, completa correttamente la frase:

A. il mio pugnale
B. la mia riconoscenza
C. il mio nome e il mio casato
D. il cuore
E. l'oro

172) "Per ______________ s'intende la consegna, da parte dello Stato richiesto allo Stato richiedente, di una persona ricercata, o perché oggetto di una sentenza di condanna definitiva ad una pena detentiva o ad una misura di sicurezza privativa della libertà personale, o perché oggetto di una ordinanza di custodia cautelare in carcere".

www.giustizia.it

Tra quelli che seguono, qual è il termine da inserire nello spazio vuoto?

A. Abdicazione
B. Estradizione
C. Surroga
D. Contumacia
E. Denuncia

173) "Le passioni generano spesso altre passioni a loro contrarie. L'avarizia produce talvolta la prodigalità; e la prodigalità l'avarizia; si è spesso irremovibili per _________ e audaci per timidità".

La Rochefoucauld, *Le massime e altri scritti*, tr. it. Mondadori, 1950, massima 11, p. 56.

Dalla riflessione riportata abbiamo eliminato un sostantivo. Lo si reintegri, con UNA delle seguenti alternative, rispettandone la logica e il significato:

A. ostinazione
B. temerarietà
C. debolezza
D. avversione
E. ambizione

174) "CAMERIERE: Con la cena gradisce il vino bianco o il rosso?
GEORGE: Non importa. Sono ________".

J. A. Paulos, *Penso, dunque rido. L'altra faccia della filosofia*, tr. it. Feltrinelli, Milano, 2004, p. 69.

Si individui la conclusione che restituisce senso umoristico alla scenetta:

A. daltonico
B. astemio
C. raffreddato
D. anoressico
E. bulimico

175) Dal brano seguente, abbiamo espunto qualcosa. Lo si reintegri logicamente con UNA delle alternative sottostanti. "Più si è dotati spiritualmente, più si trova che ci sono uomini originali. La gente comune non trova affatto __________ tra gli uomini".

Tratto dal *Pensiero 465* di B. Pascal, tr. it. La spiga, Milano, 2002

A. differenze
B. somiglianze
C. affinità
D. ambiguità
E. rivalità

176) Dal brano seguente, abbiamo espunto qualcosa. Lo si reintegri logicamente con UNA delle alternative sottostanti. "Ciascuno provi ad esaminare il proprio pensiero. Lo troverà rivolto interamente al passato o al futuro. Non pensiamo quasi mai al presente e se ci pensiamo, è solo per prenderne la forza per disporre del futuro. Il presente non è mai il nostro fine. Il passato e il presente sono i nostri mezzi: solo l'avvenire __________. Così non viviamo mai, ma speriamo di vivere e preparandoci sempre ad esser felici, inevitabilmente non lo siamo mai".

Tratto dal *Pensiero 43* di B. Pascal, tr. it., La spiga, Milano, 2002

A. è grigio
B. è ignoto
C. è il nostro fine
D. c'è negato
E. è il nostro incubo

177) Don Abbondio, dopo le terribili minacce che aveva ricevuto da parte di Don Rodrigo, era colto da angoscia e non sapeva quale soluzione trovare per evitare da un lato le ire di quel potente e per fronteggiare dall'altro le richieste __________, che sarebbe venuto l'indomani mattina. Completare il brano con UNA delle alternative sottostanti:

A. del Padre Cristoforo
B. di don Rodrigo
C. del Nibbio
D. di Renzo
E. del Griso

178) Dal brano seguente abbiamo eliminato qualcosa. Lo si REINTEGRI, rispettandone la logica e il significato, con UNA delle alternative sottostanti. "[...] Tanto perde colui il quale muore vecchissimo che colui il quale muore giovanissimo, perché è soltanto __________ che ci può esser tolto, dato che soltanto questo possediamo e nessuno può perdere ciò che non possiede."

Marco Aurelio, *I ricordi*, X, 28, Einaudi, Torino, 1968

A. il passato
B. il presente
C. il divino
D. il futuro
E. l'eterno

179) Quale delle parole sottoindicate deve essere inserita nella frase seguente perché essa abbia senso compiuto? "Nonostante il suo comportamento potesse far pensare che egli non fosse che un superficiale esibizionista e che la sua opera fosse vuota e mirasse soprattutto *ad épater les bourgeois*, Salvador Dalì curava con attenzione la sua arte e le sue opere mostrano una profonda __________".

A. alterigia

B. unicità
C. concretezza
D. coerenza
E. malinconia

180) L'isola è una colonia, sebbene in molte aree sia __________ e non riceva ordini dalla madre patria.

A. autonoma
B. indifferente
C. collegata
D. sottomessa
E. distante

181) Per Mirò l'arte divenne un rituale _________: carta e pennello erano per lui oggetti particolari e lavorava con essi come se compisse un rito religioso.

A. appassionato
B. sacro
C. esoterico
D. profondo
E. criptico

182) Un raro __________ scoperto recentemente potrebbe in futuro essere utilizzato in agricoltura per proteggere i raccolti da alcune delle più frequenti malattie e per incrementare la produzione. Il __________ è stato isolato nel 1987 ed i suoi effetti sono stati studiati sia in laboratorio sia sul campo in oltre 40 specie di vegetali, dai cereali agli eucalipti. Il __________, che è in grado di formare spore o corpi fruttiferi, colonizza le radici della pianta e ne accelera la crescita. In ciascuna delle specie saggiate, il __________ ha mostrato di saper prevenire gravi malattie delle radici causate da altri __________. Apparentemente il __________ secerne una molecola con proprietà antibiotiche nei confronti di altri __________ competitori. Un'altra proprietà peculiare del nuovo __________ è quella di riuscire ad infettare ogni specie di pianta su cui è stato provato.
Dal testo è stata eliminata una sola parola che ricorre 8 volte. Di quale delle seguenti parole si tratta?

A. plasmide
B. fungo
C. imenottero
D. virus
E. batterio

183) Il 13 ottobre 1765 un giovane viaggiatore scozzese, (...) James Macdonald, arrivava a Ginevra per incontrare Voltaire. Portava con sé un piccolo libro, comparso oltre un anno prima e rapidamente giunto, con quella che veniva ora offerta al patriarca dei Lumi, alla quarta edizione. Fu così che Voltaire seppe di _ (1) _ e della sua opera _ (2) _ e fu così che nel decennio successivo si occupò di casi giudiziari e scrisse in favore delle vittime dell'ingiustizia scritti sempre più finalizzati, anche in senso tecnico, ad una vasta riforma dei diritto penale.

Liberamente tratto dalla prefazione al *Commentario* di Voltaire, ed. Ibis, 1994

Scegliere la coppia di parole che completano correttamente la frase citata:

A. (1) Montesquieu (2) lettere persiane
B. (1) Rousseau (2) Emile
C. (1) Cesare Beccaria (2) Dei delitti e delle pene
D. (1) Jonathan Swift (2) Una modesta proposta
E. (1) Lessing (2) Nathan il saggio

184) Completare correttamente la frase seguente: "L'__, ultima meraviglia della tecnica dei raggi laser, inventata già da Dennis Gabor negli anni Cinquanta, realizza una rappresentazione fotografica tridimensionale a colori".

A. iconografia

B. iperrealismo
C. ecografia
D. tomografia
E. olografia

185) Nella frase "Il monte ___ sono salito" va inserito al posto dei puntini:

A. che
B. sul quale
C. da cui
D. per cui
E. di cui

186) Completare correttamente la frase seguente: "Se avessi avuto meno coraggio, le tue parole mi ____ a desistere dall'impresa".

A. inducessero
B. avessero indotto
C. avevano indotto
D. indurranno
E. avrebbero indotto

187) Indicare quale delle alternative seguenti completa in modo corretto la frase: "Non ____ lo spiritoso, adesso non ____ il momento!".

A. faresti; mi pare
B. farai; sarà
C. fare; è proprio
D. essere; è ancora
E. pare; crederti

188) Completare correttamente la frase seguente: "Se voi ____ più attenti, non fareste questi errori sciocchi".

A. fosse stati
B. steste
C. sarete
D. stesse
E. stasse

189) Completare correttamente la frase seguente: "Stasera ____ restiamo a casa tranquilli: io e te soli!".

A. c'è ne
B. ce n'è
C. ce né
D. cene
E. ce ne

190) Completare la frase "Per non essere interrogato tu ____ un mucchio di scuse".

A. aduresti
B. adurresti
C. adducetti
D. addussi
E. adducesti

191) Completare con il termine più appropriato la frase: "Ci sono funghi che ____ la morte".

A. procurano
B. producono
C. contraggono
D. simulano
E. risolvono

192) Completare correttamente la frase seguente: "Signora, ____ pure i fiori che le piacciono di più!".

A. sceglia
B. sceglie
C. scegli
D. scielga
E. scelga

193) Individuare l'alternativa che completa correttamente la frase "Se fossi io il marito____".

A. l'avessi perdonata
B. la perdonai
C. la perdonassi
D. la perdonerei
E. l'avevo perdonata

194) Completare correttamente la frase seguente: "Se voi ____ un po' in silenzio, capireste meglio".

A. staste
B. stavate
C. steste
D. stesse
E. stiate

195) Individuare la forma verbale che completa correttamente la frase seguente: "Benché non gli ____, tuttavia si arrogò quel titolo".

A. era dovuto
B. aveva riconosciuto
C. fosse stato riconosciuto
D. era stato riconosciuto
E. sarà stato riconosciuto

196) Completare con il termine più appropriato la frase: "La lezione di oggi ____ sulla poetica del Carducci".

A. finirà
B. terrà
C. verterà
D. spiegherà tutto
E. causerà

197) Completare con il termine più appropriato la frase: "Venendo non ho ____ molto traffico".

A. incrociato
B. provato
C. ottenuto
D. rischiato
E. visto

198) Completare con il termine più appropriato la frase: "In previsione della neve, sulle piste già ____ i preparativi".

A. suggono
B. sogliono
C. si addicono
D. corrono
E. fervono

199) Completare correttamente la frase seguente: "La commissione incaricata valuterà attentamente il contenuto della ____ correttiva di cinque milioni di euro".

A. trama
B. tassa
C. spesa
D. manodopera
E. manovra

200) Individuare l'alternativa che completa correttamente la frase: "Ti ____ un regalo, se ____ così gentile da accompagnarmi in stazione".

A. farei – fossi
B. farò – saresti
C. facessi – saresti
D. farei – saresti stato
E. farei – sei stato

201) Completare la frase: "Si dice che nel mondo esistono dei ____ di ciascuno".

A. sosia
B. sosii
C. sosie
D. sosi
E. doppi

202) Completare correttamente la frase seguente: "Il turismo si disegna nel territorio, che diventa ambiente e ____ Le attività debbono essere pianificate con rispetto per la tradizione, tenendo conto delle specificità, pur con un percorso culturale riconducibile a standard più ampi".

A. bosco
B. natura
C. paesaggio

D. tutela
E. risorsa

203) Individuare l'alternativa che dà alla frase seguente senso compiuto e corretto: "Sarebbe utile che ____ un esperto a valutare la difficile contesa".

A. intervenisse
B. sia intervenuto
C. interverrebbe
D. interveniva
E. fosse intervenuto

204) Individuare l'alternativa che completa correttamente la frase: "Di certo ____ il lavoro se ____ per tempo".

A. avesse finito – avrebbe iniziato
B. avrebbe finito – avesse iniziato
C. finirebbe – inizierà
D. finiva – avrebbe iniziato
E. finirà – avesse iniziato

205) Completare la frase: "È un vero peccato che ____ proprio oggi".

A. piova
B. piove
C. pioverebbe
D. pioveva
E. piovve

206) Quale delle seguenti voci verbali completa correttamente la frase: "Ha dilapidato tutto il suo patrimonio malgrado ____ una notevole ricchezza"?

A. possedesse
B. possedeva
C. possiederebbe
D. avrà posseduto
E. possiede

207) Completare con una proposizione comparativa la frase: "Ti telefonerò ____".

A. dopo aver risolto questo problema
B. come mi hai chiesto
C. qualora ci siano novità
D. quando ne avrò voglia
E. anche se sarà tardi

208) Individuare l'alternativa che completa correttamente la frase: "Mi ____ accompagnato, se non ____ rotta la macchina".

A. avesse – si fosse
B. aveva – si era
C. avrebbe – si fosse
D. avrebbe – si sarebbe
E. avrà – si sarebbe

209) Completare con una proposizione avversativa la frase: "Torneremo a casa ____".

A. a lasciare i pacchi
B. ma non sperare di trovare ciò che cerchi
C. per giocare a carte
D. quando comincerà a piovere
E. contro ogni aspettativa

210) Individuare, tra le alternative proposte, quella che completa correttamente la frase seguente: "Quei tessuti trattati in modo da diventare impermeabili all'acqua si dicono ____".

A. idrorepellenti
B. idratati
C. idropulsori
D. idrofili
E. idrometrici

211) Completare la frase: "Se domani piovesse, non ____ andare al mare".

A. si potesse
B. si potrà
C. si può
D. si poteva
E. si potrebbe

212) Nella frase "La richiesta ____ il Ministro deve dare risposta" va inserito al posto dei puntini il pronome:

A. dove
B. cui
C. di cui
D. dalla quale
E. che

213) Quale delle alternative seguenti completa in modo corretto la frase: "Lo aiuterei volentieri, se mi ____ tutta la verità"?

A. racconterebbe
B. racconta
C. raccontava
D. raccontasse
E. avrebbe raccontato

214) Completare la frase: "Il ragazzo ____ l'elenco di tutti i compagni".

A. redesse
NO B. redisse
C. redette
D. redigette
E. redasse

215) Nella frase "Il cane ____ è stata amputata una zampa" va inserito al posto dei puntini il pronome:

A. cui
B. che
C. di cui
D. del quale
E. a che

216) Completare con il termine più appropriato la frase: "Luigi ____ passare intere serate al computer".

A. verte
B. compie
C. suole
D. fa in modo
E. fa

217) Completare l'espressione " ____ sabato prossimo".

A. si ci può incontrare
B. si incontriamo
C. si ci incontra
D. ci si incrontriamo
E. ci si può incontrare

218) Completare correttamente la frase seguente: "Volevo assaggiare la torta, ma non ____ più nemmeno una fetta".

A. ce n'era
B. ce nera
C. c'è ne era
D. c'è nera
E. c'è n'era

219) Completare correttamente la frase seguente: "Ha espresso quei concetti come se ____ il professore".

A. sarebbe stato
B. era
C. era stato
D. sarebbe
E. fosse stato

220) Individuare l'alternativa che completa correttamente la frase: "Io ____ molto di più, se ne ____ capace".

A. faccio – sarei
B. farei – sarò
C. facessi – fossi
D. farei – sarei
E. farei – fossi

1.7 • Le prove di comprensione di brani

221) "Possiamo dire che due vocazioni opposte si contendono il campo della letteratura attraverso i secoli: l'una tende a fare del linguaggio un elemento senza peso, che aleggia sopra le

cose come una nube, o meglio un pulviscolo sottile, o meglio ancora come un campo d'impulsi magnetici; l'altra tende a comunicare al linguaggio il peso, lo spessore, la concretezza delle cose, dei corpi, delle sensazioni. Alle origini della letteratura italiana – e europea – queste due vie sono aperte da Cavalcanti e da Dante. L'opposizione vale naturalmente nelle sue linee generali, ma richiederebbe innumerevoli specificazioni, data l'enorme ricchezza di risorse di Dante e la sua straordinaria versatilità (...).
Nella *Vita Nova,* Dante tratta la stessa materia del suo maestro e amico, e vi sono parole, motivi, concetti che si trovano in entrambi i poeti: quando Dante vuole esprimere leggerezza, anche nella *Divina Commedia,* nessuno sa farlo meglio di lui; ma la sua genialità si manifesta nel senso opposto, nell'estrarre dalla lingua tutte le possibilità sonore ed emozionali e d'evocazione di sensazioni, nel catturare nel verso il mondo in tutta la varietà dei suoi livelli e delle sue forme e dei suoi attributi, nel trasmettere il senso che il mondo è organizzato in un sistema, in un ordine, in una gerarchia dove tutto trova il suo posto. Forzando un po' la contrapposizione potrei dire che Dante dà solidità corporea anche alla più astratta speculazione intellettuale, mentre Cavalcanti dissolve la concretezza dell'esperienza tangibile in versi (...).
L'essermi soffermato su Cavalcanti m'è servito a chiarire meglio (almeno a me stesso) cosa intendo per "leggerezza". La leggerezza per me si associa con la precisione e la determinazione, con la vaghezza e l'abbandono al caso (...). La gravità senza peso di cui ho parlato a proposito di Cavalcanti riaffiora nell'epoca di Cervantes e di Shakespeare: è quella speciale connessione tra melanconia e umorismo, che è stata studiata in *Saturn and Melancholy* (...). Come la melanconia è la tristezza divenuta leggera, così lo humour è il comico che ha perso la pesantezza corporea, quella dimensione di carnalità umana che pur fa grandi Boccaccio e Rabelais (...).
Melanconia e humour mescolati e inseparabili caratterizzano l'accento del Principe di Danimarca che abbiamo imparato a riconoscere in tutti o quasi i drammi shakespeariani sulle labbra dei tanti avatars (cioè incarnazioni) del personaggio Amleto. (...) Non è una melanconia compatta e opaca, ma un velo di particelle minutissime d'umori e sensazioni, un pulviscolo d'atomi come tutto ciò che costituisce l'ultima sostanza della molteplicità delle cose. Confesso che la tentazione di costruirmi uno Shakespeare seguace dell'atomismo lucreziano è per me molto forte, ma so che sarebbe arbitrario. Il primo scrittore del mondo moderno che fa esplicita professione d'una concezione atomistica dell'universo nella sua trasfigurazione fantastica, lo troviamo solo alcuni anni dopo, in Francia: Cyrano de Bergerac".

Italo Calvino, *Lezioni Americane. Lezione I: Leggerezza*

1) Don Chisciotte, l'eroe di Cervantes, è malinconico e insieme comico.
2) Tristezza e umorismo caratterizzano il linguaggio di Amleto.
3) È suggestivo, ma sarebbe una forzatura illecita, leggere Shakespeare come un seguace dell'atomismo classico.
4) Amleto, principe malinconico ma dotato di humour, è unico e inconfondibile nel teatro shakespeariano.
5) Sulla via aperta da Cavalcanti ci sono Cervantes e Shakespeare. Altra è la via aperta da Dante.

UNA sola delle seguenti possibilità può essere RIGOROSAMENTE dedotta dal testo di Calvino.

A. Solo 5
B. Solo 4
C. Sia 2 sia 1
D. Sia 1 sia 3
E. Sia 3 sia 5

222) "Nulla è più affascinante di un antico mistero... Chi era Jack lo squartatore? Shakespeare era Shakespeare? L'enigma storico più gustoso della mia professione, la paleontologia, risale a un quarto di secolo fa. Nel 1953, l'uomo di Piltdown fu definitivamente considerato una frode sicura, perpetrata da uno sconosciuto. Da allora il mio interesse per questo caso non è mai diminuito. In questo articolo, più che chiederci ancora una volta "chi è il colpevole", affronteremo quella che per me è una questione più interessante dal punto di vista intellettuale: come è possibile che qualcuno abbia accettato l'uomo di Piltdown (un uomo dotato di un cranio moderno e di una mascella non modificata di scimmia antropomorfa)?... sono un lettore appassionato di racconti del mistero e non potrò esimermi dall'esprimere la mia opinione su questo enigma... L'ipotesi senza dubbio più interessante è quella che vede nell'affare di Piltdown una burla, messa in atto con una comunicazione alla società britannica di geologia nel dicembre 1912 e spintasi troppo in là, più che un imbroglio vero e proprio. Ma, a parte il divertimento e la polemica, rimane aperta la prima e più importante questione: come è possibile che per più di quarant'anni in ambito scientifico si sia dato credito all'uomo di Piltdown e se ne sia discusso? Si trattava di una creatura improbabile fin dall'inizio, e già nel 1913 David Waterston del King's College di Londra aveva affermato molto chiaramente che quel cranio era umano, mentre la mascella era di scimmia antropomorfa. "A mio parere – concludeva – attribuire la mascella e il cranio allo stesso individuo sarebbe altrettanto folle che cercare di attaccare il piede di uno scimpanzé alle ossa di una coscia e di una gamba essenzialmente umane". La spiegazione corretta era stata a portata di mano fin dall'inizio, ma la speranza, il desiderio e il pregiudizio impedirono che fosse accettata".

Stephen Jay Gould,
Il pollice del panda

Una sola delle seguenti affermazioni è rigorosamente deducibile dal testo riportato.

A. Jay Gould si interroga soprattutto sui motivi che hanno indotto l'autore della frode, o burla, ad agire
B. Jay Gould si chiede perché e come i colleghi scienziati abbiano dato a lungo credito all'affare dell'uomo di Piltdown
C. Nessun paleontologo, in quanto scienziato, ha dato veramente credito alla storia dell'uomo di Piltdown
D. Le passioni negli scienziati non sono mai tanto forti da impedire loro di riconoscere la verità
E. Per una quarantina d'anni nessuno denunciò apertamente l'errore o sospettò la frode nella faccenda di Piltdown

223) "Fra coloro 'che non leggono' i più accorti impareranno a parlare intorno: eccelleranno nell'arte inflazionistica del commento, nella pratica restringitiva della scheda, nella caccia alla citazione intelligente, sapranno maneggiare lo scalpello dell'analisi lineare e diventeranno esperti nella sapiente navigazione fra i 'brani scelti', che conduce sicuramente al diploma di maturità, alla laurea, persino al dottorato… ma non necessariamente all'amore per il libro".

Daniel Pennac, *Come un romanzo*

Una sola delle seguenti affermazioni è rigorosamente dedotta dal testo sopra riportato.

A. Chi non ama i libri può benissimo imparare a condurre analisi accorte e a compilare eccellenti schede riassuntive
B. L'amore per la lettura aborrisce da ogni forma di interpretazione critica o di commento dei libri
C. Orientarsi tra i brani antologicizzati è scolasticamente utile ma è sicuro segno di scarso amore per il libro
D. Le citazioni intelligenti non interessano assolutamente mai chi ama la lettura
E. Analisi, commenti, schede sono i nemici più acerrimi dell'amore per la lettura

224) "I recenti casi di cronaca relativi alle aggressioni di cani all'uomo, hanno fatto emergere la necessità di ulteriori interventi legislativi. È inutile, però, considerare alcune razze canine pericolose a priori, poiché i cani diventano pericolosi non per propria indole, bensì in base al trattamento che ricevono dal proprio padrone. Ciò significa che un cane, a prescindere dalla razza, può diventare pericoloso se maltrattato, mentre può non diventarlo se trattato bene sin dalla nascita. Una legge specifica sulle razze canine considerate pericolose è, pertanto, inefficace".

Quale delle seguenti affermazioni esprime il messaggio principale del brano precedente?

A. È inutile considerare alcune razze canine pericolose a priori
B. Una legge specifica sulle razze canine considerate pericolose è inefficace
C. Nessuna legge è in grado di condizionare il comportamento dei cani
D. I cani diventano pericolosi in base al trattamento che ricevono
E. Dovrebbero esistere norme più restrittive che regolino il possesso dei cani

225) "La natura imita l'arte, secondo un paradosso di cent'anni fa. Ma è, appunto, solo un paradosso. Prendiamo il misterioso fattaccio di Milano. Una giovane giornalista viene aggredita sulle scale di casa da due criminali italiani, costretta ad aprire, malmenata, legata a un termosifone. È poi derubata di tutto? No, ed è la prima complicazione. I due (ed è la seconda) non toccano i soldi, ma frugano nella scrivania, buttano all'aria i documenti, se ne vanno dopo aver riempito di carta la bocca della vittima. Arriva il marito, giornalista anche lui. Ha problemi (terza complicazione) di mobilità. Ma con lui si sposta anche (quarta complicazione) una scorta della polizia, l'uomo è un esperto di questioni terroristiche, riceve continue minacce di morte, è amico di Arafat, forse ha contatti coi Servizi Segreti. E dove scrive? Su "Famiglia Cristiana", quinta complicazione. Mentre la moglie (complicazione sesta), è collaboratrice della rivista "Polizia moderna". Ce n'è abbastanza per indagare, come si dice, in tutte le direzioni, in troppe direzioni. È questo che l'arte non fa, quando sia praticata come si deve. Goffi, irritanti, tediosi sono quei romanzi in cui l'autore procede per accumulazione, continua a rovesciarti addosso indizi totalmente contraddittori, particolari stravaganti, effettacci dozzinali, personaggi maggiori e minori che non legano, piste e contropiste che si accavallano, colpi di scena che schizzano via dalle dita. L'arte, l'artigianato, non possono permettersi gli eccessi. Solo la natura, la vita, vanno dove vogliono, s'ingorgano dove vogliono, complicano a piacere le loro trame senza curarsi di verosimiglianza, coerenza, plausibilità; e scrivono, è vero, pagine e pagine di romanzo. Ma di un brutto romanzo".

Carlo Fruttero – Franco Lucentini,
Un giallo con troppe complicazioni,
su "La Stampa", 28/5/99

UNA SOLA delle osservazioni che seguono è conseguente all'analisi dalla quale Fruttero e Lucentini sottopongono uno sconcertante fatto di cronaca.

A. Il fatto che la vittima della violenza sia una giovane giornalista dà precise indicazioni sull'identità degli aggressori
B. L'accumulo di indizi che aprono piste di indagine diverse suscita un'attenzione tutta speciale su questa triste vicenda
C. Troppo spesso i giornalisti si compiacciono di complicare, soffermandosi su particolari del tutto irrilevanti, le già complicate vicende che registra la cronaca
D. I romanzieri sanno bene che perché una storia sia avvincente e abbia fortuna deve essere straordinariamente ricca di colpi di scena
E. Spesso la realtà è più incredibilmente complicata e appare quindi meno verosimile dell'invenzione romanzesca

226) "Il più celebre dipinto del XX secolo nasce come illustrazione di un fatto storico: il bombardamento nell'aprile del 1937 della piccola città di Guernica da parte di aerei tedeschi alle dipendenze dei franchismi durante la guerra civile spagnola. Picasso prende spunto da questo episodio, certo drammatico, ma in fondo marginale, per dipingere una tela di vaste dimensioni e farne il manifesto di denuncia contro gli orrori di tutte le guerre, come aveva fatto centotrenta anni prima Goya. Per ottenere questo scopo Picasso non dipinge di getto, ma studia approfonditamente la composizione, analizzando ogni singolo dettaglio in una lunga serie di disegni preliminari, di studi, di prove e di ripensamenti. Le scelte formali sono radicali: il dipinto è praticamente monocromo, come i film e i documentari del tempo, per eliminare ogni possibile seduzione del colore e rendere asciutto e diretto il messaggio mentre, dal punto di vista stilistico, Picasso sceglie il secco e sintetico cubismo. Nel dipinto si mescolano con grande efficacia notazioni quasi di cronaca (lo strazio provocato dalle bombe) con simboli ripresi dal repertorio tradizionale: un uomo caduto stringe una spada mozzata come un antico greco, il cavallo ferito che nitrisce e ricorda modelli dell'arte antica e rinascimentale, l'enigmatico toro appartiene da secoli al folclore spagnolo. Tutta la scena è illuminata da una lampadina che penzola in alto, allusiva del desiderio di 'far luce' su quanto è avvenuto, non lasciare che cada l'ombra dell'oblio. Picasso riesce a essere al tempo stesso realistico e allusivo: non a caso, l'artista volle che la grande tela venisse esposta nel 1951 nel Palazzo Reale di Milano, squarciato dalle bombe durante la seconda guerra mondiale".

In base a quanto si legge nel brano, è possibile affermare che in "Guernica":

A. viene raffigurata la piccola città bombardata durante la prima guerra mondiale
B. vi sono esclusivamente elementi figurativi realistici, al limite della cronaca
C. convivono elementi figurativi realistici e simbolici
D. viene utilizzata la tecnica della policromia

E. sono scrupolosamente rispettate le regole della prospettiva

227) In base a quanto si legge nel brano, in "Guernica" la scelta della monocromia è stata dettata a Picasso dall'intento di:

A. fare del dipinto un manifesto di denuncia contro gli orrori della guerra
B. utilizzare il secco e sintetico cubismo
C. sedurre lo spettatore con giochi di colore
D. porsi in modo originale rispetto alle opere cinematografiche e documentaristiche dell'epoca
E. trasmettere un messaggio diretto e asciutto

228) In base a quanto si legge nel brano, l'autore accosta l'opera di Picasso a quella di Francisco Goya perché in entrambe le opere:

A. è possibile riscontrare un'accesa fantasia e uno spirito visionario
B. ogni singolo dettaglio emerge attraverso una serie di disegni preliminari, di prove e di studi
C. emerge la stessa condanna degli orrori della guerra
D. risalta l'identità non solo dell'oggetto, ma anche delle tecniche compositive tipiche del cubismo
E. coesistono elementi figurativi realistici e simbolici

229) In base a quanto si legge nel brano, è possibile dedurre che la struttura compositiva di "Guernica" è:

A. artificiosa e incomprensibile al primo impatto
B. lineare e ben definita
C. studiata e classica
D. complessa e ben articolata
E. semplice, poiché tutte le figure sono appiattite sullo stesso piano

230) La curiosità, l'intenso desiderio di sapere, non compare nella materia morta, e sembra non essere caratteristica neppure di certe forme di organismi viventi, che, proprio per tale ragione, a gran fatica riusciamo a considerare come viventi. Un albero non mostra curiosità per il suo ambiente, almeno in modo per noi riconoscibile; lo stesso vale per una spugna o un'ostrica: il vento, la pioggia, le correnti dell'oceano apportano loro ciò di cui abbisognano, ed essi ne traggono quello che possono. Se il caso fa sì che ciò che giunge a loro siano il fuoco, un veleno, dei predatori o dei parassiti, essi muoiono stoicamente e tacitamente come sono vissuti. Tuttavia, fin dai primi stadi dell'evolversi della vita, alcuni organismi svilupparono un moto indipendente; ciò costituì per loro un progresso enorme dal punto di vista del controllo dell'ambiente.
Il moto indipendente di cui parla l'autore del brano è un atto di liberazione:

A. dalle correnti dell'oceano
B. dal controllo dell'ambiente
C. dal fuoco
D. dal caso
E. dai predatori

231) Perché, secondo l'autore del brano, si fa fatica a considerare esseri viventi una spugna o un'ostrica?

A. Perché muoiono stoicamente
B. Perché si nutrono passivamente
C. Perché vivono tacitamente
D. Perché sono esseri inanimati di per sé
E. Perché non mostrano curiosità per il loro ambiente

232) Chi porta alle spugne ciò di cui abbisognano?

A. Il fuoco e le correnti dell'oceano
B. Il vento, la pioggia e le correnti dell'oceano

C. I predatori e i parassiti
D. Il vento, le correnti dell'oceano e il fuoco
E. Il vento, il veleno e i predatori

233) "Il cinema è un'arma magnifica per esprimere il mondo dei sogni, delle emozioni, dell'istinto. Il meccanismo creatore delle immagini cinematografiche è, per il suo stesso funzionamento, quello che ricorda meglio, tra tutti i mezzi d'espressione umana, l'attività dello spirito durante il sogno (...) le immagini appaiono e scompaiono come nel sogno grazie a 'dissolvenze'; il tempo e lo spazio diventano flessibili, si allargano o restringono a volontà".

L. Buñuel, *Gli argomenti umani*, Napoli, 1969

Dal brano, secondo l'autore, si evince che il cinema:

A. è l'arte della "dissolvenza" in quanto privilegia immagini fluttuanti e soluzioni spaziali e temporali immaginarie
B. si avvicina di più delle altre arti al mondo dello spirito per l'immaterialità e i mezzi di cui si avvale
C. grazie alla possibilità di dissolvere le immagini o di montarle in sequenze che superano lo spazio e il tempo è l'arte più vicina al sogno
D. è un'arte istintuale come dimostrano le alterazioni nella successione delle immagini e nel concetto di tempo e di spazio
E. riesce a rappresentare il mondo dei sogni mediante immagini e scene irreali che producono emozioni a livello istintuale

La realtà del Caravaggio

Della fondamentale motivazione stilistica della luce del Caravaggio si è largamente parlato, e se ne sono cercate le fonti nella cultura lombarda dove in parte si trovano; ma l'insorgenza del luminismo caravaggesco risulterebbe inspiegabile senza lo stimolo e l'urgenza di comunicare un contenuto simbolico. Intendo simbolico in senso intenzionale, programmatico.

Da questo intento simbolico può essere infine considerata distinta ma comunicante la componente espressiva ed "emozionale": tutto ciò che il luminismo caravaggesco dice ed esprime anche al di là delle più immediate intenzioni. Non hanno dunque un messaggio univoco ma un coacervo di messaggi, nel quale certo hanno la loro parte gli stessi connotati psichici dell'intensità religiosa ed umana di Caravaggio, della sua passionalità, come e soprattutto, in stretta connessione di trauma, l'eco delle inquinanti novità del pensiero post-copernicano in una nuova immaginazione esistenziale e cosmica. Finché al centro anche topografico dell'universo restavano la terra e l'uomo, era naturale relazionare questo mondo-ombelico ad un Dio-testa che lo osservava dall'alto. Quando i mondi e i centri diventano plurimi e sfuggenti, o solo si insinua il sospetto che lo siano, anche il luogo di Dio fluttua nell'universo, e se Dio un luogo ha, non può essere che dentro di noi e dentro alle cose. Non è certo un caso che il Caravaggio, al chiaro e ordinato disegno dello spazio rinascimentale che ha un centro e un perimetro, e che è misurabile attraverso la prospettiva, sostituisca fondali ciechi, uno spazio d'ombra insondabile, dove la luce, bucando, crea uno o più centri irrelati ad un qualsiasi perimetro o ad una distinta periferia («Iddio è spera intelligente, il cui centro è in ogni loco, la circumferentia in nessuno», secondo la proposizione ermetica e neo platonica che Bruno rilanciò con più drastico significato). Né par dubbio che l'angoscia e il disorientamento siano i connotati espressivi delle grandi ombre divoranti, delle luci consunte nelle opere estreme: le vicende umane lo confermano.

Ma se tutto ciò esiste nell'opera di Caravaggio a livello globalmente espressivo, sarei cauto nel riconoscere questi stessi ingredienti nella ricetta simbolica, in quello che ritengo sia cioè il significato programmatico del luminismo caravaggesco. Non credo infatti che la sua luce-ombra voglia alludere al Dio e all'universo bruniani; tanto meno ci può soccorrere, in questo senso, la dottrina della luce del Patrizi, che forse è più estranea di quella bruniana (con cui ha tuttavia in comune la componente neoplatonica ed ermetica) al pathos espressivo di Caravaggio, e neanch'essa potrà interessare il livello simbolico delle sue intenzioni rappresentative. È solo, la dottrina del Patrizi, un documento dell'importanza e dell'attenzione che si votava alla luce nella speculazione neoplatonica del tempo. Tanto vale, allora, rifarci ancora ai neo-platonici *Dialoghi d'Amore* dove si attribuisce alla luce una decisa preminenza anche formale ed estetica nell'analisi della bellezza, contestando le classiche proporzioni.

Risalendo tuttavia all'indietro, la tesi neo-platonica della luce come "sostanza", essenza delle cose corporee e «corpo incorporeo» rimanda alla matrice agostiniana, che è quella, credo, realmente operante in presa diretta sull'immaginazione luministica del Caravaggio. In sant'Agostino, la valutazione della luce come sostanza è inestricabilmente connessa alla luce come metafora e al suo significato morale di estrazione gnostica: la luce è attributo di Dio e come tale è anche principio di bene, oltre che "lume" ovvero guida, illuminazione: assunto centrale nel pensiero di Agostino è l'assoluta dipendenza dell'intelletto umano da Dio in quanto luce di verità. Per san Tommaso, vanto della mente umana sarà il «lume naturale», che rende capace l'uomo di conoscere, ben distinto dal *lumen gloriae* e dal *lumen gratiae*: premessa questa, in qualche modo, del razionalismo umanistico. Invece per sant'Agostino la conoscenza è pura «visione di Dio», perpetua illuminazione: questa posizione era evidentemente più consona al clima dogmatico della Controriforma. La luce della conoscenza e la luce della grazia sono tutt'uno, dono che scende dall'alto.

Se allora un significato simbolico nella luce di Caravaggio sussiste, questo va ricercato in qualcosa di più basico ed elementarmente religioso, nella vecchia simbologia gnostica (ma anche alchemica, secondo il modello del *Genesi*) del male come tenebra, e nella sua contrapposizione al bene, come la morte si contrappone alla vita.

234) Nella pittura del Caravaggio, la luce:

A. ha due significati distinti ma correlati
B. ha solo un significato stilistico
C. ha solo un significato simbolico
D. è una eredità delle tecniche pittoriche precedenti
E. serve solo a creare uno sfondo

235) La visione del Caravaggio è influenzata da:

A. fattori esclusivamente tecnici
B. la filosofia della tarda scolastica
C. la concezione tolemaica del mondo
D. le idee estetiche del razionalismo
E. la nuova cosmologia copernicana

236) Nella teoria di sant'Agostino la luce:

A. è simbolo del lumen naturale
B. è solo un fenomeno naturale

C. è principio della conoscenza e della grazia
D. non ha alcun significato mistico
E. deriva dalla creazione del sole

237) I fondali del Caravaggio:

A. rivelano una certa fretta compositiva
B. mettono in rilievo i primi piani
C. creano uno spazio d'ombra
D. stabiliscono una razionale prospettiva
E. sono ricchi di molteplici colori

238) Nel luminismo caravaggesco il contrasto luce/ombra:

A. ha una funzione puramente tecnica
B. serve a definire meglio le figure
C. è sempre molto sfumato
D. serve a creare l'illusione della profondità
E. riflette l'antitesi bene/male

239) "Ronald E. Smith, assieme ad alcuni colleghi dell'Università di Washington […] ha elaborato l'ipotesi che gli studenti molto ansiosi, messi in condizione di ridere durante gli esami, debbano non solo sentirsi più a loro agio, ma anche dare prestazioni più brillanti. […] I risultati della ricerca di Smith e collaboratori confermano l'ipotesi che l'umorismo abbia proprietà tranquillanti. Infatti, per gli studenti poco ansiosi l'aggiunta dell'umorismo [nella formulazione delle domande d'esame] non ha, praticamente, alcun effetto (è ovvio che gli spunti ridicoli non rendono la prova più facile); per gli studenti molto ansiosi, invece, si nota un netto miglioramento dei risultati, che diventano addirittura superiori a quelli dei compagni con un'ansia limitata. Concludendo: se un giovane ritiene che l'ansia possa far peggiorare il proprio rendimento in un'interrogazione o in un esame, gli sarà utile pensare a qualcosa di comico".

Mario Farné, *Guarir dal ridere. La psicobiologia della battuta di spirito*, Bollati Boringhieri, Torino, 1998, pp. 12-13

Si riconosca, fra le seguenti, l'UNICA notazione che R. E. Smith e collaboratori potrebbero sottoscrivere:

A. la formulazione in termini umoristici delle domande d'esame non darebbe alcun apprezzabile vantaggio a studenti poco ansiosi
B. l'iniezione di modeste dosi d'umorismo potrebbe comportare distrazione e rivelarsi controproducente al fine del superamento degli esami
C. quanto più uno studente è preda dell'ansia tanto più si rivela incapace di cogliere gli spunti umoristici dei quesiti cui è chiamato a rispondere
D. la probabilità di superare un esame cresce in misura inversamente proporzionale al senso umoristico del candidato
E. la probabilità di superare un esame cresce in misura direttamente proporzionale al livello d'ansia del candidato

240) "I bambini insicuri e ansiosi tendono a disegnare figure piccole che occupano timidamente soltanto una parte ridotta dello spazio a disposizione. […] L'assenza di braccia nei disegni di bambini oltre i sei anni può denotare timidezza, passività, o immaturità intellettuale. […] Le mani nascoste sono state interpretate come un'espressione di sensi di colpa. […] Le proporzioni esagerate delle mani sono viste come il simbolo di tendenze aggressive se la figura è un autoritratto. Quando la figura rappresenta invece un genitore o chi fa le sue veci, le mani accentuate possono indicare aggressività subita, anticipata o temuta. [...] Nei disegni di bambini insicuri si osserva di frequente l'instabilità della figura, che oscilla sul sostegno insufficiente di piedi piccoli".

Joseph H. Di Leo, *I disegni dei bambini come aiuto diagnostico*, tr. it. Giunti, Firenze, 1992, pp. 47-60

Solo UNA delle considerazioni seguenti può ritenersi CORRETTAMENTE dedotta dalle premesse contenute nel brano riportato. La si individui:

A. il bambino che si rappresenta con le mani troppo piccole teme probabilmente di subire atti violenti ad opera delle figure parentali
B. le braccia nascoste e i piedi piccoli delle figure disegnate indurrebbero a pensare ad un bambino affetto da spiccati sensi di colpa
C. il disegno di una figura di grandi dimensioni che occupa un'ampia porzione del foglio farebbe pensare ad un bambino ben adattato e libero dall'ansia
D. rappresentando i genitori come figure dalle mani nascoste il bambino opera un'inconsapevole attribuzione della responsabilità delle violenze subite
E. attribuendo nei disegni mani enormi ai genitori o a coloro che ne fanno le veci, i bambini tradiscono le proprie accentuate tendenze aggressive

241) "Esistono molteplici forme di memoria che hanno sede in zone diverse del cervello: la *memoria procedurale* che riguarda le nostre abilità percettive e motorie, e la *memoria dichiarativa* o *esplicita*, distinta in memoria semantica, cioè la capacità di ricordare quanto sappiamo, e memoria episodica, la capacità di ricordare gli eventi. Si deve poi distinguere tra *memoria a breve termine* e *memoria a lungo termine*. Quest'ultima trattiene le informazioni per un lungo lasso di tempo, grazie anche a meccanismi emotivi di consolidamento".

La capacità di andare in bicicletta anche dopo molti anni che non la si usa più può essere attribuita a:

A. memoria semantica
B. memoria procedurale
C. memoria esplicita
D. memoria episodica
E. memoria visiva

242) "La sindrome fenilchetonurica o PKU è la più comune malattia pediatrica congenita dovuta a deficienza enzimatica, causata da diversi tipi di mutazioni recessive a carico di un gene localizzato sul cromosoma 12. Essa è legata all'incapacità di metabolizzare l'amminoacido fenilalanina. Il gene infatti codifica per un enzima che converte in tirosina l'amminoacido fenilalanina. In assenza di tale enzima la fenilalanina si accumula nel sangue e nelle urine, o viene trasformata in acido fenilpiruvico che causa seri danni al sistema nervoso centrale, ritardo mentale e morte precoce. La malattia può essere tenuta sotto controllo mediante una dieta povera di fenilalanina. Gli stati americani ed europei hanno istituito indagini su tutti i neonati per la diagnosi precoce della PKU".

Dalla lettura del brano si può affermare che:

A. il termine fenilchetonuria indica presenza di alti tassi di fenilalanina nel sangue e nelle urine
B. l'amminoacido tirosina si converte in fenilalanina grazie ad un gene localizzato sul cromosoma 12
C. una dieta povera di fenilalanina causa seri danni al sistema nervoso centrale e ritardo mentale
D. la PKU è una malattia genetica dominante dovuta all'alterazione di un singolo gene

E. gli stati americani ed europei raccomandano una dieta povera di fenilalanina per prevenire la PKU

243) "La capacità di provare dolore non può essere rimossa, ma capita, di rado, che qualche individuo ne sia privo dalla nascita. Una vita senza dolore potrebbe sembrare fortunata, ma non lo è. I bambini che non provano dolore non sono a disagio neppure quando stanno a lungo nella stessa posizione: la conseguente mancanza di movimento impedisce al sangue di arrivare alle articolazioni, che nell'adolescenza sono già deteriorate. Le persone che non possono sentire dolore muoiono quasi tutte prima dei trent'anni. Anche i dolori diffusi, o il semplice malessere, sono adattivi. Spingono all'inattività completa, e non solo al riposo delle parti danneggiate. [...] L'inattività favorisce anche, probabilmente, l'efficacia delle difese immunitarie, il ripristino dei tessuti danneggiati e altri adattamenti. I medicinali che fanno sentire meglio una persona malata interferiscono con questi benefici. Una sensazione di benessere indotta dai farmaci può indurre ad attività che interferiscono con gli adattamenti difensivi o con la guarigione".

Randolph M. Nesse e George C. Williams, *Perché ci ammaliamo*, Einaudi, Torino, 1999, p. 46

DUE delle seguenti proposizioni traggono le conclusioni del discorso riportato: le si riconosca.

1) la somministrazione di farmaci può talora risultare controproducente; 2) il dolore fisico, di per se stesso, è comunque qualcosa di sgradevole; 3) chi non sopporta il dolore tende a permanere nella stessa postura; 4) a qualche essere umano la sorte preclude la capacità di provare dolore; 5) a dispetto delle apparenze una vita senza dolore non è una vita fortunata; 6) la capacità di provare dolore non può essere rimossa.

A. La 2 e la 6
B. La 2 e la 3
C. La 2 e la 4
D. La 3 e la 4
E. La 1 e la 5

244) "Nei giardini europei di ogni epoca e stile, fino alla metà del XIX secolo circa, i labirinti erano un elemento essenziale per superare l'uniformità delle varie parti e raggiungere [...] un certo grado di varietà anche in uno spazio estremamente ridotto. [...] La differenza stava nella loro destinazione, nelle particolarità della loro semantica. Nei giardini monastici medievali i labirinti simboleggiavano la vita complessa e intricata dell'uomo. I sette peccati capitali e le sette virtù teologali incontravano l'uomo lungo questo percorso. [...] Pietro I costruì labirinti in tutti i giardini pietroburghesi più famosi, adornandoli immancabilmente con gruppi scultorei ispirati alle favole di La Fontaine. [...] Pietro [il Grande] voleva istruire i suoi sudditi alla cultura secolare europea, indispensabile ai Russi per poter comunicare liberamente con gli stranieri colti. Ma già sotto Pietro i labirinti avevano anche un altro scopo – il divertimento. Pietro amava portare nel labirinto i suoi ospiti e obbligarli a uscirne da soli. Nel periodo romantico i labirinti erano un pretesto per allungare l'itinerario delle passeggiate e cominciarono a cedere il posto ai parnasi [...]".

Dmitrij Sergeevic Lichacev, *La poesia dei giardini*, tr. it. Einaudi, Torino, 1996, pp. 34-35

SOLO UNA delle considerazioni sottostanti si attiene alle affermazioni di Lichacev. La si individui:

A. ai labirinti dei giardini potevano essere attribuite valenze simboliche ma non certo educative e ludiche

B. mirava sempre all'omogeneità del paesaggio e alla brevità delle passeggiate, la predisposizione di labirinti nei giardini
C. la predisposizione di labirinti nei giardini pietroburghesi rispondeva alla sola esigenza dell'istruzione del popolo russo
D. al variare delle epoche storiche, permanevano immutate le funzioni attribuite ai labirinti nei giardini
E. i labirinti dei giardini poterono simboleggiare le vicissitudini e gli erramenti cui si trova esposta l'esistenza umana

245) "Nelle favole di Hans Christian Andersen l'«infelicità emerge man mano che la scrittura diventa più padrona di sé. E anche nei racconti canonici è sempre possibile la doppia lettura: una ingenua, appunto per ragazzi, con finale apparentemente edificante; e una più sottile, più desolata, che spinge a una diversa, se non proprio opposta, interpretazione dell'esito conclusivo. È il caso di uno dei più famosi racconti: il brutto anatroccolo diventa un meraviglioso cigno, ma il lettore adulto è autorizzato a leggere tale metamorfosi come una implacabile sconfitta. La stessa cosa succede al Pinocchio di Collodi, che alla fine si trasforma in bravo ragazzo, fatto di carne e ossa: il burattino è morto, e con lui la gioia di vivere con innocenza e spensieratezza".

Vincenzo Cerami, "Così Andersen mise in fiaba il male di vivere", *Specchio, p. 60,* supplemento a La Stampa del 19-3-2005

La trasformazione del brutto anatroccolo in cigno può essere anche letta, in senso NON edificante, come un'implacabile sconfitta per... (Si scelga la MOTIVAZIONE che rispetta lo spirito delle parole di Cerami):

A. gli altri cigni, data la particolare bellezza del nuovo venuto e il favore da lui incontrato presso i bambini
B. il lettore, che vede smentite le sue ragionevoli aspettative circa l'immancabile, tragica fine del brutto anatroccolo
C. gli altri anatroccoli e tutti gli altri animali, che in precedenza avevano continuamente deriso e maltrattato il brutto anatroccolo
D. il brutto anatroccolo, per il quale la metamorfosi in cigno vale il passaggio da gioia, innocenza e spensieratezza al loro contrario
E. il brutto anatroccolo: non lui ma il cigno in cui ha avuto la fortuna di trasformarsi riesce a farsi accettare dal prossimo

246) "Il contrasto tra Rousseau e Nietzsche può essere illustrato proprio dal diverso atteggiamento che l'uno e l'altro esprimono rispetto alla naturalità e artificialità dell'uguaglianza e della diseguaglianza. Nel discorso sull'origine della diseguaglianza, Rousseau parte dalla considerazione che gli uomini sono nati uguali, ma la società civile, vale a dire la società che si sovrappone lentamente allo stato di natura attraverso lo sviluppo delle arti, li abbia resi diseguali. Nietzsche, al contrario, parte dal presupposto che gli uomini siano per natura diseguali (ed è un bene che lo siano, perché fra l'altro una società fondata sulla schiavitù come quella greca era, proprio in ragione dell'esistenza degli schiavi, una società evoluta) e soltanto la società, con la sua morale del gregge, con la sua religione della compassione e della rassegnazione, li ha resi tutti eguali. Quella stessa corruzione, che per Rousseau ha generato la diseguaglianza, ha generato, per Nietzsche, l'uguaglianza. Là dove Rousseau vede diseguaglianze artificiali, e quindi da condannare e da abolire perché in contrasto con la fondamentale eguaglianza della natura, Nietzsche vede un'eguaglianza artificiale, e quindi da esecrare in quanto riduttiva della benefica diseguaglianza che la natura ha voluto regnasse tra gli uomini. L'antitesi non potrebbe essere più radicale: in nome dell'eguaglianza naturale, l'egualitario condanna la diseguaglianza sociale; in nome della diseguaglianza naturale, l'inegualitario condanna l'uguaglianza sociale. (...) L'idea qui formulata, secondo cui la distinzione tra sinistra e destra corrisponde alla differenza tra egualitarismo e inegualitarismo (...) si pone ad un tale livello di astrazione che può servire tutt'al più a distinguere due tipi ideali. (...) Ripeto ancora una volta che non sto dicendo che una maggiore eguaglianza è un bene e una maggiore diseguaglianza un male. Come ho detto sin dall'inizio, sospendo ogni giudizio di valore (...). Del resto, se l'eguaglianza può essere interpretata negativamente come livellamento, la diseguaglianza può essere interpretata positivamente come riconoscimento della irriducibile singolarità di ogni individuo. Non c'è ideale che non sia acceso da grande passione. La ragione o meglio il ragionamento che adduce argomenti pro e contro per giustificare le scelte di ciascuno di fronte agli altri, e prima di tutto di fronte a se stessi, viene dopo. Per questo i grandi ideali resistono al tempo e al mutar delle circostanze e sono, l'uno all'altro, irriducibili. La spinta verso una sempre maggiore eguaglianza tra gli uomini è, come aveva osservato nel secolo scorso Tocqueville, irresistibile. (...) Mai come nella nostra epoca sono state messe in discussione le tre fonti principali di diseguaglianza, la classe, la razza, il sesso. La graduale parificazione delle donne agli uomini, prima nella piccola società famigliare, poi nella più grande società civile e politica, è uno dei segni più certi dell'inarrestabile cammino del genere umano verso l'eguaglianza".

Norberto Bobbio, *Destra e Sinistra*, Donzelli, Roma 1994

UNA sola di queste deduzioni è conseguente al testo riportato. Quale?

A. Le contrastanti concezioni di "stato di natura" di Rousseau e Nietzsche sono state assunte come fondamento di diversi progetti ideali
B. Se l'adesione al partito dell'eguaglianza è per lo più passionale, aderire al partito opposto è generalmente frutto di un procedimento, pur discutibile, di analisi razionale
C. Il vedere nella diseguaglianza il riconoscimento della irriducibile singolarità dell'individuo caratterizza il nicianesimo che, in quanto sconfitto dalla storia, è destinato a scomparire
D. Ai movimenti di sinistra, in quanto caratterizzati dall'utopia egualitaria, Bobbio riconosce una funzione inequivocabilmente e innegabilmente più positiva che ai movimenti di destra
E. Che la storia proceda verso una sempre maggiore eguaglianza implica che la concezione ispirata a Nietzsche, che sostiene la diseguaglianza, prima o poi cesserà di esistere

247) "In una certa regione il numero assoluto di soggetti che è stato guarito da una condizione morbosa, che definiremo come U, sempre mortale se non trattata, è molto elevato, ma varia da uno all'altro dei centri specializzati. Data l'importanza anche sociale della malattia U, il numero di questi centri è progressivamente aumentato negli ultimi vent'anni e attualmente è ritenuto sufficiente a trattare, secondo schemi condivisi e regolarmente aggiornati e controllati, tutti i pazienti che nella regione si ammalano della malattia in questione. La differenza del numero assoluto dei soggetti guariti nei diversi centri è però significativa, e ha probabilmente radici complesse".

Il testo GIUSTIFICA peraltro UNA SOLA delle seguenti ipotesi esplicative, quale?

A. Una mancata aderenza ai protocolli di terapia da parte di alcuni centri
B. L'insufficiente specializzazione di alcuni centri
C. Un differente aggiornamento dei diversi centri
D. Il diverso anno di inizio dell'attività del centro
E. L'effetto di schemi terapeutici diversi

---

248) "Arrivare a una comprensione del Furioso, non dico piena ma ricca, non è facile, come non lo è per ogni libro che abbia molte facce diverse. Occorrerebbe (...) poter afferrare la ricchezza poliedrica del mondo ariostesco nella sua molteplicità sfaccettata (...). E bisognerebbe poter apprezzare la maestria con cui il narratore struttura la sua opera intrecciando tanti fili e portandoli tutti avanti con perspicua chiarezza; (...) Bisognerebbe insomma possedere una cultura letteraria acquisita con il lavoro di una vita e insieme una umanità intelligente e una sensibilità acuta per l'arte (...) Un patrimonio quasi impossibile da mettere insieme, e chi può sperare di possederlo? Solo gli sciocchi possono sperare di raggiungere tanta profondità di comprensione perché in possesso di questa o di quella competenza settoriale, o perché asserviti all'ultimo metodo venuto di moda. Ma è sufficiente, per un'opera come l'Orlando Furioso, anche accontentarsi di meno, assai meno. Procurarsi le informazioni indispensabili, liberarsi di ideologismi e preconcetti scolastici, e leggere... con il gusto di leggere, sapendo che un'opera letteraria è frutto, e quindi può esser fonte, di mille interessi e piaceri diversi: godere con umiltà di quelle invenzioni, di quel narrare sapientemente orchestrato, di quella musicale armonia. Io, purtroppo, so poco o niente di musica, ignoro le nozioni elementari necessarie ad analizzare la struttura di un brano, e sono, lo so, incapace di spiegarmi tecnicamente le emozioni che mi procura l'ascolto. Ma non per questo rinuncio a sentir musica, anzi! Ascolto e riascolto, conscio che tanto di quell'arte e del godimento che essa potrebbe procurarmi mi è precluso per sempre; ma tuttavia ascolto, e godo quello che natura e cultura consentono. Non dovrebbe esser lo stesso per chi è poco esperto di letteratura, ma non per questo è disposto a rinunciare alla ricchezza di conoscenze e di gioia che un'opera letteraria come il Furioso racchiude?".

Giuseppe Petronio, *Il piacere di leggere*, Oscar Mondadori

UNA SOLA delle seguenti affermazioni è rigorosamente DEDUCIBILE dal testo di Giuseppe Petronio, quale?

A. È un atto di presunzione pretendere di esaurire la conoscenza del Furioso grazie alla padronanza di tecniche interpretative anche molto aggiornate
B. È sufficiente per apprezzare il Furioso un orecchio naturalmente educato a cogliere la sapiente orchestrazione della narrazione
C. È inutile, per chi ama la musica e la vuole godere, procurarsi le nozioni necessarie a comprenderne la struttura
D. È possibile godere della lettura del Furioso anche senza alcuna preparazione preventiva

E. Natura e cultura permettono di godere un'opera d'arte tanto a chi non ha competenze tecniche quanto a chi ne ha

249) "Sulla memorizzazione di immagini "visive" venne fatto da A. de Groot un esperimento relativo al gioco degli scacchi. Egli dispose i pezzi secondo posizioni prese da partite effettivamente giocate e mostrò la scacchiera ai soggetti per cinque secondi; poi tolse i pezzi e chiese ai soggetti di ricostruire le posizioni. I maestri e i grandi maestri furono capaci di ricostruire le posizioni (con circa 20-24 pezzi sulla scacchiera) quasi senza errori, mentre i principianti riuscirono a mala pena a sistemare in modo corretto qualche pezzo e i giocatori di medio calibro si collocarono a metà tra i campioni e i principianti. Ma il fatto notevole fu che quando si mostrarono ai maestri e ai grandi maestri altre scacchiere con lo stesso numero di pezzi disposti a caso, la loro capacità di ricostruire le posizioni non si rivelò maggiore di quella dimostrata dai principianti di fronte alle partite vere; i principianti, invece, si dimostrarono mediocri come lo erano stati precedentemente".

Herbert A. Simon, *Le scienze dell'artificiale*, Il Mulino, Bologna 1988

L'esperimento condotto avalla UNA SOLA delle seguenti ipotesi, quale?

A. L'informazione sulla scacchiera è meglio memorizzabile per i maestri perché registrata sotto forma di relazioni sensate e conosciute tra i pezzi
B. I campioni di scacchi hanno doti speciali per memorizzare le immagini visive
C. I fenomeni di visualizzazione dipendono essenzialmente dalla struttura neurologica individuale
D. Se non un maestro, un grande maestro può sicuramente registrare fino a 24 pezzi di informazione in cinque secondi
E. Oltre ad una eccezionale capacità di memorizzazione, i maestri degli scacchi possiedono una particolare capacità di concentrazione

250) "Ci sono diversi modi possibili di leggere Marshall McLuhan a poco più di trent'anni dalla pubblicazione originale di *Understanding Media*, che in italiano venne tradotto come *Gli strumenti del comunicare* perché media, nel 1967, era ancora una parola sconosciuta ai più... Leggere *Gli strumenti del comunicare* significa sentirsi invitati non ad accogliere delle idee ma a completarle, non a seguire un testo ma a starci dentro, un po' come certi cult movies sembrano piuttosto un invito a travestirci con i loro abiti che a seguire una storia. (...) Leggendolo attentamente ci si rende conto che l'asistematicità di McLuhan è più apparente che reale, e che al fondo quello che egli propone è una vera e propria filosofia della storia. Secondo McLuhan, si può leggere l'intera storia umana come una successione di forme di comunicazione (...). La prima rottura, in una socialità primitiva fatta di comunicazione essenzialmente verbale, è stata rappresentata per McLuhan dalla scrittura. Mentre nell'oralità la comunicazione è sempre partecipata, richiede non solo la compresenza, ma anche la co-attività di diversi interlocutori, la scrittura separa radicalmente l'emissione del messaggio dalla sua ricezione (...). L'alfabeto fonetico completa questa trasformazione (...). La scrittura prima, l'alfabeto fonetico poi, segnano il passaggio da società 'fredde' (con questo termine, preso dal linguaggio jazzistico, McLuhan definiva le forme di comunicazione partecipative, che trasmettono messaggi incompleti e invitano il ricettore a completarli) a società 'calde', basate su forme di comunicazione non partecipative, affidate generalmente a un solo senso, che bombardano la mente del ricettore con messaggi 'completi' e immutabili. Da allora, sulla base della dialettica 'caldo/freddo' si può, secondo McLuhan, riscrivere per intero i cicli della storia umana: alla calda antichità classica fa seguito un medioevo raffreddato dal ritorno delle società occidentali a forme di comunicazione in larghissima prevalenza orali; questo a sua volta si rovescia, con la stampa, in un'epoca di nuovo calda. Con la stampa, secondo McLuhan, che alla 'Galassia Gutenberg' ha dedicato uno dei suoi libri più noti, la separazione fra azione e reazione si esaspera ulteriormente (...). Alla fine dell'Ottocento, con l'elettrificazione, si ha di nuovo un rovesciamento (...); il telegrafo prima, poi il telefono e la radio, ci riportano alla simultaneità, ci propongono dei messaggi che non solo consentono, ma richiedono la nostra partecipazione, creano una possibilità di contatto di tipo orale, ma esteso all'intero pianeta (...). Il raffreddamento inaugurato da Edison viene coronato, secondo McLuhan, dalla televisione, medium apparentemente passivizzante ma che in realtà richiede un'alta partecipazione dello spettatore (...). Del personal computer McLuhan, morto nel 1980, non fece in tempo a occuparsi, ma è evidente a chi legga l'ultimo capitolo degli Strumenti che per McLuhan l'informatizzazione completava la fase di raffreddamento della civiltà avviata da Edison (...). È una filosofia della storia che deve molto a Marx, (...) ma McLuhan attribuisce la funzione rivoluzionaria non al movimento organizzato, ma alla forza stessa delle cose, al messaggio che sta nei media. Di qui il tono profetico, ma al tempo stesso conservatore. McLuhan si è proposto come profeta di una rivoluzione che c'è già stata, teorico radicale di uno sradicamento che è nei fatti. Per questo la parola chiave di McLuhan è 'consapevolezza' e i suoi testi si offrono come strumenti per prendere consapevolezza di quello che già è, per capire quello che, in fondo, già sappiamo".

Peppino Ortoleva,
L'uomo e il suo messaggio

Tra le affermazioni qui riportate individuare la sola coerente con il pensiero di McLuhan.

A. Da Edison fino al PC si conclude e culmina la fase di allontanamento dalla comunicazione orale primitiva, di cui si è ormai persa ogni caratteristica
B. La diffusione della stampa, la Galassia Gutenberg, ha permesso una personalizzazione dell'acquisizione del sapere
C. Più della radio, la televisione, affidandosi quasi esclusivamente alla vista, invita ad una recezione passiva e acritica
D. L'alfabeto fonetico rese possibile un nuovo tipo di comunicazione, più freddo perché meno condizionato dalla gestualità
E. *Gli Strumenti del comunicare* di McLuhan può essere considerato una forma di comunicazione fredda, in quanto le idee che vi sono espresse esigono di essere completate dal lettore

251) "Non è chiaro se l'effetto serra esista veramente e riscaldi la Terra ma di certo la polemica sull'argomento è rovente, come dimostra lo scontro in corso negli Usa sul film 'L'alba del giorno dopo', che mentre scrivo deve ancora uscire. Non esistono dubbi sul fatto che le attività antropiche causano l'emissione di anidride carbonica nell'atmosfera, dubbi e polemiche sorgono tuttavia quando si intende valutare sulla base di misure e di modelli teorici l'impatto che questa emissione ha sul clima. (...) In tempi ormai remoti la Terra ha subito variazioni climatiche brutali e ben documentate, basti pensare all'era glaciale, variazioni certo non legate all'attività dell'uomo. Lungo l'arco dei secoli la radiazione solare potrebbe subire o avere subito variazioni tali da alterare il clima terrestre ben al di fuori delle competenze del protocollo di Kyoto. Siamo condannati alla navigazione a vista e rimango scettico sia davanti al catastrofismo demagogico e scontato dei profeti di sventura sia verso il futuro radioso dei trionfalisti".

Tullio Regge, *Effetto serra. Un imprevisto ci salverà*, La Stampa, 29/4/2004

UNA SOLA delle seguenti affermazioni È AUTORIZZATA dall'articolo citato di Tullio Regge.

A. È cosa ben chiara per uno scienziato che il protocollo di Kyoto è un espediente demagogico scientificamente irrilevante
B. Le radiazioni solari non influenzano le variazioni climatiche
C. La convinzione che le attività antropiche causino emissione di anidride carbonica nell'atmosfera non ha alcun fondamento scientifico
D. Mai comunque sulla Terra si sono verificate variazioni climatiche evidenti e importanti come nel nostro tempo
E. La valutazione dell'impatto sul clima dell'emissione di anidride carbonica nell'atmosfera è dubbia e controversa

252) "Fa attenzione alle forme con cui costruisce il contadino. Perché sono patrimonio tramandato dalla saggezza dei padri. Cerca però di scoprire le ragioni che hanno portato a quella forma. Se i progressi della tecnica consentono di migliorare la forma, bisogna sempre adottare questo miglioramento. [...] Sii vero. La natura sopporta soltanto la verità. Va d'accordo con i ponti a travi reticolati in ferro, ma rifiuta i ponti ad archi gotici con torri e feritoie. Non temere di essere giudicato non moderno. Le modifiche al modo di costruire tradizionale sono consentite soltanto se rappresentano un miglioramento, in caso contrario attieniti alla tradizione. Perché la verità, anche se vecchia di secoli, ha con noi un legame più stretto della menzogna che ci cammina al fianco".

Adolf Loos, *Parole nel vuoto*, Adelphi, Milano 1990

UNO SOLO dei giudizi sotto riportati È a rigore ricavato dal discorso di Loos. Quale?

A. La natura ama la verità e accoglie male i frutti della tecnologia
B. Nelle forme tradizionali popolari c'è un senso che merita di essere riscoperto
C. Chi non comprende il senso della tradizione non può essere un vero innovatore
D. Siamo sempre più legati alle menzogne di moda che alle verità fuorimoda
E. Gli strumenti moderni impongono sempre una modernizzazione delle forme

253) "Molti [...] sosterrebbero che il modo migliore per aiutare i poveri è favorire la crescita dell'economia. Essi credono nell'economia del trickle down o permeabile, quella cioè che, goccia a goccia, dovrebbe prima o poi far arrivare i vantaggi della crescita anche ai poveri. La teoria economica del trickle down non è mai stata molto più di una credenza, un articolo di fede. Nell'Inghilterra del XIX secolo, l'indigenza sembrava in aumento anche se, nel complesso, il paese prosperava. La crescita degli anni Ottanta in America ci fornisce l'esempio drammatico più recente: in pieno progresso economico, i più poveri hanno visto ridursi ulteriormente i loro redditi reali. [...] E quando lasciai la Casa Bianca per andare alla Banca mondiale, portai con me lo stesso scetticismo nei confronti di questo tipo di politica: se non aveva funzionato negli Stati Uniti, perché mai avrebbe dovuto funzionare nei paesi in via di sviluppo? Se da una parte è vero che non è possibile ridurre in modo significativo la povertà senza una crescita economica sostenuta, non è vero l'opposto: non è detto che la crescita vada a vantaggio di tutti. Non è vero che l'alta marea solleva tutte le barche...".

Joseph E. Stiglitz, *La globalizzazione e i suoi oppositori*, Einaudi, Torino 2002

Quale delle seguenti affermazioni È COERENTE con il pensiero di Stiglitz?

A. La diminuzione della povertà non è un problema che riguardi l'economia
B. Crescita economica e diminuzione della povertà non sono correlate
C. Crescita economica e diminuzione della povertà sono inversamente proporzionali
D. La crescita economica è condizione necessaria a contrastare efficacemente la povertà
E. La crescita economica è condizione sufficiente a contrastare efficacemente la povertà

254) "È famoso come poeta dialettale piemontese, ma di professione faceva il medico. Edoardo Ignazio Calvo nacque a Torino il 13 ottobre 1773, nella casa dove suo padre visitava i pazienti. Per il figlio desiderava un futuro simile. Le insistenze paterne furono tali che si iscrisse alla facoltà di Medicina e si laureò con una tesi in latino sullo scorbuto. Sebbene avesse affrontato quegli studi controvoglia, alla professione si dedicò con intelligenza e capacità; proprio mentre curava i malati di tifo nell'antica sede dell'ospedale San Giovanni Battista, contrasse anche lui l'infezione, morendone esattamente due secoli fa. Nonostante [...] l'intensa attività letteraria (scrisse favole esopiche e satire politiche) trovò anche il tempo di scrivere un interessante lavoro scientifico a proposito di piante e animali velenosi, in cui si schierava contro le false credenze da Plinio in poi, e faceva una rassegna rapida delle testimonianze attendibili sui veleni presenti in natura".

Anna Buoncristiani, *Il poeta che sperimentò il vaccino antivaiolo*, Tutto Scienze-La Stampa, 28/4/2004

UNA SOLA delle seguenti considerazioni È AUTORIZZATA dall'articolo citato. Quale?

A. Il tifo era, nei secoli scorsi, una malattia sempre mortale
B. Non era possibile per un figlio, nei secoli passati, ribellarsi all'autorità paterna
C. L'esercizio di un'attività intensa in campo medico assorbe tutte le energie di chi vi si dedica generosamente
D. Capitava, nel '700, che uno studioso, pur giovane, desse un contributo originale alla cultura sia scientifica sia letteraria
E. Il ricorso alle erbe in campo medico, è sempre sicuro, in quanto fondato su incontrovertibili esperienze millenarie

255) "Dopo Mario Draghi arriva Antonio Catricalà. Dopo la Banca d'Italia, anche l'Antitrust bastona le banche per i costi troppo alti dei conti correnti. 'I correntisti spendono in media 182 euro l'anno, molto di più che nel resto d'Europa' accusa l'autorità presieduta da Catricalà, che da un anno ha ricevuto dall'istituto di via Nazionale la competenza della tutela della concorrenza bancaria e che ieri ha diffuso le conclusioni della sua indagine conoscitiva sul caro sportello. Tale indagine ha preso spunto da un'analisi avviata congiuntamente dalle due autorità e poi proseguita e approfondita autonomamente dall'Antitrust. Del resto anche la Banca d'Italia, come ha fatto sapere sabato il Governatore, ha sviluppato il suo monitoraggio. E non v'è dubbio che l'esito di entrambe le verifiche e dello studio fatto recentemente dalla Commissione di Bruxelles confermino, seppur con cifre e parametri diversi, la circostanza che il correntista italiano è penalizzato rispetto agli altri cittadini europei. Per l'Antitrust, che sollecita la portabilità del conto corrente, allo sportello in Italia si spendono in media circa 182 euro all'anno, contro per esempio i 35 euro dell'Olanda o i 65 di Belgio e Regno Unito, i 99 della Francia o i 108 della Spagna. E ciò perché il "nostro sistema creditizio è meno competitivo". La vera sorpresa sta nella scoperta fatta dagli uomini di Catricalà. E cioè la minore convenienza per il cliente dei conti correnti a canone, ovvero a costo fisso mensile o annuale, pubblicizzati dalle banche come i più economici. Dall'indagine infatti è emerso che i conti meno costosi sono in nove casi su dieci quelli 'a consumo', seguiti dai conti a canone con operazioni illimitate e infine, i più cari, quelli a canone con operazioni limitate. I più convenienti in assoluto, con costi inferiori del 60%, sono comunque i conti online. È stato fatto anche un sondaggio per tipologia familiare: i nuclei monoreddito spendono in media da 177,2 a 208,8 euro l'anno. Quelle bireddito circa 196,3 euro. I giovani in cerca del primo impiego 76,3 euro e i pensionati 96,6 euro".

Stefania Tamburello, *Caro-sportello, antitrust contro le banche*, Corriere della sera

In base al brano è deducibile che Antonio Catricalà:

A. è succeduto a Mario Draghi alla presidenza dell'Antitrust
B. presiede l'Antitrust
C. presiede una banca
D. è il presidente dell'Antitrust e della Banca d'Italia
E. presiede la Banca d'Italia

256) In base a quanto riportato nel brano, quale tra le seguenti affermazioni è esatta?

A. I conti correnti spagnoli forniscono un reddito inferiore rispetto ai conti correnti olandesi
B. È sempre più vantaggioso essere un correntista italiano che un correntista olandese
C. Nel Regno Unito i costi dei conti correnti sono sensibilmente più alti che in Belgio
D. Il costo medio per tenere aperto un conto corrente è superiore in Spagna che in Francia
E. I conti correnti a canone, ovvero a costo fisso mensile o annuale, sono i più economici

257) "Hong Kong, Singapore, Taiwan, Cina, Malaysia, Thailandia, Indonesia, Filippine, India, tutto il Centro e il Sudamerica, Australia, Nuova Zelanda, Sudafrica, Paesi europei dell'ex blocco comunista (Russia, Ungheria, Repubblica Ceca, Slovacchia e così via). A esclusione dei primi tre – che comunque sono tradizionalmente inclusi nell'area degli emergenti perché molto dipendenti dalle economie vicine e per l'alta volatilità dei loro mercati azionari – sono questi i Paesi emergenti, caratterizzati da un reddito pro capite inferiore alla media (secondo i dati della World Bank) e da un tasso di crescita dell'economia sensibilmente più elevato di quello dei Paesi già sviluppati: negli anni '90 il Pil dei Paesi asiatici è cresciuto al ritmo del 10% annuo, e la previsione della World Bank è che nel XXI secolo il tasso di sviluppo sia vicino al 7,5%, cioè tre volte la crescita stimata dei Paesi occidentali. Lo sviluppo in America Latina e nell'Est europeo, sebbene di molto inferiore a quello dei Paesi asiatici, dovrebbe essere doppio rispetto a quello dei Paesi occidentali. Gli investitori spaventati dalle borse emergenti dovrebbero ricordare che alla fine dell'Ottocento gli stessi Stati Uniti erano considerati dai ricchi europei un grande Paese emergente. Investirvi era un'avventura ai limiti dell'azzardo: frodi e fallimenti (inclusi quelli di alcuni enti pubblici come lo Stato del Mississippi) erano all'ordine del giorno. Ciononostante gli Stati Uniti sono emersi come la più forte economia mondiale e Wall Street si è rivelato il maggior investimento del XX secolo. Allo stesso modo, alla fine degli anni '60 il Giappone era un mercato emergente (o riemergente dalla sconfitta della seconda guerra mondiale); grazie alla determinazione e alla imprenditorialità dei suoi abitanti, ha prodotto un miracolo economico che lo ha proiettato rapidamente nel club delle grandi potenze. Un investimento di 10.000 dollari nella borsa giapponese nel 1962 si sarebbe trasformato in un capitale di 1,5 milioni di dollari alla fine del 1997, nonostante la pessima performance del Kabuto-cho (la borsa di Tokyo) negli anni '90".

Marco Liera e Andrea Beltratti,
Capire la borsa. Guida all'investimento,
Il Sole 24 ore

Quale di queste affermazioni è esatta, relativamente al brano?

A. Le economie emergenti garantiscono margini di guadagno molto alti
B. Nessun Paese africano appartiene alla sfera delle economie emergenti
C. Taiwan appartiene più che altro per convenzione, oltre che per la volatilità del suo mercato azionario, ai Paesi considerati emergenti
D. I tassi di crescita dei vari Paesi emergenti sono determinati dalla World Bank
E. Le Repubbliche islamiche appartengono anch'esse ai Paesi emergenti

258) Quale tra le seguenti affermazioni è ricavabile dal testo?

A. L'economia europea si avvia ad un lento declino
B. Nel corso del Novecento l'economia degli Stati Uniti ha fatto un tale balzo in avanti da superare quella europea
C. Sebbene abbiano un'economia in forte crescita, i Paesi asiatici non potranno mai superare gli Stati Uniti che sono la maggiore potenza economica mondiale
D. In futuro dovrebbe essere l'Africa la nuova economia emergente
E. Il prodotto interno lordo dell'America Latina cresce a un ritmo inferiore rispetto a quello dell'Europa dell'Est

259) Il Giappone:

A. non ha mai conosciuto tra il '62 e il '97 momenti di cattivo andamento della propria economia
B. è un Paese troppo piccolo per poter contare a livello globale pur avendo oggi un'economia piuttosto forte
C. tra il '62 e il '97 ha più che centuplicato il valore del proprio mercato azionario

D. è un paese con forti tradizioni politiche e sociali
E. ha conosciuto un miracolo economico nella seconda metà del Novecento grazie alla competitività delle sue tecnologie digitali

260) "Con la diffusione del cristianesimo, nel terzo e nel quarto secolo, l'educazione liberale impostata sui canoni greci – che aveva contraddistinto un uomo (e a volte una donna) di cultura durante i precedenti ottocento anni – venne sempre più considerata inadatta per i cristiani. Nel 415 Ipazia, una studiosa di matematica nota per la sua erudizione e per la sua bellezza, venne brutalmente assassinata da una banda di monaci al servizio dell'arcivescovo San Cirillo. Nel 529 l'Accademia di Atene, fondata da Platone circa mille anni prima, fu chiusa dalle autorità ecclesiastiche perché era troppo 'pagana'. Nell'Europa occidentale il declino della cultura fu accelerato dalle ripetute invasioni degli ostrogoti, dei visigoti, dei vandali e degli unni. Gli unni di Attila invasero l'Italia settentrionale nel 452. Roma stessa venne conquistata nel 476 dai goti di Odoacre e l'ultimo imperatore romano, Romolo Augustolo, fu da essi deposto. In seguito, ci furono poche opportunità per studiare la geometria e l'astronomia, dal momento che queste discipline possono essere apprese soltanto attraverso un costoso processo educativo formale, che richiede tempo, sforzi e insegnanti preparati. Presupposti di questo genere esistono solo quando c'è un'élite sufficientemente benestante e interessata a investire nello studio il tempo, il denaro e gli sforzi necessari. Nella nuova Europa cristiano-barbarica, con le sue élite militari ed ecclesiastiche, la cultura astratta aveva scarsa importanza. E per questo, senza un mercato di insegnanti e di studenti, non potevano svilupparsi istituzioni per l'apprendimento. L'Europa feudale, dopo tutto, non aveva bisogno di una matematica che andasse oltre i conti da mercato. Non è tanto l'assenza della matematica e della scienza in una società a essere sorprendente, ma piuttosto il fatto che tali forme di cultura si siano sviluppate di tanto in tanto in qualche luogo. L'oscurità che scese sull'Europa fu aggravata dalla conquista araba dell'Africa settentrionale e dell'Asia occidentale dopo il 622, evento che provocò l'interruzione degli ultimi legami commerciali tra l'Europa e le società più progredite dell'Oriente, isolando in questo modo il continente nella sua ignoranza. Il dominio totale del cristianesimo, una religione mistica con una teologia illogica, sfavorì lo sviluppo del pensiero logico anche (e forse soprattutto) presso i pochi che sapevano leggere. In confronto allo splendore intellettuale dell'Età Ellenistica, è come se in Europa, durante il Medio Evo, fosse stata 'spenta la luce'. A noi, che ci troviamo a vivere cinquecento anni dopo il Rinascimento, il fatto che l'Europa sia gradualmente uscita dalla sua ignoranza può sembrare un segno dell'inevitabilità del progresso. Ma anche se a un certo momento deve esserci stata una qualche apertura verso la conoscenza secolare, la rivoluzione scientifica che seguì può essere attribuita alla fiamma della matematica greca che fu tenuta accesa in Oriente. E la sopravvivenza di questa fiamma non era per niente inevitabile, anzi. Costantinopoli rimase la capitale dell'impero bizantino dopo la caduta di Roma. Romana quanto a struttura politica, greca quanto a lingua, cristiana quanto a religione, continuò a essere uno dei centri più importanti della cultura cristiana per più di mille anni. Tuttavia, la religione estese sempre più il suo dominio sulla vita intellettuale, e per quanto le antiche opere di Euclide e di Tolomeo fossero conservate nelle biblioteche, sempre meno furono coloro che si dedicarono al loro studio".

Secondo l'autore del brano, la diffusione della religione cristiana ha:

A. permesso la conservazione delle opere antiche
B. portato cultura e conoscenza in Europa
C. spostato l'attenzione degli studiosi dalla scienza all'etica
D. favorito lo studio della geometria e dell'astronomia
E. causato il declino della cultura scientifica

261) "Il cinema si esprime attraverso immagini in movimento, unite a una colonna sonora. L'illusione del movimento è data dal fatto che sullo schermo vengono proiettati 24 fotogrammi al secondo, a una velocità tre volte superiore al tempo di persistenza di un'immagine sulla retina (pari a 1/10 di secondo); in un tempo così rapido, naturalmente, l'occhio non riesce a distinguere separatamente ogni singolo fotogramma, ma li fonde insieme ricevendo l'impressione del movimento. L'immagine ha una forte adesione alla realtà, il movimento e il sonoro l'arricchiscono e ne rendono più viva ed efficace la fruizione. In questo modo il cinema giunge al ricevente in modo diretto, producendo l'impressione di trovarsi ad assistere all'azione nel momento stesso del suo svolgimento, di non essere di fronte a una finzione, ma alla realtà. Gli spettatori che hanno assistito alla prima proiezione pubblica (28 dicembre 1895) dell'arrivo di un treno alla stazione in uno dei primi filmati dei fratelli Lumière, gli inventori del cinematografo, fuggirono spaventati. Oggi il pubblico non è più così ingenuo, ma ugualmente si appassiona, come se fosse vera, alla storia proiettata sullo schermo, anche se riconosce la differenza fra immagine filmica e realtà ripresa, ben conosce come sia determinante il ruolo dell'autore (il regista) che rielabora i materiali di base, e sa che il cinema apre la porta su un'altra dimensione, del tutto immaginaria. La soggettività del cinema si manifesta su due piani: innanzitutto il mondo rappresentato è il risultato della fantasia e dell'elaborazione dell'autore; ma la soggettività interviene anche nel rapporto fra lo spettatore e quanto è proiettato sullo schermo, poiché ciascuno di noi coglie in modo personale la situazione rappresentata, la integra con quanto sa già e con le aspettative che si è costruito, e in questo modo partecipa alla definizione del senso del film".

Dal brano è possibile dedurre che il significato di un film:

A. è universale
B. non è univoco
C. non può essere diverso da quello progettato dal regista
D. è univoco
E. si presta a un'unica interpretazione

262) "Gli spin-off sono le scissioni di rami d'azienda, operazioni poste in essere per massimizzarne il valore. La scissione di una parte dell'attività (magari quella più profittevole e/o a maggiori potenzialità) può infatti essere interpretata positivamente dal mercato, che vede con maggiore chiarezza e focalizzazione un particolare business che altrimenti resterebbe in una situazione di opacità. Tipici esempi di scissioni sono gli spin-off dei rami immobiliari delle aziende (Unim scissa dall'Ina), ma anche delle attività su Internet degli ex monopolisti delle telecomunicazioni (Terra Networks da Telefonica de España oppure T-Online da Deutsche Telekom). Nelle operazioni di spin-off la creazione di valore può essere spettacolare ma talvolta eccessiva: valga per tutti l'esempio di Palm dalla 3Com del marzo 2000. 3Com è un'azienda californiana con due linee business: la prima è il computer networking, in cui subisce la durissima concorrenza del numero uno mondiale, Cisco. La seconda è la produzione di Pda (personal digital assistant), computer tascabili senza fili che hanno avuto uno straordinario successo a partire dal 1995: un business nel quale la 3Com è sempre stata leader mondiale con il marchio Palm Pilot. Nel novembre 1999 3Com, quotata al Nasdaq, ha una capitalizzazione di Borsa di oltre 10,5 miliardi di dollari. L'attesa dello spin-off di Palm fa salire la capitalizzazione fino a 42 miliardi all'inizio del marzo 2000. 3Com effettivamente scorpora la divisione Palm collocandone in borsa il 5% (e rimanendo proprietaria del restante 95%) giovedì 2 marzo 2000, a un prezzo di 38 dollari per azione. Il debutto di Palm al Nasdaq è spettacolare: la matricola apre le contrattazioni toccando un massimo a 165 dollari, per poi ripiegare in chiusura a 95. Un prezzo sufficiente a valutare Palm 53,4 miliardi, più di quanto valesse la 'mamma' 3Com".

Marco Liera e Andrea Beltratti, *Capire la borsa. Guida all'investimento*, Il Sole 24 ore

Secondo il brano:

A. la scissione di un ramo d'azienda che coinvolse Palm avvenne perché 3Com intendeva valorizzare un marchio già forte sul mercato
B. il marchio Palm nasce come spin-off nel momento in cui 3Com decise di investire nella propria produzione di Pda
C. il debutto di Palm al Nasdaq è deludente
D. 3Com decise di creare uno spin-off per valorizzare un marchio che sul mercato si era indebolito dopo aver conosciuto un notevole successo a partire dal 1995
E. il marchio Palm Pilot era uno spin-off di 3Com già prima del marzo 2000; a partire da quella data, cambiò nome in Palm

263) "Tutti noi siamo convinti di saper distinguere immediatamente e senza ambiguità, tra vari oggetti, quelli naturali e quelli artificiali: una roccia, una montagna, un fiume o una nube sono oggetti naturali; un coltello, un fazzoletto, un'automobile sono oggetti artificiali. Ma appena si analizzano tali giudizi ci si accorge che essi non sono né immediati né del tutto obiettivi. Sappiamo che il coltello è stato forgiato dall'uomo per un uso, per una prestazione progettata in precedenza. L'oggetto materializza quindi l'intenzione preesistente da cui ha tratto origine e la sua forma è giustificata dalla prestazione a cui era destinato ancor prima della sua effettiva realizzazione. Nulla di simile per il fiume o per la roccia che sappiamo o pensiamo modellati dal libero gioco di forze fisiche alle quali non sapremmo attribuire alcun 'progetto'. Tutto ciò naturalmente è valido se si ammette il postulato fondamentale del metodo scientifico secondo cui la Natura è oggettiva e non proiettiva".

Se si ammette il postulato fondamentale del metodo scientifico citato nel brano:

A. gli oggetti naturali possono essere considerati artificiali se usati per un fine determinato
B. la natura non agisce con un "progetto"

C. gli oggetti naturali sono modellati dal libero gioco di forze fisiche
D. è sicuramente corretta la distinzione fra oggetti naturali e artificiali
E. in natura tutto avviene per caso

264) "Io vorrei dire a questa generazione:
imparate a memoria qualche verso di verità o bellezza.
Potrebbe servirvi nella vita.
Mio marito non ebbe niente a che fare col fallimento della banca: (...)
fu mandato in prigione e io rimasi con i bimbi,
a doverli nutrire, e vestire e mandare a scuola.
E io lo feci, e li avviai nel mondo ben puliti e robusti,
e tutto per la saggezza del poeta Pope:
– Recita bene la tua parte, in questo consiste l'onore –"

Edgar Lee Masters, *Spoon River Anthology*, trad. Fernanda Pivano, Einaudi, Torino

La signora George Reece, di cui questo è l'epitaffio, esprime qui la concezione che ha Edgar Lee Masters della vita e dell'arte, concezione che noi possiamo così interpretare (INDICARE l'affermazione INCONGRUENTE col testo citato):

A. noi uomini siamo come attori a cui è stata assegnata una parte. Che sia da protagonista o da comparsa non importa, importa interpretarla bene
B. chi è colpito dalla sventura e offeso dall'ingiustizia è costretto a subire gli eventi, e proprio per questo viene spinto alla disperazione
C. non è vero, come talora sembra, che siamo del tutto impotenti di fronte al destino: il poeta saggio ci insegna che sta a noi decidere se viverlo con viltà o con dignità
D. la poesia, se è rivelazione di una verità nella forma della bellezza, può costituire una inestimabile ricchezza per chi ne comprende e ne fa proprio il messaggio
E. nel mondo nessuno è padrone del proprio destino, ma tutti possono scegliere come viverlo ed è questo che conta

265) "Negli ultimi cento anni l'acidità della pioggia e della neve nella zona Est degli Stati Uniti e nel Nord dell'Europa è aumentata di più di 30 volte, con il risultato che il pH dei laghi e dei fiumi in queste zone è diminuito da 5,6 a circa 5,0. La pioggia acida si forma nell'atmosfera per reazione dell'acqua con gli ossidi di zolfo e azoto derivanti dalla combustione del carbone e del petrolio, che contengono appunto piccole quantità di zolfo e di azoto. Così la pioggia diventa in realtà una soluzione diluita di acidi fosforico e nitrico".

Quale delle seguenti affermazioni NON può essere dedotta dalla lettura del brano precedente?

A. Nell'acqua piovana è contenuto acido solforico
B. L'acido solforico si forma per interazione dell'acqua con ossidi di zolfo
C. Nell'acqua piovana è contenuto acido nitrico
D. Il pH dei laghi e dei fiumi è diminuito di 30 volte nelle zone interessate dalle piogge acide
E. Gli ossidi di zolfo e di azoto derivano dalla combustione di impurità contenute nel carbone e nel petrolio

266) "Abbiamo incontrato scienziati che amano abbastanza la propria disciplina da non volerla privare dell'intelligenza delle donne. Ancora troppo pochi. Era il Natale del 2000, in Italia si discuteva dell'esito della Commissione Dulbecco che doveva suggerire se e come autorizzare la ricerca sulle cellule staminali. Per una donna il dibattito aveva una comicità surreale: ventiquattro signori, alcuni votati al celibato, litigavano sull'eventuale uso di embrioni senza consultare chi normalmente li fa, li partorisce, li accudisce e li trasforma in persone umane.
Basta dare un'occhiata alle ricerche sulle carriere femminili nei centri di ricerca statali, per vedere che le donne non contano. Anche nelle discipline in cui sono più numerose degli uomini, non fanno 'massa critica', smentendo così la teoria che sta dietro alle pari opportunità. Rimangono bassa manovalanza, quasi mai raggiungono posti di responsabilità. Rispetto al mondo della letteratura e delle arti, dove l'autorevolezza intellettuale e la creatività delle donne non sono più messe in discussione, il mondo scientifico è piuttosto conservatore. Dalla pubblicazione nel 1997 su 'Nature' dell'articolo di Christine Wennerås e Agnes Wold, biologhe dell'università di Göteborg, si sa che gli esperti chiamati dal Consiglio svedese per la ricerca medica ad approvare i progetti finanziati con fondi pubblici applicano alle candidate un fattore di discriminazione di 2,6. Nel senso che le ricerche proposte da donne ricevono finanziamenti soltanto se ottengono un punteggio di 2,6 volte superiore a quelle proposte da uomini. L'effetto di questa prassi, diffusa ovunque e non solo nella Svezia delle pari opportunità, è stato da un lato la discriminazione, dall'altro il perpetuarsi fino a pochi anni fa di una ricerca medica scriteriata, proprio nel senso di priva di criteri oggettivi, per cui il corpo-standard era quello maschile. I genetisti hanno propagandato questa visione.
Dopo la pubblicazione nel febbraio scorso della mappa del genoma, sono diventati più cauti. Era ora. Il libro *The Century of the Gene* elenca i vicoli ciechi imboccati storicamente dai genetisti. È emblematico James Bonner che nel 1965 pubblica un trattato sull'embriogenesi. A proposito dello sviluppo dell'embrione, Bonner ne colloca il programma genetico nel nucleo dello spermatozoo. Nella sostanza, questa posizione non rappresenta una novità: dopo duemila e passa anni, Bonner prende ancora per buona la tesi che Eschilo, nelle Eumenidi, attribuisce ad Apollo: «Non è colei che ha partorito, la madre del bambino che si dice sia stato da lei stessa generato: ella ha solo nutrito il seme che le è stato insediato. Vero creatore è colui che ha cosparso il seme»".

L'argomento centrale del brano è:

A. l'atteggiamento maschilista diffuso nel mondo della ricerca scientifica
B. le rivendicazioni femminili circa la gestione del potere nel mondo della ricerca scientifica
C. il confronto tra la situazione femminile nel campo delle arti e nel campo economico/scientifico
D. la ricerca scientifica nei centri di ricerca statali
E. la differenza intellettuale tra uomo e donna

267) Quale delle seguenti affermazioni NON è concorde con quanto sostenuto nel brano?

A. L'assunto della ricerca di James Bonner sull'embriogenesi ha radici culturali molto lontane nel tempo
B. Nell'università di Göteborg le ricerche proposte da uomini sono più

facilmente finanziate con fondi pubblici rispetto a quelle proposte da donne
C. La commissione Dulbecco aveva come oggetto la ricerca sulle cellule staminali
D. La pubblicazione della mappa del genoma non ha per nulla modificato la visione maschilista vigente in ambito scientifico
E. Secondo Apollo il vero creatore di un bambino è colui che ha cosparso il seme

268) In base al contenuto del brano, si può affermare con certezza che chi lo ha scritto:

A. è un genetista
B. detesta la letteratura greca
C. ha studiato all'università di Göteborg
D. lavora in un laboratorio svedese
E. considera le ricercatrici scientifiche meno potenti dei loro colleghi maschi

269) Perché nel brano la ricerca medica è definita "scriteriata"?

A. Perché tendenzialmente conservatrice
B. Perché priva di criteri oggettivi
C. Perché dimentica le sue radici umanistiche
D. Perché finanziata secondo criteri eticamente scorretti
E. Perché rivolta a premiare studi condotti da maschi

270) Secondo quanto espresso nel brano, da cosa risulta smentita la teoria delle pari opportunità?

A. Dal maschilismo preponderante anche nel campo della ricerca
B. Dal fatto che, secondo una ricerca, i progetti delle donne ricevono un punteggio discriminato di un fattore pari a 2,6 rispetto ai progetti degli uomini
C. Dal fatto che nelle discipline scientifiche il conservatorismo maschile è ancora preponderante
D. Dal fatto che la ricerca medica adotta ancora quello maschile come "corpo-standard"
E. Dal fatto che, anche nelle discipline in cui sono più numerose dei colleghi maschi, le donne non riescono a raggiungere in misura significativa posti di responsabilità

271) "...tra le cattive abitudini del pensiero scientifico occidentale possiamo annoverare le posizioni che chiamiamo atomismo, riduzionismo e determinismo. Dietro queste c'è l'idea che le totalità debbano essere comprese scomponendole nelle loro unità basilari, che le proprietà di unità microscopiche possano generare e spiegare il comportamento dei loro risultati macroscopici, che tutti gli eventi e gli oggetti abbiano cause precise, prevedibili e determinate. Queste idee ci sono state utili nello studio degli oggetti semplici, che sono costituiti di pochi componenti e che non sono influenzati dalla storia... Ma gli organismi sono molto di più che un semplice amalgama di geni. Essi hanno una storia che ha importanza e le parti che li compongono interagiscono tra di loro in maniera complessa. Gli organismi sono costituiti di geni che operano di concerto, influenzati dall'ambiente, tradotti in parti che la selezione vede, e in parti che sono ad essa invisibili."

Stephen Jay Gould, *Darwiniana*, in *Il pollice del panda*

Una sola delle seguenti affermazioni È DEDUCIBILE dal testo riportato.

A. La concezione atomista deve essere assolutamente rinnegata quando si studiano gli organismi complessi

B. Cercare le cause che spiegano e permettono di prevedere i fenomeni è sempre inutile nell'ambito della scienza biologica
C. Un organismo non è mai riducibile ai suoi componenti e pertanto deve essere studiato solo in una prospettiva storica
D. Lo studio degli organismi richiede criteri che non coincidono sempre con quelli del determinismo scientifico
E. La concezione determinista della scienza classica non ha alcuna utilità quando si debbano spiegare fenomeni biologici

272) "La tattica dell'onorevole Giolitti è stata sempre quella di una politica conservatrice fatta per mezzo dei condottieri dei partiti democratici: sia lusingandoli e addomesticandoli per mezzo di qualche attenzione individuale (siamo arrivati già alle nomine senatoriali) sia, quando si tratti di uomini personalmente disinteressati, come Turati e Bussolati, conquistandoli con qualche riforma che non intacchi seriamente gli interessi economici e politici dei gruppi dominanti nel governo. (...) Giolitti migliorò o peggiorò la situazione elettorale in Italia? La risposta non è dubbia per chi voglia giudicare senza le traveggole dell'amicizia. La trovò e la lasciò nell'Italia settentrionale quale si andava via via migliorando. La trovò cattiva e la lasciò peggiore nell'Italia meridionale."

G. Salvemini, *Il ministro della malavita e altri scritti sull'Italia giolittiana*, Feltrinelli, Milano, 1962

Delle seguenti considerazioni UNA sola è RIGOROSAMENTE DEDOTTA dalla tesi esposta da Salvemini. Quale?

A. Giolitti non riuscì a conquistare i condottieri più disinteressati dei partiti democratici
B. La politica di Giolitti non ebbe alcuna influenza sul costume politico dell'Italia meridionale
C. Le concessioni di Giolitti ai partiti progressisti non furono tali da intaccare seriamente gli interessi della classe dominante
D. Giolitti si impegnò a migliorare il costume elettorale solo nell'Italia settentrionale
E. I giudizi su Giolitti sono stati per lo più condizionati dalla benevolenza di chi gli fu amico

273) "Erra chi crede che la vittoria delle imprese consista nello essere giuste o ingiuste, perché tutto dì si vede il contrario: che non la ragione, ma la prudenza, le forze e la buona fortuna danno vinte le imprese. È ben vero che in chi ha ragione nasce una certa confidenza, fondata sulla opinione che Dio dia la vittoria alle imprese giuste, la quale fa gli uomini arditi e ostinati: dalle quali due condizioni nascono talvolta le vittorie. Così l'avere la causa giusta può per indiretto giovare, ma è falso che lo faccia direttamente".

Francesco Guicciardini, *Ricordi*, n. 147

UNO SOLO dei motivi elencati NON È rilevante, secondo Guicciardini, per il buon esito di un'impresa. Individuatelo:

A. l'ostinazione a perseguire una meta che si crede giusta
B. il fatto che la causa che si difende sia oggettivamente giusta
C. la fiducia in un Dio giusto
D. la determinazione nel lottare per ciò che si crede giusto
E. la buona sorte

274) "Chiunque scriva di storia è necessariamente obbligato a scegliere solo una piccola quantità delle testimonianze disponibili, e se questo viene fatto con onestà, si tratta di una prassi tanto ineccepibile quanto inevitabile. La necessità di semplificare ci ricorda tuttavia che la falsificazione si ottiene più facilmente attraverso le omissioni anziché per esplicite affermazioni. L'interpretazione del passato implicherà sempre una semplificazione, talvolta anche un eccesso di semplificazione (e di conseguenza la distorsione), ma esiste comunque una garanzia nel fatto che in seguito altri storici potrebbero criticare qualunque interpretazione non tenga conto di testimonianze pertinenti in grado di offrire una differente versione dei fatti".

Denis Mack Smith, *La storia manipolata*, Laterza, 2000

UNA SOLA delle norme operative qui elencate PUÒ essere dedotta dalla concezione espressa nel passo citato di Mack Smith.

A. Uno storico onesto deve operare delle scelte tra le testimonianze che ha a disposizione
B. Uno storico onesto deve essere rigorosamente obiettivo nel pronunciare giudizi
C. Uno storico onesto non ha il diritto di operare scelte tra le testimonianze che ha a disposizione
D. Uno storico onesto non deve mai far ricorso a semplificazioni
E. Uno storico onesto non deve tralasciare nessuna testimonianza

---

275) "Sul *Corriere della sera* di qualche giorno fa c'era la notizia che su Internet grandi motori di ricerca metteranno a nostra disposizione milioni di libri e ci si domandava se questo avrebbe comportato la scomparsa delle biblioteche a cui siamo abituati da secoli. [...] Ma il vero grande pericolo di questa trasformazione mi sembra un altro: [...] Chi farà la scelta? Quali criteri seguirà nel prendere e nello scartare? Alcune previsioni è facile farle. La storia è sempre stata scritta da chi ha il dominio politico, culturale e tecnologico. Egli ha imposto la sua lingua e la sua visione del mondo. [...] Oggi chi deciderà cosa è importante leggere e che cosa non lo è? Coloro che dominano la cultura mondiale con la loro potenza e con la loro lingua: gli anglosassoni. [...] Questo e non altro è il pericolo. La perdita di tutto ciò che è diverso, deviante, non capito, non visto, rifiutato. Perciò io dico ai governi, agli studiosi di tutti i paesi del mondo: per favore, salvate il nostro passato. [...] Lottate per inserire nella grande biblioteca tutto ciò che potete del vostro patrimonio nazionale, nella lingua originale. Tutto, non solo quello che vi pare buono e quello che vi pare cattivo ora. Perché saranno gli storici, gli studiosi, gli uomini del futuro a decidere cosa era o non era importante. La Chiesa cattolica medioevale non avrebbe messo il *Corano* tra i libri da salvare e oggi gli integralisti islamici non vi metterebbero la *Divina Commedia* [...]".

Francesco Alberoni, *Pubblico e privato*, Corriere della sera, 26/4/2004

Individuate, tra le considerazioni sotto elencate, LA SOLA RIGOROSAMENTE DEDOTTA dal testo citato di Alberoni.

A. Il Corano e la Divina Commedia sono opere a forte rischio di scomparsa
B. È naturale che su Internet non tutte le testimonianze del passato vengano conservate, e a ciò bisogna rassegnarsi e adeguarsi
C. Nella biblioteca di Internet, l'unico problema del lettore è quello di scegliere quale leggere tra milioni di testi

D. La scomparsa delle biblioteche tradizionali può e deve essere contrastata in tutti i modi
E. Gli italiani, come altri, dovrebbero battersi per salvare il proprio patrimonio culturale e la propria lingua

276) Tra le novelle di Verga "La chiave d'oro" è una delle più belle e delle meno conosciute. Ecco il racconto di Verga riassunto da Sciascia: un povero ladro di olive viene ammazzato da un campiere, nella proprietà di un canonico; il campiere, una specie di mafioso, scappa: e il canonico resta a far fronte alla "giustizia", cioè a un giudice che arriva minaccioso accompagnato da medico, cancelliere e sbirri. Fatto il sopralluogo, il Giudice accetta "un boccone": vale a dire un pranzo abbondante e accurato, che finisce col caffè "fatto con la macchina" e un moscadello vecchio "che avrebbe resuscitato un morto" (ma non quel povero morto rimasto sotto l'olivo). Il giorno dopo, un messo viene a dire al canonico che il Sig. Giudice aveva perso nel frutteto la chiave dell'orologio: "e che la cercassero bene che doveva esserci di certo". Il canonico capisce, compra una bella chiave d'oro da due onze, la manda al Giudice: "e il processo andò liscio per la sua strada", il canonico indenne, il campiere indultato poi da Garibaldi. E il canonico usava poi dire al Giudice: "Fu un galantuomo! Perché invece di perdere la sola chiave, avrebbe potuto farmi cercare anche l'orologio e la catena" ... E alla non fatta giustizia del Giudice borbonico, succede l'indulto di Garibaldi. La parabola si compie spietatamente, tremendamente, con questa frase: "nel frutteto sotto l'albero vecchio dove è sepolto il ladro delle ulive, vengono cavoli grossi come teste di bambini".

da L. Sciascia "*Cruciverba*"

UNA sola delle seguenti affermazioni è deducibile dal testo.

A. L'indulto è un atto contrario alla giustizia
B. La chiave dell'orologio del giudice è stata persa nel frutteto durante il sopralluogo
C. L'unica persona onesta del racconto è il canonico; non ha compiuto reato
D. Il Giudice non accetta dal canonico nulla se non l'offerta di un pranzo
E. Garibaldi ristabilisce il rispetto delle leggi in Sicilia

277) "Credo di poter affermare che nella ricerca scientifica, né il grado di intelligenza né la capacità di eseguire e portare a termine con esattezza il compito intrapreso, siano i fattori essenziali per la riuscita e la soddisfazione personale. Nell'una e nell'altra contano maggiormente la totale dedizione e il chiudere gli occhi davanti alle difficoltà: in tal modo possiamo affrontare problemi che altri, più critici e più acuti, non affronterebbero... Il fatto che l'attività svolta in modo così imperfetto sia stata e sia tuttora per me fonte inesauribile di gioia, mi fa ritenere che l'imperfezione nell'eseguire il compito che ci siamo prefissi o ci è stato assegnato sia più consona alla natura umana così imperfetta che non la perfezione".

R. Levi Montalcini,
Elogio dell'imperfezione.

Quali sono, per la Montalcini, le doti essenziali per lo scienziato che vuole riuscire nella ricerca e trarne soddisfazione? (una sola risposta è rigorosamente deducibile dal testo).

A. Atteggiamento vigile e autocritico
B. Intelligenza e distacco
C. Passione e coraggio
D. Acume intellettuale ed efficienza
E. Forte coscienza dei propri limiti

278) "Non essendosi potuto fare in modo che quel che è giusto fosse forte, si è fatto in modo che quel che è forte fosse giusto". "Non essendosi potuto render forte la giustizia, si è giustificata la forza".

Pascal, *Pensieri*

I pensieri citati di Pascal possono essere definiti:

A. aforismi filosofici
B. affermazioni di principi etici
C. valutazioni comportamentali individuali
D. ammonizioni morali
E. riflessioni sulla storia dell'umanità

279) "Naturalmente li omini boni desiderano sapere; so che molti diranno questa essere opra inutile, ... omini i quali hanno solamente desiderio di corporal ricchezze, diletto, e interamente privati di quello della sapienza, cibo e veramente sicura ricchezza dell'anima; perché quant'è più degna l'anima che il corpo, tanto più degne fien le ricchezze de l'anima che del corpo. E spesso quando vedo alcun di questi pigliare essa opra in mano, dubito non sì come la scimia sel mettano al naso, o che mi domandino se è cosa mangiativa".

Leonardo da Vinci

Questo pensiero di Leonardo contiene una esplicita (UNA interpretazione è SBAGLIATA):

A. definizione dei valori propriamente umani
B. riflessione sulla natura dell'uomo
C. polemica con chi non crede nel valore del sapere
D. esortazione accorata a coltivare lo spirito
E. valutazione dei diversi tipi di ricchezze

280) Sempre più ricercatori italiani studiano in parte o *in toto* all'estero. Senza contare coloro che pur vivendo in Italia, esportano nel mondo la propria competenza nei settori più diversi, dalla filosofia alla scienza, alla tecnologia. Il problema è che non vi è solo una globalizzazione dell'economia, ma anche quella della scienza e della ricerca ed il ricercatore va dove vi sono più fondi e migliori condizioni di lavoro. Se non si interviene in Italia sulle risorse, sulle strutture e sul sistema di valutazione non sempre meritocratico, ha senso solo parziale parlare di:

A. brevetti in scadenza
B. fuga e mancato rientro dei cervelli
C. durata temporale dei brevetti
D. edilizia universitaria
E. riordino degli enti di ricerca

281) Fino ai primi anni Ottanta le case editrici di libri erano considerate parte di un segmento dai confini ben definiti all'interno del settore editoriale e si caratterizzavano per logiche gestionali particolari. I due elementi in comune fra l'editoria libraria, periodica e quotidiana erano le caratteristiche del contenuto (l'informazione, sotto forma di testo e immagini) e l'utilizzo della carta come supporto per trasferire le informazioni. I volumi delle tirature, la diversa durata del ciclo produttivo e le caratteristiche fisiche del prodotto determinavano strutture aziendali e processi molto dissimili tra loro. La principale differenza fra i prodotti dei tre segmenti era rappresentata – oltre che dalle caratteristiche fisiche – dalla durata del ciclo di vita dei singoli titoli, connessa alla frequenza di aggiornamento delle informazioni contenute. La necessità di sostituire il prodotto sul punto vendita con diversa frequenza aveva inoltre portato alla specializzazione dei canali di distribuzione: l'edicola per i titoli e le testate ad altissima rotazione, la libreria per i prodotti di catalogo. Il relativo isolamento delle case editrici di libri, la limitata possibilità di sfruttare sinergie fra i libri e gli altri prodotti editoriali da parte dei gruppi editoriali, la matrice culturale omogenea degli editori, la specificità delle professionalità richieste hanno contribuito al consolidamento di regole di funzionamento tipiche, spesso poco attente alle implicazioni economico-finanziarie delle scelte aziendali. Le strategie di molte case editrici anteponevano il raggiungimento di obiettivi sociali all'ottenimento di risultati competitivi ed economici. Parte degli editori reputava che la natura del prodotto non consentisse alle case editrici una gestione secondo economicità, mentre altri ritenevano che la "povertà" strutturale del settore non consentisse alle imprese grandi guadagni, ma neppure grandi perdite.

In base a quanto sostenuto nel brano, all'inizio degli anni Ottanta:

A. i diversi segmenti dell'editoria erano accomunati, dal punto di vista gestionale, solo dai contenuti e dai canali distributivi
B. all'interno del settore editoriale esistevano tre segmenti distinti caratterizzati da logiche gestionali diverse
C. il settore editoriale era uniformemente governato dalle stesse logiche editoriali
D. gli editori di libri erano isolati dagli altri editori che avevano basi culturali diverse tra loro
E. gli editori di libri e gli altri editori erano accomunati dalle stesse basi culturali

282) In base a quanto riportato nel brano, quale dei seguenti NON è uno dei motivi che determinano strutture aziendali diverse tra l'editoria libraria, quella periodica e quella quotidiana?

A. La specializzazione dei canali di distribuzione
B. Le testate ad altissima rotazione
C. I risultati economici
D. I volumi delle tirature
E. La diversa durata del ciclo produttivo

283) Nel brano si afferma che negli anni Ottanta:

A. le consistenti perdite economiche che caratterizzavano le case editrici portarono all'abbandono del perseguimento di obiettivi sociali
B. esistevano gli stessi canali distributivi per tutti i prodotti editoriali
C. le case editrici, vittime di un totale isolamento, operavano in un sistema di funzionamento che aveva come unico fine il risultato economico
D. le case editrici presentavano un ciclo produttivo dalla medesima durata
E. esistevano diversi canali distributivi in relazione ai differenti prodotti editoriali

284) Talete, il filosofo greco, aveva osservato, verso il 600 avanti Cristo, che una resina fossile che si trovava sulle rive del Baltico, che noi chiamiamo ambra e i greci chiamavano "elektron", acquisiva la capacità di attrarre piume, fili, batuffoli di lanugine, quando veniva strofinata con un pezzo di pelliccia. Fu l'inglese William Gilbert, lo studioso del magnetismo, a proporre per primo di chiamare tale forza attrattiva "elettricità", appunto dal greco "elektron". Egli scoprì che, oltre all'ambra, altri materiali, come il vetro, acquistavano proprietà elettriche se li si strofinava.

Chi fu il primo a proporre l'impiego del termine "elettricità"?

A. Lo studioso greco del magnetismo Gilbert
B. Sia Talete che Gilbert
C. Lo studioso inglese Talete
D. Il filosofo greco Talete
E. Lo studioso inglese Gilbert

285) Quali materiali, oltre all'ambra, acquistano proprietà elettriche se si strofinano?

A. Piume
B. Fili di cotone
C. Vetro
D. Legno
E. Pelliccia

286) Alla base del film c'è l'idea, che può essere originale oppure ispirarsi ad altre forme artistiche e letterarie; in quest'ultimo caso, l'idea andrà opportunamente rielaborata per poterla realizzare cinematograficamente, attraverso immagini in movimento. In ogni caso, al centro della storia che verrà sviluppata, ci deve essere un conflitto esteriore (tra personaggi, fra ambiente e personaggio ecc.) oppure interiore (sul piano morale, esistenziale, ideologico ecc.), per determinare la tensione drammatica del film. L'immagine filmica deve essere funzionale alla narrazione: ciascuna inquadratura racconta e comunica emozioni, da sola e in sequenza con altre inquadrature. Nel passaggio dall'idea alla stesura della sceneggiatura si definiscono sempre più precisamente l'argomento, i luoghi, l'epoca, i personaggi, le azioni. La sceneggiatura descrive tutte le scene in cui si dipana il film, le azioni e le battute dei personaggi. Preparatorio al film è lo Story board, che rappresenta, tramite vignette, tutte le scene. In genere la narrazione cinematografica condensa la storia, utilizzando frequentemente l'ellissi ed eliminando i momenti meno significativi, dato che il film dura mediamente da un'ora e trenta minuti a tre ore, pur se la storia narrata dura anni o secoli. A volte si può scegliere se far coincidere "tempo della storia" e "tempo della narrazione", costruendo il film in tempo reale, come avviene in *Mezzogiorno di fuoco* di Fred Zinnemann del 1952. Le battute, data la limitata durata di un film, devono essere particolarmente ricche di significato e sintetiche; attraverso di esse si stabiliscono i legami fra i personaggi, si comprendono antefatti, si svelano segreti; talvolta chi parla resta fuori campo, come accade per la voce del narratore nelle sequenze girate in soggettiva o nei documentari. Il registro adottato (solenne, scientifico, familiare, gergale ecc.) connota i personaggi e contribuisce all'ambientazione. Alcuni registi, tuttavia, preferiscono avere solo un canovaccio e procedere alla definizione della sceneggiatura nel corso delle riprese.

Secondo l'autore del brano, in un film i conflitti:

A. sono accompagnati da un'immagine filmica funzionale
B. contribuiscono all'ambientazione
C. sono utili per vivacizzare le sequenze in soggettiva
D. vengono espressi dalla voce fuori campo
E. possono essere esteriori o interiori

287) Secondo quanto si può dedurre dal brano, l'idea alla base di un film:

A. è originale se non è ricavata da altre opere artistiche o letterarie
B. è ellittica
C. trae sempre spunto da storie già raccontate

D. non deve mai trarre spunto da altre forme artistiche o letterarie
E. è sempre originale

288) "La scimmia è proverbiale per la sua curiosità. Il suo piccolo cervello affaccendato non può fare a meno di interessarsi a tutto ciò che è alla sua portata; e sotto questo aspetto, come sotto molti altri, l'uomo non è che una superscimmia. Il cervello umano è il pezzo di materia organizzato nel modo più meraviglioso di tutto l'universo conosciuto; la sua capacità di ricevere, organizzare e immagazzinare dati supera enormemente le necessità ordinarie della vita".
Secondo quanto sostenuto nel brano, perché l'essere umano si può definire una "superscimmia"?

A. Perché il cervello umano ha la stessa quantità di neuroni di quello di una scimmia
B. Perché ha la sua stessa capacità di ricevere e immagazzinare dati
C. A causa della sua curiosità, aspetto che ha in comune con le scimmie
D. Per l'organizzazione del suo cervello
E. Perché l'uomo deriva dalle scimmie

289) Il cervello umano:

A. è curioso come le scimmie
B. ha la stessa capacità di organizzare i dati delle scimmie
C. ha capacità superiori rispetto alle necessità ordinarie della vita
D. riceve e organizza solo i dati necessari alla vita
E. organizza l'universo in modo meraviglioso

290) Per che cosa è proverbiale la scimmia?

A. Per la sua curiosità
B. Perché è simile all'uomo
C. Per il suo cervello piccolo
D. Per la sua capacità di ricevere e immagazzinare dati
E. Per la sua capacità di saltare

291) "Per i creatori di miti tutti gli aspetti della natura erano essenzialmente umani per la loro imprevedibilità. Per maestosi e possenti che fossero le personificazioni, per sovrumani che apparissero i poteri di Giove o di Ishtar o di Iside o di Marduk o di Odino, queste divinità erano anche, proprio come i semplici esseri umani, frivole, capricciose, emotive, capaci di comportamenti violenti per motivi di poco conto, sensibili alle lusinghe come bambini. Fintantoché l'universo era controllato da tali divinità arbitrarie e imprevedibili, non vi era alcuna speranza di poterlo comprendere, ma solo una vaga speranza di poterselo rendere amico. Invece, secondo il nuovo modo di vedere dei pensatori greci di un'epoca più tarda, l'universo era una macchina governata da leggi inflessibili".
Secondo quanto si può dedurre dal brano, chi era Marduk?

A. Una divinità
B. Un semplice essere umano
C. Un pensatore greco
D. Un pianeta
E. Un bambino

292) Perché non si riteneva possibile comprendere le leggi che governavano il mondo, all'epoca dei miti?

A. Perché le divinità erano maestose e possenti
B. Perché l'universo era una macchina governata da leggi inflessibili
C. Perché neanche gli dei riuscivano a governarlo
D. Perché il mondo era soggetto alle misteriose leggi dell'universo
E. Perché le divinità erano arbitrarie e imprevedibili

293) Quale caratteristica, secondo l'autore, si adatta alla personalità di divinità come Giove o Ishtar?

A. La comprensione
B. L'inflessibilità
C. La frivolezza
D. La cattiveria
E. L'umanità

294) In un'epoca imprecisata, verso il 3500 avanti Cristo, fu inventata la ruota (forse, all'inizio, una ruota da vasaio per foggiare il vasellame); nel giro di qualche secolo, certo entro il 3000 avanti Cristo, si applicarono le ruote alle slitte, il che consentì di far rotolare i carichi, anziché trascinarli. La ruota, pur non essendo essa stessa una fonte diretta di energia, rese possibile un risparmio energetico attraverso la riduzione dell'attrito. All'incirca nella stessa epoca si cominciarono a usare primitive zattere e piroghe, che consentivano di utilizzare l'energia della corrente dei fiumi per il trasporto di carichi. Forse attorno al 2000 avanti Cristo si cominciarono a usare le vele per sfruttare il vento.

L'invenzione della ruota permise di:

A. trascinare i carichi anziché farli rotolare
B. fare a meno degli animali per i lavori più duri
C. avere un risparmio energetico
D. sfruttare l'energia del vento
E. creare un'altra fonte diretta di energia

295) L'impiego delle vele per sfruttare il vento ebbe inizio:

A. attorno al 2000 a.C., insieme all'introduzione della ruota
B. entro il 3000 a.C., insieme all'introduzione delle zattere e delle piroghe
C. molto prima del 3000 a.C., quando ancora non era stata scoperta la ruota
D. dopo il 2000 a.C., insieme all'applicazione della ruota alle slitte
E. dopo il 3000 a.C., dopo l'introduzione della ruota

296) Secondo l'autore del brano, le prime ruote furono verosimilmente impiegate per:

A. le piroghe
B. far rotolare i carichi
C. le slitte
D. il trasporto lungo i fiumi
E. il vasellame

297) Deve esser stata la pentola a pressione a suscitare in Papin l'idea di utilizzare il vapore facendogli compiere del lavoro. Egli introdusse un po' d'acqua in fondo a un tubo e la convertì in vapore riscaldandola. Il vapore, espandendosi energicamente, sospingeva verso l'alto uno stantuffo. La prima persona che tradusse quest'idea in un congegno utilizzabile in pratica fu però un ingegnere militare inglese, Thomas Savery. La sua macchina a vapore poteva essere usata per pompare l'acqua di una miniera o di un pozzo, o per far funzionare una ruota idraulica: pertanto egli la chiamò "l'Amica del Minatore". Era però pericolosa (perché la pressione elevata del vapore poteva far scoppiare recipienti e tubi) e aveva un basso rendimento (perché il calore del vapore andava perso tutte le volte che si raffreddava il contenitore).

Che cos'è l'Amica del Minatore?

A. Una macchina a vapore utilizzabile solo nelle miniere
B. Una ruota idraulica a basso rendimento
C. Una turbina elettrica

D. Una macchina a vapore polifunzionale
E. Una macchina idraulica

298) Quale fu l'intuizione di Papin sulla pentola a pressione?

A. Capire che la pressione elevata del vapore poteva far scoppiare recipienti e tubi
B. Capire che il calore del vapore andava perso tutte le volte che si raffreddava il contenitore
C. Usare il vapore per compiere del lavoro
D. Creare un congegno utilizzabile per scopi militari
E. Riscaldare un tubo usando uno stantuffo

299) Chi inventò l'Amica del Minatore?

A. I greci
B. Savery e Papin
C. Gli inglesi
D. Savery
E. Papin

300) "Il reddito di una nazione è la somma dei redditi di tutti gli abitanti di quel Paese. Un Paese dove la maggior parte della gente è povera sarà dunque un Paese povero o un Paese a basso reddito. Ciò è vero anche se nel Paese vi sono alcune persone che sono ricche o anche molto ricche".
In base a quanto riportato nel testo:

A. un Paese in cui la maggior parte della gente è povera sarà un Paese a basso reddito, indipendentemente dalla presenza o meno di persone ricche. Il reddito di una nazione, infatti, è costituito dalla somma dei redditi di tutti gli abitanti del Paese; pertanto, in un Paese povero, questo reddito sarà molto basso
B. non necessariamente la presenza di alcune persone che sono ricche o anche molto ricche, significa che il reddito nazionale del loro Paese sia sopra la media. Se vi sono anche dei poveri, poiché il reddito di una nazione è la somma dei redditi di tutti i suoi abitanti, il Paese potrebbe non essere ricco
C. sebbene in un Paese povero vi siano anche alcune persone ricche o molto ricche, ciò non vuol dire che il reddito di quel Paese si alzerà, ma rimarrà sempre un reddito piuttosto basso. Infatti, l'andamento del reddito è determinato dalla somma di tutti i redditi degli abitanti di quel dato Paese e se la popolazione è generalmente povera, il reddito non potrà essere alto
D. il fatto che in un Paese vi siano persone anche molto ricche, non significa che si tratta di un Paese ricco. Infatti, il reddito di una nazione è la somma dei redditi di tutti i suoi abitanti: se in maggioranza essi sono poveri, il Paese sarà a basso reddito
E. per valutare la ricchezza di una nazione, bisogna sommare i redditi di tutti i suoi abitanti poveri. Si potrebbe scoprire che un Paese in cui vi sono persone che sono ricche o anche molto ricche, è un Paese a basso reddito

RISPOSTE CORRETTE

1) B	51) D	101) C	151) C	201) A	251) E
2) C	52) E	102) E	152) B	202) E	252) B
3) B	53) E	103) A	153) A	203) A	253) D
4) D	54) E	104) E	154) B	204) B	254) D
5) D	55) A	105) D	155) C	205) A	255) B
6) E	56) E	106) D	156) D	206) A	256) D
7) D	57) B	107) A	157) B	207) B	257) C
8) A	58) C	108) A	158) B	208) C	258) B
9) C	59) E	109) B	159) C	209) B	259) C
10) D	60) B	110) C	160) A	210) A	260) E
11) C	61) B	111) A	161) E	211) E	261) B
12) B	62) E	112) B	162) E	212) B	262) A
13) B	63) A	113) C	163) A	213) D	263) B
14) B	64) C	114) A	164) E	214) E	264) B
15) B	65) B	115) D	165) C	215) A	265) D
16) A	66) A	116) E	166) B	216) C	266) A
17) D	67) A	117) E	167) D	217) E	267) D
18) E	68) C	118) B	168) E	218) A	268) E
19) E	69) C	119) C	169) C	219) E	269) B
20) D	70) E	120) A	170) B	220) E	270) E
21) C	71) C	121) D	171) E	221) E	271) D
22) B	72) A	122) B	172) B	222) B	272) C
23) E	73) B	123) B	173) C	223) A	273) B
24) D	74) A	124) B	174) A	224) B	274) A
25) E	75) B	125) D	175) A	225) E	275) E
26) C	76) C	126) C	176) C	226) C	276) A
27) E	77) C	127) C	177) D	227) E	277) C
28) C	78) C	128) E	178) B	228) C	278) E
29) E	79) A	129) B	179) D	229) D	279) D
30) A	80) D	130) D	180) A	230) D	280) B
31) C	81) A	131) D	181) B	231) E	281) B
32) D	82) E	132) C	182) B	232) B	282) A
33) C	83) B	133) C	183) C	233) C	283) E
34) D	84) C	134) C	184) E	234) A	284) E
35) C	85) E	135) A	185) B	235) E	285) C
36) A	86) C	136) C	186) E	236) C	286) E
37) E	87) E	137) B	187) C	237) C	287) A
38) B	88) D	138) B	188) B	238) E	288) C
39) A	89) D	139) B	189) E	239) A	289) C
40) A	90) E	140) D	190) E	240) C	290) A
41) B	91) B	141) C	191) A	241) B	291) A
42) B	92) C	142) B	192) E	242) A	292) E
43) A	93) E	143) C	193) D	243) E	293) C
44) D	94) A	144) E	194) C	244) E	294) C
45) E	95) A	145) E	195) C	245) E	295) E
46) D	96) B	146) D	196) C	246) A	296) E
47) E	97) E	147) C	197) E	247) D	297) D
48) C	98) C	148) E	198) E	248) A	298) C
49) E	99) E	149) A	199) E	249) A	299) D
50) D	100) A	150) A	200) A	250) E	300) D

CAPITOLO 2
Ragionamento critico

2.1 • I sillogismi

1) Completare correttamente il seguente sillogismo: "Tutte le api impollinano i fiori. Alcuni insetti non impollinano i fiori. Dunque ______ non sono api".

A. alcuni insetti
B. alcune api
C. tutti i fiori
D. tutti gli insetti
E. alcuni fiori

2) "Nessuna margherita è un animale – ogni cane è un animale – dunque _______ è una margherita". Si individui il corretto completamento del sillogismo proposto.

A. nessun cane
B. ogni animale
C. qualche animale
D. ogni margherita
E. qualche margherita

3) "Tutti i gatti sono istintivi e tutti gli animali istintivi sono mammiferi. Alcuni mammiferi possono nuotare. Dunque ____". Una sola delle deduzioni qui elencate completa correttamente il sillogismo:

A. gli animali che possono nuotare sono mammiferi
B. è impossibile che alcuni gatti non possano nuotare
C. tutti i mammiferi sanno nuotare
D. non è impossibile che alcuni gatti possano nuotare
E. è impossibile che alcuni gatti possano nuotare

4) "Nessun cane è alato. Alcuni animali sono alati". Indicare con quale delle seguenti conclusioni può essere completato il sillogismo proposto.

A. Alcuni cani sono animali
B. Alcuni animali alati sono cani
C. Nessun essere alato è un cane
D. Alcuni animali non sono cani
E. Alcuni esseri alati non sono animali

5) "Tutti i marescialli sono valorosi – nessun valoroso è delinquente, dunque ____ è maresciallo". Si individui il corretto completamento del sillogismo proposto.

A. nessun delinquente
B. qualche maresciallo
C. ogni delinquente
D. qualche delinquente
E. ogni maresciallo

6) "Nessun diamante è un essere parlante – qualche animale è un essere parlante – dunque ____ non è un diamante". Si individui il corretto completamento del sillogismo proposto.

A. nessun animale
B. qualche animale
C. ogni essere parlante
D. ogni diamante
E. ogni animale

7) "Tutti i leoni mangiano le verdure – alcuni felini non mangiano le verdure. Dunque ____ non sono leoni". Si individui il corretto completamento del sillogismo proposto.

A. le verdure

B. alcuni leoni
C. alcune verdure
D. i felini
E. alcuni felini

8) "Tutti i dentisti sono ricchi. Nessun ricco è una persona triste. Quindi ____ è un dentista". Si individui il corretto completamento del sillogismo proposto.

A. qualche ricco
B. quasi tutti i ricchi
C. ogni ricco
D. soltanto un ricco
E. nessuna persona triste

9) "Tutti i molussi hanno il perto, i tungsteni hanno il perto, quindi i tungsteni sono molussi". Il sillogismo proposto è _____

A. verosimile
B. vero
C. inesistente
D. vero o falso a seconda del significato di tungsteni
E. falso

10) "Nessun ingenuo è cattivo – qualche cattivo è adulto – dunque ___ non è ingenuo". S'individui il corretto completamento del sillogismo:

A. ogni cattivo
B. qualche adulto
C. qualche ingenuo
D. ogni adulto
E. qualche cattivo

11) "Tutti i condottieri sono coraggiosi; nessun coraggioso è dissimulatore; dunque ________ è condottiero". Si individui il corretto completamento del sillogismo:

A. nessun dissimulatore
B. qualche dissimulatore
C. nessun coraggioso
D. ogni dissimulatore
E. qualche condottiero

12) "Nessun minerale è animato – qualche esistente è animato – dunque ________ non è minerale". S'individui il corretto completamento del sillogismo:

A. ogni minerale
B. qualche minerale
C. ogni animato
D. qualche esistente
E. ogni esistente

13) "Tutti i piccioni mangiano le fave – alcuni uccelli non mangiano le fave – dunque ________ non sono piccioni". S'individui il corretto completamento del sillogismo:

A. alcune fave
B. tutti gli uccelli
C. le fave
D. alcuni uccelli
E. alcuni piccioni

14) "I bugiardi sono ingiusti – i bugiardi sono uomini – dunque ____ sono ingiusti". Si individui il corretto completamento del sillogismo:

A. alcuni bugiardi
B. i bugiardi
C. alcuni uomini
D. alcuni giusti
E. tutti gli uomini

15) "Nessuna pianta ha le ali – tutti gli alberi sono piante – dunque ____ ha le ali". Si individui il corretto completamento del sillogismo:

A. qualche pianta
B. ogni pianta
C. qualche albero
D. nessun albero
E. nessuna pianta

16) "Ogni uomo è mammifero – qualche animale è uomo – dunque ____ è mammifero". Si individui il corretto completamento del sillogismo:

A. ogni animale
B. ogni uomo
C. qualche uomo
D. ogni mammifero
E. qualche animale

17) "Nessun calciatore è zoppo – alcuni uomini sono zoppi – dunque ____ non sono calciatori". Si individui il corretto completamento del sillogismo:

A. tutti gli uomini
B. alcuni calciatori
C. alcuni uomini
D. alcuni zoppi
E. tutti gli zoppi

18) "Nessuna pianta è animale – ogni uomo è animale – dunque ____ è pianta". Si individui il corretto completamento del sillogismo:

A. qualche animale
B. ogni animale
C. qualche uomo
D. ogni pianta
E. nessun uomo

19) "Tutti gli eccessi sono biasimevoli – alcune passioni non sono biasimevoli – dunque ____ non sono eccessi". S'individui il corretto completamento del sillogismo:

A. alcuni eccessi
B. tutti i biasimevoli
C. alcune passioni
D. tutti gli eccessi
NO E. tutte le passioni

20) "Tutti i notai sono ricchi. Nessun ricco è una persona insicura. Quindi ____ è un notaio". Si individui il corretto completamento del sillogismo:

A. soltanto un ricco
B. qualche persona insicura
C. ogni ricco
D. qualche ricco
E. nessuna persona insicura

2.2 • Le negazioni

21) "È sbagliato negare che è falso che lo studente non abbia studiato". Basandosi sulla precedente affermazione, individuare quale delle seguenti alternative è esatta.

A. Si può affermare con certezza che lo studente ha studiato
B. Lo studente ha studiato
C. Lo studente è stato verosimilmente punito dal professore
D. Non si sa se lo studente abbia studiato
E. La frase proposta non ha senso

22) "Non è possibile dubitare della necessità di impedire che Marco non vada in palestra". Qual è il corretto significato della precedente affermazione?

A. L'affermazione proposta è priva di un senso logico
NO B. È necessario che Marco non vada in palestra
C. È necessario che la palestra impedisca a Marco di andarci
D. È necessario che la palestra permetta a Marco di andarci
E. È necessario che Marco vada in palestra

23) "Non è possibile negare la falsità della tesi secondo la quale il cerchio non è una figura perfetta". Qual è il corretto significato della precedente affermazione?

A. È falso affermare che il cerchio sia una figura perfetta
B. Non è possibile sapere con certezza se il cerchio sia una figura perfetta o meno

C. È corretto affermare che non si può sapere se il cerchio è una figura perfetta
D. Il cerchio non è una figura perfetta
E. Il cerchio è una figura perfetta

24) "È corretto negare che è vero che la *Dama con ermellino* non è stata dipinta da Leonardo da Vinci". Sulla base dell'affermazione proposta, quale delle frasi seguenti non è errata?

A. Non si può affermare che la "Dama con ermellino" sia stata dipinta da Leonardo da Vinci
B. La "Dama con ermellino" non è un dipinto
C. Non si sa chi abbia dipinto la "Dama con ermellino"
D. La "Dama con ermellino" è stata dipinta da Leonardo da Vinci
E. La "Dama con ermellino" non è stata dipinta da Leonardo da Vinci

25) La negazione logica della proposizione "Non è permesso ai minori di 18 anni di frequentare il parco comunale dalle ore 20.00 alle ore 8.00" è ...

A. chiunque può frequentare il parco comunale dalle ore 8.00 alle ore 20.00
B. il parco comunale è chiuso dalle ore 20.00 alle ore 8.00
C. solamente i minorenni possono frequentare il parco comunale dalle ore 20.00 alle ore 8.00
D. chiunque può frequentare il parco comunale dalle ore 20.00 alle ore 8.00
E. i maggiorenni possono frequentare il parco comunale dalle ore 20.00 alle ore 8.00

26) La negazione della frase "tutti sono alti e almeno uno non è triste" è ...

A. "qualcuno è alto o nessuno è triste"
B. "esiste almeno uno non alto e triste"
C. "tutti quelli che sono alti sono tristi"
D. "nessuno è alto e almeno uno è triste"
E. "qualcuno non è alto o tutti sono tristi"

27) "Non si può escludere che, se Umberto non avesse sostituito la ruota, l'auto avrebbe subito molti danni". In base alla precedente affermazione, quale delle seguenti è certamente vera?

A. È possibile che l'auto avrebbe subito molti danni qualora Umberto avesse sostituito la ruota
B. Se l'auto avesse subito molti danni, è possibile che Umberto non avrebbe sostituito la ruota
C. L'auto avrebbe riportato molti danni se Umberto non avesse sostituito la ruota
D. È possibile che l'auto avrebbe subito molti danni qualora Umberto non avesse sostituito la ruota
E. È possibile che l'auto non abbia subito alcun danno, sebbene Umberto abbia sostituito la ruota

28) La negazione della frase "gatto che miagola non graffia" è ...

A. "tutti i gatti che non miagolano non graffiano"
B. "esiste almeno un gatto che miagola e graffia"
C. "tutti i gatti che miagolano graffiano"
D. "esiste almeno un gatto che non miagola e graffia"
E. "tutti i gatti che non graffiano miagolano"

29) "I carabinieri non avevano avuto la possibilità di escludere che il locale potesse essere utilizzato per coprire serate a luci rosse". In base alla precedente affermazione, quale delle seguenti è certamente vera?

A. Il locale veniva utilizzato per coprire serate a luci rosse

B. È possibile che il locale potesse essere utilizzato per coprire serate a luci rosse
C. Il locale veniva utilizzato per addestrare le giovani a prostituirsi
D. Non è possibile che il locale potesse essere utilizzato per coprire serate a luci rosse
E. I carabinieri avevano la certezza che il locale venisse usato per coprire serate a luci rosse

30) Negare l'affermazione: "chi ama la propria città la tiene pulita".

A. Ci sono cittadini che amano la loro città e la puliscono
B. C'è almeno un cittadino che pulisce la propria città ma non la ama
C. C'è almeno un cittadino che ama la propria città ma non la tiene pulita
D. Non c'è alcun cittadino che ami e pulisca la sua città
E. Chi pulisce la propria città la ama

31) C'è una casa con almeno due porte; si consideri l'affermazione:
Esiste una chiave che apre tutte le porte di casa, ma non la porta della cantina.
Indicare quale tra le seguenti frasi costituisce la negazione dell'affermazione riportata sopra.

A. Per ogni chiave, esiste una porta che non è quella della cantina che viene aperta da quella chiave
B. Esiste una chiave che apre tutte le porte di casa, compresa quella della cantina
C. Nessuna chiave apre tutte le porte
D. Esiste una chiave che non apre nessuna porta, se non quella della cantina
E. Per ogni chiave, o esiste una porta che non è quella della cantina che non viene aperta da quella chiave, oppure quella chiave apre la porta della cantina

32) "L'esame grafologico non ha consentito di dimostrare l'impossibilità che l'autore della lettera minatoria sia la persona arrestata". Qual è il corretto significato della precedente affermazione?

A. L'esame grafologico ha dimostrato che l'autore della lettera minatoria non può essere la persona arrestata
B. È molto probabile che l'autore della lettera minatoria sia la persona arrestata
C. L'esame grafologico non ha dimostrato che l'autore della lettera non è la persona arrestata
D. L'esame grafologico ha dimostrato che l'autore della lettera è la persona arrestata
E. È impossibile che l'autore della lettera sia la persona arrestata

33) Alessandro afferma: "Se Rossi parte in pole position arriva primo". Quale delle seguenti proposizioni è la NEGAZIONE di quella di Alessandro?

A. Rossi può non vincere anche se parte in pole position
B. Se Rossi non parte in pole position non vince
C. Rossi può non partire in pole position e non vincere
D. Rossi può arrivare primo anche se non parte in pole position
E. Rossi non vince mai ogni volta che parte in pole position

34) "Non si può escludere che, se Marta non avesse vinto la lotteria, il marito l'avrebbe lasciata". In base alla precedente affermazione, quale delle seguenti è certamente vera?

A. È possibile che il marito di Marta l'avrebbe lasciata qualora lei non avesse vinto la lotteria

B. Se il marito di Marta l'avesse lasciata, è possibile che lei non avrebbe vinto la lotteria
C. È possibile che il marito di Marta l'avrebbe lasciata, qualora lei avesse vinto la lotteria
D. Se il marito di Marta non l'avesse lasciata, è possibile che lei avrebbe vinto la lotteria
E. Il marito di Marta l'avrebbe lasciata se lei non avesse vinto la lotteria

35) "Non si può escludere che, se Matteo non avesse chiamato la polizia, il ladro l'avrebbe fatta franca". In base alla precedente affermazione, quale delle seguenti è certamente vera?

A. È possibile che il ladro l'avrebbe fatta franca qualora Matteo non avesse chiamato la polizia
B. Il ladro l'avrebbe fatta franca se Matteo non avesse chiamato la polizia
C. È possibile che il ladro l'avrebbe fatta franca, qualora Matteo avesse chiamato la polizia
D. Il ladro l'avrebbe fatta franca, se Matteo avesse chiamato la polizia
E. Se il ladro l'avesse fatta franca, è possibile che Matteo non avrebbe chiamato la polizia

36) "Non si può escludere che, se Bruno non avesse perso il biglietto, l'addetto alla sicurezza l'avrebbe fatto entrare nel cinema". In base alla precedente affermazione, quale delle seguenti è certamente vera?

A. Se l'addetto alla sicurezza avesse fatto entrare Bruno nel cinema, è possibile che quest'ultimo non avrebbe perso il biglietto
B. Se l'addetto alla sicurezza avesse fatto entrare Bruno nel cinema, sicuramente quest'ultimo non avrebbe perso il biglietto
C. È possibile che l'addetto alla sicurezza avrebbe fatto entrare Bruno nel cinema, qualora quest'ultimo avesse perso il biglietto
D. È possibile che l'addetto alla sicurezza avrebbe fatto entrare Bruno nel cinema qualora quest'ultimo non avesse perso il biglietto
E. L'addetto alla sicurezza avrebbe fatto entrare Bruno nel cinema se quest'ultimo avesse mostrato il biglietto

37) "Non si può escludere che, se Rita non avesse avvertito del ritardo, i genitori si sarebbero preoccupati". In base alla precedente affermazione, quale delle seguenti è certamente vera?

A. Se i genitori si fossero preoccupati, certamente Rita non avrebbe avvertito del ritardo
B. I genitori si sarebbero preoccupati se Rita avesse dimenticato di avvertire del ritardo
C. È possibile che i genitori si sarebbero preoccupati, qualora Rita avesse avvertito del ritardo
D. È possibile che i genitori si sarebbero preoccupati qualora Rita non avesse avvertito del ritardo
E. Se i genitori si fossero preoccupati, è possibile che Rita non avrebbe avvertito del ritardo

38) "È senza dubbio corretta la teoria che nega la verità dell'affermazione secondo cui è possibile che la vita esista su altri pianeti". Dalla precedente affermazione si deduce che:

A. la verità è che la vita esiste su altri pianeti
B. gli astronomi effettuano osservazioni regolari e scientifiche
C. la vita esiste su altri pianeti
D. la vita non può esistere su altri pianeti

E. è possibile che la vita esista su altri pianeti

È possibile

39) "Non si può escludere che, se Paolo non avesse lasciato a casa la macchina fotografica, la vacanza sarebbe stata indimenticabile". In base alla precedente affermazione, quale delle seguenti è certamente vera?

A. Se la vacanza fosse stata indimenticabile, Paolo non avrebbe lasciato a casa la macchina fotografica
B. È possibile che la vacanza sarebbe stata indimenticabile, qualora Paolo avesse lasciato a casa la macchina fotografica
C. La vacanza sarebbe stata indimenticabile se Paolo avesse avuto con sé la macchina fotografica
D. È possibile che la vacanza sarebbe stata indimenticabile qualora Paolo non avesse lasciato a casa la macchina fotografica
E. Se la vacanza fosse stata indimenticabile, è possibile che Paolo non avrebbe lasciato a casa la macchina fotografica

40) "La testimonianza del giardiniere non ha permesso di dimostrare l'impossibilità che Francesco amasse Maddalena". Qual è il corretto significato della precedente affermazione?

A. La testimonianza del giardiniere ha dimostrato che Francesco odiava Maddalena
B. È impossibile che Francesco non amasse Maddalena
C. La testimonianza del giardiniere non ha dimostrato che Francesco non amava Maddalena
D. È impossibile che Francesco amasse Maddalena
E. La testimonianza del giardiniere ha dimostrato che Francesco amava Maddalena

41) "L'esame del curriculum vitae non ha consentito di dimostrare l'impossibilità che il candidato possegga i requisiti per l'assunzione". Qual è il corretto significato della precedente affermazione?

A. L'esame del curriculum del candidato ha dimostrato che il candidato possiede i requisiti per l'assunzione
B. L'esame del curriculum del candidato ha dimostrato che il candidato non può possedere i requisiti per l'assunzione
C. L'esame del curriculum del candidato non ha dimostrato che il candidato può possedere i requisiti per l'assunzione
D. L'esame del curriculum vitae non ha dimostrato che il candidato non possiede i requisiti per l'assunzione
E. È impossibile che il candidato possegga i requisiti necessari per essere assunto

42) "Non si può negare che siano improponibili sia l'annullamento totale che la conferma totale dei risultati di quei dispositivi elettronici che impediscono agli automobilisti di violare impunemente i limiti di velocità". Qual è il corretto significato della precedente osservazione?

A. Nessuna delle altre alternative è corretta
B. Gli automobilisti possono violare impunemente i limiti di velocità
C. È proponibile l'annullamento parziale dei risultati di quei dispositivi elettronici che impediscono agli automobilisti di violare impunemente i limiti di velocità
D. I risultati di quei dispositivi elettronici che impediscono agli automobilisti di violare impunemente i limiti di velocità sono totalmente inaffidabili

E. È inaccettabile vietare agli automobilisti di violare impunemente i limiti di velocità

43) "Almeno una delle case di Parigi ha le tegole rosse". Negare questa affermazione significa affermare che:

A. a Parigi almeno due case hanno le tegole rosse
B. a Parigi quasi tutte, ma non tutte, le case hanno le tegole rosse
C. Parigi è l'unica città senza una casa con le tegole rosse
D. a Parigi tutte le case hanno le tegole rosse
E. a Parigi nessuna casa ha le tegole rosse

44) "È sbagliato non ammettere che le precauzioni prese non sono bastate per impedire il rovesciamento della barca". Basandosi sulla precedente affermazione, individuare quale delle seguenti alternative è esatta.

A. Si può affermare che le precauzioni prese sono state sufficienti per impedire il rovesciamento della barca
B. La barca si è rovesciata nonostante le precauzioni prese
C. Bisogna ammettere che non è stata presa alcuna precauzione per impedire il rovesciamento della barca
D. Le precauzioni che si possono prendere per impedire il rovesciamento di una barca sono inefficaci
E. Grazie alle precauzioni prese la barca non si è rovesciata

45) "In base alle notizie in suo possesso, il giornalista ha scritto che non è falsa l'ipotesi secondo cui l'incendio non è doloso". Basandosi sulla precedente affermazione, quale delle seguenti alternative è vera?

A. Sicuramente l'incendio non è doloso
B. L'incendio è doloso in base alle notizie in possesso del giornalista
C. L'incendio non è doloso in base alle notizie in possesso del giornalista
D. Non vi è nessun elemento valido per sostenere che l'incendio non sia doloso
E. Le notizie in possesso del giornalista lo hanno indotto in errore

46) "Non è possibile negare l'inesistenza di un'automobile dotata di freno a mano idraulico". Qual è il corretto significato della precedente affermazione?

A. Esiste almeno un'automobile dotata di freno a mano idraulico
B. Non esiste alcuna automobile dotata di freno a mano idraulico
C. Nessuna automobile è dotata di freno a mano meccanico
D. Tutte le automobili sono dotate di freno a mano idraulico
E. Le automobili dotate di freno a mano idraulico sono più diffuse di quelle dotate di freno a mano meccanico

47) "È assurdo contestare che è sbagliato non riconoscere che il film di Antonio è stato visto da molte persone". Basandosi sulla precedente affermazione, individuare quale delle seguenti alternative è esatta.

A. Il film di Antonio non è stato visto da molte persone
B. Molte persone hanno visto il film di Antonio
C. Non si può evitare di negare che non sia corretto non affermare che il film di Antonio sia stato visto da molte persone
D. Non è possibile stabilire se il film di Antonio sia stato visto da molte o poche persone

E. Il film di Antonio è stato contestato da molte persone

48) "È assurdo negare l'inesistenza di un testimone che abbia assistito al delitto della contessa". La precedente affermazione significa che:

A. si è in presenza di un caso poliziesco molto intricato
NO B. il delitto della contessa è stato visto da almeno un testimone
C. è sicuro che non esiste una persona che non sia stata testimone del delitto della contessa
D. non esiste alcun testimone che abbia assistito al delitto della contessa
E. al delitto della contessa hanno assistito molti testimoni

49) "Non si può non negare che il signor Rossi non manifesti in modo non chiaro la sua avversità verso il signor Verdi". Se la precedente affermazione è vera, allora è vero che:

A. il signor Rossi non manifesta in modo non chiaro la sua avversità verso il signor Verdi
B. il signor Rossi non può manifestare in modo non chiaro la sua avversità verso il signor Verdi
C. il signor Verdi è ostile al signor Rossi
D. il signor Rossi manifesta in modo non chiaro la sua avversità verso il signor Verdi
E. il signor Rossi manifesta in modo evidente e aperto la sua avversità verso il signor Verdi

50) La negazione di "ogni cane abbaia" è:

A. c'è un cane che non abbaia
B. se non abbaia non è un cane
C. ogni cane non abbaia
D. nessuna delle altre risposte
E. c'è un cane che abbaia

51) La frase "Non garantisco che sia insostenibile negare il contrario della veridicità delle mie affermazioni" significa:

A. io dico sempre il vero
B. io non conosco la verità
C. io mento
D. io posso dire il vero
E. io non so mentire

52) "Non esiste alcun elemento probatorio che consenta di eliminare la possibilità che l'imputato sia estraneo al fatto". Dalla precedente affermazione si deduce che:

A. l'imputato è estraneo al fatto
B. è possibile che l'imputato sia estraneo al fatto
C. è impossibile che l'imputato sia estraneo al fatto
D. vi sono prove sull'estraneità dell'imputato al fatto
E. l'imputato non è estraneo al fatto

53) "Non si può escludere che, se Davide non avesse perso gli occhiali, l'esecuzione del pezzo musicale sarebbe stata perfetta". In base alla precedente affermazione, quale delle seguenti è certamente vera?

A. È possibile che l'esecuzione del pezzo musicale sarebbe stata perfetta qualora Davide non avesse perso gli occhiali
B. È possibile che l'esecuzione del pezzo musicale sarebbe stata perfetta, qualora Davide avesse perso gli occhiali
C. L'esecuzione del pezzo musicale sarebbe stata perfetta se Davide avesse avuto con sé gli occhiali
D. Se l'esecuzione del pezzo musicale fosse stata perfetta, è possibile che Davide avrebbe trovato gli occhiali
E. Non si può escludere che, se Davide avesse perso gli occhiali, l'esecuzione

del pezzo musicale non sarebbe stata perfetta

54) "È assurdo contestare che è sbagliato non riconoscere che la mostra dei quadri di Picasso è stata visitata da molte persone". Basandosi sulla precedente affermazione, individuare quale delle seguenti alternative è esatta.

A. Non si può evitare di negare che non è corretto non affermare che la mostra dei quadri di Picasso è stata visitata da molte persone
B. La mostra dei quadri di Picasso è stata contestata da molte persone
C. Molte persone hanno visitato la mostra dei quadri di Picasso
D. Non è possibile stabilire se la mostra dei quadri di Picasso sia stata visitata da molte o poche persone
E. La mostra dei quadri di Picasso non è stata visitata da molte persone

55) "L'esame dei reperti ritrovati non ha consentito di dimostrare l'impossibilità che il gioiello scoperto sia d'oro". Qual è il corretto significato della precedente affermazione?

A. L'esame dei reperti ritrovati ha dimostrato che il gioiello scoperto non può essere d'oro
B. È impossibile che il gioiello scoperto sia d'oro
C. L'esame dei reperti ritrovati ha dimostrato che il gioiello scoperto è d'oro
D. L'esame dei reperti ritrovati non ha dimostrato che il gioiello scoperto non è d'oro
E. L'esame dei reperti ritrovati ha dimostrato che il gioiello scoperto non è d'oro

56) "Non si può escludere che, se Francesco non avesse perso il denaro, la trattativa si sarebbe risolta con un successo". In base alla precedente affermazione, quale delle seguenti è certamente vera?

A. Se la trattativa fosse stata un successo, è possibile che Francesco avrebbe trovato il denaro
B. È possibile che la trattativa sarebbe stata un successo, qualora Francesco avesse perso il denaro
C. La trattativa sarebbe stata un successo se Francesco avesse avuto con sé il denaro
D. È possibile che la trattativa sarebbe stata un successo qualora Francesco non avesse perso il denaro
E. Non si può escludere che, se Francesco avesse perso il denaro, la trattativa non sarebbe stata un successo

57) "Non si può escludere che, se Livio non si fosse ferito, la gara di atletica l'avrebbe vinta lui". In base alla precedente affermazione, quale delle seguenti è certamente vera?

A. La gara di atletica sarebbe stata vinta da Livio se fosse stato sano
B. Se la gara di atletica fosse stata vinta da Livio, quest'ultimo non si sarebbe ferito
C. È possibile che la gara di atletica sarebbe stata vinta da Livio qualora Livio non si fosse ferito
D. Se la gara di atletica non fosse stata vinta da Livio quest'ultimo sicuramente non si sarebbe ferito
E. È possibile che la gara di atletica l'avrebbe vinta Livio qualora Livio si fosse ferito

58) "Non si può escludere che, se Matteo non si fosse infortunato, avrebbe vinto". In base alla precedente affermazione, quale delle seguenti è certamente vera?

A. È possibile che Matteo avrebbe vinto qualora egli non si fosse infortunato
B. È possibile che Matteo avrebbe vinto, qualora egli si fosse infortunato

C. Se Matteo avesse vinto, è possibile che egli sarebbe stato esente da infortuni
D. Matteo avrebbe sicuramente vinto qualora egli non si fosse infortunato
E. Matteo avrebbe vinto se egli fosse stato esente da infortuni

59) "Nessun computer può sostituire il cervello umano". Se la precedente affermazione è FALSA, allora si può essere certi che:

A. non esistono computer che possono sostituire il cervello umano
B. esiste almeno un computer che può sostituire il cervello umano
C. esistono diversi computer che possono sostituire il cervello umano
D. il cervello umano è insostituibile
E. c'è solo un computer che può sostituire il cervello umano

60) "La visita ortopedica non ha consentito di dimostrare l'impossibilità che il legamento del pollice sia rotto". Qual è il corretto significato della precedente affermazione?

A. La visita ortopedica ha dimostrato che il legamento del pollice non può essere rotto
B. La visita ortopedica ha dimostrato che il legamento del pollice non può essere integro
C. La visita ortopedica ha dimostrato che il legamento del pollice è rotto
D. La visita ortopedica non ha dimostrato che il legamento del pollice non è rotto
E. La visita ortopedica non ha dimostrato che il legamento del pollice è rotto

61) "Non è possibile negare la falsità della tesi secondo la quale l'uomo non è un animale sociale". Qual è il significato corretto dell'affermazione precedente?

A. Non è possibile sapere con certezza se l'uomo sia un animale sociale o meno
B. L'uomo è un animale sociale
C. È corretto affermare che non si può sapere se l'uomo è un animale sociale
D. È falso affermare che l'uomo sia un animale sociale
E. L'uomo non è un animale sociale

62) È stata respinta la prova che nega che A è uguale a B, ma non è stata acquisita alcuna prova del contrario. Quindi:

A. A è sicuramente diverso da B
B. A è sicuramente uguale a B
C. A potrebbe essere uguale a B
D. A è diverso da B al 100%
E. A è uguale a B al 99%

63) "Non è impossibile che la bottiglia ritrovata sulla spiaggia possa contenere un messaggio". In base alla precedente affermazione, quale delle seguenti è certamente vera?

A. La bottiglia ritrovata sulla spiaggia potrebbe contenere un messaggio
B. La bottiglia ritrovata sulla spiaggia conteneva un messaggio
C. La bottiglia ritrovata sulla spiaggia non conteneva un messaggio
D. Non è possibile che il messaggio nella bottiglia fosse leggibile
E. La bottiglia ritrovata sulla spiaggia non poteva contenere un messaggio

64) Si consideri il famoso detto popolare: "Non tutte le ciambelle riescono col buco". Quale delle seguenti proposizioni è la NEGAZIONE di questo asserto?

A. In tutte le ciambelle è presente almeno un buco
B. Non tutti i dolci in cui è presente un buco sono ciambelle

C. In tutte le ciambelle non è presente alcun buco
D. In alcune ciambelle non è presente alcun buco
E. Non tutti i dolci in cui non è presente un buco sono ciambelle

65) Negare che "ogni uomo ha un nemico" equivale a dire che:

A. tutti gli uomini non hanno nemici
B. nessun uomo ha un nemico
C. esistono uomini senza nemici
D. tutti sono nemici di ogni uomo
E. ogni uomo non ha un nemico

66) Negare che "ogni cane ha almeno un padrone" equivale a dire che:

A. esistono cani senza padroni
B. ogni cane non ha un padrone
C. nessun cane ha un padrone
D. tutti sono padroni di ogni cane
E. tutti i cani non hanno padroni

67) Negare che "ogni gatto miagola" equivale a dire che:

A. c'è un gatto che miagola
B. se non miagola non è un gatto
C. ogni gatto non miagola
D. nessun gatto miagola
E. c'è un gatto che non miagola

68) Negare che "ogni uomo ha un cane" equivale a dire che:

A. tutti gli uomini non hanno cani
B. tutti i cani sono di ogni uomo
C. esistono uomini senza cane
D. ogni uomo non ha un cane
E. nessun uomo ha un cane

69) Dal punto di vista logico, negare che "ogni uomo ha un amico" equivale a dire che:

A. nessun uomo ha un amico
B. ogni uomo non ha un amico
C. esistono uomini senza amici
D. tutti gli uomini non hanno amici
E. tutti sono amici di ogni uomo

70) Negare la frase "Tutti gli arbitri vestono di nero" significa affermare che:

A. almeno un arbitro non veste di nero
B. almeno un arbitro veste di bianco
C. tutti gli arbitri vestono di bianco
D. numerosi arbitri non vestono di nero
E. qualche arbitro veste di nero

2.3 • Le deduzioni logiche

Implicazioni logiche

71) "I bambini sono buoni. Alcuni genitori sono alti. Chi è buono dorme. Non tutti i nonni bevono il caffè. Chi dorme sogna. Chi beve il caffè non dorme". Individua la conclusione corretta.

A. Alcuni bambini bevono caffè
B. I genitori sognano
C. I bambini sognano
D. Le persone alte sono genitori
E. I genitori bevono più caffè dei nonni

72) "Tutti i baristi sono affabili; Amedeo è un ottimista; tutte le persone ottimiste sono affabili". In base alle precedenti affermazioni, quale delle seguenti è necessariamente vera?

A. Amedeo è un barista
B. Tutti i baristi sono ottimisti
C. Chi non è un barista non è affabile
D. Nessun barista è ottimista
E. Amedeo è affabile

73) "I gatti sono ladri. Alcuni ladri vanno in giro di notte. I nottambuli vanno in giro di notte". Individuare la conclusione corretta.

A. È possibile che alcuni gatti siano nottambuli

B. I gatti derubano i nottambuli
C. Tutti i nottambuli sono ladri
D. I ladri miagolano
E. Tutti i gatti sono nottambuli

74) "Tutti gli attori sono vanitosi. Lorenzo è un attore". In base alle precedenti informazioni, quale delle seguenti affermazioni è certamente vera?

A. Lorenzo è vanitoso
B. Nessuna delle altre alternative è corretta
C. Tutte le persone vanitose sanno recitare
D. Lorenzo non è vanitoso
E. Tutte le persone vanitose sono attori

75) "Tutti gli attori di teatro sono artisti preparati; Sara è un'artista preparata; tutti gli artisti preparati hanno frequentato numerose scuole d'arte". In base alle precedenti affermazioni, quale delle seguenti è necessariamente vera?

A. Sara non ha frequentato numerose scuole d'arte
B. Chi ha frequentato numerose scuole d'arte è un artista preparato
C. Chi non ha frequentato numerose scuole d'arte non può essere un attore di teatro
D. Sara è un'attrice di teatro
E. Chi ha frequentato numerose scuole d'arte non può essere un attore di teatro

76) "Tutti i motociclisti sono estroversi. Valentino è audace. Tutti i motociclisti sono audaci". In base alle precedenti affermazioni, quale delle seguenti è necessariamente vera?

A. Valentino è estroverso
B. Nessun motociclista è audace e introverso
C. Valentino è un motociclista
D. Nessun motociclista è audace ed estroverso
E. Tutti gli estroversi sono audaci

77) "Tutti i baristi sono loquaci. Paolo è un barista". In base alle precedenti informazioni, quale delle seguenti affermazioni è certamente vera?

A. Paolo è loquace
B. Nessuna delle altre alternative è corretta
C. Paolo non ama bere
D. Tutte le persone loquaci sono baristi
E. Paolo ama bere

78) "Tutti gli avvocati sono buoni oratori. Alessandro è un buon oratore". In base alle precedenti informazioni, quale delle seguenti affermazioni è necessariamente vera?

A. Gli oratori sono più eloquenti degli avvocati
B. Nessuna delle altre risposte è corretta
C. I buoni oratori sono tutti avvocati
D. Alessandro non è un avvocato
E. Alessandro è un avvocato

79) "Tutti i medici lavorano in ospedale. Cesare lavora in ospedale". In base alle precedenti informazioni, quale delle seguenti affermazioni è necessariamente vera?

A. Cesare non è un medico
B. Cesare è un barelliere
C. Chi lavora in ospedale è medico
D. Cesare è un medico
E. Nessuna delle altre risposte è corretta

80) "Enrico è muscoloso; tutti gli atleti sono muscolosi; Daniele è un atleta". In base alle precedenti informazioni, quale delle seguenti affermazioni è necessariamente vera?

A. Enrico è un atleta
B. Chi è muscoloso è un atleta
C. Daniele è meno muscoloso di Enrico
D. Enrico è più muscoloso di Daniele
E. Daniele è muscoloso

81) "Tutti i calzolai sono meticolosi; Massimo è fortunato; tutte le persone fortunate sono meticolose". In base alle precedenti affermazioni, quale delle seguenti non è necessariamente vera?

A. Tutte le alternative sono vere
B. Massimo è un calzolaio
C. Massimo è meticoloso
D. Chi non è meticoloso non può essere un calzolaio
E. Non esistono persone fortunate non meticolose

82) "Fabio è intelligente; tutti i professori sono intelligenti; Pietro è un professore". In base alle precedenti informazioni, quale delle seguenti affermazioni è necessariamente vera?

A. Le persone intelligenti sono tutte professori
B. Pietro e Fabio lavorano nella stessa scuola
C. Tutte le persone intelligenti sono abili insegnanti
D. Pietro è intelligente
E. Fabio è un professore

83) "Tutti i pasticcieri sono grassi; Antonio è grasso; tutte le persone grasse sono socievoli". In base alle precedenti affermazioni, quale delle seguenti è necessariamente vera?

A. Chi non è socievole non è un pasticciere
B. Antonio è un pasticciere
C. Chi è socievole è grasso
D. Alcuni pasticceri sono magri
E. Chi non è socievole può essere grasso

84) Se tutti gli uomini hanno la barba e tutti i militari sono uomini, quale affermazione fra le seguenti è vera?

A. Tutti gli uomini fanno il servizio militare
B. Tutti gli uomini non hanno la barba
C. Tutti i militari non hanno la barba
D. Tutti i militari hanno la barba
E. Solo i militari portano la barba

85) "Tutti i vigili del fuoco sono atletici; Piero è coraggioso; tutte le persone coraggiose sono atletiche". In base alle precedenti affermazioni, quale delle seguenti è necessariamente vera?

A. Tutti i vigili del fuoco sono coraggiosi
B. Piero è atletico
C. Tutte le persone coraggiose sono vigili del fuoco
D. Piero è un vigile del fuoco
E. Non esistono vigili del fuoco coraggiosi

86) "Stefano è una persona paziente; tutti i cacciatori sono persone pazienti; Carlo è un cacciatore". In base alle precedenti informazioni, quale delle seguenti affermazioni è necessariamente vera?

A. Carlo è una persona paziente
B. Le persone pazienti sono cacciatori
C. Chi non caccia è impaziente
D. Stefano è un cacciatore
E. Stefano e Carlo sono cacciatori

87) "Marco ama i dolci; chi è magro non ama i dolci; chi è attivo è magro". Se le precedenti affermazioni sono vere, allora è certamente FALSO che:

A. le persone che amano i dolci non sono magre
B. Marco è attivo
C. chi è attivo non ama i dolci
D. non tutte le persone magre sono attive
E. Marco non è magro

88) "Tutti i cuochi amano la buona cucina. Tutti gli attori mangiano spesso al ristorante. Chi ama la buona cucina mangia spesso al ristorante". Se le precedenti informazioni sono vere, quale delle seguenti affermazioni è necessariamente vera?

A. Chi ama la buona cucina non può essere un attore
B. Tutti i cuochi mangiano spesso al ristorante
C. Chi mangia spesso al ristorante è un attore o un cuoco
D. Chi ama la buona cucina è un cuoco
E. Tutti gli attori amano la buona cucina

89) "Tutti i parrucchieri sono simpatici; Mauro è simpatico; tutti i parrucchieri sono baffuti". In base alle precedenti affermazioni, quale delle seguenti è necessariamente vera?

A. Mauro è un parrucchiere
B. Tutte le persone simpatiche sono baffute
C. Nessun parrucchiere è simpatico e privo di baffi
D. Tutte le persone baffute sono simpatiche
E. Mauro è baffuto

90) "Anna ha i capelli neri. Tutte le persone con i capelli neri sono simpatiche". Se le precedenti informazioni sono vere, quale delle seguenti affermazioni è necessariamente vera?

A. Anna è simpatica
B. Le persone simpatiche si chiamano Anna
C. Le persone simpatiche non hanno i capelli neri
D. Le persone che si chiamano Anna non sono simpatiche
E. Le persone con i capelli neri si chiamano Anna

91) "Giuseppe è sardo; tutte le persone con i capelli neri sono italiane; tutti i sardi sono italiani". Se le precedenti informazioni sono vere, quale delle seguenti è necessariamente vera?

A. Giuseppe ha i capelli neri
B. Tutte le persone con i capelli neri sono sardi
C. Tutti i sardi si chiamano Giuseppe
D. Tutti i sardi hanno i capelli neri
E. Giuseppe è italiano

92) "Cosimo è milanese; tutte le persone con gli occhi celesti sono italiane; tutti i milanesi sono italiani". Se le precedenti informazioni sono vere, quale delle seguenti è necessariamente vera?

A. Tutti i milanesi si chiamano Cosimo
B. Tutti i milanesi hanno gli occhi celesti
C. Cosimo ha i capelli neri
D. Tutte le persone con gli occhi celesti sono milanesi
E. Cosimo è italiano

93) "Giacomo ama la marmellata. La marmellata è un dolce. Chi ama la marmellata adora la montagna". Se le precedenti affermazioni sono vere, quale delle seguenti è necessariamente vera?

A. Giacomo mangia marmellata solamente quando va in montagna
B. Chi ama la marmellata non può non amare i dolci
C. Giacomo adora tutti i dolci
D. Giacomo adora la montagna solamente quando mangia la marmellata
E. Giacomo adora la montagna

94) Se "Francesco va a scuola e tutti i bambini che vanno nella stessa scuola hanno il motorino", quale delle seguenti affermazioni è vera?

A. La mamma di Francesco deve comprare un motorino

B. Francesco non usa mai il motorino
C. Francesco usa sempre il motorino
D. Il motorino di Francesco è nero
E. Non si può dire che Francesco non abbia il motorino

95) "Tutti coloro che amano la natura sono felici; Gennaro ama la natura; chi è felice non si ammala mai". Se le precedenti informazioni sono corrette, quale delle seguenti affermazioni NON rappresenta una conclusione corretta?

A. Gennaro non si ammala mai
B. Gennaro è felice
C. Chi è felice ama la natura
D. Gennaro non si ammala mai perché è felice
E. Gennaro è felice e non si ammala mai

96) "Tutti gli argentini amano il tango. Diego ama il tango". In base alle precedenti informazioni, quale delle seguenti affermazioni è certamente vera?

A. Diego non è argentino
B. Gli argentini non amano il tango
C. Nessuna delle alternative è corretta
D. Le persone che amano il tango sono tutte argentine
E. Diego è argentino

97) "Tutti i pompieri sono coraggiosi. Tutti i marinai sono coraggiosi. Tutti i marinai amano il mare". Se le precedenti informazioni sono corrette, quale delle seguenti informazioni addizionali consentirebbe di concludere che tutti i pompieri amano il mare?

A. Tutte le persone coraggiose amano il mare
B. Tutti i marinai sono anche pompieri
C. Chi ama il mare è un marinaio
D. Tutti i pompieri sanno nuotare
E. Non ci sono pompieri che siano anche marinai

98) "Andrea è una persona simpatica; tutti i giovani sono simpatici. Gino è un giovane". In base alle precedenti informazioni, quale delle seguenti affermazioni è necessariamente vera?

A. Andrea è giovane
B. Andrea e Gino sono giovani
C. Le persone simpatiche sono giovani
D. Chi non è giovane è antipatico
E. Gino è una persona simpatica

99) "Annamaria ama le patatine fritte; chi è magro non ama le patatine fritte; chi è attivo è magro". Se le precedenti affermazioni sono vere, allora è certamente FALSO che:

A. Annamaria non è magra
B. non tutte le persone magre sono attive
C. le persone che amano le patatine fritte non sono magre
D. Annamaria è attiva
E. chi è attivo non ama le patatine fritte

100) "Un recente studio ha mostrato che negli ultimi 20 anni il peso medio degli italiani è salito del 5%. Più in particolare, il peso medio dei cittadini del Centro-Nord è cresciuto del 6%, mentre quello dei cittadini del Meridione è cresciuto del 3%". Quale delle seguenti conclusioni può essere dedotta dalle informazioni riportate sopra?

A. I cittadini del Centro-Nord sono più numerosi dei cittadini del Meridione
B. Nessuna delle altre alternative è corretta
C. Alcuni cittadini del Centro-Nord sono immigrati dal Meridione
D. I cittadini del Centro-Nord hanno un peso medio superiore rispetto ai cittadini del Meridione

E. I cittadini del Centro-Nord sono mediamente aumentati di peso di 3 chilogrammi in più rispetto ai cittadini del Meridione

101) "Tutti i professori sono colti; Maurizio è colto; tutti i professori sono affascinanti". In base alle precedenti affermazioni, quale delle seguenti è necessariamente vera?

A. Tutte le persone affascinanti sono colte
B. Nessun professore è colto e privo di fascino
C. Maurizio è affascinante
D. Tutte le persone colte sono affascinanti
E. Maurizio è un professore

102) "Tutte le amiche di Alessandra sono veliste, e tutte le veliste sono abbronzate". Determinare, sulla base di queste sole informazioni, quale delle seguenti deduzioni è corretta.

A. Lisa non è abbronzata, quindi non è una delle amiche di Alessandra
B. Lisa non è velista, quindi non è abbronzata
C. Lisa è abbronzata quindi è una amica di Alessandra
D. Lisa non è amica di Alessandra, quindi non è abbronzata
E. Lisa è una velista abbronzata, quindi è amica di Alessandra

103) "Tutti gli studenti amano i libri. Chi partecipa ad assemblee è sovente un rivoluzionario. Alcuni rivoluzionari sono studenti". Se le precedenti affermazioni sono vere, quale delle seguenti deduzioni è infondata?

A. Chi ama i libri è un rivoluzionario
B. Alcuni studenti è probabile che partecipino ad assemblee
C. Chi partecipa alle assemblee può amare i libri
D. Non si può dire che chi studia non ama i libri
E. È possibile che alcuni rivoluzionari amino i libri

104) Al termine dell'ultima riunione di condominio, ognuno dei 12 inquilini seduti intorno al tavolo ha gridato: "Voi state tutti mentendo!". Ammesso che non si possa dire contemporaneamente il vero e il falso, quanti sono i coinquilini che dicono il vero?

A. 1
B. 2
C. 6
D. 0
E. 12

105) "Il Presidente Rossi promette che, se verrà eletto, non aumenterà le tasse per i cittadini". In quale dei seguenti casi si è certi che il Presidente Rossi non ha mantenuto la promessa?

A. Il Presidente Rossi non viene eletto e le tasse per i cittadini non aumentano
B. Il Presidente Rossi viene eletto e le tasse per i cittadini aumentano
C. Il Presidente Rossi non viene eletto e le tasse per i cittadini diminuiscono
D. Il Presidente Rossi viene eletto e le tasse rimangono invariate
E. Il Presidente Rossi non viene eletto e le tasse per i cittadini aumentano

Date le premesse, è vero che

106) "Se gli studenti si applicano, conseguiranno la promozione". Se quanto affermato è vero, quale delle seguenti affermazioni è sicuramente vera?

A. Se uno studente è promosso, allora si è applicato

B. Se uno studente è promosso, non è detto che si sia applicato
C. Verranno promossi solo gli studenti che si sono applicati
D. Se uno studente non si applica, verrà bocciato
E. Verranno bocciati tutti gli studenti che non si sono applicati

107) Se non è vero che è necessario essere maschio per essere alto più di 1.70 m, allora sarà sicuramente vero che:

A. è sufficiente essere maschio per essere più alto di 1.70 m
B. i maschi e le femmine sono più alti di 1.70 m
C. non è sufficiente essere maschio per essere più alto di 1.70 m
D. almeno una femmina è più alta di 1.70 m
E. è necessario non essere maschio per essere più alto di 1.70 m

108) Se l'affermazione "tutti i piloti sono persone colte" è FALSA, quale delle seguenti proposizioni è certamente vera?

A. Alcuni piloti non sono persone colte
B. Almeno un pilota non è una persona colta
C. Almeno un pilota è colto
D. Nessun pilota è una persona colta
E. I piloti leggono poco

109) "Non esiste torta senza ciliegina". Se la precedente affermazione è FALSA, quale delle seguenti affermazioni è vera?

A. Ogni torta ha una ciliegina
B. Esiste almeno una torta senza ciliegina
C. Tutte le torte sono senza ciliegina
D. Nessuna torta ha la ciliegina
E. Non vi sono ciliegine senza torta

110) "Se Francesco lavora, allora Anna non fa le pulizie". Se l'argomentazione precedente è vera, quale delle seguenti è certamente vera?

A. Anna e Francesco fanno le pulizie insieme
B. Se Anna fa le pulizie, allora Francesco lavora
C. Mentre Anna lavora, Francesco fa le pulizie
D. Se Francesco non lavora, allora Anna non fa le pulizie
E. Se Anna fa le pulizie, allora Francesco non lavora

111) Se non è vero che in ogni città italiana c'è almeno un rione in cui tutti i residenti sono stranieri allora si può affermare che:

A. in ogni città c'è almeno un residente italiano in tutti i rioni
B. c'è almeno una città italiana che ha almeno un residente italiano in ogni rione
C. in ogni città c'è almeno un rione in cui tutti i residenti sono italiani
D. c'è almeno una città che ha solo residenti italiani in ogni rione
E. in ogni città vi sono residenti italiani in tutti i rioni

112) "Non esiste una piazza senza fontana". Se la precedente affermazione è falsa, quale delle seguenti è necessariamente vera?

A. Esiste almeno una piazza con una fontana
B. Esiste almeno una piazza senza fontana
C. Tutte le piazze hanno una fontana
D. Tutte le piazze non hanno una fontana
E. Nessuna piazza ha una fontana

113) "Strada scivolosa in caso di versamento di olio". Se la precedente af-

fermazione è vera, allora è possibile dedurre che:

A. se non c'è un versamento di olio la strada non è scivolosa
B. se c'è un versamento di olio la strada non è scivolosa
C. se non c'è un versamento di olio la strada è scivolosa
D. se c'è un versamento di olio la strada è scivolosa
E. se c'è un versamento di olio non è detto che la strada sia scivolosa

114) "Renato indossa un paio di scarpe da ginnastica in questo momento". In base alla precedente informazione, quale delle seguenti affermazioni è sicuramente esatta?

A. Renato non fa mai ginnastica
B. Renato porta sempre le scarpe
C. Renato è spesso a piedi nudi
D. Renato non è a piedi nudi
E. Renato fa spesso ginnastica

115) "Se Michele rimane a lavorare allora Rossella studia con Cristina". Se la precedente affermazione è vera, allora è sicuramente vero che:

A. se Michele è rimasto a lavorare, significa che Rossella non ha studiato con Cristina
B. se Michele non rimane a lavorare allora Rossella non studia con Cristina
C. se Rossella ha studiato con Cristina, vuol dire che Michele è rimasto a lavorare
D. se Rossella non ha studiato con Cristina, significa che Michele non è rimasto a lavorare
E. Rossella studia con Cristina solo se Michele rimane a lavorare

116) "Chi non rispetta il codice della strada viene sanzionato amministrativamente". In base alla precedente affermazione, è necessariamente vero che:

A. chi non viene sanzionato amministrativamente ha rispettato il codice della strada
B. chi non viene sanzionato amministrativamente non è detto che non abbia rispettato il codice della strada
C. il codice della strada è rispettato da tutti
D. chi rispetta il codice della strada non viene sanzionato amministrativamente
E. chi viene sanzionato amministrativamente non ha rispettato il codice della strada

117) Se l'affermazione "Tutti i fiumi italiani hanno regime torrenziale" è falsa, quale delle seguenti proposizioni è necessariamente vera?

A. Almeno un fiume italiano non ha regime torrenziale
B. Nessun fiume italiano ha regime torrenziale
C. Almeno un fiume italiano ha regime torrenziale
D. Almeno due fiumi italiani non hanno regime torrenziale
E. Alcuni fiumi polacchi hanno regime torrenziale

118) Se l'affermazione "nessun contadino è sereno" è falsa, quale delle seguenti alternative è necessariamente vera?

A. Alcuni contadini sono sereni
B. Tutti i contadini sono sereni
C. Nessun contadino è agitato
D. Tutti i contadini sono agitati
E. Almeno un contadino è sereno

119) "Se i candidati si applicano, conseguiranno l'idoneità". Sulla base dell'af-

fermazione precedente, quale delle seguenti affermazioni è vera?

A. Se un candidato non si applica, non conseguirà l'idoneità
B. Conseguiranno l'idoneità solo candidati che si sono applicati
C. Se un candidato consegue l'idoneità è possibile che si sia applicato
D. Tutte le affermazioni sono vere
E. Se un candidato si applica, conseguirà il massimo risultato

120) Se "Archimede era un genio" allora è certo che:

A. dopo di lui non sono esistiti più geni
B. è esistito almeno un uomo che era un genio
C. solo i matematici greci erano geni
D. Archimede è l'uomo più intelligente che sia mai esistito
E. i greci erano dei geni

121) "Francesca prenderà un 8 se e solo se non commetterà errori di distrazione". Se la precedente affermazione è vera allora è certamente vero che:

A. se Francesca non commetterà errori di distrazione, non prenderà 8
B. se Francesca commetterà solo qualche errore di distrazione, allora prenderà 8
C. se Francesca non prenderà 8, non riuscirà a conseguire a fine anno la media dell'8
D. se Francesca non prenderà 8, vorrà dire che avrà commesso errori di distrazione
E. se Francesca commetterà un solo errore di distrazione, allora prenderà 8

122) Se "in una libreria ci sono diversi scaffali con libri di matematica e di chimica; negli scaffali dove ci sono almeno due libri ce ne è almeno uno di chimica" allora è vero che:

A. se in uno scaffale c'è un solo libro, questo è di chimica
B. il numero dei libri di matematica in uno scaffale è sempre inferiore al numero di libri di chimica
C. in uno scaffale che contiene due libri potrebbero non esserci libri di matematica
D. uno scaffale che contiene tre libri ne ha sempre due di matematica
E. in uno scaffale che contiene due libri c'è necessariamente un libro di matematica

123) "Chi non ha studiato, viene bocciato". In base alla precedente affermazione, è necessariamente vero che:

A. chi viene bocciato non ha studiato
B. chi non viene bocciato ha studiato
C. chi ha studiato può essere bocciato
D. chi ha studiato non viene bocciato
E. è sufficiente aver studiato per non essere bocciato

124) "La pallavolo è uno sport molto seguito a Cuba, ma ultimamente non riscuote più l'attenzione che aveva in passato". Quale delle seguenti affermazioni è vera, in base alle informazioni fornite?

A. A Cuba oggi ci sono sport più seguiti della pallavolo
B. A Cuba in passato c'era più interesse per lo sport
C. La pallavolo è lo sport più amato dai cubani
D. La pallavolo oggi non si pratica più a Cuba
E. La pallavolo in passato a Cuba riscuoteva maggiore interesse

125) Ugo dice: "Se questa sera non lavoro vengo al pub. Se Mara è tornata da Milano porto anche lei". La sera, al pub non c'è nessuno. Sicuramente:

A. Ugo lavora e Mara non è tornata da Milano
B. Mara è tornata da Milano e Ugo non lavora
C. Mara era stanca e Ugo ha rinunciato
D. Ugo lavora
E. Mara non è tornata da Milano

Date le premesse, non è necessariamente vero che

126) "Arturo andrà a sciare se e solo se comprerà gli scarponi". In base alla precedente affermazione, quale delle seguenti non è necessariamente vera?

A. Se Arturo non comprerà gli scarponi, non andrà a sciare
B. Se Arturo non comprerà gli scarponi allora non andrà a sciare
C. È sufficiente che Arturo compri gli scarponi perché vada a sciare
D. Se Arturo è andato a sciare allora ha comprato gli scarponi
E. Anche se Arturo comprerà gli scarponi, potrebbe non andare a sciare

127) "Paolo avrà una salute di ferro se e solo se prenderà le medicine". In base alla precedente affermazione, quale delle seguenti non è necessariamente vera?

A. Anche se Paolo prenderà le medicine, potrà non avere una salute di ferro
B. Se Paolo non prenderà le medicine, non avrà una salute di ferro
C. È sufficiente che Paolo prenda le medicine per avere una salute di ferro
D. È necessario che Paolo prenda le medicine per avere una salute di ferro
E. È sufficiente che Paolo non prenda le medicine per non avere una salute di ferro

128) "Solo se la rappresentazione teatrale è in atto, gli spettatori non parlano a voce alta". In base alla precedente affermazione, quale delle seguenti non è necessariamente vera?

A. Se la rappresentazione teatrale non è in atto, gli spettatori parlano a voce alta
B. Se gli spettatori non parlano ad alta voce significa che la rappresentazione teatrale è in atto
C. È sufficiente che la rappresentazione teatrale non sia in atto perché gli spettatori parlino a voce alta
D. Se gli spettatori parlano a voce alta allora vuol dire che la rappresentazione teatrale non è in atto
E. Se gli spettatori parlano a voce bassa allora vuol dire che la rappresentazione teatrale è in atto

Date le premesse, è falso che

129) "Sergio, Claudia, Nico e Adamo possiedono ciascuno un solo animale. I loro animali sono un coniglio, un canarino, un tigrotto e un pesce palla. L'animale di Nico ha 4 zampe; quello di Sergio ha il pelo; Adamo ha un uccellino e sia Claudia sia Nico non possiedono tigrotti". Quale delle seguenti affermazioni è falsa?

A. Adamo ha un canarino
B. Claudia ha un pesce
C. Sergio ha un coniglio
D. Sergio ha un tigrotto
E. Nico ha un coniglio

130) "I beati stanno giocando contro gli ubriachi. I beati hanno già vinto più partite degli ubriachi". **Se gli ubriachi vincessero la partita in corso, quale delle seguenti affermazioni risulterebbe necessariamente falsa?**

A. Gli ubriachi perderanno sicuramente la prossima partita
B. Il numero delle partite vinte dagli ubriachi potrebbe essere maggiore

rispetto al numero delle partite vinte dai beati
C. Gli ubriachi potrebbero sopravanzare i beati vincendo anche la prossima partita
D. Il numero delle partite vinte dagli ubriachi potrebbe comunque restare inferiore rispetto al numero di partite vinte dai beati
E. Il numero delle partite vinte dagli ubriachi potrebbe uguagliare il numero di partite vinte dai beati

---

131) Nel deserto ci sono 3 accampamenti:
- l'accampamento X si trova a 30 km ad ovest rispetto all'accampamento Z;
- l'accampamento Y si trova a 40 km a sud rispetto all'accampamento X;
- la distanza tra l'accampamento Z e l'accampamento Y è di 50 km.

La capacità di trasmissione radio varia da accampamento ad accampamento. Il segnale radio dall'accampamento X copre un raggio di 10 km; dall'accampamento Y copre un raggio di 20 km e dall'accampamento Z copre un raggio di 40 km.
Quale delle seguenti affermazioni NON è corretta?

A. Un soldato che riceve un segnale dall'accampamento X capta sempre il segnale dall'accampamento Z, ma non capta mai il segnale dall'accampamento Y
B. È possibile che un soldato capti un segnale trasmesso dall'accampamento Y e dall'accampamento X, ma non possa captare un segnale dall'accampamento Z
C. È impossibile per un soldato in pattugliamento nel deserto captare un segnale trasmesso da tutti e tre gli accampamenti
D. È possibile che un soldato capti un segnale trasmesso dall'accampamento Y e dall'accampamento Z, ma non possa captare un segnale dall'accampamento X
E. Un soldato che riceve un segnale dall'accampamento Y può non essere in grado di captare un segnale dall'accampamento Z e neanche di captare un segnale dall'accampamento X

---

132) "I sostenitori del vitalismo 'scientistico' sono stati numerosi ed annoverano nelle loro file scienziati di grande valore. Ma, mentre una cinquantina d'anni or sono i vitalisti si reclutavano fra i biologi (il più noto dei quali, H. Driesch, abbandonò l'embriologia per dedicarsi alla filosofia), oggi essi provengono soprattutto dalle scienze fisiche, come Elsasser e Polanyi. Ed è comprensibile che la stranezza degli esseri viventi abbia colpito i fisici in misura ancor maggiore dei biologi. Per quanto riguarda, ad esempio, Elsasser, il suo atteggiamento è in sintesi il seguente: le proprietà strane degli esseri viventi, l'invarianza e la teleonomia, non violano probabilmente la fisica, ma esse non sono spiegabili appieno in termini di forze fisiche e di interazioni chimiche, rilevate dallo studio dei sistemi non viventi. È dunque indispensabile ammettere che alcuni principi i quali si sommerebbero a quelli della fisica operano nella materia vivente e non nei sistemi non viventi, dove di conseguenza essi, come principii elettivamente vitali, non possono essere reperiti. Sono questi principi (o leggi biotoni che, per usare la terminologia di Elsasser) che è necessario chiarire".
Sulla base della lettura del testo sopra riportato, quale delle seguenti affermazioni è FALSA?

A. Il vitalismo scientistico tenta di spiegare le proprietà strane degli esseri

viventi, quali l'invarianza e la teleonomia
B. I sostenitori del vitalismo scientifico al giorno d'oggi provengono prevalentemente dalle scienze fisiche
C. Elsasser definisce "leggi biotoniche" i principi che operano nella materia vivente
D. Elsasser sosteneva che tutti i fenomeni viventi sono spiegabili in termini di interazioni chimiche e forze fisiche
E. Elsasser ammette che alcuni principi sommantisi alle leggi della chimica e della fisica operano nella materia vivente e non nei sistemi non viventi

133) "Secondo il critico d'arte Giovanni Morelli, attivo negli ultimi decenni del XIX secolo, particolari considerati di solito senza importanza, o addirittura triviali, 'bassi', forniscono una chiave privilegiata per accedere ai prodotti più elevati dello spirito umano. «I miei avversari – scriveva ironicamente Morelli – si compiacciono di qualificarmi per uno il quale non sa vedere il senso spirituale di un'opera d'arte e per questo dà una particolare importanza a mezzi esteriori, quali le forme della mano, dell'orecchio, e persino, horribile dictu, di un così antipatico oggetto qual è quello delle unghie». Ma questi dati marginali sono, per Morelli, rivelatori, perché costituiscono i momenti in cui il controllo dell'artista, legato alla tradizione culturale, si allenta per cedere il posto a tratti puramente individuali, «che gli sfuggono senza che egli se ne accorga»".

Carlo Ginzburg, *Miti, Emblemi, Spie*

Le frasi sotto riportate sono state tutte, meno una, tratte dal saggio su Morelli del quale qui è stata citata una parte significativa. Individuare, perché incongruente, la frase indebitamente inserita:

A. I grandi artisti non sono influenzati dalle norme della tradizione, a cui per lo più si contrappongono
B. Data l'attenzione evidente per gli elementi inconsci dell'attività dell'artista, si può comprendere come Morelli abbia interessato Freud
C. I nostri piccoli gesti inconsapevoli possono rivelare il nostro carattere più di qualunque atteggiamento formale
D. Se la realtà è opaca, esistono zone privilegiate – spie, indizi – che consentono a un osservatore attento di decifrarla
E. Grazie al suo metodo indiziario Morelli fu in grado di proporre nuove attribuzioni nei principali Musei d'Europa

Date le premesse, si può dedurre che

134) Thomas Malthus scrisse nel "*Saggio sui principi della popolazione*" che la crescita di popolazioni di piante o animali, ivi compreso l'uomo, segue una progressione geometrica, mentre la capacità di aumentare le fonti di cibo segue una progressione aritmetica.

Quale delle seguenti risposte è logicamente collegata all'affermazione di Malthus?

A. Non esiste conflitto tra progressione aritmetica e progressione geometrica
B. Una popolazione in espansione si appropria delle fonti di cibo di altre popolazioni
C. Una popolazione in espansione scatena l'aggressività delle popolazioni confinanti
D. Le popolazioni si espandono occupando spazi appartenenti ad altre popolazioni confinanti più deboli
E. Le fonti di cibo limitano automaticamente l'espandersi di una popolazione

135) Da "Chi dorme non piglia pesci" segue logicamente:

A. chi piglia pesci non dorme
B. chi piglia pesci dorme
C. nessuna delle altre alternative proposte
D. chi non piglia pesci dorme
E. chi non piglia pesci non dorme

136) L'italiano che afferma che tutti gli italiani sono sempre bugiardi dice:

A. una affermazione perfettamente verificabile
B. il vero
C. una bugia
D. niente di nuovo
E. una cosa ovvia

137) "Dopo mesi di indagini, la guardia di finanza ha arrestato un professionista coinvolto in un giro di tangenti". Da quanto esposto, una sola delle deduzioni ricavate è indiscutibile:

A. qualcuno ha giocato sulla sua ingenuità
B. la sua è stata una debolezza passeggera
C. era in combutta con uno o più complici
D. tutti i professionisti sono corrotti
E. c'è stato un errore di persona

138) In un romanzo il nipote "con la sua ritrosa ironia" dice allo zio: "Tu, zione, corteggi la morte". Se ne deduce correttamente che:

A. lo zio desidera morire
B. lo zio teme che il nipote voglia la sua eredità
C. il nipote parla della morte come di una donna sgradevole
D. il nipote proietta sullo zio un suo desiderio inconscio
E. il nipote desidera la morte dello zio

139) Di un gruppo di persone si sa che non è vero che "tutti i maschi sono originari della Sicilia". Se ne può dedurre che in quel gruppo:

A. tutte le persone originarie della Sicilia sono femmine
B. c'è almeno un maschio che non è originario della Sicilia
C. tutte le femmine sono originarie della Sicilia
D. c'è almeno una persona originaria della Sicilia che non è maschio
E. c'è almeno una femmina che non è originaria della Sicilia

140) Lucia, Francesco e Roberta parlano dei loro viaggi futuri. Lucia afferma: "Se Roberta andrà a Londra, anch'io andrò a Londra". Francesco afferma: "Esattamente due di noi andranno a Londra". Da queste affermazioni possiamo dedurre con certezza che:

A. Lucia andrà a Londra
B. Lucia non andrà a Londra
C. Roberta e Lucia andranno a Londra
D. Roberta andrà a Londra
E. Francesco andrà a Londra

141) Se tutti gli elefanti hanno la proboscide e nessun quadrupede ha le piume, possiamo affermare che:

A. nessun elefante ha le piume
B. tutti i quadrupedi hanno le piume
C. tutti i quadrupedi hanno la proboscide
D. alcuni elefanti hanno le piume
E. nessun quadrupede ha la proboscide

142) "In un villaggio egiziano tutti i camerieri sono tedeschi e tutti i tedeschi sono biondi". Ne consegue che:

A. alcuni camerieri tedeschi sono biondi
B. tutti i biondi sono tedeschi

C. tutti i tedeschi sono camerieri
D. tutti i biondi sono camerieri
E. tutti i camerieri sono biondi

143) "Strada scivolosa in caso di ghiaccio". Se la precedente affermazione è vera allora è possibile dedurre che:

A. se c'è ghiaccio la strada non è scivolosa
B. se non c'è ghiaccio la strada è scivolosa
C. se non c'è ghiaccio la strada non è scivolosa
D. se c'è ghiaccio la strada è scivolosa
E. la strada è scivolosa solo in presenza di ghiaccio

144) Se tutti gli elefanti hanno la coda e nessun quadrupede ha le ali, possiamo affermare che:

A. tutti i quadrupedi hanno la coda
B. alcuni elefanti hanno le ali
C. alcuni quadrupedi hanno la coda
D. nessun quadrupede ha la coda
E. nessun elefante ha le ali

Condizione necessaria

145) "Se e solo se c'è umidità, apro la finestra". In base al precedente assunto, quale delle seguenti affermazioni è certamente vera?

A. Quando apro la finestra non è detto che ci sia umidità
B. A volte, anche se c'è umidità, non apro la finestra
C. Se apro la finestra c'è sempre umidità
D. Quando apro la finestra non so se c'è umidità
E. Se apro la finestra significa che c'è umidità

146) "Solamente dopo la riunione Aldo e Giacomo possono andare a cena". Se la precedente informazione è corretta, quale delle seguenti affermazioni NON rappresenta una conclusione corretta?

A. Anche se la riunione è terminata, può darsi che Aldo e Giacomo non siano andati a cena
B. Se la riunione è terminata, allora Aldo e Giacomo sono andati a cena
C. Se Aldo e Giacomo sono andati a cena, allora la riunione è terminata
D. Se Aldo e Giacomo non sono andati a cena, allora la riunione non è terminata
E. Se la riunione non è terminata, allora Aldo e Giacomo non possono andare a cena

147) Imparerai che per un intervallo *I* di numeri reali vale la seguente proprietà: *I* è compatto se e solo se è chiuso e limitato. Senza che tu debba conoscere il significato dei termini in oggetto, scegli tra le seguenti affermazioni l'unica che consegue necessariamente dalla proprietà enunciata.

A. Se *I* è limitato ma non compatto, allora *I* è chiuso
B. Se *I* non è chiuso oppure non è limitato, allora *I* è compatto
C. Se *I* è chiuso oppure è limitato, allora *I* è compatto
D. Se *I* è chiuso e compatto, allora *I* non è limitato
E. Se *I* non è limitato, allora *I* non è compatto

148) "Soltanto se vi è silenzio, Luca riesce ad addormentarsi". In base alla precedente affermazione, è necessariamente vero che:

A. se vi è silenzio, sicuramente Luca riesce ad addormentarsi
B. è sufficiente che vi sia silenzio perché Luca riesca ad addormentarsi

C. se Luca non riesce ad addormentarsi, significa che non vi è silenzio
D. Luca riesce ad addormentarsi anche se non vi è silenzio
E. se non vi è silenzio Luca non riesce ad addormentarsi

149) "Solo se conservati nel congelatore, i surgelati non subiscono alterazioni". In base alla precedente affermazione, quale delle seguenti alternative non è necessariamente vera?

A. Se non sono conservati nel congelatore, i surgelati subiscono alterazioni
B. Condizione necessaria perché i surgelati non subiscano alterazioni è che siano conservati nel congelatore
C. Se non vengono conservati nel congelatore, i surgelati subiscono alterazioni
D. I surgelati alterati non sono stati conservati nel congelatore
E. I surgelati non alterati sono stati conservati nel congelatore

150) "Se e solo se mangio i dolci, ingrasso". In base alla precedente informazione, quale delle seguenti affermazioni è certamente vera?

A. A volte, anche se mangio i dolci, non ingrasso
B. Quando ingrasso non è detto che io abbia mangiato i dolci
C. Se mangio dolci dimagrisco
D. Ingrasso solo prima di mettermi a dieta
E. Quando ingrasso è perché ho mangiato i dolci

151) "Solo se avvolti nella carta stagnola, gli alimenti cotti al forno non si deteriorano". In base alla precedente affermazione, quale delle seguenti non è necessariamente vera?

A. Le altre deduzioni sono tutte vere
B. Gli alimenti cotti al forno che si deteriorano non sono stati avvolti nella carta stagnola
C. Se non vengono avvolti nella carta stagnola, gli alimenti cotti al forno si deteriorano
D. Condizione necessaria perché gli alimenti cotti al forno non si deteriorino è che siano avvolti nella carta stagnola
E. Gli alimenti cotti al forno che non si deteriorano sono stati avvolti nella carta stagnola

152) "Se e solo se nevica, accendo il camino". In base alla precedente informazione, quale delle seguenti affermazioni è certamente vera?

A. Se accendo il camino significa che nevica
B. Quando accendo il camino non sempre sta nevicando
C. Accendo il camino solo dopo aver raccolto la legna
D. Se non accendo il camino significa che nevica
E. A volte, anche se nevica, non accendo il camino

153) "Solo se vado a dormire presto, rendo al massimo sul lavoro". In base alla precedente affermazione, è necessariamente vero che:

A. se vado a dormire tardi, sicuramente rendo al massimo sul lavoro
B. è possibile che renda al massimo sul lavoro anche se non vado a dormire presto
C. se non rendo al massimo sul lavoro, significa che non sono andato a dormire presto
D. se vado a dormire presto, sicuramente rendo al massimo sul lavoro
E. se non vado a dormire presto, non rendo al massimo sul lavoro

154) "Solamente dopo aver lavato la macchina si può lucidarla". Se la precedente informazione è corretta, quale delle seguenti affermazioni non rappresenta una conclusione corretta?

A. Se la macchina è stata lucidata allora è stata lavata
B. Se la macchina non è stata lucidata allora non è stata lavata
C. È possibile che, dopo aver lavato la macchina, non si possa lucidarla
D. Se la macchina non è stata lavata allora non può essere lucidata
E. Perché la macchina sia lucidata, è necessario che sia prima lavata

155) "Solo se l'amministratore mi procura le chiavi, posso aprire i cancelli". In base alla precedente affermazione, è necessariamente vero che:

A. se non posso aprire i cancelli, significa che l'amministratore non mi ha procurato le chiavi
B. se l'amministratore mi procura le chiavi, sicuramente posso aprire i cancelli
C. se l'amministratore non mi procura le chiavi, non posso aprire i cancelli
D. è impossibile aprire i cancelli se l'amministratore mi procura le chiavi
E. è possibile aprire i cancelli anche se l'amministratore non mi procura le chiavi

156) "Se e solo se la Polizia scorterà il pullman dei tifosi, l'ordine pubblico nella città sarà garantito". In base alla precedente affermazione, è necessariamente vero che:

A. se la Polizia scorta il pullman dei tifosi, l'ordine pubblico nella città non sarà garantito
B. se la Polizia non scorta il pullman dei tifosi, l'ordine pubblico nella città non sarà garantito
C. anche se il pullman dei tifosi viene scortato dalla Polizia, l'ordine pubblico nella città potrebbe non essere garantito
D. non è sufficiente che il pullman dei tifosi venga scortato perché l'ordine pubblico sia garantito nella città
E. per garantire l'ordine pubblico nella città, occorre che la Polizia scorti il pullman dei tifosi fino alla stazione dei treni

157) "Solo se la nave lancia l'SOS, arrivano i soccorsi". In base alla precedente affermazione, è necessariamente vero che:

A. se la nave non lancia l'SOS, i soccorsi non arrivano
B. se non arrivano i soccorsi, significa che la nave non ha lanciato l'SOS
C. se la nave lancia l'SOS, sicuramente arrivano i soccorsi
D. è possibile che arrivino i soccorsi anche se la nave non lancia l'SOS
E. è impossibile che arrivino i soccorsi se la nave lancia l'SOS

158) "Solo se Luisa telefona, Stefano le dà un passaggio in automobile". In base alla precedente affermazione, è necessariamente vero che:

A. è possibile che Stefano dia a Luisa un passaggio in automobile anche se lei non telefona
B. se Luisa non telefona, Stefano le dà un passaggio in automobile
C. se Stefano non dà un passaggio in automobile a Luisa, significa che lei non ha telefonato
D. se Luisa non telefona, Stefano non le dà un passaggio in automobile
E. se Luisa telefona, sicuramente Stefano le dà un passaggio in automobile

159) "Se torno a casa presto, vado a giocare a tennis". In base alla precedente affermazione, è necessariamente vero che:

A. vado a giocare a tennis solo se torno a casa presto
B. se vado a giocare a tennis, significa che sono tornato a casa presto
C. se torno a casa tardi, non vado a giocare a tennis
D. se torno a casa tardi, vado a giocare a tennis
E. se non sono andato a giocare a tennis, vuol dire che non sono tornato a casa presto

160) "Solo se l'insegnante assente telefona entro le ore nove, il preside provvede a chiamare un supplente". In base alla precedente affermazione, è necessariamente vero che:

A. è possibile che il preside provveda a chiamare un supplente anche se l'insegnante assente non telefona entro le ore nove
B. se l'insegnante assente non telefona entro le ore nove, il preside provvede a chiamare un supplente
C. se il preside non provvede a chiamare un supplente, significa che l'insegnante assente non ha telefonato entro le ore nove
D. se l'insegnante assente telefona entro le ore nove, sicuramente il preside provvede a chiamare un supplente
E. se l'insegnante assente non telefona entro le ore nove, il preside non provvede a chiamare un supplente

161) "È necessario che il tram sia in orario affinché Sabina arrivi in tempo al lavoro". Se la precedente informazione è vera, allora è possibile dedurre che:

A. se il tram non è in orario allora Sabina arriva in tempo al lavoro
B. se il tram non è in orario allora Sabina non arriva in tempo al lavoro
C. se Sabina non arriva in tempo al lavoro allora il tram non è in orario
D. se il tram è in orario allora Sabina arriva in tempo al lavoro
E. se Sabina arriva in tempo al lavoro allora il tram non è in orario

162) "Solo se il camino è acceso, si avverte l'atmosfera natalizia". In base alla precedente affermazione, è necessariamente vero che:

A. se il camino è acceso, sicuramente non si avverte l'atmosfera natalizia
B. se non si avverte l'atmosfera natalizia, significa che il camino non è acceso
C. se il camino non è acceso, non si avverte l'atmosfera natalizia
D. si può avvertire l'atmosfera natalizia anche con il camino spento
E. nessuna delle alternative è corretta

Condizione sufficiente

163) L'affermazione "quando mangio troppo mi viene mal di stomaco" implica che:

A. a volte capita che non abbia mal di stomaco pur avendo mangiato troppo
B. se ho mal di stomaco vuol dire che ho mangiato troppo
C. se non mi viene mal di stomaco allora non ho mangiato troppo
D. o mangio troppo o mi viene mal di stomaco
E. non ho mal di stomaco pur avendo mangiato troppo

164) Quale delle seguenti proposizioni equivale a dire che "condizione sufficiente affinché la proposizione Q sia vera è che sia vera la proposizione P"?

A. Se P è vera, allora Q è vera
B. Se Q è vera, allora P è vera
C. Se P è falsa, allora Q è falsa

D. P è vera se e solo se Q è vera
E. P è falsa se e solo se Q è falsa

165) "Se il mandorlo è in fiore, la rosa marcisce. Se la begonia marcisce il papavero sboccia. Inoltre o il mandorlo è in fiore o la begonia marcisce". In base alle precedenti affermazioni è sicuramente vero che:

A. il mandorlo è in fiore e il papavero sboccia
B. la rosa marcisce o il papavero sboccia
C. il papavero sboccia
D. la rosa marcisce e il papavero sboccia
E. la rosa e la begonia marciscono

166) "Se lascerò accesa la mia lampada troppo a lungo, la lampadina si fulminerà". Se la precedente affermazione è vera, quale delle seguenti alternative è necessariamente vera?

A. Se non lascerò la lampada accesa troppo a lungo, la lampadina non si fulminerà
B. Se la lampadina non si è fulminata, allora non ho lasciato la lampada accesa troppo a lungo
C. Se la lampadina si è fulminata, vuol dire che ho lasciato la lampada accesa troppo a lungo
D. Se la lampadina si è fulminata, allora non ho lasciato la lampada accesa troppo a lungo
E. Se la lampadina non si è fulminata, allora non è detto che io non abbia lasciato accesa la lampada troppo a lungo

167) "È sufficiente che piova perché i prezzi della frutta e della verdura diminuiscano". Se la precedente informazione è vera, quale delle seguenti affermazioni è certamente vera?

A. È necessario che piova perché i prezzi della frutta e della verdura diminuiscano
B. Se i prezzi della frutta e della verdura diminuiscono significa che è piovuto
C. È possibile che i prezzi della frutta e della verdura diminuiscano senza che sia piovuto
D. Se non piove allora i prezzi della frutta e della verdura non diminuiscono
E. Se i prezzi della frutta e della verdura aumentano significa che è piovuto

168) Condizione sufficiente, ma non necessaria, affinché al Liceo Pitagora l'anno scolastico si concluda con una festa è che le interrogazioni terminino entro la fine del mese di maggio. Determinare quale delle seguenti situazioni è INCOMPATIBILE con l'affermazione precedente.

A. Nel 2006 uno studente è stato interrogato il 4 giugno, e poi c'è stata la festa
B. Nel 2008 le interrogazioni sono terminate a marzo, e poi non c'è stata la festa
C. Nel 2010 uno studente è stato interrogato il 3 aprile, e poi non c'è stata la festa
D. Da quando esiste il Liceo Pitagora la festa c'è stata ad anni alterni
E. Nel 2003 uno studente è stato interrogato il 4 giugno, e poi non c'è stata la festa

169) "Se Gabriella è in ufficio, allora Tommaso è all'asilo nido". Se l'argomentazione precedente è vera, quale delle seguenti è certamente vera?

A. Se Gabriella è in ufficio, allora Tommaso non è all'asilo nido
B. Se Tommaso non è all'asilo nido, allora Gabriella non è in ufficio
C. Se Tommaso è all'asilo nido, allora Gabriella è in ufficio
D. Gabriella e Tommaso non possono mai essere all'asilo nido insieme

E. Se Gabriella non è in ufficio, allora Tommaso non è all'asilo nido

170) "Se Luigi continua a fumare, si ammalerà". Se l'affermazione precedente è vera, allora è vero anche che:

A. se Luigi non si ammalerà, significa che ha smesso di fumare
B. se Luigi si ammalerà, sarà a causa di un tumore
C. se Luigi smette di fumare, vivrà a lungo in buona salute
D. se Luigi si ammalerà, sarà a causa del fumo
E. se Luigi non si ammalerà, significa che non ha smesso di fumare

2.4 • Relazioni d'ordine: le parentele

171) "Sonia ha una sorella di nome Concetta ed un fratello di nome Michele, che ha sposato la sorella del marito di Sonia". Che relazione c'è tra Concetta e la moglie di Michele?

A. Sono sorelle
B. Sono cognate
C. Sono semplici conoscenti
D. Sono consuocere
E. Sono cugine acquisite

172) Se il padre di Luigi è fratello della madre di Marco, in che rapporto di parentela è Marco con la madre di Luigi?

A. Nipote
B. Cognato
C. Fratello
D. Cugino
E. Zio

173) Paola non ha sorelle. Chi è la sorella del figlio del nonno materno della figlia di Paola?

A. Paola stessa
B. Una cugina di Paola
C. Non esiste tale persona
D. La mamma di Paola
E. Una zia di Paola

174) "Mario è il secondogenito di una coppia con due figli, e sua moglie è figlia unica. Uno dei nonni del figlio di Mario ha una figlia che si chiama Francesca, la quale ha due anni meno di Mario". Date queste premesse, chi è la Francesca di cui si parla nel testo?

A. Una figlia di Mario
B. La moglie di Mario
C. La sorella di Mario
D. La madre di Mario
E. Una zia di Mario

2.5 • Relazioni d'ordine: le età

175) Franco è più giovane di Sandro; Alessio è più giovane di Franco ma è più vecchio di Marco. Chi è il più giovane dei quattro ragazzi?

A. Alessio
B. Sandro
C. Marco
D. Franco
E. I dati non sono sufficienti per rispondere

176) "Se Antonio, Mario e Luca sono tre fratelli: Antonio è maggiore di Mario, questi è minore di Luca che, a sua volta, è meno grande anche di Antonio", si ha che:

A. Mario è il più piccolo
B. Antonio è il più piccolo
C. Luca è il più grande
D. Mario è il mediano
E. Antonio e Mario sono coetanei

177) "J è più anziano di K ma più giovane di L. K e L sono entrambi più gio-

vani di M. N è più anziano di J. Se le precedenti informazioni sono corrette, X è più anziano di J se è anche vero che: 1) X è più anziano di N; 2) N è più giovane di L e X è più giovane di M; 3) X e M hanno la stessa età". Quali sono le condizioni sicuramente corrette?

A. Solo 1)
B. 1) e 3)
C. 1), 2) e 3)
D. Solo 3)
E. Solo 2)

178) "Laura ha tre sorelle, Flavia, Sara e Alice, e due fratelli, Diego e Vincenzo. Si sa che:
1) Diego è il maggiore di tutti;
2) Vincenzo è più grande di Sara e Flavia (non necessariamente in quest'ordine) ma più piccolo di Laura e Alice (non necessariamente in quest'ordine)".
In base alle informazioni precedenti è FALSO affermare che:

A. Laura è più grande di Sara
B. Flavia è più piccola di Alice
C. Alice non può essere la terza in ordine di età
D. Alice è più grande di Sara
E. Sara non può essere la seconda in ordine di età

2.6 • Relazioni d'ordine: collocazione di oggetti e/o individui

179) Se Mirco è più vicino ad Assunta che non a Benedetta, e Assunta è più vicina a Mirco che non a Benedetta, allora Benedetta è più vicina:

A. a nessuno
B. ad Assunta
C. le informazioni fornite non consentono di stabilirlo con certezza
D. sia a Mirco che ad Assunta
E. a Mirco

180) La maestra d'asilo mette in fila indiana sei bimbe, i cui nomi sono: Anna, Bianca, Claudia, Diana, Eva, Federica. Sapendo che Eva viene subito dopo Federica, che Bianca è la seconda della fila e che fra lei ed Anna vi è una sola bambina, si dica chi è l'ultima della fila.

A. Eva
B. Federica
C. Claudia
D. Anna
E. Diana

181) Al *Festival di San Romolo* la canzone di *Malva* riceve più voti di quella dei *Dromedari*, che a sua volta riceve più voti di quella di *Tito Acciaio*. La canzone di *Fred Fedeli* riceve più voti sia di quella dei Dromedari che di quella dei *Cognati Simili*.
Quale delle seguenti affermazioni è sicuramente corretta?

A. La canzone di *Malva* riceve più voti di quella dei *Cognati Simili*
B. La canzone di *Malva* riceve più voti di quella di *Fred Fedeli*
C. La canzone dei *Cognati Simili* riceve più voti di quella dei *Dromedari*
D. La canzone dei *Dromedari* riceve più voti di quella dei *Cognati Simili*
E. La canzone di *Fred Fedeli* riceve più voti di quella di *Tito Acciaio*

182) Se A viene prima di C, E viene prima di C, C viene prima di D e A viene prima di E, una delle seguenti affermazioni è falsa (F) mentre tutte le altre sono vere (V):
1) A è la prima della serie
2) E viene dopo D
3) E non è l'ultima della serie

4) E viene prima di D
5) L'ordine non è alfabetico
Quale tra le seguenti è dunque la sequenza corretta?

A. 1:V 2:V 3:V 4:V 5:F
B. 1:F 2:V 3:V 4:V 5:V
C. 1:V 2:V 3:V 4:F 5:V
D. 1:V 2:V 3:F 4:V 5:V
E. 1:V 2:F 3:V 4:V 5:V

2.7 • Abilità a ordinare eventi cronologici

183) Se oggi è lunedì, qual è il giorno successivo al giorno che precede il giorno prima di domani?

A. Sabato
B. Mercoledì
C. Martedì
D. Domenica
E. Lunedì

184) Se oggi è giovedì, qual è il giorno precedente al giorno che segue dopodomani?

A. Venerdì
B. Lunedì
C. Martedì
D. Domenica
E. Sabato

185) Nell'affollatissimo bar di Mario, ogni mattina il signor Rossi, il signor Verdi ed il signor Bianchi vanno a prendere un caffè. Il signor Rossi arriva sempre per primo e non ha fretta, il signor Verdi arriva sempre per secondo ed ha fretta, mentre il signor Bianchi arriva sempre per terzo ed ha molta fretta. I tre clienti, non appena hanno bevuto il proprio caffè, vanno via, pertanto possono incontrarsi al bar oppure no. Mario conosce le necessità dei suoi tre clienti abituali e cerca di soddisfarle, compatibilmente con la necessità di servire anche gli altri avventori. Pertanto, egli serve prima il signor Bianchi (che ha molta fretta), poi il signor Verdi (che ha fretta) e poi il signor Rossi (che non ha fretta).
In quale ordine sicuramente Mario non ha potuto servire i tre clienti abituali?

A. Sig. Rossi, sig. Bianchi e sig. Verdi
B. Sig. Rossi, sig. Verdi e sig. Bianchi
C. Sig. Bianchi, sig. Verdi e sig. Rossi
D. Sig. Bianchi, sig. Rossi e sig. Verdi
E. Sig. Verdi, sig. Rossi e sig. Bianchi

186) Gabriele si allena in piscina ogni lunedì, mercoledì e sabato. In uno dei rimanenti giorni della settimana Gabriele gioca a calcio. Sapendo che il giorno dopo gli allenamenti di nuoto Gabriele non svolge alcuna attività fisica, qual è il giorno in cui gioca a calcio?

A. Domenica
B. Mercoledì
C. Giovedì
D. Martedì
E. Venerdì

2.8 • Test di logica concatenativa

187) "Delle tre banche d'affari ABI, EBI e OBI almeno due sono svizzere. Si sa, inoltre, che se ABI è svizzera anche EBI lo è, che se OBI è svizzera lo è anche ABI, e che tra EBI e OBI almeno una è non svizzera". In base a queste informazioni, quale delle seguenti è sicuramente vera?

A. ABI non è svizzera e EBI è svizzera
B. OBI non è svizzera e EBI è svizzera
C. EBI non è svizzera e OBI è svizzera
D. ABI, OBI e EBI sono svizzere
E. OBI è svizzera e EBI non è svizzera

188) Aldo, Bruno, Carlo, Donato ed Eugenio durante una gita pernottano in una locanda dove hanno a disposizione tre camere singole e una doppia. Nessuno vuol dormire con Eugenio, perché russa troppo sonoramente. Aldo accetta di dividere la camera doppia solo con Carlo o con Bruno. Bruno dice che andrà nella doppia solo con Donato. Se ne deduce, necessariamente, che:

A. uno dei due, tra Aldo e Bruno, dormirà sicuramente nella camera doppia
B. Aldo e Bruno dormiranno nella camera doppia
C. nella camera doppia dormirà Aldo oppure Donato
D. Eugenio, Carlo e Donato dormiranno nelle camere singole
E. Eugenio, Aldo e Bruno dormiranno nelle camere singole

2.9 • Relazioni insiemistiche

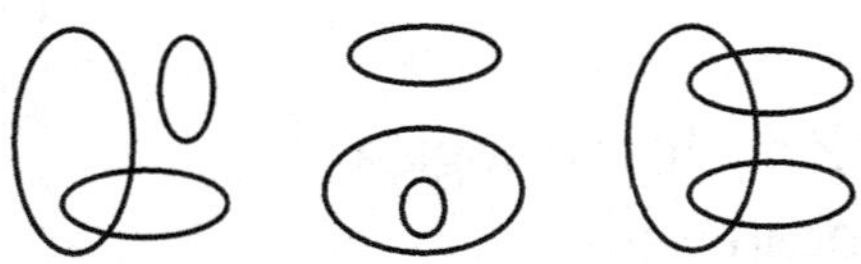

DIAGRAMMA 1 DIAGRAMMA 2 DIAGRAMMA 3

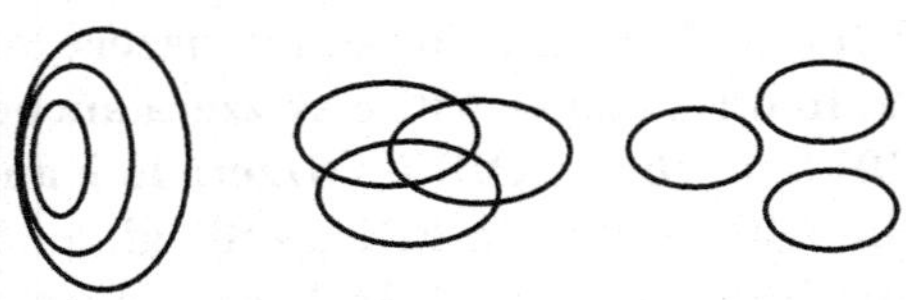

DIAGRAMMA 4 DIAGRAMMA 5 DIAGRAMMA 6

189) Individuare quale diagramma soddisfa la relazione insiemistica esistente fra i tre termini seguenti: Tramvieri, Edicolanti, Persone di nome Giorgio.

A. Diagramma 1
B. Diagramma 6
C. Diagramma 3
D. Diagramma 4
E. Diagramma 2

190) Individuare quale diagramma soddisfa la relazione insiemistica esistente fra i tre termini seguenti: Riviste settimanali, Edicole, Pubblicazioni periodiche.

A. Diagramma 3
B. Diagramma 5
C. Diagramma 4
D. Diagramma 1
E. Diagramma 2

191) Individuare quale diagramma soddisfa la relazione insiemistica esistente fra i tre termini seguenti: Elefanti, Animali, Baobab.

A. Diagramma 2
B. Diagramma 1
C. Diagramma 3
D. Diagramma 4
E. Diagramma 5

192) Individuare quale diagramma soddisfa la relazione insiemistica esistente fra i tre termini seguenti: Numeri positivi, Numeri negativi, Operazioni.

A. Diagramma 5
B. Diagramma 1
C. Diagramma 3
D. Diagramma 2
E. Diagramma 6

193) Individuare quale diagramma soddisfa la relazione insiemistica esistente fra i tre termini seguenti: Fotografie, Dipinti, Cornici.

A. Diagramma 6
B. Diagramma 4
C. Diagramma 5
D. Diagramma 1
E. Diagramma 3

194) Individuare quale diagramma soddisfa la relazione insiemistica esistente fra i tre termini seguenti: Deputati, Avvocati, Senatori.

A. Diagramma 1
B. Diagramma 3
C. Diagramma 5
D. Diagramma 2
E. Diagramma 6

195) Individuare quale diagramma soddisfa la relazione insiemistica esistente fra i tre termini seguenti: Feste religiose, Natale, Festa del lavoro.

A. Diagramma 4
B. Diagramma 2
C. Diagramma 6
D. Diagramma 5
E. Diagramma 3

196) Individuare quale diagramma soddisfa la relazione insiemistica esistente tra i tre termini seguenti: Satelliti, Pianeti, Stelle.

A. Diagramma 3
B. Diagramma 1
C. Diagramma 2
D. Diagramma 6
E. Diagramma 4

197) Individuare quale diagramma soddisfa la relazione insiemistica esistente fra i tre termini seguenti: Sigarette, Accendini, Tumori.

A. Diagramma 6
B. Diagramma 2
C. Diagramma 1
D. Diagramma 3
E. Diagramma 5

198) Individuare quale diagramma soddisfa la relazione insiemistica esistente fra i tre termini seguenti: Minorenni, Biondi, Bruni.

A. Diagramma 3
B. Diagramma 1
C. Diagramma 4
D. Diagramma 6
E. Diagramma 2

199) Individuare quale diagramma soddisfa la relazione insiemistica esistente fra i tre termini seguenti: Ristoranti, Locali pubblici, Camerieri.

A. Diagramma 5
B. Diagramma 4
C. Diagramma 2
D. Diagramma 3
E. Diagramma 1

200) Individuare quale diagramma soddisfa la relazione insiemistica esistente fra i tre termini seguenti: Americani, Architetti, Sportivi.

A. Diagramma 1
B. Diagramma 2
C. Diagramma 6
D. Diagramma 5
E. Diagramma 4

201) Individuare quale diagramma soddisfa la relazione insiemistica esistente fra i tre termini seguenti: Belgi, Inglesi, Nazioni.

A. Diagramma 1
B. Diagramma 2
C. Diagramma 6
D. Diagramma 4
E. Diagramma 3

202) Individuare quale diagramma soddisfa la relazione insiemistica esistente tra i tre termini seguenti: Uomini con i capelli rossi, Poeti, Libri.

A. Diagramma 4
B. Diagramma 2
C. Diagramma 6
D. Diagramma 1
E. Diagramma 3

203) Individuare quale diagramma soddisfa la relazione insiemistica esistente fra i tre termini seguenti: Riviste, Enciclopedie, Prodotti della casa editrice Mondadori.

A. Diagramma 3
B. Diagramma 2
C. Diagramma 4
D. Diagramma 6
E. Diagramma 5

204) Individuare quale diagramma soddisfa la relazione insiemistica esistente fra i tre termini seguenti: Abitazioni, Mobili, Tappeti.

A. Diagramma 1
B. Diagramma 6
C. Diagramma 5
D. Diagramma 3
E. Diagramma 2

205) Individuare quale diagramma soddisfa la relazione insiemistica esistente fra i tre termini seguenti: Alberi, Falegnami, Tavoli.

A. Diagramma 4
B. Diagramma 6
C. Diagramma 5
D. Diagramma 1
E. Diagramma 3

206) Individuare quale diagramma soddisfa la relazione insiemistica esistente fra i tre termini seguenti: Agricoltori, Trattori, Campi.

A. Diagramma 4
B. Diagramma 5
C. Diagramma 6
D. Diagramma 3
E. Diagramma 1

207) Individuare quale diagramma soddisfa la relazione insiemistica esistente fra i tre termini seguenti: Mucche, Pecore, Allevatori.

A. Diagramma 5
B. Diagramma 1
C. Diagramma 3
D. Diagramma 6
E. Diagramma 4

208) Individuare quale diagramma soddisfa la relazione insiemistica esistente fra i tre termini seguenti: Maestri di scuola, Inglesi, Analfabeti.

A. Diagramma 6
B. Diagramma 1
C. Diagramma 3
D. Diagramma 4
E. Diagramma 2

209) Individuare quale diagramma soddisfa la relazione insiemistica esistente fra i tre termini seguenti: Sedie, Oggetti di legno, Arredatori d'interni.

A. Diagramma 6
B. Diagramma 3
C. Diagramma 4
D. Diagramma 2
E. Diagramma 1

210) Individuare quale diagramma soddisfa la relazione insiemistica esistente fra i tre termini seguenti: Italiani, Inglesi, Filosofi.

A. Diagramma 2
B. Diagramma 1
C. Diagramma 3
D. Diagramma 4
E. Diagramma 6

211) Individuare quale diagramma soddisfa la relazione insiemistica esistente fra i tre termini seguenti: Competizioni sportive, Olimpiadi, Maratoneti.

A. Diagramma 1
B. Diagramma 3
C. Diagramma 4
D. Diagramma 2
E. Diagramma 5

212) Individuare quale diagramma soddisfa la relazione insiemistica esistente tra i tre termini seguenti: Cani, Cavalli, Quadrupedi dal pelo marrone.

A. Diagramma 6
B. Diagramma 1
C. Diagramma 2
D. Diagramma 3
E. Diagramma 5

213) Individuare quale diagramma soddisfa la relazione insiemistica esistente fra i tre termini seguenti: Agrumi, Bevande, Spremute.

A. Diagramma 3
B. Diagramma 6
C. Diagramma 1
D. Diagramma 2
E. Diagramma 4

214) Individuare quale diagramma soddisfa la relazione insiemistica esistente fra i tre termini seguenti: Capi d'abbigliamento, Giacche, Armadi.

A. Diagramma 4
B. Diagramma 6
C. Diagramma 2
D. Diagramma 3
E. Diagramma 1

215) Individuare quale diagramma soddisfa la relazione insiemistica esistente fra i tre termini seguenti: Delfini, Animali, Mammiferi.

A. Diagramma 3
B. Diagramma 4
C. Diagramma 6
D. Diagramma 5
E. Diagramma 1

216) Individuare quale diagramma soddisfa la relazione insiemistica esistente tra i tre termini seguenti: Anziani, Panettieri, Grissini.

A. Diagramma 2
B. Diagramma 4
C. Diagramma 3
D. Diagramma 6
E. Diagramma 1

217) Individuare quale diagramma soddisfa la relazione insiemistica esistente fra i tre termini seguenti: Uomini celibi, Uomini coniugati, Persone diplomate.

A. Diagramma 5
B. Diagramma 1
C. Diagramma 2
D. Diagramma 6
E. Diagramma 3

218) Individuare quale diagramma soddisfa la relazione insiemistica esistente fra i tre termini seguenti: Lavoratori dipendenti, Persone di nome Luigi, Residenti a Teramo.

A. Diagramma 2
B. Diagramma 1
C. Diagramma 5
D. Diagramma 3
E. Diagramma 4

219) Individuare quale diagramma soddisfa la relazione insiemistica esistente fra i tre termini seguenti: Fiumi, Gange, Laghi.

A. Diagramma 3
B. Diagramma 4
C. Diagramma 6
D. Diagramma 2
E. Diagramma 1

220) Individuare quale diagramma soddisfa la relazione insiemistica esistente fra i tre termini seguenti: Tovaglioli, Posate, Bicchieri.

A. Diagramma 2
B. Diagramma 4
C. Diagramma 3
D. Diagramma 6
E. Diagramma 1

221) Individuare quale diagramma soddisfa la relazione insiemistica esistente fra i tre termini seguenti: Disoccupati, Giovani, Impiegati.

A. Diagramma 1
B. Diagramma 2
C. Diagramma 5
D. Diagramma 4
E. Diagramma 3

222) Individuare quale diagramma soddisfa la relazione insiemistica esistente fra i tre termini seguenti: Bevitori di vino, Astemi, Olandesi.

A. Diagramma 1
B. Diagramma 3
C. Diagramma 2
D. Diagramma 5
E. Diagramma 4

223) Individuare quale diagramma soddisfa la relazione insiemistica esistente fra i tre termini seguenti: Città di mare, Città inglesi, Parigi.

A. Diagramma 2
B. Diagramma 4
C. Diagramma 1
D. Diagramma 6
E. Diagramma 3

224) Individuare quale diagramma soddisfa la relazione insiemistica esistente fra i tre termini seguenti: Panettieri, Fiorai, Rosette.

A. Diagramma 2
B. Diagramma 5
C. Diagramma 1
D. Diagramma 3
E. Diagramma 6

225) Individuare quale diagramma soddisfa la relazione insiemistica esistente fra i tre termini seguenti: Persone colte, Cantanti, Buongustai.

A. Diagramma 5
B. Diagramma 3
C. Diagramma 1
D. Diagramma 6
E. Diagramma 4

226) Individuare quale diagramma soddisfa la relazione insiemistica esistente fra i tre termini seguenti: Alpinismo, Atletica leggera, Danza.

A. Diagramma 6
B. Diagramma 5
C. Diagramma 1
D. Diagramma 4
E. Diagramma 2

227) Individuare quale diagramma soddisfa la relazione insiemistica esistente fra i tre termini seguenti: Libri di Storia, Libri con più di 500 pagine, Libri pubblicati nel 2005.

A. Diagramma 1
B. Diagramma 6
C. Diagramma 4
D. Diagramma 3
E. Diagramma 5

228) Individuare quale diagramma soddisfa la relazione insiemistica esistente fra i tre termini seguenti: Fiumi vietnamiti, Fiumi, Fiumi asiatici.

A. Diagramma 5
B. Diagramma 4
C. Diagramma 1

D. Diagramma 2
E. Diagramma 3

229) Individuare quale diagramma soddisfa la relazione insiemistica esistente fra i tre termini seguenti: Vocali, Consonanti, Parole.

A. Diagramma 3
B. Diagramma 4
C. Diagramma 6
D. Diagramma 5
E. Diagramma 1

230) Individuare quale diagramma soddisfa la relazione insiemistica esistente fra i tre termini seguenti: Oggetti in pelle, Borse da viaggio, Pellettieri.

A. Diagramma 5
B. Diagramma 4
C. Diagramma 6
D. Diagramma 1
E. Diagramma 3

231) Individuare quale diagramma soddisfa la relazione insiemistica esistente fra i tre termini seguenti: Sinfonie, Canzoni folkloristiche, Flauti.

A. Diagramma 3
B. Diagramma 2
C. Diagramma 1
D. Diagramma 6
E. Diagramma 4

232) Individuare quale diagramma soddisfa la relazione insiemistica esistente fra i tre termini seguenti: Pasta, Alimenti, Prima colazione.

A. Diagramma 1
B. Diagramma 2
C. Diagramma 3
D. Diagramma 5
E. Diagramma 6

233) Individuare quale diagramma soddisfa la relazione insiemistica esistente fra i tre termini seguenti: Giornalisti, Indro Montanelli, Scienziati.

A. Diagramma 2
B. Diagramma 1
C. Diagramma 4
D. Diagramma 3
E. Diagramma 5

234) Individuare quale diagramma soddisfa la relazione insiemistica esistente fra i tre termini seguenti: Editori, Arnoldo Mondadori, Giornali.

A. Diagramma 2
B. Diagramma 3
C. Diagramma 5
D. Diagramma 1
E. Diagramma 6

235) Individuare quale diagramma soddisfa la relazione insiemistica esistente fra i tre termini seguenti: Artisti, Cantanti, Mina.

A. Diagramma 1
B. Diagramma 3
C. Diagramma 4
D. Diagramma 5
E. Diagramma 6

236) Individuare quale diagramma soddisfa la relazione insiemistica esistente fra i tre termini seguenti: Olimpiadi, Palloni, Calciatori.

A. Diagramma 1
B. Diagramma 3
C. Diagramma 4
D. Diagramma 6
E. Diagramma 2

237) Individuare quale diagramma soddisfa la relazione insiemistica esistente fra i tre termini seguenti: Sciatori, Articoli sportivi, Piste da sci.

A. Diagramma 5
B. Diagramma 6
C. Diagramma 1
D. Diagramma 3
E. Diagramma 2

238) Individuare quale diagramma soddisfa la relazione insiemistica esistente fra i tre termini seguenti: Scarpe da ginnastica, Sportivi, Poliglotti.

A. Diagramma 2
B. Diagramma 1
C. Diagramma 6
D. Diagramma 4
E. Diagramma 3

239) Individuare quale diagramma soddisfa la relazione insiemistica esistente fra i tre termini seguenti: Telefilm, Cartoni animati, Registi.

A. Diagramma 1
B. Diagramma 2
C. Diagramma 6
D. Diagramma 4
E. Diagramma 5

240) Individuare quale diagramma soddisfa la relazione insiemistica esistente fra i tre termini seguenti: Penisole, Corea, Sicilia.

A. Diagramma 3
B. Diagramma 4
C. Diagramma 6
D. Diagramma 2
E. Diagramma 1

241) Individuare quale diagramma soddisfa la relazione insiemistica esistente fra i tre termini seguenti: Numeri primi, Numeri pari, Numeri dispari maggiori di 10.

A. Diagramma 1
B. Diagramma 3
C. Diagramma 6
D. Diagramma 4
E. Diagramma 2

242) Individuare quale diagramma soddisfa la relazione insiemistica esistente fra i tre termini seguenti: Laureati, Pensionati, Mecenati.

A. Diagramma 3
B. Diagramma 4
C. Diagramma 6
D. Diagramma 5
E. Diagramma 1

243) Individuare quale diagramma soddisfa la relazione insiemistica esistente fra i tre termini seguenti: Medicinali, Antibiotici, Infermieri.

A. Diagramma 2
B. Diagramma 1
C. Diagramma 6
D. Diagramma 5
E. Diagramma 3

244) Individuare quale diagramma soddisfa la relazione insiemistica esistente fra i tre termini seguenti: Giovani, Epatopatici, Bevitori di vino.

A. Diagramma 1
B. Diagramma 5
C. Diagramma 6
D. Diagramma 4
E. Diagramma 2

245) Individuare quale diagramma soddisfa la relazione insiemistica esistente fra i tre termini seguenti: Biondi, Calvi, Castani.

A. Diagramma 3
B. Diagramma 2
C. Diagramma 6
D. Diagramma 5
E. Diagramma 1

246) Individuare quale diagramma soddisfa la relazione insiemistica esistente fra i tre termini seguenti: Atleti, Tedeschi, Bruni.

A. Diagramma 5
B. Diagramma 3
C. Diagramma 4
D. Diagramma 1
E. Diagramma 2

247) Individuare quale diagramma soddisfa la relazione insiemistica esistente fra i tre termini seguenti: Pittori, Mario Sironi, Imitazioni.

A. Diagramma 1
B. Diagramma 6
C. Diagramma 3
D. Diagramma 2
E. Diagramma 4

248) Individuare quale diagramma soddisfa la relazione insiemistica esistente fra i tre termini seguenti: Tartarughe, Animali marini, Gatti.

A. Diagramma 6
B. Diagramma 2
C. Diagramma 3
D. Diagramma 4
E. Diagramma 1

2.10 • Test di logica verbale "binomiale"

249) Ci sono due persone di sesso diverso, una bionda e una mora. La persona bionda dice "Io sono un uomo" mentre la persona mora dice "Io sono una donna". Se almeno uno dei due mente quale delle seguenti affermazioni risulta necessariamente vera?

A. La donna è mora e l'uomo è biondo
B. Solo la donna mente
C. Solo l'uomo mente
D. La donna è bionda e l'uomo è moro
E. La donna è mora

250) Ci sono due persone di sesso diverso, una alta e una bassa. La persona bassa dice "Io sono una donna" mentre la persona alta dice "Io sono un uomo". Se almeno uno dei due mente quale delle seguenti affermazioni risulta necessariamente vera?

A. La donna è alta e l'uomo è basso
B. Sia la donna che l'uomo sono alti
C. La donna è bassa e l'uomo è alto
D. Sia la donna che l'uomo sono bassi
E. Solo l'uomo mente

2.11 • Altri esercizi di ragionamento critico

251) In una conferenza stampa, alla domanda se il nuovo acquisto, Petermass, avrebbe giocato nel grande incontro di sabato, l'allenatore ha risposto: "Solo se Fredericks non è in forma".
Tre dei giornalisti presenti hanno commentato la notizia nel modo seguente:
– Jed ha scritto: "Se Fredericks è in forma, Petermass non giocherà."
– Ned ha scritto: "Se Fredericks non è in forma, Petermass giocherà."
– Ted ha scritto: "Se Petermass non giocherà significa che Fredericks è in forma".
Chi di loro ha esposto i fatti nel modo giusto?

A. Solo Jed e Ted
B. Solo Ted
C. Solo Jed
D. Solo Jed e Ned
E. Solo Ned

252) Un produttore di software vuole installare alcuni programmi su quattro dischi da 2 G. Rior-

ganizza i programmi in ordine decrescente di dimensione e salva ogni programma nel primo disco disponibile che ha spazio sufficiente.
Quale dei seguenti procedimenti usa lo stesso metodo del ragionamento sopra esposto?

A. Un idraulico utilizza tubi lunghi 2 m e vuole tagliarli. Taglia alternativamente i pezzi più lunghi e più corti di cui ha ancora bisogno dal primo tubo disponibile che sia lungo abbastanza
B. Un idraulico utilizza tubi lunghi 2 m e vuole tagliarli. Riorganizza le misure che gli occorrono in ordine decrescente di lunghezza e taglia ogni lunghezza dal primo tubo disponibile che sia lungo abbastanza
C. Un idraulico utilizza tubi lunghi 2 m e vuole tagliarli. Prende le misure nell'ordine del suo elenco e taglia ogni lunghezza dal primo tubo disponibile che sia lungo abbastanza
D. Un idraulico utilizza tubi lunghi 2 m e vuole tagliarli. Riorganizza le misure che gli occorrono in ordine crescente di lunghezza e taglia ogni lunghezza dal primo tubo disponibile che sia lungo abbastanza
E. Un idraulico utilizza tubi lunghi 2 m e vuole tagliarli. Calcola la combinazione giusta per raggiungere 2 m e taglia i tubi di queste dimensioni. Per i restanti taglia la prossima lunghezza dal primo tubo disponibile che sia lunga abbastanza

253) È facile che, in futuro, pochi turisti visitino le città. Il Mining Museum è l'unica attrazione turistica che c'è in città che abbia mai attratto visitatori in numero considerevole. Ora il Museo sta per chiudere.
Quale delle seguenti frasi ricalca più fedelmente la struttura del ragionamento?

A. L'unico motivo per il quale mi viene il mal di testa è che sono allergico ai latticini. Non li sto più mangiando, quindi probabilmente smetterò di avere mal di testa
B. Ogni volta che vado in una casa dove c'è un gatto, comincio a starnutire. Tu hai un gatto in casa. Comincerei a starnutire se ci entrassi
C. Non posso mangiare nulla che contenga glutine di grano. Purtroppo la pasta è fatta con il grano e contiene glutine. Quindi non posso mangiare pasta
D. Se Moira fosse punta da un'ape e non prendesse subito queste medicine, potrebbe morire. Quindi dovrà portarsele sempre dietro
E. Il mio sfogo cutaneo è stato causato da questo detersivo in polvere. Lo sfogo iniziò quando ho cominciato a farne uso e ritornò quando smisi di usarlo

254) L'affermazione "per ogni persona c'è una persona che è più capace della prima" è equivalente a:

A. esiste una persona tale che ogni altra persona è più capace di lei
B. esiste una persona che è più capace di tutte le altre persone
C. non esiste alcuna persona tale che nessuno è più capace di lei
D. non per ogni persona ogni altra persona è più capace di lei
E. per ogni persona ogni altra persona è più capace di lei

255) Quale delle seguenti affermazioni ha lo stesso significato dell'asserzione "Chiunque può imparare a disegnare"?

A. Nessuno può imparare a disegnare

B. Esistono solo due persone che possono imparare a disegnare
C. Non tutti possono imparare a disegnare
D. Non esiste una persona che non possa imparare a disegnare
E. Esiste una persona che può imparare a disegnare

256) Quale delle seguenti frasi è logicamente equivalente a "Nessuno sport è dannoso per la salute"?

A. Vi è almeno uno sport dannoso alla salute
B. Non esiste uno sport dannoso per la salute
C. La vita sedentaria può essere dannosa per la salute
D. Vi è almeno uno sport che non è dannoso per la salute
E. Tutti gli sport fanno bene alla salute

257) Se un professore vuol far restare in classe esattamente le femmine di Milano, quale delle seguenti istruzioni deve impartire?

A. "Escano i maschi di Milano e le femmine non di Milano"
B. "Escano le femmine di Milano e i maschi non di Milano"
C. "Escano gli studenti non di Milano"
D. "Escano i maschi di Milano e gli studenti non di Milano"
E. "Escano i maschi non di Milano"

258) Dubito che tu abbia capito. Una sola delle cinque formulazioni traduce il concetto:

A. di certo non hai capito
B. probabilmente hai capito
C. di certo hai capito
D. spero che tu abbia capito
E. non sono certo che tu abbia capito

259) Quale delle seguenti affermazioni equivale a dire: "Non tutti i laureati in Medicina veterinaria fanno il veterinario"?

A. Non esiste un laureato in Medicina veterinaria che non faccia il veterinario
B. Tutti i laureati in Medicina veterinaria fanno un lavoro diverso dal veterinario
C. Vi è almeno un laureato in Medicina veterinaria che non fa il veterinario
D. Tutti i laureati in Medicina veterinaria fanno i veterinari
E. Nessun laureato in Medicina veterinaria fa il veterinario

260) L'affermazione "non tutti gli oggetti di lusso sono prodotti nelle gioiellerie" equivale a:

A. alcuni oggetti di lusso non sono prodotti nelle gioiellerie
B. tutti gli oggetti di lusso sono prodotti nelle gioiellerie
C. non tutti gli oggetti prodotti nelle gioiellerie sono oggetti di lusso
D. alcuni oggetti prodotti nelle gioiellerie non sono oggetti di lusso
E. tutti gli oggetti di lusso vengono prodotti fuori dalle gioiellerie

261) Quale delle seguenti frasi è logicamente equivalente a: "Gli assenti non hanno mai ragione"?

A. I presenti hanno talvolta torto
B. Chi ha torto è sempre assente
C. I presenti hanno sempre ragione
D. Gli assenti hanno sempre torto
E. I presenti hanno sempre torto

262) È impossibile nascondere l'inutilità dei continui divieti alla circolazione automobilistica in città. Qual è il corretto significato della precedente affermazione?

A. È utile vietare la circolazione automobilistica in città
B. È utile permettere la circolazione non automobilistica in città
C. È inutile permettere la circolazione non automobilistica in città
D. Non si può vietare la circolazione automobilistica in città
E. È impossibile affermare che si può nascondere l'inutilità dei continui divieti alla circolazione automobilistica in città

263) La frase "nell'ultimo campionato di calcio tutte le partite giocate dalla Football Stars sono finite in parità o con vittorie soltanto casalinghe" è logicamente equivalente a:

A. nell'ultimo campionato di calcio la Football Stars non può aver pareggiato partite casalinghe
B. nell'ultimo campionato di calcio la Football Stars ha sempre vinto in casa
C. nell'ultimo campionato di calcio la Football Stars ha sempre perso fuori casa
D. nell'ultimo campionato di calcio la Football Stars ha sempre pareggiato fuori casa
E. nell'ultimo campionato di calcio la Football Stars ha sempre vinto fuori casa

264) "La prima cosa che fa il naufrago Robinson Crusoe, appena approdato sull'isola, è costruirsi un calendario, per sapere quando è domenica e sentirsi idealmente parte di una comunità." (spiega Paolo Spinicci, professore di filosofia teoretica all'Università di Milano) Orologi e calendari hanno sempre avuto questa funzione: scandire il *tempo obiettivo* ma si sono scontrati con la difficoltà di tenere insieme gli eventi astronomici usati per definire l'anno, i mesi e i giorni, cioè la rivoluzione della Terra intorno al Sole, le fasi lunari e la rotazione della Terra su se stessa. In Editti nel 237 a. C., durante il regno di Tolomeo III Emergete, fu promulgato a Canopo un editto in cui si prescriveva l'inserzione di un giorno ogni quattro anni per evitare lo sfasamento del calendario rispetto al ciclo solare. Bisognava intervenire per impedire la *distruzione dell'ordine cosmico.* Oggi la necessità di questo aggancio tra tempo umano e tempo cosmico è avvertita in modo meno drammatico: il tempo, come dimostra l'ora legale, si plasma sulle esigenze della società, anche contro il corso del Sole. La marcia verso un orario uguale per tutti è stata lenta. Probabilmente è iniziata in Europa nel XIV secolo, con la diffusione degli orologi meccanici sui campanili. Ma quelli scandivano un tempo locale che valeva solo per il villaggio.

(Luca Fraioli, "*Tempi moderni. Così l'umanità ha deciso di sincronizzarsi*", in Il venerdì di Repubblica, n. 940, 24 marzo 2006)

Nel testo si sostiene che (s'identifichi la risposta corretta):

A. gli adattamenti del calendario erano eventi periodici frequenti a cui tutti erano abituati
B. l'ora legale poté affermarsi in Europa con il passaggio dalla società agricola a quella industriale
C. l'ora legale è fondata su un principio opposto a quello che ha determinato le riforme storiche dei calendari perché antepone le esigenze della società al corso del sole
D. le variazioni dei calendari erano avversate da alcune religioni perché determinavano la distruzione dell'ordine cosmico
E. i calendari, attraverso interventi aggiuntivi, riportavano la giornata al ritmo del sole esclusivamente per rispettare i ritmi dei riti religiosi

265) Quando l'agricoltura si diffuse a latitudini più elevate, venne inevitabilmente confinata in gran parte ad altipiani ben drenati e con terreni leggeri, sebbene questi fossero necessariamente meno produttivi delle terre basse e alluvionali: l'aratro semplice, infatti, non poteva domare questi terreni più ricchi.

(L. White, *Tecnica e società nel medioevo*, Il Saggiatore, Milano, 1967)

SOLO UNA, delle cinque considerazioni seguenti, è condivisa dall'autore. L'agricoltura primitiva si diffonde negli altipiani perché:

A. le terre basse erano più lavorabili ma poco ricche e quindi meno produttive
B. i terreni leggeri erano più facilmente arabili dei ricchi ma duri terreni di pianura
C. l'invenzione dell'aratro semplice aveva permesso di arare anche i pendii
D. i terreni a latitudini più elevate erano meno produttivi
E. il lavoro di aratura andava perso con le frequenti alluvioni

---

266) "All'inizio il bottone fu trattato come fosse un ornamento, fabbricato e venduto dai gioiellieri. Le donne erano disposte a spendere e a fare spendere talmente tanti denari ai famigliari per tale acquisto, da incorrere nel rigore delle leggi contro il lusso [...]. Progressivamente la funzione pratica dei bottoni passò in primo piano e i bottoni furono fatti di ottone o di rame, o di vetro [...]. I bottoni permisero per la prima volta alle donne del XIII secolo di portare vesti aderenti che danno slancio alla figura, e di modellare la forma del braccio con maniche strette. Al desiderio di sfoggiare comunque grande quantità di tessuto, indice di ricchezza, che l'uso dei bottoni evidentemente contrasta, si supplì con lo strascico e con la sovrapposizione di diversi capi di vestiario [...]. I bottoni però, oltre a permettere di aprire e chiudere lo scollo degli abiti e le maniche, resero quest'ultime addirittura completamente staccabili. [...] Il detto: "È un altro paio di maniche" ci giunge proprio dal Medioevo, quando per necessità pratica, o [...] per esigenza decorativa, le maniche potevano essere riposte in una cassapanca lontano dall'abito di cui facevano parte. Di solito in casa si portavano maniche di tipo modesto, più ricercato ed elegante quando si usciva."

(Da Chiara Frugoni, *Medioevo sul naso. Occhiali, bottoni e altre invenzioni medievali*, Laterza, Roma-Bari, 2001, pp. 102-103)

Solo UNA delle affermazioni seguenti è CORRETTAMENTE dedotta dalle premesse contenute nel brano. La si individui:

A. i bottoni consentirono alle donne medievali l'agognata economia di tessuto nella confezione dei loro abiti
B. l'introduzione dei bottoni consentì di dotare gli abiti femminili di maniche adeguate
C. nell'Alto Medioevo, prima dell'invenzione dei bottoni, a nessuno era venuto in mente di sovrapporre diversi capi di vestiario
D. con il passar del tempo i bottoni divennero sempre più elaborati nelle forme e nei materiali e conseguentemente sempre più costosi
E. l'introduzione dei bottoni non rispose originariamente ad un'impellente esigenza pratica

---

267) «Un giovanotto in vacanza telefona a casa e parla con il fratello. "Come sta il gatto Oscar?"
"Il gatto è morto, morto stamattina."
"Terribile... gli ero così affezionato, lo sai. Non potevi dirmelo in un modo più morbido?"
"E come?"
"Avresti potuto dirmi che il gatto stava sul tetto. La prossima volta che avessi chiamato, potevi dirmi che non eri riu-

scito a farlo scendere, e alla fine, per gradi, avresti potuto darmi la notizia."
"Hai ragione, mi dispiace."
"Lascia stare. Come sta la mamma?"
"........................"»

J. A. Paulos, *Penso, dunque rido. L'altra faccia della filosofia*, tr. it. Feltrinelli, Milano, 2004, p. 144

Si INDIVIDUI la conclusione che rispettando l'impalcatura logica e discorsiva della scenetta, le restituisce il suo tetro e cinico umorismo:

A. "È stupita, pensava di averlo mancato..."
B. "È sul tetto..."
C. "Non ha voluto cucinare il gatto..."
D. "È inciampata nel gatto..."
E. "È mancata..."

268) Quando si dice "maggioranza" si denota una procedura, la regola del gioco accettata in democrazia, la regola secondo la quale vengono adottate le decisioni. [...] Quando invece si parla di "minoranze", si parla di quei gruppi che esercitano una influenza determinante sul processo di formazione delle opinioni.

(*G. Sartori*, Democrazia e definizioni, *Il Mulino, Bologna 1959*)

L'autore definisce "minoranze" (SOLO UNA, delle cinque considerazioni proposte, è condivisa dall'autore):

A. le aggregazioni minoritarie che però influenzano giudizi e comportamenti collettivi
B. le procedure di votazione aventi esito negativo
C. l'insieme dei gruppi minoritari che non accettano le regole democratiche
D. gli oppositori ai cambiamenti di opinione imposti dalla maggioranza
E. i gruppi che non accettano le regole del gioco della democrazia

269) Se si fa pratica con uno strumento musicale, si migliorerà a suonare. Io non ho fatto pratica con il pianoforte, quindi non sono migliorato. Tra due mesi ho un esame. Quindi devo allenarmi ogni giorno se voglio che la mia prestazione sia buona.
Quale delle seguenti affermazioni ricalca maggiormente la struttura di questo ragionamento?

A. Chi fa un mestiere diventa più bravo a svolgerlo. Tutti i mastri artigiani hanno passato lungo tempo a praticare la propria arte. È impossibile diventare esperti senza fare pratica
B. Se ci si allena duramente in uno sport, si diventerà più bravi. Io non mi sono allenata duramente al trampolino, quindi non sono migliorata. C'è una gara il mese prossimo. Quindi devo lavorare sodo se voglio che la mia prestazione sia buona
C. L'allenamento rende perfetti. Mi sono allenato duramente a suonare il violino quindi, presto, dovrei essere perfetto. Tra poco tempo ho una gara che mi aspetto assolutamente di vincere
D. Se ci si allena duramente nella corsa si diventerà più veloci. Mi sono allenato duramente per diventare più veloce, e ho cominciato a vincere le gare. C'è una gara la prossima settimana. Se voglio vincere devo continuare ad allenarmi
E. Se si fa pratica con il violoncello, si diventerà più bravi a suonarlo. Dawn non ha fatto molta pratica ma è migliorata, quindi deve averne fatta abbastanza. Può anche riuscire a superare l'esame del terzo livello il mese prossimo

270) Tutti gli alberi hanno le foglie. La quercia è un albero. Quindi le querce hanno le foglie.

Quale delle seguenti affermazioni ricalca maggiormente la struttura di questo ragionamento?

A. Tutte le piante hanno le foglie. Quella foglia è una foglia di quercia. Quindi tutte le piante sono querce
B. Tutti gli alberi hanno le foglie. Quella pianta non è un albero. Quindi quella pianta non ha le foglie
C. Tutti gli alberi hanno le foglie. Quella pianta ha le foglie. Quindi quella pianta è un albero
D. Tutte le foglie crescono sugli alberi. Le piante hanno le foglie. Quindi le piante sono alberi
E. Tutte le querce hanno le foglie. Quell'albero ha le foglie. Quindi quell'albero è una quercia

271) Viaggiare in prima classe equivale a viaggiare con tutte le comodità. Monica non viaggia in prima classe, quindi non avrà tutte le comodità.
Quale delle seguenti affermazioni ha la stessa struttura logica del suddetto ragionamento?

A. Viaggiare in prima classe equivale a viaggiare con tutte le comodità. Monica viaggia in prima classe, quindi starà viaggiando con tutte le comodità
B. Indossare scarpe troppo strette equivale ad avere dolore ai piedi. Le scarpe di Monica non sono troppo strette, quindi Monica non avrà dolore ai piedi
C. Indossare delle scarpe troppo strette equivale ad avere dolore ai piedi. Monica ha dolore ai piedi, quindi le sue scarpe saranno troppo strette
D. Viaggiare in seconda classe equivale a viaggiare con molte altre persone. Monica non viaggia con molte altre persone, quindi non starà viaggiando in seconda classe
E. Viaggiare in seconda classe equivale a viaggiare con molte altre persone. Monica viaggia con molte altre persone, quindi starà viaggiando in seconda classe

272) Per poter richiedere il visto per una vacanza-lavoro in Australia sono necessari due requisiti: bisogna dimostrare di avere un conto corrente con un saldo di almeno € 1.000 e avere un'età massima di 30 anni. Giulia ha più di 30 anni, quindi non è idonea per richiedere tale visto. Quale delle seguenti affermazioni segue la stessa struttura logica del suddetto ragionamento?

A. Per candidarsi alla presidenza degli Stati Uniti, bisogna essere nati in territorio statunitense e bisogna avere un'età superiore ai 40 anni. John è nato negli Stati Uniti ed ha 50 anni, quindi è idoneo per candidarsi alla presidenza degli Stati Uniti
B. Una borsa di studio viene offerta solo agli studenti che si sono laureati con il massimo dei voti e che sono stati già ammessi a una scuola di dottorato. Marco non si è laureato con il massimo dei voti, quindi non è idoneo per richiedere la borsa di studio
C. Molte professioni hanno limiti d'età. L'esercito non recluta nessuno che abbia più di 30 anni. Giovanni ha 25 anni, quindi è idoneo per richiedere di arruolarsi nell'esercito
D. Per vincere una medaglia d'oro alle Olimpiadi, bisogna partecipare ai giochi olimpici. Rita ha vinto una medaglia d'oro, quindi deve aver partecipato alle Olimpiadi
E. Per apparire sulla copertina di una rivista bisogna essere famosi. Luca deve essere più famoso di quanto tutti pensassero, dato che è apparso sulla copertina di una rivista nel del mese di aprile

273) Analizzare le seguenti affermazioni:
1) Ci sono meno ratti che persone.
2) Non ci sono più persone che ratti.
3) Ci sono almeno tanti ratti quante persone.
4) Non ci sono più ratti che persone.
Due delle affermazioni sopra riportate si equivalgono. Quali?

A. 2 e 4
B. 2 e 3
C. 1 e 3
D. 1 e 4
E. 3 e 4

274) Puoi diventare un buon pianista se cominci a suonare quando sei ancora piccolo. Tu hai cominciato quando eri già adulto, quindi non puoi diventare un buon pianista. Quale delle seguenti affermazioni presenta la stessa struttura di questo ragionamento?

A. I bambini parlano fluentemente due lingue se cominciano a parlarle da quando sono molto piccoli. Mio figlio ha imparato due lingue quando era piccolo, quindi ora le parla correntemente
B. Puoi curarti il mal di testa se hai intenzione di provare l'agopuntura. Ma tu rifiuti di provare l'agopuntura, quindi non riuscirai a curare il mal di testa
C. Puoi diventare un buon cantante se hai un tono di voce perfetto. Tu sei un buon cantante, quindi devi avere un tono di voce perfetto
D. Puoi evitare di diventare sovrappeso se fai sufficiente esercizio fisico. Tu fai esercizio fisico sufficiente, quindi non diventerai sovrappeso
E. I bambini soffrono meno di otite se prendono l'olio di fegato di merluzzo. I miei figli soffrono pochissimo di otite, quindi non hanno bisogno di prendere l'olio di fegato di merluzzo

275) La teoria della relatività di Einstein è una teoria rivoluzionaria. Solo i grandi scienziati sanno formulare teorie rivoluzionarie, quindi Einstein dovrebbe essere definito un grande scienziato. Quale delle seguenti affermazioni ha la stessa struttura logica del suddetto ragionamento?

A. Il dipinto di Marco non è una grande opera d'arte. Solo i grandi artisti producono grandi opere d'arte, quindi Marco non può essere definito un grande artista
B. Il dipinto *Impressione. Levar del sole* di Monet è una grande opera in tutti i sensi. Solo chi è davvero un grande artista ha il talento per produrre grandi opere, quindi dovremmo definire Monet un grande artista
C. La grande arte scaturisce esclusivamente da grandi artisti. Leonardo da Vinci può essere definito un grande artista, quindi la *Gioconda* è una grande opera d'arte
D. Van Gogh è un grande artista. I grandi artisti producono grandi opere. Questa non è una grande opera d'arte, quindi non può essere stata dipinta da Van Gogh
E. Manet è un grande artista e i grandi artisti hanno prodotto le opere d'arte più importanti. Questo quadro è stato dipinto da Manet, quindi deve trattarsi di una grande opera d'arte

276) La quantità di tempo che le persone dedicano, nel corso della vita, a spostarsi da A a B è rimasta costante nella storia. Quindi, l'avvento di mezzi di trasporto ad alta velocità comporta semplicemente che le persone coprano distanze più lunghe.

Quale delle seguenti affermazioni ricalca al meglio la struttura di questo ragionamento?

A. L'aumento della proprietà immobiliare è sempre stato proporzionale all'aumento del reddito medio. Quindi, l'aumento della costruzione di immobili significa che la gente ha redditi più alti
B. Il rapporto tra la somma che serve per ripagare un mutuo e le spese totali di una famiglia è sempre stato costante. Quindi un aumento del prezzo del cibo comporta un aumento del debito
C. La proporzione tra case nuove e vecchie sul mercato è sempre stata costante. Quindi un aumento nello sviluppo immobiliare significa che più case vecchie saranno restaurate
D. Con un tasso d'interesse fisso sul mutuo, un aumento dei prezzi delle case comporterà un aumento dell'inflazione
E. L'entità di un mutuo ha sempre rappresentato circa 3 o 4 volte il reddito annuale di una persona. Quindi un aumento dei redditi medi risulterà in un aumento dell'entità dei mutui

277) Se Nusra dovesse trovare un lavoro che le interessa sul serio, deve essere preparata a guadagnare molto meno di adesso. Tuttavia, siccome non ha intenzione di sacrificare il suo stipendio attuale, non troverà un lavoro che le interessi.

Quale delle seguenti affermazioni ricalca al meglio il ragionamento su cui si fonda questa argomentazione?

A. Se Lopez vuole ottenere risultati migliori a scuola, deve lasciare il suo lavoro part-time. Dice sempre di voler andare meglio a scuola, quindi, ovviamente, dovrà lasciare il lavoro
B. Se Paul e Lisa vogliono avere un matrimonio felice, devono parlarsi di più. Durante le sedute di terapia di coppia, tuttavia, hanno dimostrato che per loro è impossibile riuscirci, quindi il loro matrimonio non sarà felice
C. Se Carl e Tesfa procederanno con il divorzio, devono essere sicuri di non voler dare un'altra chance al loro matrimonio. Entrambi hanno insistito sul fatto che il divorzio sia l'unica opzione, quindi è inutile fare altre sedute di terapia di coppia
D. Se Myra vuole cominciare un'attività in proprio, ha bisogno di almeno £ 5000 per coprire i costi iniziali. Ha solo £1000 a disposizione, quindi dovrà chiedere un prestito alla banca per il resto della somma
E. Se Julie e Mike vogliono adottare un bambino, devono essere in grado di dimostrare che hanno una relazione stabile. Sfortunatamente, il loro matrimonio non è mai stato propriamente stabile, quindi dovranno lavorare sodo per migliorarlo

278) Si considerino le seguenti affermazioni:

- **Rongfeldt non si trova più a nord di Sgybo**
- **Sgybo si trova più a sud di Rongfeldt**
- **Sgybo si trova a nord almeno quanto Rongfeldt**

Cosa si evince da queste tre affermazioni?

A. Nessuna delle tre è logicamente equivalente
B. La prima è logicamente equivalente alla terza, ma non alla seconda
C. La prima è logicamente equivalente alla seconda, ma non alla terza
D. La seconda è logicamente equivalente alla terza, ma non alla prima
E. Tutte e tre sono logicamente equivalenti

279) "Con i suoi canoni, Bach ci offre un primo esempio della nozione che qui definiremo degli Strani Anelli. Il fenomeno dello Strano Anello consiste nel fatto di ritrovarsi inaspettatamente, salendo o scendendo lungo i gradini di qualche sistema gerarchico, al punto di partenza (nel nostro esempio il sistema è quello delle tonalità musicali). (...) A mio avviso, le più belle e imponenti realizzazioni visive del concetto di Strano Anello si trovano nell'opera del grafico olandese M.C. Escher, vissuto tra il 1898 e il 1971. Escher ha creato alcuni disegni che sono tra i più intellettualmente stimolanti di tutti i tempi. Molti hanno la loro ispirazione in paradossi, illusioni o doppi sensi. I matematici furono tra i primi ammiratori dei disegni di Escher, e si capisce perché: spesso essi sono basati su princìpi matematici di simmetria o di regolarità... Ma in un disegno tipicamente escheriano c'è molto di più di semplici simmetrie e regolarità; c'è spesso un'idea di fondo che viene realizzata in forma artistica. In particolare lo Strano Anello è uno dei temi più frequenti dell'opera di Escher; (...) pensiamo all'interessante "Mani che disegnano", dove si vedono due mani ognuna delle quali disegna l'altra: è uno Strano Anello a due componenti. (...) Il concetto di Strani Anelli contiene quello di infinito: un anello infatti non è proprio un modo per rappresentare un processo senza fine in modo finito? (...) E come gli anelli di Bach e di Escher fanno appello ad intuizioni molto semplici e antiche come la scala musicale o la scala di un edificio, così la scoperta ad opera di K. Gödel di uno Strano Anello in un sistema matematico trae le sue origini da intuizioni semplici e antiche. La scoperta di Gödel, nella sua forma essenziale, comporta la traduzione in termini matematici di un antico paradosso della filosofia. Si tratta del cosiddetto paradosso di Epimenide, o paradosso del mentitore. Epimenide era un cretese che pronunciò questo paradosso immortale: "Tutti i Cretesi sono mentitori". Una versione più incisiva di questo enunciato è semplicemente: "Io sto mentendo"; o ancora: "Questo enunciato è falso".

Douglas R. Hofstadter, *Gödel, Hescher, Bach: un'eterna Ghirlanda Brillante*, Adelphi, 1992

Questo enunciato è un paradosso perché (UNA SOLA risposta è ESATTA):

A. non è lecito generalizzare giudicando gli uomini per categorie
B. Epimenide era considerato l'emblema stesso del mentitore
C. l'affermazione risulta contemporaneamente vera e falsa
D. Erodoto nega con fermezza che i Cretesi siano bugiardi
E. l'affermazione è contraddittoria, quindi è vero il suo contrario

280) Esistono ragionamenti induttivi e deduttivi. Quanti dei seguenti diversi ragionamenti sono INDUTTIVI?

Rag. 1) Tutte le volte che ho mangiato la pizza a Napoli l'ho trovata buonissima; un mio collega, di passaggio nella città partenopea per lavoro, ne è rimasto entusiasta; non c'è nessuno tra i miei amici che sono stati a Napoli che non vada matto per la pizza fatta laggiù. I napoletani sanno fare la pizza.

Rag. 2) Tutti quelli che pensano di poter fare a meno degli altri sono degli incoscienti. Luciana è convinta di poter vivere da sola in un rifugio alpino sperduto in alta quota; lei non si rende conto degli innumerevoli pericoli ai quali può andare incontro.

Rag. 3) Visitare il centro storico e lanciare la classica monetina nella fontana di Trevi è nei sogni d'ogni turista tedesco

in visita alla Capitale; Werner è un giovane turista tedesco appena arrivato a Roma e dunque non vede l'ora di trovarsi a tu per tu con la celebre fontana.
Rag. 4) Nessuna persona dabbene uscirebbe da un locale senza pagare il conto. Con la scusa di dover prendere qualcosa dalla macchina, Paolo, dopo aver cenato, ha lasciato a bocca asciutta il proprietario della pizzeria; non si può dire che Paolo sia una brava persona.

A. Nessuno
B. Due
C. Tre
D. Uno
E. Quattro

281) Esistono ragionamenti deduttivi e induttivi. Quanti dei seguenti diversi ragionamenti sono DEDUTTIVI?
Rag. 1) Quelli che pensano di poter giudicare gli altri sono stupidi; Marina trincia sempre giudizi sulle sue amiche; non si può dire che Marina sia intelligente.
Rag. 2) Tutti i cani che ho posseduto avevano un ottimo fiuto; Argo, il cane di mio nonno, è un eccellente cane da tartufi; Pallina, il barboncino della zia, riesce sempre a scovare la caramella nascosta nel giardino; i cani hanno un formidabile fiuto.
Rag. 3) Ho puntato sul tredici ed ho perso; ho puntato sul venti ed ho perso; ho puntato sul quattro ed ho perso; non ho fortuna nel gioco.
Rag. 4) Tutti quelli che si preparano a visitare un paese straniero farebbero bene a studiarne anche gli usi e costumi; Mario, da due mesi impegnato nella preparazione del suo viaggio in Cina, non dovrebbe dimenticare d'informarsi circa le consuetudini cinesi a tavola.

A. Nessuno
B. Tutti
C. Tre
D. Due
E. Uno

282) Se Marco ha due fratelli e tre sorelle, Maria, una delle sorelle di Marco, quante sorelle e fratelli avrà?

A. 3 sorelle e 2 fratelli
B. I dati forniti dal problema non consentono di stabilirlo con certezza
C. 2 sorelle e 3 fratelli
D. 2 sorelle e 2 fratelli
E. 3 sorelle e 3 fratelli

283) Si considerino le seguenti coppie: Carlo e Diana, Francesco e Giulia, Luigi e Mara. Chi è la compagna di Alessio?

A. Lucia
B. Belinda
C. Federica
D. Sabrina
E. Margherita

284) Quale dei seguenti ragionamenti è necessariamente corretto?

A. Chi beve vodka si ubriaca, Sergio non beve vodka, quindi Sergio non si ubriaca
B. Chi beve vodka si ubriaca, Sergio si ubriaca, quindi Sergio non beve vodka
C. I ragionamenti riportati nelle altre opzioni sono tutti corretti
D. Chi beve vodka si ubriaca, Sergio non si ubriaca, quindi Sergio non beve vodka
E. Chi beve vodka si ubriaca, Sergio si ubriaca, quindi Sergio beve vodka

285) Si considerino le seguenti coppie: Cosimo e Domenica, Franco e Giorgia, Luca e Maria. Chi è la compagna di Alessandro?

A. Carla
B. Maria
C. Giorgia

D. Giulia
E. Benedetta

286) Si dovrebbero addestrare ratti allo scopo di bonificare i campi minati. Alcuni esperimenti hanno dimostrato che i ratti sono troppo leggeri per saltare in aria e che amano compiere azioni ripetitive. L'impiego di animali consentirebbe lo svolgimento di compiti pericolosi con un uso minore di macchinari e, soprattutto, ridurrebbe il rischio di morte per gli esseri umani. Quale delle seguenti affermazioni esprime il principio alla base di questo ragionamento?

A. Si dovrebbero utilizzare le vespe per rilevare gas nocivi nell'aria grazie al loro olfatto sviluppato
B. Si dovrebbero addestrare i primati a compiere alcune mansioni ordinarie e ripetitive
C. Gli esseri umani dovrebbero utilizzare i roditori nonostante questi trasmettano malattie
D. In futuro i macchinari per bonificare i campi minati andrebbero eliminati
E. Chi non ama svolgere lavori ripetitivi non dovrebbe bonificare i campi minati

287) Lo schema riportato di seguito deve essere riempito con le lettere A, B, E, F, I, L, O, P, U.
Per riempire lo schema occorre osservare le seguenti regole:
- **nella prima colonna da sinistra vanno sistemate solo vocali in ordine alfabetico crescente dall'alto verso il basso;**
- **nella terza colonna da sinistra vanno sistemate solo consonanti in ordine alfabetico crescente dall'alto verso il basso;**
- **nella seconda e terza riga vanno sistemate lettere in ordine alfabetico crescente da sinistra verso destra.**

Quale lettera deve essere necessariamente collocata nel cerchio in posizione centrale?

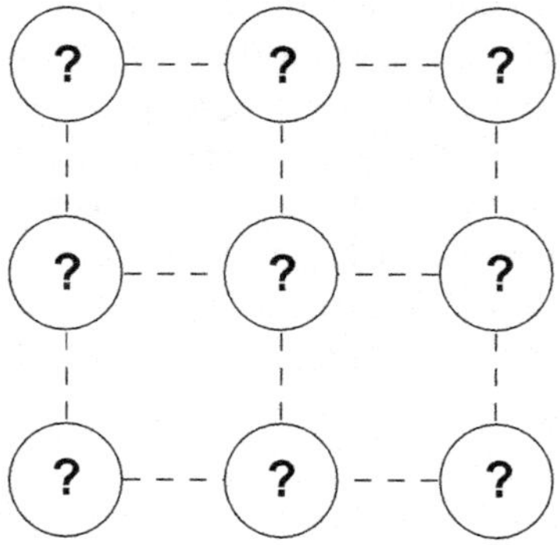

A. La lettera U
B. La lettera I
C. La lettera O
D. La lettera F
E. La lettera L

288) Una gallina ha fatto i pulcini. Maria dice: "Sono nati tre pulcini e sono gialli". Gianni dice: "Sono nati due pulcini gialli e due neri". Anna dice: "Sono nati solo pulcini gialli". Quanti pulcini sono nati, sapendo che una e una sola delle precedenti affermazioni è falsa?

A. 4
B. 2
C. 6
D. 3
E. Non è possibile stabilire il numero con certezza

289) Le spese mediche per gli interventi di chirurgia estetica non necessari dovrebbero essere interamente sostenute dai pazienti.
Quale delle seguenti affermazioni esprime il principio alla base di questo ragionamento?

A. I genitori di bambini con Bisogni Educativi Speciali (BES) dovrebbero poter usufruire di ulteriori sostegni

da parte dei servizi sociali e degli enti locali
B. Le protesi estetiche difettose considerate rischiose per la salute dovrebbero essere rimosse senza alcun costo per il paziente dal Servizio Sanitario Nazionale
C. Se si sceglie di cercare lavoro in una città lontana da quella di residenza si dovrebbero sostenere le spese di viaggio o di trasloco
D. Un paziente trasportato d'urgenza al pronto soccorso in ambulanza dovrebbe far ritorno a casa con mezzi propri se dimesso
E. Coloro che pur non essendo disabili parcheggiano deliberatamente nei posti riservati ai disabili non dovrebbero stupirsi di venire multati

290) In un racconto per bambini ci sono tre tipi di mostri, Bongles, Crannies e Dervies. Alcuni Bongles (ma non tutti) sono Crannies e tutti i Crannies sono Dervies.
Quale delle seguenti frasi sicuramente NON è vera?
A. Alcuni Bongles sono Dervies
B. Alcuni Dervies sono sia Bongles che Crannies
C. Tutti i Crannies sono Bongles o Dervies, o entrambi
D. Nessun Dervies è un Bongles
E. Alcuni Dervies non sono né Bongles né Crannies

291) Ogni automobilista in Inghilterra paga la stessa cifra per la tassa stradale, a prescindere da quanto in realtà usufruisca della strada: chi percorre poche miglia, come 1.000, paga la stessa cifra di chi ne percorre 20.000. È ingiusto. La tassa stradale dovrebbe essere frammentata e l'importo innalzato con un aumento della tassa sulla benzina. Questo cambiamento farebbe sì che quelli che usano di più la strada, devono pagare una cifra maggiore. Questo risultato non porterebbe solo a un sistema più giusto, ma anche a entrate maggiori.
Quale delle seguenti affermazioni illustra al meglio il principio su cui si fonda il ragionamento sopra riportato?
A. Chi guadagna più del doppio di un salario medio dovrebbe pagare molto di più per le cure dentistiche
B. Chi va a lavorare in treno ogni giorno dovrebbe pagare una tariffa minore rispetto a chi viaggia solo occasionalmente
C. Le tariffe telefoniche dovrebbero essere più alte per le aziende, rispetto ai privati, perché usano il sistema solamente per guadagnare soldi
D. Si dovrebbero ricevere cure mediche gratuite solo se non ci si può permettere di pagarle
E. I canali televisivi dovrebbero essere pagati con un abbonamento di modo che solamente chi li guarda paga per vederli

292) Il trattamento che molti paesi riservano agli immigrati non autorizzati spesso è crudele e cinico. Perfino i rifugiati provenienti da regioni devastate dalla guerra o colpite da una carestia possono ritrovarsi in prigione appena arrivano, o possono essere deportati verso il posto stesso da cui sono fuggiti. È una decisione terribile da dover prendere, ma se facciamo un'eccezione alla legge per una persona, dovremmo fare la stessa eccezione per tutti. Se si permette ad alcuni immigrati clandestini di rimanere, anche gli altri devono essere trattati allo stesso modo, e nessun paese – specialmente quelli che sono già sovrappopolati – può fisicamente ospitare il numero di persone che si raggiungerebbe. La legge deve essere applicata rigorosamente, anche se ciò implica mandare via persone davvero bisognose.

Quale delle seguenti affermazioni illustra al meglio il principio su cui si basa l'argomentazione sopra riportata?

A. La crescita del congestionamento del traffico urbano implica che in futuro il numero di macchine che possono entrare nei centri di alcune città dovrà essere limitato
B. Tutti i taccheggiatori devono essere perseguiti, perché in caso se ne lasci andare uno, tutti gli altri, giustamente, si aspetterebbero la stessa clemenza
C. Vista la regolamentazione anti-incendio, il numero di persone che possono andare al concerto deve essere controllato severamente
D. Non esiste una regola unica che possa essere applicata a tutti i prigionieri che chiedono la libertà per buona condotta: ogni caso è a sé e deve essere trattato con obiettività
E. Se non ci sono posti ospedalieri a sufficienza per tutti quelli che ne hanno bisogno, i casi più urgenti devono essere curati per primi, anche se altre persone hanno aspettato a lungo

293) Nei dibattiti sul clima, c'è una tendenza a sottovalutare soluzioni singole come l'energia eolica, carburanti alternativi, o investimenti nel trasporto pubblico, perché ognuna di queste, presa singolarmente, non risolverà la crisi climatica. Tuttavia, non esiste, e mai esisterà, un'unica soluzione al cambiamento climatico. Quando per un problema non esiste una soluzione unica, i tentativi di migliorare la situazione non dovrebbero essere scartati sulla base del fatto che non risolvano il problema nella sua interezza. Dovremmo lasciare da parte i battibecchi e andare in direzione della promozione di singole iniziative che hanno un qualunque effetto benefico, per quanto piccolo, sul cambiamento climatico.

Quale delle seguenti affermazioni illustra al meglio il principio su cui si fonda questo ragionamento?

A. Per affrontare il problema dell'obesità ci vuole una campagna nazionale che promuova un maggiore esercizio fisico, anche se dovesse essere dannoso per le articolazioni
B. La pace nel mondo può essere garantita solamente da un governo su scala mondiale
C. Le scuole dovrebbero tornare ai metodi tradizionali nell'insegnamento della lettura, dato che nuove iniziative non sono riuscite ad aumentare gli standard
D. Gli scienziati, non lo Stato, dovrebbero essere responsabili per la ricerca di soluzioni ai problemi ambientali
E. Il coprifuoco non dovrebbe essere rifiutato sulla base del fatto che, da solo, non risolverà il problema dei comportamenti antisociali

294) È necessario che la legge prevenga l'abuso di test genetici richiesti dalle compagnie assicurative. Nuovi test genetici possono rivelare la probabilità che un individuo soffra di patologie debilitanti o addirittura fatali nel corso della vita. Senza una regolamentazione, le compagnie assicurative potrebbero rendere questi test obbligatori e far pagare un'assicurazione più alta alle persone che sono a rischio. Tutto ciò sarebbe ingiusto. Nessuno sceglie i propri geni; si nasce con quelli. Le persone non dovrebbero essere penalizzate per cose su cui non hanno controllo.

Quale delle seguenti affermazioni illustra al meglio il principio su cui si fonda questo ragionamento?

A. Alcune persone hanno perso tutto nell'alluvione. Le loro compagnie di assicurazione sono responsabili delle loro perdite. Quindi il governo non dovrebbe aiutarli
B. Philip non dovrebbe essere aiutato a pagare i suoi debiti, per quanto possa dispiacere della sua situazione. Lo sapeva dall'inizio che la sua iniziativa imprenditoriale era molto rischiosa
C. Tre persone non sono state adeguatamente informate sulla possibilità di perdite economiche quando hanno preso parte al progetto. I loro consulenti finanziari dovrebbero perdere la licenza
D. I ritardi nei pagamenti, normalmente, vengono sanzionati con una multa. Ma il pagamento di Jamuna è stato trattenuto perché i dipendenti delle poste erano in sciopero, quindi non dovrebbe essere costretta a pagare la multa
E. Kylie non l'ha fatto di proposito sbagliare la propria contabilità, ma dovrebbe pagare comunque la multa. Avrebbe dovuto accertarsi che i conti fossero corretti

295) Non paghiamo una quota fissa per l'elettricità, il gas o il telefono indipendentemente da quanto li utilizziamo. Perché quindi a qualcuno viene richiesto di farlo quando si parla dell'acqua? Chi usa relativamente poca acqua non dovrebbe finanziare chi ne usa tanta. I contatori dell'acqua, quindi, dovrebbero essere introdotti in tutte le regioni non appena possibile.

Quale delle seguenti affermazioni evidenzia meglio il principio su cui si fonda questo ragionamento?

A. La strada nuova sarà finanziata dai pedaggi, invece che dalle tasse
B. La nostra città sta mettendo a disposizione dei bidoni per il riciclaggio in modo che i residenti che vogliono fare la raccolta differenziata possono farlo
C. Il governo sta risarcendo i proprietari delle case che sono state danneggiate dall'alluvione
D. Chi ha difficoltà a pagare la tassa della televisione può pagarla in rate mensili
E. Quando andiamo a mangiare fuori in gruppo dividiamo il conto per il numero di persone che hanno cenato

296) Un utilizzo sempre maggiore dei telefoni cellulari sul treno e al ristorante dimostra una grave mancanza di considerazione per le altre persone. Sì, certamente, è comodissimo riuscire a gestire la tua attività mentre sei in viaggio o stai aspettando il pranzo e, che ci piaccia o no, la tecnologia fa parte del nostro mondo. Ma nessuno ha voglia di ascoltare una parte della noiosa conversazione di qualcuno mentre sta mangiando o durante un viaggio. Chi sta telefonando si lamenterebbe subito se io cominciassi a leggere il giornale ad alta voce, disturbando la sua chiamata. Pertanto, visto che le persone dovrebbero trattare gli altri allo stesso modo in cui si aspettano di essere trattati dagli altri, i telefoni cellulari non dovrebbero essere utilizzati liberamente sui treni e nei ristoranti.

Quale delle seguenti affermazioni illustra al meglio il principio su cui si fonda questo ragionamento?

A. Ti lamenteresti se i tuoi figli ti facessero ascoltare la loro musica, quindi non dovresti imporre loro le tue scelte sulla musica

B. La calma e il relax sono la chiave per una vita felice; quindi dovremmo evitare motivi di stress non necessari che il mondo moderno tecnologico porta con sé
C. Nessuno dovrebbe cercare di riportare indietro le lancette dell'orologio, specialmente quando si parla di tecnologia; pertanto dovresti accettare qualche fastidio in nome del progresso e della comodità
D. Il fastidio di una persona è la comodità di un'altra: quindi dovremmo essere più tolleranti verso i comportamenti altrui
E. Sui treni non ci dovrebbero essere posti di prima classe, perché tutti i paganti dovrebbero essere trattati allo stesso modo

297) Se qualcosa che faccio causa la morte di qualcuno, ovviamente, io sono responsabile per questa morte. Sono, però, allo stesso modo, responsabile della morte di qualcuno se è il risultato di qualcosa che non ho fatto? Ad esempio, se sparo a qualcuno, la sua morte è avvenuta per colpa mia. Ma se mi rifiuto di dare dei soldi a una persona che sta morendo di fame e questa persona muore perché io non le ho dato i soldi per comprarsi da mangiare, sono responsabile della sua morte? Se io non fossi mai vissuto, questa persona sarebbe morta di fame comunque, mentre la persona a cui ho sparato non sarebbe morta per colpa mia. Quindi, fare qualcosa rende più responsabili per le conseguenze che ne derivano, rispetto a non fare qualcosa.

Quale delle seguenti affermazioni illustra il principio che sostiene l'autore nel passaggio sopra riportato?

A. Le persone più responsabili per l'alto tasso di criminalità sono quelle che infrangono la legge, non le autorità locali che non riescono a dare il giusto supporto ai programmi di prevenzione del crimine
B. Il programma per la prevenzione del crimine non funziona perché attribuisce la responsabilità dei crimini alle autorità locali, le quali hanno risorse insufficienti per attuarli
C. Molte persone che vengono mandate in prigione commettono altri crimini una volta usciti, il che dimostra che la prigione non riesce a far prendere consapevolezza ai criminali delle proprie azioni
D. Le condanne ai lavori socialmente utili funzionano meglio della prigione perché fanno sì che la mente dei detenuti si concentri sulle conseguenze dirette provocate da un comportamento anti-sociale
E. Il rifiuto da parte del governo di finanziare programmi di prevenzione del crimine li rende responsabili per l'alto tasso di criminalità

298) Se lo Stato stanzia dei finanziamenti per l'arte significa che una parte delle tasse pagate da ognuno sarà utilizzata per finanziare musei e teatri. Ma alcuni contribuenti non hanno mai messo piede in un museo o un teatro e quelli che invece godono di questi servizi solitamente se lo possono permettere senza problemi. Visto che nessuno dovrebbe essere forzato a sovvenzionare servizi che non usa, le tasse dei contribuenti non dovrebbero essere usate per finanziare l'arte.

Quale delle seguenti affermazioni è un'applicazione del principio su cui si fonda il ragionamento espresso in questo passaggio?

A. Senza il supporto del governo, molti aspetti della vita culturale della na-

zione sarebbero accessibili solamente ai benestanti
B. Il sistema dei trasporti di Londra non dovrebbe essere sovvenzionato dalle tasse dei contribuenti, perché alcuni di loro non vanno mai a Londra
C. L'istruzione dovrebbe essere finanziata dalle tasse dei contribuenti perché è un servizio che porta benefici alla nazione intera
D. Chi si può permettere un'assicurazione sanitaria privata dovrebbe comunque pagare un contributo al sistema sanitario pubblico
E. Se il finanziamento pubblico per le gallerie d'arte fosse revocato e sostituito da quote di iscrizione, chi è veramente interessato all'arte continuerebbe a visitarle

299) Recentemente è nata una grande preoccupazione per la questione delle trasfusioni di sangue. Alcuni donatori di sangue hanno contratto la MCJ, la forma umana della BSE, conosciuta come la "mucca pazza". C'è una bassissima possibilità che anche chi ha ricevuto il loro sangue abbia contratto la MCJ. Per quanto basso sia il rischio, non c'è niente che si possa fare per curare questa malattia e informare il paziente scatenerebbe il panico. Per questi motivi, il servizio sanitario nazionale non dovrebbe prendere provvedimenti per informare le persone che possono essere a rischio.

Quale delle seguenti affermazioni applica il principio utilizzato nel ragionamento sopra espresso?

A. Non informare i passeggeri del motivo per cui il treno è stato ritardato per cause di forza maggiore
B. Non informare i passeggeri di un aereo, durante una turbolenza, del rischio, seppure piccolo, che l'aereo sia danneggiato
C. Non informare un bambino piccolo che ha ottenuto un risultato scarso nel test diagnostico pedagogico
D. Non informare un bambino che è stato adottato dell'identità dei suoi genitori biologici
E. Non informare un paziente che ha contratto una malattia mortale

300) Lanciato nel gennaio 2008 come parte della risposta dell'amministrazione USA alla crisi finanziaria, il "Consiglio per una buona educazione finanziaria", sebbene non sia senza meriti, non è necessariamente il modo migliore per affrontare la situazione, specialmente nel caso del tracollo dei mutui subprime. È certamente vero che molti mutui subprime sono stati concessi a mutuatari che potevano non averne compreso i rischi. Spesso non si erano neanche accorti che la rata mensile sarebbe aumentata all'aumentare dei tassi di interesse. I mutuatari subprime che avevano un tasso regolabile, la cui restituzione del mutuo è aumentata solo del 7%, hanno rappresentato più del 40% delle riappropriazioni iniziate nel quarto trimestre del 2007. Si sarebbe potuta evitare questa situazione con una maggiore consapevolezza e una migliore educazione finanziaria dei mutuatari? Non abbiamo bisogno che un semplice Comitato ci dica qual è la soluzione più semplice: non concedere mutui subprime.

Quale delle seguenti affermazioni illustra il principio su cui si fonda questo ragionamento?

A. Non avrebbe senso ritirare i superalcolici dalla vendita se si potesse fare un lavoro migliore istruendo le persone sui pericoli che derivano dal consumo di questi prodotti

B. Creare comitati che analizzino i problemi causati dal consumo di superalcolici non è necessario. Sarebbe più efficace se i produttori di alcol applicassero delle etichette di avvertimento sui loro prodotti
C. Tentare di istruire le persone sui pericoli che derivano dal consumo di superalcolici non ha senso. Avrebbe più senso se le persone potessero semplicemente non comprarli
D. Tentare di istruire le persone sui pericoli che derivano dal consumo di superalcolici è inutile. Le persone, comunque, ignorerebbero questi avvertimenti
E. Creare comitati che analizzino i problemi causati dal consumo di superalcolici è inutile. Raramente, un comitato raggiungerebbe un consenso all'unanimità

RISPOSTE CORRETTE

1) A	51) D	101) B	151) B	201) C	251) C
2) A	52) B	102) A	152) A	202) D	252) B
3) D	53) A	103) A	153) E	203) A	253) A
4) D	54) C	104) A	154) B	204) B	254) C
5) A	55) D	105) B	155) C	205) B	255) D
6) B	56) D	106) B	156) B	206) C	256) B
7) E	57) C	107) D	157) A	207) D	257) D
8) E	58) A	108) B	158) D	208) C	258) E
9) E	59) B	109) B	159) E	209) E	259) C
10) B	60) D	110) E	160) E	210) C	260) A
11) A	61) B	111) B	161) B	211) D	261) D
12) D	62) C	112) B	162) C	212) D	262) E
13) D	63) A	113) D	163) C	213) D	263) D
14) C	64) A	114) D	164) A	214) C	264) C
15) D	65) C	115) D	165) B	215) B	265) B
16) E	66) A	116) A	166) B	216) E	266) E
17) C	67) E	117) A	167) C	217) E	267) B
18) E	68) C	118) E	168) B	218) C	268) A
19) C	69) C	119) C	169) B	219) D	269) B
20) E	70) A	120) B	170) A	220) D	270) D
21) B	71) C	121) D	171) B	221) E	271) B
22) E	72) E	122) C	172) A	222) B	272) B
23) E	73) A	123) B	173) A	223) C	273) B
24) D	74) A	124) E	174) B	224) E	274) B
25) D	75) C	125) D	175) C	225) A	275) B
26) E	76) B	126) E	176) A	226) A	276) E
27) D	77) A	127) A	177) B	227) E	277) B
28) B	78) B	128) D	178) C	228) B	278) B
29) B	79) E	129) C	179) C	229) C	279) C
30) C	80) E	130) B	180) A	230) D	280) D
31) E	81) B	131) B	181) E	231) D	281) D
32) C	82) D	132) D	182) E	232) B	282) C
33) A	83) A	133) A	183) E	233) A	283) B
34) A	84) D	134) E	184) E	234) A	284) D
35) A	85) B	135) A	185) D	235) C	285) E
36) D	86) A	136) C	186) E	236) D	286) A
37) D	87) B	137) C	187) B	237) B	287) D
38) D	88) B	138) A	188) C	238) B	288) D
39) D	89) C	139) B	189) C	239) C	289) C
40) C	90) A	140) A	190) E	240) D	290) D
41) D	91) E	141) A	191) A	241) B	291) E
42) C	92) E	142) E	192) E	242) D	292) B
43) E	93) E	143) D	193) A	243) A	293) E
44) B	94) E	144) E	194) B	244) B	294) D
45) C	95) C	145) E	195) B	245) C	295) A
46) B	96) C	146) D	196) D	246) A	296) A
47) B	97) A	147) E	197) A	247) D	297) A
48) D	98) E	148) E	198) A	248) E	298) B
49) D	99) D	149) D	199) C	249) D	299) B
50) A	100) A	150) E	200) D	250) A	300) C

CAPITOLO 3
Logica numerica

3.1 • Abilità di calcolo mentale

1) In un tamponamento a catena in autostrada sono coinvolte 13 automobili. Quanti sono i paraurti danneggiati?

A. 22
B. 26
C. 24
D. 18
E. 13

2) Stai partecipando ad una gara motociclistica. Ad un certo punto superi il terzo. In quale posizione ti trovi?

A. Quarto
B. Ultimo
C. Secondo
D. Terzo
E. Primo

3) Due interi hanno somma 5 e prodotto –24. Quanto vale il minore di tali interi?

A. 1
B. 8
C. –8
D. –3
E. 2

4) Un gioco ha le seguenti regole: se un numero è divisibile per 5 vale 5 punti; se è divisibile per 3 vale 4 punti. In base a tali regole, quale dei seguenti numeri vale di più?

A. 18
B. 42
C. 9
D. 276
E. 40

5) Due interi hanno somma 9 e prodotto 18. Quanto vale il minore di tali interi?

A. 4
B. 1
C. 2
D. 0
E. 3

6) Qual è il numero il cui quadruplo più tre è uguale a settantacinque?

A. 18
B. 17
C. 72
D. 20
E. 78

7) La somma di due numeri è –4. La loro differenza è 0. I due numeri sono...

A. –2 e 2
B. 3
C. –2 e –2
D. 4
E. 2 e 2

8) La somma di due numeri è 18. La loro differenza è –6. I due numeri sono...

A. 6 e –12
B. 6 e 12
C. –3 e –8
D. –6 e –12
E. –6 e 12

9) Se aumentiamo un numero di 175 unità e poi lo riduciamo di 77 unità, otteniamo 376. Che numero è?

A. 273
B. 275
C. 276
D. 278
E. 277

10) Se riduciamo un numero di 150 unità e poi lo aumentiamo di 175 unità, otteniamo 420. Che numero è?

A. 445
B. 410
C. 405
D. 415
E. 395

11) Sommando 10 al doppio di un numero si ottiene il suo quadruplo diminuito di 2. Qual è il numero?

A. 0
B. 8
C. 6
D. 4
E. 2

12) Qual è il numero che aggiunto a 7428 dà per risultato 9310?

A. 1902
B. 1872
C. 1890
D. 1892
E. 1882

13) Qual è il numero che diminuito di 724 dà per risultato 399?

A. 1123
B. 1121
C. 1124
D. 1122
E. 1128

14) Antonio vuole far rientrare tutte le sue pecore nei recinti dell'ovile. Inizialmente fa entrare 9 pecore in ciascun recinto, ma gli restano 2 recinti vuoti. Allora fa entrare 6 pecore in ciascun recinto, ma in questo modo 3 pecore non trovano spazio nei recinti.
Quante pecore possiede Antonio?

A. 54
B. 45
C. 36
D. 27
E. 63

15) Due interi hanno somma –4 e prodotto 4. Quanto vale il maggiore di tali interi?

A. –1
B. –3
C. I due numeri sono uguali
D. 2
E. 4

16) Due interi hanno somma 5 e prodotto 4. Quanto vale il maggiore di tali interi?

A. 1
B. 4
C. 2
D. 3
E. 5

17) Qual è il numero il cui quadruplo meno 2 è uguale a 26?

A. 30
B. 7
C. 28
D. 14
E. 25

18) Qual è il risultato della somma "1 + 2 + 3 + 4 + 5 + 6 + 7 + 8 + 9 + 10 + … + 26 = ?"

A. 351

B. 306
C. 406
D. 291
E. 320

19) Teresa vuole installare alcune mensole in una nicchia di 80 cm di larghezza dove riporvi 100 libri con spessore di 25 mm l'uno e 62 libri con spessore di 35 mm l'uno. Ha in progetto di acquistare 560 cm di legname per realizzare le mensole e non ha intenzione di riporre i due tipi di libri su una stessa mensola. Qual è il numero massimo di libri in più che Teresa può acquistare prima di dover installare altre mensole?

A. 15
B. 24
C. 12
D. 35
E. 32

20) La somma di due numeri è 7. La loro differenza è 7. I due numeri sono:

A. –2 e –5
B. 1 e 6
C. –1 e 6
D. 7 e 0
E. 0 e –7

21) Sostituisci ad ogni lettera una cifra in modo che il risultato della moltiplicazione sia esatto. "A7 × 1B = 17CD". Quanto vale la più bassa delle cifre inserite?

A. 6
B. 5
C. 0
D. 4
E. 3

22) Sostituisci ad ogni lettera una cifra in modo che il risultato della moltiplicazione sia esatto. "72 × A7 = 3BCD". Quanto vale la più alta delle cifre inserite?

A. 7
B. 9
C. 8
D. 5
E. 6

23) Francesco acquista dei bigliettini per invitare alcuni amici alla sua festa di compleanno. In cartoleria i bigliettini vengono venduti singolarmente al prezzo di € 0,43 l'uno, oppure in confezioni da 6 al prezzo di € 1,92 a confezione. Francesco acquista 8 confezioni. Dopo avere spedito gli inviti si rende conto che gli sono serviti solo 38 bigliettini.
Quanto ha speso Francesco più del necessario per acquistare i bigliettini di invito?

A. € 3,64
B. € 1,06
C. € 4,70
D. € 1,72
E. € 2,98

24) Se la parola "ognuno" è scritta bene, calcolate il risultato di "35 – 7 × 3", altrimenti calcolate il risultato di "31 – 42 + 17".

A. 27
B. 84
C. 6
D. 56
E. 14

25) Se la parola "abazzia" è scritta bene, calcolate il risultato di "5 + 11 × 5", altrimenti calcolate il risultato di "(31 – 4) : 3".

A. 31
B. 275
C. 9
D. 60
E. 30

26) Se la parola "coscente" è scritta bene, calcolate il risultato di "35 – 7 × 3", altrimenti calcolate il risultato di "31 – 42 + 17".

A. 84
B. 6
C. 14
D. 56
E. 10

27) Una regola di elaborazione trasforma l'ottupla (8, 6, 4, 5, 2, 9, 1, 7) in (6, 8, 4, 5, 2, 9, 1, 7) e quest'ultima in (6, 4, 8, 5, 2, 9, 1, 7). Individuare l'ottupla successiva secondo la stessa regola.

A. (6, 4, 8, 5, 2, 9, 1, 7)
B. (6, 4, 8, 2, 5, 9, 1, 7)
C. (6, 4, 8, 5, 9, 2, 1, 7)
D. (6, 4, 5, 8, 9, 2, 1, 7)
E. (6, 4, 5, 8, 2, 9, 1, 7)

28) Qual è il numero che diminuito di 90 dà per risultato 14?

A. 124
B. 114
C. 94
D. 134
E. 104

29) Due interi hanno somma – 10 e prodotto 25. Quanto vale il minore di tali interi?

A. I due numeri sono uguali
B. 0
C. –1
D. –4
E. 2

30) Due interi hanno somma 10 e prodotto 9. Quanto vale il minore di tali interi?

A. 3
B. 4
C. 2
D. 5
E. 1

3.2 • Esercizi con frazioni e percentuali

31) Gaia ha letto i 4/5 del suo libro. Sapendo che ha letto 96 pagine, quante pagine le restano da leggere?

A. 35
B. 24
C. 40
D. 22
E. 36

32) Si vogliono ripartire 91 biscotti in tre piatti in modo che il primo piatto contenga un terzo dei biscotti del secondo e il secondo piatto un terzo dei biscotti del terzo piatto. Quanti biscotti conterrà il secondo piatto?

A. 33
B. 24
C. 21
D. 31
E. 30

33) Al supermercato le confezioni di caffè da 500 g sono sempre in offerta speciale, tuttavia le offerte variano di settimana in settimana:

- **Settimana 1: una confezione da 250 g in omaggio con l'acquisto di 2 confezioni;**
- **Settimana 2: 25% di sconto sul prezzo intero;**
- **Settimana 3: una confezione in omaggio con l'acquisto di 3 confezioni;**
- **Settimana 4: 10% di sconto sul prezzo indicato e ulteriori 100 g in omaggio;**
- **Settimana 5: con l'acquisto di una confezione, la seconda è a metà prezzo.**

Sebbene le quantità cambino, il costo del caffè per 100 g in ciascuna delle

offerte sopra elencate rimane invariato tutte le settimane, eccetto una: quale?

A. Settimana 1
B. Settimana 2
C. Settimana 3
D. Settimana 4
E. Settimana 5

34) Una palestra ha venduto 400 abbonamenti in ottobre e 480 in novembre. In dicembre si è registrato un decremento del 15% rispetto al mese precedente. A quanto ammonta la variazione percentuale degli abbonamenti venduti nel mese di dicembre rispetto a quelli di ottobre?

A. Non ci sono elementi sufficienti per rispondere
B. 1%
C. 5%
D. –5%
E. 2%

35) L'anno scorso le automobili straniere importate in Italia sono state 250.000, mentre quest'anno sono salite del 40%. Quest'anno si è registrato un 30% di importazioni dal mercato giapponese.
Quante sono state le auto straniere NON giapponesi importate quest'anno?

A. 420.000
B. 245.000
C. 210.000
D. 90.000
E. 270.000

36) In una comunità di 5000 persone il 5% dei membri viene colpito da una malattia infettiva, che richiede il ricovero nel 50% dei casi; quanti ricoveri sono avvenuti?

A. 150
B. 50
C. 200
D. 100
E. 125

37) Il cartello promozionale di un negozio recita:
Ogni 200 euro spesi, vi diamo un buono da 20 euro, spendibile al prossimo acquisto.
Tancredi, passando, riflette su quanto sia lo sconto effettivo praticato dal negozio. Quale osservazione è quella corretta?

A. Il massimo sconto ottenibile mediante questa promozione è del 20%
B. Il massimo sconto ottenibile mediante questa promozione è maggiore del 10%
C. Il massimo sconto ottenibile mediante questa promozione è minore del 10%
D. Il massimo sconto ottenibile mediante questa promozione è del 10%
E. Il massimo sconto ottenibile mediante questa promozione è minore del 2%

38) Il proprietario di una fabbrica di orecchini, in occasione della festa dell'8 marzo, vuole fare un regalo alle sue 100 dipendenti donne. Poiché sa che il 10% di esse porta un solo orecchino e che il rimanente si divide in parti uguali tra chi non ne porta affatto e chi ne porta due, quanti orecchini dovrà far preparare?

A. 100
B. 90
C. 45
D. 200
E. 180

3.3 • Esercizi con proporzioni

39) Tre ragazzi mangiano tre pizze in tre ore. Quante pizze mangiano nove ragazzi in nove ore?

A. 9
B. 15
C. 27
D. 22
E. 18

40) Se 4 impiegati compilano 24 pratiche in 10 minuti, quanti impiegati sarebbero teoricamente necessari per compilare 120 pratiche in 3000 secondi?

A. 10
B. 4
C. 6
D. 8
E. 15

41) Se due conigli mangiano 8 carote in un'ora, in quanto tempo 25 conigli mangeranno 50 carote?

A. 30 minuti
B. 50 minuti
C. 60 minuti
D. 40 minuti
E. 20 minuti

42) Tre panettieri preparano un cornetto rispettivamente in 4, 5 e 6 minuti. Quanto impiegano a preparare insieme 37 cornetti?

A. 2 ore
B. 1 ora e 35 minuti
C. 50 minuti
D. 2 ore e 30 minuti
E. 1 ora

43) Un impiegato può completare 28 pratiche per ogni ora. Se in un giorno lavorativo di 8 ore si accumulano 6720 pratiche da chiudere in giornata, quanti impiegati saranno necessari?

A. 28
B. 30
C. 32
D. 35
E. 34

44) Tre marinai sbucciano un sacco di patate rispettivamente in 6, 8 e 12 ore. Quante ore impiegano a sbucciare insieme le patate di 33 sacchi?

A. 88
B. 26
C. 24
D. 176
E. Non è possibile rispondere in base ai dati forniti

45) Se 6 muratori, lavorando allo stesso ritmo, impiegano 50 minuti per costruire un muretto, quanto impiegherebbe uno solo di essi per costruire lo stesso muretto?

A. 5 ore
B. 250 minuti
C. 2 ore
D. 4 ore
E. 270 minuti

46) Due meccanici sono in grado di riparare 6 automobili in 3 ore. Quanti meccanici saranno necessari per riparare 22 auto in 5 ore?

A. Almeno 7
B. Almeno 8
C. Almeno 6
D. Almeno 5
E. Almeno 10

47) Un solo pasticciere prepara 5 torte in 2 ore e mezza. Quanti pasticcieri dovrebbero lavorare, allo stesso ritmo, per preparare 12 torte in un'ora e mezza?

A. 6
B. 7
C. 3
D. 5
E. 4

48) Tre formiche spostano un mucchio di sabbia rispettivamente in 20, 30 e 60 giorni. Quanto tempo impiegano a spostare lo stesso mucchio di sabbia lavorando insieme?

A. 15 giorni
B. 10 giorni
C. 25 giorni
D. 5 giorni
E. 20 giorni

3.4 • Esercizi su medie

49) In una squadra di calcio vi sono 11 giocatori. L'età media è 22 anni. Durante una partita un giocatore viene espulso; l'età media dei giocatori rimasti diviene allora 21 anni. Che età ha il giocatore che è stato espulso?

A. 35 anni
B. 32 anni
C. 31 anni
D. 33 anni
E. 30 anni

50) In una prima ci sono 3 ragazzi per ogni 2 ragazze. L'età media dei ragazzi è 14 anni e 2 mesi, quella delle ragazze 13 anni e 4 mesi. Qual è l'età media della classe?

A. 13 anni e 4 mesi
B. Il risultato dipende dal numero di alunni della classe
C. 13 anni e 8 mesi
D. 13 anni e 10 mesi
E. 13 anni e 6 mesi

51) In un gruppo di 10 amici, 3 ragazzi hanno 24 anni ciascuno, 4 ragazzi hanno 27 anni ciascuno e 3 ragazzi hanno 30 anni ciascuno. Qual è l'età media del gruppo?

A. 26 anni
B. 25 anni
C. 27 anni
D. 28 anni
E. 27,5 anni

52) Filippo ha conseguito un voto di 3 punti superiore rispetto a quello di Rocco, Giovanni di sei punti inferiore rispetto a quello di Rocco. Quanto vale la media dei voti conseguiti da Filippo, Rocco e Giovanni?

A. È di 3 punti inferiore rispetto al voto conseguito da Rocco
B. È di due punti inferiore rispetto al voto conseguito da Rocco
C. È pari al voto conseguito da Rocco
D. È di un punto inferiore rispetto al voto conseguito da Rocco
E. È di un punto superiore rispetto al voto conseguito da Rocco

53) Uno studente modello ha calcolato la sua media su tutte le 9 materie, esclusa la matematica. Tale media è pari a 8. Dopo l'interrogazione la professoressa gli comunica che il suo voto finale in matematica è 7. Quale sarà la nuova media dello studente?

A. 8
B. 7
C. 7,5
D. 7,8
E. 7,9

54) Un calciatore ha disputato 6 partite segnando in media un gol a partita. Dopo la squalifica di un turno ritorna in campo ed in due partite segna 4 gol. Quale sarà la nuova media di realizzazione di gol per partita disputata?

A. 1,6
B. 1,5
C. 2
D. 1,25
E. 1,2

3.5 • Esercizi su progressioni aritmetiche e progressioni geometriche

55) La popolazione di una coltura batterica raddoppia ogni 2 minuti. Quanti minuti approssimativamente serviranno affinché tale popolazione cresca da 1.000 a 500.000 batteri?

A. 16
B. 12
C. 10
D. 14
E. 18

56) Su Marte il 12 novembre 10 marziani possiedono una cuffia; nei giorni successivi il numero dei marziani che possiedono una cuffia raddoppia ogni giorno. Qual è il primo giorno al termine del quale almeno 10.000 marziani avranno una cuffia?

A. 26 novembre
B. 24 novembre
C. 28 novembre
D. 25 novembre
E. 22 novembre

57) Una colonia di batteri vive sulla superficie di uno stagno, dove una volta al giorno ogni batterio si riproduce per scissione, cioè ogni giorno ogni batterio si divide in due dando origine a due batteri uguali. Se un biologo inizia la sua osservazione all'alba del 1° aprile 2010 e conta un solo batterio, mentre all'alba del 30 aprile 2010 osserva che un ottavo della superficie dello stagno è ricoperta dai batteri, in quale data la superficie dello stesso stagno sarà per la prima volta completamente ricoperta dai batteri?

A. All'alba del 3 maggio 2010
B. Dipende dalla superficie dello stagno
C. All'alba del 29 luglio 2010
D. Dopo il 1° dicembre 2010
E. All'alba del 7 maggio 2010

58) In uno stagno c'è una bellissima ninfea, che ogni giorno raddoppia la sua estensione e in 30 giorni copre tutto lo stagno. Quanto tempo impiega per coprirne la metà?

A. Dipende dalla grandezza dello stagno
B. 2 giorni
C. 15 giorni
D. 7 giorni
E. 29 giorni

59) Una pianta geneticamente modificata raddoppia la sua altezza ogni giorno. Al nono giorno comincia a ridurre la sua altezza con una velocità doppia. Dopo quanti giorni dall'inizio sarà ritornata alla sua altezza iniziale?

A. 15
B. 13
C. 12
D. 10
E. 14

60) Una palla è talmente elastica che, dopo ogni rimbalzo sul terreno, raggiunge i 2/5 dell'altezza precedente. Da quale altezza è stata fatta cadere se dopo 4 rimbalzi raggiunge ancora i 32 centimetri?

A. 2 metri
B. 12,5 metri
C. 60 metri
D. 5 metri
E. 10 metri

61) Un'ameba spaziale cade in un lago. Ogni giorno raddoppia la sua estensione e in 100 giorni diventa così grande da ricoprire l'intera superficie del lago. In quanti giorni ne aveva coperto un quarto?

A. Dopo 25
B. Dopo 96
C. Dopo 98
D. Dopo 88
E. Dopo 30

62) Se ad ogni generazione la popolazione mondiale si quadruplicasse, partendo da Adamo ed Eva, dopo quante generazioni si arriverebbe a 2048 persone?

A. 3
B. 5
C. 6
D. 2
E. 7

3.6 • Esercizi con equazioni e sistemi di equazioni di primo grado

63) Lucia noleggia una macchina per 18 euro più 0,10 euro per chilometro percorso. Carlo noleggia una macchina per 25 euro più 0,05 euro per chilometro percorso. A fine giornata, dopo aver percorso la stessa distanza pagano entrambi lo stesso importo. Quanti chilometri hanno percorso?

A. 150
B. 140
C. 135
D. 120
E. 100

64) Giacomo ha oggi 14 anni in più di Paolo. Se tra 10 anni Giacomo avrà il doppio degli anni di Paolo, quanti anni avrà Giacomo tra 5 anni?

A. 23
B. 19
C. 9
D. 21
E. 33

65) Papà e mamma Tuttosale hanno diversi figli, di cui 3 sono maschi. Se ogni figlio maschio avesse 3 sorelle, quanti sarebbero in tutto i membri della famiglia Tuttosale?

A. 17
B. 19
C. 8
D. 11
E. 14

66) Determinare quel numero il cui quadrato diviso a metà è uguale a 50.

A. 8
B. 7
C. 22
D. 10
E. 18

67) Andrea, Barbara, Camillo e Dario hanno ricevuto 450.000 euro in eredità. Ad Andrea spetta il doppio di Barbara, a Camillo spetta una volta e mezzo la cifra di Andrea e a Dario il triplo di Barbara. Quanto riceve Dario?

A. 200.000 euro
B. 150.000 euro
C. 120.000 euro
D. 100.000 euro
E. 250.000 euro

68) Se Francesco avesse 6 euro in più di Davide, essi avrebbero in totale 34 euro. Ma Francesco ha 6 euro meno di Davide. Quanti euro ha Francesco?

A. 8
B. 12
C. 10
D. 16
E. 14

69) Durante l'ultimo week-end, Pamela, Paola, Giuseppe e Gabriella hanno guadagnato insieme 405 euro. Pamela

ha lavorato il doppio del tempo di Paola; Paola ha lavorato la metà del tempo di Giuseppe; Gabriella ha lavorato il doppio del tempo di Pamela. Essi decidono di dividere i loro guadagni in modo imparziale. Quanti euro toccano a Pamela?

A. 90
B. 180
C. 120
D. 45
E. 150

70) Se un lingotto d'oro pesa 1/2 chilo più la metà del suo peso, quanto pesa il lingotto?

A. 2 chili
B. 200 grammi
C. 1 chilo
D. 1.500 grammi
E. 500 grammi

71) Due colleghi sono stati assunti nello stesso giorno: uno aveva il doppio dell'età dell'altro.
Anni dopo la ditta fallisce: in quel momento il maggiore ha 20 anni più del minore.
A quale età è stato assunto il minore?

A. 35 anni
B. 30 anni
C. 20 anni
D. 15 anni
E. 25 anni

72) Se: $X + Y = 3$; $X = 2Z + 13$; $Z + Y = 0$ allora Y è uguale a:

A. –10
B. +10
C. –4
D. –6
E. +3

73) Se: $X + Y = 6$; $X = Z + 2$; $Z + 2Y = 0$ allora Y è uguale a:

A. –4
B. +8
C. +4
D. –6
E. +10

74) Il costo di un'auto è dato da 9.000 euro più un terzo del costo stesso. Qual è il costo dell'auto?

A. 13.500 euro
B. 13.000 euro
C. 14.500 euro
D. 15.000 euro
E. 12.500 euro

75) La somma di due numeri, di cui il primo è triplo del secondo, è 456. Quanto valgono i due numeri?

A. 332 e 124
B. 336 e 120
C. 333 e 123
D. 330 e 126
E. 342 e 114

76) Due mele e due pere costano 1,10 €; tre mele e una pera costano 1,05 €. Allora tre pere e una mela costano:

A. 1,25 euro
B. 1,15 euro
C. 1,10 euro
D. 1,30 euro
E. 1,20 euro

77) Un gelataio prepara 20 kg di gelato e lo rivende nel corso della giornata in coni piccoli da 1,20 euro di due palline e coni grandi da 1,60 euro e di tre palline. Da ogni kg di gelato ha ricavato 12 palline; alla fine della giornata, ha incassato in totale 137,60 euro. Quanti coni grandi ha venduto?

A. 32

B. 24
C. 48
D. 17
E. 43

78) Un pensionato ha passato la sua vita per un quarto da ragazzo, per un ottavo da giovane, per metà al lavoro. Da 9 anni non lavora più. Quanti anni ha adesso?

A. 66
B. 70
C. 72
D. 74
E. 64

79) Se al doppio di un numero si aggiunge 4, si ottiene il triplo del numero considerato diminuito di 4. Di quale numero si tratta?

A. 6
B. 9
C. 11
D. 8
E. 10

80) La somma di tre numeri naturali consecutivi è 132. Quanto vale il minore dei tre numeri considerati?

A. I dati forniti dalla domanda non consentono di stabilirlo con certezza
B. 43
C. 41
D. 42
E. 40

81) Marco ha speso per il suo viaggio di nozze i 5/4 di quello che ha speso Claudia. Sapendo che la differenza tra il costo di un viaggio e l'altro è pari a 700 euro, quanto ha speso Marco?

A. 2.800 euro
B. 1.000 euro
C. 3.500 euro
D. 6.300 euro
E. 3.800 euro

82) Ad una domanda per un sondaggio 3/4 degli intervistati ha risposto 'SÌ', 1/5 ha risposto 'NO' e 4 hanno risposto 'NON LO SO'. Quanti sono gli intervistati?

A. 90
B. 78
C. 92
D. 80
E. 66

83) Si è chiesto a 440 studenti: "Quale squadra preferisci?". Le preferenze per la "Roma" erano i 3/8 di quelle per l'"Inter", e il loro numero complessivo era sette volte il numero delle scelte di altre squadre. Quanti hanno scelto altre squadre?

A. 120
B. 75
C. 105
D. 55
E. 280

84) Si è chiesto a 440 studenti: "Quale squadra preferisci?". Le preferenze per la "Roma" erano i 3/8 di quelle per l'"Inter", e il loro numero complessivo era sette volte il numero delle scelte di altre squadre. Quanti hanno scelto la "Roma"?

A. 105
B. 120
C. 280
D. 55
E. 85

3.7 • Le equazioni simboliche

85) Se 4 × # + 1 = 7 × (# – 2), allora # è uguale a:

A. 1/2
B. 5
C. 13
D. 9
E. 7

86) Se la lettera N identifica una qualunque cifra numerica (singola), la lettera P identifica una qualunque cifra (singola) pari e la lettera D identifica una qualunque cifra (singola) dispari, allora la scrittura DNND rappresenta un numero:

A. pari di 2 cifre
B. dispari di 4 cifre
C. pari di 4 cifre
D. divisibile per 2
E. dispari di 3 cifre

87) Se CIG significa cifra (singola) divisibile per 6, COG significa cifra (singola) divisibile per 9 e CEG significa cifra (singola) divisibile per 2, allora con quale scrittura può essere espresso il numero 94?

A. CEG CIG
B. CIG COG
C. COG CIG
D. CIG CEG
E. COG CEG

88) Se CUG significa cifra (singola) divisibile per 5, CIG significa cifra (singola) divisibile per 4 e CEG significa cifra (singola) divisibile per 3, allora con quale scrittura può essere espresso il numero 84?

A. CIG CIG
B. CEG CIG
C. CUG CIG
D. CUG CEG
E. CIG CUG

89) Se la lettera N identifica una qualunque cifra numerica (singola), la lettera P identifica una qualunque cifra (singola) pari e la lettera D identifica una qualunque cifra (singola) dispari, allora la scrittura DDD rappresenta un numero:

A. pari di quattro cifre
B. dispari di tre cifre
C. divisibile per due
D. divisibile per tre
E. pari di tre cifre

90) Se la lettera A identifica una qualunque cifra (singola), la lettera L identifica una qualunque cifra (singola) pari e la lettera Q identifica una qualunque cifra (singola) dispari, allora QALL è un numero:

A. dispari di quattro cifre
B. pari di due cifre
C. pari di quattro cifre
D. dispari di due cifre
E. pari di tre cifre

91) Se ZIP significa cifra (singola) divisibile per 5, ZAP significa cifra (singola) divisibile per 4 e ZOP significa cifra (singola) divisibile per 6, allora con quale scrittura può essere espresso il numero 84?

A. ZOP ZAP
B. ZIP ZAP
C. ZAP ZIP
D. ZAP ZAP
E. ZOP ZIP

92) Se BARI = 2, DENTE = 2, GINOCCHIO = 4, PREZZEMOLO = ?

A. 14
B. 4
C. 8
D. 6
E. 10

93) Se BARI = 4, DENTE = 5, GINOCCHIO = 9, PREZZEMOLO = ?

A. 8
B. 12
C. 14
D. 10
E. 18

94) Se 2 è "B", 5 è "E", 10 è "L", come si scrive "MESTOLO" usando numeri invece di lettere?

A. 5 – 11 – 10 – 13 – 17 – 18
B. 11 – 5 – 17 – 18 – 13 – 10 – 13
C. 11 – 5 – 17 – 18 – 13 – 11 – 13
D. 10 – 13 – 17 – 18 – 5 – 11 – 5
E. 11 – 5 – 18 – 17 – 13 – 10 – 13

95) Se 3 è "B", 12 è "E", 21 è "H", come si scrive "GIOCARE" usando numeri invece di lettere?

A. 33 – 34 – 24 – 6 – 5 – 7 – 12
B. 18 – 24 – 36 – 6 – 0 – 45 – 12
C. 18 – 24 – 36 – 6 – 1 – 45 – 12
D. 30 – 32 – 26 – 22 – 40 – 32
E. 18 – 24 – 33 – 6 – 1 – 45 – 12

96) Se ZAP significa cifra (singola) divisibile per 7, ZUP significa cifra (singola) divisibile per 5 e ZEP significa cifra (singola) divisibile per 4, allora con quale scrittura può essere espresso il numero 48?

A. ZEP ZUP
B. ZAP ZAP
C. ZUP ZEP
D. ZEP ZAP
E. ZEP ZEP

97) A ciascuna delle seguenti parole è associato un valore numerico, seguendo sempre lo stesso criterio logico.
ANANAS → 3; SALSA → 3; MASSA → 3; NESSO → 4; MESTO → 5; MAESTRA → 6;
Quale valore numerico andrebbe assegnato alla parola STATUTO mediante lo stesso criterio logico adoperato in precedenza?

A. 4
B. 6
C. 5
D. 3
E. 7

98) Sostituisci ad ogni lettera una cifra differente in modo che il risultato della moltiplicazione sia esatto: "A6 × 3B = 2C6D". Quanto vale la più bassa delle cifre inserite?

A. 3
B. 0
C. 5
D. 4
E. 2

99) Se:
❤ + ★ = 7 + ✸
✸ + ❤ = 3
6 + ❤ = 3
allora:

A. ❤ = 3
B. ❤ = 9
C. ★ = 16
D. ✸ = 0
E. ❤ = 16

3.8 • Esercizi con il calcolo combinatorio

100) Quanti terni si possono formare con 90 numeri differenti?

A. 45.040
B. 117.480
C. 640.560
D. 12.340
E. 13.520

101) Un pittore dispone di 8 colori e vuole colorare un suo disegno in tanti modi quanti sono possibili combinando due colori, senza mai ripetere le combinazioni: quante combinazioni differenti sono possibili?

A. 28
B. 21
C. 56
D. 48
E. 36

102) Quante parole, anche prive di senso, si possono ottenere anagrammando le lettere della parola "terno"?

A. 75
B. 100
C. 80
D. 60
E. 120

103) Un barista dispone di 6 liquori diversi. Mescolandone in parti uguali tre alla volta, quanti aperitivi diversi può preparare?

A. 18
B. 25
C. 15
D. 12
E. 20

104) Quanti anagrammi distinti è possibile ottenere con le lettere della parola "ZOO"?

A. 2
B. 4
C. 3
D. 6
E. 5

105) Quanti sono i numeri di quattro cifre che si possono scrivere usando solamente le tre cifre 5, 6, 7?

A. 85
B. 75
C. 90
D. 81
E. 60

106) Utilizzando solo i caratteri "0" e "1", quante sequenze diverse di 5 caratteri si possono scrivere?

A. 25
B. 38
C. 32
D. 36
E. 40

107) Dieci persone si incontrano ad una riunione di lavoro. All'inizio ed alla fine dell'incontro ciascuno stringe la mano a tutti gli altri. Quante strette di mano ci sono state complessivamente?

A. 45
B. 60
C. 90
D. 75
E. 80

108) Il numero di parole di tre lettere, anche prive di senso, che si possono ottenere usando 10 lettere, non necessariamente tutte distinte, è uguale a:

A. 600
B. 500
C. 900
D. 1.000
E. 800

109) Quante cinquine si possono formare con 90 numeri differenti?

A. 43.949.268
B. 128.428.968
C. 1.325.156
D. 1.248.168
E. 8.124.568

110) Quante parole, anche prive di significato, si possono scrivere con tre lettere diverse dell'alfabeto inglese?

A. 15.600
B. 13.500
C. 14.500

D. 12.600
E. 10.500

111) In quanti modi differenti 5 persone si possono sedere su 3 poltrone, libere e allineate, di un cinema?

A. 120
B. 30
C. 60
D. 70
E. 90

112) Ho a disposizione tanti cubi quanti ne voglio e dipingo ogni loro faccia con i colori rosso o verde. Quanti cubi diversi posso ottenere?

A. 10
B. 24
C. 64
D. 6
E. 36

113) Dipingiamo le quattro facce di un tetraedro regolare con quattro colori diversi: rosso, bianco, giallo, azzurro. Quanti diversi tetraedri possiamo ottenere?
N.B.: si considerino uguali due tetraedri se coincidono in seguito a opportuni movimenti rigidi di rotazione e traslazione

A. 24
B. 1
C. 16
D. 2
E. 6

114) Un negozio di giocattoli ordina al fornitore una partita di cubetti, chiedendo che tre facce siano colorate di nero e tre di bianco. Il padrone del negozio immaginava, erroneamente, che questa indicazione fosse sufficiente ad avere cubetti identici. Il fornitore, invece, si presenta con tutti i diversi tipi di cubetti che soddisfano i requisiti del negoziante.
Quanti sono i tipi diversi?

A. 3
B. 20
C. 2
D. 6
E. 12

3.9 • Esercizi con le probabilità

115) Paolo ha 10 paia di calzini accoppiati. Se perde 7 calzini, qual è il maggior numero di paia di calzini accoppiati che gli possono rimanere?

A. 5
B. 4
C. 7
D. 3
E. 6

116) Marco, Claudio, Luca e Paolo stanno giocando a poker con tutte le carte dall'otto (8, 9, 10, J, Q, K e asso). Che probabilità (%) ha Paolo di vedersi servito un colore (tutte e 5 le carte dello stesso seme)?

A. 0,5%
B. 0,09%
C. 0,3%
D. 1%
E. 0,01%

117) Lanciando due dadi contemporaneamente, qual è la probabilità di ottenere per somma 3?

A. 1/3
B. 1/18
C. 1/12
D. 1/36
E. 1/8

118) Estraendo una pallina da un'urna contenente 12 palline verdi, 15 rosse e

9 nere, calcolare la probabilità che essa sia rossa oppure nera.

A. 4/5
B. 2/3
C. 3/5
D. 1/5
E. 1/2

119) Estraendo una pallina da un'urna contenente 100 palline, di cui 25 blu, 15 rosse e 60 gialle, qual è la probabilità che esca una pallina rossa?

A. 5/20
B. 20/3
C. 20%
D. 3/20
E. 30%

120) Estraendo una carta da un mazzo di 40 carte, calcolare la probabilità che non esca una figura.

A. 5/7
B. 3/5
C. 4/5
D. 70%
E. 2/3

121) Nel lancio di un dado, qual è la probabilità che esca un numero dispari o maggiore di 4?

A. 1/7
B. 1/2
C. 1/4
D. 2/3
E. 1/3

122) Nel gioco della tombola, qual è la probabilità che esca alla seconda estrazione il numero 17, in caso non sia uscito nella prima estrazione?

A. 1/89
B. 1/90
C. 12/90
D. 8/90
E. 1

123) La probabilità che estraendo a caso uno dei novanta numeri della tombola, si estragga un numero divisibile per 2 e per 3 è:

A. 90/6
B. 4/90
C. 1/6
D. 1/3
E. 6/90

124) In un'urna sono contenute 50 palline numerate da 1 a 50. Estraendo una pallina dall'urna, determinare la probabilità che esca un numero divisibile per 7 compreso tra 15 e 45.

A. 8%
B. 40%
C. 30%
D. 15%
E. 20%

125) Estraendo una pallina da un'urna contenente 12 palline verdi, 18 rosse e 6 nere, calcolare la probabilità che essa sia verde oppure nera.

A. 1/2
B. 3/5
C. 4/5
D. 2/3
E. 3/4

126) Una scatola contiene 5 palline blu, 6 palline verdi e 7 palline gialle. Si supponga di essere bendati in modo da non poter sbirciare nella scatola: quante palline dovreste prendere al minimo per essere sicuri di averne almeno quattro dello stesso colore?

A. 24
B. 13
C. 21

D. 18
E. 10

127) Lanciando un dado, che probabilità c'è di ottenere un numero maggiore di 2?

A. 2/3
B. 2
C. 1/2
D. 2/6
E. 1/3

128) Calcolare la probabilità che nel lancio di due dadi il punteggio di una faccia sia doppio di quello dell'altra.

A. 1/6
B. 1/5
C. 1/4
D. 1/2
E. 1/3

129) La probabilità che nel lancio di due dadi si ottenga somma 5 rispetto a quella che si ottenga somma 10 è:

A. maggiore
B. un terzo
C. un mezzo
D. minore
E. uguale

130) La probabilità che, lanciando due dadi, il prodotto dei numeri usciti sia un multiplo di 5 è:

A. 11/36
B. 2/5
C. 1/3
D. 3/7
E. 1/4

3.10 • Esercizi su spazio, velocità e tempo

131) Un atleta ha ridotto il proprio tempo di percorrenza di una certa distanza del 20% al mese negli ultimi tre mesi. Se inizialmente copriva la distanza in 2'05", quanto impiega ora?

A. 1'04"
B. 1'15"
C. 1'12"
D. 50"
E. 70"

132) Un impiegato percorre tutte le mattine 10 minuti a piedi alla velocità di 6 km/h, poi fa un tragitto lungo dieci volte tanto in treno alla velocità di 120 km/h e infine una corsa in autobus di 5 minuti alla velocità di 60 km/h. Quanto vale complessivamente lo spazio percorso dall'impiegato?

A. 15,6 km
B. 18,6 km
C. 17 km
D. 18 km
E. 16 km

133) In un momento X, un treno che corre a 30 km/h precede un treno che corre a 50 km/h. Quanti km distano l'uno dall'altro se occorreranno 15 minuti al treno più rapido per raggiungere il più lento?

A. 5
B. 8
C. 6
D. 7
E. 2,5

134) Luca e Giovanni partono nello stesso momento sulla stessa strada di 300 km che collega Firenze a Milano. Luca parte da Firenze a 60 km/h, Giovanni parte da Milano e viaggia a 90 km/h. Dove e quando si incontreranno?

A. Dopo due ore, a 120 km da Milano
B. Dopo tre ore, a 120 km da Milano
C. Dopo quattro ore, a 120 km da Firenze

D. Dopo quattro ore, a 120 km da Milano
E. Dopo due ore, a 120 km da Firenze

135) Un uomo a cavallo parte alle 7 del mattino percorrendo in media 20 km/h. Un motociclista parte dallo stesso punto alle 11 e raggiunge l'uomo a cavallo dopo 2 ore. Qual è la velocità del motociclista?

A. 120 km/h
B. 80 km/h
C. 45 km/h
D. 60 km/h
E. 100 km/h

3.11 • Esercizi sulle pesate

136) Liam ha 6 accendini apparentemente identici, uno dei quali è però più pesante degli altri. Avendo a disposizione una bilancia a due piatti, quante pesate saranno sufficienti per essere certi di individuarlo?

A. 2
B. 3
C. 4
D. 5
E. 6

137) Il professor Albert, noto scienziato di fama internazionale, vuole sbalordire i suoi studenti con un esperimento. Egli possiede 22 palline identiche esternamente, tutte di peso uguale tranne una che ha un peso inferiore del 10% rispetto alle altre 21. Con una bilancia ultraprecisa con due piatti, il professor Albert afferma che egli sarà in grado di individuare la pallina meno pesante con sole 5 pesate e che non è possibile farlo con un numero inferiore di pesate. Sta affermando il vero?

A. No, sono necessarie almeno 6 pesate
B. No, sono necessarie almeno 21 pesate
C. Sì, 5 è il numero minimo di pesate necessarie
D. No, in quanto bastano al massimo 4 pesate
E. No, sono necessarie almeno 11 pesate

138) Tre amici decidono di pesarsi su una bilancia pubblica, usando solo una moneta. Senza ragionare, non si sono accorti che potrebbero pesarsi direttamente uno per uno. Quindi, prima, salgono John e Ivan, e la bilancia segna 90 kg. Ivan scende e sale Kevin; ora la bilancia segna 95 kg. Infine John scende e Ivan risale; la bilancia segna 99 kg. I tre ragazzi rimangono quindi con il problema di calcolare il proprio peso singolarmente. Quanto pesa John?

A. 45 kg
B. 55 kg
C. 50 kg
D. 48 kg
E. 43 kg

139) Lucia possiede 13 anelli apparentemente identici, uno dei quali è però più pesante degli altri. Avendo a disposizione una bilancia a due piatti, quante pesate saranno sufficienti per essere certi di individuarlo?

A. 3
B. 6
C. 7
D. 8
E. 5

3.12 • Interpretazione di dati da tabelle (ragionamento critico-numerico)

Rispondere ai quesiti 140-144 facendo riferimento alla tabella di seguito riportata.

Assetto Finanziario (dati in migliaia di euro): la seguente tabella mostra il bilancio di un'azienda per gli anni 2004 e 2005.

Operazioni	2005	2004
Vendite	?	2122
Costi di vendita	–1989	–1764
Profitto Lordo	449	358
Spese Amministrazione	–182	–177
Profitto Netto	267	?

140) Qual era il valore delle vendite nel 2005 (in migliaia di euro)?

A. 2438
B. 2442
C. 2468
D. 2122
E. 2112

141) Qual era il valore del profitto netto nel 2004 (in migliaia di euro)?

A. 267
B. 192
C. 171
D. 252
E. 181

142) Il profitto netto nel 2005 è pari a circa:

A. il 30% delle vendite
B. il 10% delle vendite
C. il 20% delle vendite
D. il 5% delle vendite
E. il 25% delle vendite

143) Nel 2005 il rapporto tra profitto netto e lordo rispetto all'anno precedente:

A. è aumentato di circa il 10%
B. non si può dire nulla
C. si è ridotto di circa il 10%
D. si è ridotto di circa il 20%
E. è aumentato di circa il 20%

144) Qual è la voce che nel 2005 ha subito la variazione percentuale minore rispetto all'anno precedente?

A. Spese Amministrazione
B. Costi di vendita
C. Vendite
D. Profitto Lordo
E. Profitto Netto

Rispondere ai quesiti 145-149 facendo riferimento alla tabella di seguito riportata.
Stati dell'Unione Europea: nella seguente tabella sono mostrati dati relativi ad alcuni paesi dell'Unione Europea.

Paese	Superficie (km/q)	Popolazione (milioni)	Seggi nel Parlamento Europeo
Malta	316	0,4	5
Irlanda	70000	3,7	13
Finlandia	338000	5,2	14
Ungheria	93000	10	24
Belgio	30158	10,2	24
Spagna	504782	39,4	54
Italia	301263	57,7	78
Germania	356854	82,1	99

145) Per i paesi riportati in tabella, quale delle seguenti affermazioni è vera?

A. La Spagna è il paese più popoloso e Malta quello meno esteso
B. La Germania è il paese più esteso e la Spagna il più popoloso
C. Malta è il paese meno popoloso e la Finlandia il più esteso
D. La Spagna è il paese più esteso e la Germania è quello più popoloso
E. La Germania è il paese più popoloso e l'Irlanda il meno esteso

146) Quanto vale la densità di abitanti per chilometro quadrato in Finlandia?

A. 30 abitanti per chilometro quadrato
B. 0,5 abitanti per chilometro quadrato
C. 1,5 abitanti per chilometro quadrato
D. 10 abitanti per chilometro quadrato
E. 15 abitanti per chilometro quadrato

147) È vero che:

A. la superficie dell'Italia è circa il doppio di quella dell'Ungheria
B. la superficie dell'Ungheria è circa il doppio di quella del Belgio
C. la superficie dell'Italia è circa dieci volte quella del Belgio
D. la superficie della Spagna è circa il doppio di quella della Germania
E. la superficie della Finlandia è maggiore di quella della Germania

148) Quale paese ha la rappresentanza maggiore nel Parlamento Europeo in rapporto alla propria popolazione?

A. L'Italia
B. La Spagna
C. La Finlandia
D. Malta
E. La Germania

149) Sapendo che il Parlamento Europeo ha 732 seggi in totale, quale % di questi seggi è occupata da parlamentari italiani?

A. Circa il 3%
B. Circa il 17%
C. Circa l'11%
D. Circa il 7%
E. Circa il 20%

Rispondere ai quesiti 150-154 facendo riferimento alla tabella di seguito riportata.

Tariffe aeree: nella tabella sono riportate le tasse, le quote assicurative e le tariffe dei voli aerei per Barcellona da diversi aeroporti italiani. Il costo totale di un biglietto è la somma delle tasse aeroportuali, della quota assicurativa e della tariffa vera e propria.

Aeroporto di partenza	Tasse Aeroportuali	Quota Assicurativa	Tariffa per Barcellona	
			Sola Andata	Andata e Ritorno
Roma Fiumicino	€ 12,50	€ 2,50	€ 62,00	€ 100,00
Milano Malpensa	€ 11,00	€ 3,00	€ 55,00	?
Napoli	€ 9,50	€ 4,50	?	€ 120,00
Genova	€ 15,00	€ 2,50	€ 59,00	€ 75,90
Palermo	€ 11,00	€ 3,50	€ 100,00	€ 142,90

150) Sapendo che il volo andata e ritorno ha una tariffa doppia rispetto al volo di sola andata, quale sarà il totale delle spese (tasse, assicurazione e tariffa aerea) per un passeggero che acquista un biglietto di andata e ritorno da Milano?

A. Euro 124,00
B. Euro 110,00
C. Euro 69,00
D. Euro 114,00
E. Euro 121,00

151) Sapendo che il volo di sola andata ha una tariffa pari a 2/3 di quella del volo andata e ritorno, quale sarà il totale delle spese (tasse, assicurazione e tariffa aerea) per un passeggero che acquista un biglietto di sola andata da Napoli?

A. Euro 134,00
B. Euro 89,50
C. Euro 80,00
D. Euro 84,50
E. Euro 94,00

152) Se la compagnia che gestisce l'aeroporto di Genova, attuando una promozione, decide di offrire gratuitamente la quota assicurativa e di ridurre ad 1/3 le tasse aeroportuali, quale sarà il totale delle spese per due passeggeri che acquistano un biglietto ciascuno di sola andata da Genova?

A. Euro 148,00
B. Euro 128,00
C. Euro 64,00
D. Euro 133,00
E. Euro 161,80

153) Per quanto riportato in tabella, quale aeroporto presenta la migliore offerta di volo sola andata per Barcellona, considerando il totale delle spese (tasse, assicurazione e tariffa aerea)?

A. Milano Malpensa
B. Roma Fiumicino
C. Genova
D. Napoli
E. Palermo

154) Se, partendo da Palermo, con un volo di sola andata si ottiene uno sconto sulla tariffa del 30% ma si è soggetti ad una ulteriore spesa per adeguamento carburante pari ad euro 15,00, quale sarà il costo totale del biglietto aereo (tasse, assicurazione, tariffa ed adeguamento carburante)?

A. Euro 85,00
B. Euro 129,53
C. Euro 129,50
D. Euro 99,50
E. Euro 84,50

Rispondere ai quesiti 155-157 facendo riferimento alla tabella di seguito riportata.

Estratto di Conto Corrente: la seguente tabella riporta la lista dei movimenti su un conto corrente nel mese di febbraio.

Descrizione Operazione	Movimenti (€)		Data
	Dare	Avere	
Riporto Saldo Mese Gennaio		**20.345,76**	**30/01/2017**
Spese Tenuta Conto	2,00		01/02/2017
Spese Invio Postale Estratto Conto	1,80		01/02/2017
Prelievo Sportello Automatico	250,00		10/02/2017
Addebito Bolletta Telefonica	120,67		15/02/2017
Bonifico Vostro Favore		300,00	16/02/2017
Pagamento Carta di Credito	144,99		18/02/2017
Accredito Emolumenti		1.313,54	21/02/2017
Addebito Bolletta Energia Elettrice	86,42		25/02/2017
Interessi su Titoli		114,23	28/02/2017
Saldo al 28/02/2017		**21.467,65**	**28/02/2017**

155) A quanto ammonta la somma di denaro depositata sul conto corrente dopo l'addebito della bolletta telefonica del 15 febbraio?

A. Euro 20.091,96
B. Euro 19.971,29
C. Euro 20.720,23
D. Euro 19.554,88
E. Euro 20.345,76

156) In totale, qual è la somma di denaro che viene prelevata dal conto corrente durante tutto il mese di febbraio?

A. Euro 1727,77
B. Euro 250,00
C. Euro 520,12

D. Euro 605,88
E. Euro 265,66

157) A quanto ammonta la somma di denaro depositata sul conto corrente dopo l'addebito della bolletta di energia elettrica del 25 febbraio?

A. Euro 21.363,42
B. Euro 21.267,00
C. Euro 21.353,42
D. Euro 20.345,76
E. Euro 21.581,88

Rispondere ai quesiti 158-160 facendo riferimento alla tabella di seguito riportata.

Linee di lavorazione industriale: in tabella sono riportati i dati relativi a 5 linee di lavorazione industriale dello stesso prodotto.
Le ore di produzione giornaliere indicano il numero di ore in cui, in un giorno, la linea è tenuta in produzione. La produzione massima giornaliera indica, nelle ore di produzione giornaliere, quale sarebbe il quantitativo massimo di prodotti costruiti sulla linea se essa fosse efficiente al 100%: tale produzione non corrisponde a quella reale nelle ore di operatività della linea.

Linea	Ore di produzione giornaliere	Produzione massima giornaliera	Produzione reale giornaliera	Efficienza %
1	24	2880	2160	75%
2	18	3240	1944	?
3	18	2700	1080	40%
4	16	?	2304	80%
5	12	720	720	100%

158) Qual è l'efficienza della Linea 2?

A. 75%
B. 60%
C. 72%
D. 80%
E. 66%

159) Qual è la produzione massima giornaliera della Linea 4?

A. 1.080
B. 2.304
C. 2.880
D. 2.700
E. 2.512

160) Con tutte le linee a regime massimo, quanti pezzi si produrrebbero in un giorno?

A. 12.420
B. 11.844
C. 12.240
D. 8.208

3.13 • Interpretazione di dati da grafici

Rispondere ai quesiti 161-164 facendo riferimento al grafico di seguito riportato.

Suddivisione del Mercato: il seguente grafico a torta mostra la suddivisione del mercato tra alcune società che si occupano di nuove tecnologie.

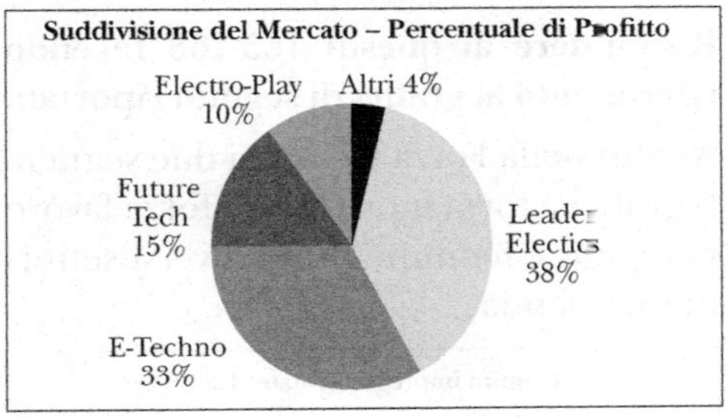

161) Oltre la metà del profitto del mercato è detenuto dalle seguenti compagnie:

A. Future Tech, Electro-Play e gli Altri
B. E-Techno e Future Tech
C. Leader Electrics e Future Tech

D. Leader Electrics e Electro-Play
E. E-Techno e Electro-Play

162) Se il profitto della Leader Electrics è pari a 95 milioni di euro, quanto sarà il profitto totale del mercato?

A. 240 milioni di euro
B. 200 milioni di euro
C. 250 milioni di euro
D. 190 milioni di euro
E. 185 milioni di euro

163) Quante volte è maggiore il profitto della Future Tech rispetto a quello della Electro-Play?

A. 3 volte
B. 2 volte
C. 1 volta e mezzo
D. 2 volte e mezzo
E. 3 volte e mezzo

164) Se il profitto della Electro-Play raddoppiasse a scapito della Future Tech, quale sarebbe la nuova quota di mercato di quest'ultima società?

A. 3%
B. 5%
C. 4%
D. 6%
E. 7%

Rispondere ai quesiti 165-168 facendo riferimento ai grafici di seguito riportati.

Analisi della Forza Lavoro: i due seguenti grafici a torta mostrano la forza lavoro maschile e femminile nei diversi settori di un'azienda.

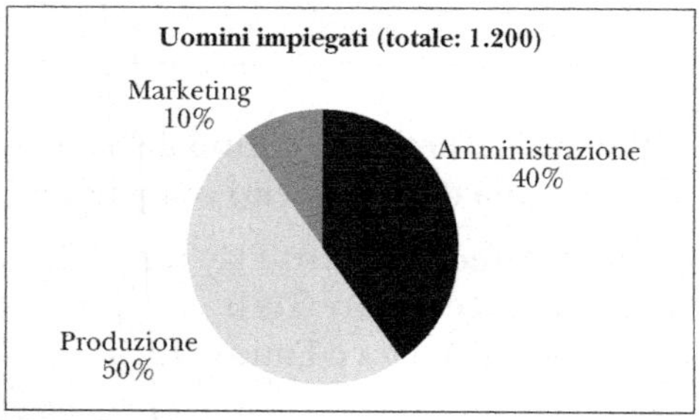

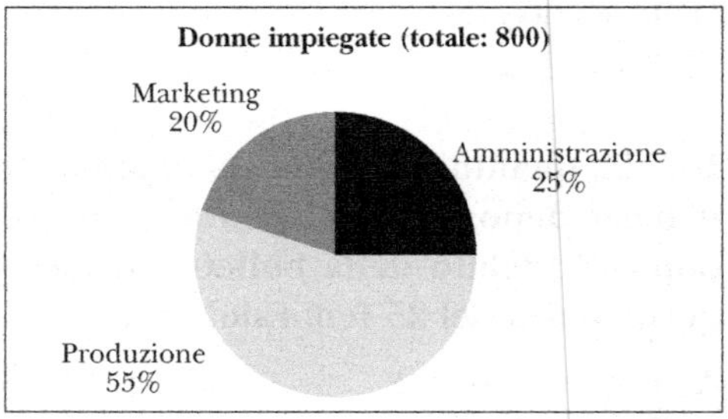

165) Qual è la percentuale di uomini impiegati nell'Amministrazione?

A. 50%
B. 10%
C. 25%
D. 20%
E. 40%

166) Quante donne sono impiegate nel Marketing?

A. 10
B. 20
C. 240
D. 160
E. 25

167) Quante persone in totale lavorano nella Produzione?

A. 1.040
B. 1.050
C. 105
D. 1.000
E. 1.100

168) Cosa si può dire con certezza sulla forza lavoro impiegata nel Marketing?

A. È superiore a quella impiegata nell'Amministrazione
B. È composta da 280 unità
C. È composta maggiormente da uomini
D. Nessuna delle altre affermazioni
E. La sua componente maschile è pari a 110 unità

Rispondere ai quesiti 169-172 facendo riferimento al grafico di seguito riportato.

Ripartizione delle Spese: il seguente grafico a torta mostra la ripartizione delle spese di una impresa che ha affrontato un piano di aggiornamento del proprio profilo aziendale (torta a sinistra). La sezione delle spese per la formazione è ulteriormente specificata nelle sue differenti voci nel grafico a torta sulla destra. Supponiamo che il totale delle spese affrontate dall'impresa sia pari a euro 60.000.

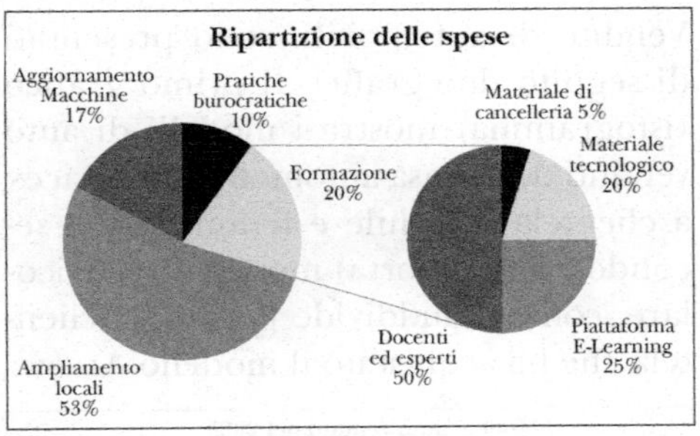

169) A quanto ammonterebbe la quota delle spese per l'ampliamento dei locali?

A. Euro 31.800
B. Euro 35.100
C. Euro 40.200
D. Euro 36.000
E. Euro 24.600

170) A quanto ammonterebbe la quota di spesa affrontata per il pagamento dei docenti e degli esperti di formazione?

A. Euro 5.500
B. Euro 10.000
C. Euro 6.000
D. Euro 5.000
E. Euro 8.000

171) Se le spese affrontate dall'impresa per l'acquisto della piattaforma e-learning fossero pari a euro 4.000, quanto sarebbe il totale delle spese per la formazione affrontate dall'impresa?

A. Euro 45.000
B. Euro 4.500
C. Euro 16.000
D. Euro 60.000
E. Euro 20.000

172) Se le spese di cancelleria affrontate dall'impresa fossero pari a euro 1.200, quanto sarebbe il totale delle spese affrontate dall'impresa?

A. Euro 24.000
B. Euro 40.000
C. Euro 100.000
D. Euro 20.000
E. Euro 120.000

Rispondere ai quesiti 173-174 facendo riferimento al grafico di seguito riportato.

Costo all'ingrosso: il seguente grafico a barre in pila mostra il costo totale di un prodotto a seconda del quantitativo di pezzi che viene acquistato. Ad un costo fisso si aggiunge, di volta in volta, un costo variabile che diminuisce all'aumentare del quantitativo di prodotti ordinati.

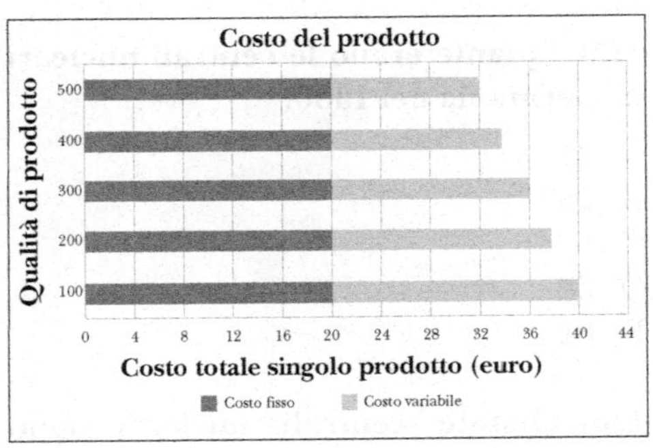

173) A quanto ammonta il costo fisso per un qualsiasi quantitativo di prodotti acquistato?

A. Euro 20,00

B. Euro 19,00
C. Euro 40,00
D. Euro 16,00
E. Euro 18,00

174) A quanto ammonta il costo variabile se acquistiamo 200 prodotti?

A. Euro 16,00
B. Euro 36,00
C. Euro 18,00
D. Euro 20,00
E. Euro 38,00

Rispondere ai quesiti 175-177 facendo riferimento al grafico di seguito riportato.

Numero di centrali nucleari: il seguente istogramma mostra il numero di centrali nucleari presenti in diversi paesi nel 1980 e nel 2000.

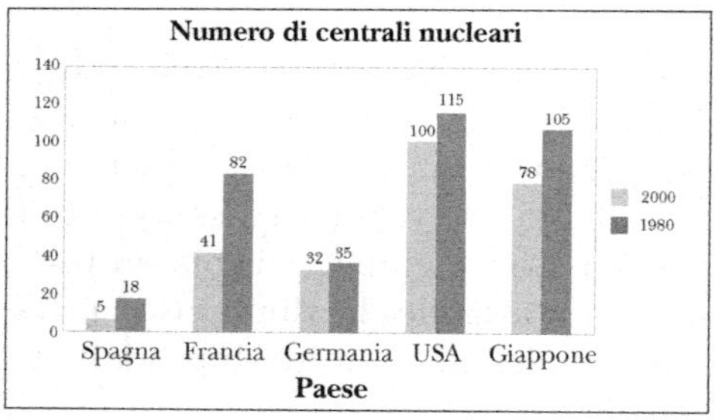

175) Quante erano le centrali nucleari in Germania nel 1980?

A. 41
B. 78
C. 6
D. 32
E. 82

176) Quante centrali nucleari sono state costruite in Giappone dal 1980 al 2000?

A. 25
B. 15
C. 27
D. 40
E. 30

177) Il numero delle centrali nucleari in Francia dal 1980 al 2000:

A. è raddoppiato
B. è diminuito del 41%
C. si è dimezzato
D. è aumentato del 41%
E. è triplicato

Rispondere ai quesiti 178-180 facendo riferimento ai grafici di seguito riportati.

Vendite di automobili: sono presentati di seguito due grafici. Il primo grafico (istogramma) mostra i modelli di auto venduti dalla casa automobilistica Racex a clientela maschile e femminile. Il secondo grafico (torta) mostra, in particolare, come si suddivide per età la clientela che ha acquistato il modello Arrow.

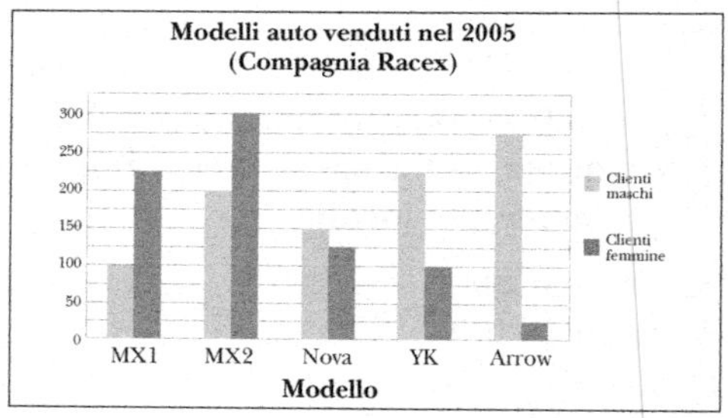

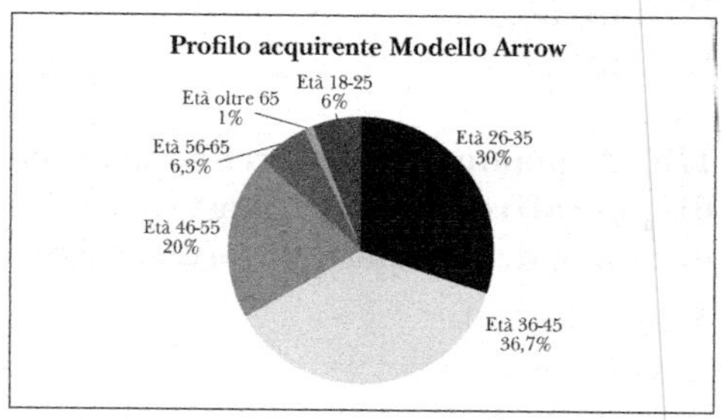

178) A quante unità ammonta la clientela femminile del modello Nova?

A. 100
B. 125
C. 150

D. 110
E. 140

179) Qual è la percentuale di vendite a clientela maschile del modello MX2?

A. 35%
B. 30%
C. 25%
D. 40%
E. 45%

180) Quante auto sono state vendute a clientela maschile?

A. 1050
B. 950
C. 1025
D. 975
E. 1000

Rispondere ai quesiti 181-185 facendo riferimento alla tabella e al grafico di seguito riportati.

Numero degli affiliati: la tabella riassume i dati del numero di affiliati di una società in diverse aree geografiche. Il grafico ad istogramma è in relazione con la tabella.

	2003	2004	2005
Giappone	24	25	26
USA e Canada	25	27	29
Europa	?	30	33
Cina	18	25	30
Totale	99	107	?

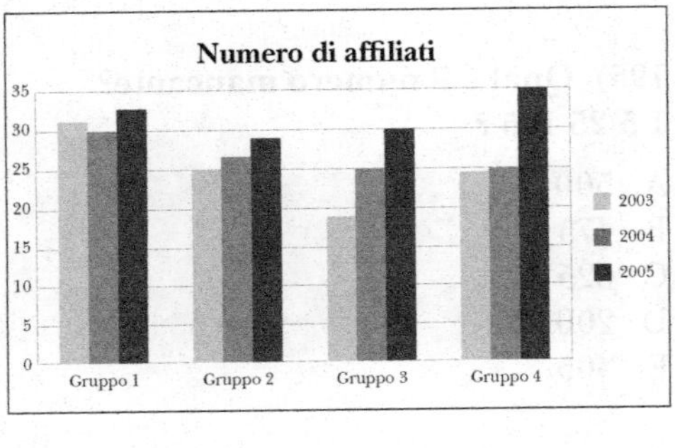

181) Qual è il totale degli affiliati nel 2005?

A. 117
B. 118
C. 116
D. 115
E. 114

182) Qual è il numero degli affiliati in Europa nel 2003?

A. 33
B. 32
C. 30
D. 29
E. 34

183) Nel grafico quale gruppo di dati rappresenta l'andamento, al variare degli anni, del numero di affiliati in Cina?

A. Gruppo 4
B. Nessuno dei gruppi
C. Gruppo 2
D. Gruppo 1
E. Gruppo 3

184) Il Gruppo 4 di dati del grafico rappresenta l'andamento, al variare degli anni, del numero di affiliati in:

A. Cina
B. Europa
C. nessuna delle aree indicate
D. Giappone
E. USA e Canada

185) Qual è il gruppo di dati, presente nel grafico, che non mostra una crescita costante, cioè un andamento in cui il numero di affiliati di un anno è sempre maggiore dell'anno precedente?

A. Gruppo 3
B. Gruppo 4
C. Gruppo 1

D. Tutti i gruppi mostrano una crescita costante
E. Gruppo 2

3.14 • Le serie numeriche (ragionamento numerico)

186) Qual è il numero mancante?
3 ? 9 12 15 18 21

A. 0
B. 8
C. 19
D. 6
E. 16

187) Qual è il numero mancante?
2 7 12 17 22 ? 32

A. 13
B. 28
C. 10
D. 27
E. 21

188) Qual è il numero mancante?
1 2 2 4 ? 8 8 16

A. 5
B. 3
C. 3
D. 4
E. 1

189) Qual è il numero mancante?
17 ? 18 15 19 14 20 13

A. 18
B. 19
C. 16
D. 15
E. 26

190) Qual è il numero mancante?
45 36 28 ? 15 10 6

A. 22
B. 10
C. 18
D. 13
E. 21

191) Qual è il numero mancante?
2 1 3 2 4 ? 5

A. 9
B. 10
C. 3
D. 6
E. 7

192) Qual è il numero mancante?
4 9 ? 25 36 49

A. 18
B. 28
C. 21
D. 16
E. 14

193) Qual è il numero mancante?
103 204 305 ? 507

A. 233
B. 244
C. 416
D. 190
E. 406

194) Qual è il numero mancante?
132 243 354 465 ?

A. 576
B. 230
C. 676
D. 130
E. 176

195) Qual è il numero mancante?
1 5 25 125 ?

A. 500
B. 475
C. 625
D. 200
E. 305

196) Qual è il numero mancante?
3 4 6 8 ? 24

A. 52
B. 130
C. 18
D. 0
E. 92

197) Completa la seguente successione:
"2, 1, 3, 5, 4, 6, 8, ..., ..."

A. 8, 9
B. 7, 9
C. 9, 10
D. 10, 9
E. 6,9

198) Completa la seguente successione: "7, 11, 13, 18, 19, ..., 25, 32"

A. 19
B. 22
C. 25
D. 20
E. 31

199) Completa la seguente successione: "85, 70, 50, 25, ..."

A. 0
B. –2
C. 5
D. –5
E. –10

200) Completa la seguente successione: "25, 37, 46, ..., 55"

A. 52
B. 45
C. 50
D. 43
E. 48

201) Completa la seguente successione: "51, 35, 27, 23, ..."

A. 29
B. 15
C. 33
D. 21
E. 27

202) Completa la seguente successione: "20, 27, 34, ..."

A. 43
B. 42
C. 41
D. 40
E. 45

203) Completa la seguente successione: "9, 6, 8, 5, 7, 4, ..."

A. 2
B. 5
C. 6
D. 9
E. 3

204) Completa la seguente successione: "5, 10, 12, 24, 26, ..., ..."

A. 52, 54
B. 50, 52
C. 48, 50
D. 48, 54
E. 44, 52

205) Completa la seguente successione: "23, 28, 40, ..., 57, 62, 74"

A. 47
B. 45
C. 51
D. 49
E. 43

206) Completa la seguente successione: "2, 4, 3, 9, 8, ..."

A. 64
B. 24
C. 13
D. 11
E. 18

207) Completa la seguente successione: "44, ..., 34, 29"

A. 43
B. 38
C. 39
D. 45
E. 42

208) Date le serie di numeri 9, 12, 15; 5, 12, 11 e 14, 18, 23, completare, seguendo la stessa regola, la serie 10, 24, ?, scegliendo il terzo elemento tra le alternative proposte di seguito.

A. 20
B. 21
C. 22
D. 25
E. 34

209) Individuare il numero mancante nella seguente serie: 42 39 37 34 ?

A. 38
B. 31
C. 43
D. 32
E. 33

210) Se x è il numero mancante nella seguente sequenza:
1, 1; 9, 3; 25, 5; 49, 7; x, 9; ...
dire quante tra le seguenti conclusioni sono corrette:
x > 9
x > 98
x < 100
x < 50

A. 2
B. 1
C. 0
D. 3
E. 4

211) Qual è il numero da inserire nella terza riga al posto di x?
... 16 8 4 2 1 2 ...
... 24 12 6 3 6 3 ...
... 112 56 28 14 7 x ...

A. x = 7
B. x = 14
C. x = 3
D. x = 2
E. x = 4

212) Completa la seguente successione: 3, ..., 12, 24

A. 8
B. 5
C. 2
D. 6
E. 4

213) Completa la seguente successione: 1, 1, 2, 3, 5, 8, 13, 21, ...

A. 42
B. 30
C. 34
D. 40
E. 29

214) Completa la seguente successione: 17, 31, 14, 24, ..., 17, 8

A. 11
B. 13
C. 31
D. 17
E. 8

215) Completa la seguente successione: 10, 25, 37, ..., 52

A. 10
B. 37
C. 46
D. 42
E. 31

3.15 • Le serie alfabetiche

216) Completa la seguente successione: A, C, E, G, ...

A. J
B. I
C. A
D. K
E. B

217) Completa la seguente successione: A, D, G, L, ...

A. O
B. N
C. M
D. R
E. Q

218) Completa la seguente successione: E, L, Q, V, D, ..., ...

A. H, Q
B. I, P
C. H, P
D. I, Q
E. H, N

219) Completa la seguente successione: U, D, T, Q, C, S, S, ..., ...

A. V, K
B. O, S
C. D, I
D. T, S
E. O, N

220) Completa la seguente successione: ..., R, N, H, D

A. T
B. U
C. V
D. S
E. Z

221) Completa la seguente successione: Z, U, R, N, G, ...

A. B
B. Z
C. F
D. H
E. A

222) Completare la seguente successione, utilizzando l'alfabeto italiano: V; 11; T; 15; R; 19; ?; ?

A. S; 20
B. P; 23
C. O; 21
D. R; 22
E. T; 21

223) Completa la seguente successione: ..., A, R, C, A

A. O
B. V
C. H
D. Q
E. B

224) Completa la seguente successione: B, E, H, ..., P, S

A. T
B. R
C. M
D. V
E. O

225) Completa la seguente successione: Q, U, B, F, ..., P, T

A. H
B. K
C. J
D. L
E. M

226) Completa la seguente successione: P, L, N, H, L, F, ...

A. H

B. K
C. E
D. F
E. D

227) Completa la seguente successione: M, L, H, E, ...

A. A
B. D
C. B
D. C
E. F

228) Completa la seguente successione: U, S, P, L, ...

A. G
B. E
C. D
D. F
E. C

229) Individuare la lettera che completa la serie:
C A D E I ?

A. Q
B. P
C. O
D. C
E. R

230) Individuare la lettera che completa la serie:
F I G L H ?

A. N
B. M
C. O
D. C
E. S

231) Individuare la lettera che completa la serie:
A B D H ?

A. M
B. R
C. P
D. T
E. S

232) Individuare la lettera che completa la serie:
L N H L F H ?

A. L
B. F
C. N
D. D
E. O

233) Individuare la lettera che completa la serie:
B H E M H P ?

A. N
B. E
C. S
D. M
E. B

234) Individuare la lettera che completa la serie: D E G M ?

A. S
B. U
C. E
D. T
E. O

235) Individuare la lettera che completa la serie:
N M O I S ?

A. O
B. D
C. C
D. Z
E. A

3.16 • Le serie alfanumeriche

236) Completa la seguente successione: C8, H6, F11, K3, ...1

A. A

B. D
C. E
D. B
E. C

237) Completa la seguente successione: A17, G11, P2, K7, ...

A. M5
B. M7
C. N6
D. N9
E. N5

238) Completa la seguente successione: C6, H16, F12, ...

A. M18
B. L16
C. T40
D. J14
E. W38

239) Completa la seguente successione: G8, K12, S20, ...

A. R32
B. F7
C. P12
D. N18
E. M18

240) Individuare, tra le alternative proposte, l'elemento che completa la seguente successione: 3, U, 13, R, 23, O, 33, ?

A. L
B. Q
C. M
D. N
E. 43

241) Completa la seguente successione: X, 7, V, 11, T, 15, R, 19, ..., ...

A. U, 23
B. S, 25
C. P, 23
D. V, 25
E. O, 25

242) Completa la seguente successione: D4, H8, N12, S...

A. 17
B. 16
C. 15
D. 13
E. 14

243) Completa la seguente successione: C3, B6, E12, D24, G48, ...

A. H98
B. F88
C. G96
D. L98
E. F96

244) Proseguire la serie alfanumerica: 7n9n1o 1o3p5p 5q7q9r 9r1s3s 3t5t7u ...

A. 9v1v7z
B. 7u8u1v
C. 7u9v1z
D. 7u9v1v
E. 7u1v9v

245) Proseguire la serie alfanumerica: 6b9v2c 3u6D9t 0e3s6f 7r0G3q 4h7p0i ...

A. 1o4L7n
B. 4L7m8n
C. 2n5M8m
D. 1n4M7m
E. 2o5L1o

246) Completare correttamente la seguente successione, utilizzando l'alfabeto italiano: E; 5; I; 6; Q; 11; U; 17; ?; ?

A. D; 23
B. F; 29
C. E; 23
D. I; 26
E. D; 28

3.17 • Le serie numeriche nelle configurazioni grafico-geometriche

247) Quale dei seguenti numeri integra la serie?

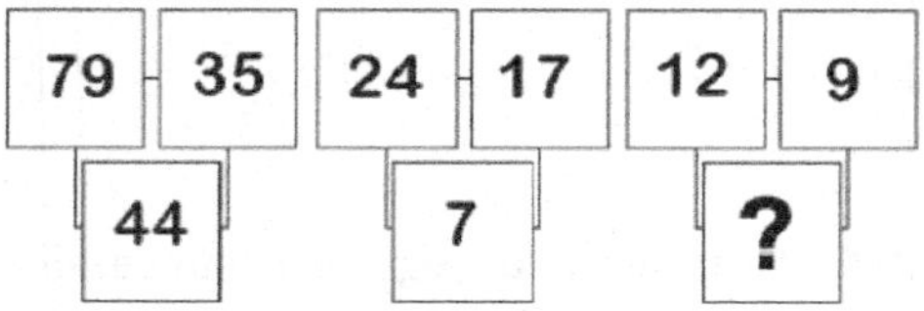

A. 77
B. 15
C. 3
D. 79
E. 89

248) Quale dei seguenti numeri integra la serie?

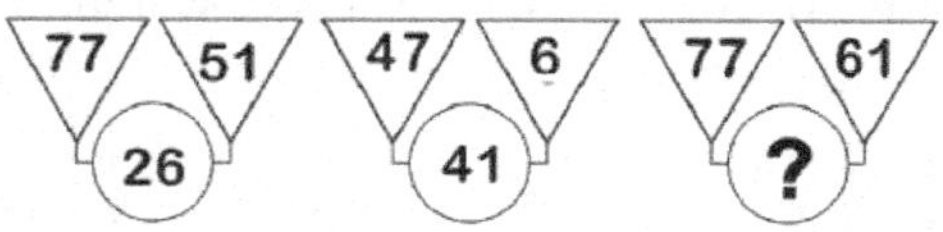

A. 16
B. 79
C. 77
D. 13
E. 3

249) Quale dei seguenti numeri integra la serie?

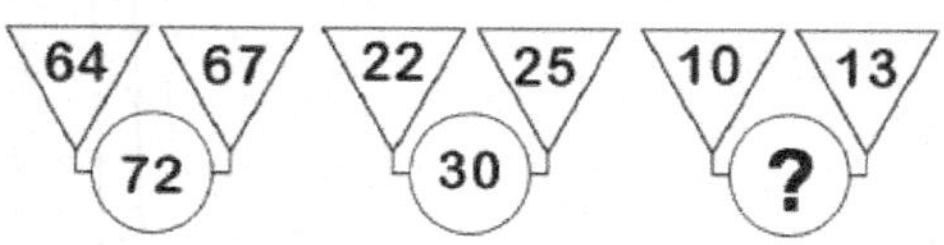

A. 18
B. 3
C. 16
D. 50
E. 77

250) Quale dei seguenti numeri completa la serie proposta?

A. 21
B. 26
C. 17
D. 3
E. 28

251) Quale dei seguenti numeri completa la serie proposta?

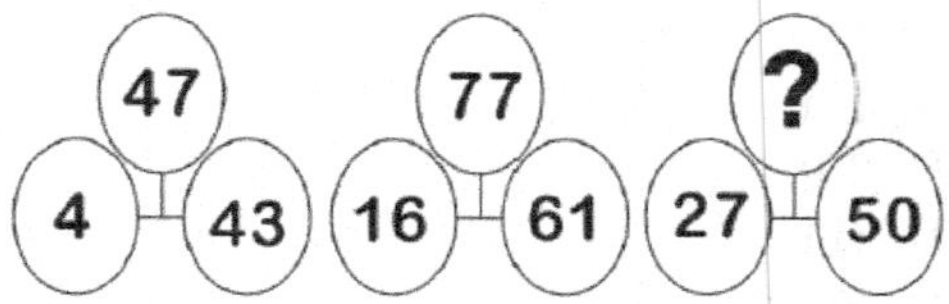

A. 77
B. 70
C. 68
D. 80
E. 78

252) Quale numero tra quelli proposti completa la serie?

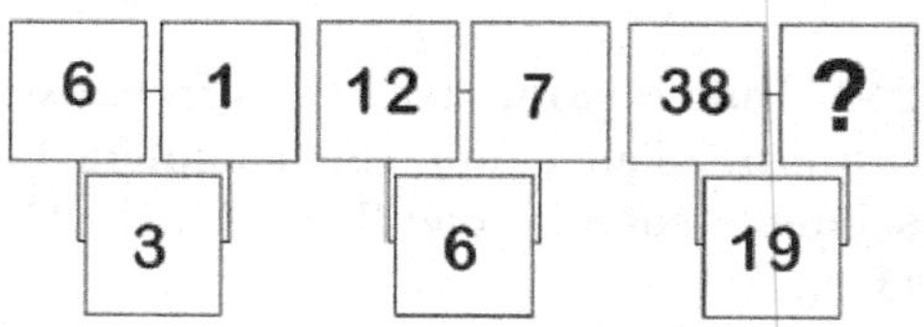

A. 43
B. 35
C. 33
D. 40
E. 31

253) Quale numero tra quelli proposti completa la serie?

41	23	36	14
82	46	72	?

A. 26
B. 28
C. 32
D. 38
E. 30

254) Quale numero tra quelli proposti completa la serie?

44	23	38	17
88	46	76	?

A. 28
B. 34
C. 30
D. 32
E. 36

255) Quale dei seguenti numeri integra la serie?

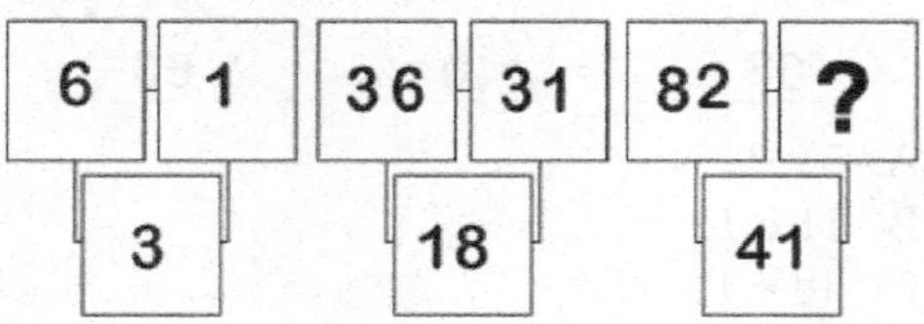

A. 1
B. 72
C. 3
D. 77
E. 50

256) Quale numero tra quelli proposti completa la serie?

10	20	28	25
30	60	84	?

A. 75
B. 70
C. 100
D. 78
E. 50

257) Quale numero tra quelli proposti completa la serie?

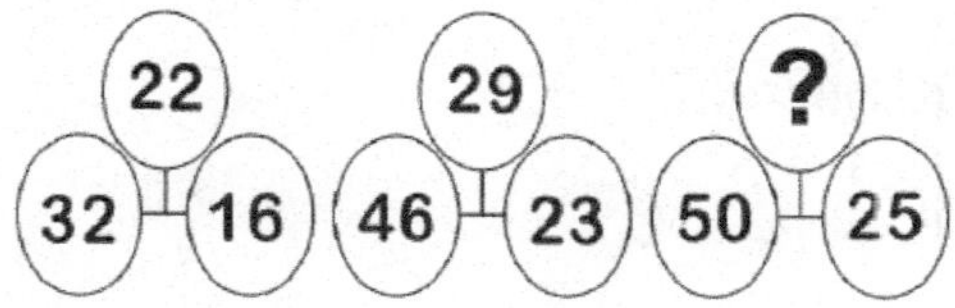

A. 31
B. 34
C. 32
D. 28
E. 29

258) Quale numero tra quelli proposti completa la serie?

30	10	14	35
90	30	42	?

A. 115
B. 110
C. 100
D. 95
E. 105

259) Quale dei seguenti numeri integra la serie?

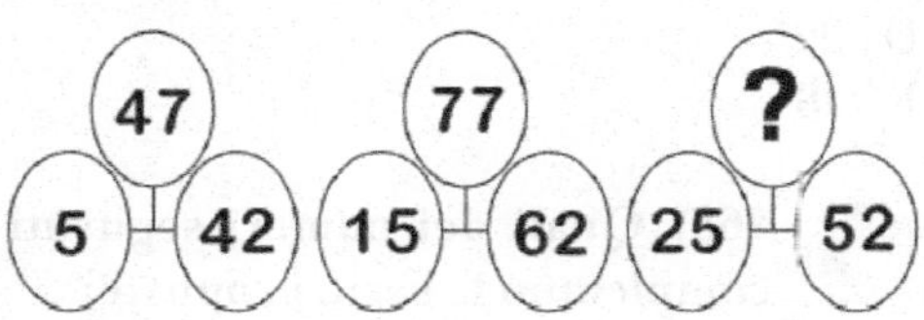

A. 77
B. 76
C. 71
D. 78
E. 29

260) Quale dei seguenti numeri integra la serie?

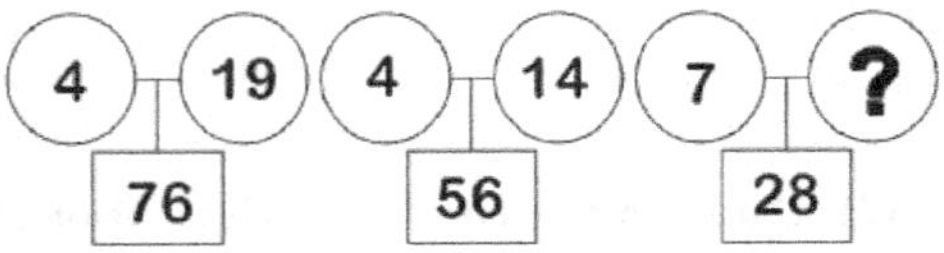

A. 76
B. 17
C. 90
D. 4
E. 8

261) Quale dei seguenti numeri completa la serie proposta?

17	27	39	54
30	40	52	?

A. 76
B. 67
C. 81
D. 32
E. 57

262) Quale numero tra quelli proposti completa la serie?

A. 14
B. 16
C. 20
D. 22
E. 18

263) Quali dei numeri seguenti completano le serie proposte?

12	22	30	27
36	66	90	?

13	23	31	28
39	69	93	?

A. 89 e 92
B. 81 e 84
C. 60 e 48
D. 75 e 78
E. 84 e 87

264) La coppia di numeri che completa le serie proposte è:

24	36	48	60
52	64	76	?

25	37	49	61
53	65	77	?

A. 66 e 89
B. 78 e 79
C. 38 e 39
D. 88 e 89
E. 74 e 75

265) Quale delle seguenti coppie di numeri integra le serie di seguito proposte?

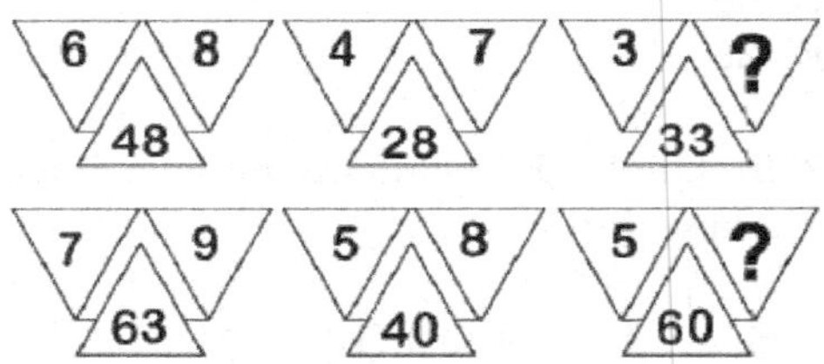

A. 5 e 11
B. 11 e 12
C. 48 e 12
D. 9 e 12
E. 56 e 12

266) Quali dei seguenti numeri integrano le serie proposte?

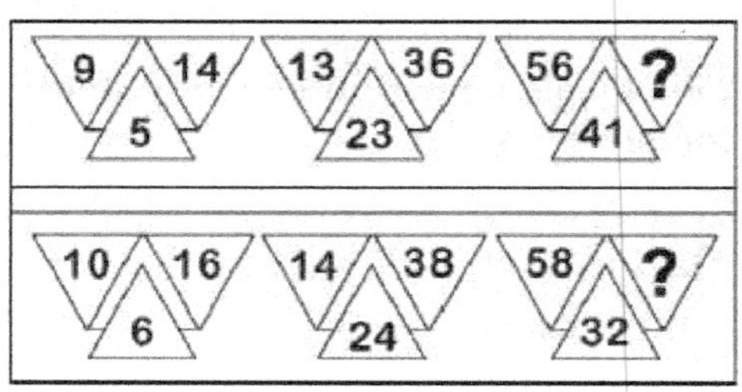

A. 26 e 19

B. 86 e 35
C. 62 e 55
D. 97 e 90
E. 47 e 40

267) Quale numero deve essere inserito nella serie numerica proposta?

A. Il numero 6
B. Il numero 15
C. Il numero 9
D. Il numero 12
E. Il numero 11

268) Quale numero deve essere inserito nella serie numerica proposta?

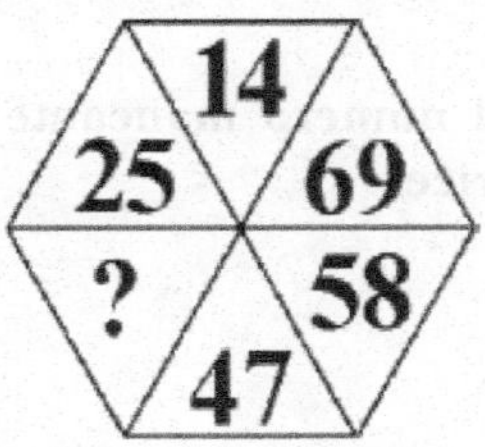

A. Il numero 81
B. Il numero 38
C. Il numero 40
D. Il numero 36
E. Il numero 45

269) Quale numero può essere inserito nella serie numerica proposta?

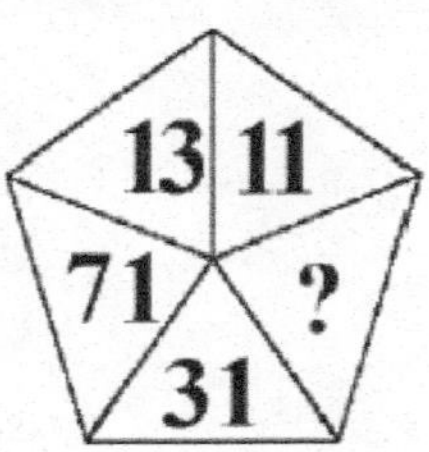

A. Il numero 49
B. Il numero 53
C. Il numero 51
D. Il numero 87
E. Il numero 67

270) Quale numero può essere inserito nella serie numerica proposta?

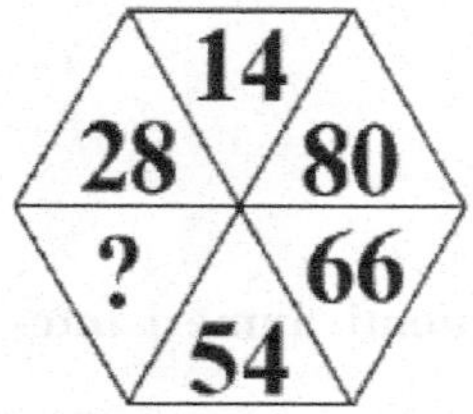

A. Il numero 40
B. Il numero 39
C. Il numero 41
D. Il numero 49
E. Il numero 45

3.18 • Le serie con configurazioni particolari

271) Quale dei seguenti numeri completa la serie proposta?

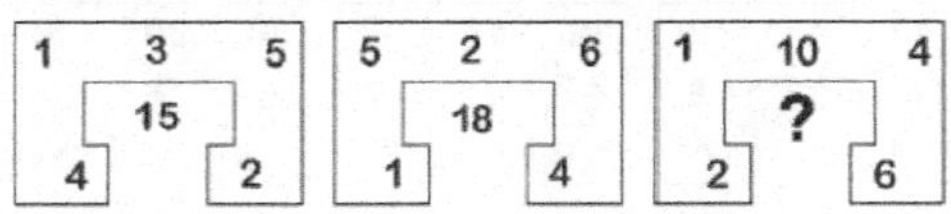

A. 23
B. 30
C. 29
D. 25
E. 27

272) Quale dei seguenti numeri integra la serie?

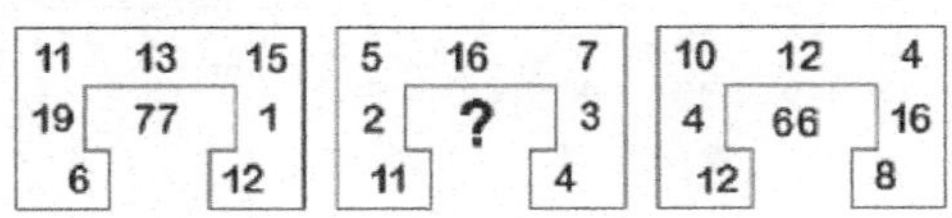

A. 38
B. 46
C. 48
D. 52
E. 50

273) Quale numero deve essere inserito al posto del "?" per completare la serie?

A. 18
B. 14
C. 12
D. 20
E. 16

274) Quale dei seguenti numeri integra la serie?

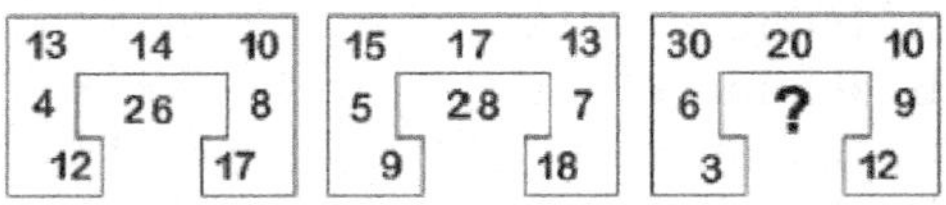

A. 28
B. 25
C. 30
D. 33
E. 35

275) Quale dei seguenti numeri integra la serie?

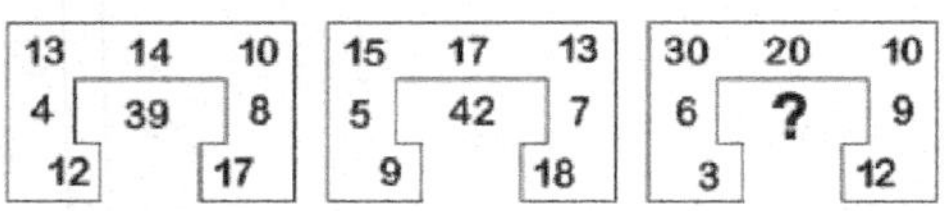

A. 45
B. 48
C. 60
D. 54
E. 43

276) Quale dei seguenti numeri integra la serie?

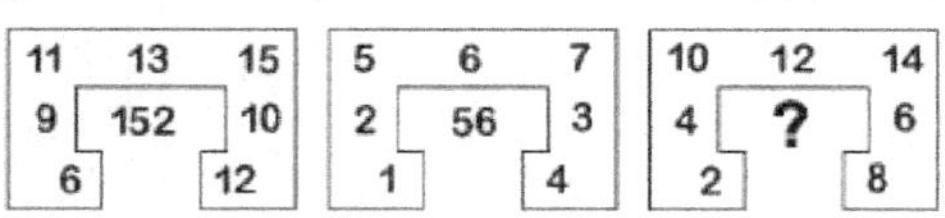

A. 150
B. 112
C. 30
D. 42
E. 75

277) Quale numero deve essere inserito al posto del "?" per completare la serie?

A. 30
B. 29
C. 28
D. 31
E. 32

3.19 • Le matrici quadrate

278) Individuare il numero mancante nella seguente matrice:

7 3 21
6 4 24
18 9 ?

A. 3
B. 45
C. 28
D. 504
E. 162

279) Individuare il numero mancante nella seguente matrice:

8 3 5
2 ? 0
7 0 7

A. 4
B. 0
C. 2
D. 5
E. 7

280) Individuare il numero mancante nella seguente matrice:

6 0 6
5 4 1
8 ? 2

A. 7
B. 0
C. 2
D. 6
E. 3

3.20 • Esercizi sugli insiemi e sulle ripartizioni

281) In un ristorante 15 avventori stanno seduti, 10 mangiano una torta. Con questi dati si può concludere con certezza che il numero totale *N* degli avventori è:

A. $N > 25$
B. $N = 25$
C. $N \geq 15$
D. $N < 15$
E. $N > 15$

282) Per il suo acquario Michele ha acquistato 50 pesci fra neon, guppy, black angel e clown loach. 46 non sono guppy, 33 non sono clown loach e i neon sono uno in più dei black angel. Quanti sono i neon?

A. 15
B. 13
C. 11
D. 12
E. 14

283) Cinquanta famosi matematici sono riuniti a congresso. Non tutti sono distratti. Però, presi a caso due matematici, almeno uno dei due è distratto. Dunque, necessariamente i congressisti distratti sono:

A. almeno 2, ma possono essere meno di 25
B. 49
C. 25
D. 50
E. più di 25, ma non si può dire quanti

284) Ad un ricevimento la contessa Viendalmare vuole sistemare i 40 invitati in tavoli da 4. Purtroppo la contessa si rende conto che comunque si dispongano gli invitati c'è sempre almeno un tavolo di sole donne. Quante sono almeno le donne invitate?

A. 39
B. 9
C. 31
D. 21
E. 10

285) Per la festa di compleanno di Luigi, Alessandra ha acquistato 80 dolci tra sfogliatelle, cannoli, cassatine e babà. 46 non sono cannoli, 55 non sono babà e le sfogliatelle sono 3 in più delle cassatine. Quante sono le sfogliatelle?

A. 6
B. 4
C. 5
D. 12
E. 11

286) Ad un corso universitario partecipano 80 studenti. Di questi, 45 parlano inglese e 60 sono ragazze. Determinare, sulla base di questa sola informazione, quale delle seguenti situazioni è impossibile.

A. I ragazzi che parlano inglese sono esattamente 13
B. Le ragazze che parlano inglese sono esattamente 23
C. Tutti i ragazzi parlano inglese
D. Nessuno dei ragazzi parla inglese
E. Il numero delle ragazze che parlano inglese è maggiore del numero dei ragazzi che parlano inglese

287) In una scatola ci sono 50 penne; non tutte sono penne rosse. Se però si prendono due penne qualsiasi dalla scatola, almeno una delle due è rossa. Quante sono le penne rosse contenute nella scatola?

A. 25
B. 26

C. 19
D. 39
E. 49

288) Una libreria ha 6 ripiani; ponendo su ciascuno di essi 21 libri, si occupano solo i primi 4 ripiani. Se si volesse occupare tutta la libreria, invece, quanti libri bisognerebbe disporre su ogni ripiano facendo in modo che il numero di libri sia lo stesso su ogni ripiano?

A. 14
B. 17
C. 18
D. 15
E. 16

289) In una casa editrice, in cui lavorano 50 redattori, stanno per essere pubblicate due nuove collane: Ammissioni universitarie e Concorsi pubblici. Sapendo che 30 redattori si occuperanno della collana Ammissioni universitarie, 20 della collana Concorsi pubblici, 5 di nessuna delle due collane, quanti redattori si occuperanno di entrambe le collane?

A. 10
B. 12
C. 20
D. 15
E. 5

290) "In un cinema ci sono 200 spettatori: 40 sono italiani, 50 sono donne, e 60 preferiscono i film di genere fantasy". Sulla base di queste informazioni, di quanti spettatori si può affermare con certezza che sono allo stesso tempo italiani, donne e amanti del genere fantasy?

A. Di cento
B. Di dieci
C. Di nessuno
D. Di cinquanta
E. Di quaranta

3.21 • Altri esercizi di logica numerica

291) Nel paese dove vivo, tutti i numeri telefonici sono composti da sei cifre e cominciano con 58. Per sbaglio ho strappato e buttato via un pezzettino di carta dove mi ero scritto il numero di telefono di un amico che vive qui vicino. L'unico pezzo che ho ritrovato è quello raffigurato qui sotto.
Quanti numeri di telefono possibili in questo paese sarebbero coerenti con il pezzetto del mio biglietto?

A. 2
B. 10
C. 22
D. 12
E. 11

292) In un dado normale, la somma delle facce opposte è 7. Di seguito sono raffigurate quattro prospettive dello stesso dado, in cui i numeri sono disposti in modo diverso da un dado normale. Sulla faccia che non si vede c'è il numero due.
Quanti puntini ci sono nella faccia opposta al numero due, in questo dado?

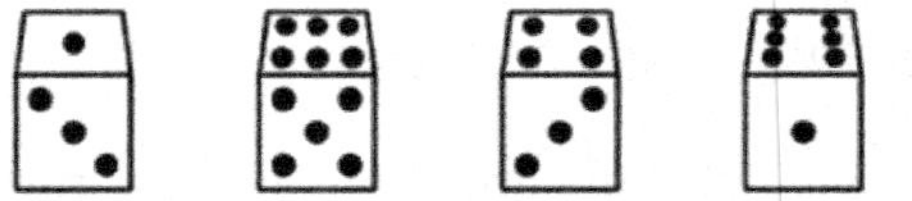

A. 4
B. 5
C. 6
D. 1
E. 3

293) Un nastro di 150 cm è annodato intorno a un libro che misura: 30 cm × 20 cm × 2 cm, come da figura sotto.
Dopo aver fatto e legato un nodo, sono avanzati 24 cm di nastro.
Un secondo pezzo di nastro, lungo anch'esso 150 cm, viene usato per legare un pacco di numerose copie del libro tutte impilate una sopra l'altra con le copertine che combaciano. Vengono legati con un nodo simile a quello usato per il primo pacco e, stavolta, non avanza nessun pezzo di nastro.
Quante copie ci sono nel secondo pacco?

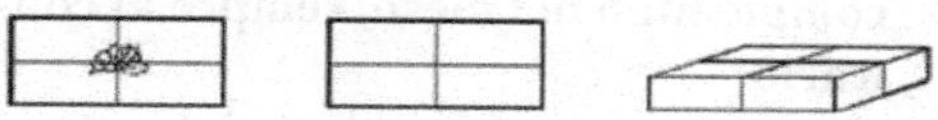

A. 15
B. 3
C. 12
D. 8
E. 4

294) La figura di seguito riportata mostra su una mappa la posizione di tre ornitologi. I quadrati sulla mappa sono lunghi 1000 m per lato.
Gli ornitologi stanno cercando un falcone ferito cui è stato impiantato un radiotrasmettitore.
Ogni ornitologo ha un dispositivo di tracciamento. L'indicatore della direzione non funziona ma la forza del segnale dà un'indicazione sulla distanza dall'uccello.
Gli ornitologi hanno le seguenti informazioni sulla distanza che li separa dall'uccello.

- **Gordon è nella posizione 22,06; la forza del segnale indica più di 500 m e meno di 2000 m.**
- **Helen è nella posizione 23,06; la forza del segnale indica più di 100 m e meno di 2000 m.**
- **Ingrid è nella posizione 23,08; la forza del segnale indica più di 1100 m e meno di 1800 m.**

In quale dei seguenti punti potrebbe trovarsi l'uccello?

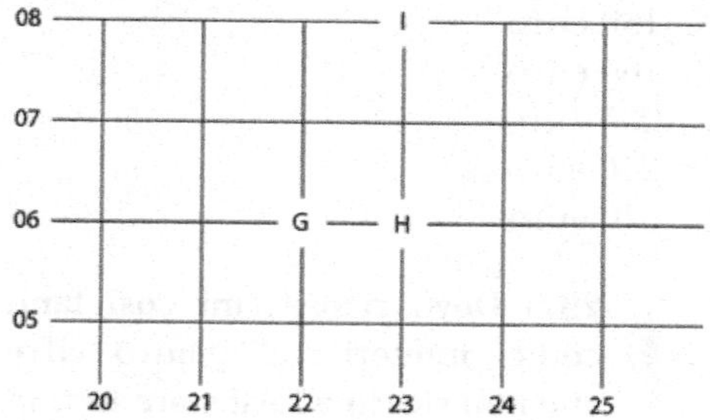

A. 24,07
B. 22,05
C. 22,07
D. 21,06
E. 23,07

295) 100 palline di cibo per polli servono a nutrire un pollo grosso e due piccoli per un giorno. 175 palline servono a nutrire due polli grossi e tre piccoli per un giorno.
Quale delle seguenti affermazioni non è vera?

A. Un pollo piccolo può essere nutrito per più di un giorno con 30 palline di cibo
B. Un pollo grosso ha bisogno del doppio di palline rispetto a un pollo piccolo
C. 50 palline di cibo sono sufficienti per nutrire un pollo grosso per un giorno
D. Due polli grossi e quattro piccoli hanno bisogno di 200 palline di cibo al giorno
E. Tre polli grossi e dieci piccoli hanno bisogno di 450 palline di cibo al giorno

296) In una gara a premi di sollevamento pesi il vincitore riceve 100 euro se riesce a sollevare 80 kg. Poi riceve 10 euro per i successivi 5 kg in più, 15 euro

per i secondi, e il premio aumenta di 5 euro per ogni unità addizionale da 5 kg che riesce a sollevare.
Il vincitore della gara ha sollevato 110 kg. Quanti soldi riceve?

A. 130 euro
B. 160 euro
C. 235 euro
D. 240 euro
E. 310 euro

297) Devo ricordarmi così tanti codici numerici a quattro cifre che non riesco a farli stare tutti in testa. Le banche dicono che non dovresti scrivere i PIN delle tue carte di credito e tenere il foglietto nel portafoglio insieme alle carte. Per ovviare a questo problema, ho ideato un codice che dovrebbe essere sufficientemente complicato da confondere qualunque ladro. Metto i numeri in codice in questo modo: 1 = A, 2 = B fino a 9 = I, 0 = J e poi scrivo i numeri in codice al contrario, quindi 1234 è scritto DCBA. Infine, in fondo a ogni numero in codice aggiungo una lettera in più dalla A alla J per definire a cosa si riferisce il codice: C sta per carta di credito; F sta per telefono; B per lucchetto della bici; E per carta della Banca Eastern e D per il tesserino per entrare nel palazzo dove lavoro (*Denton Building Society*). La mia lista si presenta così.
Qual è il codice del lucchetto della mia bici?

A	D	G	E	F
C	J	D	B	E
B	G	F	A	C
G	J	A	C	D
D	F	G	C	B

A. 7613
B. 4356
C. 3764
D. 5741
E. 4673

298) Un'insegnante di una scuola frequentata da ragazzi tra gli 11 e i 16 anni stabilisce un codice numerico per aprire la porta della classe. L'insegnante ha un metodo per ricordarselo. Utilizza:
- **le due cifre del suo mese di nascita a rovescio (ad esempio, febbraio è 02, a rovescio è 20);**
- **poi l'età dei bambini della sua classe all'inizio dell'anno con le cifre invertite;**
- **e infine, la data del giorno del suo compleanno nel mese, sempre al contrario.**

Quale dei seguenti non può essere il codice per aprire la porta?

A. 215150
B. 602124
C. 903121
D. 701131
E. 115191

299) I tre supermercati della zona in cui abito, in questo periodo, stanno proponendo tutti le seguenti offerte per i miei cereali preferiti che mangio a colazione.
Se compri un pacco standard, il secondo è a metà prezzo.
Il prezzo di un pacco standard è scontato di 1/3.
Il prezzo normale di un pacco standard ma con il 25% di prodotto in più.
Quali offerte sono equivalenti in termini di prezzo per quantità unitaria di cereali?

A. Solo 2 e 3
B. Solo 1 e 2
C. Solo 1 e 3
D. 1, 2 e 3
E. Nessuna

300) Un'indagine ha rivelato che, nel 1990, in Gran Bretagna, il 40% della popolazione adulta fumava. Inoltre, nel 1991, a seguito di una campagna antifumo, fumava solo il 30% della popolazione adulta britannica. Il numero dei fumatori era diminuito del 10%. Tuttavia, chi aveva organizzato la campagna, nei cartelloni pubblicitari, riportava una diminuzione del 25% del numero dei fumatori.
I cartelloni pubblicitari degli organizzatori della campagna riflettevano:

A. la variazione del numero di fumatori espressa come percentuale della popolazione nel 1991
B. la variazione del numero di fumatori espressa come percentuale dei fumatori nel 1990
C. la variazione della dimensione della popolazione espressa come percentuale della popolazione nel 1990
D. la variazione del numero di fumatori espressa come percentuale della popolazione nel 1990
E. la variazione del numero di fumatori espressa come percentuale dei fumatori nel 1991

RISPOSTE CORRETTE

1) C	51) C	101) A	151) E	201) D	251) A
2) D	52) D	102) E	152) B	202) C	252) C
3) D	53) E	103) E	153) A	203) C	253) B
4) E	54) D	104) C	154) D	204) A	254) B
5) E	55) E	105) D	155) B	205) B	255) D
6) A	56) E	106) C	156) D	206) A	256) A
7) C	57) A	107) C	157) C	207) C	257) A
8) B	58) E	108) D	158) B	208) C	258) E
9) D	59) C	109) A	159) C	209) D	259) A
10) E	60) B	110) A	160) A	210) A	260) D
11) C	61) C	111) C	161) C	211) B	261) B
12) E	62) B	112) A	162) C	212) D	262) B
13) A	63) B	113) D	163) C	213) C	263) B
14) B	64) A	114) C	164) B	214) A	264) D
15) C	65) C	115) E	165) E	215) C	265) B
16) B	66) D	116) B	166) D	216) B	266) D
17) B	67) B	117) B	167) A	217) A	267) E
18) A	68) A	118) B	168) B	218) B	268) D
19) E	69) A	119) D	169) A	219) E	269) B
20) D	70) C	120) D	170) C	220) C	270) A
21) D	71) C	121) D	171) C	221) E	271) A
22) C	72) B	122) A	172) E	222) B	272) C
23) E	73) A	123) C	173) A	223) E	273) A
24) E	74) A	124) A	174) C	224) C	274) C
25) C	75) E	125) A	175) D	225) D	275) A
26) B	76) B	126) E	176) C	226) A	276) B
27) E	77) A	127) A	177) A	227) A	277) A
28) E	78) C	128) A	178) B	228) B	278) E
29) A	79) D	129) A	179) D	229) B	279) C
30) E	80) B	130) A	180) B	230) B	280) D
31) B	81) C	131) A	181) B	231) B	281) C
32) C	82) D	132) E	182) B	232) D	282) A
33) A	83) D	133) A	183) E	233) D	283) B
34) E	84) A	134) E	184) C	234) B	284) C
35) B	85) B	135) D	185) C	235) E	285) D
36) E	86) B	136) A	186) D	236) E	286) B
37) C	87) E	137) D	187) D	237) A	287) E
38) A	88) A	138) E	188) D	238) C	288) A
39) C	89) B	139) A	189) C	239) B	289) E
40) B	90) C	140) A	190) E	240) A	290) C
41) A	91) D	141) E	191) C	241) C	291) E
42) E	92) B	142) B	192) D	242) A	292) D
43) B	93) D	143) A	193) E	243) E	293) E
44) A	94) B	144) A	194) A	244) D	294) C
45) A	95) B	145) D	195) C	245) A	295) E
46) D	96) E	146) E	196) C	246) E	296) C
47) E	97) C	147) C	197) B	247) C	297) C
48) B	98) B	148) D	198) C	248) A	298) B
49) B	99) C	149) C	199) D	249) A	299) E
50) D	100) B	150) A	200) A	250) A	300) B

CAPITOLO 4

Ragionamento astratto e attitudine visuo-spaziale

4.1 • Rotazioni mentali e orientamento spaziale

1) Individuare la figura che corrisponde alla prima composizione vista allo specchio.

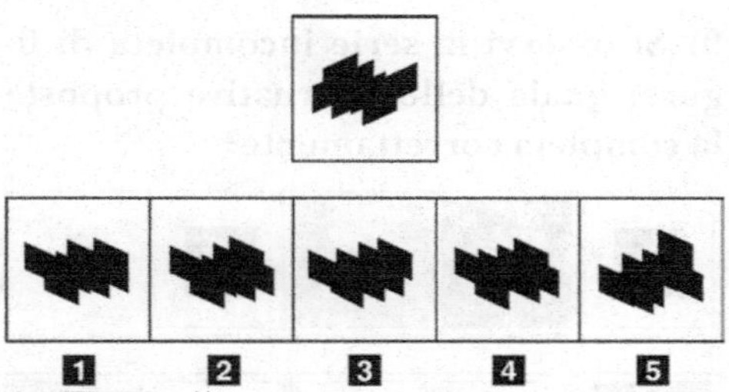

A. Figura 5
B. Figura 1
C. Figura 3
D. Figura 2
E. Figura 4

2) Individuare la figura che corrisponde alla prima composizione vista allo specchio.

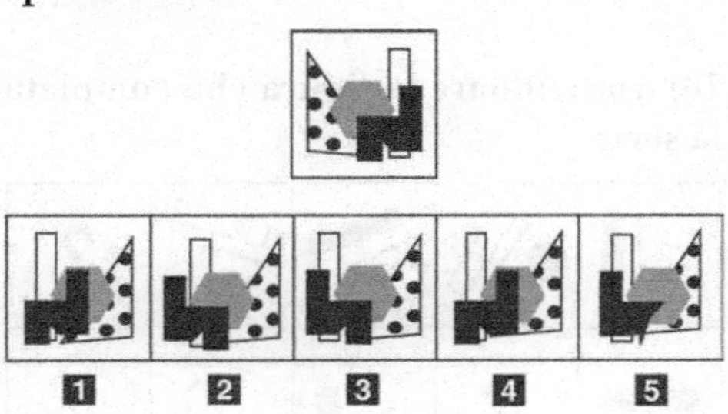

A. Figura 4
B. Figura 2
C. Figura 5
D. Figura 3
E. Figura 1

3) Quale, tra le figure proposte, è uguale a quella data ruotata in senso antiorario di 350°?

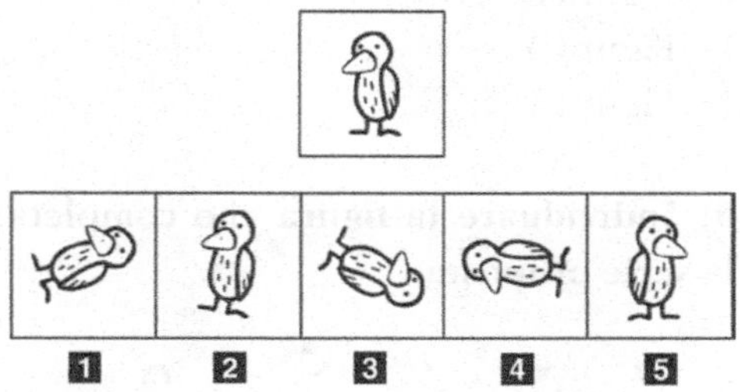

A. Figura 1
B. Figura 2
C. Figura 4
D. Figura 5
E. Figura 3

4.2 • Le serie

4) Individuare la figura che completa correttamente la prima serie.

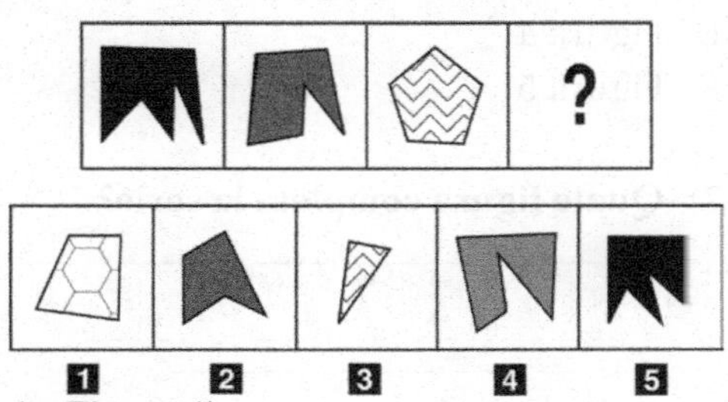

A. Figura 5
B. Figura 2
C. Figura 4
D. Figura 1
E. Figura 3

5) Completare correttamente la serie incompleta di figure.

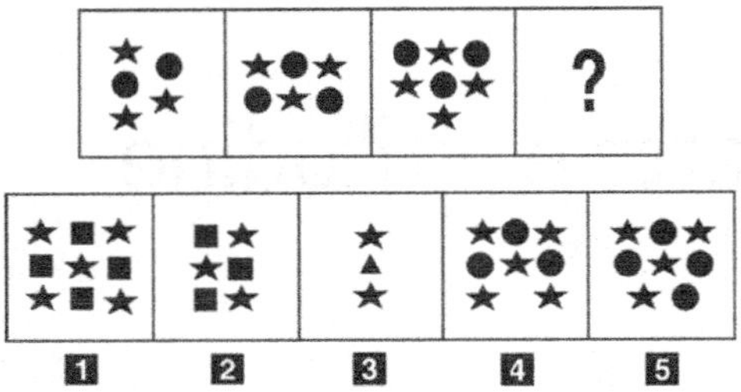

A. Figura 2
B. Figura 4
C. Figura 3
D. Figura 5
E. Figura 1

6) Individuare la figura che completa la serie proposta.

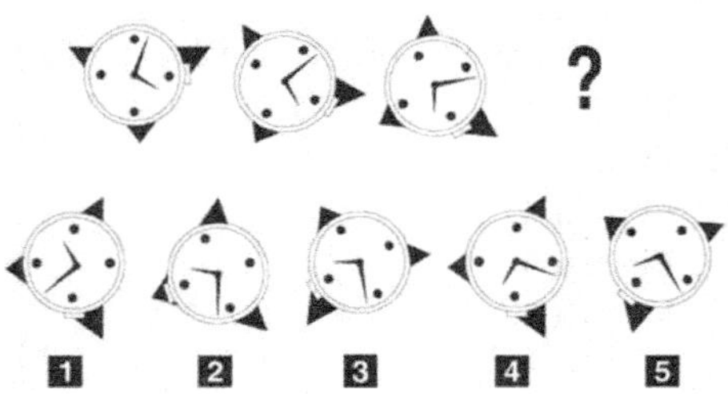

A. Figura 2
B. Figura 3
C. Figura 1
D. Figura 4
E. Figura 5

7) Quale figura completa la serie?

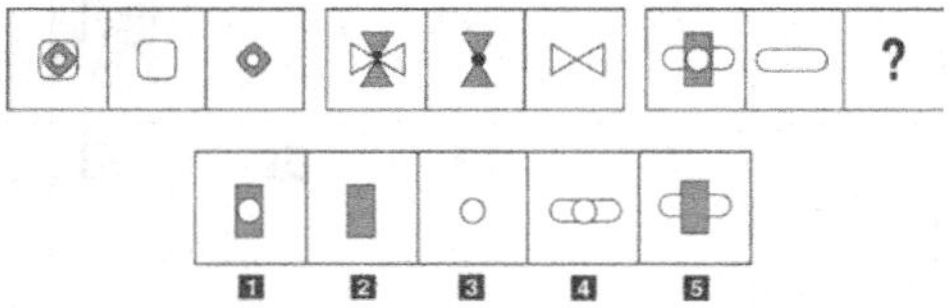

A. Figura 4
B. Figura 2
C. Figura 5
D. Figura 1
E. Figura 3

8) Individuare la figura che completa la serie.

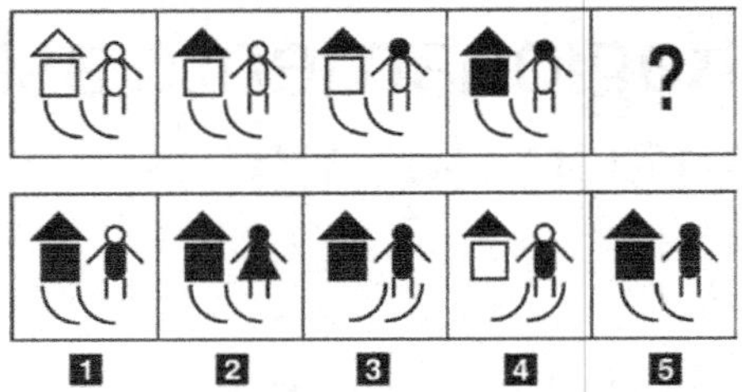

A. Figura 2
B. Figura 5
C. Figura 3
D. Figura 4
E. Figura 1

9) Si osservi la serie incompleta di figure: quale delle alternative proposte la completa correttamente?

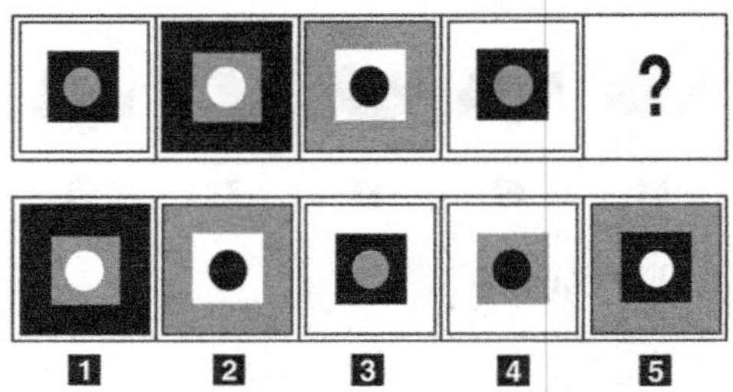

A. Figura 2
B. Figura 5
C. Figura 3
D. Figura 4
E. Figura 1

10) Individuare la figura che completa la serie.

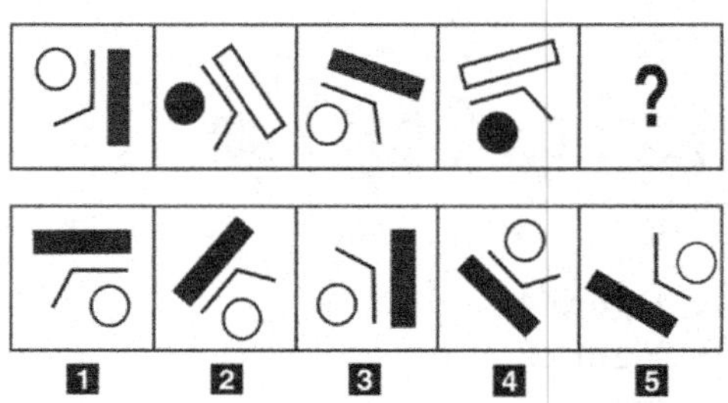

A. Figura 2
B. Figura 4

C. Figura 3
D. Figura 1
E. Figura 5

11) Individuare la figura che completa la serie.

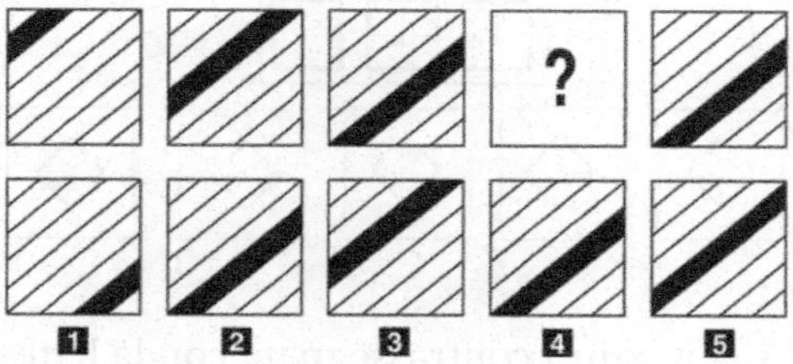

A. Figura 5
B. Figura 1
C. Figura 2
D. Figura 3
E. Figura 4

12) Individuare la figura che completa la serie.

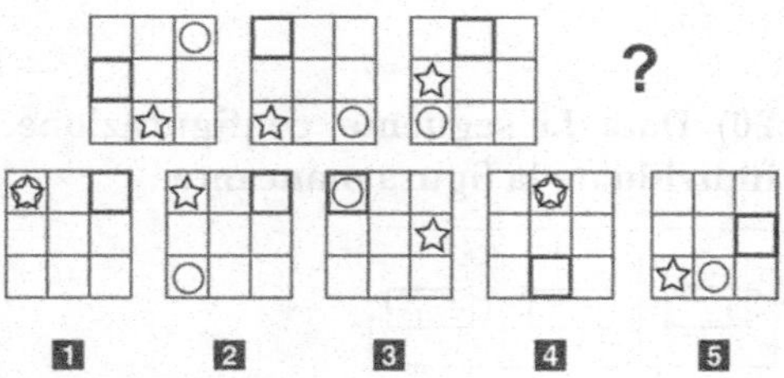

A. Figura 4
B. Figura 3
C. Figura 5
D. Figura 2
E. Figura 1

13) Uno solo dei disegni contrassegnati con lettere costituisce il logico completamento della serie di disegni numerata da 1 a 5. Quale?

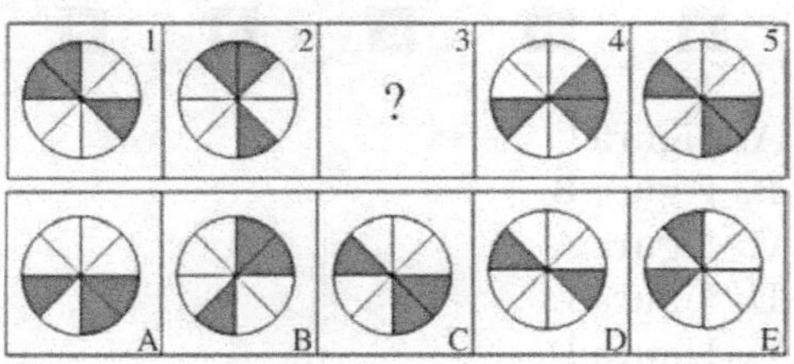

A. Il disegno indicato con la lettera C
B. Il disegno indicato con la lettera D
C. Il disegno indicato con la lettera A
D. Il disegno indicato con la lettera B
E. Il disegno indicato con la lettera E

14) Quale delle figure proposte integra correttamente la serie?

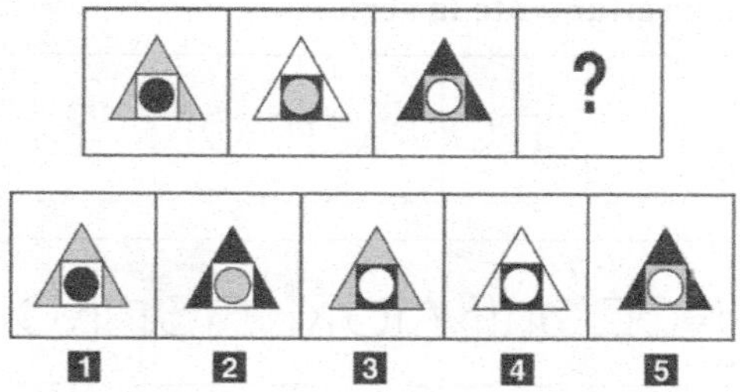

A. Figura 2
B. Figura 4
C. Figura 5
D. Figura 1
E. Figura 3

15) Quale dei disegni proposti integra correttamente la serie?

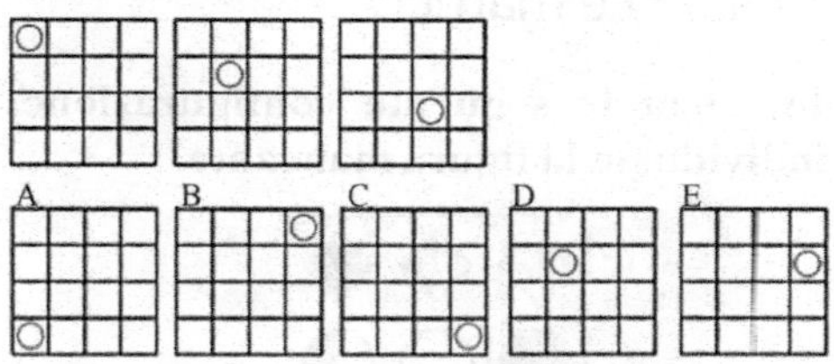

A. Il disegno indicato con la lettera E
B. Il disegno indicato con la lettera C
C. Il disegno indicato con la lettera D
D. Il disegno indicato con la lettera B
E. Il disegno indicato con la lettera A

16) Quale dei disegni proposti integra correttamente la serie?

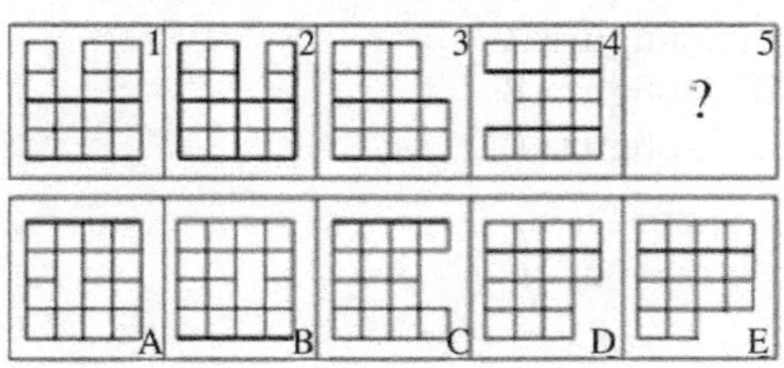

A. Il disegno indicato con la lettera C
B. Il disegno indicato con la lettera B
C. Il disegno indicato con la lettera A
D. Il disegno indicato con la lettera D
E. Il disegno indicato con la lettera E

17) Quale delle figure proposte integra correttamente la serie?

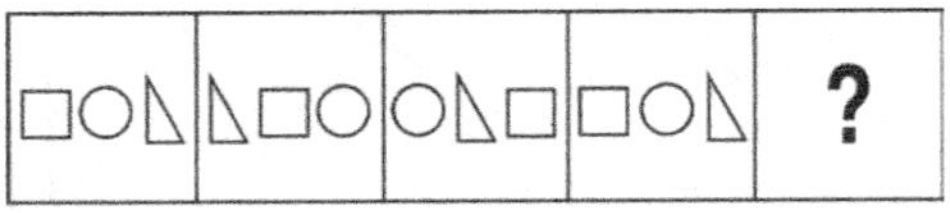

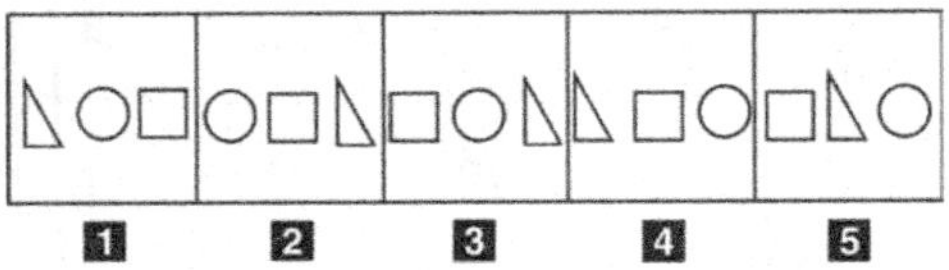

A. Figura 4
B. Figura 5
C. Figura 1
D. Figura 2
E. Figura 3

4.3 • Le matrici

18) Data la seguente configurazione, individuate la figura mancante.

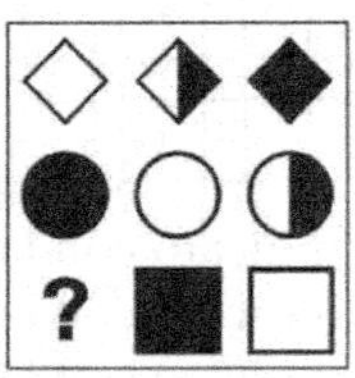

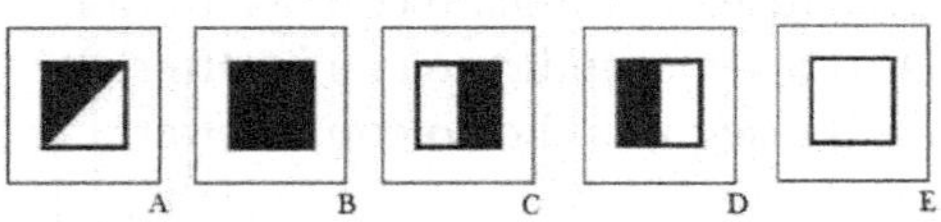

A. La figura C
B. La figura D
C. La figura A
D. La figura B
E. La figura E

19) Data la seguente configurazione, individuate la figura mancante.

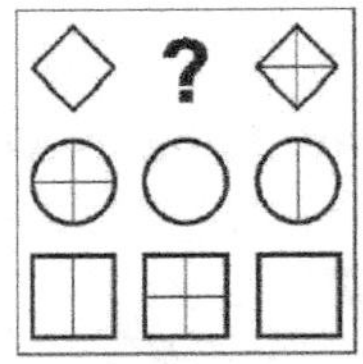

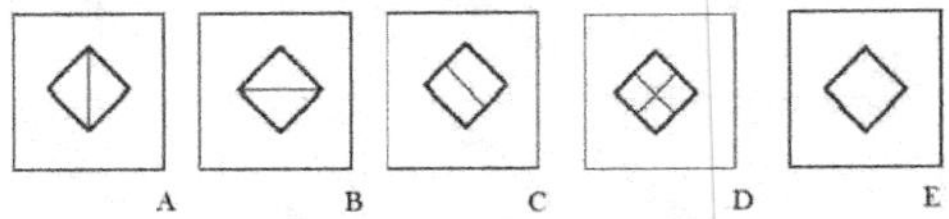

A. La figura contrassegnata con la lettera D
B. La figura contrassegnata con la lettera C
C. La figura contrassegnata con la lettera A
D. La figura contrassegnata con la lettera B
E. La figura contrassegnata con la lettera E

20) Data la seguente configurazione, individuate la figura mancante.

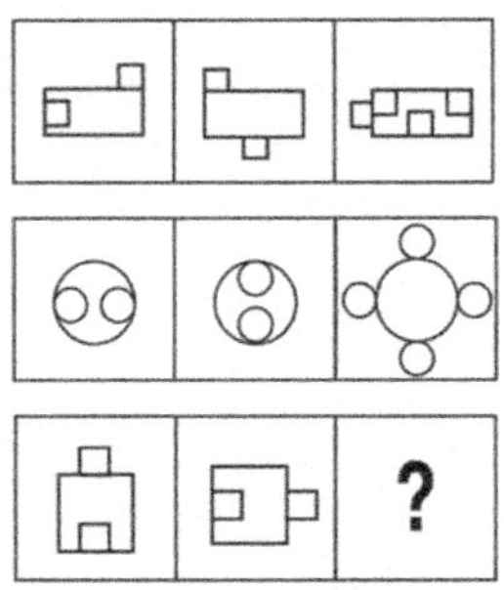

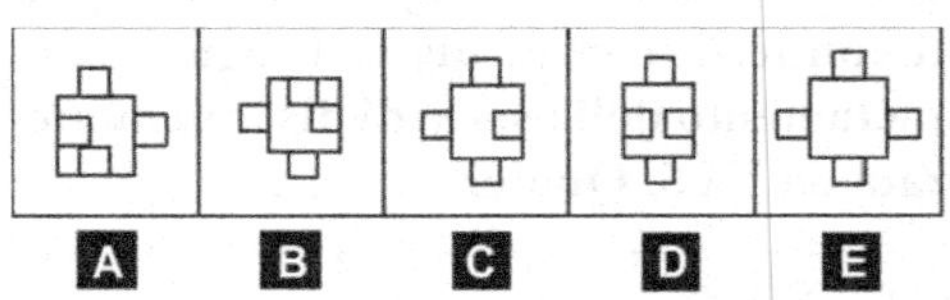

A. Figura C
B. Figura B
C. Figura A
D. Figura E
E. Figura D

21) Quale semicirconferenza integra correttamente la serie?

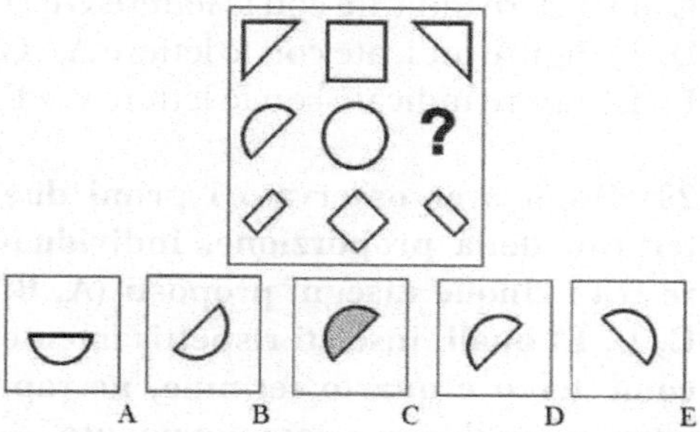

A. Quella contrassegnata con la lettera D
B. Quella contrassegnata con la lettera B
C. Quella contrassegnata con la lettera C
D. Quella contrassegnata con la lettera A
E. Quella contrassegnata con la lettera E

4.4 • Le proporzioni

22) Quale tra le figure proposte integra logicamente la proporzione che segue?

A. La figura indicata con la lettera E
B. La figura indicata con la lettera A
C. La figura indicata con la lettera C
D. La figura indicata con la lettera B
E. La figura indicata con la lettera D

23) Quale tra le figure proposte integra logicamente la proporzione che segue?

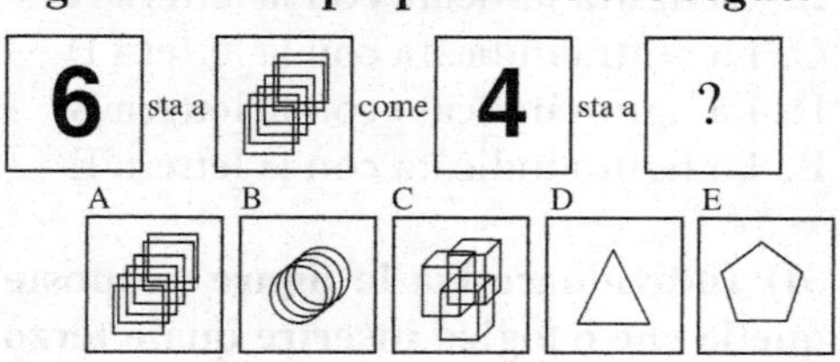

A. La figura indicata con la lettera A
B. La figura indicata con la lettera B
C. La figura indicata con la lettera C
D. La figura indicata con la lettera D
E. La figura indicata con la lettera E

24) Dopo aver osservato i primi due termini della proporzione, individuare fra i cinque disegni proposti (A, B, C, D, E) quali, inseriti rispettivamente come terzo e quarto termine, ne rappresentano il logico completamento.

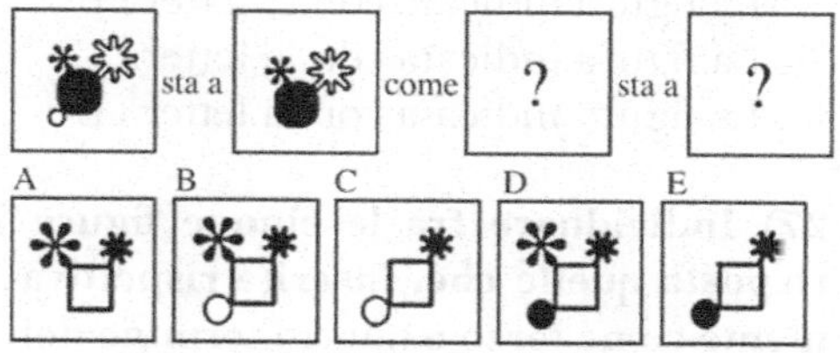

A. I disegni indicati con le lettere D e A
B. I disegni indicati con le lettere B e D
C. I disegni indicati con le lettere B e A
D. I disegni indicati con le lettere C e A
E. I disegni indicati con le lettere C e E

25) Quale tra le figure A, B, … è corretto inserire come quarto termine della proporzione che segue?

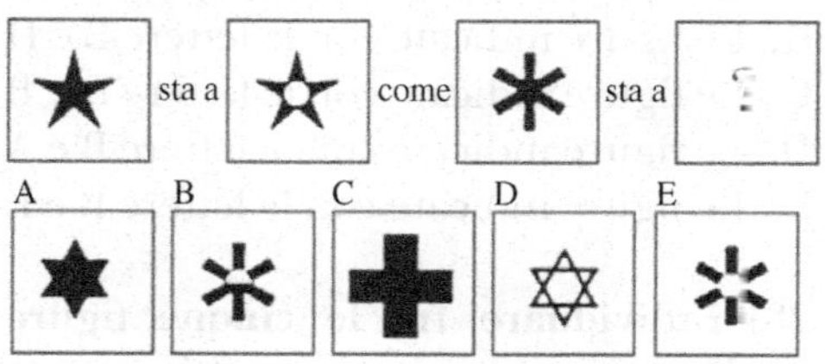

A. La figura A
B. La figura B
C. La figura D
D. La figura C
E. La figura E

26) Individuare fra le figure proposte quella che è logico inserire quale terzo termine della proporzione data:

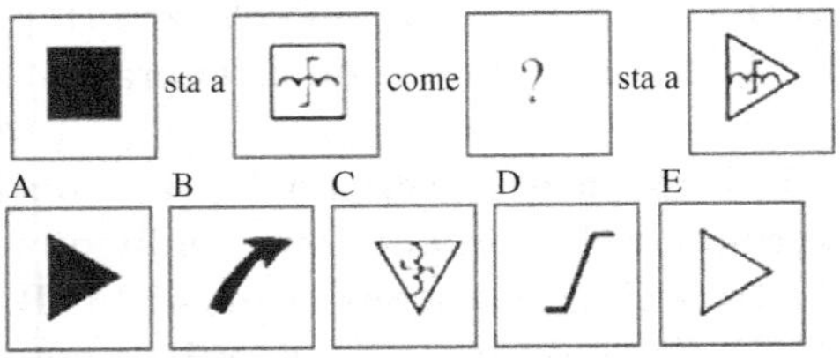

A. La figura indicata con la lettera D
B. La figura indicata con la lettera A
C. La figura indicata con la lettera B
D. La figura indicata con la lettera C
E. La figura indicata con la lettera E

27) Individuare fra le cinque figure/risposta quelle che, inserite rispettivamente come terzo e quarto termine della proporzione, ne rappresentano, per analogia, il logico completamento.

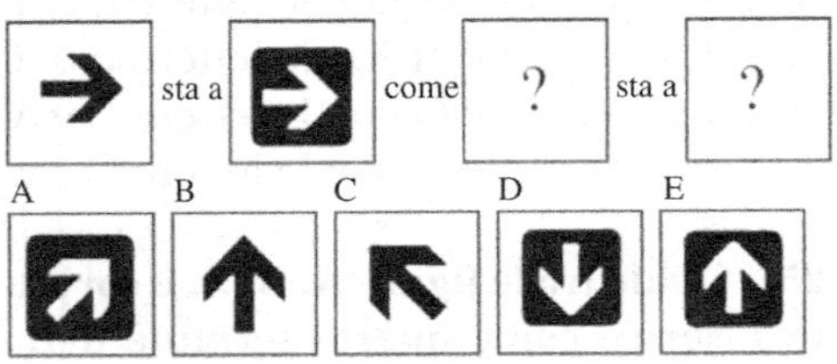

A. Le figure indicate con le lettere C e A
B. Le figure indicate con le lettere B e D
C. Le figure indicate con le lettere D e B
D. Le figure indicate con le lettere B e A
E. Le figure indicate con le lettere B e E

28) Individuare fra le cinque figure quelle che inserite rispettivamente come terzo e quarto termine della proporzione ne rappresentano, per analogia, il logico completamento.

A. Le figure indicate con le lettere A e E
B. Le figure indicate con le lettere B e D
C. Le figure indicate con le lettere C e D
D. Le figure indicate con le lettere A e C
E. Le figure indicate con le lettere C e E

29) Dopo aver osservato i primi due termini della proporzione, individuare fra i cinque disegni proposti (A, B, C, D, E) quali, inseriti rispettivamente come terzo e quarto termine, ne rappresentano il logico completamento.

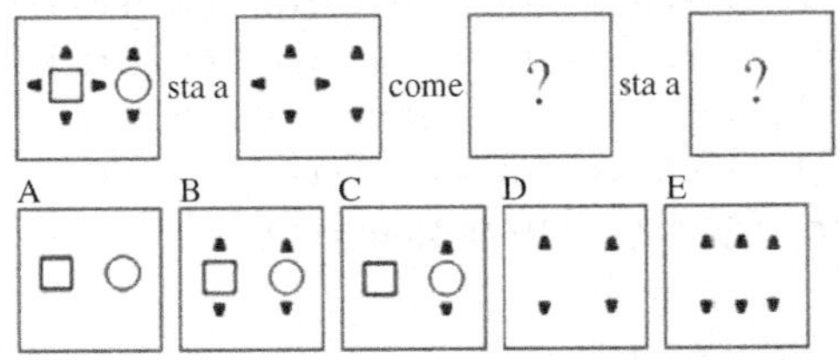

A. I disegni indicati con le lettere D e A
B. I disegni indicati con le lettere B e D
C. I disegni indicati con le lettere B e A
D. I disegni indicati con le lettere C e A
E. I disegni indicati con le lettere C e E

30) Individuare fra le figure proposte quella che è logico inserire quale terzo termine della proporzione data:

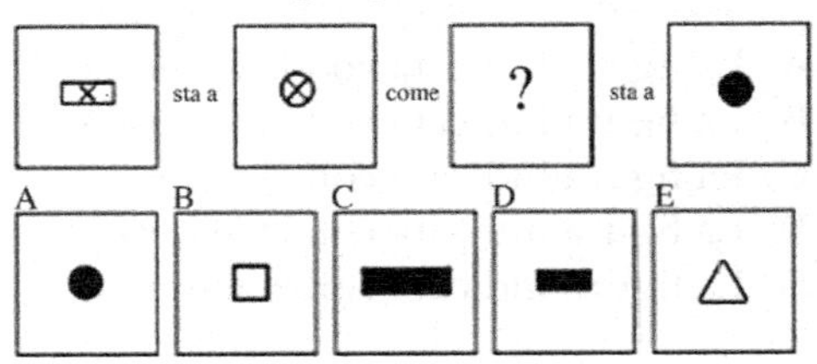

A. La figura indicata con la lettera C
B. La figura indicata con la lettera A
C. La figura indicata con la lettera D
D. La figura indicata con la lettera B
E. La figura indicata con la lettera E

31) Individuare fra le figure proposte quella che è logico inserire quale terzo termine della proporzione data:

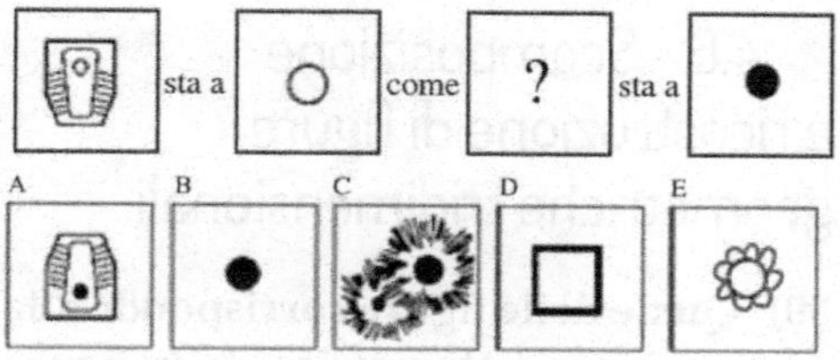

A. La figura che ne rappresenta il logico completamento è quella indicata con la lettera A
B. La figura che ne rappresenta il logico completamento è quella indicata con la lettera B
C. La figura che ne rappresenta il logico completamento è quella indicata con la lettera D
D. La figura che ne rappresenta il logico completamento è quella indicata con la lettera E
E. La figura che ne rappresenta il logico completamento è quella indicata con la lettera C

32) Individuare fra le figure proposte quella che è logico inserire quale quarto termine della proporzione data:

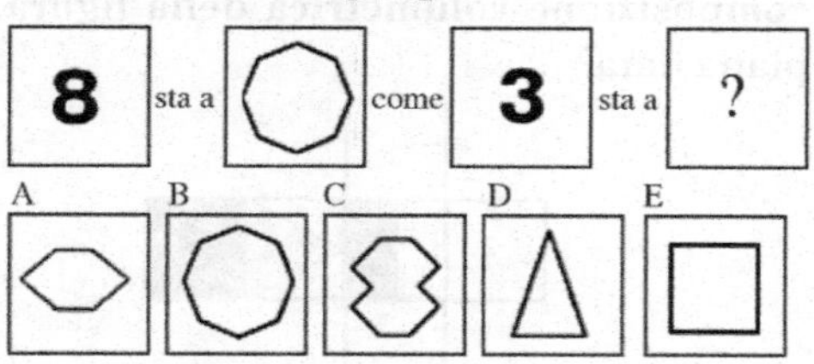

A. La figura indicata con la lettera A
B. La figura indicata con la lettera B
C. La figura indicata con la lettera E
D. La figura indicata con la lettera C
E. La figura indicata con la lettera D

33) Individuare fra le figure proposte quella che è logico inserire quale terzo termine della proporzione data:

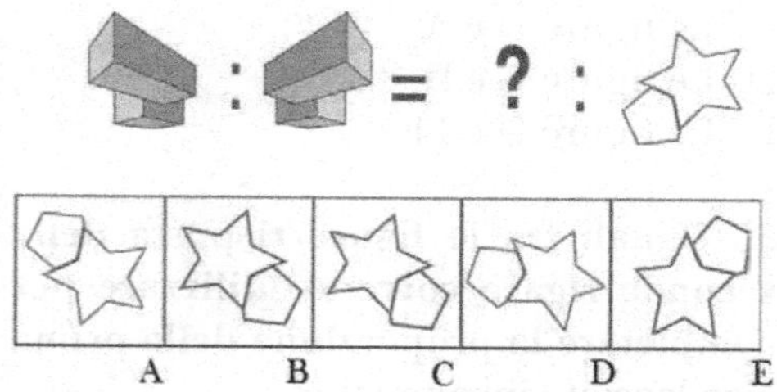

A. La figura indicata con la lettera C
B. La figura indicata con la lettera A
C. La figura indicata con la lettera D
D. La figura indicata con la lettera B
E. La figura indicata con la lettera E

34) Dopo aver osservato i primi due termini della proporzione, individuare fra i cinque disegni proposti (A, B, C, D, E) quali, inseriti rispettivamente come terzo e quarto termine, ne rappresentano il logico completamento.

A. I disegni indicati con le lettere D ed E
B. I disegni indicati con le lettere B e D
C. I disegni indicati con le lettere B e C
D. I disegni indicati con le lettere C e D
E. I disegni indicati con le lettere A e D

35) Quali tra le figure/risposta della seconda riga è corretto utilizzare per completare la proporzione della prima riga lasciata incompleta?

A. Le figure D e B
B. Le figure A ed E

C. Le figure D e A
D. Le figure C e D
E. Le figure D ed E

36) Quali tra le figure/risposta della seconda riga è corretto utilizzare per completare la proporzione della prima riga lasciata incompleta?

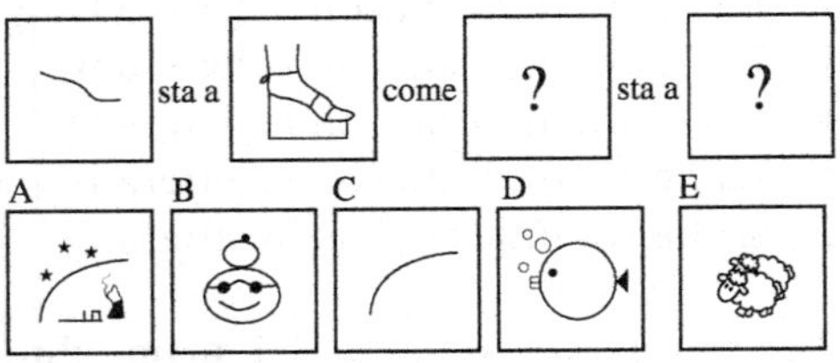

A. Le figure C e D
B. Le figure A e C
C. Le figure C e B
D. Le figure C e A
E. Le figure E e C

4.5 • Figure da scartare

37) Individuare la figura da scartare.

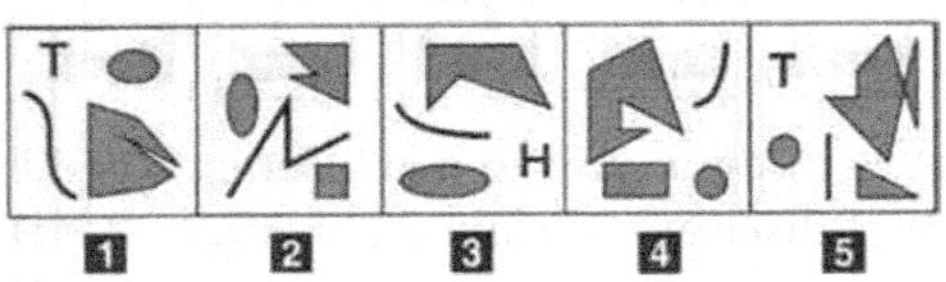

A. Figura 5
B. Figura 3
C. Figura 2
D. Figura 1
E. Figura 4

38) Individuare la figura da scartare.

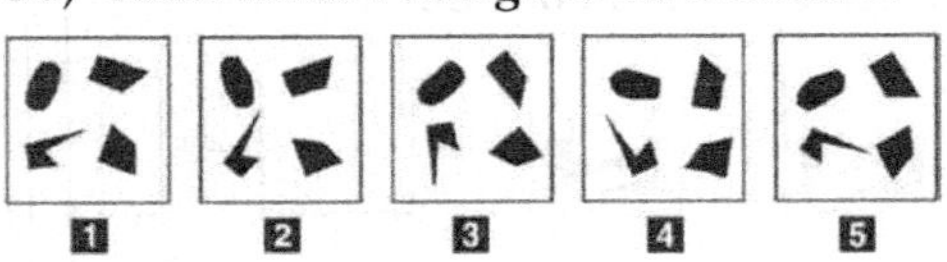

A. Figura 3
B. Figura 5
C. Figura 2
D. Figura 4
E. Figura 1

4.6 • Scomposizione e ricostruzione di figure geometriche tridimensionali

39) Quale delle figure corrisponde alla composizione volumetrica della figura piana data?

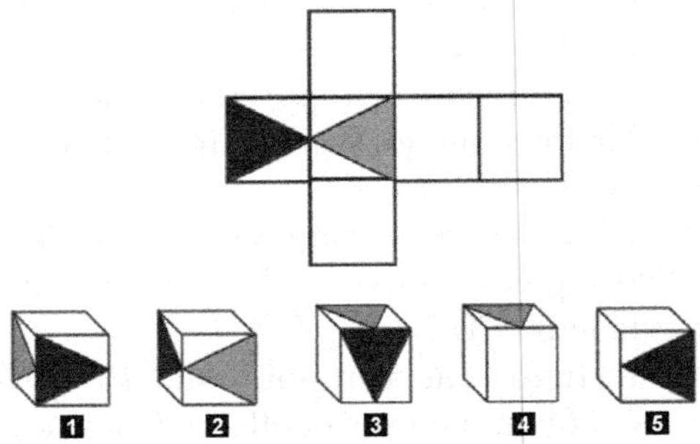

A. Figura 1
B. Figura 4
C. Figura 3
D. Figura 5
E. Figura 2

40) Quale delle figure corrisponde alla composizione volumetrica della figura piana data?

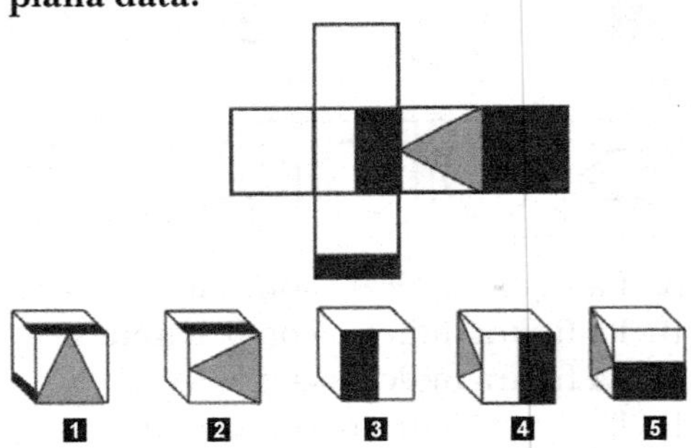

A. Figura 2
B. Figura 4
C. Figura 3
D. Figura 5
E. Figura 1

41) Dopo aver osservato attentamente il disegno proposto, indicare l'affermazione corretta.

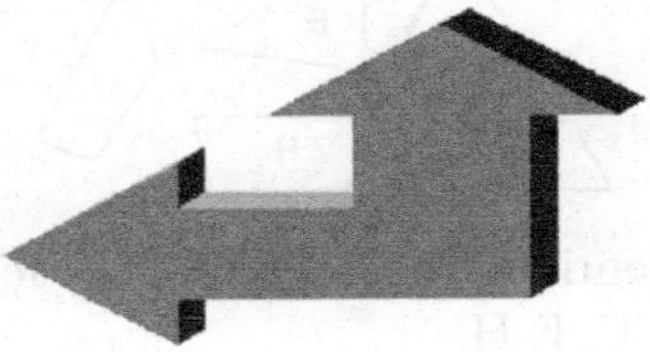

A. Il solido proposto si compone di 17 facce
B. Il solido proposto si compone di 14 facce
C. Il solido proposto si compone di 18 facce
D. Il solido proposto si compone di 15 facce
E. Il solido proposto si compone di 16 facce

42) Lo sviluppo raffigurato qui di seguito è stato piegato per formare un cubo. Quale dei seguenti cubi è stato formato?

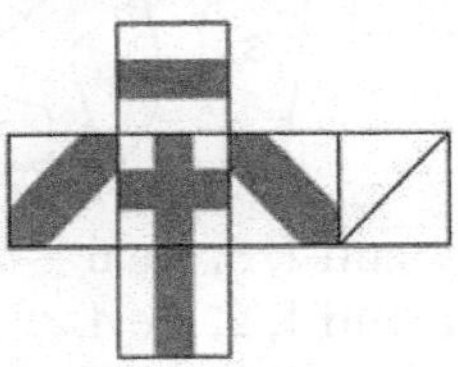

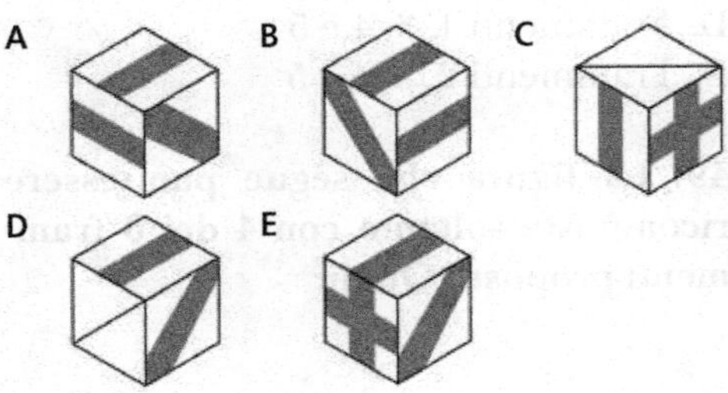

A. Figura D
B. Figura A
C. Figura E
D. Figura C
E. Figura B

43) Da quante facce è composto il solido 5?

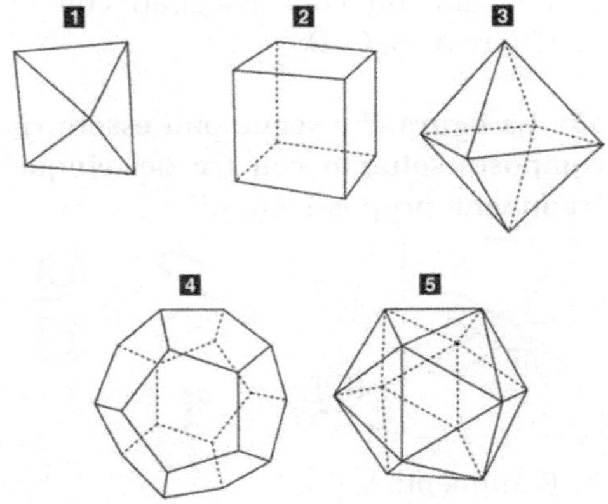

A. 10 facce
B. 20 facce
C. 12 facce
D. 18 facce
E. 16 facce

4.7 • Altri esercizi di ragionamento spaziale

44) La figura che segue può essere scomposta in 4 dei 6 frammenti riportati. Quali?

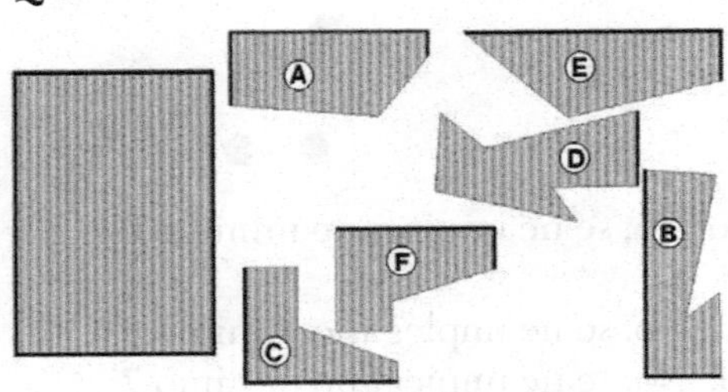

A. I frammenti contrassegnati con le lettere A, C, D, E
B. I frammenti contrassegnati con le lettere A, B, D, E
C. I frammenti contrassegnati con le lettere B, C, D, F

D. I frammenti contrassegnati con le lettere A, C, D, F
E. I frammenti contrassegnati con le lettere A, B, C, D

45) La figura che segue può essere ricomposta soltanto con tre dei cinque frammenti proposti. Quali?

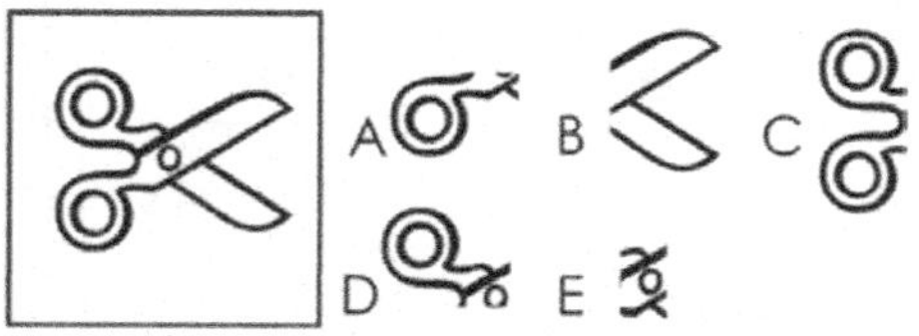

A. Frammenti A, C e E
B. Frammenti A, B e D
C. Frammenti B, C e D
D. Frammenti C, D e E
E. Frammenti A, B e C

46) È possibile con sole sei rette separare ciascun pallino da tutti gli altri?

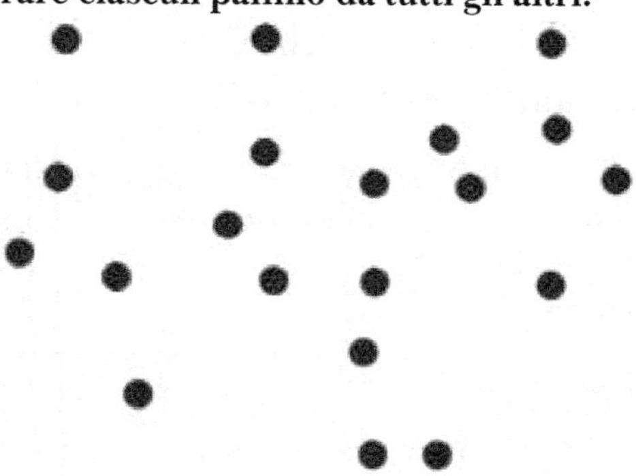

A. No, se ne impiegano minimo 9
B. Sì
C. No, se ne impiegano minimo 8
D. No, se ne impiegano minimo 7
E. No, se ne impiegano minimo 10

47) La figura che segue può essere scomposta in 4 degli 8 frammenti riportati. Quali sono i frammenti residui?

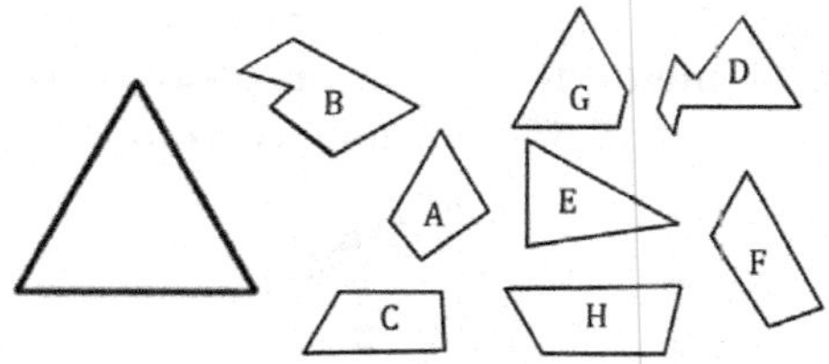

A. I frammenti contrassegnati con le lettere A, C, F, H
B. I frammenti contrassegnati con le lettere A, C, D, H
C. I frammenti contrassegnati con le lettere A, C, E, F
D. I frammenti contrassegnati con le lettere B, C, D, G
E. I frammenti contrassegnati con le lettere A, B, C, F

48) La figura che segue può essere ricomposta soltanto con 4 dei 6 frammenti proposti. Quali?

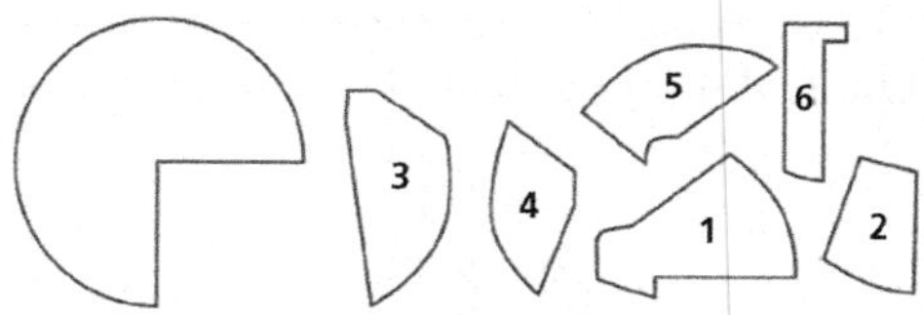

A. Frammenti 1, 3, 4 e 6
B. Frammenti 1, 2, 3 e 4
C. Frammenti 1, 2, 4 e 5
D. Frammenti 1, 3, 4 e 5
E. Frammenti 2, 3, 4 e 5

49) La figura che segue può essere ricomposta soltanto con 4 dei 6 frammenti proposti. Quali?

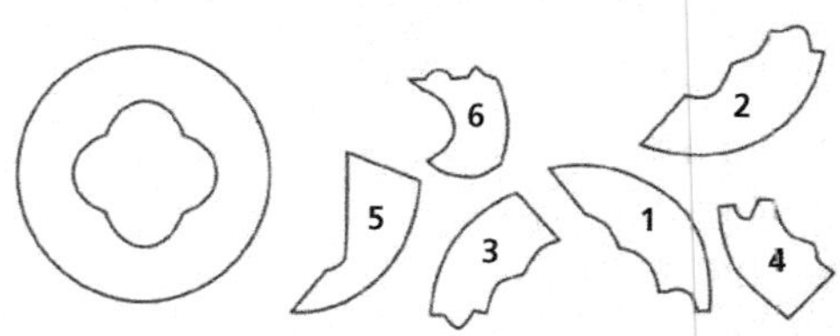

A. Frammenti 1, 2, 3 e 6
B. Frammenti 2, 4, 5 e 6
C. Frammenti 1, 2, 3 e 6

D. Frammenti 2, 3, 4 e 5
E. Frammenti 1, 2, 3 e 4

50) Osservando attentamente le cinque figure proposte è possibile notare che quattro di esse presentano elementi di omogeneità. Quali?

A. Figure A B D E
B. Figure B C D E
C. Figure A B C E
D. Figure A C D E
E. Figure A B C E

4.8 • Attenzione e precisione

51) Individuare quale delle serie di numeri o lettere è identica a quella data: 3663999936663

A. 3663399996663
B. 3663999936663
C. 3639969936663
D. 3663999396663
E. 3663993336663

52) Individuare quale delle cinque serie di numeri o lettere è identica a quella data: 88080080080808

A. 88080088080808
B. 88080080080808
C. 88080080080008
D. 80080080080808
E. 88080080080888

53) Individuare quale delle cinque serie di numeri o lettere è identica a quella data: ILLILIILIIILIILLI

A. ILLILIILIIILLLLI
B. ILLILILIIIILIILLI
C. ILLILIILILLIILLI
D. ILLILIILIIILIILLI
E. ILLILIILIIILIILLL

54) Individuare quale delle cinque serie di numeri o lettere è identica a quella data: MMNMNNNNMNNN

A. MMNMNNNMNNNN
B. MMNNMNNNMNNN
C. MMMNNNNNMNNN
D. MMNMNNNNMNNN
E. MMNMNMNNMNNN

55) Individuare quale delle cinque serie di numeri o lettere è identica a quella data: RPRPPRRRRPRRPR

A. RPRPPRPRRPRRPR
B. RPRPPPRRRPRRPR
C. RPRPPRRRRPRRPR
D. RPRPPRRRRPRPPR
E. RPRPPPRRRPRRPR

56) Individuare la riga che contiene il maggior numero di lettere X:

A. YYXYXXXYYYXXXYYXYXY
B. YYXYYYYXXXYXXXXXYYY
C. YYYXXXXXXXXXYYYYYYY
D. XYYXXYXXYYXXXYXYYXY
E. XYYXXYXXYYYYXYXYYXY

57) Quale delle seguenti sequenze è identica a hy;opx97;th:13:32+tq:& ma proposta in senso contrario?

A. &:qt+23:31:ht;97xpo;yh
B. &:qt+23:31-th;79xpo;yh
C. &:qt+23:31:ht;79xpo;yh
D. &:qt+23;13:ht;79xpo;yh
E. &:qt+26:31:ht;79xpo;yh

58) Indicare in quale dei seguenti gruppi è riproposta l'identica stringa alfanumerica:
78AB+11AC-8A1H:1A1X-332&-7XK+233(/

A. 78AB+11AC-8A1H:1A1X-332@-7XK+233(/
B. 78AB+11AC-8A1H:1A1X-332&-7XK+233[/
C. 78AB+11AC-8A1H:1A1X-332&-7XK+233(/
D. 78AB+11AC-8A1H:1A1Y-332&-7XK+233(/
E. 78AB+11AC-8A1H:1A1X-332&-7XK+253(/

59) Individuare la riga che contiene il maggior numero di lettere B:

A. PPPPPBBBPBBPPPPBPPPP
B. PPBPBBPBPPBPPPBPPPPP
C. PPPBPPBBPPBBPPPBPPBP
D. PPPBPPPBPPPBPPPBPPBB
E. PPPBPPPBPPBBPPPBPPBP

60) Individuare la riga che contiene il maggior numero di lettere N:

A. VNVNNVNNVNV
B. VNVNVNVVNVN
C. VVNNVVNVNVN
D. NVVNNVNNVVV
E. VNVNNVNVVNV

61) Individuare la riga che contiene un numero di "×" uguale al numero di "+":

A. ×××+++××++×++××++
B. ××++××++×+×++××+
C. ×××+×××++++++×××+
D. ××+××+++××+×××++×++
E. ××++××++××+×++××+

62) Se dalla seguente sequenza "SSILVVTSAELIIAICSCL" si escludessero le lettere dei termini "STIVALI" e "SCIALLE", si otterrebbe la sequenza:

A. LSSLV
B. SSCIV
C. IACIV
D. SVSIV
E. SSLSV

63) Quale dei seguenti gruppi alfanumerici ripropone in senso inverso la sequenza "HgUmOsWFbH"?

A. HbFWOsmUgH
B. HbWFsOmUgH
C. HbFWsOmUgH
D. HbFWsOmgUH
E. HbFOsWmUgH

64) Se dalla seguente sequenza "VAAPEREPAPADEREPPPAI" si escludessero le lettere dei termini "PAPERE" e "PAPAVERI", si otterrebbe la sequenza:

A. PAAEDD
B. PAEPDE
C. PAAPPD
D. AAEPPD
E. APEEPD

65) Se dalla seguente sequenza "ELANPPOLOMZONOARODDMNA" si escludessero le lettere dei termini "POMODORO" e "MELANZANA", si otterrebbe la sequenza:

A. POLND
B. POLLD
C. POOND
D. POLNP
E. PONLR

66) Se dalla seguente sequenza "MCIANMCOCFACMENALECGNIE" si escludessero le lettere dei termini "MECCANICO" e "FALEGNAME", si otterrebbe la sequenza:

A. CCNM
B. GMCI
C. CMCNA
D. CNMCI
E. CNNCI

67) Quale delle seguenti alternative contiene una lettera ripetuta esattamente cinque volte?

A. WWTGWGTTGWTG
B. GGHTHTHGGTGT
C. XXXDQXDDDQQQ
D. EETRRETRETTR
E. MMNNIMNMNIII

68) Individuare la riga che contiene il maggior numero di lettere A:

A. AAVVVAVVAAAAAAAAAVVVAAAV
B. AAVVVAVAAAAAAAAAAVVVAAAV
C. VVAVAVAVVVAAAVAAVVVAAAA
D. AAVAAAVAAAVVVAVAAVVAVVA
E. VVAAAAAAVVAAVAAAVAVAAAVV

69) Si osservi il testo che segue: "Using the links below you can obtain answers to the most common questions about the EUROPA site (FAQ). You can also consult recent statistics on the use of EUROPA and the results of surveys conducted among its users". Esso contiene:

A. 10 lettere "maiuscole"
B. 13 vocali "u"
C. 16 consonanti "s"
D. 8 vocali "a"
E. 15 vocali "i"

70) Quale delle seguenti sequenze è uguale a 143GM2900967HD?

A. 143GM2900976HD
B. 143GM2900967HD
C. 143GM2909067HD
D. 143GM2090967HD
E. 143GN2901967HD

71) In quale dei seguenti gruppi il numero 1 non segue il numero 9?

A. PHLG19AVQBOJ919UI-GLIJKS1UBW9
B. PHLG19AVQBOJP19UI-GLIJK91UBW9
C. PHL919AVQBOJL19UI-GLIJKS1UBW9
D. PHLG19AVQBOJE19UI-GLIJKS1UBW9
E. PHLG18AVQDOJE91UI-GLIJKS1UBW9

72) Quale dei seguenti gruppi alfanumerici, letto in senso contrario, è uguale a SK1LGWEGPOIDSFH?

A. HFSDIOMPEWGL1KS
B. HFSDIMPGEWGL1KS
C. HFSDIOPQEWGL1KS
D. HFSDIOPGEWGL1KS
E. HFSBIOPGEWFL1KS

73) In quale dei seguenti gruppi alfanumerici sono contenuti tutti gli elementi indicati nella seguente stringa: SD678YTTWIHIXD834RT9?

A. 34RT9SD678YPQIXD8TTW
B. 34RT9SD67LPIHIXD8TTW
C. 34RT9SD678YIHIXD8TTW
D. 34RT9SD968YIHIXD8TTW
E. 34RT9SS678YIHIYD8TTW

74) Considerando che il segno "+" identifica "-", il segno "-" identifica "+", il segno "×" identifica ":", il segno ":" identifica "×", in quale delle seguenti alternative è riproposta la seguente stringa: 32 + (12 × 4) - (216 × 6) + 39 = tenuto conto di quanto detto in precedenza?

A. 32 – (12 : 4) + (216 : 6) + 39 =
B. 32 – (12 : 4) - (216 : 6) – 39 =
C. 32 – (12 : 4) + (216 : 6) – 39 =
D. 32 – (12 × 4) + (216 × 6) – 39 =
E. 32 + (12 : 4) + (216 : 6) – 39 =

75) In quale dei seguenti gruppi il numero 2 è preceduto dalla lettera Q?

A. JKF2Z2ILZKQWLJFZQQN-2CIJQFUEI
B. JKF2Z2I2QQWLJ2FZQN2QJQFU-IRLE
C. JKF2Z2IQQWLJFZ2QCIJQILFUIR-FE
D. JKF2Z2IQ2QWLJFZQN2CIJQFUIR-VE
E. JKF2X2I2QQYLJFZQN2CIJTFUIR-VE

76) "123456789ABCDEFGHILM-NOPQRSTUVZ". Da questo gruppo alfanumerico sono state prelevate le lettere che formano la parola "IMPOSTARE" ed i numeri "726". Restano pertanto le lettere e i numeri:

A. 134589BCDFGHLMQUVZ
B. 134589BCDFGHLNQUVZ
C. 134589BCDEGHLNQUVZ
D. 134689ABCDFGHLMNPQUVZ
E. 1345898BCFFGHMNQUVZ

77) Indicare quale dei seguenti gruppi numerici è identico a: 38823+8378+889 +89384+734822398

A. 38823+8378+889+89384+734838398
B. 38823+8378+889+89384+734838498
C. 38823+8378+889+89384+734822398
D. 38823+8378+889+89483+734822398
E. 38823+8478+889+89384+534822398

78) Indicare quale delle seguenti sequenze è uguale a: 7Y9K4VW9B5NH67

A. 7J9K4VW9B5NH67
B. 7Y9KU4W9B5NH67
C. 7Y9K4VW9B5NH67
D. 7Y9H4VW9B5NH67
E. 7Y9K4WW9D5NH67

79) Quante vocali e quante consonanti sono presenti rispettivamente nel termine "GASTROPROTETTORE"?

A. 6 e 10
B. 9 e 6
C. 8 e 8
D. 7 e 9
E. 10 e 7

80) In quale dei seguenti gruppi alfanumerici sono contenuti tutti gli elementi indicati nella seguente stringa: DF354F76HJ09LM1356SF?

A. 56SFDF364F76HJ09LM13
B. 56SFDF354F76HJ09LM13
C. 56SFDO354F76HJ09LM13
D. 56SFDP354F76HJ09LM13
E. 56SFCF355F76KJ09LM13

81) In quale dei seguenti gruppi il numero 1 non segue il numero 3?

A. LZ13XCVBN1MPI3PYT13RWQL-31IH
B. LZ31XCVBN1MPI3PYT13RWQL-1DIH
C. LZ13XCVBN1MPI31YT13RWQL-1DIH
D. LZ13XCVBN1MPI3PYT13RWQL-1DIH
E. LV31XCVBN1MPI3PYT16RWQL-1DIH

82) Considerando che il segno "+" identifica "–", il segno "-" identifica "+", il segno "×" identifica ":", il segno ":" identifica "×", in quale delle seguenti alternative è riproposta la seguente stringa: (40 × 3) + (320 × 80) = tenuto conto di quanto detto in precedenza?

A. (40 × 3) – (320 × 80) =
B. (40 : 3) – (320 × 80) =
C. (40 : 3) + (320 : 80) =
D. (40 : 3) – (320 : 80) =
E. (40 : 3) – (340 : 80) =

83) Indicare quale dei seguenti gruppi numerici è identico a: 87345+5613+689+18383+432923495

A. 87345+5613+689+18482+432923495
B. 87345+5613+689+18383+432923495
C. 87345+5613+689+18383+432934395
D. 87345+5613+689+18383+432934295
E. 87345+5613+686+18383+432923495

84) Quale delle seguenti sequenze è identica a -em;fh:17;ks:26+39-yd-=l: ma proposta in senso contrario?

A. :l=-yd-93+62:sk;77:hf;me-
B. =l-dy-93+62,sk;71:hf;me-
C. :l=-dy-93+62xks;71:hf;me-
D. :l=-dy-93+62:sk;71:hf;me-
E. :l=-dy+93+62:sh;71:hf;me-

85) Individuare la riga che contiene un numero di "punti esclamativi" uguale al numero di "punti interrogativi":

A. !!!???!!!???!!!???
B. !!??????!!!!??!!??
C. ?!!!!???!!!!!?!!!??????
D. !!!?!!???!!???!!!!???
E. !!!???!!!!!???!!!???

86) Quante volte è presente nel gruppo numerico che segue la sequenza 872? 34908872298387290112387259890878 72868724247347845872598724872612 561

A. 8
B. 7
C. 9
D. 14
E. 12

87) Individuare la stringa alfanumerica che contiene la lettera L preceduta da un numero pari:

A. K87I9SW41LFDG67LAGHH6568FV
B. NSGRS45L41F4317DSZ45L547ZS5
C. K87I9SW46LFDG67LAGHH6568FV
D. JE5LGHB658893VW421L35L5VFR8
E. XDR5479L8V54G65LJHU7I8JKHY5

88) In quale dei seguenti gruppi il numero 7 non segue il numero 9?

A. MZ97XCBL7UIH79OTUIH9RU-IKR7Q
B. MZ79XCBL7UIH79OTUIH97U-IKR7Q
C. MZ79XCBL7UIH97OTUIH9RU-IKR7Q
D. MZ79XCBL7UIH79OTUIH9RU-IKR7Q
E. MZ79XCBL7UIH97OTUIH9RU-IKR7Q

89) Indicare in quale delle seguenti alternative viene rispettata la regola di alternanza "vocale-consonante".

A. oderaxetuixidic
B. oderaxetupafestxidic
C. oderaxetzixidic
D. oderaxetupafesixidic
E. odoraxitupafastxidic

**90) Individuare tra le alternative quella che contiene un'inesattezza rispetto a: Stambecchi Carla, Via Enrico Martini 18/A, Crema (CR)
Carbone Daniela, Via C.L. Prisco 22, Castellammare Di Stabia (NA)
Oppido Luigi, Via Stendhal 17, Crotone (KR)
Luigi Alessandrini, Via Botteghelle 76, San Giorgio a Cremano (NA)**

A. Carbone Daniela, Via C.L. Prisco 22, Castellammare Di Stabia (NA)
B. Luigi Alessandrini, Via Botteghelle 76, San Giorgio a Cremano (NU)
C. Stambecchi Carla, Via Enrico Martini 18/A, Crema (CR)
D. Oppido Luigi, Via Stendhal 17, Crotone (KR)
E. Luigi Alessandrini, Via Botteghelle 76, San Giorgio a Cremano (NA)

91) Individuare tra le alternative quella che contiene un'inesattezza rispetto a:

Colucci Maria, Via Orazio 37, Miggiano (LE)
Adami Carla, Via Cavour 42, Marina Di Nocera Terinese (CZ)
Pavon Rosa, Via Roma 20, Verona (VR)

A. Adami Carla, Via Cavour 42, Marina Di Nocera Terinese (CZ)
B. Pavon Massimo, Via Roma 20, Verona (VR)
C. Pavon Rosa, Via Roma 20, Verona (VR)
D. Colucci Maria, Via Orazio 37, Miggiano (LE)
E. nessuna alternativa risponde correttamente al quesito

92) Dopo aver osservato attentamente il disegno, indicare quale affermazione non è corretta.

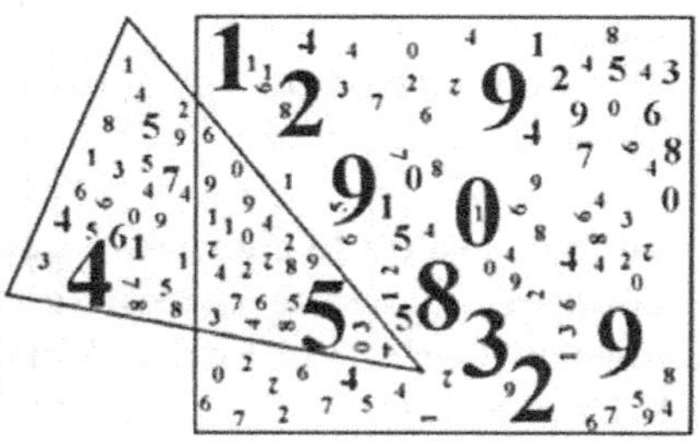

A. I numeri contenuti nel rettangolo sono 115
B. I numeri contenuti solo nel rettangolo sono più di quelli contenuti solo nel triangolo
C. I numeri contenuti sia nel rettangolo che nel triangolo sono più di un terzo di quelli contenuti solo nel rettangolo
D. I numeri contenuti nel triangolo sono 52
E. I numeri contenuti sia nel rettangolo che nel triangolo sono meno di quelli contenuti solo nel rettangolo

93) Indicare quale affermazione riferita al contenuto delle tre figure è corretta.

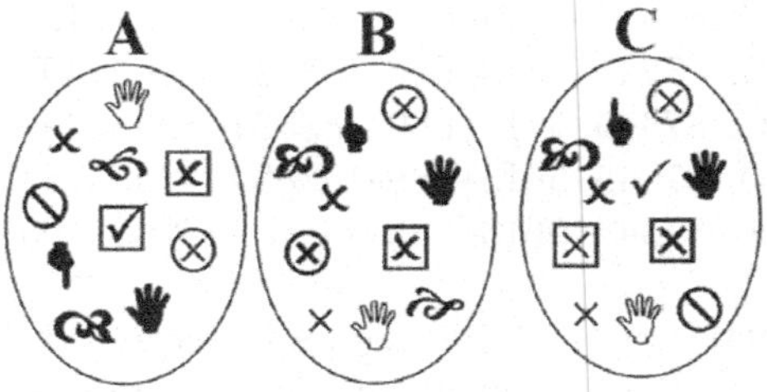

A. A e C contengono lo stesso numero di elementi
B. A rispetto a B contiene più mani
C. B e C contengono un numero diverso di elementi
D. Tutti i disegni contengono gli stessi elementi
E. A e B contengono un numero diverso di elementi

94) Dopo aver osservato attentamente il disegno, indicare quale affermazione non è corretta.

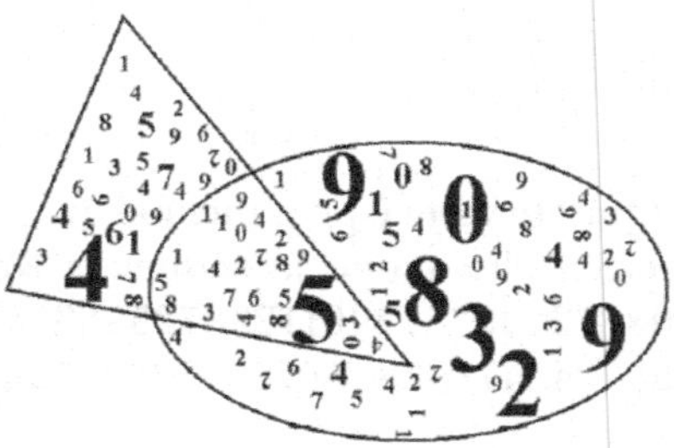

A. I numeri contenuti solo nel triangolo sono 51
B. I numeri contenuti nell'ellisse sono più di quelli contenuti nel triangolo
C. I numeri contenuti sia nell'ellisse che nel triangolo sono più di 20
D. I numeri contenuti sia nell'ellisse che nel triangolo sono meno di 30
E. I numeri contenuti solo nel triangolo sono meno di 60

95) Partendo dalla disposizione illustrata è possibile spostando tre sole graffe ottenere quattro quadrati?

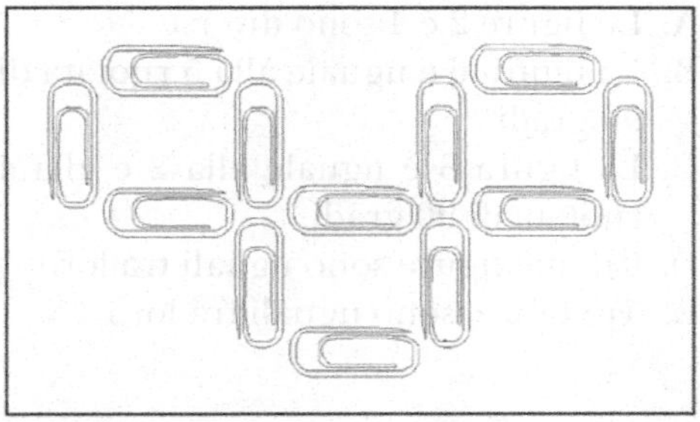

A. Sì, formando un quadrato grande suddiviso in quattro
B. No, è possibile formare solo tre quadrati adiacenti
C. Sì, è possibile formare quattro quadrati separati tra loro
D. No
E. No, è possibile formare solo due quadrati adiacenti

96) Dopo aver osservato attentamente le sei valigie apparentemente uguali indicare quale tra le seguenti affermazioni è errata.

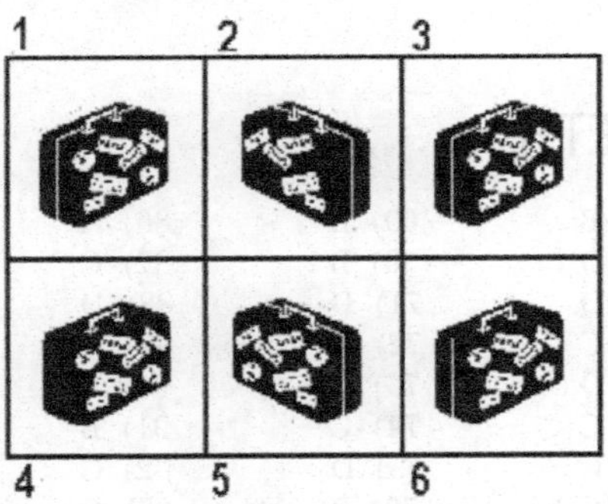

A. Almeno 4 valigie sono uguali
B. Le valigie 1 e 3 sono uguali
C. La valigia 6 è diversa da tutte le altre
D. La valigia 5 è uguale alla 1 e alla 3 viste allo specchio
E. La valigia 2 è diversa da tutte le altre

97) In quale figura è possibile collocare il punto nella giusta posizione?

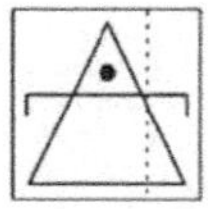

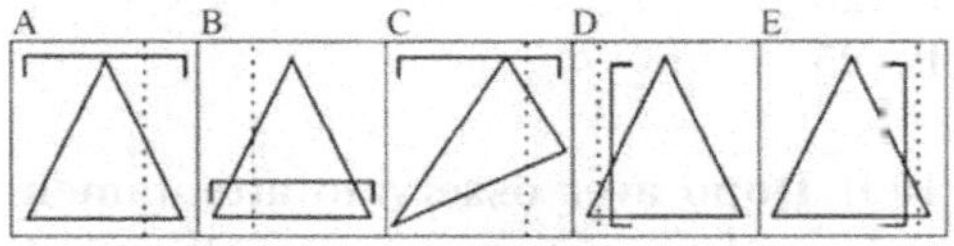

A. Nella figura D
B. Nella figura B
C. Nella figura A
D. Nella figura C
E. Nella figura E

98) In quale figura è possibile collocare il punto nella giusta posizione?

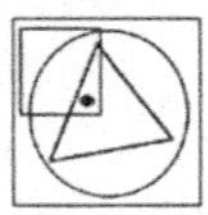

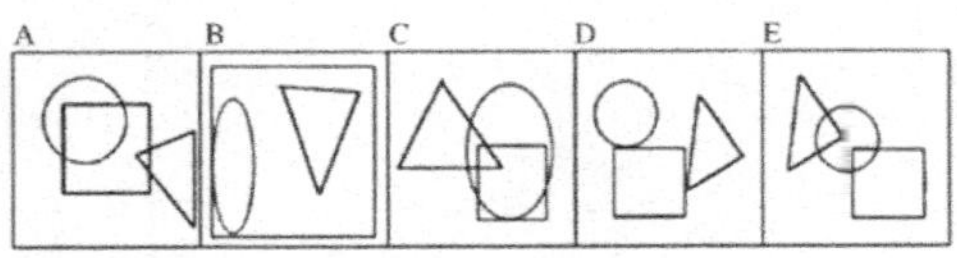

A. Nella figura B
B. Nella figura A
C. Nella figura C
D. Nella figura D
E. Nella figura E

99) Il numero di Π più il numero di μ è uguale a:

¥	R	Q	•	•	Q	»	*f*	¥	Π
f	@	μ	*f*	R	¥	μ	»	μ	μ
μ	¥	Q	μ	•	•	μ	*f*	¥	@
Q	@	R	¥	»	R	•	¥	μ	•
R	»	•	@	μ	¥	@	Q	*f*	*f*
¥	Π	Q	R	•	Q	μ	@	R	μ
Π	*f*	*f*	μ	¥	μ	•	¥	@	¥
R	@	Q	•	μ	¥	»	Π	Q	¥
•	»	R	μ	*f*	Q	Π	@	@	*f*
Q	¥	»	Q	R	Π	¥	Π	»	Q

A. 22
B. 18
C. 21
D. 20
E. 25

100) Dopo aver osservato attentamente le sei figure apparentemente uguali indicare quale tra le seguenti affermazioni è corretta.

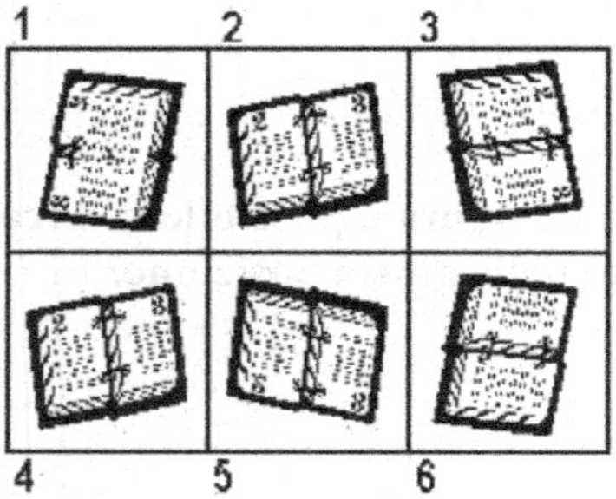

A. Le figure 2 e 4 sono diverse
B. La figura 6 è uguale alla 5 ruotata di 90 gradi
C. La figura 3 è uguale alla 2 e alla 4 ruotata di 90 gradi
D. Cinque figure sono uguali tra loro
E. Tre figure sono uguali fra loro

RISPOSTE CORRETTE

1) D	18) A	35) A	52) B	69) B	86) A
2) D	19) C	36) D	53) D	70) B	87) C
3) B	20) B	37) A	54) D	71) D	88) D
4) D	21) E	38) A	55) C	72) D	89) D
5) D	22) B	39) E	56) D	73) C	90) B
6) D	23) B	40) C	57) C	74) C	91) B
7) D	24) C	41) B	58) C	75) D	92) C
8) B	25) E	42) C	59) C	76) B	93) C
9) E	26) B	43) B	60) A	77) C	94) A
10) A	27) E	44) B	61) B	78) C	95) A
11) B	28) E	45) B	62) B	79) A	96) A
12) E	29) B	46) B	63) C	80) B	97) B
13) D	30) C	47) C	64) D	81) D	98) C
14) D	31) A	48) C	65) A	82) D	99) A
15) B	32) E	49) E	66) D	83) B	100) C
16) C	33) A	50) B	67) B	84) D	
17) A	34) C	51) B	68) B	85) A	

CULTURA GENERALE

CAPITOLO 1
Lingua

1.1 • Analisi grammaticale e logica

1) Quale frase contiene la congiunzione errata rispetto al contesto?

A. Ti ascolterò purché non mi fai perdere tempo
B. Pensi che debba comprare del pesce oppure della carne?
C. Posto che insisti ti ascolterò per questa volta
D. I tuoi amici non c'erano e neppure quelli di Mirco
E. Tu ed io andremo sempre d'accordo

2) Quale frase contiene il sostantivo nella forma plurale errata?

A. I chirurghi operano in ospedale
B. I drammaturghi lavorano a teatro
C. I filologhi sono studiosi di letteratura
D. Gli astronauti viaggiano nello spazio
E. Gli operatori ecologici si occupano del verde pubblico

3) Quale frase contiene il pronome errato rispetto al contesto?

A. Ci si siede o si resta in piedi?
B. Senti, lasciacimi abituare
C. Ci siete riuscito facilmente signore, complimenti
D. Eccovi, finalmente, vi aspettavo
E. Questa è la nostra casa, ve ne sono altre simili nei dintorni

4) Quale frase contiene il pronome errato rispetto al contesto?

A. Come sta, Monsignore? Lo vedo pallido
B. Nonostante lo avessi avvertito non se lo ricordò
C. Glielo dici tu o preferisci che lo faccia io?
D. Lo so, lo so, glielo avreste dovuto riferire
E. Persero il controllo in prossimità dell'albero e ci si schiantarono contro

5) Quale frase contiene un errore nel superlativo?

A. Sei il più volenteroso della scolaresca
B. Sandro è abilissimo in queste cose
C. Ho incontrato un'attrice celebrissima
D. Ha dipinto un quadro astrusissimo per sua madre
E. Quel piatto di lasagne sembra buonissimo

6) Quale frase contiene il sostantivo nella forma plurale errata?

A. I capodogli sono cetacei
B. Mi hanno regalato due portapane d'argento molto belli e costosi
C. Non ho potuto prenotare i due vagoni-letto come mi avevi chiesto
D. Riuscirono a demolire i contrafforte del castello
E. Devo comprare tre apribottiglie nuovi perché gli altri sono rotti

7) Si identifichi, fra le seguenti proposizioni, quella che NON contiene errori.

A. Prendo un taxi, purché arriva presto

B. Si ritiene che l'opera di Aristarco, se con molte imprecisioni, sia un punto di riferimento dell'astronomia classica
C. Matteo ha regalato al babbo una nuova serie di cacciaviti che userà per le piccole riparazioni
D. Vollero provare a pattinare, ma caddero subitamente
E. La malattia della nonna iniziò con improvvisi e frequenti capigiri

8) Completare correttamente la seguente frase con una congiunzione coordinativa. "Va bene in tutto, ... in latino".

A. Mai
B. Purché
C. Anche
D. Affatto
E. Sempre

9) Completare la frase seguente utilizzando, se possibile, il comparativo organico dell'aggettivo. "Quella persona, rispetto a tante altre, è ...".

A. Più buona
B. Migliore
C. Il più maggiore
D. Il più meglio
E. Il massimo

10) Completare la frase seguente con il superlativo assoluto organico dell'aggettivo. "I viticoltori sono molto soddisfatti: la vendemmia quest'anno è stata...".

A. Ottima
B. Migliore
C. Più migliore
D. Buona
E. Notevole

11) Completare la seguente frase con un aggettivo indefinito: "Ti chiedo... libri".

A. Interessanti
B. Questi
C. Alcuni
D. Codesti
E. Quei

12) Individuare fra le seguenti alternative il *nome collettivo*.

A. Campagna
B. Fulmine
C. Stormo
D. Acqua
E. Suono

13) Individuare quale fra le seguenti alternative NON è un accrescitivo.

A. Bonaccione
B. Torrone
C. Portone
D. Muraglione
E. Cordone

14) La frase "Giovanni è tanto affezionato quanto te" contiene un:

A. comparativo di maggioranza
B. comparativo di uguaglianza
C. accrescitivo
D. superlativo relativo
E. superlativo assoluto

15) Qual è il superlativo relativo dell'aggettivo *caldo*?

A. Più caldo
B. Caldissimo
C. Il più caldo
D. Molto caldo
E. Bollente

16) Quale tra i seguenti pronomi indefiniti NON può mai essere usato come aggettivo?

A. Nessuno
B. Alquanto
C. Qualcuno
D. Parecchio
E. Altrettanto

17) Quale fra le seguenti alternative è un *nome difettivo*?

A. Nozze
B. Matrimonio
C. Consorte
D. Cerimonia
E. Sposa

18) Individuare il grado di alterazione dell'aggettivo *magrolino*.

A. Comparativo
B. Peggiorativo
C. Diminutivo
D. Accrescitivo
E. Superlativo

19) Tra le alternative proposte, individuare quella composta da due aggettivi.

A. Lungomare
B. Grigioverde
C. Bassorilievo
D. Terremoto
E. Sottobanco

20) Individuare, tra i seguenti sostantivi, quello NON composto.

A. Cantautore
B. Ottentotto
C. Tirapiedi
D. Paravento
E. Poggiapiedi

21) Il comparativo di maggioranza di *basso* è:

A. assai basso
B. inferiore
C. il più basso
D. infimo
E. imo

22) Il termine *marinaio* è:

A. un sostantivo composto
B. un sostantivo derivato
C. un sostantivo dispregiativo
D. un sostantivo alterato
E. un sostantivo difettivo

23) Individuare quale, tra le frasi che seguono, contiene un verbo usato transitivamente.

A. La pioggia colpisce i vetri
B. Ci stabilimmo in una casetta vicino al mare
C. Carola e Marta sono andate in vacanza in Austria
D. Mi vergognai moltissimo per quello sgarbo
E. Laura si lava le mani

24) Si consideri la seguente domanda: "Chi ha telefonato?". La parola *chi* si definisce:

A. una congiunzione
B. una preposizione
C. un pronome interrogativo
D. un articolo determinativo
E. un sostantivo

25) Indicare, tra le frasi che seguono, quella in cui è presente un avverbio di dubbio.

A. Durante l'estate mi sono allenato molto
B. Probabilmente domani pioverà
C. Mangerei volentieri un gelato
D. Il corteo procedeva lentamente
E. Come è buffo questo disegno

26) Quale tipologia di aggettivi non è presente nella seguente frase: "sulle loro povere facce, ingenue e miti, si aprivano quei meravigliosi occhi azzurri, dolci e calmi"?

A. Qualificativi
B. Dimostrativi
C. Possessivi
D. Indefiniti
E. Determinativi

27) La formazione del plurale di un aggettivo deve tenere conto di diversi fattori, ad esempio la presenza in una frase di sostantivi e aggettivi con esso concordati. Quale delle seguenti opzioni è corretta?

A. Nessuna delle risposte proposte è corretta
B. Ho una giacca e una camicia bianchi
C. Ho una giacca e una camicia bianche
D. Ho una giacca e una camicia bianca
E. Tutte le opzioni proposte sono corrette

28) Tra le voci verbali che seguono, quale è coniugata correttamente al modo indicativo, tempo passato prossimo, seconda persona plurale?

A. Che tu sia tornato
B. Suoneremmo
C. Avete dormito
D. Vedrai
E. Sveglia!

29) Relativamente al valore d'uso dei tempi verbali, si può affermare che il futuro anteriore esprime:

A. un evento che accadrà in un futuro lontanissimo
B. un evento che deve ancora concludersi nel futuro
C. un evento che accadrà nel futuro, che sarà già compiuto prima che se ne realizzi un altro
D. un evento che accadrà a lungo nel futuro
E. un evento che probabilmente non accadrà

30) Fra le seguenti frasi individuare quella che contiene un predicato nominale:

A. la zia è arrivata ieri da Roma
B. fantasticare è sognare a occhi aperti
C. il presidente è in Senato
D. la mamma è entrata ora in casa
E. il sindaco è al Comune

31) Relativamente al valore d'uso dei modi e dei tempi verbali, si può affermare che l'infinito passato, rispetto al tempo della proposizione principale, indica:

A. un rapporto di anteriorità
B. un rapporto di posteriorità
C. un rapporto di contemporaneità
D. un valore sostantivato
E. un rapporto d'appartenenza

32) Relativamente al valore d'uso dei tempi verbali, si può affermare che il passato remoto indica:

A. un'azione che accadeva abitualmente nel passato
B. la durata di un'azione passata
C. qualcosa iniziato, avvenuto e terminato nel passato
D. un'azione compiuta in un periodo di tempo non ancora concluso
E. un'azione iniziata nel passato e conclusa nel presente

33) Relativamente al valore d'uso dei modi e dei tempi verbali, si può affermare che i verbi copulativi:

A. devono essere accompagnati da un complemento oggetto
B. devono essere accompagnati da un aggettivo o da un sostantivo
C. sono sempre accompagnati da un soggetto esplicito
D. anche da soli hanno sempre senso compiuto
E. sono a volte accompagnati da un soggetto

34) Tra le seguenti frasi, individuare quella che trasforma il seguente periodo ipotetico della possibilità in periodo ipo-

tetico della realtà: "Se finissi di leggere, ti restituirei il libro".

A. Se finisco di leggere, ti restituisco il libro
B. Se avessi finito di leggere, ti avrei restituito il libro
C. Se finirò di leggere, ti restituirei il libro
D. Se finissi di leggere, ti restituirò il libro
E. Se avessi finito di leggere, ti restituirò il libro

35) Il termine *davvero* è:

A. una locuzione avverbiale
B. un avverbio di quantità
C. un avverbio di modo
D. un avverbio di affermazione
E. una locuzione di tempo

36) Il termine *passeggiata* è un sostantivo:

A. primitivo
B. derivato
C. promiscuo
D. alterato
E. relativo

37) Nell'espressione "tutti sanno" che funzione grammaticale svolge il termine *tutti*?

A. Aggettivo dimostrativo
B. Pronome indefinito
C. Pronome dimostrativo
D. Aggettivo indefinito
E. Aggettivo interrogativo

38) Si completi con un avverbio di modo la seguente frase: "Il gatto si sdraia ... sul divano".

A. Con pigrizia
B. Comodamente
C. Morbido
D. Sempre
E. Leggiadro

39) "Ho visto con questi miei occhi tua sorella che usciva con l'ombrello, con apparente tranquillità". Indicare l'alternativa che riporta tutti e nel giusto ordine i complementi introdotti dalla preposizione *con* nella frase precedente.

A. Mezzo, unione, modo
B. Unione, compagnia, mezzo
C. Modo, mezzo, modo
D. Mezzo, modo, mezzo
E. Compagnia, mezzo, modo

40) Nella frase "Per il mio compleanno Dario mi ha regalato un libro di poesie di Nazim Hikmet", *di Nazim Hikmet* è un complemento:

A. d'agente
B. di limitazione
C. di specificazione
D. di argomento
E. di causa efficiente

41) Nella frase: "L'amica di tua sorella è una persona straordinaria dal carattere dolce", *dal carattere dolce* è un complemento di:

A. modo
B. specificazione
C. qualità
D. quantità
E. termine

42) Individua nella frase seguente il complemento di tempo: "L'inverno scorso, a memoria degli anziani, è stato il più rigido che abbiamo patito negli ultimi sessant'anni".

A. A memoria
B. Il più rigido
C. Negli ultimi sessant'anni
D. Degli anziani
E. Abbiamo patito

43) Nella frase "Maggio è il mese che preferisco per viaggiare in Grecia: il caldo e l'afa si fanno sentire solo per poche ore!", il complemento di tempo è:

A. maggio
B. per poche ore
C. il mese
D. in Grecia
E. il caldo e l'afa

44) Nella frase "I soldati romani combatterono coraggiosamente per la conquista di nuove terre per l'impero", ***per la conquista*** **è un complemento di:**

A. scopo
B. causa
C. termine
D. mezzo
E. moto

45) Individuare il complemento di stato in luogo nella frase seguente: "Oggi rimarrò in casa tutto il giorno, in città verrò domani".

A. in città
B. tutto il giorno
C. in casa
D. domani
E. oggi

46) Nella frase "Me lo mangio in un boccone" la parola ***lo*** **è:**

A. articolo
B. complemento oggetto
C. predicato verbale
D. soggetto
E. congiunzione

47) Quale proposizione subordinata contiene la frase "Lucia esce mentre dovrebbe restare a casa a studiare"?

A. Temporale
B. Finale
C. Concessiva
D. Condizionale
E. Avversativa

48) Qual è la proposizione concessiva nella frase "Sono certo che non mi abbia ascoltato sebbene io abbia ragione quando insisto tanto"?

A. Sono certo
B. Che non mi abbia ascoltato
C. Sebbene io abbia ragione
D. Quando insisto tanto
E. Che non mi

49) Qual è la proposizione principale nella frase "Mario sa che è troppo tardi per chiedere scusa perché Marcella è arrabbiata"?

A. Mario sa
B. Che è troppo tardi
C. Per chiedere scusa
D. Perché Marcella è arrabbiata
E. Tardi per chiedere

50) Quale proposizione subordinata si trova nella frase "Il bambino è così timido da rimanere troppo spesso in silenzio"?

A. Proposizione consecutiva
B. Proposizione condizionale
C. Proposizione modale indiretta
D. Proposizione causale
E. Proposizione finale

51) Qual è il soggetto della frase "Anche se è necessario mentire è sempre una brutta cosa perché è disonesto"?

A. Anche se è necessario
B. Mentire
C. È sempre una brutta cosa
D. Perché è disonesto
E. Necessario

52) Qual è il vocativo nella frase "Senti, cara Silvia, devi dirmi perché hai insultato Lucio"?

A. Senti
B. Cara Silvia
C. Devi dirmi
D. Perché hai insultato Lucio
E. Lucio

53) Qual è il soggetto della frase "Confessare è sempre un gesto lodevole perché è onesto"?

A. È sempre un gesto lodevole
B. Perché è onesto
C. È sempre
D. Confessare
E. Un gesto lodevole

54) Quale proposizione subordinata contiene la frase "Anche se mi odia non lo condanno"?

A. Causale
B. Oggettiva
C. Condizionale
D. Concessiva
E. Temporale

55) Qual è l'inciso nella frase "Ti confesso di aver scoperto la verità Marta, mia cara, quando sono tornata"?

A. Ti confesso
B. Di aver scoperto la verità
C. Mia cara
D. Quando sono tornata
E. Marta

56) "Le cronache ci riferiscono che la partita, giocata a porte chiuse, si è svolta regolarmente e senza aver bisogno di una sorveglianza particolare". Qual è, in questo periodo, la subordinata relativa?

A. E senza aver bisogno
B. Che la partita si è svolta regolarmente
C. Giocata a porte chiuse
D. Le cronache ci riferiscono
E. Di una sorveglianza particolare

57) Quale delle alternative proposte è una subordinata strumentale che completa correttamente la seguente proposizione? "Andrai dalla nonna…".

A. Perché devi lasciarle il regalo
B. Così da farle un po' di compagnia
C. Usando il tram?
D. Correndo come al solito?
E. Perché devi chiederle scusa

58) Quale delle seguenti frasi contiene un complemento di mezzo o strumento?

A. Usciva sempre con l'ombrello
B. Lo raggirò con scuse subdole
C. Col tempaccio di oggi resto in casa
D. Il caffè con il latte non mi piace
E. L'ho visto correre felice per i campi

59) Quale delle seguenti frasi contiene una proposizione oggettiva?

A. Esci prima che sia troppo tardi!
B. Va'! E che Dio ti protegga!
C. Pretendo di sapere dove è mia figlia!
D. Man mano che parlava capivamo
E. Vieni a sentire cosa racconta Tina

60) Quale delle frasi seguenti contiene una proposizione dichiarativa?

A. In ciò l'uomo si distingue dalle bestie, che ha l'uso della ragione
B. Di lui mi colpì tutto: l'intelligenza, l'umanità, la creatività, l'umiltà
C. Mi disturba molto sapere che ti ha confessato il nostro segreto
D. Non desidero altro che morire velocemente
E. Ti sei preparato per l'esame?

61) Nel periodo "Andava ad una velocità tale che gli fu impossibile evitare

l'ostacolo", la proposizione "*che gli fu impossibile*" è:

A. una finale
B. una temporale
C. una causale
D. una consecutiva
E. una relativa

1.2 • Uso dei verbi

62) Quale frase contiene un verbo riflessivo?

A. Quando si rese conto dell'accaduto era troppo tardi
B. L'imputato si accusò davanti alla giuria
C. La tela si strappò e il quadro fu danneggiato
D. Si dice che "l'erba del vicino è sempre più verde"
E. La cascina è stata abbattuta

63) Quale frase contiene un verbo al passivo?

A. È stato denunciato un crimine efferato
B. È stato lui ad accusarmi
C. È stato facile scoprire la verità
D. È chiaro che Massimo è innocente
E. Il lago era scuro

64) Quale frase contiene un verbo in forma riflessiva apparente?

A. Si cospargeva il corpo di unguenti profumati
B. Il gatto si leccava accuratamente per ripulirsi
C. Si graffiava con le unghie per la rabbia
D. Si deturpava truccandosi in modo vistoso e pesante
E. Si appoggiò al muro

65) Individuare quale, tra le seguenti voci verbali, è un condizionale presente attivo.

A. Sciogliesti
B. Discutesti
C. Raddrizzeresti
D. Indulgesti
E. Comprasti

66) Individuare quale fra le seguenti forme verbali è un trapassato prossimo.

A. Si arrese
B. Si è arresa
C. Si era arresa
D. Si fu arresa
E. Si arrenderà

67) Individuare tra le seguenti forme verbali il congiuntivo passato passivo del verbo *prendere*:

A. siate stati presi
B. foste stati presi
C. sareste stati presi
D. siate presi
E. sarete presi

68) Indicare, tra le seguenti alternative, qual è un participio passato.

A. Cognato
B. Commento
C. Asciutto
D. Distrutto
E. Selciato

69) Individuare quale fra le seguenti forme verbali è al modo imperativo.

A. Fai
B. Facciate
C. Fanno
D. Facendo
E. Fatto

70) Individuare, fra le seguenti alternative, il participio presente.

A. Eloquenti
B. Galante
C. Perdenti

D. Guanti
E. Fanti

71) La corrispondente forma attiva di *saranno incoronati* è:

A. incoronano
B. incoroneranno
C. hanno incoronato
D. avranno incoronato
E. sono incoronati

72) La prima persona plurale del congiuntivo presente del verbo *essere* è:

A. saremo
B. siano
C. saremmo
D. siamo
E. fossimo stati

73) Quale frase contiene un verbo impersonale?

A. Certi accadimenti mi sconcertano per la loro violenza incontenibile
B. Nei momenti di bisogno si rivolge sempre ai suoi amici più cari
C. Accadde che il cane non lo riconobbe e lo azzannò
D. Certe necessità sono difficili da soddisfare
E. Non conviene inimicarsi i vicini di casa

74) Individuare fra le seguenti alternative il verbo intransitivo.

A. Abolire
B. Affidare
C. Abbacinare
D. Abbisognare
E. Lodare

75) Indicare, tra le seguenti voci verbali, il futuro anteriore.

A. Avrai demolito
B. Avresti demolito
C. Hai demolito
D. Avevi demolito
E. Demolisti

76) Individuare fra le seguenti alternative il verbo transitivo.

A. Crepitare
B. Saltellare
C. Rompere
D. Singhiozzare
E. Squittire

77) Quale frase contiene il modo verbale errato rispetto al contesto?

A. Per quanto possa sforzarmi non ce la farò mai
B. Se reagivi in modo diverso avresti risolto il problema
C. Se fossi sincera mi diresti la verità
D. Non so chi sia stato a fare questo scempio
E. Chi pensi sia stato a fare questo imbroglio?

78) Quale frase contiene l'ausiliare errato?

A. Non mi sono voluto adeguare alla loro decisione
B. Non ho potuto arrampicarmi sulla cima dell'albero
C. Non ho voluto adeguarmi alla loro decisione
D. La notizia è stata edulcorata dalla stampa
E. Se non mi avessi avvisata sarebbe stato un guaio

79) Quale frase contiene un verbo al passivo?

A. Quelli furono momenti davvero drammatici
B. Quando furono sicuri del disastro intervennero subito
C. I naufraghi furono avvistati dai soccorritori

D. I giorni che seguirono furono difficili
E. Non è stato facile farla ragionare

80) Quale frase contiene l'ausiliare errato?

A. Ho fatto tardi e non ho potuto passare da te
B. Se avesse potuto avvisarmi avrei cercato di aiutarla
C. Anche se è piovuto a dirotto non ci sono pozzanghere
D. Ha proprio declinato l'invito di sua sorella?
E. Non hanno potuto avere accesso alle scale

81) Individuare fra le seguenti alternative quale è un participio passato.

A. Affricato
B. Gelato
C. Minuto
D. Gelido
E. Afflato

82) Quale, tra i seguenti termini, NON è un verbo?

A. Promano
B. Dipano
C. Allontano
D. Caimano
E. Accomuno

1.3 • Ortografia

83) Quale frase contiene un errore di punteggiatura?

A. Gli intimò: "Fermati!".
B. Gli suggerì, di fermarsi
C. Gli disse di fermarsi.
D. Gli sussurrò: "Perché non ti fermi?".
E. Gli implorò: "Ti prego, fermati"

84) Quale frase contiene un errore ortografico?

A. Nella scansia trovarono l'arma del delitto
B. La rimproverava con fare irritante e insopportabile
C. Lalla lo stava lodando con fare cansonatorio
D. La conferenza illustrava scoperte inedite e originali
E. Bisogna riordinare la stanza

85) Quale frase contiene un errore di punteggiatura?

A. Ecco, ecco, che cosa mi nascondeva quel malvagio
B. Ecco qui: ti ho portato ciò che volevi
C. Ecco tutta la verità; non ho altro da aggiungere
D. Senti, stavolta mi hai davvero seccata!
E. Non ci posso credere … sei proprio tu!

86) Quale frase contiene un errore ortografico?

A. Rita è proprio una ragazza combattiva e volitiva
B. Tuo fratello Raffaele è proprio un reietto
C. Con il latte caiato si produce un tipo di formaggio
D. Lo imbavagliarono e lo lasciarono legato nel garage
E. Marianna e Raffaele sono gemelli omozigoti

87) Qual è l'esatta divisione in sillabe di *deflagrazione*?

A. De-flag-ra-zi-o-ne
B. De-fla-gra-zi-o-ne
C. De-flag-ra-zio-ne
D. De-fla-gra-zio-ne
E. Def-lag-razio-ne

88) Quale frase contiene un errore di punteggiatura?

A. Ascolta; tu passa da me e le telefoneremo insieme
B. Dopo la lite se ne andò; solo più tardi ne riparlammo
C. Ho appreso la notizia: è stata una sciagura tremenda
D. Se non ti amassi, sai, me ne sarei già andato
E. Perché mi parli così? Cosa ti ho fatto?

89) Quale frase contiene un errore di punteggiatura?

A. Se proprio insisti, mi fermo a cena da te stasera
B. Se ne sei certo, ma proprio certo, allora ti credo
C. Ora, sono proprio stanco; lasciami stare
D. Vuoi che ti segua ora? A quest'ora della notte?
E. Vogliamo uscire stasera? Dai, ti aspetto

90) Qual è l'esatta divisione in sillabe di *transizione*?

A. Tran-si-zio-ne
B. Tran-si-zi-o-ne
C. Tran-siz-i-one
D. Trans-i-zio-ne
E. Tra-nsi-zi-o-ne

91) Quale frase contiene un errore di punteggiatura?

A. Ero certo, Marisa, che stavi mentendo
B. Lo sapevo, Carlo: non posso mai fidarmi di te
C. Sapevo, Gilda; che mi avresti telefonato
D. Confessa! Chi ha sottratto il denaro dalla cassa?!
E. Non avevo dubbi sulla tua onestà, credimi

92) Quale frase contiene un errore ortografico?

A. Gli agglomerati urbani sono orrendi
B. La negoziazione andò per le lunghe
C. Dovette pagare una franchigia salata
D. Ha seri problemi di degglutizione
E. Il traffico urbano è snervante

93) Quale frase contiene un errore di punteggiatura?

A. Ciao. Mi Chiamo Laura. E tu come ti chiami?
B. Se ne andò. Anni dopo lo rincontrai: mi parve invecchiato
C. Incredibile! Non posso credere alle mie orecchie!
D. Dai, dai che ce la fai!
E. Il film in programmazione non è adatto ai bambini, mi spiace

94) Qual è l'esatta divisione in sillabe di *superstizioso*?

A. Su-per-sti-zio-so
B. Su-per-sti-zi-o-so
C. Su-pers-ti-zio-so
D. Su-pers-ti-zi-o-so
E. Supers-ti-zi-oso

95) Quale frase contiene un errore ortografico?

A. I tuoi ragionamenti capziosi mi disturbano
B. Il suo atteggiamento coercittivo mi spaventa
C. Le sue ragioni sono inoppugnabili e finirà per avere la meglio
D. La sua gloria imperitura segnerà il trionfo della giustizia sul male
E. Il notebook rosa che hai acquistato è davvero carino

96) Quale frase contiene un errore di punteggiatura?

A. Voglio sapere, adesso, dove sei stato

B. Sai dirmi l'ora, per favore?
C. Sai dirmi, con certezza, dove si trova?
D. Voglio, sapere adesso, dove sei stato
E. Buongiorno! Vorrei sapere, per piacere, il prezzo del cappotto in vetrina

97) Quale dei seguenti termini NON è scritto correttamente?

A. Giaggiolo
B. Liliacee
C. Efferratezza
D. Impiastro
E. Intermittenza

98) Quale frase contiene un errore ortografico?

A. Hanno rivocato lo spirito di un morto
B. Le spese sono state ridimensionate
C. La ricchezza va ridistribuita
D. Le tue rimostranze mi seccano molto
E. Questa stanza è stata messa a soqquadro

99) Quale frase contiene un errore di punteggiatura?

A. Eppure l'ho visto, ne sono convinta!
B. Basta! Devi finirla con queste storie!
C. Era esasperata. Così decise di andarsene
D. Mi disse. "Arrangiati!"
E. Ed io le risposi: non preoccuparti, è tutto a posto

100) Quale frase contiene un errore di punteggiatura?

A. Ne sono proprio convinto: è così, davvero
B. Tra poco, tra qualche giorno, vedrò mia madre
C. Davvero, sei andato a cena con lui, ieri sera?
D. Se vuoi, ma solo se vuoi, puoi fermarti da me
E. Ero stanca, proprio tanto stanca

RISPOSTE CORRETTE

1) A	21) B	41) C	61) D	81) B
2) C	22) B	42) C	62) B	82) D
3) B	23) A	43) B	63) A	83) B
4) A	24) C	44) A	64) A	84) C
5) C	25) B	45) C	65) C	85) A
6) D	26) D	46) B	66) C	86) C
7) C	27) C	47) E	67) A	87) D
8) C	28) C	48) C	68) D	88) A
9) B	29) C	49) A	69) A	89) C
10) A	30) B	50) A	70) C	90) A
11) C	31) A	51) B	71) B	91) C
12) C	32) C	52) B	72) D	92) D
13) B	33) B	53) D	73) C	93) A
14) B	34) A	54) D	74) D	94) A
15) C	35) D	55) C	75) A	95) B
16) C	36) B	56) C	76) C	96) D
17) A	37) B	57) C	77) B	97) C
18) C	38) B	58) B	78) B	98) A
19) B	39) A	59) C	79) C	99) D
20) B	40) C	60) A	80) A	100) C

CAPITOLO 2
Letteratura

2.1 • Letteratura antica (dalle origini al Cinquecento)

1) In quale canto della *Divina Commedia* si incontrano Paolo Malatesta e Francesca da Rimini?

A. Nel canto V del Purgatorio
B. Nel canto V del Paradiso
C. Nel canto V dell'Inferno
D. Nel canto X dell'Inferno
E. Nel canto VI dell'Inferno

2) In quale lingua è espressa la lirica d'amore dei Trovatori?

A. In lingua d'oil
B. In lingua d'oc
C. In volgare
D. In italiano
E. In dialetto

3) Fra i primissimi documenti in lingua volgare se ne trova uno molto particolare; di quale si tratta?

A. L'indovinello veronese
B. Il Cantico di Frate Sole
C. La disputa della rosa e della viola
D. Donna de Paradiso
E. La Divina Commedia

4) Quale fra queste è un'opera di San Francesco d'Assisi?

A. Gentil donzella, di pregio nomata
B. Meravigliosamente Dolente, triste e pien di smarrimento
C. Gioiosamente canto
D. Donna de Paradiso
E. Il Cantico di Frate Sole

5) Chi è il poeta di *Al cor gentil rempaira sempre amore*?

A. Guido Cavalcanti
B. Guido Guinizzelli
C. Dante Alighieri
D. Lapo Gianni
E. Francesco Petrarca

6) La corte di Federico II di Svevia fu culla di un'importante scuola letteraria; quale?

A. La scuola barocca
B. La scuola toscana
C. La scuola siciliana
D. La scuola stilnovista
E. La scuola fiorentina

7) In che opera Dante usa la terzina di endecasillabi a rima incatenata?

A. Nelle Rime
B. Nel De vulgari eloquentia
C. Nella Monarchia
D. Nella Divina Commedia
E. Nel Convivio

8) Quale fra le seguenti è una ballata di Guido Cavalcanti?

A. S'i fosse foco, arderei 'l mondo
B. Al cor gentil rempaira sempre amore
C. Perch'i' no spero di tornar giammai
D. Donne ch'avete intelletto d'amore
E. Amore, che ne la mente mi ragiona

9) Di quanti libri consta il *De vulgari eloquentia*?

A. Sarebbe dovuto essere di quattro libri, ma Dante scrisse solo il primo e parte del secondo
B. Di quattro libri
C. Di due libri
D. Di tre libri
E. Di cinque libri

10) In quanti cerchi è suddiviso l'Inferno dantesco?

A. In trentatré cerchi
B. In nove cerchi
C. In trentaquattro
D. In diociotto cerchi
E. In dieci cerchi

11) Per Machiavelli che cosa l'uomo può opporre alla fortuna?

A. La costanza
B. La fede
C. La virtù
D. Non può opporre nulla
E. L'amore

12) Quale tra queste è una novella del *Decameron*?

A. Lisabetta da Messina
B. Le ninfe
C. La caccia e l'insidia di Cupido
D. La predica delle Profezie
E. Il Filostrato

13) Dove nacque Torquato Tasso?

A. A Parma
B. A Napoli
C. A Ferrara
D. A Bologna
E. A Sorrento

14) La corte Estense a quale poeta è legata?

A. A Angelo Poliziano
B. A Torquato Tasso
C. A Pietro Bembo
D. A Pico della Mirandola
E. A Carlo Goldoni

15) La *Gerusalemme liberata* si svolge:

A. durante la caduta dell'impero romano d'oriente
B. durante la seconda crociata
C. durante la caduta dell'impero romano d'occidente
D. durante la prima crociata
E. durante la prima guerra punica

16) Il nome di Pietro Bembo è legato:

A. al Dolce stil novo
B. al Romanticismo
C. al Petrarchismo
D. alla corte Estense
E. al Verismo

17) Francesco Guicciardini scrisse:

A. Dei Delitti e delle pene
B. I Discorsi sopra la prima deca di Tito Livio
C. L'Arte della Guerra
D. La Storia d'Italia
E. Il Canzoniere

18) A quale opera si riallaccia *L'Orlando furioso*?

A. Alla Gerusalemme liberata di Torquato Tasso
B. All'Orlando innamorato del Boiardo
C. All'Aminta di Torquato Tasso
D. Al Principe di Niccolò Machiavelli
E. Al Decameron di Boccaccio

19) Che cosa ha scritto Michelangelo Buonarroti?

A. Il Diario
B. Le Rime
C. Le Vite d'artisti
D. L'Estetica
E. I Masnadieri

20) I *Discorsi sopra la prima deca di Tito Livio* di Machiavelli riguardano:

A. il problema della dittatura
B. la costituzione dello Stato
C. il rovesciamento del potere costituito
D. lo Stato come istituzione
E. il ritorno allo status quo ante

21) Quale fra le seguenti è un'opera di Matteo Maria Boiardo?

A. Il Morgante
B. L'Orlando furioso
C. Le Stanze per la giostra
D. L'Orlando innamorato
E. Frate Cipolla

22) Chi ha scritto il *Convivio*?

A. Bembo
B. Boccaccio
C. Dante
D. Petrarca
E. Castiglione

23) La *Mandragola* di Machiavelli è:

A. un trattato d'erboristeria
B. un dramma
C. una tragedia
D. una commedia
E. una novella

24) Quanti sono i protagonisti del *Decameron* di Boccaccio?

A. 10 (7 donne e 3 uomini)
B. 7 (3 donne e 4 uomini)
C. 10 (5 donne e 5 uomini)
D. 6 (4 donne e 2 uomini)
E. 10 (3 donne e 7 uomini)

25) Il sonetto di Dante *Guido i vorrei/che tu Lapo ed io* a quale Guido si riferisce?

A. Guido Malatesta
B. Guido Guinizzelli
C. Guido Gozzano
D. Nessuno tra quelli citati
E. Guido Cavalcanti

26) Chi viene preso come modello di Principe nell'opera di Machiavelli?

A. Cesare Borgia
B. Lorenzo de' Medici
C. Giuliano de' Medici
D. Federico II di Svevia
E. Cesare Beccaria

27) Di chi sono i versi "Rosa fresca aulentissima (...)"?

A. Cielo d'Alcamo
B. Giacomo Leopardi
C. Gaspara Stampa
D. Giovanni Boccaccio
E. Francesco Petrarca

28) Quale poema mitologico di Poliziano è considerato la prima opera teatrale in volgare di un argomento pagano?

A. Favola d'Orfeo
B. Orlando innamorato
C. Nencia da Barberino
D. Orazia
E. Alla lucciola

29) Quale fra le seguenti opere di Tommaso d'Aquino è considerata tra le più intense della filosofia medievale?

A. Itinerarium mentis in Deum
B. Summa Theologiae
C. Chronicon
D. Pange Lingua
E. Nessuna delle altre

30) Un componimento lirico con struttura metrica variabile si definisce:

A. strambotto
B. trionfo
C. ode
D. quartetto
E. verso

31) Nelle *Stanze per la giostra* di Poliziano cosa significa la parola "stanza"?

A. Discorso in versi
B. Endecasillabo
C. Sonetto
D. Canzone
E. Strofa

32) Quale delle seguenti opere di Francesco Petrarca NON è in latino?

A. L'Africa
B. I Trionfi
C. Il Secretum
D. Le epistole
E. De viris illustribus

33) A quale genere letterario appartiene l'*Orlando Furioso*?

A. Romanzo
B. Poema cavalleresco
C. Dramma pastorale
D. Tragedia
E. Commedia dell'arte

34) Chi ha scritto le *Considerazioni sui discorsi del Machiavelli*?

A. Giovanni Boccaccio
B. Giovanni della Casa
C. Francesco Guicciardini
D. Ludovico Ariosto
E. Angelo Poliziano

35) Chi è il guardiano del Purgatorio dantesco?

A. Giuda Iscariota
B. Catone Uticense
C. Mercurio
D. Diomede
E. Il Minotauro

36) In quale canto della *Divina Commedia* Dante conia il termine "dolce stil novo"?

A. XIV del Purgatorio
B. XXXIII del Purgatorio
C. XXIV del Purgatorio
D. III del Paradiso
E. V dell'Inferno

37) Chi è l'autore de *Gli Asolani*?

A. Guicciardini
B. Ariosto
C. Bembo
D. Pretarca
E. Machiavelli

2.2 • Letteratura moderna

38) Chi fu il massimo esponente del Barocco letterario italiano?

A. Galileo Galilei
B. Giambattista Marino
C. Torquato Tasso
D. Ludovico Ariosto
E. Guido Cavalcanti

39) Nel 1816 scoppia in Italia una polemica letteraria; quale?

A. La polemica classico-illuminista
B. La polemica illuminista
C. La polemica classicista
D. La polemica classico-romantica
E. La polemica tardo-barocca

40) A chi sono indirizzate le lettere di Jacopo Ortis?

A. A Ugo Foscolo
B. A Teresa
C. A Lorenzo Alderani
D. A Napoleone
E. Al giovane Werther

41) Quale fu il motivo che portò alla stesura dei *Sepolcri* di Foscolo?

A. L'emanazione dell'editto di Nantes
B. L'emanazione dell'editto di Saint-Cloud
C. La morte di Napoleone
D. La morte dell'amica Luigia Pallavicini

E. La soppressione della cattedra di cui era titolare su ordine di Napoleone

42) Chi ha scritto la *Bassvilliana*?

A. Pietro Metastasio
B. Ugo Foscolo
C. Vittorio Alfieri
D. Vincenzo Monti
E. Alessandro Manzoni

43) Una fra le seguenti non è una tragedia di Vittorio Alfieri; quale?

A. Saul
B. Mirra
C. Prometeo
D. Antigone
E. Caio Gracco

44) Che cos'è il *Giorno* di Giuseppe Parini?

A. Un poema allegorico
B. Un poema satirico
C. Una tragedia
D. Una commedia sullo stile di Goldoni
E. Un dramma

45) Gaetano Filangieri fu:

A. uno scapigliato
B. un romantico
C. un classicista
D. un illuminista
E. un verista

46) Quale giornale aveva come scopo la diffusione dell'utile e la guerra ai pregiudizi?

A. Il Caffè
B. Lacerba
C. Il Politecnico
D. Il Regno
E. L'Osservatore veneto

47) Solo una fra le seguenti opere è di Carlo Goldoni; quale?

A. Mirra
B. Mandragola
C. Giorno
D. Bottega del caffè
E. Gerolamo Medebach

48) Quando fu l'epoca dei "lumi"?

A. Verso la metà dell'Ottocento
B. All'inizio del Settecento
C. Verso la metà del Settecento
D. All'inizio del Novecento
E. All'inizio dell'Ottocento

49) Quale fu il maggiore poeta dell'Arcadia?

A. Giambattista Felice Zappi
B. Pietro Metastasio
C. Giambattista Vico
D. Francesco Redi
E. Gian Vincenzo Gravina

50) Quale fra le seguenti opere non è di Pietro Metastasio?

A. Semiramide
B. Didone abbandonata
C. Mandragola
D. Catone in Utica
E. Artaserse

51) Qual è il tema della poesia del Marino?

A. La meraviglia
B. La paura
C. L'educazione
D. La morale
E. La religione

52) Che cosa ha scritto Alessandro Tassoni?

A. La secchia rapita
B. Didone abbandonata
C. Marzo 1821
D. Saul
E. Semiramide riconosciuta

53) Chi ha riformato il melodramma?

A. Pirandello
B. Metastasio
C. Brecht
D. Alfieri
E. Goldoni

54) Tommaso Campanella è autore di:

A. La Scienza nuova
B. Dialogo sopra i due Massimi Sistemi del Mondo
C. Le Confessioni
D. La città del sole
E. De rerum natura iuxta propria principia

55) "Questo matrimonio non s'ha da fare...": chi pronuncia questa famosa frase?

A. L'Innominato
B. Uno dei bravi di Don Rodrigo
C. Don Rodrigo
D. Don Abbondio
E. Fra' Cristoforo

56) Di quale genere letterario *I promessi sposi* sono il più celebre esempio italiano?

A. Romanzo d'appendice
B. Romanzo storico
C. Romanzo gotico
D. Romanzo d'avventura
E. Romanzo d'amore

57) Il personaggio della Monaca di Monza nel celebre romanzo di Alessandro Manzoni è realmente esistito?

A. Sì, si tratta di Marianna De Leyva, religiosa italiana e protagonista di uno scandalo che sconvolse Monza
B. No, è un personaggio inventato dal Manzoni
C. Sì, Manzoni trae fedelmente l'identità della Monaca di Monza dalla storia dell'epoca
D. Sì, si tratta di una giovane donna spagnola che scelse di ritirarsi in monastero a Monza
E. Sì, si tratta di una ragazza costretta alla prostituzione da un potente barone; per sfuggirvi si nascose in un convento di Monza

58) Chi è l'autore de *Dei delitti e delle pene*?

A. Alessandro Manzoni
B. Cesare Beccaria
C. Carlo Imbonati
D. Giuseppe Parini
E. Alessandro Verri

59) A quale sonetto appartengono i versi "Né mai più toccherò le sacre sponde ove il mio corpo fanciulletto giacque, (...)"?

A. Alla sera
B. Il sabato del villaggio
C. All'Italia
D. A Zacinto
E. Il cinque maggio

60) Chi è la protagonista de *La locandiera* di Carlo Goldoni?

A. Colombina
B. La Pisana
C. Lucia
D. Mirandolina
E. Proserpina

61) Quale fra questi aggettivi è il più appropriato a descrivere la filosofia di Tommaso Campanella?

A. Empirista
B. Razionalista
C. Sensista
D. Idealista
E. Romantico

62) Chi è l'autore del *Dialogo sopra i due massimi sistemi del mondo tolemaico e copernicano*?

A. Cartesio
B. Giambattista Vico
C. Galileo Galilei
D. Leonardo da Vinci
E. Marco Polo

63) Quali sono le *tre tragedie della libertà* scritte da Vittorio Alfieri?

A. Filippo – Antigone – Polinice
B. L'uno – I pochi – I troppi
C. La congiura de' pazzi – Virginia – Timoleone
D. Merope – Saul – Mirra
E. Nessuna delle risposte è corretta

64) In quale delle seguenti opere Vittorio Alfieri, studiando i limiti che i regimi tirannici pongono all'esplicazione della personalità, giunge a giustificare il tirannicidio?

A. Della virtù sconosciuta
B. L'antidoto
C. Il divorzio
D. Del principe e delle lettere
E. Della tirannide

65) Un'importante opera poetica di Giuseppe Parini è la raccolta delle:

A. Odi
B. Rime
C. Canzoni
D. Poesie
E. Odi barbare

66) Nel 1827 e nel 1840 uscirono la prima e la seconda edizione di un famoso romanzo che l'autore aveva sottoposto, nel frattempo, a un'accurata revisione linguistica. Di quale romanzo si tratta?

A. Fermo e Lucia
B. I Promessi sposi
C. Don Chisciotte
D. Il ritratto di Dorina Grey
E. Nessuna delle risposte è corretta

67) Da quale opera furono ispirate *Le ultime lettere di Jacopo Ortis* di Ugo Foscolo?

A. "I dolori del giovane Werther" di J.W. Goethe
B. "Il giorno" di G. Parini
C. "Le mie prigioni" di S. Pellico
D. "I canti di Ossian" di J. Macpherson
E. "Il ritratto di Dorian Gray" di O. Wilde

2.3 • Letteratura contemporanea

68) Chi ha scritto *Elias Portolu*, *Cenere* e *Cosima*?

A. Grazia Deledda
B. Dacia Maraini
C. Giuseppe Verga
D. Luigi Pirandello
E. Elsa Morante

69) Chi è il protagonista di *Senilità* di Italo Svevo?

A. Zeno Cosini
B. Emilio Brentani
C. Mattia Pascal
D. Alfonso Nitti
E. Anna Karenina

70) Quale fra le seguenti opere NON è di Italo Svevo?

A. La coscienza di Zeno
B. Una vita
C. Senilità
D. Dedalus
E. Diario per la fidanzata

71) Una fra queste NON è un'opera di Ignazio Silone; quale?

A. Un viaggio a Parigi
B. Fontamara
C. Pane e vino
D. Il segreto di Luca
E. Novelle della Pescara

72) Una fra queste NON è un'opera di Salvatore Quasimodo; quale?

A. Ed è subito sera
B. Giorno dopo giorno
C. Il falso e il vero verde
D. Il porto sepolto
E. Con il piede straniero sopra il cuore

73) Chi ha scritto *Il barone rampante*?

A. Andrea De Carlo
B. Pier Vittorio Tondelli
C. Italo Svevo
D. Italo Calvino
E. Arrigo Boito

74) Chi ha scritto *Ragazzi di vita* e *Una vita violenta*?

A. Pier Paolo Pasolini
B. Pier Vittorio Tondelli
C. Aldo Busi
D. Andrea De Carlo
E. Vasco Pratolini

75) Quale fra queste NON è un'opera di Leonardo Sciascia?

A. Nuovo commento
B. A ciascuno il suo
C. Il giorno della civetta
D. Todo modo
E. Una storia semplice

76) Chi è l'autore di *La tregua*?

A. Italo Calvino
B. Luigi Pirandello
C. Giovanni Verga
D. Primo Levi
E. Giosuè Carducci

77) Di quale celebre romanzo è autore Giorgio Bassani?

A. Un Fenoglio alla prima guerra mondiale
B. Il Bell'Antonio
C. Il giardino dei Finzi Contini
D. Conversazione in Sicilia
E. Il giardino delle vergini suicide

78) Quale fra i seguenti romanzi NON è di Alberto Moravia?

A. La Romana
B. La Ciociara
C. Il Bell'Antonio
D. Agostino
E. Gli indifferenti

79) Qual è la raccolta di versi più celebre di Umberto Saba?

A. Il Canzoniere
B. I Canti
C. I Canti orfici
D. Le Rime
E. Novelle per un anno

80) Chi è l'autore di *Ossi di seppia*?

A. Giuseppe Ungaretti
B. Eugenio Montale
C. Salvatore Quasimodo
D. Edoardo Sanguineti
E. Dino Campana

81) Quale romanzo di Italo Svevo fu concepito come una confessione psicoanalitica?

A. Una vita
B. Senilità
C. La coscienza di Zeno
D. Corto viaggio sentimentale
E. Le confessioni di un vegliardo

82) Qual è il tema di *Sei personaggi in cerca d'autore* di Pirandello?

A. Il parricidio

B. L'adulterio
C. L'incesto
D. L'incomunicabilità
E. L'uxoricidio

83) A quale poesia del Pascoli appartengono i seguenti versi? "(...) Ritornava una rondine al tetto: / l'uccisero: cadde tra spini: / ella aveva nel becco un insetto: / la cena de' suoi rondinini. / (...) Anche un uomo tornava al suo nido: / l'uccisero; disse: Perdono; / e restò negli occhi aperti un grido: / portava due bambole in dono... (...)".

A. Il gelsomino notturno
B. X Agosto
C. La cavallina storna
D. Lavandare
E. La grande proletaria si è mossa

84) A quale poesia di Gabriele D'Annunzio appartengono i seguenti versi? "Taci. Su le soglie / del bosco non odo / parole che dici / umane; ma odo / parole più nuove / che parlano gocciole e foglie / lontane. (...)".

A. Nella belletta
B. La sera fiesolana
C. La pioggia nel pineto
D. I pastori
E. Sogno di un tramonto d'autunno

85) Chi è l'autore de *Il Gattopardo*?

A. Antonio Fogazzaro
B. Gabriele D'Annunzio
C. Giuseppe Tomasi di Lampedusa
D. Luigi Capuana
E. Alberto Moravia

86) A quale corrente letteraria appartiene Luigi Capuana?

A. Al Simbolismo
B. Al Verismo
C. All'Estetismo
D. Al Sensismo
E. Allo Sperimentalismo

87) Da quale sonetto di Giosuè Carducci sono tratti i seguenti versi? "L'albero a cui tendevi / la pargoletta mano, / il verde melograno / da' bei vermigli fior, / nel muto orto solingo / rinverdì tutto or ora, / e giugno lo ristora / di luce e di calor. / (...)".

A. Pianto antico
B. San Martino
C. Davanti San Guido
D. Alla stazione in una mattina d'autunno
E. Giambi ed Epodi

88) Quale fra questi autori è considerato un classicista?

A. Giovanni Pascoli
B. Alessandro Manzoni
C. Giosuè Carducci
D. Attilio Bertolucci
E. Emilio Praga

89) Per gli Scapigliati qual è l'oggetto della poesia?

A. La patria
B. Il sentimento
C. I temi già introdotti dal tardo Romanticismo
D. Il vero
E. La natura

90) Chi era l'autore del sonetto *Languore* dove comparve per la prima volta la parola "decadenza", da cui prese nome il movimento artistico-letterario omonimo?

A. Arthur Rimbaud
B. Charles Baudelaire
C. Stéphane Mallarmé
D. Paul Verlaine
E. Thomas Mann

91) Quale fra queste opere NON è di Umberto Eco?

A. Sette anni di desiderio
B. Lector in fabula
C. Il pendolo di Foucault
D. Il gioco del rovescio
E. Vertigine della lista

92) L'opera di Italo Calvino *Marcovaldo ovvero le stagioni in città*:

A. è una raccolta di venti racconti
B. è un romanzo
C. fa parte della trilogia "I nostri antenati"
D. è una novella
E. è una favola

93) Chi è il protagonista di *Una vita violenta* di Pasolini?

A. Guglielmo da Baskerville
B. Andrea
C. Anguilla
D. Tommasino
E. Ntoni

94) Chi è l'autore del libro di poesie *Verrà la morte e avrà i tuoi occhi*?

A. Giacomo Leopardi
B. Cesare Pavese
C. Andrea De Carlo
D. Alda Merini
E. Elsa Morante

95) *Le ceneri di Gramsci* di Pasolini è:

A. un libro di poesia
B. un romanzo
C. un film
D. un trattato politico
E. una raccolta di immagini

96) Chi è l'autore di *La scomparsa di Majorana*?

A. Nero Wolfe
B. Elio Vittorini
C. Agatha Christie
D. Leonardo Sciascia
E. Pier Paolo Pasolini

97) In quale romanzo è protagonista Arturo Bandini?

A. "L'isola di Arturo" di Elsa Morante
B. "Chiedi alla polvere" di John Fante
C. "Sostiene Pereira" di Antonio Tabucchi
D. "Il Libro dell'inquietudine" di Fernando Pessoa
E. "Il piacere" di Gabriele D'Annunzio

98) Chi è l'autore del romanzo *Il castello di Udine*?

A. Marcel Proust
B. Carlo Emilio Gadda
C. Vasco Pratolini
D. Cesare Pavese
E. Enzo Siciliano

99) Chi è l'autrice di *Canne al vento*?

A. Dacia Maraini
B. Elsa Morante
C. Oriana Fallaci
D. Grazia Deledda
E. Alda Merini

100) *Tra un fiore colto e l'altro donato l'inesprimibile nulla* è un componimento di:

A. Eugenio Montale
B. Giuseppe Ungaretti
C. Salvatore Quasimodo
D. Aldo Palazzeschi
E. Charles Baudelaire

RISPOSTE CORRETTE

1) C	21) D	41) B	61) C	81) C
2) B	22) C	42) D	62) C	82) D
3) A	23) D	43) C	63) C	83) B
4) E	24) A	44) B	64) E	84) C
5) B	25) E	45) D	65) A	85) C
6) C	26) A	46) A	66) B	86) B
7) D	27) A	47) D	67) A	87) A
8) C	28) A	48) C	68) A	88) C
9) A	29) B	49) B	69) B	89) D
10) B	30) C	50) C	70) D	90) D
11) C	31) E	51) A	71) E	91) D
12) A	32) B	52) A	72) D	92) A
13) E	33) B	53) B	73) D	93) D
14) B	34) C	54) D	74) A	94) B
15) D	35) B	55) B	75) A	95) A
16) C	36) C	56) B	76) D	96) D
17) D	37) C	57) A	77) C	97) B
18) B	38) B	58) B	78) C	98) B
19) B	39) D	59) D	79) A	99) D
20) D	40) C	60) D	80) B	100) B

CAPITOLO 3
Storia

3.1 • Storia antica e medievale

1) Come si chiamava l'ultimo re di Roma?

A. Tullio Ostilio
B. Tarquinio il Superbo
C. Servio Tullio
D. Anco Marzio
E. Tarquinio Prisco

2) Nel 476 Odoacre, re degli Eruli, depone l'ultimo imperatore romano d'Occidente. Chi era costui?

A. Romolo Augustolo
B. Giulio Nepote
C. Giuliano
D. Valente
E. Petronio Massimo

3) Nel 73 a.C. l'Italia fu sconvolta da una ribellione servile, chi ne era alla guida?

A. Crasso
B. Silla
C. Spartaco
D. Pompeo
E. Publio Clodio

4) Come si chiamava il grande condottiero mongolo che tra il 1206 e il 1227 si impadronì di gran parte dell'Asia?

A. Timur Lenk detto "Tamerlano"
B. Batu Kahn
C. Gengis Khan
D. Kubilay Kahn
E. Khasar Khajiun

5) Da chi fu combattuta la battaglia di Maratona del 490 a.C.?

A. Da romani e greci
B. Da ateniesi e persiani
C. Da bizantini e ottomani
D. Da romani e macedoni
E. Da bizantini e greci

6) Chi era Teodorico il Grande?

A. Re dei Visigoti
B. Re degli Eruli
C. Re dei Vandali
D. Re ostrogoto d'Italia
E. Re degli Unni

7) Nel 728 il sovrano longobardo Liutprando cedette formalmente a papa Gregorio II dei territori che andarono a formare il primissimo nucleo del potere temporale della Chiesa, che sarebbe durato fino al 1870. Come si chiama questa donazione?

A. Donazione di Benevento
B. Donazione di Roma
C. Donazione di Ravenna
D. Donazione di Sutri
E. Donazione del Sannio

8) In quale anno Carlo Magno venne incoronato Imperatore?

A. 800
B. 771
C. 788
D. 811
E. 801

9) La leggendaria guerra di Troia fu combattuta da:

A. Greci e Persiani
B. Greci e Troiani
C. Troiani e Persiani
D. Greci e Fenici
E. Romani e Troiani

10) Quale regione dei balcani l'Imperatore Traiano conquistò tra il 101 ed il 106 d.C. facendone una nuova provincia romana?

A. Dalmazia
B. Illiria
C. Macedonia
D. Dacia
E. Cilicia

11) Da quale popolo fu fondata la città di Cartagine?

A. Fenici
B. Etruschi
C. Greci
D. Numidi
E. Celti

12) Gli Aztechi furono una delle grandi civiltà precolombiane che si sviluppò nella regione meso-americana dell'attuale:

A. California
B. Nicaragua
C. Colombia
D. Messico
E. Perù

13) Chi fu il primo re di Israele?

A. David
B. Salomone
C. Saul
D. Samuele
E. Golia

14) Nel 732 d.C. si svolge la battaglia di Poitiers nella quale l'esercito franco arresta l'invasione araba. Chi fu il re franco che fermò l'invasione?

A. Carlo Magno
B. Pipino il Breve
C. Carlo Martello
D. Ludovico il Pio
E. Giovanni II

15) Come si chiama la più grande unità amministrativa dei possedimenti stranieri della antica Roma?

A. Diocesi
B. Colonia
C. Prefettura
D. Provincia
E. Regione

16) Chi erano gli "Opliti"?

A. Soldati dell'Impero Persiano
B. Soldati della fanteria pesante greca antica
C. Rematori schiavi dell'antica Grecia
D. Una formazione di cavalleria pesante nell'esercito macedone
E. Ufficiali dell'Impero Romano

17) Nel 367 a.C. a Roma, con le leggi Licinie-Sestie, viene permesso:

A. il festeggiamento dei ludi secolari
B. l'uso delle armi anche a donne e bambini
C. l'accesso ai giochi olimpici anche alle donne
D. l'accesso alle magistrature ai plebei
E. l'accesso ai palazzi imperiali ai plebei

18) Chi successe alla morte di Carlo Magno?

A. Ludovico il Pio
B. Carlomanno
C. Lotario

D. Carlo il Calvo
E. Desiderio

19) Nel 494 a.C. la plebe romana, stanca di combattere per una città che non le riconosce i propri diritti, si ritira in armi sul Monte sacro (secessione della plebe). Quali furono le cause che fecero rientrare a Roma i plebei?

A. L'abolizione della monarchia e l'introduzione di organi assembleari elettivi a suffragio universale (maschile)
B. Due concessioni fondamentali: il diritto per i plebei di riunirsi in una propria assemblea (*concilium plebis*) e il diritto di nominare i propri magistrati (tribuni della plebe)
C. L'accesso a tutte le cariche pubbliche anche per i plebei
D. La distribuzione di terre demaniali a cittadini poveri contro un modesto canone di affitto annuo
E. Due concessioni fondamentali: terre demaniali per i meno abbienti e accesso alle cariche pubbliche

20) L'imperatore Caracalla nel 212 d.C. concesse la cittadinanza romana:

A. alle popolazioni galliche e iberiche
B. a tutta la popolazione italica
C. alle popolazioni barbare della Germania
D. a tutti i sudditi dell'impero romano
E. alla popolazione alamanna

21) Che cosa fu il Grande Scisma d'Occidente del 1378?

A. Il tentativo francese di creare una Chiesa nazionale autonoma
B. La separazione formale tra la Chiesa di Roma e la Chiesa di Bisanzio
C. I cardinali francesi si opposero al ritorno del papa a Roma ed elessero un proprio antipapa ad Avignone
D. La riforma luterana e l'inizio del protestantesimo
E. Il tentativo inglese di creare una Chiesa anglicana autonoma

22) Con quale provvedimento il cristianesimo divenne la religione ufficiale dell'Impero romano?

A. Editto di Milano
B. Concilio di Nicea
C. Concilio di Costantinopoli
D. Editto di Tessalonica
E. Nessuno tra i provvedimenti citati

23) L'antica capitale dell'Impero Azteco era Tenochtitlan, situata dove oggi sorge:

A. Città del Messico
B. Città del Guatemala
C. Managua
D. San Francisco
E. Hermosillo

24) In quale anno si consumò definitivamente lo scisma d'Oriente, tra il Papa e il Patriarca di Costantinopoli?

A. 1309
B. 1215
C. 1054
D. 1096
E. 1000

25) Il 1° dicembre 1167, con il giuramento di Pontida, i Liberi Comuni si alleano contro l'imperatore:

A. Ottone IV di Brunswick
B. Federico I Hohenstaufen detto il Barbarossa
C. Federico II duca di Svevia
D. Enrico VI di Hohenstaufen
E. Enrico I d'Inghilterra

26) Che cos'è il *cursus honorum*?

A. È la carriera politica del cittadino romano dove tutte le cariche della

magistratura devono essere ricoperte, in ordine crescente e a distanza di almeno due anni l'una dall'altra
B. È la carriera militare nell'esercito romano
C. È l'elezione dei due consoli che restano in carica per un anno e non possono essere subito rieletti
D. È la nomina onorifica attribuita ai "grandi" dal Senato romano
E. È la preparazione alle alte cariche del Senato

27) Come si chiamava il condottiero gallico che verrà da Cesare catturato ed imprigionato nel carcere romano di Tulliano?

A. Vercingetorige
B. Brenno
C. Genserico
D. Orgetorige
E. Ladislao

28) Quando si svolse la prima guerra punica combattuta tra Roma e Cartagine?

A. Fra il 149 a.C. e il 146 a.C.
B. Dal 29 a.C. al 19 a.C.
C. Dal 219 a.C. al 202 a.C.
D. Dal 264 a.C. al 241 a.C.
E. Dal 222 a.C. al 238 a.C.

29) Quale fu il primo imperatore romano a non essere di origine italica?

A. Caligola poiché nato ad Anzio
B. Caracalla poiché nato in Gallia
C. Aureliano poiché nato in Illiria
D. Diocleziano poiché nato in Dalmazia
E. Traiano poiché nato in Hispania

30) In quale anno fu assassinato Caio Giulio Cesare?

A. 56 d.C.
B. 44 a.C.
C. 96 d.C.
D. 135 a.C.
E. 54 d.C.

3.2 • Storia moderna

31) Quali erano le quattro Repubbliche Marinare?

A. Bari - Pisa - Genova - Venezia
B. Amalfi - Genova - Venezia - Ragusa
C. Amalfi - Genova - Pisa - Venezia
D. Amalfi - Bari - Genova - Venezia
E. Bari - Genova - Pisa - Ragusa

32) Nel 1743 Austria, Inghilterra e regno di Sardegna firmano il Trattato di Worms con lo scopo di:

A. dichiarare guerra alla Spagna
B. cacciare gli Aragona dall'Italia
C. dichiarare guerra alla Prussia
D. cacciare i Borbone dall'Italia
E. allontanare il papa dalla sede italiana

33) Chi era Martin Lutero?

A. Un teologo tedesco
B. Uno dei capi della rivolta contadina in Germania, un riformatore estremista
C. Un teologo svizzero e fondatore della Chiesa Riformata Svizzera
D. Un umanista e teologo francese
E. Un monaco agostiniano docente di teologia biblica presso l'università di Wittenberg

34) In che anno Francia e Spagna firmano la pace dei Pirenei che pone fine alla guerra franco-spagnola?

A. Nel 1660
B. Nel 1659
C. Nel 1759
D. Nel 1669
E. Nel 1559

35) Quale regione italiana era diventata la signoria di Cesare Borgia, detto il Valentino?

A. Romagna
B. Umbria
C. Marche
D. Abruzzi
E. Toscana

36) Nel 1534 in Inghilterra il Parlamento, con l'Atto di Supremazia, riconosce come capo della Chiesa d'Inghilterra re:

A. Carlo V
B. Enrico VIII
C. Enrico III
D. Guglielmo II
E. Giorgio I

37) Mantova dal 1328 al 1707 fu governata:

A. dagli Estensi
B. dai Visconti
C. dai Gonzaga
D. dai Malatesta
E. dai Medici

38) Tra chi fu combattuta la battaglia di Lepanto del 1571?

A. Tra aragonesi e l'Impero Ottomano
B. Tra francesi e aragonesi
C. Tra austriaci e francesi
D. Tra l'Impero ottomano e la Lega Santa
E. Tra l'Impero ottomano e gli austriaci

39) Nel 1664 gli inglesi tolsero New Amsterdam agli olandesi ribattezzandola:

A. New York
B. Boston
C. Baltimora
D. Filadelfia
E. Washington

40) Con l'affissione alla porta del duomo di Wittenberg delle Tesi, Lutero dichiara pubblicamente la rottura con la chiesa di Roma dando origine allo scisma protestante. In che anno furono affisse?

A. 1567
B. 1517
C. 1541
D. 1535
E. 1534

41) In che cosa consisteva la questione delle indulgenze?

A. È la concezione che suddivide la storia umana e quella del Popolo di Dio in particolare, in differenti periodi, età, ere o "dispensazioni". In ciascuno di quei periodi Dio avrebbe impartito particolari grazie, stabilito leggi, istituzioni, privilegi ecc. da considerarsi solo propri a quei periodi e non ad altri
B. Esiste un numero determinato di persone destinate ad essere in eterna comunione con Dio, mentre il resto dell'umanità segue la via del peccato fino alle sue estreme e giuste conseguenze
C. Verso il 1500 si diffuse la pratica dell'acquisto dell'indulgenza, ovvero il "peccatore" poteva comprare l'indulgenza in modo da accelerare il passaggio dell'anima dal purgatorio al paradiso
D. È lo studio della salvezza nel senso della liberazione dal male e dalle conseguenze della morte o come sopravvivenza dell'anima
E. È il divieto di predicazione ai questuanti, il dovere di residenza come condizione per la rendita dei benefici ecclesiastici e l'obbligo di residenza dei vescovi nelle loro diocesi

42) Come si concluse la famosa "disfida di Barletta" tenutasi il 13 febbraio 1503 tra tredici cavalieri italiani di stanza a Barletta ed altrettanti francesi?

A. Con la vittoria dei francesi
B. Con la vittoria degli italiani
C. Morirono tutti i cavalieri
D. L'intervento papale mise fine allo scontro senza vinti né vincitori
E. L'intervento delle popolazioni del luogo mise fine allo scontro senza né vinti né vincitori

43) Chi viene considerato il fondatore della scienza politica moderna?

A. Francesco Guicciardini
B. Lorenzo de' Medici
C. Girolamo Savonarola
D. Francesco Mario Pagano
E. Niccolò Machiavelli

44) In che anno terminò il cosiddetto scisma d'Occidente?

A. Nel 1427
B. Nel 1517
C. Nel 1417
D. Nel 1327
E. Nel 1527

45) In che anno il Congresso di Filadelfia approva la Dichiarazione d'indipendenza degli Stati Uniti d'America?

A. Nel 1775
B. Nel 1773
C. Nel 1783
D. Nel 1776
E. Nel 1789

46) Nel 1534 in Inghilterra venne dichiarato l'Atto di Supremazia ad opera del re Enrico VIII. Di cosa si trattava?

A. Dell'atto di supremazia della corona di Inghilterra su quella di Scozia
B. Della scissione della chiesa anglicana da quella cattolica, proclamata per decreto dallo stesso re
C. È un testo normativo che sanciva il passaggio per eredità delle cariche feudali maggiori
D. Chiariva i rapporti con i feudatari e regolamentava le questioni giurisdizionali interne e con gli Stati esteri
E. Dell'atto di supremazia della corona d'Inghilterra sulle colonie americane

47) L'editto di Nantes fu un decreto che pose termine alla serie di guerre di religione che avevano devastato la Francia dal 1562 al 1598, emanato dal re di Francia:

A. Francesco II
B. Carlo IX
C. Luigi XIII
D. Enrico IV
E. Enrico VIII

48) Nel 1572 Caterina de' Medici tentò di ricomporre la frattura fra protestanti e cattolici francesi. Come?

A. Con la promulgazione dell'Editto di Saint-Germain
B. Con l'abolizione dell'Editto di Saint-Germain
C. Con il matrimonio fra sua figlia Margherita e il re di Navarra, il protestante Enrico di Borbone
D. Con l'attentato al capo ugonotto Gaspard de Coligny
E. Nessuna risposta è corretta

49) In che periodo si svolsero i lavori del Concilio di Trento?

A. 1542 – 1561
B. 1545 – 1563
C. 1527 – 1560
D. 1536 – 1572
E. 1537 – 1545

50) In quale avvenimento storico si colloca la storia di Giovanna D'Arco, la "pulzella d'Orleans"?

A. Durante la guerra dei Tre Enrichi
B. Durante la guerra dei Sette Anni
C. Durante la guerra dei Trenta Anni
D. Nella guerra delle Due Rose
E. Nella guerra dei Cent'Anni tra Francia e Inghilterra

51) Nel corso della Rivoluzione Francese per "Terrore" si intende:

A. il periodo durante il quale i giacobini attuarono una fortissima repressione politica
B. il tentativo dei contadini di abolire con la forza la feudalità nelle campagne
C. il tentativo della borghesia di ripristinare con la forza il potere monarchico
D. il periodo durante il quale i girondini attuarono una fortissima repressione politica
E. la paura che serpeggiava fra i nobili

52) La guerra delle due rose fu una sanguinosa lotta dinastica combattuta in Inghilterra tra il 1455 ed il 1485 tra due diversi rami della casa regnante dei Plantageneti:

A. Stuart e Tudor
B. Tudor e York
C. Lancaster e York
D. Stuart e Windsor
E. Windsor e Lancaster

53) Il predominio spagnolo su tutta l'Italia venne definito nel 1559 con la pace di:

A. Augusta
B. Cateau-Cambrésis
C. Noyon
D. Lodi
E. Cambrai

54) In che anno Luigi XIV di Francia (detto Re Sole) sottomise alla monarchia la Chiesa cattolica francese (Chiesa gallicana)?

A. 1789
B. 1775
C. 1815
D. 1682
E. 1816

55) Nel 1660 in Inghilterra fu restaurata la monarchia ad opera di:

A. Elisabetta I
B. Oliver Cromwell
C. Giorgio I
D. Giacomo II
E. Carlo II

56) Che cosa sancì il Concilio di Trento?

A. Negò validità alla dottrina protestante affermando, fra le altre cose, che la Bibbia e l'insegnamento della Chiesa sono sullo stesso piano e che deve esistere un ordine sacerdotale distinto dai fedeli
B. Negò validità alla dottrina protestante introducendo però un nuovo rito della Messa, che portò al superamento, di fatto, del latino e delle pratiche religiose medievali
C. Accettò in seno alla Chiesa cattolica una parte della dottrina protestante abolendo alcune pratiche cattoliche come le indulgenze, i pellegrinaggi, la venerazione dei santi e delle reliquie
D. Negò validità alla dottrina protestante affermando che la salvezza cristiana non può ottenersi senza la liberazione economica, politica, sociale e ideologica, come visibili segni della dignità umana
E. Approvò la teoria calvinista della predestinazione degli Eletti e venne evi-

denziato il ruolo della libertà umana nella propria salvezza

57) Con la pace di Westfalia del 1648 quale potenza ottenne il predominio sul Baltico?

A. Polonia
B. Danimarca
C. Svezia
D. Russia
E. Germania

58) La guerra di successione spagnola fu determinata dal fatto che:

A. Carlo II d'Asburgo, per evitare che la Spagna passasse in mano francese, aveva indicato come legittimo erede al trono di Spagna l'imperatore austriaco Giuseppe I d'Asburgo
B. Carlo II, morto nel novembre del 1700, aveva designato come erede universale suo nipote Filippo d'Angiò, pronipote di Luigi XIV, con la clausola che le due corone di Francia e di Spagna non potessero mai essere riunite
C. Luigi XIV non voleva affidare al nipote il trono di Spagna, come contenuto nel testamento di Carlo II d'Asburgo
D. Carlo II d'Asburgo, morto senza eredi discendenti, aveva indicato nel suo testamento come erede al trono di Spagna Luigi XIV
E. Carlo II d'Asburgo, per evitare che la Spagna passasse in mano francese, aveva indicato come legittimo erede al trono di Spagna Leopoldo d'Asburgo

59) La Costituzione francese del 1791 prevedeva:

A. un sistema monocamerale senza diritto del re di interferire sul parlamento
B. un sistema bicamerale, con una camera elettiva e una di nomina regia
C. un sistema bicamerale cui spettava il potere legislativo, con il diritto di veto sospensivo per il re
D. il potere esecutivo esercitato dal re, ma sottoposto al controllo dell'Assemblea legislativa, e il potere giudiziario esercitato dai magistrati non più di nomina regia
E. un sistema monocamerale cui spettava il potere legislativo, con diritto di veto definitivo per il re

60) Carlo V abdicò, cedendo i suoi domini ereditari del ramo spagnolo, a favore del figlio:

A. Filippo III
B. Ferdinando il Cattolico
C. Filippo II
D. Ferdinando d'Asburgo
E. Filippo il Bello

3.3 • Storia contemporanea

61) Il Giappone coinvolge nella guerra gli USA quando attacca a sorpresa la base aeronavale di Pearl Harbor, nelle isole Hawaii. In quale anno avviene questo attacco?

A. 1940
B. 1943
C. 1944
D. 1941
E. 1938

62) I punti cardine del "New Deal", il programma attuato dal Presidente americano Roosevelt negli anni compresi tra i due conflitti mondiali, furono il sostegno all'agricoltura, la lotta alla disoccupazione e lo sviluppo del sindacalismo. L'enunciato proposto è corretto?

A. No, il "New Deal" aveva come punti cardine il sostegno all'industria a

scapito dell'agricoltura e l'ostilità al sindacalismo
B. No, il "New Deal" non fu attuato negli anni compresi tra i due conflitti mondiali, ma negli anni Sessanta
C. No, il "New Deal" non fu avviato dal Presidente Roosevelt, ma dal Presidente Carter
D. Sì
E. No, il "New Deal" aveva come punto cardine solo il sostegno alla piccola e media industria

63) Luigi Einaudi e Benedetto Croce, nel secondo dopoguerra italiano, furono esponenti di rilievo:

A. del Partito socialista italiano
B. del Partito comunista italiano
C. del Partito liberale italiano
D. della Democrazia cristiana
E. del Partito radicale italiano

64) Gli USA, nel 1949, costituirono un'alleanza militare di difesa, la NATO, alla quale si contrappose, nel 1955, un'alleanza sottoscritta tra l'URSS e i Paesi dell'Europa orientale nota come Patto di Varsavia. È corretto l'enunciato proposto?

A. Sì
B. No, nel 1949 venne costituito il Patto di Varsavia e nel 1955, di conseguenza, la NATO
C. No, la NATO venne costituita nell'immediato primo dopoguerra
D. No, il Patto di Varsavia venne costituito soltanto nel 1985, a seguito della dissoluzione dell'URSS
E. No, le date proposte nel quesito sono errate

65) In quale anno il Gran Consiglio del Fascismo approvò le leggi razziali e in cosa consistevano?

A. Furono deliberate nel 1928. Si trattava di una serie di provvedimenti che limitavano gravemente la libertà dei soli musulmani stranieri in Italia
B. Emanate nel 1921, si prefiggevano di espellere tutti gli stranieri dall'Italia e dalle colonie di Libia e Tunisia
C. Furono deliberate nel 1938. Si trattava di una serie di provvedimenti che limitavano gravemente la libertà degli Ebrei italiani e decretavano l'espulsione dal Paese degli Ebrei stranieri
D. Furono deliberate nel 1945. Si trattava di una serie di provvedimenti che limitavano la libertà di culto degli Ebrei italiani ma che di fatto non vennero mai applicate
E. Furono deliberate nel 1928. Si trattava di una serie di provvedimenti che limitavano la possibilità, per gli Ebrei italiani, di lavorare presso industrie militari

66) Il Presidente statunitense che, d'intesa col comando militare supremo, decise di stroncare ogni ulteriore resistenza giapponese ordinando i bombardamenti atomici di Hiroshima e Nagasaki dell'agosto 1945 fu:

A. Carter
B. Truman
C. Roosevelt
D. Nixon
E. Kennedy

67) Una delle grandi opere che fornirono le infrastrutture per il rilancio della produzione italiana nei primi anni del Novecento fu il traforo del Sempione, terminato nel 1906 quando a capo del governo vi era:

A. Giolitti
B. Depretis
C. Einaudi
D. Gramsci
E. Spadolini

68) Da chi era presieduto il Governo italiano che presentò al Parlamento, nel 1899, alcune leggi eccezionali che prevedevano pesanti limitazioni al diritto di associazione, di riunione e alla libertà di stampa?

A. Giuseppe Garibaldi
B. Luigi Pelloux
C. Camillo Benso di Cavour
D. Gabriele D'Annunzio
E. Vittorio Emanuele II

69) Nel 1945 in Italia, subito dopo la liberazione, si forma un governo provvisorio guidato da un leader del Partito d'Azione e del CLN; di chi si tratta?

A. Giovanni Leone
B. Ferruccio Parri
C. Giuseppe Saragat
D. Enrico Mattei
E. Giovanni Spadolini

70) In quale data Hitler fu chiamato a presiedere il governo?

A. Aprile 1922
B. Luglio 1943
C. Gennaio 1933
D. Dicembre 1939
E. Marzo 1938

71) Artefici della Carta Atlantica, nella quale vennero fissati, nell'agosto 1941, i principi di una politica comune tra Inghilterra e Stati Uniti, furono:

A. Truman e Carter
B. Truman e Churchill
C. Roosevelt e Churchill
D. Nixon e Churchill
E. Truman e Roosevelt

72) Nel 1978 un illustre statista democristiano, che si adoperava per un incontro tra le forze politiche del centro e della sinistra, fu rapito e ucciso. Chi era?

A. Aldo Moro
B. Giacomo Matteotti
C. Alcide De Gasperi
D. Enrico Mattei
E. Enrico Berlinguer

73) Per quello che riguarda la riforma elettorale, Giolitti estese il diritto di voto:

A. a tutti i cittadini, maschi e femmine
B. a tutti i cittadini maschi
C. anche ai cattolici e ai socialisti
D. a tutti i cittadini maschi con un reddito superiore alle ventimila lire annue
E. a tutti i cittadini maschi che avessero compiuto 22 anni

74) Nel corso del secondo conflitto mondiale, quando fu annunciato l'armistizio tra il Regno d'Italia e gli angloamericani?

A. 8 settembre 1943
B. 25 luglio 1943
C. 6 giugno 1944
D. 4 novembre 1940
E. 25 aprile 1945

75) In quale anno vi fu la marcia fascista su Roma?

A. 1924
B. 1919
C. 1922
D. 1920
E. 1921

76) In quale anno fu costruito il muro di Berlino?

A. 1961
B. 1968
C. 1953
D. 1946
E. 1951

77) Alla caduta del fascismo chi era sul trono italiano?

A. Umberto II
B. Umberto I
C. Vittorio Emanuele II
D. Vittorio Emanuele III
E. Vittorio Emanuele I

78) Il nome in codice con il quale i nazisti intendevano l'invasione dell'Unione Sovietica era:

A. Operazione Compass
B. Operazione Torch
C. Operazione Leone Marino
D. Operazione Barbarossa
E. Operazione Steppa

79) L'americano Neil Armstrong, con la missione Apollo 11, è il primo uomo a mettere piede sulla Luna. Che anno era?

A. 1969
B. 1967
C. 1971
D. 1968
E. 1972

80) La definizione del XX secolo come "secolo breve" è di:

A. Max Weber
B. Ernesto Galli della Loggia
C. Eric J. Hobsbawn
D. Giovanni Sabbatucci
E. Michel Foucault

81) Nel 1893 Giolitti è costretto a dimettersi:

A. perché la sua coalizione perse le elezioni
B. perché coinvolto nello scandalo della Banca Romana
C. perché era fallito l'ennesimo tentativo italiano di penetrare in Abissinia
D. per la feroce repressione di alcuni moti popolari
E. per gravi motivi di salute che lo portarono in breve tempo alla morte

82) Da quali potenze fu invasa la Polonia nel 1939?

A. Urss e Lituania
B. Germania e Urss
C. Germania e Finlandia
D. Germania e Ungheria
E. Urss e Cina

83) In che anno avvennero gli attentati mafiosi in cui trovarono la morte i giudici Giovanni Falcone e Paolo Borsellino?

A. Nel 1999
B. Nel 1994
C. Nel 1978
D. Nel 1992
E. Nel 1982

84) Quando e in quale località gli Stati Uniti furono attaccati a sorpresa dai giapponesi nel corso del secondo conflitto mondiale?

A. Il 23 agosto 1939 nelle Isole Midway
B. Il 10 giugno 1940 a Guadalcanal
C. Il 7 dicembre 1941 a Pearl Harbor
D. Il 10 luglio 1943 nelle Filippine
E. Il 25 novembre 1940 nel Mar dei Caraibi

85) Nel giugno del 1924 il segretario dei Socialisti riformisti fu rapito e ucciso dai fascisti dopo aver pubblicamente denunciato in Parlamento i brogli e le intimidazioni squadriste durante le elezioni del 1924. Chi era?

A. Carlo Rosselli
B. Eugenio Colorni
C. Giovanni Amendola
D. Giacomo Matteotti
E. Giuseppe Di Vittorio

86) Il piano Marshall:

A. fu varato dal Presidente Wilson insieme all'istituzione della Società delle Nazioni
B. fu varato dagli USA nel secondo dopoguerra
C. fu alla base del New Deal
D. venne pensato da Hitler per attaccare l'URSS
E. indirizzò lo sviluppo urbanistico di Londra

87) Dove e in quale anno fu assassinato John Fitzgerald Kennedy?

A. Nel 1967 a Houston
B. Nel 1961 a Chicago
C. Nel 1965 a Boston
D. Nel 1963 a Dallas
E. Nel 1968 a Washington

88) In quale anno avvenne il colpo di stato in Cile?

A. 1973
B. 1968
C. 1975
D. 1977
E. 1976

89) Quale movimento politico fu fondato a Parigi nel 1929 da un gruppo di esuli antifascisti, tra cui emerse come leader Carlo Rosselli?

A. Giustizia e Libertà
B. Mazzini Society
C. Concentrazione Antifascista
D. Brigate Garibaldi
E. Forza Nuova

90) Chi è il maggior rappresentante del pensiero politico federalista del Risorgimento?

A. Felice Cavallotti
B. Carlo Cattaneo
C. Gabriele Rosa
D. Giuseppe Mazzini
E. Giuseppe Garibaldi

91) Chi era Augusto Pinochet?

A. Dittatore del Cile dal 1973 al 1990
B. Capo delle forze armate argentine fino al 1983
C. Dittatore del Paraguay fino al 1989
D. Dittatore del Venezuela dal 1948 al 1958
E. Presidente della repubblica cilena dal 1950 al 1995

92) Come si chiama il luogo dove avvenne il 17 aprile 1961 un tentativo di invasione di Cuba effettuato da 1.511 esuli cubani emigrati negli Stati Uniti (Brigata 2506)?

A. Baia di Guantanamo
B. Isola della Gioventù (Isla de la Juventud)
C. Baia dei porci
D. Sierra Maestra
E. Baia di Hudson

93) Qual era la sede del governo della Repubblica Sociale Italiana?

A. Venezia
B. Verona
C. Milano
D. Salò
E. Torino

94) Charles De Gaulle esortò i francesi alla resistenza lanciando un drammatico appello dai microfoni di:

A. Radio Francia
B. Radio Parigi Libera
C. Radio Maquis
D. Radio Londra
E. Radio Resistenza

95) In quale città si assisté al massacro di Piazza Tien'anmen del 1989?

A. Shenzhen

B. Hong Kong
C. Shanghai
D. Canton
E. Pechino

96) Nel 1969, Yasser Arafat divenne il Presidente del Comitato Esecutivo dell'Organizzazione:

A. Movimento per la jihad islamica in Palestina
B. Hamas
C. OLP (Organizzazione per la Liberazione della Palestina)
D. Congresso Islamico Mondiale
E. Al Qaida

97) Che cosa avvenne il 12 dicembre 1969 in Italia?

A. Un tentativo di colpo di Stato (Golpe Borghese)
B. Il sequestro di Aldo Moro
C. La strage di Piazza Fontana
D. La caduta del governo democristiano guidato da Mariano Rumor
E. L'attentato a Giovanni Paolo II

98) Da chi fu redatto il "Manifesto di Ventotene" durante il periodo di confino negli anni '40?

A. Altiero Spinelli ed Ernesto Rossi
B. Riccardo Bauer e Silvio Trentin
C. Carlo Rosselli e Nello Rosselli
D. Norberto Bobbio e Aldo Garosci
E. Sandro Pertini e Primo Levi

99) Da quali nazioni venne combattuta la "guerra dei sei giorni" nel 1967?

A. Israele contro Egitto, Siria e Giordania
B. Israele contro Egitto, Siria e Libano
C. Israele contro Egitto e Libia
D. Egitto contro Giordania e Libano
E. Libano contro Giordania e Siria

100) In quale anno le truppe statunitensi si ritirarono dal Vietnam?

A. 1985
B. 1968
C. 1975
D. 1979
E. 1965

RISPOSTE CORRETTE

1) B	21) C	41) C	61) D	81) B
2) A	22) D	42) B	62) D	82) B
3) C	23) A	43) E	63) C	83) D
4) C	24) C	44) C	64) A	84) C
5) B	25) B	45) D	65) C	85) D
6) D	26) A	46) B	66) B	86) B
7) D	27) A	47) D	67) A	87) D
8) A	28) D	48) C	68) B	88) A
9) B	29) E	49) B	69) B	89) A
10) D	30) B	50) E	70) C	90) B
11) A	31) C	51) A	71) C	91) A
12) D	32) D	52) C	72) A	92) C
13) C	33) E	53) B	73) B	93) D
14) C	34) B	54) D	74) A	94) D
15) D	35) A	55) E	75) C	95) E
16) B	36) B	56) A	76) A	96) C
17) D	37) C	57) C	77) D	97) C
18) A	38) D	58) B	78) D	98) A
19) B	39) A	59) D	79) A	99) A
20) D	40) B	60) C	80) C	100) C

CAPITOLO 4
Storia dell'arte

1) L'affresco raffigurante il *Trionfo della divina Provvidenza* a Palazzo Barberini a Roma è di:

A. Salvator Rosa
B. Carlo Maratta
C. Pietro da Cortona
D. Annibale Carracci
E. Luca Giordano

2) Chi è l'autore del trattato *De architectura* del I secolo a.C.?

A. Strabone
B. Tolomeo
C. Tacito
D. Virgilio
E. Vitruvio

3) Il tempio greco era detto periptero quando:

A. la cella presentava un colonnato antistante
B. la cella presentava un colonnato sia sul fronte sia sul retro
C. la cella era completamente circondata da una doppia fila di colonne
D. la cella era completamente circondata da una fila di colonne
E. nessuna delle alternative è corretta

4) Quale dei seguenti artisti NON appartiene al movimento dell'Art Nouveau?

A. Gustav Klimt
B. Victor Horta
C. Henry van de Velde
D. Paul Cézanne
E. Otto Wagner

5) Dipinse *Amor Sacro* e *Amor Profano*:

A. Giorgione
B. Dalí
C. Ingres
D. Tiziano
E. Giovanni Bellini

6) Il dipinto raffigurante *Il Bacio* del 1859 è stato realizzato da:

A. Pablo Picasso
B. Francesco Hayez
C. Giovanni Segantini
D. Pellizza da Volpedo
E. Gustav Klimt

7) Il Cenacolo di Leonardo da Vinci si trova a:

A. Parigi, al Louvre
B. Firenze, nella Chiesa di Santa Maria Novella
C. Pisa, nel Duomo
D. Milano, nel Refettorio di Santa Maria delle Grazie
E. Roma, nei Musei Vaticani

8) Sant'Apollinare in Classe è a:

A. Siena
B. Roma
C. Ravenna
D. Firenze
E. Padova

9) *La Primavera* di Botticelli è conservata al/alla:

A. Galleria Palatina (Firenze)
B. Louvre (Parigi)

C. Galleria degli Uffizi (Firenze)
D. National Gallery (Londra)
E. Mauritshuis Royal Picture Gallery (L'Aja)

10) Ha avuto un "periodo blu":

A. Kokoschka
B. Klimt
C. Die Brücke
D. Picasso
E. Van Gogh

11) In quale museo è conservata la *Venere di Milo?*

A. National Gallery (Londra)
B. Louvre (Parigi)
C. Galleria degli Uffizi (Firenze)
D. British Museum (Londra)
E. Staatliche Museen (Berlino)

12) Tecnica pittorica che consiste nello stendere colori diluiti in acqua su uno strato di intonaco fresco che, asciugandosi, forma una superficie dura e compatta che fissa il colore".
A quale tecnica si riferisce la precedente definizione?

A. Graffito
B. Calcografia
C. Gouache
D. Acquerello
E. Affresco

13) Fidia è:

A. l'autore del David
B. l'autore del Partenone
C. l'episkopos/direttore dei lavori del Partenone
D. lo scultore delle metope del tempio di Olympia
E. l'autore del Discobolo

14) Tra il 1787 e il 1791, Antonio Canova esegue a Roma un famoso monumento funerario. Si tratta del:

A. monumento a Maria Cristina d'Austria
B. monumento a Paolina Borghese
C. monumento a Clemente XIII
D. monumento a Innocenzo XII
E. monumento a Gregorio XIII

15) Giotto da Bondone eseguì alcuni cicli di affreschi. Quale di questi non gli appartiene?

A. Storie della Vita di San Francesco, Assisi
B. Cappella Bardi e Peruzzi, Firenze, Santa Croce
C. Storie della vita di Cristo, Padova, Cappella dell'Arena
D. Allegoria del Buono e del Cattivo Governo, Siena
E. Nessuno tra quelli citati

16) Pittore surrealista belga autore tra l'altro de *L'impero delle luci*:

A. Charles Braque
B. Marc Chagall
C. René Magritte
D. André Breton
E. Paul Cézanne

17) Annibale Carracci affresca a Roma nel 1597-1602 la Galleria Farnese. Tra i temi rappresentati nel ciclo di affreschi vi è:

A. Ricchezza e povertà
B. La Carità Romana
C. Susanna e i vecchioni
D. Polifemo
E. La caduta dei Giganti

18) A dare il via al fenomeno dell'iconoclastia fu:

A. l'imperatore Costantino

B. il Concilio di Nicea
C. l'imperatrice bizantina Irene
D. l'imperatore bizantino Leone V l'Armeno
E. l'imperatore bizantino Leone III

19) Quale ordine architettonico fu ideato dai Romani?

A. Ordine tuscanico
B. Ordine dorico
C. Ordine corinzio
D. Ordine composito
E. Ordine ionico

20) Il *vaso François* è il capolavoro della:

A. arte moderna
B. arte geometrica
C. arte ellenistica
D. età arcaica
E. ceramica a figure rosse

21) L'affresco raffigurante la *Nascita della Vergine* del 1513 nel Chiostro dei Voti della Santissima Annunziata a Firenze è stato eseguito da:

A. Cesare Cesariano
B. Andrea Orcagna
C. Paolo Uccello
D. Domenico Ghirlandaio
E. Andrea del Sarto

22) Quale tra questi pittori appartiene alla corrente divisionista?

A. Giovanni Boldini
B. Giovanni Fattori
C. Tranquillo Cremona
D. Giovanni Segantini
E. Nessuno tra quelli citati

23) Quale tra questi pittori appartiene al movimento dei *Fauves*?

A. Pablo Picasso
B. Henri de Toulouse Lautrec
C. Pierre Bonnard
D. Maurice Denis
E. André Derain

24) Quale di questi musei francesi ospita prevalentemente collezioni d'arte contemporanea?

A. Musée du Louvre
B. Musée Jacquemart-André
C. Musée National de Cluny
D. Musée d'Orsay
E. Nessuna delle risposte è corretta

25) Quale di questi artisti fa parte del gruppo dei pittori del futurismo?

A. Adriano Cecioni
B. Angelo Morbelli
C. Antonio Mancini
D. Virgilio Guidi
E. Gino Severini

26) *La Storia di Nastagio degli Onesti*, tratta da una novella del *Decamerone* di Boccaccio, è stata dipinta da:

A. Piero della Francesca
B. Domenico Ghirlandaio
C. Sandro Botticelli
D. Paolo Uccello
E. Pinturicchio

27) *L'Assunzione della Vergine* di Tiziano del 1516-18 è conservata a:

A. Palazzo Farnese, Roma
B. Scuola di San Rocco, Venezia
C. Galleria Borghese, Roma
D. Gallerie dell'Accademia, Venezia
E. Santa Maria dei Frari, Venezia

28) Artemisia Gentileschi, pittrice caravaggesca figlia di Orazio, è protagonista di un celebre processo per stupro contro un pittore del suo tempo. Si tratta di:

A. Isidoro Bianchi
B. Taddeo Zuccari
C. Giovanni Lanfranco

D. Guido Reni
E. Agostino Tassi

29) Il *ritratto di Alessandro Magno* è opera di:

A. Skopas
B. Fidia
C. Policleto
D. Lisippo
E. Prassitele

30) Il dipinto fiammingo *Veduta di Delft* (1659-60) è opera di:

A. Pieter De Hooch
B. Jan Vermeer
C. Jan Davidsz de Heem
D. Franz Hals
E. Gerrit Van Honthorst

31) Gli affreschi raffiguranti il Buono e il Cattivo Governo nel Palazzo Pubblico di Siena furono realizzati da:

A. Stefano Fiorentino
B. Ambrogio Lorenzetti
C. Giotto di Bondone
D. Simone Martini
E. Sano di Siena

32) Una cuspide è:

A. un tipo di scultura
B. un arredo di sacrestia
C. un dipinto a più scomparti
D. un elemento architettonico
E. un elemento decorativo

33) Nel seguente elenco di famosi musei, abbinati alle città che li ospitano, c'è un errore. Quale?

A. Prado – Madrid
B. Capodimonte – Napoli
C. Metropolitan – New York
D. Ermitage – Mosca
E. Bargello – Firenze

34) Si collochino nel giusto ordine cronologico i seguenti movimenti artistici.

A. Pop Art, Espressionismo, Impressionismo, Neoclassicismo
B. Impressionismo, Pop Art, Espressionismo, Neoclassicismo
C. Neoclassicismo, Impressionismo, Espressionismo, Pop Art
D. Impressionismo, Espressionismo, Neoclassicismo, Pop Art
E. Neoclassicismo, Impressionismo, Pop Art, Espressionismo

35) Quale tra questi pittori fa parte del movimento degli espressionisti?

A. Claude Monet
B. Edgar Degas
C. Georg Grosz
D. Pierre Auguste Renoir
E. Edvard Munch

36) Il grande dipinto raffigurante *Il Quarto Stato* è stato realizzato nel 1901 da:

A. Telemaco Signorini
B. Francesco Hayez
C. Giovanni Segantini
D. Pellizza da Volpedo
E. Giovanni Fattori

37) Quale dei seguenti architetti ha legato il suo nome al Bauhaus?

A. Le Corbusier
B. Frank Lloyd Wright
C. Giles Gilbert Scott
D. Walter Gropius
E. Alvar Aalto

38) La Basilica di San Vitale è a:

A. Genova
B. Roma
C. Ravenna
D. Firenze
E. Padova

39) La *Monna Lisa* di Leonardo è conservata al:

A. British Museum (Londra)
B. Louvre (Parigi)
C. Galleria degli Uffizi (Firenze)
D. National Gallery (Londra)
E. Mauritshuis Royal Picture Gallery (L'Aja)

40) Il noto dipinto *Le déjeuner sur l'herbe* è stato realizzato nel 1863 da:

A. Pierre Auguste Renoir
B. Claude Monet
C. Edouard Manet
D. Eugène Delacroix
E. Théodore Géricault

41) Il tempietto di San Pietro in Montorio di Bramante è a:

A. Orvieto
B. Roma
C. Ravenna
D. Firenze
E. Siena

42) Gli affreschi raffiguranti il *Giudizio Universale* nel Duomo di Orvieto furono realizzati da:

A. Lorenzo Lotto
B. Ambrogio Lorenzetti
C. Luca Signorelli
D. Michelangelo Buonarroti
E. Domenico Ghirlandaio

43) Giotto da Bondone ebbe numerosi seguaci. Quale di questi fu un suo allievo?

A. Gherardo Starnina
B. Simone Martini
C. Taddeo di Bartolo
D. Sano di Pietro
E. Taddeo Gaddi

44) Giorgio Vasari (1511-1574), pittore e biografo, scrive nel 1567:

A. De Abaco
B. I Commentari
C. La mia vita
D. Vite de' più eccellenti pittori scultori et architetti
E. De Perspectiva pingendi

45) Determinare le esatte corrispondenze tra opere ed artisti:

1. Nascita di Venere
2. Pala di Montefeltro
3. Trittico di San Giovenale
4. Madonna del Parto
5. Madonna Sistina

a. Piero della Francesca
b. Raffaello
c. Botticelli
d. Bellini (Giovanni)
e. Masaccio

A. 1-b, 2-d, 3-a, 4-c, 5-e
B. 1-d, 2-b, 3-c, 4-a, 5-e
C. 1-d, 2-a, 3-c, 4-e, 5-b
D. 1-c, 2-a, 3-e, 4-d, 5-b
E. 1-e, 2-c, 3-a, 4-d, 5-b

46) Quale tra questi artisti è uno dei fondatori del movimento dell'"Arts and Crafts"?

A. William Hogarth
B. John Ruskin
C. William Morris
D. William Turner
E. William Blake

47) *Le storie della vita di Sant'Orsola* (1490-98) sono state eseguite da:

A. Bernozzo Gozzoli
B. Cosmé Tura
C. Carlo Crivelli
D. Vittore Carpaccio
E. Francesco del Cossa

48) Gli affreschi del Chiostro Verde di Santa Maria Novella a Firenze sono stati eseguiti da:

A. Andrea Bonaiuti
B. Andrea Orcagna
C. Paolo Uccello
D. Domenico Ghirlandaio
E. Andrea del Sarto

49) Quale tra questi pittori appartiene alla corrente divisionista?

A. Giuseppe Bezzuoli
B. Giovanni Fattori
C. Tranquillo Cremona
D. Giuseppe Pellizza da Volpedo
E. Giovanni Boldini

50) Quale tra questi pittori appartiene al movimento dei "Fauves"?

A. Paul Sérusier
B. Henri de Toulouse Lautrec
C. Pierre Bonnard
D. Maurice Denis
E. Henri Matisse

51) Con quale significato viene inizialmente coniato il termine "gotico"?

A. Romanico
B. Classico
C. Barbaro
D. Orientale
E. Visigoto

52) Il pittore de la *Maja desnuda*:

A. El Greco
B. Salvador Dalí
C. Goya
D. Joan Miró
E. Velazquez

53) *La lezione di Anatomia del dr. Nicolas Tulp* è opera di:

A. Gustav Klimt
B. Jan Vermeer
C. Frans Hals
D. Rembrandt Van Rijn
E. Gerrit Dou

54) Il celebre dipinto fiammingo *Donna in blu con una lettera* (1664) è opera di:

A. Gerrit Dou
B. Jan Vermeer
C. Jan Davidsz de Heem
D. Frans Hals
E. Gerrit Van Honthorst

55) Il ciborio è:

A. un piatto etrusco
B. un paramento liturgico
C. un tipo di tessuto
D. un'edicola architettonica
E. una tecnica incisoria

56) Il *Discobolo* è opera dello scultore greco:

A. Sotades
B. Mirone
C. Fidia
D. Policleto
E. Dedalo

57) Il più grande pittore macchiaiolo fu:

A. Felice Casorati
B. Pellizza da Volpedo
C. Sergio Bonfantini
D. Giovanni Fattori
E. Francesco Clemente

58) La tecnica di quale pittore del XX secolo consisteva nel far sgocciolare il colore sulla tela?

A. Roy Lichtenstein
B. Mark Rothko
C. Jackson Pollock
D. Georges Braque
E. Piet Mondrian

59) Il tema religioso dell'Ascensione si riferisce:

A. alla Trinità
B. al Cristo
C. alla Vergine
D. allo Spirito Santo
E. ai Santi Pietro e Paolo

60) Non fu un esponente della Pop Art:

A. Warhol
B. Fioroni
C. Mondrian
D. Schifano
E. Hamilton

61) Qual è l'esatta sequenza cronologica delle artiste sotto elencate?

A. Rosalba Carriera, Mary Cassatt, Artemisia Gentileschi, Antonietta Raphael Mafai
B. Artemisia Gentileschi, Rosalba Carriera, Mary Cassatt, Antonietta Raphael Mafai
C. Rosalba Carriera, Artemisia Gentileschi, Mary Cassatt, Antonietta Raphael Mafai
D. Artemisia Gentileschi, Antonietta Raphael Mafai, Rosalba Carriera, Mary Cassatt
E. Artemisia Gentileschi, Rosalba Carriera, Antonietta Raphael Mafai, Mary Cassatt

62) Il più grande pittore naïf italiano:

A. Alberto Savinio
B. Giorgio de Chirico
C. De Pisis
D. Ligabue
E. Morandi

63) Quale di questi musei non è stato progettato da Renzo Piano?

A. Museo della Scienza e della Tecnica, Amsterdam
B. Centro Paul Klee, Berna
C. Mart, Rovereto
D. Centro Pompidou, Parigi
E. Fondazione Beyeler, Basilea

64) L'archeologo Schliemann è famoso per:

A. aver riportato alla luce i resti di Pompei
B. gli scavi nell'isola di Creta
C. aver scoperto i resti dell'antica Troia
D. gli studi sulle catacombe cristiane
E. la ricostruzione topografica dell'antica Atene

65) Indicare l'affermazione errata tra le seguenti.

A. Il Rinascimento attua una vera e propria riscoperta dell'arte antica
B. Durante il Rinascimento l'uomo è al centro della riflessione degli artisti
C. Con gli artisti del Rinascimento si determina il nuovo approccio alla natura
D. Nel Rinascimento gli artisti si formavano nelle botteghe
E. Il Rinascimento vede un grande sviluppo in pittura di una prospettiva di tipo empirico

66) Elemento caratterizzante la novità della ricerca pittorica di Giotto è:

A. l'uso del contrasto cromatico
B. l'eleganza sinuosa della linea di contorno
C. la nuova concezione spaziale basata sulla evidenza della terza dimensione e dei rapporti volumetrici
D. l'annullamento della spazialità mediante l'uso del fondo d'oro e di una luminosità diffusa e inconsistente
E. la rappresentazione di immagini astratte e ieratiche riferibili alla tradizione bizantina

67) Gli affreschi della sala baronale del Castello della Manta di Saluzzo raffigurano:

A. la resurrezione di Cristo
B. il ciclo dei Mesi
C. l'adorazione dei Magi
D. la Vergine nel roseto
E. la fontana della giovinezza

68) Mettere in ordine cronologico i seguenti movimenti artistici: Espressionismo (a), Impressionismo (b), Astrattismo (c), Neoclassicismo (d), Neorealismo (e)

A. a; b; c; d; e
B. e; c; a; b; d
C. c; a; b; e; d
D. d; b; a; c; e
E. b; c; a; d; e

69) Quale delle seguenti denominazioni NON corrisponde a un tipo di volta?

A. Volta a schifo
B. Volta a botte
C. Volta ogivale
D. Volta capriata
E. Volta a padiglione

70) Guarino Guarini è il maggior esponente dell'architettura barocca:

A. senese
B. napoletana
C. romana
D. torinese
E. genovese

71) Il termine "capriccio" indica:

A. la rappresentazione di figure mitologiche
B. un paesaggio di pura fantasia dove sono liberamente accostati monumenti o rovine
C. una scena di soggetto pastorale arcadico
D. un paesaggio privo di figure umane
E. una composizione con fiori e frutta

72) Caposcuola del Realismo francese è:

A. Henri Matisse
B. il pittore Gustave Courbet
C. il pittore Eugène Delacroix
D. il pittore Edouard Manet
E. lo scultore Gustave Rodin

73) Quale tra questi pittori appartiene alla Scapigliatura?

A. Simone Martini
B. Plinio Nomellini
C. Tranquillo Cremona
D. Giovanni Segantini
E. Domenico Induno

74) Dipinse le celebri *Ninfee*:

A. Pierre Auguste Renoir
B. Claude Monet
C. Eugène Delacroix
D. Georges Seurat
E. Paul Signac

75) Quale impressionista francese è autore tra l'altro dei notissimi dipinti *L'altalena* e *Bambina con annaffiatoio*?

A. Gustave Moreau
B. Rembrandt
C. Alfred Sisley
D. Pierre Auguste Renoir
E. Edgar Degas

76) Il Buon Pastore è:

A. una scultura bronzea del V secolo a.C.
B. una scultura marmorea del IV secolo d.C.
C. opera di un artista e tratta un tema mai apparso prima nell'arte
D. una scultura in marmo di epoca ellenistica
E. una scultura di Lisippo

77) Quale tra questi artisti ha redatto il *Manifesto dello spazialismo*?

A. Renzo Piano
B. Fortunato Depero
C. Lucio Fontana
D. Giulio Paolini
E. Renato Guttuso

78) Ebbe un periodo "tahitiano":

A. Camille Corot
B. Jacob Pissarro
C. Paul Cézanne
D. Paul Gauguin
E. Manet

79) Quale di questi artisti fa parte del movimento della Land Art?

A. Kira Perov
B. Bill Viola
C. Keith Haring
D. Mark Rothko
E. Richard Long

80) La *net.art* come movimento artistico si sviluppa:

A. nel 2005
B. all'inizio degli anni '90
C. verso la metà degli anni '90
D. nel 2001
E. durante gli anni '80

81) A quale periodo risalgono le pitture rupestri della grotta di Lascaux?

A. Neolitico
B. Età del ferro
C. Paleolitico
D. Età del bronzo
E. Mesolitico

82) La cappella medicea eseguita da Michelangelo si trova nella chiesa fiorentina di:

A. San Filippo Neri
B. San Lorenzo
C. Santa Croce
D. Santa Maria del Fiore
E. Santa Maria Novella

83) In quale paese straniero ha lavorato il pittore genovese Luca Cambiaso?

A. Cina
B. Francia
C. Spagna
D. Portogallo
E. Malta

84) Villa Savoye fu progettata da:

A. Le Corbusier
B. Walter Gropius
C. Frank Lloyd
D. Ludwig Mies van der Rohe
E. Alvar Aalto

85) La stagione dell'arte di Tell el-Amarna, la nuova capitale fondata dal faraone "eretico" Akhenaton, in quale periodo della storia egizia si colloca?

A. Antico Regno
B. Medio Regno
C. Nuovo Regno
D. Tolemaico
E. Romano

86) Cosa si intende per "colmata persiana"?

A. Il tumulo funerario per i caduti persiani a Maratona
B. Il riempimento della trincea effettuata a Mileto in occasione della rivolta ionica
C. Il riempimento contenente le offerte dei Persiani nell'agorà di Atene
D. Il complesso votivo dedicato dai Persiani nell'Artemision di Efeso
E. Il riempimento contenente i detriti dei monumenti distrutti dai Persiani sull'acropoli di Atene

87) Il *Doriforo* di Policleto è:

A. un kouros arcaico portatore di lancia
B. un gruppo scultoreo di età ellenistica
C. un tipo scultoreo ideato in area pergamena
D. una celeberrima statua di età classica
E. un prezioso originale bronzeo di età severa

88) La colonna coclide collocata davanti a Palazzo Chigi a Roma celebra le imprese di un imperatore. Quale?

A. Frank Lloyd Wright
B. Ludwig Mies van der Rohe
C. Alvar Aalto
D. Le Corbusier
E. Frank Gehry

89) Chi ha ideato il *Modulor*, una scala di proporzioni basata sulle misure dell'uomo?

A. Frank Lloyd Wright
B. Ludwig Mies van der Rohe
C. Alvar Aalto
D. Le Corbusier
E. Frank Gehry

90) Quale dei seguenti mosaici romani riflette gli orientamenti stilistici dell'arte giustinianea?

A. Santa Costanza
B. Santa Pudenziana
C. Santa Maria Maggiore
D. Santi Cosma e Damiano
E. San Lorenzo Fuori le Mura

91) Quali materiali e tecniche sono tipici degli artisti della Pop Art?

A. Tecniche tradizionali della scultura
B. Ogni tipo di tecnica e di materiale
C. Tecniche di derivazione orientale
D. Tecnologie computerizzate
E. Nessuna delle alternative è corretta

92) Quale città tedesca conserva il *Codex Egberti* e numerose altre opere legate alla committenza del vescovo Egberto?

A. Essen
B. Treviri
C. Augusta
D. Hildesheim
E. Magonza

93) Si indichi la sequenza cronologicamente esatta:

A. Ciclo dei Mesi di Ferrara – Portale maggiore del duomo di Monreale – Monumento funebre a Margherita di Lussemburgo – Pulpito del battistero di Pisa
B. Monumento funebre a Margherita di Lussemburgo – Ciclo dei Mesi di Ferrara – Portale maggiore del duomo di Monreale – Pulpito del battistero di Pisa
C. Monumento funebre a Margherita di Lussemburgo – Pulpito del battistero di Pisa – Ciclo dei Mesi di Ferrara – Portale maggiore del duomo di Monreale
D. Portale maggiore del duomo di Monreale – Ciclo dei Mesi di Ferrara – Pulpito del battistero di Pisa – Monumento funebre a Margherita di Lussemburgo
E. Portale maggiore del duomo di Monreale – Monumento funebre a Margherita di Lussemburgo – Ciclo dei Mesi di Ferrara – Pulpito del battistero di Pisa

94) I mosaici della chiesa di San Salvatore in Chora (Kariye Camii) di Istanbul sono tra i capolavori dell'arte bizantina. Risalgono all'epoca:

A. preiconoclasta
B. macedone
C. comnena

D. del regno latino di Costantinopoli
E. paleologa

95) Quale dei seguenti edifici può essere definito gotico?

A. Il duomo di Parma
B. Il battistero di Pisa
C. L'abbazia di Fossanova
D. L'abbazia di Sant'Antimo
E. San Nicola a Bari

96) Determinare l'esatta corrispondenza tra opere e artisti.

1. La tempesta
2. Supplizio di Marsia
3. Madonna dal collo lungo
4. Ultima cena (o Festino in casa Levi)
5. Deposizione di Volterra

a. Parmigianino
b. Giorgione
c. Tiziano
d. Rosso Fiorentino
e. Veronese

A. 1-c, 2-b, 3-e, 4-a, 5-d
B. 1-b, 2-c, 3-e, 4-a, 5-d
C. 1-d, 2-c, 3-a, 4-e, 5-b
D. 1-b, 2-c, 3-a, 4-e, 5-d
E. 1-a, 2-b, 3-c, 4-d, 5-e

97) Jan van Eyck fu contemporaneo di:

A. Cavallini
B. Simone Martini
C. Gentile da Fabriano
D. Mantegna
E. Perugino

98) Quale tra questi pittori attivi a Firenze mostra di essere stato influenzato dall'arte fiamminga?

A. Masolino da Panicale
B. Sandro Botticelli
C. Domenico Ghirlandaio
D. Filippo Lippi
E. Paolo Uccello

99) Il gruppo marmoreo di *Apollo e Dafne* di Gian Lorenzo Bernini si trova a:

A. Roma, Galleria Spada
B. Parigi, Museo del Louvre
C. Berlino, Altes Museum
D. Londra, British Museum
E. Roma, Galleria Borghese

100) Quale prelato, poi elevato agli onori degli altari, fissò in un apposito trattato le regole per l'architettura della Controriforma?

A. Luigi Gonzaga
B. Federico Borromeo
C. Carlo Borromeo
D. Ignazio di Loyola
E. Filippo Neri

RISPOSTE CORRETTE

1)	C	21)	E	41)	B	61)	B	81)	C
2)	E	22)	D	42)	C	62)	D	82)	B
3)	D	23)	E	43)	E	63)	C	83)	C
4)	D	24)	D	44)	D	64)	C	84)	A
5)	D	25)	E	45)	D	65)	E	85)	C
6)	B	26)	C	46)	C	66)	C	86)	E
7)	D	27)	E	47)	D	67)	E	87)	D
8)	C	28)	E	48)	C	68)	D	88)	C
9)	C	29)	D	49)	D	69)	D	89)	D
10)	D	30)	B	50)	E	70)	D	90)	C
11)	B	31)	B	51)	C	71)	B	91)	B
12)	E	32)	D	52)	C	72)	B	92)	B
13)	C	33)	D	53)	D	73)	C	93)	D
14)	C	34)	C	54)	B	74)	B	94)	D
15)	D	35)	E	55)	D	75)	D	95)	C
16)	C	36)	D	56)	B	76)	B	96)	D
17)	D	37)	D	57)	D	77)	C	97)	C
18)	E	38)	C	58)	C	78)	D	98)	D
19)	D	39)	B	59)	B	79)	E	99)	E
20)	D	40)	C	60)	C	80)	C	100)	C

CAPITOLO 5
Educazione civica

1) Un cittadino che abbia 40 anni può aspirare ad essere eletto:

A. Presidente della Repubblica
B. solo alla carica di Deputato
C. sia alla carica di Senatore sia alla carica di Deputato
D. a tutti gli incarichi citati
E. solo alla carica di Senatore

2) A quale organo la Costituzione attribuisce la funzione giudiziaria?

A. Alla Magistratura
B. Al Governo
C. Alla Corte Suprema
D. Al Parlamento
E. Al Ministero dell'Interno

3) La sede della Camera dei Deputati è:

A. Palazzo Madama
B. Palazzo Montecitorio
C. Palazzo Farnese
D. Palazzo Chigi
E. La Consulta

4) In quale anno è stato introdotto l'istituto del divorzio in Italia?

A. Nel 1948 con la Costituzione
B. Nel 1975 e confermato col referendum del 1980
C. Nel 1980
D. Nel 1970 e confermato con un referendum popolare nel 1974
E. Nel 1975

5) A norma del dettato costituzionale la Camera dei Deputati e il Senato della Repubblica sono eletti per cinque anni; tale periodo è indicato con il termine:

A. legislatura
B. governatorato
C. reggenza
D. quinquennio istituzionale
E. direttorio

6) In Italia le nomine dei magistrati:

A. sono stabilite dalla Corte di Cassazione
B. sono di esclusiva competenza dei nove giudici costituzionali eletti dal Parlamento in seduta comune
C. hanno luogo per concorso
D. sono di competenza del Presidente della Repubblica
E. sono stabilite esclusivamente dal Consiglio superiore della magistratura

7) Quale organo dell'ONU ha sede a L'Aia?

A. L'Assemblea Generale
B. Il Consiglio europeo
C. La Corte di giustizia
D. Il Consiglio di Sicurezza
E. Il Segretario generale

8) Chi ha il potere di sciogliere anticipatamente le Camere?

A. Il Ministro dell'Interno
B. Il Senato
C. Il Presidente del Consiglio dei Ministri
D. Il Presidente della Corte Costituzionale
E. Il Presidente della Repubblica

9) Secondo la Costituzione italiana, chi ha la sovranità?

A. Il popolo che la esprime delegando il potere decisionale o esercitandolo direttamente
B. Il Presidente della Repubblica
C. La Corte Costituzionale
D. Direttamente il popolo italiano
E. Il Parlamento

10) Dove è la sede del Parlamento Europeo?

A. A Monaco, in Germania
B. A Strasburgo, in Francia
C. A Madrid, in Spagna
D. A Ginevra, in Svizzera
E. A Roma, in Italia

11) Il Parlamento in seduta comune NON si riunisce per:

A. eleggere i senatori a vita
B. eleggere il Presidente della Repubblica
C. assistere al giuramento di fedeltà alla Repubblica e di osservanza della Costituzione del Presidente della Repubblica
D. eleggere un terzo dei membri del Consiglio Superiore della Magistratura
E. eleggere cinque membri della Corte costituzionale

12) Una Costituzione si dice flessibile quando le norme costituzionali possono essere abrogate o modificate:

A. solo da leggi speciali
B. solo da una particolare procedura
C. da leggi ordinarie
D. da leggi regionali
E. da altre leggi costituzionali

13) Quali sono i principali organi dell'ONU?

A. Parlamento, Consiglio dei ministri, Consiglio di Sicurezza
B. Assemblea generale, Consiglio di sicurezza, Segretario generale
C. Assemblea generale, Assemblea decisionale, Cancellierato
D. Parlamento, Camera dei Comuni, Premierato
E. Consiglio di sicurezza e Assemblea generale

14) È possibile appartenere contemporaneamente alle due Camere?

A. No, la Costituzione italiana vieta l'appartenenza contemporanea alle due Camere
B. Sì, lo prevede espressamente la Costituzione italiana
C. La Costituzione italiana prevede la possibilità di contemporanea appartenenza alle due Camere soltanto per chi abbia illustrato la patria per particolari meriti
D. La Costituzione italiana prevede la possibilità di contemporanea appartenenza alle due Camere soltanto per chi abbia superato i sessanta anni di età
E. La Costituzione italiana prevede la possibilità di contemporanea appartenenza alle due Camere soltanto per gli ex Presidenti della Repubblica

15) Le leggi sono promulgate:

A. dalla Camera dei deputati
B. dal Senato della Repubblica
C. da entrambe le Camere
D. dal Presidente della Repubblica
E. dal Presidente del Consiglio dei ministri

16) Cosa si intende per "cittadinanza"?

A. Il diritto a possedere una carta d'identità
B. Il documento che dichiara l'appartenenza di una persona ad uno Stato

C. L'appartenenza di un cittadino ad uno Stato, e quindi l'insieme dei diritti e doveri che un cittadino possiede nei confronti di tale Stato
D. L'appartenenza di una persona ad una città che si trova in un determinato Stato
E. Il Comune di residenza

17) La Corte Costituzionale è l'organo che giudica sulla:

A. legittimità delle leggi e dei regolamenti amministrativi
B. legittimità delle leggi e degli altri atti aventi forza e valore di legge
C. legittimità delle leggi e degli altri atti aventi forza di legge rispetto al Trattato della Unione Europea
D. lesione dei diritti fondamentali dell'uomo
E. costituzionalità dei disegni di legge

18) Dove ha sede la Presidenza del Consiglio dei Ministri?

A. A Palazzo Chigi, a Roma
B. A Palazzo Grazioli, a Roma
C. A Palazzo Madama, a Roma
D. A Palazzo del Quirinale, a Roma
E. Alla Farnesina

19) Una legge pubblicata sulla Gazzetta Ufficiale, salvo diversi termini in essa stabiliti, entra in vigore:

A. dopo un mese dal giorno della pubblicazione
B. il giorno stesso della pubblicazione
C. dopo sei mesi dalla pubblicazione
D. dopo quindici giorni dalla pubblicazione
E. dopo una settimana dalla pubblicazione

20) Quando è stata costituita l'ONU?

A. Nel 1955
B. Nel 1918
C. Nel 1945
D. Nel 1935
E. Nel 1948

21) Quale dei seguenti è l'organo di indirizzo e controllo politico-amministrativo dell'Amministrazione comunale?

A. Difensore civico comunale
B. Consiglio comunale
C. Segretario Comunale
D. Giunta comunale
E. Sindaco

22) In base alla Costituzione italiana, la libertà personale è:

A. inviolabile
B. sacra
C. assoluta
D. totale
E. soggettiva

23) È un atto avente forza di legge emanato dal potere esecutivo per delega del potere legislativo:

A. il referendum
B. il Decreto del Presidente della Repubblica
C. il Decreto legislativo
D. il Decreto ingiuntivo
E. il Decreto Legge

24) La capacità di eleggere e di essere eletti Senatori si acquista, rispettivamente:

A. a 18 e a 40 anni
B. a 25 e a 50 anni
C. a 21 e a 50 anni
D. a 25 e a 40 anni
E. a 18 e a 50 anni

25) L'amnistia si ha quando:

A. viene condonata in tutto o in parte la pena inflitta

B. lo Stato rinuncia ad accertare e/o punire alcuni tipi di reato
C. viene concessa al condannato la possibilità di uscire dal carcere o dal riformatorio
D. il condannato a pene detentive viene ammesso alla libertà condizionata
E. il condannato all'ergastolo usufruisce di una riduzione della pena

26) Quale dei seguenti non ha ricoperto la carica di Presidente della Repubblica?

A. Giulio Andreotti
B. Francesco Cossiga
C. Enrico De Nicola
D. Oscar Luigi Scalfaro
E. Giovanni Leone

27) I primi dodici articoli della Costituzione italiana contengono:

A. i principi fondamentali
B. i diritti e doveri dei cittadini
C. l'ordinamento della Repubblica
D. la formazione delle leggi
E. i rapporti etico-sociali

28) Da chi sono svolte le funzioni del Presidente della Repubblica nel caso che egli non possa adempierle?

A. Dal Presidente del Consiglio dei ministri
B. Da nessuno; si indice necessariamente l'elezione del nuovo Presidente della Repubblica
C. Dal Presidente della Camera dei deputati
D. Dal Presidente del Senato
E. Dal Presidente della Corte Costituzionale

29) La crisi di Governo si determina quando:

A. un Ministro viene indagato
B. il Governo perde la fiducia delle Camere
C. la situazione economica del Paese è critica
D. le opposizioni lo richiedono
E. il Presidente della Repubblica sfiducia il Parlamento

30) Il disegno di legge è una proposta di legge presentata al Parlamento:

A. dal Consiglio di Stato
B. da almeno 50.000 elettori
C. da qualunque parlamentare
D. da almeno cinque Consigli regionali
E. dal Governo

31) Tra gli istituti specializzati dell'ONU, quale opera per favorire la conoscenza e la comprensione reciproca fra i popoli?

A. Fondo Monetario Internazionale (FMI)
B. Organizzazione Internazionale del Lavoro (OIL)
C. Organizzazione Mondiale della Sanità (OMS)
D. Organizzazione delle Nazioni Unite per l'Educazione, la Scienza e la Cultura (UNESCO)
E. Alto Commissariato delle Nazioni Unite per i rifugiati (UNHCR)

32) Quale delle seguenti istituzioni ha il compito di controllare le finanze dell'Unione Europea?

A. Banca centrale europea
B. Corte dei conti europea
C. Comitato economico e sociale europeo
D. Parlamento europeo
E. Corte di giustizia dell'Unione Europea

33) Cosa stabilisce la Costituzione italiana in merito ai rapporti tra lo Stato e la Chiesa cattolica?

A. La Costituzione italiana all'art. 7 stabilisce che la Chiesa cattolica si trova in posizione di completa dipendenza dallo Stato italiano

B. La Costituzione italiana non affronta in alcun modo la questione dei rapporti tra Stato e Chiesa cattolica
C. La Costituzione italiana recita che "lo Stato e la Chiesa cattolica sono, ciascuno nel proprio ordine, indipendenti e sovrani"
D. Che in proposito non hanno alcun valore i Patti Lateranensi
E. Che i rapporti tra lo Stato e la Chiesa cattolica devono essere stabiliti da leggi ordinarie

34) Il Presidente della Repubblica italiana può sciogliere le Camere?

A. Sì, lo scioglimento delle Camere costituisce l'unica funzione attribuita al Presidente della Repubblica dalla Costituzione
B. No, la Costituzione non prevede alcun caso in cui le Camere possano essere sciolte
C. No, l'unico organo legittimato a sciogliere le Camere è il Presidente del Consiglio dei ministri
D. Sì, la Costituzione italiana prevede che il Presidente della Repubblica possa sciogliere le Camere, o anche una sola di esse
E. No, l'unico organo legittimato a sciogliere le Camere è il vice presidente di ciascun ramo del Parlamento

35) La nostra Costituzione è "rigida", quindi è immutabile?

A. No, in qualsiasi momento il Parlamento può approvare una modifica alla Costituzione come un qualsiasi altro provvedimento legislativo
B. Può essere modificata, ma può farlo solo il Presidente della Repubblica
C. No, la revisione è possibile ma solo mediante particolari procedure e maggioranze
D. Certo
E. No, la revisione è possibile solo mediante il referendum costituzionale

36) Le leggi entrano in vigore:

A. quindici giorni dopo la loro pubblicazione, a meno che le stesse leggi non stabiliscano un termine diverso
B. in ogni caso, quindici giorni dopo la loro pubblicazione
C. subito dopo la loro promulgazione
D. subito dopo la loro approvazione da parte del Parlamento
E. subito dopo la loro approvazione da parte delle Commissioni permanenti

37) Una forma di regime nella quale tutto il potere statale è nelle mani di un unico uomo si definisce:

A. democrazia
B. autocrazia
C. aristocrazia
D. oligarchia
E. anarchia

38) Il giudice di appello sulle sentenze dei tribunali amministrativi regionali è:

A. la Cassazione
B. la Corte dei Conti
C. la Corte Costituzionale
D. la Corte d'Assise
E. il Consiglio di Stato

39) Qual è la durata della legislatura?

A. La Costituzione italiana prescrive che la Camera dei deputati e il Senato della Repubblica sono eletti, rispettivamente, per sette anni e per sei anni
B. La Costituzione italiana stabilisce che la legislatura duri tre anni
C. La Costituzione italiana prescrive che la Camera dei deputati e il Senato della Repubblica sono eletti per cinque anni

D. La Costituzione italiana prevede che la legislatura duri quattro anni
E. La Costituzione prevede che la legislatura duri fin quando non vengono sciolte le Camere

40) Nel nostro ordinamento non esiste l'istituto:

A. della mozione di sfiducia
B. del referendum abrogativo
C. del referendum costituzionale
D. del voto di fiducia costruttivo
E. del referendum confermativo

41) Quale delle seguenti affermazioni, in materia di diritti e doveri dei cittadini, non è conforme a quanto prescritto dalla Costituzione italiana?

A. Non è ammessa la pena di morte
B. La responsabilità penale è personale
C. L'imputato non è considerato colpevole sino alla condanna definitiva
D. Tutte le pene possono tendere alla rieducazione del condannato
E. La scuola è aperta a tutti

42) Prima di assumere le sue funzioni, il Presidente della Repubblica presta giuramento di fedeltà alla Repubblica e di osservanza della Costituzione; dinanzi a chi presta tale giuramento?

A. Dinanzi al Parlamento in seduta comune
B. Dinanzi al Presidente del Senato
C. Dinanzi ai senatori a vita
D. Dinanzi al Presidente del Consiglio dei ministri
E. Dinanzi al Palazzo del Quirinale

43) Le leggi regionali possono essere fonte del diritto penale?

A. Sì, perché la Costituzione riconosce alle Regioni la potestà legislativa
B. No, perché la Costituzione non riconosce alle Regioni la potestà legislativa
C. Sì, perché le leggi regionali rientrano tra le fonti del diritto
D. Sì, ma soltanto riguardo ai reati penali commessi nell'ambito del proprio territorio
E. No, perché la potestà legislativa in materia penale spetta solo allo Stato

44) Perché ne sia garantita l'autonomia di giudizio, la magistratura costituisce un ordine autonomo, che non dipende:

A. dal Governo, ma dipende solo dal Parlamento
B. né dal Parlamento né dal Governo
C. dal Parlamento, ma dipende solo dal Governo
D. dal Parlamento, ma dal Governo e dal Presidente della Repubblica
E. dal Parlamento né dal Governo, ma solo dal Presidente della Repubblica

45) Che cosa è necessario per riformare un articolo della Costituzione italiana?

A. Due deliberazioni da parte di entrambe le Camere e la maggioranza assoluta nella seconda votazione in ciascuna Camera
B. Un'unica deliberazione di entrambe le Camere e la maggioranza dei due terzi al Senato
C. Un'unica deliberazione a Camere riunite alla presenza del Presidente della Repubblica
D. Due deliberazioni a Camere riunite alla presenza del Presidente della Repubblica
E. Un decreto legge approvato dal Consiglio dei Ministri ed emanato dal Presidente della Repubblica

46) Quanti elettori possono richiedere un referendum abrogativo?

A. Settantamila elettori
B. Cinquantamila elettori
C. Cinquecentomila elettori

D. Centomila elettori
E. Trentamila elettori

47) In Italia la Festa della Repubblica si celebra il giorno:

A. 1° maggio
B. 5 luglio
C. 8 settembre
D. 2 giugno
E. 14 luglio

48) Non è una Regione a statuto speciale:

A. Trentino-Alto Adige
B. Friuli-Venezia Giulia
C. Veneto
D. Valle d'Aosta
E. Sicilia

49) Quale organo dell'ONU ha il potere decisionale?

A. L'Assemblea generale
B. La Corte Suprema
C. Il Gran Consiglio degli Stati
D. Il Consiglio di sicurezza
E. La Corte internazionale di giustizia

50) La Dichiarazione universale dei diritti umani è stata emanata:

A. nel 1948
B. nel 1987
C. nel 2003
D. nel 1789
E. nel 1816

51) Da chi fu discussa, elaborata ed approvata la Costituzione italiana?

A. Dal Parlamento
B. Dall'Assemblea Costituente
C. Dal Consiglio dei Ministri
D. Dal Senato della Repubblica
E. Dal Gran Consiglio del fascismo

52) La Costituzione italiana prevede l'esistenza dei partiti politici?

A. Sì, l'art. 49 dispone la facoltà di tutti i cittadini di associarsi liberamente in partiti
B. No, l'esistenza dei partiti è una consuetudine storica
C. No, i partiti politici sono espressione della democrazia moderna
D. Sì, ma solo di quelli che già esistevano al momento dell'approvazione della carta costituzionale
E. Sì, nelle disposizioni transitorie e finali

53) Come si chiama l'atto giudiziario col quale una persona viene informata che il Pubblico Ministero sta indagando nei suoi confronti?

A. Indagini preliminari
B. Istruttoria
C. Ipotesi di reato
D. Incidente probatorio
E. Informazione di garanzia

54) Chi ha l'obbligo di esercitare l'azione penale?

A. Il Giudice di pace
B. Il Consiglio di Stato
C. Il Pubblico Ministero
D. Il Giudice naturale
E. Il Guardasigilli

55) Una imposta che incide sull'imponibile attraverso un'aliquota stabile e costante si dice:

A. verticale
B. proporzionale
C. progressiva
D. reale
E. orizzontale

56) A quale organo la Costituzione attribuisce la funzione legislativa?

A. Alla Magistratura
B. Al Governo

C. Al Presidente del Consiglio
D. Al Parlamento
E. Ai singoli ministri

57) Quanto dura in carica il Presidente della Repubblica?

A. 10 anni
B. 7 anni
C. 4 anni
D. 5 anni
E. 3 anni

58) Quanti Paesi firmarono il Trattato di Roma che, nel 1957, diede vita all'odierna Unione Europea?

A. 6 Paesi
B. 5 Paesi
C. 10 Paesi
D. 8 Paesi
E. 25 Paesi

59) Cosa sono i dazi doganali?

A. Imposte che possono essere messe solo sui beni importati sui territori nazionali
B. Imposte che possono essere messe solo sui beni importati o in transito sui territori nazionali
C. Imposte che possono essere messe sui beni importati o esportati sui territori nazionali
D. Imposte che possono essere messe solo sui beni in transito
E. Imposte che possono essere messe solo sui beni esportati

60) La Costituzione italiana, trattando dei diritti e doveri dei cittadini, affronta il tema della famiglia. In proposito all'art. 29 sancisce che la Repubblica riconosce i diritti della famiglia come società naturale fondata:

A. sull'educazione dei figli
B. sul matrimonio
C. sul rispetto dei coniugi
D. sulla salute
E. sulla fedeltà dei coniugi

61) Un terzo dei giudici della Corte Costituzionale è nominato:

A. dall'Associazione Nazionale Magistrati
B. dall'Ordine degli Avvocati
C. dal Consiglio Superiore della Magistratura
D. dal Presidente della Repubblica
E. dal popolo chiamato ad esprimersi tramite referendum

62) Quante regioni sono previste dalla Costituzione italiana?

A. 15
B. 32
C. 21
D. 20
E. 22

63) In quale data l'euro è entrato in circolazione?

A. Il 1° gennaio 2002
B. Il 1° gennaio 2000
C. Il 1° gennaio 2001
D. Il 1° gennaio 2003
E. Il 1° gennaio 1999

64) Indicare il più giovane Presidente degli Stati Uniti d'America:

A. Theodore Roosevelt
B. Barack Hussein Obama
C. John Fitzgerald Kennedy
D. Bill Clinton
E. Ronald Reagan

65) Il diritto al lavoro di tutti i cittadini è sancito:

A. dal diritto sindacale
B. dalla Costituzione
C. dal Codice civile

D. dalla Gazzetta Ufficiale
E. dal Codice penale

66) Uno degli elementi che differenziano la Camera dei Deputati dal Senato della Repubblica è dato dai requisiti richiesti ai cittadini per esercitare la capacità di voto e per essere eletti. Non si può essere eletti senatori se non al superamento:

A. dei 25 anni di età
B. dei 50 anni di età
C. dei 40 anni di età
D. dei 21 anni di età
E. dei 35 anni di età

67) Ai sensi del dettato costituzionale, è senatore di diritto e a vita, salvo rinunzia:

A. chi è stato Presidente del Senato
B. solo chi ha illustrato la patria per meriti civili o sociali
C. chi è stato Presidente della Repubblica
D. chi ha ricoperto la carica di Presidente del Consiglio dei Ministri
E. tutti i senatori che abbiano compiuto 80 anni

68) Dove ha sede il Senato della Repubblica?

A. A Palazzo Madama
B. A Palazzo Montecitorio
C. A Palazzo del Quirinale
D. A Palazzo Venezia
E. A Palazzo Chigi

69) A cosa si riferisce l'espressione semestre bianco?

A. Ai primi sei mesi del mandato del Presidente della Repubblica
B. Ai primi sei mesi di una legislatura
C. Al periodo durante il quale le Camere devono interrompere i lavori parlamentari
D. Al periodo durante il quale le Camere devono approvare tutti i disegni di legge in discussione
E. Al periodo durante il quale il Presidente della Repubblica italiana non può sciogliere le Camere

70) Qual è l'organo deliberativo del Comune?

A. Il Consiglio comunale
B. La Giunta comunale
C. Il Sindaco
D. Il Segretario comunale
E. Il Commissario prefettizio

71) Quale dei seguenti Ministri è anche comunemente detto Guardasigilli?

A. Ministro della Giustizia
B. Ministro della Difesa
C. Ministro dell'Interno
D. Ministro degli Esteri
E. Ministro dell'Economia

72) Qual è la forma di governo dell'Unione Europea?

A. Federale
B. Parlamentare
C. Presidenziale
D. Direttoriale
E. Repubblicana

73) Quale dei seguenti Paesi non fa parte della cosiddetta zona euro?

A. Irlanda
B. Malta
C. Portogallo
D. Danimarca
E. Lussemburgo

74) Qual è la sede permanente della Corte Costituzionale?

A. Il Palazzo Chigi di Ariccia
B. Il Palazzo Barberini a Roma
C. Il Palazzo della Consulta a Roma

D. Il Palazzo Sforza a Milano
E. Castel Sant'Angelo a Roma

75) Quale dei seguenti Paesi è membro permanente del Consiglio di sicurezza dell'ONU?

A. La Spagna
B. Il Cile
C. La Grecia
D. Il Regno Unito di Gran Bretagna
E. Cuba

76) Nel dicembre 1991 si è verificato in Italia l'unico caso di richiesta di messa in stato d'accusa di un Presidente della Repubblica: di chi si trattava?

A. Francesco Cossiga
B. Oscar Luigi Scalfaro
C. Giovanni Leone
D. Giorgio Napolitano
E. Giuseppe Saragat

77) Cosa s'intende per Prodotto Interno Lordo?

A. L'insieme delle spese e delle entrate di uno Stato
B. Il valore complessivo dei beni e dei servizi che vengono prodotti in un Paese
C. L'ammontare totale dei debiti contratti dallo Stato
D. La spesa che lo Stato sostiene per il mantenimento dei Ministeri
E. Il valore complessivo dei beni acquistabili dai cittadini

78) Per scrutinio palese si intende una procedura di votazione:

A. per iscritto
B. per acclamazione
C. per alzata di mano
D. segretata
E. per lettura orale dinanzi all'Assemblea

79) Il referendum abrogativo non è ammesso:

A. per le leggi tributarie e di bilancio
B. per le leggi di amnistia
C. per le leggi di indulto
D. per la ratifica dei trattati internazionali
E. tutte le alternative sono vere

80) Cosa s'intende per Bilancia dei Pagamenti?

A. La registrazione delle transazioni di un Paese con il Resto del mondo
B. Il bilancio dello Stato
C. L'insieme dei crediti vantati da uno Stato nei confronti di un altro
D. Il disavanzo pubblico
E. La registrazione delle entrate di moneta derivanti dalla vendita di beni e servizi

81) Il Consiglio Atlantico, organo supremo della NATO, ha sede a:

A. Bruxelles
B. Ginevra
C. New York
D. Strasburgo
E. Roma

82) Quale tra le seguenti personalità politiche italiane NON è mai stato eletto Presidente della Repubblica?

A. Giuseppe Saragat
B. Giovanni Gronchi
C. Giovanni Spadolini
D. Luigi Einaudi
E. Carlo Azeglio Ciampi

83) Quale dei seguenti noti personaggi del mondo politico, in un discorso del 1950, propose per la prima volta un'unione dei Paesi europei?

A. Il Primo ministro britannico Winston Churchill

B. Il ministro degli Affari Esteri francesi Robert Schuman
C. Il Presidente della Repubblica Italiana Giovanni Leone
D. Il Presidente della Repubblica democratica tedesca Walter Ulbricht
E. Il Presidente del Consiglio italiano Alcide De Gasperi

84) Come viene chiamato in Germania il Capo del Governo?

A. Cancelliere
B. Lord Major
C. Segretario di Stato
D. Capo del Bundestag
E. Presidente

85) Di quanti articoli si compone la nostra Costituzione?

A. 150
B. 438
C. 491
D. 139
E. 135

86) Come si definiscono le sentenze della Corte Costituzionale che negano l'incostituzionalità di una legge?

A. Sentenze di rigetto
B. Sentenze costitutive
C. Sentenze nomofilattiche
D. Sentenze di accoglimento
E. Sentenze negative

87) I Paesi membri dell'ONU aventi diritto di veto sono:

A. tutti gli Stati membri del Consiglio di Sicurezza
B. Stati Uniti, Russia, Cina, Italia, Gran Bretagna, Francia
C. Stati Uniti e Gran Bretagna
D. Stati Uniti, Russia, Cina, Gran Bretagna, Francia
E. Stati Uniti, Russia, Cina, Giappone, Gran Bretagna, Francia

88) In base alla Costituzione italiana, chi giudica sulle accuse promosse contro il Presidente della Repubblica?

A. Il Parlamento in seduta plenaria
B. La Magistratura ordinaria
C. L'Avvocatura di Stato
D. La Corte Costituzionale
E. La Suprema Corte di Cassazione

89) Quanti anni restano in carica i giudici della Corte costituzionale?

A. 5 anni
B. 10 anni
C. 9 anni
D. 7 anni
E. A vita

90) Quale delle seguenti affermazioni è corretta in base al dettato costituzionale?

A. Solo i provvedimenti restrittivi della libertà personale devono essere motivati
B. Tutti i provvedimenti giurisdizionali devono essere motivati
C. Solo i provvedimenti amministrativi devono essere motivati
D. Alcuni provvedimenti giurisdizionali possono essere motivati a discrezione del giudice
E. Tutti i provvedimenti emessi dalle autorità di pubblica sicurezza devono essere motivati e sono immediatamente ricorribili per Cassazione

91) Secondo la Costituzione italiana, lo Stato italiano e la Chiesa sono:

A. sovrani e indipendenti, ciascuno nel proprio ordine
B. dipendenti, nel senso che l'ordinamento della Chiesa deve essere conforme a quello dello Stato italiano
C. sovrani ciascuno nel proprio ordine, ma la Chiesa dipende economicamente dallo Stato italiano

D. indipendenti, ma l'ordinamento della Repubblica deve tenere conto dei principi della religione cattolica, che è la religione di Stato
E. dipendenti, nel senso che l'ordinamento dello Stato deve essere conforme ai principi della Chiesa

92) Secondo la Costituzione italiana, la Repubblica richiede espressamente l'adempimento dei doveri inderogabili di solidarietà politica, economica e:

A. umana
B. nazionale
C. popolare
D. cristiana
E. sociale

93) Prima di assumere le proprie funzioni, i ministri prestano giuramento:

A. nelle mani del Presidente del Consiglio dimissionario
B. sul Vangelo e sulla Costituzione
C. davanti al popolo italiano rappresentato dal senatore a vita più anziano
D. nelle mani del Presidente della Repubblica
E. in nome del popolo italiano

94) Quale dei seguenti è un requisito indispensabile perché uno Stato possa essere accettato nell'Unione Europea?

A. Rispetto dei parametri di Maastricht
B. Sottoscrizione del Trattato di Kyoto
C. Stabilità della democrazia
D. Essere membro permanente del Consiglio di Sicurezza dell'ONU
E. Avere la bilancia commerciale in attivo da almeno cinque anni

95) La norma giuridica ha carattere coercitivo perché:

A. il suo rispetto si impone con la forza o minacciando di usarla
B. è spontaneamente accettata dall'uomo
C. deve essere osservata dai cittadini solo in casi eccezionali
D. essa si fonda esclusivamente sull'uso della bonaria persuasione
E. deve essere imposta all'uomo in quanto incapace di autogestirsi

96) Cosa sanciscono in generale le leggi?

A. Solo i doveri dei cittadini
B. Solo i diritti dei cittadini
C. La posizione di preminenza dello Stato nei confronti dei cittadini
D. I diritti e i doveri dei cittadini
E. Solo le materie non espressamente trattate dalla Costituzione

97) Lo Stato è rappresentativo se:

A. rappresenta le classi sociali meno abbienti
B. rappresenta effettivamente tutti i cittadini aventi diritti al voto
C. il popolo esercita la sovranità attraverso i suoi rappresentanti
D. rappresenta esclusivamente le classi sociali produttive
E. rappresenta tutti i cittadini maggiorenni e con un titolo di studio superiore

98) Il diritto di sciopero nei servizi pubblici essenziali:

A. può essere esercitato in qualsiasi momento senza preavviso
B. non è regolato da alcuna norma
C. è assolutamente vietato
D. può essere esercitato solo in particolari periodi dell'anno
E. è disciplinato da apposita legge

99) Non è ammesso il referendum popolare per le leggi:

A. che disciplinano la materia elettorale
B. tributarie e di bilancio

C. costituzionali
D. disciplinanti l'ordinamento della Magistratura
E. in materia penale

100) Il Presidente della Repubblica alla scadenza del mandato è rieleggibile?

A. No, alla scadenza del mandato il Presidente diventa senatore a vita
B. Sì, ma solo in seguito ad accordo unanime del Parlamento
C. Sì, in quanto il testo costituzionale non pone alcun espresso divieto al riguardo
D. Sì, ma solo per una volta
E. No, alla scadenza del mandato il Presidente non può ricoprire alcuna carica istituzionale

RISPOSTE CORRETTE

1) C	21) B	41) D	61) D	81) A
2) A	22) A	42) A	62) D	82) C
3) B	23) C	43) E	63) A	83) B
4) D	24) D	44) B	64) C	84) A
5) A	25) B	45) A	65) B	85) D
6) C	26) A	46) C	66) C	86) A
7) C	27) A	47) D	67) C	87) D
8) E	28) D	48) C	68) A	88) D
9) A	29) B	49) D	69) E	89) C
10) B	30) E	50) A	70) A	90) B
11) A	31) D	51) B	71) A	91) A
12) C	32) B	52) A	72) B	92) E
13) B	33) C	53) E	73) D	93) D
14) A	34) D	54) C	74) C	94) C
15) D	35) C	55) B	75) D	95) A
16) C	36) A	56) D	76) A	96) D
17) B	37) B	57) B	77) B	97) C
18) A	38) E	58) A	78) C	98) E
19) D	39) C	59) C	79) E	99) E
20) C	40) D	60) B	80) A	100) C

CAPITOLO 6
Geografia

6.1 • Geografia fisica

Geografia d'Italia

1) Parlando delle catene montuose che si estendono nella Penisola italiana, si può dire che le Cozie appartengono:

A. alle Alpi Centrali
B. alle Alpi Orientali
C. agli Appennini
D. alle Alpi Occidentali
E. alle Dolomiti

2) Escludendo la Sicilia e la Sardegna, quale tra le regioni italiane vanta la maggiore lunghezza del proprio litorale?

A. Puglia
B. Campania
C. Liguria
D. Toscana
E. Calabria

3) L'isola di Lipari appartiene al territorio della Provincia di:

A. La Spezia
B. Grosseto
C. Napoli
D. Messina
E. Reggio Calabria

4) Il Cilento fa parte del territorio della regione:

A. Lazio
B. Sicilia
C. Puglia
D. Campania
E. Calabria

5) In Italia sono presenti alcuni vulcani, tra i quali il maggiore per altitudine è:

A. Vesuvio
B. Stromboli
C. Etna
D. Vulcano
E. Campi Flegrei

6) Il territorio della penisola italiana è interessato da due catene montuose, quali?

A. Le Alpi lungo tutta la penisola e gli Appennini a sud
B. Le Alpi a nord e gli Appennini lungo tutta la penisola
C. Le Alpi a sud e gli Appennini a nord
D. I Carpazi e le Alpi a nord e gli Appennini a sud
E. Gli Appennini a nord e le Alpi lungo tutta la penisola

7) Qual è il nome del noto Parco Nazionale presente in Basilicata?

A. Parco Nazionale dello Stelvio
B. Parco Nazionale del Gran Sasso
C. Parco Nazionale della Maiella
D. Parco Nazionale del Pollino
E. Parco Nazionale del Circeo

8) Quale delle seguenti affermazioni è corretta?

A. La Sicilia è la più grande isola del Mediterraneo
B. La Corsica è la più grande isola del Mediterraneo

C. Creta è la più grande isola del Mediterraneo
D. La Sardegna è la più grande isola del Mediterraneo
E. Capri è la più grande isola del Mediterraneo

9) Il Golfo di Squillace e l'Aspromonte si trovano:

A. in Abruzzo
B. in Emilia-Romagna
C. in Liguria
D. in Calabria
E. in Campania

10) È il più grande dei laghi italiani e prealpini, è di origine glaciale e si trova nell'Italia settentrionale. Si tratta del:

A. lago Trasimeno
B. lago di Varano
C. lago di Massaciuccoli
D. lago di Garda
E. lago di Bolsena

11) Le Alpi rappresentano la più imponente catena montuosa interamente in territorio europeo. Quale tra le seguenti è la più alta vetta alpina?

A. Il Monte Cimone
B. La Maiella
C. Il Gran Sasso
D. Il Monte Bianco
E. Il Monte Rosa

12) In quale regione italiana è situato il promontorio del Gargano?

A. Calabria
B. Campania
C. Toscana
D. Puglia
E. Sicilia

13) La Penisola Salentina si trova nel territorio della:

A. Calabria
B. Puglia
C. Campania
D. Sicilia
E. Sardegna

14) Cos'è e dove si trova il Gennargentu?

A. Un fiume che scorre nella Maremma toscana
B. Un altopiano situato nella zona del Polesine, in Veneto
C. Un lago di origine alpina situato nel Trentino-Alto Adige
D. Un massiccio montuoso situato nell'area centro-orientale della Sardegna
E. Un centro turistico molto rinomato della Calabria

15) In quale delle seguenti regioni italiane il francese è la lingua ufficiale accanto all'italiano?

A. Valle d'Aosta
B. Liguria
C. Toscana
D. Veneto
E. Trentino-Alto Adige

16) Nel sistema orografico italiano la vetta più alta è costituita:

A. dal Velino
B. dal Monte Bianco
C. dalla Maiella
D. dal Gran Sasso
E. dal Monte Matese

17) Il Lago di Garda appartiene al Trentino-Alto Adige?

A. No, è un lago totalmente veneto
B. Sì, anche se solo la parte settentrionale
C. Sì, per intero

D. No, appartiene solo al Veneto e alla Lombardia
E. No, appartiene in parte al Trentino e in parte al Friuli

18) La Val Venosta si trova:

A. in Abruzzo
B. in Trentino-Alto Adige
C. in Campania
D. in Toscana
E. nel Lazio

19) In quali regioni si estende il Parco Nazionale del Gran Paradiso?

A. Lombardia e Trentino-Alto Adige
B. Piemonte e Valle d'Aosta
C. Liguria e Toscana
D. Lombardia e Valle d'Aosta
E. Veneto ed Emilia-Romagna

20) In Valle d'Aosta qual è la lingua ufficiale, oltre all'Italiano?

A. Il Francese
B. Lo Slavo
C. Il Tedesco
D. Il Ladino
E. L'Albanese

21) Quale tra le seguenti isole non appartiene all'arcipelago delle Egadi?

A. Salina
B. Levanzo
C. Marettimo
D. Favignana
E. Maraone

22) I valichi dello Stelvio e del Tonale mettono in comunicazione:

A. Trentino-Alto Adige e Austria
B. Trentino-Alto Adige e Veneto
C. Trentino-Alto Adige e Lombardia
D. Trentino-Alto Adige e Friuli-Venezia Giulia
E. Trentino-Alto Adige e Valle d'Aosta

23) Nel Friuli-Venezia Giulia è presente il territorio del Carso; esso:

A. è una zona umida che ben si presta alla risicoltura
B. è un terreno fertile, adatto alle coltivazioni
C. essendo formato di rocce calcaree molto permeabili ha una rete idrografica per lo più ipogea
D. è un litorale basso e sabbioso, simile alla costa romagnola
E. è un terreno vulcanico molto fertile

24) Sul territorio italiano sono presenti diverse minoranze linguistiche; dialetti greci si trovano:

A. nel Salento e nell'Aspromonte
B. nel Polesine
C. nella Lunigiana
D. nella Bassa Maremma
E. nel Cilento

25) In quali regioni scorre il Po?

A. Piemonte, Lombardia, Emilia-Romagna e Toscana
B. Piemonte, Lombardia, Emilia-Romagna e Veneto
C. Piemonte, Emilia-Romagna, Veneto e Friuli-Venezia Giulia
D. Piemonte, Lombardia, Emilia-Romagna e Friuli-Venezia Giulia
E. Piemonte, Emilia-Romagna e Friuli-Venezia Giulia

26) Quale tra le seguenti affermazioni relative ai confini dello Stato italiano, non è corretta?

A. L'Italia ha confini terrestri con Francia, Germania, Austria, Croazia e Slovenia
B. L'Italia ha confini terrestri con Francia, Svizzera, Austria e Slovenia
C. L'Italia ha confini terrestri solo da Nord-Ovest a Nord-Est

D. Il tratto peninsulare dell'Italia è circondato dai mari mediterranei: Ligure, Tirreno, Ionio e Adriatico
E. I confini territoriali dello Stato italiano si estendono complessivamente per 1.800 km

27) Dove si innalza il massiccio del Cervino? A quale sezione delle Alpi appartiene?

A. Si innalza al confine tra la Valle d'Aosta e il cantone svizzero del Vallese ed appartiene alle Alpi Pennine
B. Si innalza in Valle d'Aosta ed appartiene alle Alpi Graie
C. Si innalza in Piemonte ed appartiene alle Alpi Graie
D. Si innalza in Piemonte ed appartiene alle Alpi Pennine
E. Si innalza in Lombardia ed appartiene alle Alpi Pennine

28) In quale regione italiana si trovano le zone del Sannio e dell'Irpinia?

A. In Toscana
B. In Emilia-Romagna
C. In Calabria
D. In Campania
E. In Umbria

29) Tra i rilievi del territorio italiano vi sono vette che superano i 4.000 m di altitudine?

A. Sì, tra esse il Terminillo e il Monte Cervino
B. Sì, tra esse il Velino e il Pizzo Bernina
C. Sì, tra esse il Monte Rosa e il Gran Paradiso
D. No, l'unica vetta che si avvicina ai 4.000 m è il Monte Bianco
E. Sì, tra esse il Matese e il Monte Rosa

30) In quali regioni italiane si concentra maggiormente la coltivazione di pomodori?

A. Campania, Puglia ed Emilia-Romagna
B. Piemonte e Liguria
C. Lombardia, Veneto e Trentino-Alto Adige
D. Abruzzo e Marche
E. Calabria e Campania

31) A quale regione appartiene il Polesine che nel 1951 fu colpito da una disastrosa alluvione costringendo 160.000 persone a lasciare la propria abitazione?

A. Lombardia
B. Sicilia
C. Veneto
D. Campania
E. Liguria

32) Cos'è e dove si trova l'Aspromonte?

A. È il picco montuoso più alto della Sardegna
B. È il massiccio montuoso della Calabria
C. È un vulcano spento in Sicilia
D. È un'isola dell'arcipelago delle Tremiti
E. È un picco montuoso delle Alpi Graie

33) In quale di queste località esistono delle rinomate terme sorte per la presenza di fenomeni vulcanici attivi?

A. Frosinone
B. Ischia
C. Siena
D. Merano
E. Prato

34) Dove si trova il Canale di Sicilia?

A. Nel tratto di mare tra la Sicilia e la Sardegna
B. Nel tratto di mare tra la Sicilia e la Calabria
C. Nel tratto di mare tra la Sicilia e la Tunisia

D. Nel tratto di mare tra la Sicilia e le Isole Eolie
E. Nel tratto di mare tra la Sicilia e le Isole Egadi

35) Qual è, dopo la Sicilia, la regione più estesa d'Italia?

A. Lombardia
B. Sardegna
C. Campania
D. Piemonte
E. Emilia Romagna

36) In quale regione si trova il Parco Nazionale delle Cinque Terre?

A. Campania
B. Basilicata
C. Liguria
D. Abruzzo
E. Molise

37) In quale zona d'Italia il fenomeno del bradisismo è più accentuato?

A. Napoli
B. Pozzuoli
C. Venezia
D. Ancona
E. Friuli

38) Qual è la pianura italiana più estesa dopo quella padana?

A. Tavoliere delle Puglie
B. Campidano
C. Pianura Veneta
D. Agro Pontino
E. Pianura Pisana

39) Cosa sono le "foibe"?

A. Canali d'irrigazione
B. Fiumi sotterranei
C. Nevicate particolarmente persistenti
D. Strette fenditure del paesaggio carsico, tipiche del Friuli-Venezia Giulia
E. Vegetazione alpina

40) L'orografia è la:

A. mappa dei giacimenti d'oro nel mondo
B. scrittura con penna dalla punta in oro
C. branca della geografia che si occupa dei rilievi terrestri
D. sezione della geografia che si occupa dei corsi d'acqua
E. corretta rappresentazione scritta di suoni e parole

Geografia europea ed extraeuropea

41) Di quale arcipelago fa parte l'isola di Formentera?

A. Cicladi
B. Canarie
C. Baleari
D. Azzorre
E. Capo Verde

42) In quale paese dell'Europa dell'est si parla una lingua latina?

A. Polonia
B. Romania
C. Bulgaria
D. Ungheria
E. Slovacchia

43) Qual è l'isola per metà greca e per metà turca?

A. Ceylon
B. Creta
C. Cefalonia
D. Cipro
E. Corfù

44) A quale nazione appartengono le isole Azzorre?

A. Portogallo
B. Spagna
C. Marocco
D. Algeria

E. Tunisia

45) Qual è la capitale della Scozia?

A. Glasgow
B. Aberdeen
C. Dundee
D. Edimburgo
E. Moray

46) Dove sfocia il Danubio?

A. Mar di Marmara
B. Mar Baltico
C. Mar Egeo
D. Mar Nero
E. Mar Caspio

47) In quale paese è avvenuta nel 1974 la "*rivoluzione dei garofani*"?

A. Cecoslovacchia
B. Polonia
C. Iugoslavia
D. Portogallo
E. Romania

48) Qual è la superficie della Città del Vaticano?

A. Meno di 1 kmq
B. Poco più di un kmq
C. Circa 10 kmq
D. Circa 50 kmq
E. Circa 15 kmq

49) Dove si trova il territorio della Bretagna?

A. Nel nord est della Francia
B. Nel nord ovest della Francia
C. Nel sud dell'Inghilterra
D. A est della Scozia
E. A ovest dell'Inghilterra

50) Qual è il lago più grande d'Europa?

A. Lago di Silvaplana
B. Onega
C. Lago dei Ciudi
D. Iso-Saimaa
E. Ladoga

51) Quale città spagnola è il capoluogo della Catalogna?

A. Siviglia
B. Valencia
C. Barcellona
D. Malaga
E. Madrid

52) Dove si trovano le isole Canarie?

A. A sud della Sicilia
B. A ovest del Portogallo
C. A sud della Spagna
D. A sud-ovest del Marocco
E. A est del Portogallo

53) Dove si trova il mar Rosso?

A. A sud della Somalia
B. A est dell'Egitto
C. A est dell'Arabia Saudita
D. A nord di Israele
E. A nord del Libano

54) Qual è la montagna più alta dell'Africa?

A. Kilimangiaro
B. Kenia
C. Karisimbi
D. Camerun
E. Shimbiris

55) Qual è il golfo più grande del mondo?

A. Golfo di Guinea
B. Golfo del Messico
C. Golfo del Bengala
D. Golfo d'Alaska
E. Golfo Persico

56) A quale arcipelago appartiene la Giamaica?

A. Caroline

B. Piccole Antille
C. Ebridi
D. Grandi Antille
E. Delle Hawaii

57) Chi sono gli originari abitanti dell'Australia?

A. Zulu
B. Boeri
C. Aborigeni
D. Pigmei
E. Afrikaans

58) A chi appartiene la Groenlandia?

A. Canada
B. Danimarca
C. Stati Uniti
D. Russia
E. Alaska

59) Qual è la capitale della Slovacchia?

A. Nitra
B. Praga
C. Brno
D. Bratislava
E. Presov

60) Il Sudafrica è noto per i giacimenti di:

A. piombo
B. zinco
C. diamanti
D. rame
E. zaffiri

61) Dove si parla il fiammingo?

A. Terra del Fuoco
B. Danimarca
C. Finlandia
D. Belgio
E. Francia

62) Qual è lo Stato indipendente più piccolo del mondo?

A. La Città del Vaticano
B. La Repubblica di San Marino
C. Il Principato di Andorra
D. Il Regno del Lesotho
E. L'isola di Cuba

63) Qual è la religione più diffusa in Gran Bretagna?

A. Induista
B. Protestante
C. Cattolica
D. Anglicana
E. Animista

64) Come si chiama la zona compresa fra il tropico del Cancro e il tropico del Capricorno?

A. Zona tropicale
B. Zona boreale
C. Zona australe
D. Zona mediana
E. Zona equatoriale

65) Il tratto di mare compreso tra la Francia settentrionale e le coste meridionali dell'Inghilterra è denominato:

A. Bocche di Bonifacio
B. Golfo di Biscaglia
C. Mar Baltico
D. Canale della Manica
E. Canale di Suez

66) La Normandia, la Bretagna, la Provenza, la Borgogna sono tutte regioni che si trovano in:

A. Ucraina
B. Polonia
C. Francia
D. Spagna
E. Austria

67) Lourdes e Santiago de Compostela, mete di pellegrinaggio di milioni di fedeli, si trovano rispettivamente in:

A. Francia e Portogallo

B. Francia e Spagna
C. Belgio e Spagna
D. Spagna e Portogallo
E. Francia e Belgio

68) La città di Minsk è la capitale:

A. della Russia
B. della Bosnia ed Erzegovina
C. della Bielorussia
D. dell'Ucraina
E. della Bulgaria

69) Dove vivono gli abitanti delle Province Basche?

A. In Portogallo
B. Nella Francia meridionale
C. Nella Repubblica di Andorra
D. In Belgio
E. A Nord della Spagna

70) In quale nazione si trova Greenwich, dove si è convenuto di far passare il meridiano a longitudine "0"?

A. Inghilterra
B. Francia
C. Irlanda
D. Italia
E. Islanda

71) A quale nazione appartengono le isole Baleari?

A. Portogallo
B. Marocco
C. Algeria
D. Spagna
E. Olanda

72) Dove si trova lo Stretto di Bering?

A. È lo stretto che separa la Svezia dalla Danimarca
B. È lo stretto che separa l'America Centrale dall'America del Sud
C. È lo stretto che separa Gibilterra dall'Africa
D. È lo stretto che separa la Scozia dall'Islanda
E. È il passaggio marittimo tra l'Asia (Siberia) e l'America (Alaska)

73) L'Everest, la montagna più alta del mondo, si trova in:

A. Tanzania
B. Nepal
C. Perù
D. Pirenei
E. Australia

74) Quale metropoli si estende su due continenti?

A. Copenhagen
B. Helsinki
C. San Pietroburgo
D. Istanbul
E. Città del Messico

75) Qual è e dove si trova il deserto più esteso della terra?

A. Sahara/Africa
B. Gobi/Asia
C. Deserto Libico/Africa
D. Deserto del Sinai/Arabia
E. Deserto di Atacama/Sud America

76) Quali sono le principali penisole d'Europa?

A. Penisola Iberica, Italia, Norvegia, Penisola Balcanica
B. Penisola Iberica, Italia, Scandinavia, Penisola Balcanica
C. Spagna, Italia, Scandinavia, Penisola Balcanica
D. Penisola Iberica, Italia, Scandinavia, Peloponneso
E. Bretagna, Italia, Scandinavia, Penisola Balcanica

77) Cosa separa la penisola arabica dal continente asiatico?

A. L'Oceano Pacifico
B. Il Mar Nero
C. Il Mar Rosso
D. Il Golfo Persico
E. Il Canale di Suez

78) Lo Stato più esteso degli Stati Uniti d'America è:

A. l'Alaska
B. il Texas
C. il New Mexico
D. la Louisiana
E. l'Arkansas

79) Un atollo è:

A. un'isola circondata da formazioni coralline
B. un'isola corallina a forma di anello che al suo interno racchiude una laguna
C. un'isola delle Antille
D. un blocco di ghiaccio galleggiante
E. una lunga e stretta lingua di sabbia galleggiante detta anche isola di sbarramento

80) La catena montuosa più lunga del mondo è:

A. Carpazi
B. Pirenei
C. Himalaya
D. Cordigliera delle Ande
E. Rocky Mountains

81) Nella penisola iberica, oltre a Spagna e Portogallo, esiste un piccolo Stato indipendente, quale?

A. Malta
B. Liechtenstein
C. Monaco
D. Andorra
E. Città del Vaticano

82) A quali Stati appartiene la Lapponia?

A. Norvegia, Danimarca, Finlandia e Russia
B. Norvegia, Svezia, Finlandia e Russia
C. Finlandia, Svezia, Norvegia
D. Norvegia, Finlandia, Danimarca
E. Norvegia, Svezia, Russia, Canada

83) Quale religione prevale in Germania?

A. Cattolica
B. Metodista
C. Calvinista
D. Luterana
E. Anglicana

84) Dove si trova la Foresta Nera?

A. Nelle Alpi occidentali
B. Nella Svizzera settentrionale
C. Nella Francia orientale
D. Nella Polonia occidentale
E. Nella Germania sud-occidentale

85) Cos'è e dove è situata la Terra del Fuoco?

A. Una penisola/all'estrema punta del Sud America
B. Un'isola/a sud dell'Argentina
C. Un'isola/a sud del Cile
D. Un arcipelago/all'estremità meridionale del Sud America
E. Una lingua di terra/a sud dell'Argentina

6.2 • Geografia economica e umana

86) Quale tra le seguenti affermazioni relative al tasso di mortalità infantile NON è corretta?

A. Il tasso di mortalità infantile esprime il rapporto, per mille nati, fra i bam-

bini morti entro il primo anno di vita e il totale dei bambini nati vivi nello stesso anno
B. Il tasso di mortalità infantile è un forte indicatore del livello di sviluppo di un Paese
C. Un alto tasso di mortalità infantile si registra nei Paesi in cui i servizi sociosanitari sono carenti
D. Un basso livello di istruzione della popolazione è tra le cause di mortalità infantile
E. Nei Paesi sviluppati il tasso di mortalità infantile è pari a zero

87) Come viene definito l'indicatore demografico che misura il numero di anni che un bambino può attendere di vivere rispetto alle condizioni sociali ed economiche del Paese in cui nasce?

A. Tasso di incremento naturale
B. Tasso di fecondità
C. Speranza di vita alla nascita
D. Indice di dipendenza demografica
E. Tasso di mortalità infantile

88) Cos'è la "crisi del debito" dei Paesi in via di sviluppo?

A. È legata all'andamento al ribasso dei prezzi delle materie prime e del petrolio in particolare
B. È la massa del debito che questi Paesi hanno nei confronti dei propri cittadini
C. È l'origine della povertà dei Paesi in via di sviluppo
D. È la conseguenza dell'indebitamento massiccio avvenuto negli anni Settanta del secolo scorso
E. È la conseguenza di una strategia economica che punta a uno sviluppo meno dipendente dall'estero

89) Quali tra questi elementi sono considerati cause interne del sottosviluppo?

A. Bassi livelli educativi, modesti accumuli di capitale, corruzione
B. Colonialismo, elevati flussi migratori, sperequazioni sociali
C. Neocolonialismo economico, bassi tassi demografici, mentalità
D. Interventi delle istituzioni economiche internazionali
E. Mancata integrazione tra il settore industriale e quello agricolo

90) Quale tra le seguenti affermazioni NON è corretta?

A. La malnutrizione, un fenomeno molto diffuso nei Paesi poveri, colpisce lentamente, rallentando lo sviluppo fisico e intellettivo
B. Il movimento migratorio dal Sud al Nord del mondo genera, nei Paesi di origine, l'allontanamento della popolazione giovane e dinamica
C. Per "neocolonialismo" si intende il passaggio da forme di dominazione politico-militare all'ingerenza delle multinazionali
D. Le multinazionali sono imprese oligopolistiche che producono la maggior parte dei beni di largo consumo
E. I Paesi del Sud del mondo, che contano una popolazione pari al 77% di quella mondiale, detengono il 60% del reddito complessivo

91) Tra gli indicatori sociali, utilizzati per misurare il livello di benessere della popolazione, NON si può annoverare:

A. l'offerta turistica
B. il tasso di analfabetismo
C. l'accesso all'acqua potabile
D. il numero di abitanti per medico
E. il livello dei consumi tecnologici

92) Lo sviluppo sostenibile:

A. è un concetto che risale agli anni Cinquanta

B. ha lo scopo di soddisfare le necessità delle attuali generazioni senza pregiudicare le possibilità delle generazioni future
C. è sinonimo di crescita economica
D. mira ad aumentare la produzione di beni di consumo
E. è incompatibile con la salvaguardia dell'ambiente

93) Quale fra queste forme di energia non deriva da una fonte rinnovabile?

A. L'energia eolica
B. L'energia geotermica
C. L'energia nucleare
D. L'energia solare
E. L'energia idroelettrica

94) È vero che la produzione alimentare mondiale sarebbe sufficiente a coprire il fabbisogno calorico della popolazione mondiale?

A. No, altrimenti non ci sarebbe il problema della fame
B. Sì, ma il problema è che i gusti alimentari sono diversi nei vari Paesi
C. No, perché bisogna tener conto delle diverse abitudini e tradizioni alimentari dei vari Paesi
D. Sì, il problema è soprattutto di distribuzione
E. Non è stato calcolato

95) Il più importante fattore di condizionamento della produzione agricola è:

A. l'era geologica del territorio
B. il clima
C. una costante disponibilità di abbondante manodopera
D. la possibilità di disporre e utilizzare ampiamente i concimi chimici
E. un efficiente sistema di irrigazione a cielo aperto

96) In quali regioni italiane si trovano i giacimenti di gas naturale più produttivi?

A. In Italia gli unici giacimenti di gas naturale produttivi sono quelli della Toscana e quelli della Basilicata
B. I giacimenti di gas naturale più produttivi sono quelli della Puglia, seguiti da quelli del Molise, del Lazio e dell'Abruzzo
C. I giacimenti di gas naturale più produttivi sono quelli del Piemonte, seguiti da quelli della Lombardia, del Veneto e della Calabria
D. I giacimenti di gas naturale più produttivi sono quelli dell'Emilia-Romagna, seguiti da quelli delle Marche, della Calabria, dell'Abruzzo e della Puglia
E. I giacimenti di gas naturale più produttivi sono quelli della Lombardia, seguiti da quelli dell'Emilia-Romagna e della Puglia

97) Da quale risorsa naturale si ricava l'energia elettrica prodotta in Toscana?

A. Dai soffioni boraciferi della zona di Larderello
B. Dall'abbondanza di acqua, dovuta alla presenza di numerosi corsi d'acqua che percorrono la Maremma
C. Dal vento, caratterizzante il clima delle colline senesi
D. Dall'irraggiamento solare, presente per la maggior parte dell'anno grazie al clima favorevole
E. Dalle immense distese di pale eoliche presenti praticamente su tutto il territorio regionale

98) Che cosa produce il settore economico denominato "terziario"?

A. Attività artigianali
B. Attività minerarie
C. Agricoltura
D. Servizi
E. Industrie

99) Il fenomeno delle carestie è dovuto solo alla scarsità di cibo e riguarda solo il continente africano?

A. Le carestie dipendono solo dalla scarsità di cibo in certe annate e hanno colpito esclusivamente l'Africa
B. Le carestie dipendono solamente dalla scarsità di cibo in certe annate e hanno colpito tutti i continenti
C. Le carestie dipendono da diversi fattori e hanno colpito Paesi diversi in tempi diversi
D. Le carestie dipendono da diversi fattori, pur avendo colpito solo Paesi asiatici e africani
E. Le carestie colpiscono i Paesi in cui imperversano le guerre

100) Cosa si intende per "rivoluzione verde" in agricoltura?

A. La selezione di nuove sementi adatte all'aridocoltura e diffusesi nelle fasce predesertiche
B. L'avvento negli ultimi anni di coltivazioni geneticamente modificate
C. L'introduzione, negli anni Sessanta del secolo scorso, di nuovi cultivar in certe regioni dell'Asia in modo da poter incrementare la produzione
D. La diffusione dell'agricoltura biodinamica nei Paesi del Nord del mondo
E. La graduale ma costante sostituzione degli antiparassitari con pratiche maggiormente rispettose dell'ecosistema

RISPOSTE CORRETTE

1) D	21) A	41) C	61) D	81) D
2) A	22) C	42) B	62) A	82) B
3) D	23) C	43) D	63) D	83) D
4) D	24) A	44) A	64) A	84) E
5) C	25) B	45) D	65) D	85) D
6) B	26) A	46) D	66) C	86) E
7) D	27) A	47) D	67) B	87) C
8) A	28) D	48) A	68) C	88) D
9) D	29) C	49) B	69) E	89) A
10) D	30) A	50) E	70) A	90) E
11) D	31) C	51) C	71) D	91) A
12) D	32) B	52) D	72) E	92) B
13) B	33) B	53) B	73) B	93) C
14) D	34) C	54) A	74) D	94) D
15) A	35) D	55) C	75) A	95) E
16) B	36) C	56) D	76) B	96) D
17) B	37) B	57) C	77) D	97) A
18) B	38) C	58) B	78) A	98) D
19) B	39) D	59) D	79) B	99) C
20) A	40) C	60) C	80) D	100) C

FILOSOFIA E SCIENZE SOCIALI

CAPITOLO 1
Filosofia

1) La celebre affermazione socratica "*so di non sapere*" significa che:

A. Socrate esalta l'ignoranza più del sapere
B. Socrate si riferisce alla sapienza di Dio
C. Socrate è consapevole della propria ignoranza
D. il filosofo rifiuta il sapere umano
E. il filosofo ignora la scienza del proprio tempo

2) In Parmenide, dall'affermazione che "l'essere è ed è impossibile che non sia e il non essere non è ed è impossibile che sia", si ricava che:

A. nel non-essere si può trovare l'essere, ma nell'essere non c'è non-essere
B. essere e non-essere possono comunicare tra di loro
C. per definire l'essere bisogna escludere tutto ciò che implica il non-essere
D. essere e non-essere hanno qualcosa in comune
E. non si possono definire né l'essere né il non-essere

3) Chi ha scritto l'opera *Principia Ethica*?

A. B. Russell
B. J. Stuart Mill
C. G. E. Moore
D. H. Spencer
E. Ch. Stevenson

4) L'*apodittica* per Aristotele è:

A. l'insieme delle affermazioni indiscutibili
B. la scienza dei principi indimostrabili
C. la tecnica per costruire argomentazioni
D. la scienza della dimostrazione vera
E. la scienza dei principi dimostrabili

5) Chi tra i sotto indicati filosofi ha sostenuto la tesi che il linguaggio è un insieme di pratiche o giochi linguistici?

A. L. Wittgenstein
B. B. Russell
C. G. Frege
D. R. Carnap
E. A.J. Ayer

6) Locke con la sua ricerca intendeva:

A. superare i limiti dell'intelletto
B. liberare l'intelletto da ogni vincolo
C. trovare i limiti dell'intelletto
D. affermare le potenzialità dell'intelletto
E. negare le potenzialità dell'intelletto

7) Chi introdusse per primo nel saggio "*Come rendere chiare le nostre idee*" il termine pragmatismo, divenendo il fondatore del movimento che da esso prende la sua denominazione?

A. F.C.S. Schiller
B. W. James
C. J. Dewey
D. G. H. Mead
E. Ch.S. Peirce

8) Per dogmatismo o uso dogmatico della ragione Kant intende:

A. l'uso della ragione subordinato alle istanze della religione

B. il procedimento della ragione che preliminarmente non critica le proprie capacità
C. la concezione della ragione come facoltà che coglie sempre la verità
D. il procedere della ragione ignorando l'esperienza
E. il procedimento della ragione che preliminarmente critica le proprie capacità

9) L'intento della *Fenomenologia dello Spirito* di Hegel è:

A. comprendere le manifestazioni dello Spirito nelle coscienze
B. mostrare come la coscienza individuale possa innalzarsi fino allo Spirito assoluto
C. compiere il percorso che porta dallo Spirito individuale allo Spirito universale
D. rivelare la presenza dello Spirito in ogni fenomeno
E. mostrare come la coscienza individuale non possa innalzarsi fino allo Spirito assoluto

10) "L'uomo non è che una canna, la più fragile della natura, ma è una canna che pensa". Chi tra i filosofi sotto indicati ha scritto questa riflessione?

A. J.P Sartre
B. M. Heidegger
C. B. Pascal
D. S. Agostino
E. K. Jaspers

11) Per Gadamer l'*opera d'arte*, dal punto di vista ermeneutico:

A. sviluppa i suoi significati attraverso le interpretazioni
B. è rappresentazione di un'epoca
C. è espressione della spontaneità originaria dell'artista
D. è espressione autentica di un'epoca
E. è esperienza – a suo modo compiuta e conclusa – della verità

12) Secondo Marx, il capitale ottiene l'aumento del saggio di plusvalore tramite l'aumento:

A. del capitale variabile investito
B. del saggio di profitto
C. dei prezzi dei prodotti
D. della produttività del lavoro
E. del volume di scambio

13) Il *Dasein* (l'esserci) per Heidegger è:

A. ogni uomo inconsapevole della propria esistenza
B. l'uomo gettato in un mondo senza senso
C. l'uomo che si prende cura di sé e del mondo
D. l'uomo che si disperde in una esistenza impersonale
E. l'essere nel mondo dell'uomo che si disperde nelle attività quotidiane

14) Kierkegaard può essere considerato un precursore de:

A. l'esistenzialismo
B. l'ateismo cristiano
C. l'individualismo religioso
D. l'individualismo ateo
E. l'idealismo religioso

15) L'immanentismo consiste:

A. nel negare l'esistenza di Dio
B. nel dimostrare logicamente l'esistenza di Dio
C. nel negare la trascendenza di Dio
D. nel divinizzare l'uomo
E. nell'ammettere una molteplicità di divinità

16) Per Kant, la scienza è costituita da:

A. ipotesi coerenti

B. impressioni sensibili
C. semplici definizioni
D. giudizi sintetici a priori
E. giudizi analitici a priori

17) Secondo Hume il concetto di sostanza è:

A. vuoto
B. frutto dell'immaginazione
C. espressione dell'essenza dell'individuo
D. una categoria a priori
E. un fascio di proprietà

18) Quale secolo vide il massimo sviluppo della Scolastica?

A. XV secolo
B. III secolo
C. XIII secolo
D. XVIII secolo
E. I secolo a.C.

19) Eraclito poneva l'origine del mondo:

A. nell'acqua
B. nel divenire continuo delle cose
C. nella terra
D. nella fusione di tutti gli elementi
E. nell'aria

20) Per il nominalismo, gli universali sono:

A. segni ricavati per astrazione
B. le idee di Dio
C. idee nella mente dell'uomo
D. nulla
E. delle qualità fisiche

21) Un'etica autonoma:

A. non può fare a meno di un fondamento trascendente
B. pone nel soggetto la fonte della norma morale
C. è semplicemente descrittiva
D. si basa su un codice morale
E. considera l'autosufficienza la virtù più alta

22) Heidegger in *Essere e tempo* afferma che si può impostare il problema dell'essere:

A. grazie all'intuizione delle essenze
B. in base a un'indagine empirica, legata alla temporalità delle cose
C. analizzando le strutture fondamentali dell'Esserci
D. tramite l'utilizzo di categorie astratte
E. ponendosi in un atteggiamento di "ascolto dell'Essere"

23) Nell'opera di S. Tommaso *Contra gentiles*, l'intenzionalità conoscitiva consiste:

A. nel desiderio di conoscenza
B. nell'intuizione pura
C. nell'intuizione cartesiana
D. nella direzione dell'intelletto o dei sensi ad un oggetto
E. in una forma di argomentazione

24) Il mito della caverna di Platone tratta:

A. la teoria della conoscenza
B. una tematica politica
C. la creazione del mondo
D. un problema etico
E. la natura del Demiurgo

25) Chi ha scritto *Trattato teologico-politico*?

A. John Locke
B. David Hume
C. Ludwig Wittgenstein
D. Baruch Spinoza
E. Giordano Bruno

26) Plotino visse:

A. prima di Gesù Cristo

B. nel III secolo d.C.
C. nel periodo in cui fiorirono le prime Università
D. al tempo di Aristotele
E. al tempo in cui visse Boezio

27) Secondo Wittgenstein la matematica è:

A. un insieme di proposizioni vere per convenzione
B. un insieme di ipotesi
C. una scienza basata sull'osservazione sensibile
D. una scienza passibile di falsificazione
E. una pratica linguistica importante per l'etica

28) Per Schopenhauer, la volontà è:

A. l'insieme dei desideri dell'uomo
B. la capacità dell'uomo di desiderare qualcosa
C. il contenuto della rappresentazione
D. l'elemento irrazionale che governa la realtà
E. l'inconscio

29) *Cogito ergo sum* implica:

A. che l'attività del pensiero implica l'esistenza di un soggetto pensante
B. che il pensiero e l'essere sono la stessa cosa
C. che viene scartata l'ipotesi di un genio maligno
D. che le nostre idee sono tutte chiare e distinte
E. che è impossibile l'errore

30) Quale dei seguenti filosofi può essere considerato un nominalista?

A. Platone
B. Guglielmo di Champeaux
C. Roscellino
D. Sant'Anselmo
E. Abelardo

31) Schopenhauer nutrì un'avversione non soltanto dottrinaria per i maestri dell'idealismo classico tedesco, definendoli "i tre ciarlatani". A chi si riferiva?

A. Feuerbach, Schelling ed Hegel
B. Ficthe, Schelling e Kant
C. Kant, Schelling ed Hegel
D. Fichte, Schelling ed Hegel
E. Fichte, Kant ed Hegel

32) Secondo San Tommaso d'Aquino la ragione è in grado di dimostrare i preamboli della fede, tra cui in primo luogo l'esistenza di Dio. Egli, per dimostrare che Dio esiste, presenta:

A. cinque vie, tutte a posteriori
B. tre vie, tutte a priori
C. tre vie, tutte a posteriori
D. una sola prova, a posteriori, che si richiama a quella aristotelica del motore immobile (*ex motu*)
E. cinque vie, tutte a priori

33) Il pensiero di Pietro Verri trasse spunto:

A. dal neoplatonismo di Plotino e dalla logica di Sant'Agostino
B. esclusivamente dalla "*scienza nuova*" di Giovan Battista Vico
C. dall'utilitarismo di Helvétius e dal sensismo di Condillac
D. dall'atomismo di Epicuro e dalla scolastica di Aristotele
E. dal meccanicismo di Unamuno e dal cinismo di Rousseau

34) Locke ha sostenuto, contro la teoria delle idee innate di Cartesio:

A. che i principi della conoscenza sono innati nell'individuo, ma si sono costituiti attraverso le generazioni umane per accumulazione di esperienza

B. che la sola esperienza non basta a spiegare la conoscenza umana. In noi ci sono verità universali e necessarie che ci rivelano all'occasione dell'esperienza ma preesistono ad essa
C. che tutte le nostre conoscenze sono originate dall'esperienza sia esterna sia interna
D. che i principi della conoscenza sono innati nell'individuo, ma come semplici virtualità, occorre pertanto l'esperienza perché si trasformino in conoscenza vera e propria
E. che i principi della conoscenza sono in parte innati ed in parte frutto della ragione

35) La dottrina di quale dei seguenti filosofi può essere considerata come una teorizzazione coerente e rigorosa dell'assolutismo politico derivante da una concezione pessimistica della natura umana (*homo homini lupus*), che ricorda quella del Machiavelli?

A. Sant'Agostino
B. Hobbes
C. Hegel
D. Voltaire
E. Leibniz

36) Quale filosofo presocratico vide nel divenire l'essenza stessa di ciò che esiste: tutto cambia, tutto scorre (*pànta réi*)?

A. Eraclito
B. Zenone di Elea
C. Empedocle
D. Parmenide
E. Anassagora

37) Per Leibniz la realtà è costituita da una molteplicità di sostanze immateriali, ovvero:

A. le monadi prime, dotate di appercezione, cioè coscienti
B. il demiurgo, anima del mondo
C. le monadi, che sono centri di forza spirituale. La monade delle monadi è costituita da tutti gli spiriti dotati di appercezione, cioè coscienti
D. le monadi, che sono centri di forza spirituale. La monade delle monadi è Dio
E. le monadi del mondo animale, le cui percezioni non raggiungono in alcun modo il livello della coscienza

38) "Non far passare la fede in primo luogo è presunzione, ma non far appello in seguito alla ragione è negligenza". Quale filosofo scrisse queste parole, attraverso le quali egli affermò il primato della fede sulla ragione (*credo ut intelligam*) e considerò l'approfondimento razionale come coronamento della fede (*fides quaerens intellectum*)?

A. San Tommaso d'Aquino
B. Sant'Anselmo d'Aosta
C. Bacone
D. Sant'Agostino
E. Cartesio

39) Nella *Critica della ragion pura*, Kant dichiara il suo debito nei confronti di un filosofo, la cui lettura costituì un benefico stimolo a svegliarsi dal sonno dogmatico. A quale filosofo si riferisce?

A. Voltaire
B. Leibniz
C. Hume
D. Hobbes
E. Spinoza

40) Quale dottrina formularono i due filosofi greci Leucippo e Democrito?

A. L'idealismo
B. Lo strutturalismo
C. L'animismo

D. L'atomismo
E. L'antropomorfismo

41) "Di tutte le cose è misura l'uomo, di quelle che sono per ciò che sono e di quelle che non sono per ciò che non sono". Queste parole, espressione di una posizione nuova, radicalmente soggettivistica e relativistica, appartengono ad un celebre frammento dell'opera:

A. Sugli dei di Prodico
B. La Verità di Protagora
C. La Verità di Socrate
D. La Verità di Aristotele
E. Della Natura di Gorgia

42) Quale tra i seguenti filosofi si schierò a favore del nazismo dando un giudizio positivo sul nazionalismo hitleriano, non in quanto ideologia razzista ma in quanto portatrice di energie nuove?

A. Heidegger
B. Jasper
C. Freud
D. Barth
E. Husserl

43) Il termine *noùmeno*:

A. è stato introdotto da Husserl per designare, come è detto nelle "Idee per una fenomenologia pura e per una filosofia fenomenologica", non una determinata conoscenza di qualche cosa, ma solo il pensiero di un qualche cosa in genere, nel quale io astraggo da ogni forma dell'intuizione sensibile
B. è stato introdotto da Kant per designare, come è detto nella "Critica della Ragion pura", non una determinata conoscenza di qualche cosa, ma solo il pensiero di un qualche cosa in genere, nel quale io astraggo da ogni forma dell'intuizione sensibile
C. è stato introdotto da Kant per designare, come è detto nella "Critica della Ragion pura", ciò che non appartiene all'oggetto in se stesso e che è inseparabile dalla rappresentazione che il soggetto ha di questo
D. è stato introdotto da Kant in opposizione a fenomeno o cosa in sé, che resta inconoscibile
E. è stato introdotto da Husserl in opposizione a fenomeno o cosa in sé, che resta inconoscibile

44) Le riserve sulla nozione kantiana di *cosa in sé* e la tendenza a ricavare dalla filosofia critica le premesse di una metafisica non dogmatica sono a fondamento dell'idealismo classico tedesco, rappresentato principalmente da:

A. Fichte, Schelling ed Hegel
B. Fischer e Fichte
C. Bauch, Schelling ed Hegel
D. Hegel e Liebmann
E. Fischer e Liebmann

45) Cartesio divide le idee:

A. in due gruppi: le idee innate e le idee fittizie
B. in due gruppi: le idee innate e le idee avventizie
C. in due gruppi: le idee avventizie e le idee fittizie
D. in tre gruppi: le idee innate, le idee avventizie e le idee fittizie
E. in quattro gruppi: le idee incorporate, le idee innate, le idee avventizie e le idee fittizie

46) L'opposizione tra essenza ed esistenza è fondamentale nella filosofia:

A. esistenzialistica, che afferma la priorità assoluta dell'essenza sull'esistenza
B. esistenzialistica, che giunge ad affermare la perfetta coincidenza tra essenza ed esistenza
C. cartesiana, che afferma la priorità assoluta dell'esistenza sull'essenza

D. esistenzialistica, secondo la quale è la creazione divina che permette il passaggio all'esistenza di quelle essenze pure che la mente di Dio ha concepito
E. esistenzialistica, che afferma la priorità assoluta dell'esistenza sull'essenza

47) I fratelli Verri (Alessandro e Pietro) e Cesare Beccaria fecero parte di uno dei circoli più importanti dell'Illuminismo italiano, il cui programma presupponeva, pur contro ogni sovversione violenta degli ordinamenti, una ferma battaglia contro la conservazione e i privilegi; quale fu tale circolo?

A. L'Accademia di Napoli
B. L'Associazione delle Strette, a Roma
C. L'Accademia dei Pugni, a Milano
D. L'Associazione degli Amici Illuministi di Roma
E. L'Accademia Neoplatonica, a Milano

48) Secondo San Tommaso d'Aquino la fede è *un pensare con assentimento*; che cosa si intende con tale espressione?

A. Che la fede implica un assenso non intellettuale ma volontario ad una verità
B. Che l'adesione alle verità della fede è necessariamente volontaria ed intellettuale
C. Che l'assenso della fede ha, non solo maggior fermezza, ma anche maggior evidenza dell'adesione alle verità della ragione
D. Che non si può avere fede senza un'adesione volontaria ed intellettuale ad una verità
E. Che l'assenso della fede ha come movente la visione intellettuale chiara dell'oggetto e la conseguente adesione ad essa

49) Criterio direttivo centrale della ricerca e del pensiero di Comte è la cosiddetta *legge dei tre stadi*, secondo la quale tutte le speculazioni dell'umanità e il suo stesso sviluppo intellettuale sono inevitabilmente soggetti a passare attraverso tre tappe teoriche, che sono rispettivamente:

A. lo stadio estetico, lo stadio metafisico e lo stadio teologico
B. lo stadio scientifico o positivo, lo stadio morale e lo stadio teologico
C. lo stadio sensibile, lo stadio scientifico o positivo e lo stadio metafisico
D. lo stadio teologico, lo stadio metafisico e lo stadio scientifico o positivo
E. lo stadio del piacere, lo stadio estetico e lo stadio cognitivo

50) Chi ha inventato lo zero?

A. I sacerdoti egizi
B. I filosofi indiani
C. I matematici babilonesi
D. Gli scienziati della Magna Grecia
E. Gli scribi ittiti

51) L'Accademia è l'istituzione fondata in Atene da:

A. Aristotele
B. Pericle
C. Platone
D. Socrate
E. Demostene

52) La divinità di Aristotele è:

A. pensiero di pensiero
B. demiurgo creatore
C. principio del male
D. principio del bene
E. depositaria del verbo

53) Per Plotino l'Uno è:

A. puro intelletto
B. al di là dell'essere e dell'intelletto

C. sostanza perfetta
D. la natura
E. la divinità

54) La parola greca *kosmos* implica:

A. l'idea di ordine
B. la realtà terrestre
C. l'amore mistico
D. l'intelletto umano
E. nessuna delle risposte è corretta

55) La *Critica del giudizio* è un'opera di:

A. Kant
B. Fichte
C. Bergson
D. Plotino
E. Heidegger

56) Quale di questi filosofi viene considerato esponente della filosofia analitica?

A. Heidegger
B. Russell
C. Gadamer
D. Platone
E. Locke

57) Chi ha scritto il *Leviathan*?

A. Porfirio
B. Locke
C. Hobbes
D. Russell
E. Heidegger

58) Giovanni Scoto Eriugena è:

A. un filosofo ebraico appartenente alla corrente cabalistica
B. un filosofo irlandese della corte carolingia
C. un filosofo scozzese di epoca rinascimentale
D. un filosofo greco
E. un filosofo francese del XVIII secolo

59) "La dialettica come arte dell'apparenza". La definizione è di:

A. Platone
B. S. Agostino
C. Kant
D. Spencer
E. Anassimandro

60) S. Tommaso d'Aquino ha scritto il:

A. De Trinitate
B. De Consolatione Philosophiae
C. De ente et essentia
D. De docta ignorantia
E. De rerum natura iuxta propria principia

61) *L'etica protestante e lo spirito del capitalismo* è scritto da:

A. R. Bultmann
B. E. Durkheim
C. M. Weber
D. T. Hobbes
E. B. Spinoza

62) Il ragionamento è un'argomentazione basata su:

A. giudizi analitici
B. esperienza empirica
C. premesse e conclusione
D. res cogitans e res extensa
E. etica ed estetica

63) Il neopositivismo logico riguarda:

A. il Circolo di Vienna
B. il neocriticismo
C. l'empiriocriticismo
D. il neoplatonismo
E. il panlogismo

64) Gli assiomi sono:

A. opinioni diffuse
B. convinzioni accertate
C. principi base di una scienza

D. atomi costituenti l'animo umano
E. nessuna delle risposte è corretta

65) Kant è morto nel:

A. 1798
B. 1804
C. 1807
D. 1779
E. 1812

66) *De natura deorum* è uno scritto di:

A. Lucrezio
B. Tertulliano
C. Cicerone
D. Tacito
E. Sallustio

67) L'armonia prestabilita è una teoria filosofica proposta da:

A. Malebranche
B. Leibniz
C. Hegel
D. Kant
E. Feuerbach

68) *Al di là del bene e del male* è uno scritto di:

A. Bergson
B. Nietzsche
C. Comte
D. Fichte
E. Marx

69) Quale tra le seguenti affermazioni riguardo Socrate è FALSA?

A. Nacque ad Atene nel 469 a.C. e morì nel 399
B. Dalla madre, levatrice, ricavò l'arte della maieutica, ovvero di dialogare per trovare dentro di sé la verità
C. La sua certezza consisteva nella validità universale ed assoluta del bene
D. In Atene fondò la sua scuola, l'Accademia, che verrà chiusa per volere dell'imperatore bizantino Giustiniano
E. Venne accusato nel 399 a.C. da alcuni personaggi vicini al regime democratico di non riconoscere gli dei di Atene e di corruzione dei giovani

70) Quale tra le seguenti opere NON è attribuibile a Rousseau?

A. Le confessioni
B. Il contratto sociale
C. Scuola su misura
D. Discorso sulle scienze e sulle arti
E. Discorso sull'origine dell'ineguaglianza tra gli uomini

71) Quale principio fu decisamente criticato da David Hume?

A. Il principio di causa
B. Il principio di sostanza
C. Il principio di relazione
D. Il principio di necessità
E. Il principio di ragion sufficiente

72) Chi fu il fondatore della scuola di Elea?

A. Talete
B. Pitagora
C. Parmenide
D. Anassimene
E. Empedocle

73) Cosa sono le *omeomerie* teorizzate da Anassagora?

A. Le qualità primarie possedute dagli oggetti
B. Le forze che permettono agli elementi di muoversi
C. Le particelle che compongono l'anima
D. Le particelle elementari che compongono la realtà
E. Le leggi che regolano l'universo

74) Un sinonimo di *esegesi* è:

A. ermeneutica
B. esagerazione
C. critica
D. ermetismo
E. apoteosi

75) Chi fondò ad Atene una scuola chiamata *Liceo*?

A. Platone
B. Aristotele
C. Zenone di Cizio
D. Plotino
E. Epicuro

76) Quale filosofo sosteneva che la realtà è formata da atomi?

A. Protagora
B. Gorgia
C. Platone
D. Democrito
E. Aristotele

77) Qual è il famoso aforisma di Eraclito?

A. L'essere è e il non essere non è
B. Penso dunque esisto
C. Sapiente è colui che sa di non sapere
D. Vivi secondo ragione
E. Tutto scorre, tutto si trasforma

78) Quale dei seguenti filosofi non appartiene all'Umanesimo?

A. Locke
B. Leibniz
C. Spinoza
D. Hobbes
E. Pascal

79) Quale dei seguenti filosofi non appartiene al gruppo degli Enciclopedisti?

A. Fichte
B. Rousseau
C. Voltaire
D. Montesquieu
E. D'Alembert

80) Quale ideale etico sosteneva l'Epicureismo?

A. L'uguaglianza tra gli uomini
B. La ricerca del bene
C. La ricerca della verità assoluta
D. L'amore
E. L'atarassia

81) Chi elaborò il *mito della caverna* per spiegare i diversi gradi della conoscenza?

A. Parmenide
B. Pitagora
C. Platone
D. Anassimandro
E. Gorgia

82) Quale dei seguenti filosofi affermò l'autonomia della scienza dalla religione?

A. Bacone
B. Cartesio
C. Pascal
D. Galilei
E. Cusano

83) Quali sono per Kant le forme a priori dell'esperienza sensibile?

A. Le categorie
B. Le virtù
C. Lo spazio e il tempo
D. Le monadi
E. Le ipostasi

84) Quale filosofo elaborò la teoria dell'evoluzione naturale?

A. Spencer
B. Darwin
C. Comte
D. James
E. Bentham

85) Quale filosofo ha distinto il tempo della scienza dal tempo della coscienza?

A. Husserl
B. Gentile
C. Bergson
D. Croce
E. Rosmini

86) Aristotele spiega la meccanica del divenire attraverso i concetti di:

A. atomo e movimento
B. caldo e freddo
C. materia e forma, potenza e atto
D. fuoco e materia
E. essere e non essere

87) Quali valori contrappone Nietzsche a quelli della scienza e della razionalità?

A. I valori del cristianesimo
B. I valori del superuomo
C. I valori della metafisica
D. I valori dello spirito dionisiaco
E. I valori della filosofia

88) Quale dei seguenti filosofi ha elaborato la *teoria del buon selvaggio*?

A. Voltaire
B. Montesquieu
C. Rousseau
D. Fichte
E. Hegel

89) Chi fu il più importante esponente della sinistra hegeliana?

A. Schelling
B. Feuerbach
C. Marx
D. Schopenhauer
E. Kierkegaard

90) Chi fu l'iniziatore dello scetticismo?

A. Epicuro
B. Pirrone
C. Plotino
D. Zenone di Cizio
E. Protagora

91) Bentham e Mill identificano il bene con:

A. la conoscenza
B. l'utile
C. la fede
D. la virtù
E. la società

92) Quale tra questi filosofi elabora dei modelli teorici a sostegno di un'ideologia politica di stampo liberale?

A. Carl Marx
B. Rosa Luxembourg
C. John Locke
D. Vincenzo Gioberti
E. Emile Boutroux

93) Quale forma di sovranità favorisce il perseguimento del "bene comune" nella teoria politica del filosofo ginevrino Jean-Jacques Rousseau?

A. Monarchia
B. Democrazia
C. Dittatura
D. Oligarchia
E. Regime militare

94) Quale dei seguenti filosofi è considerato un precursore dell'Esistenzialismo?

A. Marx
B. Bentham
C. Kierkegaard
D. Morris
E. Rosmini

95) Quale dei seguenti filosofi ha scritto il *Saggio sui costumi dello spirito delle nazioni*?

A. Voltaire
B. Locke

C. Hume
D. Diderot
E. Schelling

96) Chi fu il massimo esponente del Positivismo sociale?

A. Darwin
B. Comte
C. Husserl
D. Croce
E. Dewey

97) Quale dei seguenti filosofi vinse il premio Nobel per la letteratura nel 1950?

A. Jaspers
B. Adorno
C. Marcuse
D. Russell
E. Neurath

98) Quale delle seguenti è una delle opere più importanti di Rousseau?

A. Lo spirito delle leggi
B. Il contratto sociale
C. L'Enciclopedia
D. Lettere agli inglesi
E. Trattato di metafisica

99) In quale secolo visse il filosofo Blaise Pascal?

A. XVIII
B. XV
C. XVII
D. XIX
E. XIV

100) In quale città fu giustiziato Giordano Bruno il 17 febbraio 1600 in quanto giudicato eretico?

A. Milano
B. Roma
C. Firenze
D. Ravenna
E. Pisa

RISPOSTE CORRETTE

1) C	21) B	41) B	61) C	81) C
2) C	22) C	42) A	62) C	82) D
3) C	23) D	43) B	63) A	83) C
4) D	24) A	44) A	64) C	84) B
5) A	25) D	45) D	65) B	85) C
6) C	26) B	46) E	66) C	86) C
7) E	27) A	47) C	67) B	87) D
8) D	28) D	48) A	68) B	88) C
9) B	29) A	49) D	69) D	89) B
10) C	30) C	50) C	70) C	90) B
11) A	31) D	51) C	71) A	91) B
12) D	32) A	52) A	72) C	92) C
13) C	33) C	53) B	73) D	93) B
14) A	34) C	54) A	74) A	94) C
15) C	35) B	55) A	75) B	95) A
16) D	36) A	56) B	76) D	96) B
17) B	37) D	57) C	77) E	97) D
18) C	38) B	58) B	78) A	98) B
19) B	39) C	59) C	79) A	99) C
20) A	40) D	60) C	80) E	100) B

CAPITOLO 2
Sociologia

1) Quale dei seguenti positivisti distinse, nell'ambito della sociologia, la statica, che esamina le condizioni dell'ordine sociale, e la dinamica, che studia invece il progresso, i mutamenti e quindi la filiazione delle idee?

A. Hobbes
B. Saint-Simon
C. Comte
D. Stuart Mill
E. Hume

2) In riferimento al modello di Stato e di civiltà che si affermò a livello europeo a partire dalla seconda metà del Seicento, la fase che allora si aprì poté essere definita *Le siècle de Louis XIV*. Chi scrisse l'opera così intitolata?

A. Montesquieu
B. Voltaire
C. Rousseau
D. Buffon
E. Diderot

3) La dinamica sociale, secondo Comte, si distingue dalla statica sociale in quanto:

A. la dinamica sociale studia le leggi dell'ordine della società umana
B. la dinamica sociale è elaborata con il ricorso a esperimenti
C. la dinamica sociale studia le leggi del progresso della società umana
D. la dinamica sociale studia l'origine dello stato sociale attraverso il contratto
E. la dinamica sociale studia le strutture economiche della società umana

4) Qual è il settore della pedagogia che guarda agli aspetti oggettivi e misurabili dell'esperienza educativa?

A. La filosofia dell'educazione
B. La pedagogia sperimentale
C. La didattica della matematica
D. La pedagogia sociale
E. La pedagogia interculturale

5) Edgar Morin opera una distinzione tra:

A. civilizzazione e cultura
B. Stato e comunità
C. Io e non-Io
D. nomologia e idiografia
E. nessuna delle risposte è esatta

6) Con il concetto di "sistema sociale" si intende abitualmente, nell'ambito della sociologia:

A. una forma della società rigidamente strutturata e quindi oppressiva nei confronti dei singoli individui che ne fanno parte
B. una forma di società nella quale non esistono rapporti diretti fra gli individui, ma tutto è diretto e gestito dalle istituzioni
C. l'insieme degli istituti che una società si è data per la protezione dell'individuo
D. una società locale nella quale i rapporti fra gli individui sono molto frequenti e basati su valori tradizionali

E. l'insieme dei rapporti che collegano le componenti, ruoli e istituzioni, di una società

7) Con *McDonaldizzazione* del mondo i sociologi intendono:

A. la diffusione mondiale dei locali McDonald's
B. l'adozione per molte istituzioni sociali del principio di razionalizzazione in uso nei McDonald's
C. il potere economico delle Corporation con questo nome
D. la diffusione mondiale dello stile alimentare McDonald's
E. la diffusione mondiale dei locali McDonald's e le teorie formulate per reprimere questo fenomeno, considerato deviante e pericoloso per la società

8) Chi è l'autore di *Introduzione alla sociologia della musica*?

A. F. Chopin
B. T. Adorno
C. W. Benjamin
D. J. Habermas
E. H. Marcuse

9) Le *Formes élémentaires de la vie religieuse* (1912) di Émile Durkheim sono elaborate a partire da:

A. la conoscenza recente degli aborigeni australiani
B. la conoscenza del mondo azteco
C. le recenti ricerche sui movimenti ereticali medievali
D. le ricerche di Bronislaw Malinowski sul ciclo *kula* melanesiano
E. il nuovo catechismo di Pio X

10) Nella sociologia struttural-funzionalista, funzione significa:

A. un'attività sociale ripetitiva, come una messa, una cerimonia, una riunione pubblica
B. una relazione tra due variabili, come in matematica
C. il contributo che alcune azioni sociali danno al mantenimento di alcuni stati del sistema sociale
D. un'occupazione, una mansione o un compito lavorativi
E. una nuova forma di governo delle società

11) In sociologia per "ruolo" di un attore sociale si intende:

A. i compiti, le mansioni svolti nel corso dell'attività lavorativa
B. la deontologia codificata delle professioni
C. l'insieme delle azioni che una persona compie nel corso della sua attività quotidiana
D. le aspettative normative che convergono su una persona in quanto occupa una certa posizione
E. i convincimenti che sottendono giudizi di valore

12) Per "potere" in sociologia si intende:

A. la capacità di un soggetto di imporre la propria volontà ad altri soggetti
B. una costante della teorizzazione psicologica
C. la possibilità di esprimere dei comandi nei confronti degli altri soggetti
D. lo sfruttamento economico esercitato da un gruppo di persone su altri gruppi sociali
E. la manipolazione dell'opinione pubblica da parte di chi controlla i media (TV, stampa, radio)

13) Qual è stata la scoperta più importante degli etnometodologi?

A. L'esistenza di metodi, influenzati dall'appartenenza etnica, di valutazione delle situazioni e di orientamento delle azioni individuali

B. Gli uomini agiscono come se il proprio mondo sociale fosse scontato, mentre è il risultato di pratiche sociali messe in atto dai soggetti nella loro vita quotidiana
C. Il fondamento etnico-culturale dell'interazione umana: i soggetti attribuiscono significati differenti alle situazioni sociali secondo l'etnia di provenienza
D. La maggior rilevanza nelle società contemporanee del conflitto etnico rispetto al conflitto di classe
E. Lo stato di imperturbabilità del pensatore moderno

14) Che cosa comporta in sociologia l'operazione chiamata "comprensione"?

A. Accettare le motivazioni e i valori dell'attore sociale
B. Accettare supinamente la personalità dell'attore sociale
C. Informarsi sulla socializzazione dell'attore, sulla situazione in cui si trova o si è trovato, sulla struttura del suo campo di azione
D. Indagare sulla struttura della sua personalità, usando se necessario le tecniche della psicoanalisi
E. Interpretare il senso dato dagli attori sociali alle azioni compiute

15) Chi ha scritto *La persuasione e la rettorica*?

A. Croce
B. Vico
C. Michelstaedter
D. Tilgher
E. Weber

16) Che cosa intendono in genere i sociologi con il termine "socializzazione"?

A. Il processo sociale grazie a cui gli individui formano un'associazione
B. Il processo d'interazione sociale tra due o più individui che permette relazioni più strette o intime
C. Il processo che trasforma il genotipo in fenotipo sociale
D. Costruire catene di ragionamenti a partire da premesse
E. I processi sociali ludici, di intrattenimento, che permettono la libera creazione di legami sociali, anche temporanei

17) Come si definisce in sociologia il processo di acquisizione delle competenze sociali specifiche, che consentono agli individui di svolgere i diversi ruoli?

A. Acculturazione
B. Socializzazione secondaria
C. Socializzazione primaria
D. Socializzazione relativa
E. Assimilazione

18) I quattro requisiti fondamentali che, secondo Talcott Parsons, ogni sistema sociale deve soddisfare per esistere sono:

A. adattamento, raggiungimento dello scopo, integrazione, mantenimento del modello latente
B. funzionalità, adattamento, economia, razionalità
C. coesione, integrazione, adattabilità, razionalità
D. organizzazione, coesione, razionalità, mantenimento del modello latente
E. adattamento e coesione

19) Le ricerche di quale antropologo revocarono in dubbio l'universalità del complesso di Edipo?

A. Frazer
B. Malinowski

C. Mauss
D. Radcliffe-Brown
E. Perelman

20) In un noto passo di *Teoria e struttura sociale* Robert K. Merton ridefinisce il concetto di "anomia sociale", già ampiamente trattato da Durkheim. Egli propone "una tipologia dei modi di adattamento individuale" articolata in cinque unità e basata sull'incrocio di due condizioni. Indicare, fra i seguenti, l'incrocio corretto delle due condizioni:

A. "orientamenti morali" incrociato con "disposizioni caratteriali"
B. "livello di istruzione dei genitori" incrociato con "livello di istruzione individuale"
C. "origini etniche" incrociato con "appartenenza politico-ideologica"
D. "mete culturali" incrociato con "mezzi istituzionali"
E. "orientamenti religiosi" incrociato con "disposizioni caratteriali"

21) "*Culture*" e "*agency*" sono due categorie concettuali oppositivamente diffuse nella riflessione sociologica più recente e, congiuntamente, costituiscono il titolo (*Culture and Agency* appunto) di un famoso saggio di un autore europeo. Indicare l'autore fra quelli sotto elencati:

A. Anthony Giddens
B. David Bloor
C. P. Teilhard de Chardin
D. Pierre Bourdieu
E. Margaret Archer

22) Che cosa si intende per "società del rischio"?

A. Società dominata dal capitalismo finanziario
B. Società affetta da alti livelli di criminalità
C. Società esposta a cataclismi naturali
D. Società esposta ai rischi derivanti dal processo di modernizzazione
E. Società affetta da alti livelli di analfabetismo

23) L'analisi della "pubblicità" (*Öffentlichkeit*) in Habermas concerne:

A. la critica del ruolo della pubblicità nella formazione dell'opinione pubblica
B. il rapporto tra pubblicità e consumo neocapitalista
C. la formazione della sfera pubblica moderna
D. il rapporto tra pubblicità e mass-media
E. la spettacolarizzazione dell'agire individuale nella postmodernità

24) Cosa si intende negli studi sociali con "famiglia estesa"?

A. Le coppie che abbiano avuto più di tre figli
B. Ogni unione non coniugale o "coppia di fatto"
C. Un gruppo più grande di più di una generazione di persone tra loro imparentate
D. Le reti familiari costituite da coniugi divorziati
E. Le "comunità familiari" dei nuovi movimenti religiosi

25) Che cosa si intende per "role set"?

A. La molteplicità di ruoli costitutiva di uno status
B. La dotazione di "maschere" per l'agire in pubblico
C. La possibilità di mobilità ascendente o discendente nella stratificazione sociale
D. La condizione femminile tra famiglia e lavoro
E. Il mondo nella sua tensione finalistica

26) Il termine *Welfare State* fa riferimento:

A. alle politiche sociali statuali
B. ad un periodo storico passato
C. ad un particolare aspetto della società americana
D. agli aspetti salienti della rivoluzione industriale
E. agli aspetti salienti del secondo dopoguerra fino ai giorni nostri

27) A quale antropologo si deve la prima formulazione compiuta della teoria della "cultura come interpretazione"?

A. Claude Lévi-Strauss
B. Edward B. Tylor
C. James Clifford
D. Clifford Geertz
E. Maine de Biran

28) Bronislaw Malinowski è noto tra le altre cose per aver introdotto un metodo particolare nella ricerca antropologica. Come viene definito questo metodo?

A. Ricerca sul campo
B. Rilevazione con osservazione
C. Osservazione partecipante
D. Osservazione dell'oggetto
E. Ricerca subordinata ad osservazione

29) Che cosa si intende per "tipo ideale" nella sociologia weberiana?

A. Un modello sociale di riferimento
B. Un paradigma etico
C. Il fine ultimo di un'associazione umana
D. Un espediente euristico di ricerca
E. Scontri intercivilizzazionali

30) Nello schema quadrifunzionale di Parsons, qual è la funzione specifica attribuita al sistema della cultura?

A. Adattamento
B. Conseguimento dello scopo
C. Integrazione
D. Mantenimento della struttura latente
E. Tolleranza

31) Nel saggio *La teoria della classe agiata* (1899), Veblen definisce questa classe (*leisure class*) come caratterizzata dall'inclinazione ad un particolare stile di consumo, per cui il consumo viene ad essere:

A. razionale e raffinato
B. improntato all'etica calvinista
C. convulsivo e irrazionale
D. vistoso ed orientato al superfluo
E. orientato a prodotti esotici

32) Il concetto di "*habitus*" è da Bourdieu considerato:

A. una disposizione inconscia di un gruppo sociale, formata attraverso processi di socializzazione e di partecipazione intenzionale
B. uno stile consapevolmente esibito dagli individui per imitare particolari gruppi di riferimento
C. un modello di comportamento socialmente stigmatizzato
D. un prototipo estetico di successo
E. un modello di comportamento da reprimere in quanto deleterio per l'evoluzione della società

33) Il concetto di "subcultura" è stato elaborato originariamente in uno dei seguenti ambiti:

A. nel marxismo classico (Marx, Engels)
B. nella "Scuola Positiva di Criminologia" (Lombroso, Ferri)
C. nell'antropologia culturale degli anni '30 e '40
D. nella "Scuola di Francoforte" (Adorno, Horkheimer)

E. nella Scuola pragmatica di Ch.S. Peirce

34) Con il termine "*cyberdemocracy*" si intende:

A. l'uniformità di comportamenti indotta dal web
B. un modello istituzionale caratterizzante la realtà virtuale
C. la comunicazione/deliberazione politica attraverso il web
D. il dominio della tecnologia computerizzata nella politica del futuro
E. una democrazia puramente 'virtuale'

35) Il termine "sociologia" compare per la prima volta in:

A. Marx
B. A. Smith
C. Weber
D. Comte
E. Saint Simon

36) Chi ha parlato di "cultura del narcisismo"?

A. S. Freud
B. Ch. Lash
C. A. Giddens
D. Z. Bauman
E. Platone

37) *La vita quotidiana come rappresentazione* è stata scritta da:

A. Schopenhauer
B. Goffman
C. Schiller
D. G.H. Mead
E. Husserl

38) J.A. de Gobineau, indicato come uno dei padri della teoria della razza, ha scritto le sue opere nel secolo:

A. XV
B. XVII
C. XVIII
D. XIX
E. XX

39) *Il totemismo oggi* è un saggio di:

A. Kierkegaard
B. Frazer
C. Durkheim
D. Freud
E. Lévi Strauss

40) Chi è l'autore de *Il disagio della postmodernità*?

A. S. Freud
B. F. Lyotard
C. Z. Bauman
D. Ch. Taylor
E. L. Wittgenstein

41) Scienze della natura e scienze storico-sociali sono distinte da Dilthey sulla base di due corrispondenti approcci conoscitivi. Quali sono?

A. Interpretare e misurare
B. Induzione e deduzione
C. Idiografico e nomotetico
D. Spiegare e comprendere
E. Intuire e descrivere

42) Nella "enciclopedia delle scienze" comtiana, quale è la scienza per eccellenza?

A. La matematica
B. La biologia
C. La sociologia
D. La psicologia
E. L'economia

43) La celebre espressione "*the medium is the message*" è stata formulata da:

A. Freud
B. Husserl
C. Lévi-Strauss

D. nessuna delle risposte è corretta
E. McLennan

44) Quale delle seguenti opere è di J. Dewey?

A. Esperienza ed educazione
B. La mente del bambino
C. Una scuola per la vita attraverso la vita
D. Cos'è la scuola attiva
E. Il fondamento dell'educazione attiva

45) Quale fra i seguenti sociologi ha più approfonditamente analizzato il ruolo della religione nello sviluppo del capitalismo?

A. Durkheim
B. Weber
C. Marx
D. Comte
E. Spencer

46) Quali sono i due modelli che secondo Ferdinand Tönnies definiscono il processo sociale?

A. Scienze dello spirito e scienza della natura
B. Solidarietà meccanica e solidarietà organica
C. Comunità e società
D. Sapere nomologico e sapere idiografico
E. Nessuna delle risposte è corretta

47) Edgar Morin opera una distinzione tra:

A. Io e non-Io
B. Stato e comunità
C. civilizzazione e cultura
D. nomologia e idiografia
E. nessuna delle risposte è corretta

48) La *legge dei tre stadi* formulata da Comte si può definire:

A. la legge di sviluppo delle società nella storia
B. una teoria generale del rapporto tra uomo e piacere/dolore
C. una teoria generale dell'evoluzione delle specie viventi
D. la legge di sviluppo dialettico del divenire storico
E. la periodizzazione del progresso scientifico

49) Secondo Comte il progresso dell'umanità ha attraversato tre stadi, in quale l'uomo cerca scientificamente le leggi che regolano lo sviluppo della realtà?

A. Nello stadio religioso
B. Nello stadio positivo
C. Nello stadio metafisico
D. Nello stadio astratto
E. Nello stadio speculativo

50) Quale delle seguenti scuole di pensiero effettuò numerose ricerche empiriche in ambito sociologico?

A. Scuola di Francoforte
B. Scuola di Berlino
C. Circolo di Vienna
D. Circolo di Jena
E. Scuola di Chicago

51) *Le origini del totalitarismo* è un'opera di:

A. E. Lévinas
B. S. Weil
C. H. Arendt
D. G. Deleuze
E. J.P. Sartre

52) Per "stratificazione sociale" si intende:

A. la cultura di una società
B. il modo in cui individui e gruppi sociali sono differenziati e ordinati gerarchicamente

C. l'insieme delle conoscenze accumulate da una società nel corso della sua storia
D. un tipo di azione sociale individuato da Max Weber
E. un aspetto della teoria evoluzionista

53) J. Piaget si è occupato prevalentemente di:

A. sviluppo cognitivo
B. sviluppo sociale
C. sviluppo emotivo
D. costruzione sociale della conoscenza
E. costruzione sociale della devianza

54) "La massima felicità possibile per il maggior numero possibile di persone": questa frase può essere considerata come il principio fondamentale:

A. della scolastica medievale
B. del razionalismo di Cartesio
C. dell'utilitarismo di Bentham
D. del materialismo storico
E. del neopositivismo novecentesco

55) Da chi è stata introdotta la nozione di LAD (*Language Acquisition Device*)?

A. Freud
B. Bernstein
C. Austin
D. Piaget
E. Chomsky

56) L'adolescenza è una fase del ciclo di vita umano che:

A. si caratterizza per la presenza di un pensiero operatorio-concreto
B. va circa dai 13/14 anni a circa i 19 anni
C. si presenta con le stesse caratteristiche in culture collettiviste e individualiste
D. è caratterizzata da equilibrio psicologico
E. va dall'età di circa 8 anni a quella di circa 15 anni

57) Che cosa si intende per "interculturalità"?

A. La possibilità di conoscere culture diverse dalla propria grazie ai viaggi e al turismo di massa
B. L'estensione a tutto il pianeta del modello di cultura occidentale
C. L'incontro tra culture diverse favorito dall'estrema mobilità della società complessa
D. La conoscenza di più culture
E. Gli scambi culturali tra colleghi di Paesi diversi

58) Chi ha scritto *Il suicidio. Studio di sociologia*?

A. Comte
B. Durkheim
C. Lévi-Strauss
D. Morin
E. Dewey

59) Negli anni Sessanta del secolo scorso, David P. Ausubel formulò la teoria dell'apprendimento significativo, secondo la quale esso si produce quando:

A. l'apprendimento avviene solo per scoperta, cioè in modo autonomo
B. l'individuo è in grado di integrare nelle proprie strutture cognitive i nuovi concetti da apprendere
C. il discente assimila le nozioni nella struttura della conoscenza, senza interazione con ciò che essa già contiene
D. l'apprendimento avviene solo per ricezione, cioè attraverso la comunicazione diretta di una conoscenza o di un'informazione
E. il soggetto acquisisce una nuova conoscenza attraverso la pura e semplice memorizzazione

60) Che cos'è un gruppo primario?

A. Un gruppo di coetanei
B. Un gruppo basato su legami affettivi ed emotivi
C. Un gruppo di colleghi di lavoro
D. Un gruppo ristretto da cui scaturiscono altri gruppi
E. Nessuna delle risposte è corretta

61) Il posizionamento di un prodotto consente:

A. un incremento delle vendite
B. la sua precisa collocazione nell'ambito di una gamma di prodotti
C. la quantificazione del fatturato attribuibile al prodotto, nell'ambito di un assortimento
D. di avere indicazioni utili circa le percezioni dei potenziali acquirenti, rispetto ai prodotti della concorrenza
E. la sua facile rintracciabilità in fase di stoccaggio

62) In una pubblicità cosa si intende per "testimonial"?

A. Una star che lega la propria immagine a un prodotto
B. Il gruppo di ascolto sul quale viene testata una campagna pubblicitaria
C. Il consulente dello sponsor che supervisiona la campagna pubblicitaria
D. L'azienda che produce una serie di spot televisivi
E. Il garante della pubblicità, il cui compito è vietare la pubblicità ingannevole

63) Il filosofo Karl Popper ha parlato della televisione in termini di:

A. cattiva maestra
B. serva infedele
C. ladra di tempo
D. maestra di vita
E. specchio dei tempi

64) Durante le campagne elettorali, la cosiddetta *par condicio* consiste ne:

A. la sospensione dei sondaggi di opinione nelle tre settimane antecedenti la data delle elezioni
B. il trattamento equilibrato in ambito comunicativo pubblico delle posizioni dei vari partiti
C. la proibizione per le televisioni locali di fare propaganda politica
D. il divieto di comparire in tv per i maggiori partiti
E. il divieto di pubblicare sondaggi elettorali

65) La pubblicità, quale arma competitiva, rappresenta uno strumento:

A. di marketing operativo
B. di marketing strategico
C. di marketing relazionale
D. di ricerca di mercato
E. nessuna delle risposte è corretta

66) Chi è stato il fondatore della prima rivista dedicata alle scienze sociali?

A. Pareto
B. Durkheim
C. Simmel
D. Weber
E. Spencer

67) Secondo Durkheim, per diventare scientifica la sociologia deve studiare:

A. i fatti scientifici
B. la natura
C. i fatti sociali
D. la psicologia umana
E. nessuna delle risposte è corretta

68) Quale dei seguenti studiosi introdusse per primo il concetto di "coscienza collettiva"?

A. Jaures
B. Weber

C. Marx
D. Durkheim
E. Lévi-Strauss

69) Con il termine “infotainment” si intende:

A. i telegiornali monotematici
B. una trasmissione televisiva che include informazione e intrattenimento
C. una trasmissione giornalistica di grande successo
D. un gioco televisivo con la partecipazione attiva del pubblico
E. nessuna delle risposte è corretta

70) Con il termine “share” si intende:

A. il totale dei telespettatori di un programma
B. la percentuale di televisori sintonizzata su un dato programma rispetto al complesso dei televisori accesi in quel momento
C. la percentuale media di ascolti ottenuta da un programma a puntate
D. la totalità dei contatti ottenuta da un programma
E. nessuna delle risposte è corretta

71) Con la locuzione “opinion leader” si designa:

A. l'opinione prevalente su temi di rilevante attualità
B. un individuo capace di influenzare in modo rilevante gli atteggiamenti degli altri
C. il capo di un partito d'opinione
D. un individuo facilmente influenzabile dall'opinione prevalente
E. nessuna delle risposte è corretta

72) La pubblicità “non-profit” è un tipo di pubblicità:

A. che privilegia la qualità all'immediatezza del profitto
B. che è interamente finanziata dallo Stato
C. che non ha fini di lucro ma solo di utilità sociale
D. che pubblicizza il rispetto per l'ambiente
E. finanziata per metà dallo Stato e per metà dai privati

73) Col termine “videocrazia” si intende:

A. il conferimento di cariche elettive tramite collegamento telematico
B. il monopolio statale delle concessioni televisive
C. l'influenza preponderante dei media nella vita politica e sociale
D. lo sconfinamento delle tematiche politiche in altri generi televisivi di intrattenimento
E. nessuna delle risposte è corretta

74) La definizione di “terziario” si riferisce a:

A. un movimento politico di centro
B. l'insieme dei paesi in via di sviluppo
C. il settore economico dei servizi
D. un ordine religioso esclusivamente femminile
E. una corrente sociologica dei primi del Novecento

75) Il processo di unificazione, sinergia e ibridazione fra i diversi media viene generalmente definito come:

A. Media convergence
B. Media power
C. Netizenship
D. Media development
E. Media concept

76) Nel 1926 nacque la SIPRA. Essa si occupava di:

A. diffondere l'ideologia fascista attraverso il cinema

B. raccogliere la pubblicità che precedeva le proiezioni nelle sale cinematografiche
C. raccogliere la pubblicità
D. definire gli standard morali della programmazione radiofonica
E. censurare tutti i messaggi rivolti al pubblico, pubblicitari e non

77) *Weltanschauung* significa:

A. visione del mondo
B. cultura di massa
C. vocazione
D. volontà di potenza
E. sociologia dell'informazione

78) In uno dei suoi ultimi scritti Popper ha criticato severamente:

A. la televisione
B. la manipolazione genetica
C. l'omosessualità
D. la new age
E. nessuna delle risposte è corretta

79) Chi tra i sotto indicati filosofi ha scritto *La sintassi logica del linguaggio*?

A. Carnap
B. Russell
C. Frege
D. Wittgenstein
E. Ayer

80) Quale dei seguenti positivisti distinse, nell'ambito della sociologia, la statica, che esamina le condizioni dell'ordine sociale, e la dinamica, che studia invece il progresso, i mutamenti e quindi la filiazione delle idee?

A. Hobbes
B. Saint-Simon
C. Comte
D. Stuart Mill
E. Hume

81) *Segni, linguaggio e comportamenti* è opera di:

A. Morris
B. Richard Avenarius
C. Edmund Husserl
D. Henri Bergson
E. Emile Boutroux

82) Il *feticismo delle merci* fu analizzato da:

A. Marx nel "Capitale"
B. Freud in "Totem e tabù"
C. Marx nell'"Ideologia tedesca"
D. Lenin in "Materialismo ed empiriocriticismo"
E. Smith nella "Ricchezza delle nazioni"

83) Chi nel 1925 ha sviluppato "un metodo di lavoro libero per gruppi" considerandolo il miglior sistema per realizzare una forma di socializzazione in grado di rispondere pienamente alle esigenze di "libero sviluppo" del fanciullo?

A. Decroly
B. Cousinet
C. Visalberghi
D. Montessori
E. Binet

84) A quale modello teorico è legato il pensiero di John Dewey?

A. Allo strutturalismo
B. Al problematicismo
C. All'irrazionalismo
D. Al decostruzionismo
E. Al pragmatismo

85) Lo sviluppo psicosociale progredisce secondo il principio epigenetico secondo:

A. Piaget
B. Jung
C. Erikson

D. Bandura
E. Vygotskij

86) Il modello che considera la comunicazione come un processo di trasmissione di informazioni è stato ideato da:

A. Austin
B. Grice
C. Newell e Simon
D. Shannon e Weaver
E. Tulving

87) L'approccio socio-costruttivista è incentrato su:

A. la costruzione sociale della conoscenza
B. l'influenza che la società ha sulla mente dell'individuo
C. il modo in cui le informazioni sociali vengono organizzate in memoria
D. le strutture cognitive che organizzano le informazioni su un oggetto di conoscenza (persone, eventi)
E. tutte le risposte risultano esatte

88) Si indichi quale tra queste coppie di definizioni si applica al processo di socializzazione:

A. intenso/debole
B. primaria/secondaria
C. particolare/universale
D. generale/specialistico
E. affiatato/distaccato

89) Le *life skills* sono:

A. abilità cognitive
B. abilità emotive
C. abilità relazionali
D. abilità cognitive ed emozionali
E. abilità cognitive, emotive e relazionali

90) Secondo Comte, ogni scienza, nel corso della sua evoluzione deve percorrere differenti stadi. Quali sono? E quale il loro ordine corretto?

A. Positivo, metafisico, teologico
B. Empirico, astratto, positivo
C. Divino, eroico, umano
D. Metafisico, empirico
E. Teologico, metafisico, positivo

91) La celebre espressione "il medium è il messaggio" è stata formulata da:

A. Jakobson
B. Halliday
C. de Saussure
D. Marx
E. McLuhan

92) Quale fra i seguenti sociologi ha più approfonditamente analizzato il ruolo della religione nello sviluppo del capitalismo?

A. Durkheim
B. Weber
C. Marx
D. Comte
E. Spencer

93) Edgar Morin opera una distinzione tra:

A. civilizzazione e cultura
B. Stato e comunità
C. Io e non-Io
D. nomologia e idiografia
E. nessuna delle risposte è corretta

94) Quale di questi autori sostenne la teoria della "sfida e risposta"?

A. Derrida
B. Toynbee
C. Deleuze
D. Meinecke
E. Nessuna delle risposte è corretta

95) Il modello che considera la comunicazione come un processo di trasmissione di informazioni è stato ideato da:

A. Austin
B. Grice
C. Newell e Simon
D. Shannon e Weaver
E. Tulving

96) Cosa significa "outsider"?

A. Individuo diverso dal gruppo
B. Deviante rispetto alle norme di un gruppo
C. Individuo integrato in un gruppo
D. Individuo leader di un gruppo
E. Nessuna delle risposte è corretta

97) Cosa si intende in sociologia per "insieme di norme e valori che distinguono un gruppo sociale dalla società nella quale si trova il gruppo"?

A. Adattamento
B. Relativismo culturale
C. Sottocultura
D. Integralismo culturale
E. Nessuna delle risposte è corretta

98) Come si chiama in sociologia il comportamento osservato con maggiore frequenza in una data popolazione?

A. Adattamento
B. Civiltà
C. Acculturazione
D. Normalità
E. Specificità

99) Cos'è lo "stigma" nella teoria di Goffman?

A. Un segno fisico o caratteriale insolito e criticabile della condizione morale di chi lo possiede
B. Un simbolo che unifica in un gruppo
C. Un segno fisico o caratteriale che contraddistingue in maniera negativa un intero gruppo
D. Un simbolo che caratterizza un singolo individuo
E. Nessuna delle risposte è corretta

100) Cosa si intende per "anomia" nella teoria di Emile Durkheim?

A. Momento di anomalia dovuto ad un disagio
B. La scarsa o eccessiva integrazione sociale come principali cause del suicidio
C. Condizione di disagio di un gruppo all'interno della società
D. Specificità comportamentali di un gruppo socialmente emarginato
E. Nessuna delle risposte è corretta

RISPOSTE CORRETTE

1) C	21) E	41) D	61) B	81) A
2) B	22) D	42) C	62) A	82) A
3) C	23) C	43) D	63) A	83) B
4) B	24) C	44) A	64) B	84) E
5) A	25) A	45) B	65) A	85) C
6) E	26) A	46) C	66) B	86) D
7) B	27) D	47) C	67) C	87) A
8) B	28) C	48) A	68) D	88) B
9) A	29) D	49) B	69) B	89) E
10) C	30) D	50) E	70) B	90) E
11) D	31) D	51) C	71) B	91) E
12) A	32) A	52) B	72) C	92) B
13) B	33) C	53) A	73) C	93) A
14) E	34) C	54) C	74) C	94) B
15) C	35) D	55) E	75) A	95) D
16) C	36) B	56) B	76) C	96) B
17) B	37) B	57) C	77) A	97) C
18) A	38) D	58) B	78) A	98) D
19) B	39) E	59) B	79) A	99) A
20) D	40) C	60) B	80) C	100) B

CAPITOLO 3
Pedagogia

1) La *Lettera a una professoressa* uscita dal lavoro della scuola di Don Milani è del:

A. 1959
B. 1967
C. 1963
D. 1965
E. 1961

2) "Meglio una testa ben fatta che una testa ben piena". È questo l'ideale formativo di:

A. Comenio
B. Locke
C. Rousseau
D. Montaigne
E. Rabelais

3) Il *mastery learning* è:

A. la capacità di apprendere attraverso l'esempio dell'insegnante
B. una strategia di insegnamento individualizzato
C. una metodologia di valutazione dell'apprendimento
D. una tecnica di lettura veloce dei testi
E. la sovvenzione che viene data a scuole appartenenti ad aree depresse

4) La rivoluzione pedagogica dell'Umanesimo attua una *paideia* ispirata ai modelli della classicità che si nutre:

A. della tradizione scolastico-medievale
B. di cultura popolare
C. degli *studia humanitatis*
D. di studi mistici
E. di religiosità

5) Cosa si intende per *lifelong learning*?

A. Il progetto alla base dell'Università della terza età
B. Una formazione che dura tutta la vita
C. Una metodologia di insegnamento che produce apprendimenti duraturi
D. Una corrente pedagogica che teorizza l'apprendimento dall'esperienza di vita
E. Un progetto di recupero di adulti analfabeti

6) La "Scuola-città Pestalozzi", un esperimento di scuola attiva, assai più tardo rispetto ai precedenti, sorse a Firenze nel 1945 per iniziativa di:

A. Maria Montessori
B. Rosa e Carolina Agazzi
C. Ernesto Codignola
D. Ferrante Aporti
E. Giuseppe Lombardo Radice

7) Nell'ambito del "sistema formativo integrato" il sistema non-formale:

A. comprende le agenzie extrascolastiche intenzionalmente educative
B. è sinonimo di sistema formativo integrato
C. comprende solo le agenzie scolastiche
D. è sinonimo di sistema informale
E. comprende le agenzie scolastiche ed extrascolastiche

8) Cos'è la docimologia?

A. Una fase della programmazione didattica

B. La scienza che si occupa della valutazione
C. La disciplina che indica la sequenza dei sotto-obiettivi didattici
D. La corrente di pensiero che sostiene la trasversalità tra le discipline
E. La fase di definizione degli obiettivi educativi

9) Quale tra le seguenti fasi non fa parte del *mastery learning*?

A. La valutazione formativa
B. La suddivisione della materia in unità didattiche
C. La fase di associazione
D. La determinazione degli obiettivi cognitivi
E. La fase di recupero

10) Chi scrisse *Il metodo della pedagogia scientifica applicato all'educazione infantile nelle Case dei Bambini*?

A. Maria Montessori
B. Le sorelle Agazzi
C. Ernesto Codignola
D. Ferrante Aporti
E. Giuseppe Lombardo Radice

11) L'autore di una teoria del curricolo è:

A. Chomsky
B. Piaget
C. Rogers
D. Stenhouse
E. Freud

12) Benjamin Samuel Bloom nell'opera *Caratteristiche umane e apprendimento scolastico*:

A. spiega il concetto di curricolo
B. chiarisce i presupposti della strategia del *problem solving*
C. chiarisce i presupposti della strategia del *mastery learning*
D. spiega il concetto di metacognizione
E. nessuna delle risposte è corretta

13) Per PEI (Piano Educativo Individualizzato) si intende:

A. una programmazione di classe
B. una programmazione collegiale
C. un percorso di apprendimento
D. un percorso di apprendimento e socializzazione redatto per un alunno in situazione di handicap
E. nessuna delle risposte è corretta

14) L'educazione interculturale persegue:

A. la coesistenza tra popoli diversi
B. l'accoglienza degli extracomunitari
C. il progetto di formazione umana per l'integrazione tra gruppi etnici portatori di diverse identità culturali
D. la conoscenza di altre culture
E. nessuna delle risposte è corretta

15) Il PTOF (Piano Triennale dell'Offerta Formativa) conferisce a ciascuna istituzione scolastica:

A. poteri in materia di edilizia scolastica
B. poteri relativi ad aumenti retributivi dei docenti
C. una identità culturale e didattica
D. possibilità di accettare o meno studenti stranieri
E. tutte le risposte sono esatte

16) Gli Organi collegiali furono istituiti con:

A. i Decreti Delegati del 1974
B. la Riforma Gentile
C. l'istituzione della scuola media unica nel 1962
D. i Programmi Brocca
E. la Legge Casati

17) Nel corso della seconda metà del Novecento si è compiuta una radicale

trasformazione della pedagogia, si è passati dalla pedagogia alla:

A. scienza etica-filosofica
B. scienza dell'educazione
C. scienza storico-sociale
D. filosofia
E. scienza antropologica

18) Un sussidio didattico è:

A. una sovvenzione per scuole situate in aree depresse
B. qualsiasi strumento usato nel processo di insegnamento-apprendimento
C. un aiuto economico ad allievi disagiati
D. un corso di recupero
E. nessuna delle risposte è corretta

19) Da chi è composto il Consiglio di classe nella scuola secondaria superiore?

A. Dai rappresentanti dei docenti più i rappresentanti dei genitori
B. Da tutti i docenti di classe più un rappresentante degli studenti più un rappresentante dei genitori
C. Da una parte dei docenti di classe più due rappresentanti degli studenti più due rappresentanti dei genitori
D. Da tutti i docenti di classe più due rappresentanti degli studenti più due rappresentanti dei genitori
E. Nessuna delle risposte è corretta

20) Negli istituti e scuole di istruzione secondaria superiore, le competenze relative alla valutazione periodica e finale degli alunni spettano:

A. al consiglio di classe con la sola presenza dei docenti
B. al consiglio di classe con la presenza di alcuni docenti
C. al consiglio di classe con la presenza dei docenti più i rappresentanti dei genitori
D. al consiglio di classe con la presenza dei docenti più un rappresentante degli studenti più un rappresentante dei genitori
E. al consiglio di classe con la presenza dei docenti più due rappresentanti degli studenti più due rappresentanti dei genitori

21) Con la riforma Moratti la scuola elementare è stata definita:

A. primo segmento scolastico
B. scuola iniziale
C. scuola primaria
D. scuola dell'infanzia
E. scuola dei primi elementi culturali

22) John Locke pone al centro della propria riflessione educativa:

A. la figura del principe
B. la figura del gentleman
C. la figura del bambino
D. la figura della madre
E. la figura del cortegiano

23) Nella Tassonomia degli Obiettivi Educativi (*Taxonomy of Educational Objectives*) di Bloom quale dei seguenti obiettivi non compare nell'*Area cognitiva*?

A. Comprensione
B. Conoscenza
C. Ricezione
D. Valutazione
E. Analisi

24) Con quale termine viene indicato lo studioso dei fatti e dei problemi dell'educazione e della formazione – processo e prodotto formativo – esaminati e discussi nei vari aspetti: teorici, metodologici e pratici?

A. Il pedagogo
B. Il pedagogista

C. Il filosofo dell'educazione
D. Lo psicologo dell'educazione
E. Il docente

25) Risale al 1923 un'importante riforma del sistema scolastico italiano. Di quale si tratta?

A. Legge Casati
B. Istituzione della scuola media unica
C. Legge Coppino
D. Riforma Gentile
E. Decreti delegati

26) La programmazione è l'espressione:

A. di una didattica spontaneista
B. di una didattica incidentale
C. di una didattica casuale
D. di una didattica pianificata
E. di una didattica estemporanea

27) La generalizzazione è un processo di apprendimento associato a procedure che sviluppano il riconoscimento di modelli. Il risultato della generalizzazione è:

A. una procedura che si applica a una classe più ampia
B. un pensiero alimentato dall'immaginazione fantastica
C. una procedura che si applica ad una classe più ristretta
D. una procedura in grado di fornire risposte diverse ad uno stesso problema
E. nessuna delle risposte è corretta

28) Chi ha scritto nel 1918 *Il metodo dei progetti*?

A. Dewey
B. Kilpatrick
C. Bruner
D. Parkhurst
E. Wahburne

29) Nella scuola della programmazione è vincente:

A. una procedura spontanea
B. una procedura non intenzionale
C. una procedura intenzionale
D. una procedura indiretta
E. nessuna delle risposte è corretta

30) Da quale autore proviene la nozione di "zona di sviluppo prossimale"?

A. Bruner
B. Vygotskji
C. Pestalozzi
D. Montessori
E. Piaget

31) L'"educazione permanente" è un costrutto concettuale e pedagogico che nasce dalla elaborazione/ricerca nel campo:

A. dell'educazione degli adulti
B. della bio-pedagogia
C. dell'educazione interculturale
D. della filosofia dell'educazione
E. della didattica

32) Nel contesto della scuola pedagogica dell'*attivismo*, con particolare riferimento alla pedagogia di C.W. Wasbburne, il quale inaugura, nel 1920, negli U.S.A. il "Piano Winnetka" (USA), si focalizza il concetto di:

A. adultocentrismo
B. valutazione sommativa
C. individualizzazione dell'insegnamento
D. pedagogia eteronoma
E. gerarchizzazione

33) Qual è l'elemento "categoriale-chiave", ipotetico e regolativo, che orienta la formazione in relazione a obiettivi e valori?

A. La flessibilità educativa
B. L'autonomia

C. L'esperienza educativa
D. L'intenzionalità educativa
E. L'introspezione

34) Con quale termine si indica il progressivo processo di inculturazione del soggetto, ossia l'acquisizione dei codici e delle forme – emotive, cognitive, relazionali, comportamentali – all'interno di un determinato contesto culturale macro o micro che sia?

A. Alfabetizzazione socio-cognitiva
B. Acculturazione
C. Inculturazione sociale
D. Alfabetizzazione culturale
E. Nessuna delle risposte è corretta

35) Chi introdusse a scuola la tecnica della "tipografia scolastica"?

A. Freinet
B. Claparède
C. Montessori
D. Makarenko
E. Parkhurst

36) Il Piano Dalton proponeva:

A. la scuola dei laboratori
B. di insegnare ad apprendere
C. l'istruzione individualizzata
D. di mettere l'allievo al centro del processo formativo
E. tutte le risposte sono corrette

37) Che tipo di modello pedagogico propone Rousseau nell'*Emilio*?

A. Educazione coercitiva
B. Educazione negativa e indiretta
C. Educazione degli istinti
D. Educazione ragionevole
E. Educazione sentimentale

38) Gramsci, nei *Quaderni dal carcere*, teorizza il cambiamento sociale attraverso:

A. una formazione omnilaterale (unità di lavoro e studio)
B. una formazione unilaterale basata solo sul lavoro
C. una formazione unilaterale basata solo sullo studio
D. una formazione locale
E. nessuna delle risposte è corretta

39) La *Didactica Magna* fu scritta da:

A. J.J. Rousseau
B. E. Pestolozzi
C. J.A. Comenio
D. M. Montessori
E. nessuna delle risposte è corretta

40) L'"attualismo pedagogico" è stato teorizzato da:

A. John Dewey
B. Giovanni Gentile
C. Jerome S. Bruner
D. Jacques Maritain
E. nessuna delle risposte è corretta

41) Uno dei rappresentanti più significativi delle "Scuole Nuove" è:

A. Edouard Claparède
B. Henri Bergson
C. Maurice Blondel
D. Hans Georg Gadamer
E. nessuna delle risposte è corretta

42) Il modello della "Scuola laboratorio di democrazia" è da attribuirsi alla riflessione pedagogica di:

A. Bertrand Russel
B. Antonio Gramsci
C. John Dewey
D. Giuseppe Lombardo Radice
E. nessuna delle risposte è corretta

43) Chi pubblicò nel 1949 *Nascita di una pedagogia popolare*?

A. Decroly

B. Freinet
C. Montessori
D. Ferrière
E. Claparède

44) Con il termine *Bildung* si intende:

A. la natura umana
B. la civiltà
C. la democrazia
D. la formazione umana
E. l'eroismo

45) L'autonomia scolastica permette di realizzare:

A. l'autonomia finanziaria delle scuole
B. la libertà di insegnamento
C. l'autonomia gestionale, organizzativa, didattica, di ricerca e di sperimentazione
D. il collegamento della scuola con gli altri Enti autonomi dello Stato
E. tutte le risposte sono corrette

46) Sulla base delle finalità educative da raggiungere e dei metodi didattici da utilizzare, Comenio avanzò una proposta di organizzazione scolastica che prevedeva:

A. la scuola materna per l'infanzia e la scuola nazionale o vernacolare per la fanciullezza
B. la scuola materna per l'infanzia, la scuola nazionale o vernacolare per la fanciullezza, la scuola di latino o ginnasio per l'adolescenza e l'accademia per la giovinezza
C. la scuola di latino o ginnasio per l'adolescenza e l'accademia per la giovinezza
D. la scuola materna per l'infanzia, la scuola nazionale o vernacolare per la fanciullezza e la scuola di latino o ginnasio per l'adolescenza
E. la scuola nazionale o vernacolare per la fanciullezza e la scuola di latino o ginnasio per l'adolescenza

47) Quale metodo di insegnamento, nato ad opera di Andrea Bell, sviluppato da G. Lancaster, prevedeva la diffusione dell'istruzione gratuita ricorrendo agli alunni più grandi e preparati che venivano coinvolti dal maestro nell'educazione dei più piccoli ed inesperti?

A. L'alternativo insegnamento
B. L'insegnamento condiviso
C. Il mutuo insegnamento
D. Il nuovo insegnamento
E. L'insegnamento progressivo

48) Montaigne nel saggio *Della pedanteria* descrive il metodo adottato dagli educatori criticando in particolare:

A. il gusto dell'erudizione
B. il mnemonismo
C. l'assenza della capacità di giudizio
D. l'abuso dei libri
E. tutte le risposte sono corrette

49) *L'educazione al bivio* (1943) e *L'educazione della persona* (1959) sono due opere di:

A. Jerome S. Bruner
B. Emmanuel Mounier
C. Maria Montessori
D. Jacques Maritain
E. Edouard Claparède

50) L'espressione "intenzionalità educativa" designa l'intenzione di:

A. educare
B. programmare
C. promuovere cultura
D. promuovere apprendimento
E. promuovere istruzione

51) Chi pose il problema della pedagogia come disciplina scientifica e autonoma?

A. Herbart
B. Froebel
C. Piaget
D. Bruner
E. Gabelli

52) La teoria pedagogica marxista è collegata alla concezione della società:

A. liberale
B. federale
C. comunista
D. individualista
E. democratica

53) La didattica è una disciplina che:

A. studia il rapporto educativo
B. studia i fattori dell'educazione
C. studia il processo di apprendimento
D. studia il processo di adattamento scolastico
E. studia il processo educativo

54) Chi ha portato l'insegnamento a dignità professionale?

A. Rousseau
B. Pestalozzi
C. Herbart
D. Claparède
E. Cousinet

55) La frequenza della scuola primaria e secondaria di primo grado è:

A. facoltativa e gratuita
B. gratuita e obbligatoria
C. facoltativa
D. obbligatoria
E. a discrezione dei genitori

56) Quale dei seguenti esempi illustra un gioco simbolico?

A. Tirare calci al pallone
B. Saltare la corda
C. Cavalcare il manico della scopa
D. Giocare a nascondino
E. Giocare con il Nintendo

57) Cosa sono gli "asili aportiani"?

A. Sale di custodia
B. Centri sociali
C. Istituti pre-elementari
D. Comunità di accoglienza
E. Non esistono

58) Nel contesto pedagogico, il "modello attivistico" si caratterizza come percorso riguardante:

A. lo sviluppo cognitivo dell'individuo
B. lo sviluppo spirituale dell'individuo
C. la formazione psico-sociale dell'individuo
D. lo sviluppo affettivo dell'individuo
E. nessuna delle risposte è corretta

59) Quale funzione hanno i "doni froebeliani"?

A. Sono materiale di recupero utile all'esplorazione
B. Sono materiale scientifico
C. Sono materiale specifico che favorisce la continuità tra gioco e apprendimento
D. Sono oggetti utili all'istruzione di base
E. Nessuna delle risposte è corretta

60) Che cosa significa "educazione negativa" secondo Rousseau?

A. Insegnare male
B. Eliminare dal contesto educativo l'influenza negativa della società
C. Eliminare dal contesto educativo gli incoraggiamenti
D. Insegnare concetti errati
E. Insegnare concetti negativi

61) Quali elementi costituiscono il metodo di Don Bosco?

A. Ragione – istruzione – tecnica
B. Ragione – religione – amorevolezza
C. Ragione e spiritualità
D. Ragione e sentimento
E. Ragione – religione – spiritualità

62) Quale problema educativo era considerato centrale nell'Ottocento italiano?

A. L'educazione dell'élite liberale
B. La formazione delle masse operaie
C. L'educazione popolare
D. L'educazione del cittadino come buon soldato
E. L'educazione delle fanciulle aristocratiche

63) A che età compaiono i primi legami di attaccamento?

A. 12 mesi di vita
B. 6-7 mesi di vita
C. Nel 1° mese di vita
D. Verso i 2 anni d'età
E. Verso i 3 anni d'età

64) Qual è il compito della maestra direttrice nella scuola montessoriana?

A. Insegnare le attività e intervenire sul bambino
B. Assistere i bambini durante le attività, affinché seguano il percorso predisposto
C. Dare inizio alle attività e controllarne lo svolgimento
D. Osservare i bambini durante le attività mantenendosi a distanza
E. Svolgere funzioni meramente amministrative

65) Nel pensiero delle sorelle Agazzi:

A. il bambino non acquisisce abilità manuali
B. la scuola non va intesa come missione sociale
C. si dà valore agli istituti e ai riflessi
D. il bambino affina le capacità attraverso il fare e la scuola deve porsi come missione sociale
E. si dà valore ai simboli logico-verbali

66) Il metodo pedagogico Montessori fu elaborato:

A. nel primo Novecento
B. nel primo Ottocento
C. nel secondo Ottocento
D. durante il Risorgimento
E. nel secondo Settecento

67) Il permissivismo pedagogico valorizza l'educando:

A. in modo equilibrato
B. in modo esagerato
C. in modo armonico
D. dal punto di vista sociale
E. dal punto di vista intellettuale

68) Come possono essere definite le "cianfrusaglie" utilizzate dalle sorelle Agazzi?

A. Materiale strutturato, scientifico e settoriale
B. Materiale non strutturato adatto all'uso graduale dei simboli
C. Oggetti scolastici predisposti per l'istruzione di base
D. Oggetti specifici studiati per lo sviluppo di precise facoltà sensoriali
E. Nessuna delle risposte è corretta

69) Quali sono i processi assimilativi che sviluppano l'interesse multilaterale per Herbart?

A. L'osservazione e l'imitazione
B. L'immaginazione e la finzione
C. L'interesse e l'esperienza
D. La concentrazione e la riflessione

E. Nessuna delle risposte è corretta

70) Secondo la teoria dell'apprendimento sociale di Albert Bandura, l'apprendimento:

A. implica la necessità di vivere esperienze negative
B. è emotivamente efficace
C. non è efficace se non avviene nel contesto delle agenzie di socializzazione primaria
D. può avvenire anche grazie a esperienze indirette sviluppate attraverso l'osservazione di altre persone
E. implica l'esclusivo contatto diretto con gli oggetti

71) Cosa ravvisa Piaget nel gioco e nell'imitazione di un bambino di 20 mesi?

A. L'assimilazione e l'accomodamento
B. La finzione
C. L'immagine mentale
D. Le prime manifestazioni degli schemi simbolici
E. L'imitazione differita

72) Lev Vygotskij sottolinea:

A. la standardizzazione dei modelli di apprendimento
B. il valore delle discipline viste come costrutto storico
C. la negatività delle teorie ingenue
D. la facilità di modificazione dei modelli mentali
E. il rapporto diretto e causale tra apprendimento e insegnamento

73) Quali aspetti della personalità investe la socializzazione?

A. Tutti gli aspetti della personalità
B. Quelli affettivi
C. Quelli legati alla conoscenza
D. Quelli legati alla motivazione
E. Quelli cognitivi

74) Secondo la "teoria delle sette intelligenze" di Gadamer:

A. ognuno di noi possiede sette intelligenze
B. non esistono intelligenze diverse, ma sette modi di utilizzare l'intelligenza
C. ci sono regole di apprendimento che favoriscono la formazione di sette stadi differenti di intelligenza
D. l'apprendimento avviene secondo diversi fattori che predispongono sette tipi di intelligenza
E. l'intelligenza è composta da sette fattori

75) Secondo la teoria psicoanalitica classica:

A. il bambino fin da piccolissimo controlla le sue intenzioni
B. l'azione concreta è cosciente, così come tutti gli aspetti pulsionali a essa correlati
C. il bambino è un adulto in miniatura, in tutto e per tutto simile
D. la libido è l'espressione dinamica nella vita psichica della pulsione sessuale
E. non esistono i meccanismi di difesa

76) Secondo Erikson, quale variabile non sufficientemente sottolineata da Freud interviene nello sviluppo del bambino?

A. La variabile socioculturale
B. La variabile cognitivistica
C. La variabile comportamentistica
D. La variabile familiare
E. La variabile ereditaria

77) Su cosa si basa principalmente il metodo Bruno Munari?

A. Sull'uso di materiali poveri per costruire oggetti

B. Sullo sviluppo del linguaggio attraverso esercitazioni specifiche
C. Sulla creazione di percorsi e laboratori che stimolino le capacità motorie
D. Sulla valorizzazione del gioco progettuale e creativo
E. Sull'insegnamento logico-matematico attraverso il disegno grafico

78) Quale delle seguenti affermazioni è basilare per l'educazione del bambino secondo Maria Montessori?

A. Il bambino tende a vivere di tutto ciò che lo circonda, offriamogli un ambiente adatto
B. La libertà d'insegnamento deve essere totale
C. Il bambino deve seguire le lezioni dell'insegnante aiutato da materiale didattico
D. La classe è l'ambiente di apprendimento
E. L'apprendimento della lettura e scrittura devono essere precoci

79) Jean Piaget sostiene che il fanciullo:

A. non è cosciente del contenuto del suo pensiero
B. distingue il pensiero dal suo oggetto
C. conosce bene il limite tra Io e mondo esterno
D. è cosciente di come giunge ai processi mentali
E. è cosciente del contenuto del suo pensiero, ma non sa come vi è pervenuto

80) Il metodo montessoriano sottolinea l'importanza del fatto che:

A. l'insegnante sappia attirare l'attenzione del bambino su di sé
B. il bambino venga guidato passo passo nell'ambiente
C. l'insegnante sappia dirigere le scoperte del bambino
D. il bambino svolga esercizi strutturati in serie ordinate predefinite
E. il bambino venga lasciato libero di trovare nell'ambiente qualcosa di organizzato che corrisponda alla sua organizzazione interna

81) Quali sono le fasi dello sviluppo del bambino, elencate in ordine cronologico, secondo Piaget?

A. Senso-motoria, pre-operatoria, delle operazioni concrete e delle operazioni formali
B. Oppositiva, identificativa, delle operazioni concrete e delle operazioni formali
C. Fase orale, anale e identificativa
D. Pre-operatoria, senso-motoria, delle operazioni formali e delle operazioni concrete
E. Senso-motoria, delle operazioni formali, delle operazioni concrete e oppositiva

82) Cosa richiede una didattica interculturale?

A. La conoscenza della lingua degli alunni
B. La conoscenza dei diversi paesi di provenienza degli alunni
C. La formazione specialistica degli insegnanti
D. L'utilizzo di strumenti di lavoro flessibili e adattabili
E. Il relativismo culturale

83) In ambito pedagogico, cos'è la "diagnosi funzionale"?

A. Un documento che descrive, in modo analitico, i possibili livelli di risposta del soggetto riferiti alle relazioni, agli interventi in atto e a quelli programmabili
B. Il documento che descrive in modo analitico la situazione di ogni alunno

C. Uno strumento operativo essenziale per calibrare le proposte didattiche
D. La progettazione e coordinazione degli interventi educativi, didattici, terapeutici, riabilitativi collegati e interconnessi
E. La descrizione analitica della compromissione dello stato psico-fisico dell'alunno al momento in cui accede alla struttura sanitaria

84) Rispetto alla pedagogia, la didattica:

A. investiga i processi, stabilisce contenuti, forme e ritmi dell'educazione
B. studia, aggiorna e costruisce le tassonomie degli obiettivi educativi della programmazione
C. studia i processi di apprendimento
D. si preoccupa principalmente di trovare le coordinate valoriali, il senso e le finalità della educazione
E. studia soprattutto l'impatto delle nuove tecnologie sull'educazione

85) La costruzione dell'identità:

A. è un compito di sviluppo specifico della adolescenza
B. determina l'emergere delle prime parole
C. è oggetto di ricerca del Connessionismo
D. si realizza nei primi sei mesi di vita
E. caratterizza la vecchiaia

86) Il linguaggio si presenta come un sistema di simboli in grado di:

A. permettere la comunicazione tra primati umani e rettili
B. generare un numero illimitato di parole
C. facilitare l'espressione delle pulsioni
D. generare un numero limitato di frasi
E. sostituirsi al pensiero

87) Uno dei retaggi educativi della Rivoluzione francese e del periodo napoleonico è costituito:

A. dalla "scuola Politecnica"
B. dalle "Accademie d'arte"
C. dalla "scuola parificata"
D. dalla "scuola confessionale"
E. dalle "scuole ospedaliere"

88) Cosa si intende per "motivazione"?

A. L'azione di chi cerca i motivi
B. La carica razionale e psicologica che è alla base dell'agire umano
C. La giustificazione dei comportamenti
D. La rabbia di chi si sente condizionato
E. Nessuna delle risposte è corretta

89) In età prescolare i rapporti con i pari sono caratterizzati da:

A. unidirezionalità
B. asimmetria
C. complementarietà
D. reciprocità
E. rivalità

90) A cosa è legato soprattutto il nome di Jean Piaget?

A. Allo studio dei contesti lavorativi e delle attitudini individuali
B. All'epistemologia genetica e alla psicologia cognitiva
C. All'educazione degli adulti e alla epistemologia genetica
D. Alla ricerca scientifica sulle cellule staminali e sulla cognizione
E. All'analisi psicologica del comportamento umano

91) Cosa si intende per "disagio giovanile"?

A. La difficoltà che i giovani incontrano nella gestione dei rapporti con le generazioni adulte

B. Il risultato dell'educazione e della formazione mancate
C. Il conflitto tra gruppi di giovani che si richiamano ad ideologie diverse
D. Lo scontro con la società
E. Nessuna delle risposte è corretta

92) Cos'è l'educazione extrascolastica?

A. La promozione di attività utili all'integrazione tra scuole diverse
B. Lo studio delle dinamiche relazionali e sociali operanti nel quartiere ove è ubicata la scuola
C. La finalizzazione dello studio disciplinare alla vita extrascolastica dello studente
D. Lo studio dei processi socio-culturali che influenzano il processo formativo
E. Nessuna delle risposte è corretta

93) Rispetto all'istruzione, l'educazione accentua:

A. l'informazione comunicativa
B. la mentalità sociale
C. la specificità intellettuale dello sviluppo
D. la globalità e l'unitarietà della formazione
E. la diversificazione degli individui all'interno del proprio gruppo

94) Oggi, il pluralismo educativo è dovuto in primo luogo:

A. alle nuove tecnologie educative
B. alle diverse possibilità economiche che si hanno
C. alle diversificate visioni del mondo e della vita che si hanno
D. alla globalizzazione e alla new economy
E. nessuna delle risposte è corretta

95) L'ortoepia si occupa:

A. della corretta scrittura
B. della corretta pronuncia
C. dello studio delle note musicali
D. della lettura dei manoscritti antichi
E. della corretta trascrizione del parlato

96) Cosa si intende per "seconda infanzia"?

A. L'infantilizzazione della vita adulta
B. Il periodo di sviluppo del bambino dagli 0 ai 3 anni
C. Il periodo di sviluppo del bambino dai 3 ai 6 anni
D. L'età corrispondente alla scuola dell'infanzia
E. L'età in cui il bambino comincia a parlare

97) Quale delle seguenti istituzioni educative è stata fondata da Maria Montessori?

A. La casa dei Bambini
B. La scuola dell'Ermitage
C. I Giardini d'infanzia
D. La Scuola serena
E. I collettivi sociali

98) Quale dei seguenti pedagogisti si è occupato in particolare del rapporto fra democrazia ed educazione?

A. Comenio
B. Rousseau
C. Dewey
D. Herbart
E. Rosmini

99) Ardigò sostiene che il processo di apprendimento si fondi sulla seguente triade:

A. attività, interesse, abitudine
B. attività, interesse, esercizio
C. attitudine, motivazione, esercizio
D. attività, esercizio, abitudine
E. attitudine, attività, abitudine

100) Quale dei seguenti obiettivi rientra nelle finalità della pedagogia speciale?

A. La riduzione dell'handicap
B. L'eliminazione del deficit
C. La riabilitazione
D. La diagnosi
E. La psicoterapia

RISPOSTE CORRETTE

1) B	21) C	41) A	61) B	81) A
2) D	22) B	42) C	62) C	82) D
3) B	23) C	43) B	63) B	83) E
4) C	24) B	44) D	64) B	84) A
5) B	25) D	45) C	65) D	85) A
6) C	26) D	46) B	66) A	86) B
7) A	27) A	47) C	67) B	87) A
8) B	28) B	48) E	68) B	88) B
9) C	29) C	49) D	69) D	89) A
10) A	30) B	50) A	70) D	90) B
11) D	31) A	51) A	71) D	91) A
12) C	32) C	52) C	72) B	92) D
13) D	33) D	53) C	73) A	93) D
14) C	34) D	54) B	74) D	94) C
15) C	35) A	55) B	75) D	95) B
16) A	36) E	56) C	76) A	96) C
17) B	37) B	57) C	77) D	97) A
18) B	38) A	58) D	78) A	98) C
19) D	39) C	59) C	79) E	99) D
20) A	40) B	60) B	80) E	100) A

CAPITOLO 4
Psicologia

1) Una variabile continua è:

A. una variabile che può assumere qualsiasi valore in un insieme continuo
B. la variabile controllata dallo sperimentatore
C. un elemento di disturbo
D. la variabile di cui si vogliono misurare gli effetti
E. definita da specifiche categorie

2) Per "devianza minorile" si intende la condizione di:

A. giovani svantaggiati
B. giovani emarginati
C. giovani che sono a rischio di violazione della norma sociale
D. giovani che contestano
E. giovani esposti al rischio della tossicodipendenza

3) Secondo Piaget quali giochi caratterizzano la fascia d'età dai due ai sette anni?

A. Giochi simbolici
B. Giochi di pensiero
C. Giochi di gruppo
D. Giochi di società
E. Giochi di parole

4) Cosa designa il termine "insight"?

A. Un insuccesso
B. Un'emozione repressa
C. Un'abitudine
D. Un riflesso
E. Una comprensione immediata

5) I primi psicologi sperimentali si dedicarono allo studio di:

A. processi psichici
B. esperienza mediata
C. processi sensoriali
D. processi di pensiero
E. processi di memoria

6) Con il termine "attaccamento" si intende:

A. una teoria psicologica
B. una teoria del legame con una persona specifica
C. una relazione di coppia
D. una relazione patologica
E. un metodo di indagine

7) La psicoanalisi è chiamata, in un primo momento, da Freud:

A. scienza psicologica
B. scienza psichiatrica
C. metapsicologia
D. oltrepsicologia
E. fu sempre e solo chiamata psicoanalisi

8) Per quale approccio psicologico l'ambiente è primario nel determinare il comportamento?

A. Il cognitivismo
B. Il comportamentismo
C. La Gestalt
D. Il costruttivismo
E. L'associazionismo

9) Quale di queste opere fu scritta da Freud?

A. L'Anticristo
B. Filosofia delle forme simboliche
C. L'evoluzione creatrice
D. Il disagio della civiltà
E. Essere e tempo

10) Il sonno REM:

A. coincide con il periodo nel quale il soggetto sogna
B. viene rilevato tramite rilevazioni elettroencefalografiche
C. caratterizza tutta la durata del sonno notturno
D. non è stato studiato in rapporto alla memoria
E. è assente nei bambini piccoli

11) Lo sviluppo cognitivo secondo Piaget:

A. è sottoposto ad un incremento prettamente quantitativo
B. è sottoposto ad un incremento qualitativo
C. risente profondamente del contesto di apprendimento
D. si estende a tutto l'arco della vita
E. è diverso per maschi e per femmine

12) Molte ricerche psicologiche tendono a mostrare che due fenomeni sono tra loro correlati, questo significa che:

A. i due fenomeni si presentano nello stesso modo nel gruppo sperimentale e nel gruppo di controllo
B. un fenomeno è causa dell'altro
C. al variare dei valori di un fenomeno, cambia, in maniera diretta o inversa, il valore dell'altro fenomeno
D. i due fenomeni sono significativamente diversi
E. i due fenomeni sono significativamente uguali

13) A quale corrente della psicologia contemporanea è riconducibile Max Wertheimer?

A. Comportamentismo
B. Psicologia della forma
C. Riduzionismo
D. Funzionalismo
E. Psicologia della personalità

14) L'amnesia anterograda:

A. si manifesta come capacità di ricordare le esperienze vissute
B. viene accusata da coloro che hanno subito un trauma e hanno difficoltà ad acquisire informazioni dopo questa sfortunata circostanza
C. si manifesta come incapacità di ricordare fatti precedenti il trauma
D. è un disturbo della percezione musicale prodotto da lesioni cerebrali
E. è un'amnesia che coinvolge aree cerebrali frontali

15) Lo studio degli atteggiamenti riguarda:

A. le posizioni che assume il corpo
B. l'intelligenza
C. le rappresentazioni
D. i convincimenti che sottendono giudizi di valore
E. la personalità

16) Il quoziente di intelligenza misura il rapporto tra:

A. intelligenza e personalità
B. età mentale ed età cronologica
C. età cronologica ed età mentale
D. età del bambino ed età dei genitori
E. prove motorie e prove verbali dei test di intelligenza

17) In quanti sottostadi si divide lo stadio sensomotorio dello sviluppo mentale del bambino ideato da Jean Piaget?

A. Cinque
B. Quattro
C. Otto
D. Sei
E. Tre

18) La schizofrenia generalmente insorge:

A. durante l'infanzia
B. durante l'adolescenza
C. nella prima età adulta
D. in vecchiaia
E. nessuna risposta è corretta

19) I teorici della personalità utilizzano prevalentemente:

A. gli esperimenti
B. le correlazioni
C. i casi clinici
D. i quasi esprimenti
E. nessuna risposta è corretta

20) Al gruppo C nel DSM IV appartengono i seguenti disturbi di personalità:

A. istrionico, borderline, evitante, dipendente
B. antisociale, borderline, istrionico, narcisistico
C. paranoide, schizoide, schizotipico
D. ossessivo-compulsivo, evitante, dipendente
E. nessuna risposta è corretta

21) Il rapporto tra pensiero e linguaggio:

A. è negato da Piaget
B. è negato da Vygotskij
C. è una costante della teorizzazione psicologica
D. prevede unanimemente una priorità cronologica del pensiero rispetto al linguaggio
E. prevede unanimemente una priorità cronologica del linguaggio rispetto al pensiero

22) Il concetto di autoefficacia è di:
A. Thorndike
B. Tolman
C. Bandura
D. Bowlby
E. Skinner

23) La memoria procedurale è un tipo di memoria:

A. dichiarativa
B. a breve termine
C. semantica
D. implicita
E. episodica

24) Che cosa è la persona per Lewin?

A. Una maschera
B. Una totalità dinamica articolata in regioni
C. Una struttura dell'apparato psichico
D. Un essere razionale dotato di coscienza
E. Una rappresentazione sociale

25) Chi ha formulato la teoria della dissonanza cognitiva?

A. Bronfenbrenner
B. Festinger
C. Freud
D. Gibson
E. Kelly

26) Chi ha parlato di "sé riflesso"?

A. Lacan
B. Freud
C. Winnicott
D. Colley
E. Jung

27) La teoria dell'interferenza distingue due tipi di inferenza:

A. proattiva e retroattiva
B. attiva e passiva
C. di primo e secondo tipo

D. anteriore e posteriore
E. presente e passata

28) Chi descrive le emozioni come stati organizzati e complessi in cui sono distinguibili tre componenti: impulso all'azione, reazioni fisiologiche e valutazione cognitiva dello stimolo?

A. Ekman
B. Schachter
C. Lazarus
D. Darwin
E. Freud

29) Cosa si intende per intelligenza fluida?

A. Un tipo di intelligenza legata al contesto
B. Un tipo di intelligenza che segue l'andamento della crescita
C. Un tipo di intelligenza influenzata da fattori ambientali
D. Un tipo di intelligenza adatta a particolari domini di conoscenza
E. Un tipo di intelligenza generale

30) Quale studioso parla di zona prossimale di sviluppo (ZSP)?

A. Bruner
B. Piaget
C. Vygotskij
D. Ainsworth
E. Chomsky

31) Cosa sono i Modelli Operativi Interni (MOI)?

A. Una rappresentazione interna del mondo
B. Un comportamento di segnalazione
C. Copie fedeli del mondo
D. Un comportamento caratterizzato sessualmente
E. Tutte le risposte sono valide

32) Chi ha scritto *Psicologia dell'Io e problema dell'adattamento*?

A. Freud
B. Jung
C. Hartmann
D. Winnicott
E. Vygotskij

33) Quale delle seguenti terapie non tenta di trasformare i sentimenti inconsci in consci?

A. La psicoanalisi
B. La terapia cognitiva
C. La Gestalt
D. La terapia transazionale
E. Tutte le risposte sono valide

34) Il maggior esponente della terapia centrata sul cliente è:

A. E. Berne
B. A. Beck
C. S. Freud
D. G. Jung
E. C. Rogers

35) L'allucinazione è:

A. un'illusione
B. una percezione senza adeguati stimoli esterni
C. un disturbo comportamentale
D. un disturbo affettivo
E. un alterato senso di benessere

36) Secondo il modello multicomponenziale di A. Baddeley in quanti componenti è articolata la memoria di lavoro?

A. 2
B. 1
C. 3
D. 4
E. 7

37) Quale fra quelli elencati non è un test proiettivo?

A. TAT
B. Rorschach
C. Wartegg
D. MMPI
E. Blacky Pictures Test

38) Il primo vero e proprio test di intelligenza generale fu chiamato:

A. Wechsler Adult Intelligence Scale
B. Minnesota Multiphasic Personality Inventory
C. Rorschach
D. Scala di Binet-Simon
E. Nessuna risposta è corretta

39) Quale dei seguenti autori concepisce la Persona come maschera?

A. Maslow
B. Freud
C. Jung
D. Cattell
E. Watson

40) La ricerca trasversale prevede:

A. un gruppo di controllo
B. osservazioni di gruppi differenti
C. osservazioni ripetute nel tempo
D. osservazioni dello stesso gruppo
E. nessuna risposta è corretta

41) C.G. Jung affermava che le immagini che rappresentano le esperienze accumulate dall'umanità sono memorizzate:

A. nell'inconscio personale
B. nella persona
C. nell'anima
D. nell'inconscio collettivo
E. nessuna risposta è corretta

42) Cosa si intende per "alessitimia"?

A. Elevati stati di eccitazione emotiva per forti sollecitazioni
B. Indifferenza emotiva
C. Incapacità a interpretare e comunicare le emozioni
D. Bassi stati di eccitazione emotiva per forti sollecitazioni
E. Tutte le risposte sono valide

43) Il sillogismo è una forma di ragionamento:

A. deduttivo
B. induttivo
C. abduttivo
D. insight
E. nessuna risposta è corretta

44) Con l'espressione "magico numero 7 più o meno 2" Miller faceva riferimento a:

A. span della memoria a lungo termine
B. span del registro sensoriale
C. span della memoria a breve termine
D. nessuna risposta è corretta
E. tutte le alternative sono valide

45) Il modellamento astratto è un processo teorizzato da:

A. Bandura
B. Tolman
C. Piaget
D. Watson
E. nessuno tra quelli citati

46) La legge dell'oblio, individuata da H. Ebbinghaus, indica che:

A. la perdita di informazione raggiunge la velocità massima dopo 24 ore dall'esposizione allo stimolo
B. la quantità di informazioni diminuisce in modo costante e lineare nel tempo
C. la perdita di informazione è lenta nelle prime ore che seguono l'esposizione allo stimolo, e rapida dopo alcuni giorni

D. la perdita di informazione è rapida nelle prime ore che seguono l'esposizione allo stimolo, e lenta dopo alcuni giorni
E. la quantità di informazioni perdute per unità di tempo non è costante, ed ha un andamento oscillatorio

47) Per A.H. Maslow il tratto distintivo dell'identità è rappresentato da:

A. le pulsioni
B. la relazione materna
C. la motivazione
D. i conflitti
E. le crisi

48) Secondo C. Rogers, la relazione educativa esige da parte dell'insegnante un atteggiamento:

A. di accettazione incondizionata delle condotte dell'allievo
B. di autenticità e congruenza e di ascolto empatico
C. di disponibilità e simpatia
D. di pazienza e intelligenza
E. soprattutto di silenzio

49) Che cosa è la rappresentazione iconica per J. Bruner?

A. L'associazione fra segni convenzionali e oggetti o eventi a cui i segni si riferiscono
B. Una forma di rappresentazione che codifica la realtà attraverso percetti e immagini interne
C. Un'attività rappresentativa che accompagna l'esperienza sensomotoria
D. Un'attività rappresentativa che si trova nel gioco simbolico
E. Un'attività rappresentativa che si trova nei primi mesi di vita

50) Quale delle seguenti affermazioni inerenti l'afasia di Broca (o motoria) NON è vera?

A. L'eloquio non è fluente
B. Il linguaggio scritto è deficitario
C. C'è anosognosia
D. La comprensione è meno compromessa dell'eloquio
E. Lesioni a carico del lobo frontale di sinistra

51) Quale tra i seguenti studiosi è considerato il fondatore della psicologia sperimentale?

A. Cattell
B. James
C. Wundt
D. Watson
E. Guthrie

52) In ambito psicologico che cos'è il DSM?

A. Uno strumento per diagnosticare le principali sindromi cliniche
B. Un codice di ambito medico-clinico
C. Una tecnica di osservazione
D. Una tecnica proiettiva della personalità
E. Nessuna delle risposte è corretta

53) Che cos'è la bulimia?

A. Una forma di disagio psico-sociale
B. Un disturbo affettivo
C. Un disturbo del comportamento alimentare
D. Un disturbo cognitivo
E. Una mania compulsiva

54) Secondo il funzionalismo i fenomeni psichici:

A. non sono strutture ma sovrastrutture
B. sono strutture e non funzioni attraverso cui la mente si adatta all'ambiente
C. sono determinati dalla volontà
D. dipendono dal grado di integrazione sociale

E. non sono strutture ma funzioni attraverso cui la mente si adatta all'ambiente

55) Quali concetti della psicologia vengono trascurati nella teoria del behaviorismo?

A. Comportamentali
B. Metafisici, come mente e psiche
C. Conoscitivi
D. Educativi
E. Lontani dall'ego

56) Quale tra le seguenti pubblicazioni è riconducibile al fondatore della psicoanalisi?

A. Al di là del principio del piacere
B. Avere o essere
C. Al di là del bene e del male
D. L'essere e il nulla
E. L'anello di re Salomone

57) Cosa propongono i "connessionisti"?

A. Di valutare l'apprendimento come un insieme di nozioni
B. Di conferire alla psicologia un carattere scientifico
C. Di paragonare l'apprendimento ad un puzzle
D. Tutte le risposte sono corrette
E. Nessuna delle risposte è corretta

58) Cos'è la psicoanalisi?

A. Un argomento di studio in biotecnologia
B. Un argomento della filosofia
C. La scienza della natura
D. La scienza dei saggi
E. Un approccio terapeutico dei disturbi psichici

59) Il concetto di "*locus of control*" proposto da Rotter riguarda:

A. le altrui abilità
B. il controllo delle azioni proprie e altrui
C. il grado di percezione rispetto al controllo del proprio destino e gli eventi
D. il grado di percezione rispetto al controllo del destino altrui
E. tutte le risposte sono corrette

60) Il modello che considera la comunicazione come un processo di trasmissione di informazioni è stato ideato da:

A. Austin
B. Grice
C. Newell e Simon
D. Shannon e Weaver
E. Tulving

61) Nell'ambito di quali teorie è stato proposto e utilizzato il concetto di "*affordance*"?

A. Psicologia cognitivista
B. Sviluppo dell'intelligenza di Piaget
C. Teoria dei sistemi dinamici
D. Approccio ecologico alla percezione di J.J. Gibson
E. Teoria dell'attaccamento di Bowlby

62) L'assuefazione è:

A. un disturbo psicopatologico
B. un tipo di apprendimento
C. una tendenza di alcuni individui
D. sinonimo di sensibilizzazione
E. sinonimo di debolezza

63) La teoria dell'inferenza inconscia di Helmotz riguarda:

A. la personalità
B. l'inconscio
C. la percezione
D. la memoria
E. tutte le risposte sono corrette

64) L'effetto Stroop è un esempio di:

A. automatismo della percezione
B. selettività della visione

C. illusione ottica
D. costanza percettiva
E. percezione di profondità

65) Quale dei seguenti autori è considerato il fondatore del personalismo in psicologia?

A. W. Stern
B. M. Klein
C. W. Allport
D. K. Jaspers
E. S. Freud

66) Quale dei seguenti studiosi per primo concepì la memoria come un processo attivo di continua ricostruzione del passato in funzione delle esigenze del presente?

A. Ebbinghaus
B. Bartlett
C. Miller
D. Piaget
E. Hull

67) Quale tra le seguenti teorie riteneva che il pensiero fosse un linguaggio implicito?

A. Cognitivismo
B. Strutturalismo
C. Comportamentismo
D. Funzionalismo
E. Costruttivismo

68) Quali sono le dimensioni che ci permettono di ordinare le emozioni di base?

A. Motivazione, attività, stimolo
B. Durata, potenza, attività
C. Attività, intensità, potenza e durata
D. Qualità, potenza, attività
E. Nessuna delle risposte è corretta

69) La teoria del prototipo di Eleanor Rosch riguarda:

A. la formazione degli stereotipi
B. la formazione dei concetti e i processi di categorizzazione
C. le strategie di problem solving
D. la conoscenza procedurale
E. le euristiche del pensiero

70) La misura dell'intelligenza permette di:

A. differenziare fin dal primo anno di vita bambini molto intelligenti da bambini poco intelligenti
B. quantificare con relativa precisione il contributo del patrimonio genetico
C. il livello di nevroticismo dell'individuo
D. mettere in relazione la prestazione intellettiva di un individuo con i valori medi di una determinata popolazione
E. risalire alle specifiche esperienze culturali dell'individuo

71) Gli assunti di base sono:

A. presupposti teorici
B. meccanismi di difesa
C. stati emotivi
D. forze razionali
E. nessuna delle risposte è corretta

72) La teoria del feedback periferico di James sosteneva che la causa dell'emozione è:

A. la valutazione cognitiva dello stimolo
B. la sensazione emozionale
C. l'attivazione fisiologica
D. la percezione dello stimolo
E. nessuna delle risposte è corretta

73) I sostenitori dell'approccio psicobiologico pongono l'accento sui fattori:

A. sociali
B. culturali
C. biologici
D. ambientali
E. biologici e culturali

74) Quale dei seguenti approcci teorici si interroga sul valore adattivo dei processi mentali?

A. Strutturalismo
B. Etologia
C. Cognitivismo
D. Funzionalismo
E. Psicologia sperimentale

75) Chi ha scritto *Psicologia delle folle*?

A. Gustave Le Bon
B. Sigmund Freud
C. Kurt Lewin
D. Floyd H. Allport
E. Carl G. Jung

76) Quale tra le seguenti scale assume per convenzione che esiste un valore zero?

A. Nominale
B. Ordinale
C. A intervalli
D. A rapporti
E. Nessuna delle risposte è corretta

77) La Scuola di Würzburg concentrò le sue ricerche sullo studio di:

A. processi psichici elementari
B. proprietà specifiche del pensiero
C. funzioni dei processi mentali
D. contenuti della coscienza
E. comportamento

78) Lawrence Kohlberg si è occupato principalmente di:

A. sviluppo cognitivo
B. sviluppo morale
C. sviluppo sociale
D. sviluppo della coscienza
E. socializzazione primaria

79) Il New Look è un movimento che si è occupato principalmente di:

A. sensazione
B. memoria
C. percezione
D. intelligenza
E. motivazione

80) In psicoanalisi il concetto di oggetto transizionale è riferibile a:

A. Winnicott
B. Hartmann
C. Klein
D. Rosenfeld
E. Lacan

81) La "forza dell'abitudine" è la variabile interveniente per:

A. Tolman
B. Hull
C. Hebb
D. Cattell
E. Miller

82) Quale dei seguenti autori parla di "angoscia genetica" della madre?

A. F. Fornari
B. D. Napolitani
C. S. Freud
D. M. Mahler
E. C.G. Jung

83) Smettere di somministrare una scossa elettrica ad un soggetto dopo che questi ha emesso una risposta che lo sperimentatore vuole incrementare costituisce un esempio di:

A. rinforzo positivo
B. rinforzo vicariante
C. rinforzo negativo
D. variabile interveniente
E. nessuna delle risposte è corretta

84) Nel periodo del "realismo morale", secondo Piaget, le azioni vengono giudicate buone o cattive:

A. casualmente, senza che vi sia alcuna logica precisa a guidare il giudizio

B. sulla base delle intenzioni di chi le ha compiute
C. sulla base di principi etici universali
D. sulla base delle conseguenze da queste derivate
E. sulla base delle convenzioni sociali

85) Con l'espressione "teoria della mente" ci si riferisce:

A. a un modello del funzionamento cerebrale
B. al fenomeno dell'immaginare da parte del bambino che le cose dotate di attività siano viventi
C. all'attribuzione di stati mentali, che possono essere diversi dai propri, alle altre persone
D. al processo mediante il quale il bambino giunge ad essere consapevole di sé
E. ad un modello di funzionamento mentale

86) Che cosa significa "*goodness of fit*" nella concezione di Chess e Thomas?

A. Un basso grado di conflittualità nella famiglia intesa come sistema
B. La compresenza di qualità di un carattere (temperamento) classificato come "facile"
C. Le compatibilità del carattere (temperamento) della madre con quello del bambino
D. Il grado in cui le proprietà dell'ambiente si adattano alle caratteristiche individuali del bambino
E. L'organizzazione armonica dei tratti del carattere (temperamento)

87) L'incapacità a elaborare numeri e ad eseguire calcoli è detta:

A. acalculia
B. afasia
C. disgrafia
D. dislessia
E. aprassia

88) Quale dei seguenti autori ha elaborato la teoria dell'autismo naturale?

A. M. Mahler
B. E. Jacobson
C. M. Klein
D. A. Spitz
E. D. Winnicott

89) Un insieme di persone con una o più caratteristiche in comune ma prive di legami di altra natura si definisce:

A. gruppo
B. classe
C. aggregato
D. banda
E. nessuna delle risposte è corretta

90) Connessionismo e modularismo sono paradigmi:

A. della scienza cognitiva
B. del comportamentismo
C. della Gestalt
D. dello strutturalismo
E. del funzionalismo

91) Secondo Buss e Plomin le tre dimensioni costitutive del carattere sono:

A. la soglia di sensibilità, l'adattabilità e la socievolezza
B. l'adattabilità, la regolarità e la socievolezza
C. l'arrendevolezza, la sensibilità e la socievolezza
D. l'emotività, l'attività, la socievolezza
E. la qualità dell'umore, la distraibilità e la socievolezza

92) A che età compare nel bambino l'intenzionalità?

A. Inizio sesto anno
B. Fine primo anno
C. Verso i 3 anni

D. Verso i 4 anni
E. Verso i 5 anni

93) Secondo Bandura, i tipi di informazione a partire dai quali valutiamo la nostra efficacia sono:

A. successi o fallimenti di tentativi simili, esperienze vicarie, persuasione verbale, stato fisiologico
B. esperienze vicarie, valutazione cognitiva della situazione, stato fisiologico
C. successi o fallimenti di tentativi simili, stato emotivo, persuasione verbale, valutazione cognitiva della situazione
D. successi o fallimenti di tentativi simili, esperienze vicarie, persuasione verbale, stato emotivo
E. esperienze vicarie, persuasione verbale, stato fisiologico

94) I periodi di sensibilità sono dei momenti in cui è maggiore la predisposizione a:

A. trauma
B. apprendimento
C. socializzazione
D. estraneo
E. nessuna delle risposte è corretta

95) La memoria semantica è un tipo di memoria:

A. prospettica
B. implicita
C. procedurale
D. dichiarativa
E. strategica

96) *La psicoanalisi dei bambini* è stato scritto da:

A. S. Freud
B. K. Abraham
C. M. Klein
D. A. Freud
E. F. Fornari

97) Quale dei seguenti autori parla di posizione schizoparanoidea e posizione maniaco-depressiva?

A. A. Freud
B. K. Abraham
C. W. Bion
D. S. Freud
E. M. Klein

98) Si indichi quale tra queste coppie di definizioni si applica al processo di socializzazione:

A. intenso/debole
B. primaria/secondaria
C. particolare/universale
D. generale/specialistico
E. affiatato/distaccato

99) Quale dei seguenti autori sosteneva che il linguaggio e il pensiero sono in origine indipendenti per poi integrarsi in un processo di reciproco influenzamento?

A. Piaget
B. Vygotskij
C. Chomsky
D. Bruner
E. Sapir e Whorf

100) Il concetto di "falso Sé" è stato teorizzato da:

A. Tustin
B. Klein
C. Freud
D. Winnicott
E. Hartmann

RISPOSTE CORRETTE

1) A	21) A	41) D	61) D	81) D
2) C	22) C	42) C	62) B	82) A
3) A	23) D	43) A	63) C	83) C
4) E	24) B	44) C	64) A	84) D
5) C	25) B	45) A	65) A	85) C
6) B	26) D	46) D	66) B	86) D
7) C	27) A	47) C	67) C	87) A
8) B	28) C	48) B	68) D	88) A
9) D	29) B	49) B	69) B	89) B
10) A	30) C	50) C	70) D	90) A
11) B	31) A	51) C	71) B	91) D
12) C	32) C	52) A	72) C	92) B
13) B	33) B	53) C	73) C	93) A
14) B	34) E	54) E	74) D	94) B
15) D	35) B	55) B	75) A	95) D
16) B	36) C	56) A	76) C	96) C
17) D	37) D	57) B	77) B	97) E
18) C	38) D	58) E	78) B	98) B
19) C	39) C	59) C	79) C	99) B
20) D	40) B	60) D	80) A	100) D

CULTURA MATEMATICO-SCIENTIFICA

CAPITOLO 1
Biologia

1) Quale di queste proteine NON è contenuta nel plasma?

A. Anticorpi
B. Emoglobina
C. Albumina
D. Fibrinogeno
E. Lipidi

2) Secondo la teoria classica neo-darwinista dell'evoluzione, quali sono le unità biologiche che evolvono?

A. Le popolazioni
B. Le specie
C. Le sottospecie
D. Gli individui
E. Le cellule

3) La classificazione degli organismi attuata da Linneo si basava su:

A. il genotipo
B. la storia evolutiva
C. il fenotipo
D. i caratteri biomolecolari
E. i caratteri cellulari

4) Gli stami sono:

A. le cavità presenti nei tessuti parenchimatosi
B. i minuscoli fori presenti sulla superficie delle foglie
C. gli organi produttori di polline
D. un particolare tipo di radici aeree
E. delle radici sotterranee

5) Quale di queste affermazioni riguardante gli enzimi è vera?

A. Sono sostanze di natura sintetica
B. Sono sostanze di natura lipidica
C. L'enzima viene trasformato dalla reazione che catalizza
D. Ognuno di essi può catalizzare tanti tipi di reazioni
E. Ognuno di essi catalizza un determinato tipo di reazione

6) La denominazione *Equus caballus* indica:

A. il genere e la specie
B. la classe e il genere
C. l'ordine e la classe
D. la famiglia e il genere
E. il tipo di specie

7) I principali costituenti dei fosfolipidi presenti nelle membrane biologiche sono:

A. polisaccaridi
B. acidi grassi
C. idrocarburi
D. terpeni
E. enzimi

8) Il collagene è il principale componente:

A. del citoscheletro
B. della lamina nucleare
C. della matrice extracellulare
D. delle strutture giunzionali
E. dell'osseina

9) Il colore della pelle è correlato alla presenza di:

A. emoglobina
B. melanina
C. carotene

D. emocianina
E. ferritina

10) Il codice genetico è un insieme di regole che permette:

A. la riparazione dei danni al DNA causati dalle condizioni ambientali
B. la comprensione del meccanismo di replicazione del DNA
C. la sintesi dell'RNA messaggero sullo stampo del DNA
D. la decifrazione del messaggio genetico scritto nel DNA
E. la delezione cellulare

11) I mitocondri sono organuli che partecipano al processo di:

A. fotosintesi
B. respirazione cellulare
C. secrezione
D. digestione cellulare
E. nessuna delle risposte è corretta

12) Cosa è il miocardio?

A. Una membrana cellulare
B. Una ghiandola
C. Un tessuto muscolare
D. Un tessuto di sostegno
E. Una cavità ematica

13) Con il termine biosfera si intende:

A. le terre emerse
B. le zone di acqua, terra e aria occupate da organismi viventi
C. i mari e gli oceani
D. tutte le opzioni sono errate
E. l'ambiente

14) Un processo si definisce aerobico quando:

A. avviene in presenza di azoto
B. avviene solo ad elevate quote atmosferiche
C. avviene in presenza di ossigeno
D. ha bisogno di energia per poter avvenire
E. in anaerobiosi

15) Quanti sono i regni in cui vengono classificati i viventi?

A. Quattro
B. Tre
C. Sei
D. Cinque
E. Otto

16) Gli stomi sono:

A. i connettivi vegetali
B. peli urticanti vegetali
C. aperture sulle superfici delle foglie
D. peli radicali
E. i tessuti spinosi

17) Il gambero appartiene alla classe:

A. degli aracnidi
B. dei crostacei
C. dei poriferi
D. dei condroitti
E. dei molluschi

18) Le cellule procariote differiscono dalle cellule eucariote perché:

A. non hanno ribosomi
B. non hanno la membrana plasmatica
C. non hanno il citoplasma
D. non hanno acidi nucleici
E. non hanno il nucleo

19) Il termine "eucariota" si riferisce a:

A. particolari anticorpi
B. particolari cellule ben sviluppate
C. cellule con vero nucleo
D. i cromosomi sessuali
E. i cromatidi

20) Le membrane biologiche sono semipermeabili. Ciò significa che il passaggio di sostanze attraverso di esse:

A. non è completamente libero
B. è completamente libero dall'esterno verso l'interno
C. avviene solo in una metà
D. avviene sempre con un consumo di energia
E. avviene per osmosi

21) Le cellule possono inglobare particelle liquide con un processo chiamato:

A. fagocitosi
B. trasporto attivo
C. pinocitosi
D. esocitosi
E. endocitosi

22) I microtubuli che compongono un centriolo sono organizzati in:

A. 9 coppie periferiche e una tripletta centrale
B. 9 coppie periferiche
C. 9 coppie periferiche e una coppia centrale
D. 9 triplette periferiche
E. 9 coppie centrali

23) La struttura cellulare alla quale sono eventualmente adesi i ribosomi è:

A. il lisosoma
B. il reticolo endoplasmatico
C. il citoscheletro
D. l'apparato di Golgi
E. il mitocondrio

24) La funzione dell'apparato di Golgi è di:

A. modificare le proteine destinate alla secrezione o ad altri organuli
B. costituire una riserva di carboidrati
C. metabolizzare i lipidi
D. demolire sostanze di riserva
E. formare una riserva enzimatica

25) Si definisce "aploide" una cellula:

A. che ha perso il nucleo
B. che si sta dividendo
C. embrionale
D. in cui i cromosomi non hanno il corrispondente omologo
E. in metafase

26) Cosa sono le sinapsi?

A. Organuli cellulari propri delle cellule vegetali
B. Interconnessioni tra neuroni in cui si effettua la trasmissione degli impulsi nervosi
C. Organuli cellulari propri dei neuroni
D. Zone di contatto tra due batteri durante lo scambio di materiale genetico
E. Zone di contatto tra virus

27) Quale funzione hanno le foglie nella vita della pianta?

A. Assorbire sali
B. Assorbire acqua
C. Fotosintetica
D. Riproduttiva
E. Estetica e protettiva

28) Mediante il processo della fotosintesi le piante trasformano anidride carbonica e acqua in:

A. proteine e ossigeno
B. carboidrati e ossigeno
C. acidi nucleici e acqua
D. lipidi
E. azoto e derivati

29) La molecola più utilizzata nello svolgimento delle reazioni endoergoniche cellulari è:

A. il citocromo C
B. la glicina
C. l'adenosintrifosfato
D. il glucosio
E. l'ossidasi

30) La glicolisi è un processo:

A. proprio degli organismi aerobi
B. proprio dei batteri
C. proprio degli organismi anaerobi
D. proprio di tutti gli organismi
E. di origine vegetale

31) Indica quale tra le seguenti è la più tipica funzione biologica degli acidi nucleici:

A. la funzione di riserva energetica
B. la funzione di autoduplicazione
C. la funzione strutturale
D. la funzione catalitica
E. la funzione metabolica

32) La sintesi di RNA è un processo definito:

A. trascrizione
B. trasposizione
C. traduzione
D. terminazione
E. clonazione

33) I geni sono elementi funzionali del genoma che codificano per:

A. RNA e proteine
B. DNA
C. ribosomi
D. nucleo
E. lisosomi

34) Elementi cellulari incapaci di effettuare mitosi sono:

A. gli eritroblasti
B. le cellule germinali
C. le cellule nervose
D. le cellule renali
E. i linfociti

35) La determinazione del sesso nella specie umana, come in altri organismi, dipende:

A. dallo zigote
B. dall'ovulo
C. dallo spermatozoo
D. dall'età
E. dai fattori X

36) La fase della mitosi, caratterizzata dal fatto che tutti i cromosomi si raccolgono al centro della cellula, prende il nome di:

A. profase
B. anafase
C. interfase
D. metafase
E. telofase

37) Gli individui di gruppo sanguigno 0:

A. hanno sempre entrambi i genitori di gruppo 0
B. possono avere figli di qualsiasi gruppo sanguigno
C. hanno sicuramente qualche parente di gruppo 0
D. hanno ereditato un allele di tipo 0 da entrambi i genitori
E. possono avere un genitore di gruppo AB

38) La pecora Dolly, morta nel 2003, è diventata famosa perché:

A. è stata clonata a partire da una cellula di topo
B. è stata clonata a partire da una cellula umana
C. è stato il primo mammifero clonato della storia
D. è stato il primo animale clonato della storia
E. è stato il primo esempio di clonazione vegetale

39) Nella selezione naturale, l'agente selettivo è:

A. la fauna
B. la selezione convergente

C. l'uomo
D. l'ambiente
E. la flora

40) Le vene sono i vasi che:

A. portano il sangue verso il cuore
B. portano il sangue al cervello
C. effettuano la filtrazione della linfa
D. trasportano ossigeno
E. trasportano sostanze cataboliche

41) Negli esseri umani le ghiandole endocrine producono:

A. tessuto osseo
B. sudore
C. ormoni
D. globuli rossi
E. globuli bianchi

42) I primi ominidi del genere *Australopithecus* comparvero all'incirca:

A. 10 milioni di anni fa
B. 5 milioni di anni fa
C. 20 milioni di anni fa
D. 1 milione di anni fa
E. 2 milioni di anni fa

43) Quale degli organismi seguenti è in grado di effettuare la fotosintesi?

A. Corallo
B. Spugna
C. Muschio
D. Protozoo
E. Polipo

44) Un organismo che si riproduce asessualmente genera dei figli che normalmente sono:

A. con una variabilità genetica più elevata
B. più adatti al loro ambiente
C. capaci di sopravvivere più a lungo
D. geneticamente identici tra loro
E. destinati a vivere poco

45) Il micelio è:

A. l'apparato vegetativo dei funghi più evoluti
B. un tipo di membrana
C. un corpo fruttifero
D. una foglia metamorfosata
E. un petalo

46) La molecola coinvolta nel trasferimento dell'informazione genetica dal nucleo al citoplasma è:

A. tRNA
B. mRNA
C. proteine
D. rRNA
E. un enzima

47) Una cellula sta ingerendo particelle solide presenti nell'ambiente extracellulare. Si dice che sta compiendo:

A. apoptosi
B. pinocitosi
C. esocitosi
D. fagocitosi
E. anitosi

48) Due organismi che utilizzano le stesse risorse disponibili in quantità limitate vengono definiti:

A. mutualisti
B. predatori
C. competitori
D. parassiti
E. simbionti

49) Indicare quali prodotti si generano durante la fase luminosa della fotosintesi:

A. NADPH, ATP e ossigeno
B. NADPH, ATP e anidride carbonica
C. NADH, ossigeno e acqua
D. NADH, anidride carbonica e acqua
E. NADP, ATP e anidride carbonica

50) Luigi Pasteur fu un:

A. citologo
B. astronauta
C. matematico
D. allievo di Freud
E. batteriologo

51) L'esatto ordine degli stadi della vita di un insetto è:

A. uovo, pupa, larva, adulto
B. pupa, larva, uovo, adulto
C. uovo, larva, pupa, adulto
D. pupa, uovo, larva, adulto
E. uovo, larva, pupo, adulto

52) L'acqua si muove tra le particelle del suolo verso le radici delle piante per:

A. imbibizione
B. capillarità
C. adesione
D. coesione
E. contatto

53) Le piogge acide sono dovute a modifiche ambientali operate dall'uomo su:

A. ciclo del carbonio e dello zolfo
B. ciclo dell'azoto e del fosforo
C. ciclo dell'azoto e dello zolfo
D. ciclo del carbonio e dell'ossigeno
E. ciclo della CO_2

54) Il carbonio inorganico entra nel ciclo dei viventi mediante il processo di:

A. fossilizzazione
B. decomposizione
C. respirazione
D. fotosintesi
E. degradazione

55) La definizione biologica di specie si fonda:

A. sulle differenze genotipiche tra due organismi
B. sulle differenze anatomiche e di sviluppo tra due gruppi di organismi
C. sull'isolamento riproduttivo di due gruppi di organismi
D. sulle differenze nell'adattamento di due gruppi di individui
E. sulle differenze sferotipiche

56) I batteri:

A. contengono un singolo cromosoma
B. presentano un nucleo delimitato da membrana
C. hanno riproduzione sessuata
D. sono sempre causa di malattia
E. sono sempre autotrofi

57) Un batterio si dice anaerobio obbligato se:

A. vive solo in assenza di ossigeno
B. vive solo in presenza di aria
C. vive in assenza di aria ma si replica solo in presenza di aria
D. vive solo in presenza di ossigeno puro
E. vive senza acqua

58) Il *Plasmodium falciparum*, responsabile della malaria, è un:

A. fungo
B. insetto
C. virus
D. protozoo
E. enzima

59) Che cosa sono gli antibiotici?

A. Sostanze prodotte dalle cellule tumorali
B. Proteine prodotte dall'uomo o da altri mammiferi
C. Sostanze che stimolano il sistema immunitario
D. Sostanze antimicrobiche prodotte da batteri, funghi e vegetali
E. Sostanze di sintesi vegetale

60) Le piante verdi di notte producono:

A. glucosio
B. solo anidride carbonica
C. azoto
D. idrogeno
E. solo ossigeno

61) Il trasporto dei gas respiratori tra esterno e interno negli insetti avviene:

A. attraverso la pelle
B. mediante le antenne
C. mediante trachee
D. mediante i polmoni
E. mediante spore

62) Quale fra i seguenti animali produce uova dotate di guscio rigido?

A. Rana
B. Pinguino
C. Salmone
D. Canguro
E. Balena

63) Gli animali per vivere hanno bisogno dei vegetali, perché rimarrebbero privi di:

A. idrogeno
B. acqua
C. vitamine
D. energia
E. azoto

64) Le cellule sono in grado di compiere reazioni chimiche a temperature relativamente basse soprattutto grazie:

A. agli enzimi
B. alle vitamine
C. ai substrati ricchi di energia
D. all'ATP
E. ai mitocondri

65) Le vitamine sono:

A. sostanze che si trovano solo negli agrumi
B. sostanze da cui l'organismo ottiene calorie
C. sostanze necessarie per l'attività degli enzimi
D. le unità fondamentali delle proteine strutturali
E. sostanze che si trovano negli acidi grassi

66) Individuare l'unica affermazione del tutto corretta.

A. Tutte le cellule contengono mitocondri
B. Tutte le cellule traggono origine da altre cellule
C. Tutte le cellule presentano la parete cellulare
D. Tutte le cellule presentano compartimenti interni
E. Tutte le cellule contengono i loci

67) Molecole di ossigeno entrano in un globulo rosso mediante il processo di:

A. pinocitosi
B. osmosi
C. trasporto attivo
D. diffusione
E. diapedesi

68) Il processo attraverso il quale le sostanze vengono trasportate dall'interno all'esterno della cellula è detto:

A. esocitosi
B. fagocitosi
C. pinocitosi
D. osmosi
E. diffusione

69) La cromatina è:

A. una sostanza responsabile della colorazione della pelle
B. una sostanza colorabile presente nel nucleo delle cellule
C. una proteina presente nelle cellule vegetali

D. una proteina presente in tutte le cellule
E. un patrimonio genetico

70) I lisosomi sono organuli cellulari:

A. in cui avviene il ciclo di Krebs
B. in cui avviene la sintesi delle proteine
C. che contengono enzimi idrolitici
D. in cui avviene la respirazione cellulare
E. che contengono cellule epitelioidi

71) Una cellula è immersa in una soluzione isotonica. Avviene che:

A. l'acqua esce dalla cellula
B. l'acqua entra nella cellula
C. l'acqua entra ed esce dalla cellula in ugual misura
D. la cellula va incontro a lisi
E. la cellula diventa iperplasica

72) La più piccola unità contrattile di un muscolo è:

A. la fibra muscolare
B. il sarcomero
C. la miofibrilla
D. il filamento di astina
E. la capsula

73) In quale parte della cellula vegetale avviene la fotosintesi?

A. Nucleo
B. Ribosomi
C. Mitocondri
D. Cloroplasti
E. Lisosomi

74) La tappa finale della degradazione degli alimenti, quella che porta alla formazione di ATP, avviene:

A. nel citosol
B. nel nucleo
C. nei mitocondri
D. nei ribosomi
E. nel follicolo endoplasmico

75) Quando una molecola di clorofilla è colpita da energia luminosa:

A. la luce verde non è assorbita
B. la luce verde è la più assorbita
C. la luce rossa è riflessa
D. tutte le lunghezze d'onda sono riflesse
E. anche la luce gialla non è assorbita

76) Qual è la sequenza degli eventi che trasformano le informazioni codificate nel DNA in strutture proteiche tridimensionali?

A. Trascrizione – duplicazione – traduzione
B. Traduzione – trascrizione – duplicazione
C. Traduzione – duplicazione – trascrizione
D. Trascrizione – traduzione – duplicazione
E. Duplicazione – trascrizione – traduzione

77) Una proteina è costituita da 100 aminoacidi. Quanti nucleotidi costituiscono l'mRNA codificante?

A. 100
B. 200
C. 300
D. 50
E. 125

78) In quale fase del ciclo cellulare i cromosomi non sono condensati?

A. Nella profase
B. Nell'interfase
C. Nell'anafase
D. Nella metafase
E. Nella telofase

79) Quale dei seguenti ormoni viene rilasciato dalla neuroipofisi?

A. Somatotropina
B. Prolattina

C. Vasopressina
D. Tireostimolante
E. Tirosina

80) Quale, tra i seguenti mammiferi, NON ha dentatura?

A. Il formichiere
B. Il gatto persiano
C. L'armadillo
D. Il bradipo
E. L'istrice

81) Quale delle seguenti piante si riproduce tramite spore?

A. La betulla
B. La felce
C. L'ulivo
D. Il mandorlo
E. Il larice

82) La carenza di vitamina C provoca:

A. rachitismo
B. scorbuto
C. gozzo
D. pellagra
E. ossidazione cellulare

83) La gastrula è:

A. una fase della mitosi
B. un tessuto
C. il rivestimento dello stomaco
D. uno stadio dello sviluppo embrionale
E. la morte di una cellula

84) La mancanza di ferro nell'organismo può provocare:

A. anoressia
B. aporia
C. anossia
D. idiozia
E. astenia

85) In ambito ecologico per "popolazione" si intende:

A. un gruppo numeroso di organismi viventi
B. un gruppo di organismi viventi della stessa specie che occupano una data zona
C. un insieme di organismi viventi di specie affini
D. tutti gli organismi viventi presenti in un preciso ambiente
E. un ecosistema

86) Una fondamentale differenza tra piante ed animali consiste nella capacità di:

A. utilizzare l'ossigeno atmosferico
B. demolire i polisaccaridi
C. riprodursi
D. produrre ossigeno
E. glicolisi

87) Quale tra i seguenti organismi è un animale?

A. Il mais
B. Il lievito
C. Il corallo
D. Il plasmodio
E. Il riso

88) Il regno dei Funghi non è costituito da organismi:

A. autotrofi
B. le cui cellule hanno una parete cellulare composta da chitina
C. per la maggior parte decompositori
D. che possono essere patogeni
E. eterotrofi

89) Negli acidi nucleici gli zuccheri contenuti sono:

A. solo ribosio e deossiribosio a seconda se si tratta di RNA o DNA
B. maltosio e glucosio
C. glucosio e ribosio
D. legati a 2 gruppi fosforici
E. solo il ribosio

90) Le piramidi ecologiche possono rappresentare:

A. concentrazioni di veleni ambientali
B. i cicli biogeochimici
C. le concentrazioni di inquinanti nel suolo
D. le concentrazioni di inquinanti nell'aria
E. la struttura trofica dell'ecosistema

91) Gli animali del fondo marino formano:

A. il surplus
B. il benthos
C. il necton
D. il plancton
E. l'humus

92) Le piastrine si formano:

A. nei muscoli scheletrici
B. nelle vene
C. nel rene
D. nel midollo osseo
E. nel plasma

93) La proteina che ha concentrazione più elevata nel plasma umano è:

A. la gammaglobulina
B. l'emoglobina
C. l'albumina
D. il fibrinogeno
E. la globulina

94) Il processo che fa maturare molte specie animali da larva ad animale adulto si chiama:

A. metamorfosi
B. maturazione
C. metempsicosi
D. meta-trasformazione
E. crisalide

95) Le muffe sono:

A. protozoi
B. funghi
C. licheni
D. batteri
E. metazoi

96) L'ecologia studia:

A. le interazioni tra gli organismi viventi e l'ambiente
B. le interazioni tra gli animali
C. l'inquinamento dell'ambiente
D. le condizioni dell'ambiente
E. l'ecosistema

97) L'ippocampo è:

A. un crostaceo marino
B. un piccolo pesce marino
C. un animale della mitologia con corpo di cavallo e grandi ali bianche
D. una piccola struttura funzionale dell'orecchio che capta i suoni ad alta frequenza
E. un mollusco

98) La sequenza di fasi nella divisione cellulare è:

A. citocinesi, anafase, metafase, profase, telofase
B. profase, metafase, citocinesi, anafase, telofase
C. citocinesi, metafase, profase, anafase, telofase
D. profase, metafase, anafase, telofase, citocinesi
E. telofase, megafase, profase, citocinesi

99) La citodieresi è:

A. la divisione e separazione dei centromeri durante l'anafase della mitosi
B. la suddivisione di ogni cromosoma in due parti identiche
C. la divisione del citoplasma per formare due cellule figlie
D. una manifestazione citologica
E. una mutazione

100) Da cosa sono determinati i gruppi sanguigni?

A. Dai tipi di globuli bianchi del sangue
B. Dagli antigeni presenti sui globuli rossi
C. Solo dal gruppo sanguigno paterno
D. Solo dal gruppo sanguigno materno
E. Dalle ematoporfirine

RISPOSTE CORRETTE

1) B	21) C	41) C	61) C	81) B
2) A	22) D	42) B	62) B	82) B
3) C	23) B	43) C	63) D	83) D
4) C	24) A	44) D	64) A	84) C
5) E	25) D	45) A	65) C	85) B
6) A	26) B	46) B	66) B	86) D
7) B	27) C	47) D	67) D	87) C
8) C	28) B	48) C	68) A	88) A
9) B	29) C	49) A	69) B	89) A
10) D	30) D	50) E	70) C	90) E
11) B	31) B	51) C	71) C	91) B
12) C	32) A	52) B	72) B	92) D
13) B	33) A	53) C	73) D	93) C
14) C	34) C	54) D	74) C	94) A
15) D	35) C	55) C	75) A	95) B
16) C	36) D	56) A	76) E	96) A
17) B	37) D	57) A	77) C	97) E
18) E	38) C	58) D	78) B	98) D
19) C	39) D	59) D	79) C	99) C
20) A	40) A	60) B	80) A	100) B

CAPITOLO 2
Chimica

1) In quale gruppo del sistema periodico degli elementi si trovano gli alogeni?

A. III gruppo
B. II gruppo
C. VII gruppo
D. V gruppo
E. VI gruppo

2) Nell'elettrolisi dell'acqua i volumi di idrogeno e ossigeno che si liberano agli elettrodi sono in rapporto di:

A. 2 : 1
B. 3 : 1
C. 1 : 1
D. 1 : 2
E. 1 : 3

3) Il simbolo chimico del bronzo è:

A. Br
B. il bronzo non è un elemento chimico
C. Bo
D. Bn
E. Bz

4) Il simbolo chimico del sodio è:

A. Sc
B. S
C. Si
D. Na
E. Sd

5) La differenza tra gli isotopi 18 e 16 dell'ossigeno consiste nel fatto che:

A. il primo possiede un neutrone e un protone in più
B. il primo possiede due neutroni in più
C. il primo possiede un neutrone e un elettrone in più
D. il primo possiede due protoni in più
E. il primo possiede due elettroni in più

6) Quale, tra le seguenti molecole, è un carboidrato?

A. Il galattosio
B. L'albumina
C. L'acido pantotenico
D. L'elastina
E. Il metano

7) Quale delle seguenti proprietà dei reagenti e dei prodotti viene sempre conservata durante una reazione chimica?

A. Il numero di aggregazione
B. Il numero di ossidazione
C. Lo stato di aggregazione
D. La massa
E. Il colore

8) Le molecole d'acqua interagiscono tra loro per mezzo di legami:

A. covalenti
B. a idrogeno
C. dativi
D. ionici
E. basici

9) Una caratteristica fondamentale di un enzima è:

A. abbassare l'energia necessaria per fare avvenire una data reazione

B. combinarsi in maniera stabile con i reagenti
C. funzionare solo se il substrato è di natura proteica
D. funzionare solo in presenza di ossigeno
E. funzionare anche in presenza di ossigeno

10) La chimica organica studia i derivati:

A. dei carboidrati
B. degli idrocarburi
C. del carbonio
D. delle proteine
E. degli amminoacidi

11) Il legame idrogeno è:

A. un legame ionico
B. presente tra molecole d'acqua
C. un legame covalente
D. presente nel ciclobutano
E. un legame basico

12) Quando una reazione chimica produce calore, questa è detta:

A. solvatazione
B. azeotropica
C. allotropica
D. isotermica
E. esotermica

13) Il legame fosfodiesterico è sicuramente presente:

A. nell'acetato di etile
B. nei peptidi
C. nel saccarosio
D. nel DNA
E. nel glucosio

14) Quale dei seguenti composti NON entra nella costituzione degli acidi nucleici?

A. Guanina
B. Ribosio
C. Guanidina
D. Timina
E. Uracile

15) Quale dei seguenti composti è un lipide?

A. Treonina
B. Colesterolo
C. Glucosio
D. Lisina
E. Saccarosio

16) Qual è l'elemento più elettronegativo?

A. Carbonio
B. Sodio
C. Francio
D. Fosforo
E. Fluoro

17) Quale dei seguenti sistemi non è eterogeneo?

A. Sospensione
B. Fumo
C. Schiuma
D. Emulsione
E. Nessuna delle risposte è corretta

18) Un esempio di proteina è:

A. il saccarosio
B. il collageno
C. il glucosio
D. la cellulosa
E. la vitamina

19) Il nome corretto del composto KCl è:

A. potassio-clorito
B. clorato di potassio
C. cloruro di potassio
D. clorito di potassio
E. clorato potassico

20) Un "acido carbossilico" è:

A. un composto organico che contiene un gruppo "CHO"
B. un composto organico che contiene un gruppo "COOH"
C. un composto organico che contiene un gruppo "CO"
D. un composto organico che contiene un gruppo "CH"
E. un composto organico che contiene un gruppo "CHOO"

21) Quale dei seguenti è un elemento chimico?

A. Il diamante
B. Il topazio
C. Il bronzo
D. Il piombo
E. Lo smeraldo

22) Poiché i pesi atomici di H, S e O sono rispettivamente 1, 32 e 16 u.m.a., il peso molecolare espresso in u.m.a. dell'acido solforico vale:

A. 85
B. 98
C. 76
D. 104
E. 110

23) La cellulosa è:

A. un polisaccaride
B. una proteina vegetale
C. un polimero del fruttosio
D. una proteina che si trova sulla parete cellulare
E. una proteina animale

24) Una soluzione non satura di KBr in acqua rappresenta un esempio di:

A. sistema bifasico
B. sistema colloidale
C. emulsione
D. sistema omogeneo
E. sistema enzimatico

25) Il più abbondante costituente chimico degli organismi è rappresentato da:

A. carboidrati
B. acidi nucleici
C. acqua
D. proteine
E. ossigeno

26) Dire quale, tra i seguenti solventi, è quello più polare.

A. Etano
B. Acqua
C. Metano
D. Esano
E. Acetato di metile

27) Cos'è la distillazione?

A. Non è un processo di separazione
B. È un processo di separazione basato sul diverso peso atomico
C. È un processo di soluzione
D. È un processo di separazione basato sul diverso punto di ebollizione
E. È un processo di separazione basato sul diverso peso molecolare

28) L'idratazione di un alchene produce:

A. un etere
B. un alchino
C. un alcool
D. un altro alchene
E. niente

29) Gli alchini posseggono:

A. un doppio legame C-C
B. un triplo legame C-C
C. un doppio legame C-O
D. un legame singolo C-C
E. un triplo legame C-O

30) L'ossidazione di un alcool secondario porta ad:

A. un epossido
B. un'ammina
C. un chetone
D. un alchene
E. un inerte

31) Quale delle seguenti affermazioni sui tioli è falsa?

A. Sono sostanze acide
B. Contengono un atomo di zolfo
C. Possono essere ossidati
D. Sono sostanze basiche
E. Contengono due atomi di zolfo

32) Quale delle seguenti affermazioni sui composti aromatici è falsa?

A. Non possono essere degli idrocarburi
B. Devono essere ciclici
C. Il benzene è una sostanza aromatica
D. Possono contenere atomi di azoto
E. Contengono solo idrocarburi

33) Quale dei seguenti composti NON è un derivato degli acidi carbossilici?

A. Ammide
B. Estere
C. Alogenuro acilico
D. Etere
E. Nitrili

34) Quale delle seguenti affermazioni sul glucosio è falsa?

A. È costituito da 6 atomi di carbonio
B. È uno zucchero
C. Possiede un gruppo chetonico
D. Possiede una funzione aldeidica
E. Differisce dal galattosio per la sua configurazione

35) Quale degli atomi seguenti NON è presente negli acidi nucleici?

A. Ribosio
B. Azoto
C. Ossigeno
D. Fosforo
E. Zolfo

36) L'albumina è:

A. una vitamina
B. una proteina
C. una globulina
D. uno zucchero
E. un carboidrato

37) La torba è:

A. il nome del sedimento lavico
B. il nome del secondo strato della crosta terrestre
C. un minerale di estrazione lavica
D. un tipo di carbon fossile
E. il nome dell'ultimo strato della crosta terrestre

38) Quale minerale è costituito da carbonio purissimo cristallizzato?

A. Il quarzo
B. Il diamante
C. Il topazio
D. Il rubino
E. L'ametista

39) Quelle elencate rappresentano proprietà delle molecole di acqua, tranne una. Quale?

A. Notevole tensione superficiale
B. Elevata tendenza all'idrolisi spontanea
C. Alto calore specifico
D. Ottimo solvente
E. Capacità di assumere più forme in natura

40) L'azoto in molti mammiferi, compreso l'uomo, si elimina prevalentemente come:

A. amminoacidi
B. ammoniaca

C. urina
D. urea
E. idrazina

41) Gli animali conservano i carboidrati sotto forma di:

A. glucosio
B. glicogeno
C. amido
D. saccarosio
E. galattosio

42) Il composto CaO è:

A. il clorofosfato di calcio
B. l'anidride di calcio
C. l'idrossido di calcio
D. il biossido di calcio
E. l'ossido di calcio

43) Il simbolo chimico del selenio è:

A. Se
B. Sn
C. S
D. il selenio non è un elemento chimico
E. Sl

44) Indicare quale dei seguenti elementi NON è un metallo:

A. Hg
B. Ti
C. P
D. Cu
E. Sn

45) Il simbolo chimico del tungsteno è:

A. T
B. W
C. Su
D. il tungsteno non è un elemento chimico
E. Tg

46) Il simbolo chimico del promezio è:

A. il promezio non è un elemento chimico
B. Pr
C. Po
D. Pm
E. Pz

47) Quanti amminoacidi sono codificati dalla sequenza di mRNA "UUGUCGACACUC"?

A. Due
B. Quattro
C. Sei
D. Uno
E. Nessuno

48) Il simbolo chimico dell'ottone è:

A. l'ottone non è un elemento chimico
B. Ot
C. Oe
D. On
E. Oo

49) L'arginina e la fenilalanina sono:

A. basi azotate
B. carboidrati
C. costituenti di proteine
D. grassi
E. gas

50) Secondo la teoria atomica di Bohr, l'elettrone che orbita attorno al nucleo dell'idrogeno:

A. può avere qualsiasi momento angolare, ma la sua energia deve essere un multiplo intero di una quantità detta quanto di energia
B. deve avere necessariamente momento angolare nullo
C. si muove su orbite di energia e momento angolare costanti, emettendo o assorbendo radiazione elettromagnetica solo nel passare da un'orbita all'altra
D. emette una radiazione elettromagnetica di frequenza pari alla frequenza di rotazione attorno al nucleo
E. nessuna delle risposte è corretta

51) Qual è la massa di una mole di litio (numero di massa 7, numero atomico 3)?

A. 48 g
B. 7 g
C. Una quantità in g pari al numero di Avogadro
D. 21 g
E. 20 g

52) Variando il valore di pH di una soluzione da 4 a 6 la concentrazione degli ioni idrogeno:

A. diminuisce di 2 volte
B. aumenta di 100 volte
C. diminuisce di 100 volte
D. aumenta di 2 volte
E. resta immutata

53) Quale fra i seguenti composti è un acido?

A. NaCl
B. KOH
C. HCl
D. NaOH
E. Na_2O

54) Quale dei seguenti non è un elemento chimico?

A. Il rame
B. L'ossigeno
C. L'acqua
D. Il manganese
E. Il mercurio

55) Il benzene è un:

A. ammina
B. alcool
C. acido organico
D. idrocarburo aromatico
E. metallo alcalino

56) L'Au:

A. è un metallo alcalino
B. è un metallo
C. è un gas nobile
D. è una lega
E. è un alcool

57) La molecola biatomica dell'azoto contiene:

A. un legame doppio
B. un legame triplo
C. due doppi legami
D. un legame covalente polare
E. due tripli legami

58) Il simbolo chimico del platino è:

A. il platino non è un elemento chimico
B. Pl
C. Pn
D. Pt
E. Pa

59) Il potassio (che possiede numero di massa 39 e numero atomico 19) ha:

A. 39 elettroni e 20 neutroni
B. 19 protoni e 39 neutroni
C. 19 elettroni e 20 neutroni
D. 39 elettroni e 19 neutroni
E. 20 elettroni e 20 neutroni

60) Una soluzione che ha pH = 14 è:

A. debolmente acida
B. fortemente basica
C. neutra
D. fortemente acida
E. debolmente basica

61) Il metano è un:

A. idrocarburo saturo
B. idrocarburo ciclico
C. idrocarburo aromatico
D. chetone
E. anione

62) Se un atomo neutro perde un elettrone diviene un:

A. acido

B. anione
C. catione
D. isotopo
E. gas

63) Quali sono i prodotti che derivano dalla combustione di metano e ossigeno?

A. Carbonio e idrogeno
B. Anidride carbonica e acqua
C. Carbonio e acqua
D. Anidride carbonica
E. Acqua

64) Quando il cloruro di sodio viene sciolto in acqua si ottiene:

A. un miscuglio
B. una soluzione
C. un composto
D. una soluzione tampone
E. nulla

65) Un acido forte è caratterizzato da:

A. una struttura elementare, basata sulla ripetizione di una cella elementare
B. essere coniugato ad una base forte
C. fornire un pH superiore a 7
D. essere solubile solo in solventi apolari
E. essere completamente dissociato in soluzione acquosa

66) Per definizione un'anidride è un composto:

A. a basso peso molecolare
B. poco solubile in acqua
C. dissociato in soluzione acquosa
D. privo di molecole d'acqua
E. a base di molecole d'acqua

67) La soda caustica è:

A. un acido forte
B. una base forte
C. un acido debole
D. una base debole
E. poco solubile in acqua

68) Il glicogeno è:

A. una glicoproteina
B. un estere del glicerolo
C. un polimero del glucosio
D. un polimero di nucleotidi
E. un polimero del galattosio

69) I metalli alcalini appartengono al:

A. I gruppo
B. II gruppo
C. VII gruppo
D. VIII gruppo
E. V gruppo

70) Nella tavola periodica, eccetto l'elio, ciascun gas nobile è preceduto:

A. da un atomo elettropositivo
B. da un metallo alcalino-terroso
C. da un alogeno
D. da un atomo elettronegativo
E. tutte le risposte sono errate

71) Nel sistema periodico gli elementi sono sistemati secondo:

A. il peso atomico crescente
B. il numero atomico crescente
C. l'importanza chimica
D. l'ordine cronologico della scoperta
E. l'ordine alfabetico del simbolo

72) Un gas ha:

A. forma del recipiente e volume proprio
B. forma e volume proprio
C. forma propria e volume del recipiente
D. forma e volume del recipiente
E. esclusivamente forma propria

73) Perché l'olio non si scioglie in acqua?

A. Perché è più viscoso

B. Perché è formato da molecole idrofile
C. Perché è formato da molecole idrofobiche
D. Perché ha peso molecolare più alto
E. Perché è una base minerale forte

74) La riduzione di un'aldeide porta a:

A. un acido carbossilico
B. un alcool primario
C. un alcool secondario
D. un'ammina
E. un processo cloro-soda

75) Quale delle seguenti affermazioni sugli acidi carbossilici è falsa?

A. Posseggono il gruppo -COOH
B. Sono acidi forti
C. Possono derivare da fonti naturali
D. Reagiscono con basi
E. Sono composti organici

76) Il legame ammidico è sicuramente presente:

A. negli acidi nucleici
B. nei lipidi
C. nei carboidrati
D. nelle proteine
E. nei polisaccaridi

77) Il saccarosio è:

A. una proteina
B. un polisaccaride
C. un disaccaride
D. un monosaccaride
E. un lipide

78) I principali gas contenuti nell'aria sono:

A. azoto e idrogeno
B. azoto e ossigeno
C. ossigeno e idrogeno
D. ossigeno e argon
E. azoto e argon

79) Due atomi possiedono ugual numero atomico ma numero di massa diverso. Essi, quindi, sono:

A. due isotopi del medesimo elemento
B. due isomeri del medesimo elemento
C. due isotipi del medesimo elemento
D. due ioni
E. due cationi

80) Nella tavola periodica degli elementi, lungo un periodo, il numero atomico:

A. resta invariato
B. diminuisce progressivamente
C. aumenta progressivamente
D. aumenta o diminuisce in rapporto alla classe di appartenenza dell'elemento considerato
E. aumenta e diminuisce in rapporto alla classe di appartenenza dell'elemento considerato

81) Quale dei seguenti è un elemento chimico?

A. L'ottone
B. L'alluminio
C. L'acciaio
D. Il bronzo
E. Il diamante

82) Quale, tra i seguenti, NON è un gas nobile?

A. L'elio
B. Il radon
C. L'ossigeno
D. Il neon
E. L'argon

83) Il simbolo chimico del magnesio è:

A. Mn
B. Mg
C. M
D. Ma
E. Me

84) Con l'aumentare della temperatura, la velocità di una reazione chimica:

A. cresce con legge di proporzionalità diretta
B. non varia
C. diminuisce
D. cresce in maniera esponenziale
E. cresce moderatamente

85) Nella tavola periodica, un elemento che inizia un nuovo livello con un solo elettrone è un:

A. atomo
B. metallo alcalino terroso
C. metallo
D. gas nobile
E. metallo alcalino

86) L'ammoniaca a temperatura ambiente è:

A. un gas
B. un liquido
C. un solido
D. una miscela
E. un non metallo

87) La molecola di acqua:

A. contiene legami ad idrogeno
B. è completamente dissociata
C. è un dipolo
D. è apolare
E. è un orbitale ibrido

88) L'etanolo presente nel vino deriva dalla conversione:

A. della cellulosa
B. delle proteine
C. del glucosio
D. della clorofilla
E. del metano

89) Gli elementi chimici più abbondanti della materia vivente sono:

A. carbonio - azoto - calcio - ossigeno
B. carbonio - idrogeno - ossigeno - azoto
C. carbonio - fosforo - potassio- calcio
D. carbonio - azoto - ossigeno – sodio
E. carbonio – ossigeno – fosforo - sodio

90) Il simbolo chimico del fosforo è:

A. P
B. Ph
C. Fs
D. il fosforo non è un elemento chimico
E. Ff

91) Un orbitale *s* ha forma di:

A. una clessidra
B. una ciambella
C. una circonferenza
D. un cilindro
E. una sfera

92) Una soluzione di cloruro di ammonio è:

A. basica
B. colorata
C. neutra
D. acida
E. soprasatura

93) Il peso molecolare dell'acido carbonico è 62 u.m.a. Quanto pesa una mole di acido carbonico?

A. 62 mg
B. 62 g
C. 620 g
D. 62 Kg
E. 6,2 Kg

94) L'anione derivante dall'atomo di idrogeno viene detto:

A. ione idrogeno
B. idrogenione
C. ossidrilione
D. ione idruro
E. catione idruro

95) La molecola biatomica del cloro contiene un legame:

A. covalente eteropolare
B. covalente omopolare
C. dativo
D. ionico
E. basico

96) In una equazione chimica cosa indicano i coefficienti stechiometrici?

A. I rapporti molari di reagenti e prodotti
B. Il numero di atomi dei reagenti e prodotti
C. Il numero di elettroni di valenza di reagenti e prodotti
D. Tutte le risposte sono errate
E. Il numero di elettroni

97) Quale delle seguenti sostanze è un alcool?

A. Propanale
B. Propino
C. Propanolo
D. Propene
E. Propizio

98) Quale delle seguenti affermazioni sul cicloesano è vera?

A. È una molecola planare
B. Possiede tutti atomi di carbonio con ibridazione sp^3
C. Ha la forma di un esagono regolare
D. Possiede dieci atomi di idrogeno
E. Ha una solubilità direttamente proporzionale alla temperatura

99) Quale delle seguenti affermazioni sui trigliceridi è falsa?

A. Sono esteri neutri del glicerolo
B. Sono lipidi
C. Contengono atomi di azoto
D. Possono essere idrolizzati
E. Non sono solubili in acqua

100) Qual è il simbolo chimico del mercurio?

A. Hg
B. Mr
C. Me
D. Mc
E. Hm

RISPOSTE CORRETTE

1) C	21) D	41) B	61) A	81) B
2) A	22) B	42) E	62) C	82) C
3) B	23) A	43) A	63) B	83) B
4) D	24) D	44) C	64) B	84) D
5) B	25) C	45) B	65) E	85) E
6) A	26) B	46) D	66) D	86) A
7) D	27) D	47) B	67) B	87) C
8) B	28) C	48) A	68) C	88) C
9) A	29) B	49) C	69) A	89) B
10) C	30) C	50) C	70) C	90) A
11) B	31) D	51) B	71) B	91) E
12) E	32) A	52) C	72) D	92) D
13) D	33) D	53) C	73) C	93) B
14) C	34) C	54) C	74) B	94) D
15) B	35) E	55) D	75) B	95) B
16) E	36) B	56) B	76) D	96) A
17) E	37) D	57) B	77) C	97) C
18) B	38) B	58) D	78) B	98) B
19) C	39) B	59) C	79) A	99) C
20) B	40) D	60) B	80) C	100) A

CAPITOLO 3
Fisica

1) Nel Sistema Internazionale l'unità di misura della pressione è il pascal. Quanto vale 1 pascal?

A. 10 N
B. 1 N/m^2
C. 1 atm
D. 10 kg/cm^2
E. 1 N/m

2) Foucault nel 1851 sospese con un filo di 67 m una sfera di 28 kg al soffitto della cupola del Pantheon di Parigi e la fece oscillare per una famosa dimostrazione. Trovate fra le seguenti l'affermazione sicuramente ERRATA.

A. La frequenza di oscillazione si riduceva con le ore
B. L'ampiezza di oscillazione si riduceva con le ore
C. Il periodo sarebbe stato lo stesso usando un'altra massa
D. Il moto era periodico
E. Il piano di oscillazione mutava rispetto al pavimento

3) Sottraendo tra loro due grandezze espresse in metri si ottiene:

A. un numero puro
B. una lunghezza espressa in metri
C. una lunghezza espressa in metri quadrati
D. una superficie espressa in metri quadrati
E. nessuna delle risposte è corretta

4) Quali fra queste grandezze fisiche sono omogenee?

A. Lavoro, potenza, calore
B. Energia interna, calore, pressione
C. Energia potenziale, potenziale elettrostatico, calore
D. Lavoro, calore, energia cinetica
E. Energia, calore, pressione

5) Si immagini di dividere una pressione (al numeratore) per una forza (al denominatore). Cosa si ottiene come risultato?

A. Una lunghezza
B. Una potenza
C. Il reciproco di una superficie
D. Un'energia
E. Una superficie

6) Quale frazione di metro è un micron?

A. La centesima parte
B. La milionesima parte
C. La decimillesima parte
D. La millesima parte
E. La decima parte

7) 1 A (angstrom) vale:

A. 10^{-10} m
B. 10^{10} m
C. 10^{-9} m
D. 10^{-11} m
E. 10^{-8} m

8) In un contenitore ci sono 2 litri di liquido, di cui il 75% è vino ed il restante 25% è acqua. Determinare quanti centimetri cubi di vino bisogna aggiungere per portare la percentuale di vino all'80%.

A. 400
B. 100
C. 500
D. 200
E. 300

9) Una grandezza scalare deve essere espressa:

A. da due numeri
B. da un numero puro
C. dall'unità di misura
D. da un numero e dall'unità di misura
E. da un numero e dalla relativa direzione

10) Quale tra le seguenti è un'unità di misura dell'energia?

A. Elettronvolt
B. Baria
C. Newton
D. Watt
E. Newton metro

11) L'unità di misura della densità di un corpo è:

A. J/m^3
B. Kg/m^3
C. N/m^3
D. W/m^3
E. Kg/j^3

12) Nel Sistema Internazionale (SI) l'unità di misura della potenza è:

A. Erg
B. Dina
C. Watt
D. Caloria
E. Baria

13) Delle quattro grandezze sottoelencate, una sola ha carattere vettoriale. Quale?

A. Temperatura
B. Potenziale
C. Energia
D. Impulso
E. Nessuna delle risposte è corretta

14) Un transistor è costruito con:

A. materiali semiconduttori
B. materiali isolanti
C. silicio puro
D. germanio puro
E. alluminosilicati

15) Un corpo solido immerso in un liquido subisce una spinta verticale dal basso verso l'alto pari:

A. alla quantità di liquido spostato
B. al volume del corpo
C. al peso del corpo
D. alla densità di liquido spostato
E. al peso del volume del liquido spostato

16) Lo zero assoluto corrisponde a:

A. 0 °C
B. –273 °C
C. –1000 °C
D. –273 °K
E. –10.000 °C

17) Il dinamometro è uno strumento usato per misurare:

A. la velocità di un corpo
B. l'intensità della forza
C. la differenza di un potenziale
D. una lunghezza
E. la velocità della forza

18) Quale frazione di un centimetro è un micrometro?

A. La decima parte
B. La millesima parte
C. La decimillesima parte
D. La centesima parte
E. La ventesima parte

19) Due forze uguali agiscono su di un corpo in direzioni perpendicolari l'una all'altra. Il modulo delle due forze è di 1 N. Quanto vale il modulo della forza complessiva?

A. 1 N
B. $2^{1/2}$ N
C. 22 N
D. 2 N
E. 0 N

20) Le onde luminose:

A. hanno una velocità che non dipende dal mezzo in cui si propagano
B. si propagano solamente nel vuoto
C. si propagano anche nel vuoto
D. hanno una lunghezza d'onda che non dipende dal mezzo in cui si propagano
E. hanno una velocità che dipende dal mezzo in cui si propagano

21) Si consideri un corpo che sulla Terra ha massa M; se fosse portato sulla Luna, la sua massa:

A. non varierebbe
B. aumenterebbe
C. si annullerebbe
D. diminuirebbe
E. varierebbe repentinamente

22) Il numero di massa di un atomo è 32; il numero atomico è 15; i neutroni presenti nel nucleo sono:

A. 16
B. 47
C. 17
D. 40
E. 25

23) I fotoni:

A. si muovono alla velocità del suono
B. si muovono alla velocità della luce
C. non si muovono mai
D. hanno velocità costante pari a 100 m/s
E. hanno velocità costante pari a 1000 m/s

24) La velocità di un corpo esprime:

A. il suo spostamento lungo la traiettoria
B. lo spazio percorso a un certo istante di tempo
C. la curvatura della traiettoria
D. la rapidità con cui varia lo spazio percorso
E. la curvatura con cui varia lo spazio percorso

25) Il numero atomico di un atomo indica:

A. il numero di neutroni dell'atomo
B. il gruppo cui appartiene l'atomo
C. il numero di protoni dell'atomo
D. la somma del numero di protoni e neutroni dell'atomo
E. la somma del numero di protoni, neutroni ed elettroni dell'atomo

26) Un bambino regge due cani di ugual peso con due guinzagli uguali. I cani partono di scatto. Il bambino perderà più facilmente l'equilibrio se le direzioni dei cani sono:

A. coincidenti con stesso verso
B. a 60 gradi
C. a 90 gradi
D. coincidenti con versi opposti
E. a 45 gradi

27) Il prodotto scalare tra due vettori è positivo quando l'angolo α che essi formano tra loro è:

A. $> 90°$
B. $< 90°$
C. $= 45°$
D. $< 45°$
E. $> 45°$

28) L'energia meccanica di un corpo è uguale:

A. alla differenza tra la sua energia cinetica e potenziale
B. alla sua energia potenziale
C. alla somma della sua energia cinetica e potenziale
D. al rapporto fra l'energia cinetica e potenziale
E. alla sua energia cinetica

29) Quale delle seguenti grandezze ha un carattere vettoriale?

A. Energia
B. Massa
C. Carica
D. Temperatura
E. Velocità

30) Per conoscere la forza esercitata da un oggetto dal peso di 10 newton, appoggiato sul pavimento di una stanza, occorre conoscere:

A. niente altro
B. l'area della superficie su cui poggia il corpo
C. la densità del corpo
D. la massa del corpo
E. la velocità del corpo

31) 10 cm^2 di acqua hanno una massa praticamente uguale a:

A. 10 kg
B. 1 g
C. 1 kg
D. 10 g
E. 100 kg

32) Un'auto viaggia a 120 km/h. Quanti metri percorre in un secondo?

A. 12 m
B. 0,12 m
C. 3,3 m
D. 33,3 m
E. 120 m

33) A Marie Sklodowska-Curie fu conferito due volte il Premio Nobel (per la fisica e per la chimica) per le sue scoperte relative a:

A. onde radio
B. radioattività
C. aspirina
D. penicillina
E. vitamine antineuritiche

34) La temperatura di ebollizione dell'acqua a 3.000 metri di quota:

A. è maggiore di 100 °C
B. è uguale a 100 °C
C. è minore di 100 °C
D. è pari a 103 °C
E. è pari a 110 °C

35) Quale delle seguenti affermazioni è vera?

A. Il suono ha carattere ondulatorio
B. Il suono si propaga nel vuoto
C. La luce non si propaga nel vuoto
D. La velocità della luce è indipendente dal mezzo attraversato
E. Il suono ha carattere sussultorio

36) Un raggio di luce blu e un'onda radio sono onde elettromagnetiche che si propagano nel vuoto:

A. con uguale velocità e uguale lunghezza d'onda
B. con uguale velocità e uguale frequenza
C. con uguale velocità e diversa lunghezza d'onda
D. con diversa velocità e diversa lunghezza d'onda
E. con uguale velocità e lunghezza d'onda proporzionalmente variabile

37) Lo strato più denso dell'atmosfera terrestre è la:

A. stratosfera
B. troposfera
C. mesosfera
D. esosfera
E. ionosfera

38) Qual è il principale componente della maggior parte delle stelle?

A. Il carbonio
B. L'anidride carbonica
C. Il ferro
D. L'idrogeno
E. L'acqua

39) Il nucleo della Terra è costituito da:

A. carbonio e nichel
B. idrogeno e ferro
C. ferro e nichel
D. ferro e silicio
E. silicio e nichel

40) La cinematica studia:

A. il moto dei corpi indipendentemente dalle cause che lo provocano o lo modificano
B. l'energia prodotta dal moto dei corpi
C. il moto dei corpi in relazione alle cause che lo provocano o lo modificano
D. le condizioni di equilibrio dei corpi
E. le forze a cui sono soggetti i corpi durante il loro moto

41) Nel moto rettilineo uniforme, spazio e tempo sono:

A. direttamente proporzionali
B. lo spazio varia con la radice quadrata del tempo
C. lo spazio varia con il quadrato del tempo
D. inversamente proporzionali
E. costanti

42) La velocità, dal punto di vista dimensionale, è:

B. lunghezza/(tempo)^2
B. (lunghezza)^2/(tempo)^2
C. (lunghezza)^2/tempo
D. lunghezza/tempo
E. (lunghezza)$^{-2}$/tempo

43) Che cosa significa che un moto è uniformemente accelerato?

A. Che l'accelerazione è una funzione lineare del tempo
B. Che la velocità è una funzione lineare del tempo
C. Che l'accelerazione è direttamente proporzionale al tempo
D. Che l'accelerazione è nulla
E. Che il corpo che si muove ha densità uniforme

44) Un corpo libero cade con:

A. velocità e accelerazione costanti
B. velocità costante
C. né velocità né accelerazione costante
D. accelerazione costante
E. velocità inversamente proporzionale all'accelerazione

45) Si lasciano cadere a terra dalla medesima altezza un foglio ed una pallina, entrambi di carta e di massa 15 grammi:

A. essi arrivano a terra contemporaneamente
B. arriva prima la pallina, perché ha peso maggiore
C. arriva prima la pallina, perché c'è l'attrito dell'aria
D. arriva prima la pallina, perché la forza peso dipende dalla superficie del corpo
E. arriva prima il foglio perché ha una maggiore superficie

46) Il prodotto di una potenza ed un tempo è:

A. una potenza
B. una accelerazione
C. un'energia
D. una velocità
E. una resistenza

47) Un Ampere (A) equivale a:

A. 1 A = 1 Coulomb / 1 secondo
B. 1 A = 1 Coulomb × 1 secondo
C. 1 A = 1 Coulomb × 1 Farad
D. 1 A = 1 Coulomb / 1 Farad
E. 1 A = 1 Coulomb + 1 secondo

48) Nel solstizio d'estate il sole passa per lo zenith:

A. al Tropico del Capricorno
B. al Polo Nord
C. all'Equatore
D. al Tropico del Cancro
E. al Polo Sud

49) Il moto armonico è un moto:

A. uniformemente ritardato
B. periodico
C. con velocità costante
D. uniformemente accelerato
E. uniforme

50) Un cosmonauta "galleggia" senza sforzo all'interno di una stazione spaziale che orbita intorno alla Terra a velocità angolare costante. Questo avviene principalmente perché:

A. essendo la sua velocità costante, la sua accelerazione è nulla, quindi per il secondo principio della dinamica non è soggetto a forze esterne
B. si muove all'interno di un veicolo ad atmosfera compensata nel quale la pressurizzazione è tale da equilibrare la forza gravitazionale
C. la sua accelerazione centripeta è uguale a quella della stazione spaziale
D. è sufficientemente lontano dalla Terra da non risentire dell'attrazione di gravità terrestre
E. la stazione spaziale viene in realtà fatta ruotare sul suo asse per compensare la forza di attrazione gravitazionale della Terra

51) Quale dei seguenti gruppi di grandezze fisiche comprende solo grandezze fondamentali (e non derivate) del Sistema Internazionale?

A. Lunghezza, massa, temperatura e forza
B. Resistenza elettrica, lunghezza, massa e tempo
C. Corrente elettrica, massa, lunghezza e tempo
D. Lunghezza, massa, tempo e forza
E. Nessuna delle risposte è corretta

52) Due barche di massa diversa si accostano tirandosi con una fune. Quale di queste affermazioni è vera?

A. Gli spostamenti delle due barche sono diversi
B. Le due barche hanno stessa velocità ma diversa potenza
C. La barca più grande sta ferma
D. La forza che fanno i marinai sulla barca grande è minore di quella che fanno quelli sulla barca piccola
E. La velocità delle due barche rispetto all'acqua è uguale

53) Nel S.I. l'induzione magnetica si misura in:

A. Farad
B. Tesla
C. Volt
D. Newton
E. Pascal

54) Un Volt corrisponde a:

A. 1 Volt = 1 Coloumb / 1 Farad
B. 1 Volt = 1 Joule × 1 Coloumb
C. 1 Volt = (1 Joule / 1 Coloumb) × 1 Farad
D. 1 Volt = 1 Coloumb × 1 Farad
E. 1 Volt = 1 Coloumb / 1 Joule

55) Quale dei seguenti italiani NON ha ottenuto il Premio Nobel per la Fisica?

A. Emilio Segrè
B. Guglielmo Marconi
C. Enrico Fermi
D. Ettore Majorana
E. Carlo Rubbia

56) In tutto l'universo l'elemento più abbondante è:

A. l'ossigeno
B. l'idrogeno
C. il carbonio
D. il ferro
E. il calcio

57) La terza legge della dinamica afferma che:

A. un corpo che si muove di moto rettilineo uniforme è soggetto ad una forza nulla
B. la forza peso è una forza conservativa
C. ad ogni azione corrisponde una reazione uguale e contraria
D. un corpo non soggetto a forze rimane in quiete
E. un corpo soggetto ad una forza acquista una accelerazione proporzionale a tale forza

58) L'alta marea si verifica all'incirca:

A. due volte ogni 48 ore
B. una volta ogni 24 ore
C. tre volte ogni 24 ore
D. due volte ogni 24 ore
E. una volta ogni 48 ore

59) Una temperatura di 100 °C corrisponde a circa:

A. 373 Kelvin
B. –373 Kelvin
C. 273 Kelvin
D. 100 Kelvin
E. 383 Kelvin

60) L'energia cinetica di un oggetto è proporzionale:

A. al peso e alla velocità
B. alla massa e al quadrato della velocità
C. alla massa e alla velocità
D. alla massa e all'accelerazione di gravità
E. alla velocità e all'accelerazione di gravità

61) La velocità della luce nel vuoto è una costante fisica che vale:

A. 3.000.000 km/s
B. 30.000 km/s
C. 3.000 km/s
D. 30.000.000 km/s
E. 300.000 km/s

62) Un magnete in movimento genera:

A. un campo elettrico
B. calore
C. la magnetizzazione dell'aria
D. l'effetto Joule
E. una costante dielettrica

63) Le forze di attrazione Terra-Luna e Luna-Terra sono:

A. opposte in modulo ma uguali in direzione
B. uguali in modulo, direzione e verso
C. uguali in modulo ma opposte
D. la seconda maggiore della prima
E. la prima maggiore della seconda

64) In un recipiente chiuso contenente azoto a temperatura ambiente se si

aumenta la pressione del gas cosa succede?

A. Diminuisce la temperatura
B. Aumenta il volume
C. Aumenta la temperatura
D. Diminuisce il volume
E. Tutto rimane invariato

65) In una pila avviene:

A. l'idrolisi di un sale
B. un trasferimento di elettroni da una coppia ossidoriduttiva ad un'altra
C. la trasformazione di anioni in cationi
D. l'elettrolisi di un sale
E. l'attrazione o la repulsione tra corpi dotati di carica elettrica

66) Un sasso viene lasciato cadere da fermo. Dopo 2 s la sua velocità è circa:

A. 10 m/s
B. 30 m/s
C. nessuna delle risposte è corretta
D. 20 m/s
E. 0 m/s

67) Le radiazioni gamma sono:

A. onde elettromagnetiche
B. fasci di protoni
C. fasci di elettroni
D. particelle beta
E. particelle alfa

68) L'Ohm misura:

A. un lavoro
B. una carica magnetica
C. una resistenza
D. una velocità
E. un peso

69) La spinta di un motore a razzo viene prodotta:

A. dalla compressione del getto di gas di scarico sull'aria sottostante
B. dalla compressione del getto di gas di scarico sul gas precedentemente espulso
C. da forze interne al sistema gas di scarico-razzo
D. per inerzia
E. nessuna delle risposte è corretta

70) Il peso di un corpo:

A. è una caratteristica del corpo che si può stabilire una volta per tutte
B. è una grandezza che dipende sia dalle caratteristiche del corpo che dalla sua posizione
C. per la legge della gravitazione universale dipende quadraticamente dalla massa del corpo
D. dipende dalla massa in corpo quando è in quiete
E. è una grandezza che caratterizza un corpo solo se è in quiete

71) La temperatura assoluta T = 293 K corrisponde a:

A. 20 °C
B. 15 °C
C. 0 °C
D. 293 °C
E. – 20° C

72) Lo strato di ozono nell'atmosfera è importante per:

A. intensificare la radiazione del visibile
B. incrementare l'ossigeno nell'aria
C. schermare la radiazione dell'infrarosso lontano
D. schermare la radiazione ultravioletta
E. filtrare l'ossigeno nell'aria

73) L'energia elettrica si misura in:

A. Volt
B. Joule
C. Ohm
D. Ampere
E. Kelvin

74) In quale dei seguenti mezzi il suono NON può propagarsi?

A. Vapore acqueo
B. Acqua
C. Vuoto
D. Ghiaccio
E. Aria

75) La lampadina è stata inventata da:

A. Guglielmo Marconi
B. Thomas Alva Edison
C. Alessandro Volta
D. i fratelli Lumière
E. James Clerk Maxwell

76) La legge della caduta dei corpi è stata enunciata da:

A. Galileo Galilei
B. Pitagora
C. Newton
D. Archimede
E. Copernico

77) Niccolò Copernico è l'autore della teoria:

A. dei buchi neri
B. geocentrica
C. eliocentrica
D. radiale
E. della relatività

78) Sulla Luna la misura della massa di un corpo:

A. fornisce un risultato doppio rispetto alla sua misura sulla Terra
B. fornisce un risultato pari alla metà di una misura sulla Terra
C. fornisce un risultato pari ad un decimo di una misura sulla Terra
D. fornisce lo stesso risultato di una misura sulla Terra
E. non si può eseguire perché il corpo sulla Luna è sprovvisto di peso

79) Nel sistema cgs l'unità di misura dell'energia è:

A. Dina
B. Watt
C. Erg
D. Newton
E. Decibel

80) La pressione idrostatica a 30 metri di profondità nel mare è pari a circa:

A. 60 atm
B. 4 atm
C. 12 atm
D. 30 atm
E. 10 atm

81) Un abitante di Roma sale al mattino sulla bilancia nella sua abitazione e nota di pesare 72 Kg. Se venisse istantaneamente trasportato sulla cima del Monte Bianco, come varierebbe il suo peso?

A. Diminuirebbe
B. Una eventuale variazione dipende dalla differenza di pressione atmosferica tra Roma e il Monte Bianco
C. Una eventuale variazione dipende dalla differenza di temperatura tra Roma e il Monte Bianco
D. Rimarrebbe invariato
E. Aumenterebbe

82) In merito alle spinte di Archimede esercitate su un pezzo di sughero e su un oggetto di piombo di uguale volume, completamente immersi in acqua, si può dire che:

A. è assente per il piombo perché va a fondo
B. è maggiore quella sul piombo
C. è maggiore quella sul sughero
D. sono tra loro uguali
E. è minore quella sul sughero

83) Dire quale delle seguenti unità di misura non può essere usata per indicare il peso di un corpo.

A. Grammo-peso
B. Dina
C. Joule
D. Newton
E. Chilogrammo-peso

84) Nina, Elena e Silvia hanno tre borracce identiche contenenti 1 kg d'acqua ciascuna. Le tre ragazze partono da Roma verso tre destinazioni diverse: Nina si reca al Polo Nord, Elena all'equatore, mentre Silvia va al Polo Sud. Posto che le borracce sono rimaste sigillate durante il viaggio, arrivate a destinazione, si verifica che:

A. il peso della borraccia di Silvia è minore di quello della borraccia di Elena
B. il peso della borraccia di Elena è minore di quello della borraccia di Nina
C. il peso delle tre borracce è esattamente lo stesso
D. la massa della borraccia di Elena è minore di quella alla partenza
E. il peso delle borracce di Silvia e di Nina dipende dal periodo dell'anno in cui avviene la misura, dato che l'asse terrestre è inclinato

85) Un treno che corre a 30 km/h precede un treno che corre a 50 km/h. Di quanti kilometri distano l'uno dall'altro i treni, se occorreranno 15 minuti al treno più rapido per raggiungere quello più lento?

A. 9
B. 8
C. 3
D. 5
E. 10

86) La luce passando dal vuoto all'acqua:

A. aumenta la sua velocità
B. mantiene la stessa velocità
C. diminuisce la sua velocità
D. viene riflessa
E. rimane invariata

87) Un voltmetro è uno strumento che serve a misurare:

A. la tensione tra due punti in un circuito
B. la corrente che passa in un circuito
C. la potenza che si sviluppa in un circuito
D. la resistenza di un tratto di circuito
E. la lunghezza di un tratto di circuito

88) La pressione si può misurare in:

A. N
B. N/m^2
C. mm
D. N/m^3
E. M

89) La forza di attrito:

A. è conservativa
B. si oppone al movimento relativo tra corpi in contatto
C. favorisce il movimento relativo tra i corpi
D. è proporzionale alla massa dei corpi
E. è uguale alla forza di gravità

90) È possibile che un corpo scenda lungo un piano inclinato con velocità costante?

A. Sì, se è trascurabile la resistenza dell'aria
B. No, a causa della resistenza dell'aria
C. No, a causa dell'accelerazione di gravità
D. Sì, se è presente attrito
E. Sì, se è trascurabile qualsiasi forma di attrito

91) Che cosa distingue la radiazione luminosa emessa da una sorgente di luce dalla radiazione emessa da un'antenna per telefoni cellulari?

A. La prima ha natura corpuscolare, la seconda no
B. L'intensità
C. La lunghezza d'onda
D. La velocità di propagazione
E. La seconda ha natura corpuscolare, la prima no

92) Se non ci fosse attrito fra le sue scarpe e il pavimento, un uomo riuscirebbe a camminare?

A. Sì, solo se è molto pesante
B. Sì, ma con difficoltà
C. Sì, in ogni caso
D. Sì, solo se è molto leggero
E. No, in nessun caso

93) L'effetto dell'attrito su un corpo si manifesta attraverso:

A. una diminuzione di energia cinetica
B. un aumento di accelerazione
C. un aumento di velocità
D. una diminuzione della sua temperatura
E. un aumento di energia cinetica

94) 200 cm^3 di acqua hanno una massa praticamente uguale a:

A. 20 kg
B. 2 kg
C. 200 g
D. 2 g
E. 20,5 kg

95) Una velocità di 36 km/h a quale valore in m/s corrisponde?

A. 100 m/s
B. 0,36 m/s
C. 36 m/s
D. 10 m/s
E. 15 m/s

96) Quando cessa istantaneamente l'azione di qualunque forza su un corpo di massa *m*:

A. il corpo si arresta
B. il corpo prosegue con moto rettilineo uniforme
C. il corpo decelera fino a ritornare alla velocità iniziale
D. nulla cambia
E. il corpo ricade compiendo una traiettoria parabolica

97) Un satellite artificiale può ruotare a lungo intorno alla Terra se è posto su un'orbita di raggio abbastanza grande. Ciò perché:

A. la forza centrifuga che deve far equilibrio al peso è tanto maggiore quanto maggiore è il raggio dell'orbita (a parità di velocità angolare)
B. al di fuori dell'atmosfera è nulla l'attrazione terrestre
C. per evitare l'attrazione terrestre deve trovarsi nel vuoto assoluto
D. più alta è la quota, minore è l'azione frenante dell'atmosfera
E. per poter ruotare su un'orbita chiusa deve uscire dal campo di gravitazione della Terra

98) Due lampadari di una cattedrale, di peso e forma diversi, sono appesi a due catene di lunghezza disuguale. Nello spolverarli il sacrestano li fa leggermente oscillare e ne cronometra i periodi di oscillazione. Cosa ne può dedurre?

A. I periodi di oscillazione dipendono dalla lunghezza delle catene
B. I periodi di oscillazione dipendono dalla lunghezza delle catene e dal peso dei lampadari
C. I periodi di oscillazione dipendono dal peso dei lampadari

D. I periodi di oscillazione dipendono dalla forma e dal peso dei lampadari
E. I periodi di oscillazione dipendono solo dalla spinta iniziale

99) Se un corpo subisce una dilatazione termica, cosa avviene alla sua densità?

A. Aumenta all'aumentare del volume
B. Diminuisce all'aumentare della temperatura
C. Aumenta all'aumentare della temperatura
D. Resta costante, qualunque sia l'aumento di temperatura
E. Diminuisce al diminuire della temperatura

100) Una stessa forza applicata a corpi diversi produce:

A. nessuna variazione
B. la stessa accelerazione
C. la stessa velocità
D. accelerazioni direttamente proporzionali alle masse
E. accelerazioni inversamente proporzionali alle masse

RISPOSTE CORRETTE

1) B	21) A	41) A	61) E	81) A
2) A	22) C	42) D	62) A	82) D
3) B	23) B	43) B	63) C	83) C
4) D	24) D	44) D	64) C	84) B
5) C	25) C	45) C	65) B	85) D
6) B	26) A	46) C	66) D	86) C
7) A	27) B	47) A	67) A	87) A
8) C	28) C	48) D	68) C	88) B
9) D	29) E	49) B	69) C	89) E
10) A	30) A	50) C	70) B	90) D
11) B	31) D	51) C	71) A	91) C
12) C	32) D	52) A	72) D	92) E
13) D	33) B	53) B	73) B	93) A
14) A	34) C	54) A	74) C	94) C
15) E	35) A	55) D	75) B	95) D
16) B	36) C	56) B	76) A	96) B
17) B	37) B	57) C	77) C	97) D
18) C	38) D	58) D	78) D	98) A
19) B	39) C	59) A	79) C	99) B
20) C	40) A	60) B	80) B	100) E

$x' = -8 - x = 8 + x$

CAPITOLO 4
Matematica e Geometria

1) I numeri la cui radice quadrata è un numero finito si dicono:

A. radici giuste
B. quadrati perfetti
C. quadrati giusti
D. radici perfette
E. quadrati semplici

2) La potenza di un numero intero qualsiasi con esponente 1 è:

A. impossibile
B. uguale al numero stesso
C. 1
D. 0
E. −1

3) Calcolare il m.c.m. e il M.C.D. tra i numeri 30 e 75.

A. 105; 10
B. 250; 2
C. 150; 15
D. 100; 5
E. 105; 15

4) Se Fabrizio mangia in un primo tempo 1/3 di un barattolo di marmellata e poi i 3/4 della parte rimanente, che parte del contenuto iniziale rimane alla fine?

risolto graficamente

A. 9/14
B. 5/6
C. 7/10
D. 1/6
E. 1/5

5) Ridurre ai minimi termini la frazione 63/252:

A. 1/4
B. 1/3
C. 2/9
D. 3/7
E. 6/5

6) Calcolare la seguente divisione: 253,45 : 4,22 (approssimare alla 2ª cifra decimale)

A. 61,42
B. 60,06
C. 60,09
D. 63,57
E. 60,56

7) Calcolare il risultato della seguente equazione: $x/2 = -x/2$.

A. L'equazione è impossibile
B. $x = 1$
C. $x = -2$
D. $x = 2$
E. $x = 0$

8) $(x - 2) - 3 \cdot (2 - x) = (x - 1) + 2$

A. $x = 3/2$
B. $x = 3$
C. $x = -9/11$
D. $x = 10$
E. $x = 1/3$

9) 48 è il valore del termine incognito della proporzione:

A. $x : 9 = 141 : 27$
B. $75 : 15 = x : 25$
C. $69 : x = 184 : 8$
D. $83 : 16 = 249 : x$
E. $x : 15 = 185 : 69$

10) Il numero 464 è scomponibile nei seguenti fattori primi:

A. $29 \times 2^3 \times 3$
B. $11 \times 5^2 \times 2$
C. 29×2^4
D. $13 \times 2^3 \times 3$
E. $30 \times 2 \times 11$

11) Una corsa ciclistica si svolge in 4 tappe: la prima è lunga 156 km, la seconda 173 km, la terza supera la prima di 34 km, la quarta supera la seconda di 20 km. Qual è la lunghezza complessiva dell'intero percorso?

A. 756 km
B. 712 km
C. 789 km
D. 735 km
E. 702 km

12) Calcolare $-(2^6 - x^2)/x - 8$.

A. $16 - x$
B. $x + 8$
C. $x - 8$
D. $-x + 8$
E. $-32 - x$

13) Il numero razionale 0,996 corrisponde alla frazione:

A. 264/377
B. 191/195
C. 2/3
D. 249/250
E. 223/19

14) Il quoziente tra i numeri 1.264 e 79 aumentato di 14 è:

A. 35
B. 30
C. 1.199
D. 23
E. 25

15) Calcolare la seguente operazione letterale: $(a-b)(a^2+ab+b^2)$

A. $a^3 - ab^2 + a^2b + b^3$
B. $a^2 + a^3b^2 + b^2$
C. $a^3 + ab^2 + b^3$
D. $a^3 + a^2b + b^3$
E. $a^3 - b^3$

16) Calcolare il risultato della seguente sottrazione tra numeri relativi: 24 – (78) – (– 46) – (–32) – (210) – (–152) =

A. –34
B. –494
C. –32
D. –492
E. –54

17) Calcolare la seguente moltiplicazione: 15,3 × 9,25.

A. 1415,25
B. 141,525
C. 14152,5
D. 14,1525
E. 1451,52

18) 76 sta a 19 come 380 sta a:

A. 85
B. 95
C. 59
D. 99
E. 45

19) Se aggiungo 2 al doppio del quadrato di 8 ottengo:

A. 130
B. 128
C. 256
D. 34
E. 25

20) Il risultato della seguente sottrazione tra i numeri decimali 34,24 e 27,08 è:

A. 17,26
B. 39

C. 7,16
D. 1,26
E. 7,25

21) Una signora acquista un abito che costa 390 euro spendendo i 3/4 del denaro che ha portato con sé. Fa poi altre compere, spendendo 1/5 del denaro residuo. Con quanto denaro rimane?

A. 98 euro
B. 113 euro
C. 104 euro
D. 91 euro
E. 53 euro

22) $7(x-2)+x=3(x-8)-5$

A. $x=2$
B. $x=-3$
C. $x=13/4$
D. $x=9/4$
E. $x=1/5$

23) Impostare la corretta somma algebrica dei seguenti numeri relativi: – (+ 3) + (– 7) – (+ 5,5) + (+6) + (– 2) – (– 4)

A. – 3 – 7 – 5,5 + 6 – 2 + 4
B. + 3 – 7 + 5,5 + 6 – 2 – 4
C. – 3 + 7 – 5,5 – 6 + 2 + 4
D. + 3 + 7 + 5,5 + 6 + 2 + 4
E. – 3 + 5 + 7 – 2 – 5,5 + 4

24) Quale, fra queste, non è una frazione propria?

A. 3/2
B. 1/2
C. 9/10
D. 10/17
E. 5/7

25) La somma di un numero col doppio del suo precedente è uguale a 7. Qual è il numero?

A. – 4
B. 3
C. 4
D. –3
E. –5

26) (7/20) (2 – 2/3) + (3 – 1/2) : 6 – (3/25) : (2/5) – (1/14) : (1 – 5/7)

A. 5/6
B. 1/6
C. 0
D. 1/3
E. 1/5

27) (7 – 1/8) : (1+1/4) – (17+1/2) : (3 + 1/2) + (5/4) : (15/8) – 1/6

A. 0
B. 11
C. 1
D. 4/3
E. 2

FARE X BENE

28) Qual è il valore del termine incognito della seguente proporzione? 37 : 24 = 111 : *x*

A. 65
B. 86
C. 72
D. 66
E. 25

29) Calcolare due numeri sapendo che il maggiore di essi è il quadruplo del minore e che la loro differenza è 36.

A. 14; 56
B. 12; 48
C. 13; 52
D. 11; 44
E. 13; 25

30) Quale tra le seguenti frazioni è riducibile?

A. 3/7
B. 21/3
C. 2/9
D. 5/3

E. 17/21

31) Un terreno è coltivato per i 5/14 a mais e per i 2/7 a orzo; i 25 ettari residui sono coltivati ad avena. Qual è l'estensione dell'intero terreno? Quanti ettari sono coltivati a mais? E quanti a orzo?

A. 67; 13; 34
B. 70; 30; 20
C. 70; 25; 20
D. 56; 20; 16
E. 70; 35; 15

32) Quando il quoziente tra 2 numeri è uguale al divisore?

A. Quando il dividendo è 1
B. Quando il dividendo è uguale al divisore
C. Quando il divisore è 1
D. Quando il dividendo è il quadrato del divisore
E. Quando il dividendo è il doppio del divisore

33) In un ipermercato c'è un'offerta per la quale ogni 3 prodotti acquistati, quello con costo minore è gratis. In quale caso il cliente ha il guadagno massimo?

A. Nel caso in cui un prodotto costi più della somma degli altri 2
B. Nel caso in cui almeno un prodotto costi meno della somma degli altri 2
C. Nel caso in cui i tre prodotti abbiano lo stesso prezzo
D. Nel caso in cui due prodotti abbiano lo stesso prezzo
E. Nel caso in cui due prodotti abbiano lo stesso prezzo e il terzo prodotto abbia un prezzo inferiore alla somma dei due

34) Determinare due numeri naturali consecutivi sapendo che la differenza dei loro quadrati è 191.

A. 87; 88
B. 83; 84
C. 91; 92
D. 95; 96
E. 33; 34

35) Ridurre ai minimi termini la frazione 86/258.

A. 3/2
B. 1/3
C. 1/2
D. 1/4
E. 1/5

36) Qual è il risultato della radice quadrata del quoziente 17576 : 26?

A. 28
B. 22
C. 26
D. 24
E. 32

37) Una fontana riempie i 7/32 di una vasca in 35 minuti. Il tempo necessario per riempire la restante parte della vasca è:

A. 3 ore
B. 164 minuti
C. 158 minuti
D. 125 minuti
E. 130 minuti

38) Qual è il valore della cifra 0 nel numero naturale 73406?

A. Unità
B. Decine
C. Migliaia
D. Centinaia
E. Decine di migliaia

39) Il risultato dell'elevamento a potenza di 3 con esponente 6 è:

A. 729
B. 738
C. 721
D. 735
E. 634

40) Se elevo alla quarta la somma di 1 e 5 e divido il risultato per il cubo della somma di 2 e 4, ottengo:

A. 216
B. 1
C. 36
D. 6
E. 16

41) 5 alla quarta, per 3 corrisponde al numero:

A. 1874
B. 1875
C. 1880
D. 1882
E. 1877

42) 2006 × 3 = 2005 + 2007 + ...; per realizzare l'uguaglianza devo sostituire ai puntini:

A. 2004
B. 2007
C. 2006
D. 2005
E. 2002

43) Una cisterna può contenere 1000 litri di gasolio. Sapendo che ne contiene per i 7/20 della sua capacità, quanto gasolio è necessario versare per riempirla?

A. 540 litri
B. 350 litri
C. 720 litri
D. 650 litri
E. 200 litri

44) Qual è il risultato della radice quadrata del quoziente 2744 : 14?

A. 18
B. 14
C. 16
D. 12
E. 23

45) Un agricoltore in 10 ore miete i 15/24 di un terreno coltivato a grano. Quanto ulteriore tempo impiegherà per ultimare il lavoro?

A. 6 ore
B. 1 giorno
C. 5 ore
D. 16 ore
E. 2 giorni

PRODOTTO MEDI = PRODOTTO ESTREMI

46) Un allevatore ha acquistato capi di bestiame per un valore di € 35.600 e pagando in contanti gli viene accordato lo sconto del 3,5%. L'importo versato a saldo è:

A. € 34.112
B. € 34.354
C. € 34.358
D. € 32.100
E. € 34.220

$\frac{35}{1000} \cdot 35600$

47) Qual è quel numero naturale tale che i suoi 7/9, aumentati di 20, risultino uguali a 300?

A. 360
B. 355
C. 362
D. 349
E. 358

48) Un rivenditore ha acquistato una partita di tavoli ed avendo pagato in contanti ha ottenuto il ribasso del 7%, versando complessivamente l'importo di € 930.000. Il valore iniziale della merce è:

A. € 994.400

B. € 1.014.500
C. € 1.000.000
D. € 999.390
E. € 1.115.500

49) Il risultato dell'elevamento a potenza di 2 con esponente 8 è:

A. 242
B. 254
C. 248
D. 256
E. 234

50) Calcolare l'interesse di € 1.920 impiegati per 7 mesi al 10% annuo.

A. € 110
B. € 112
C. € 114
D. € 115
E. € 118

51) 756 secondi corrispondono a:

A. 18 min, 56 sec.
B. 12 min, 36 sec.
C. 14 min, 25 sec.
D. 11 min, 16 sec.
E. 13 min, 32 sec.

52) Sono stati asfaltati i 24/30 di una strada, pari a 120 km. Quanto misura la restante parte della strada non asfaltata?

A. 110 km
B. 96 km
C. 150 km
D. 30 km
E. 45 km

53) Una potenza di potenza è una potenza che:

A. ha per base la stessa base e per esponente la differenza degli esponenti
B. ha per base la stessa base e per esponente la somma degli esponenti
C. ha per base la stessa base e per esponente il prodotto degli esponenti
D. ha per base la stessa base e per esponente la potenza degli esponenti
E. ha per base la stessa base e per esponente il triplo degli esponenti

54) 2170 è il valore del termine incognito della proporzione continua:

A. $6.400 : x = x : 841$
B. $961 : x = x : 4.900$
C. $3.600 : x = x : 961$
D. $5.776 : x = x : 676$
E. $971 : x = x : 4.339$

55) Determinare il risultato della seguente equazione: $2x - 3 = -3$.

A. L'equazione è impossibile
B. $x = -3$
C. $x = 2$
D. $x = 0$
E. $x = -5$

56) Su un totale di 180 partite giocate, una squadra ne ha vinte il 25%, perse il 20% e pareggiate il 55%. Quante partite ha vinto, perso e pareggiato?

A. 41; 33; 106
B. 35; 29; 116
C. 45; 36; 99
D. 52; 46; 82
E. 45; 32; 89

57) Un negoziante ha acquistato della merce usufruendo di uno sconto del 12% e spendendo in tal modo € 22.220. Quanto avrebbe speso se non avesse ottenuto la riduzione?

A. € 25.000
B. € 34.220
C. € 25.250
D. € 26.000
E. € 35.200

58) Walter ha acquistato dei titoli per un valore di 15.000 euro. Alla fine dell'anno riceve un interesse pari a 1/12 della somma investita. Egli spende i 4/5 di questi interessi per acquistare un televisore. Qual è il prezzo dell'elettrodomestico?

A. 1.000 euro
B. 825 euro
C. 1.250 euro
D. 950 euro
E. 870 euro

59) Qual è la frazione complementare di 91/142?

A. 103/91
B. 51/142
C. 91/142
D. 142/91
E. 65/125

60) Un'officina ha acquistato pezzi di ricambio aventi valore di € 2.838.200; per l'ingente quantità gli viene accordato lo sconto del 9%. L'importo versato a saldo è:

A. € 2.593.071
B. € 2.555.894
C. € 2.470.248
D. € 2.582.762
E. € 2.370.200

61) In un'espressione quale operazione tra le seguenti va effettuata per prima (rispettando comunque l'ordine delle parentesi)?

A. Moltiplicazione
B. Divisione
C. Elevamento a potenza
D. Sottrazione
E. Addizione

62) La frazione complementare di 13/27 è:

A. 14/27
B. 17/27
C. 27/13
D. 20/27
E. 19/25

63) La proprietà commutativa non vale per:

A. potenza
B. addizione
C. addizione e moltiplicazione
D. moltiplicazione
E. minimo comune multiplo

64) Calcolare il capitale che impiegato per 3 anni al 13% frutta l'interesse di € 2.184.

A. € 5.750
B. € 5.400
C. € 5.600
D. € 5.650
E. € 5.700

65) Francesco ha sistemato nella sua libreria prima i 2/7 e poi i 3/7 di tutti i suoi libri. Gli rimangono ancora 24 libri. Quanti libri saranno nella libreria a lavoro finito? Quanti ne ha già sistemati?

A. 85; 45
B. 87; 63
C. 92; 57
D. 91; 54
E. 84; 60

66) Dato un totale di 300 persone, a quante unità corrisponde il 27%?

A. 145
B. 81
C. 93
D. 110
E. 75

67) 57 sta a 11 come 285 sta a:

A. 33
B. 44

C. 28
D. 55
E. 50

68) Quale termine deve essere sostituito ai puntini affinché la seguente equazione risulti indeterminata?
$6 - 2x - x + 3x = \ldots$

A. – 6
B. 3
C. – 3
D. 6
E. 2

69) [(5/6 – 3/4) / (1/3) + (11/12 – 5/9) (18/13)] : {1 – [8/5 – (6/5)(2/3 + 3/5)] (5/4)} =

A. 27/40
B. – 5/6
C. 5/6
D. 15/23
E. 7/25

70) Calcolare il tasso percentuale di sconto se su € 395.000 si è ottenuta la riduzione di € 14.220.

A. 3,7%
B. 3,6%
C. 4,0%
D. 3,8%
E. 2,9%

71) Qual è il valore del termine incognito della seguente proporzione continua? 1.089 : $x = x$: 1

A. 31
B. 34
C. 33
D. 35
E. 32

72) Qual è il risultato della radice quadrata del prodotto 144 × 36?

A. 72
B. 73
C. 74
D. 71
E. 70

73) Con la birra contenuta in una botte si riempiono 400 bottiglie della capacità di 0,66 litri cadauna; usando, invece, bottiglie della capacità di 0,50 litri, quante se ne potrebbero riempire?

A. 528 bottiglie
B. 303 bottiglie
C. 530 bottiglie
D. 520 bottiglie
E. 518 bottiglie

74) La quinta parte di un centesimo è:

A. 0,02
B. 0,01
C. 0,002
D. 0,005
E. 0,0002

75) Calcolare la radice quadrata della seguente addizione: $(3{,}6)^2 + (4{,}8)^2$.

A. 14,8
B. 11,4
C. 6
D. 4
E. 5

76) Verificare qual è la coppia di frazioni fra loro equivalenti.

A. 1/3 e 4/9
B. 4/7 e 8/14
C. 3/7 e 5/14
D. 2/7 e 3/8
E. 3/7 e 7/36

77) Gianluca ha 210 euro. Se spende, successivamente, 1/2, 1/6 e 1/3 della somma posseduta, con quanto denaro rimane?

A. 4 euro

B. 2 euro
C. 1 euro
D. 0 euro
E. 10 centesimi di euro

78) Il numero naturale precedente del quoziente tra 826 e 14 è:

A. 811
B. 58
C. 59
D. 57
E. 56

79) Un commerciante ha acquistato una partita di merce avente valore di € 92.150 e pagando in contanti gli viene accordato lo sconto del 4%. L'importo versato a saldo è:

A. € 88.464
B. € 88.565
C. € 86.655
D. € 88.354
E. € 85.754

80) Il signor Willis ha passato una lunga vacanza in Italia. Egli ha trascorso 1/4 dell'anno a Firenze e 1/3 dell'anno a Roma. Quanto è durato complessivamente il soggiorno in Italia del signor Willis?

A. 3 mesi
B. 6 mesi
C. 7 mesi
D. 4 mesi
E. 5 mesi

81) Un ragazzo ha ceduto i 2/5 della sua collezione di francobolli ad un amico. I francobolli rimasti sono ora 45. Quanti ne aveva prima?

A. 69
B. 75
C. 67
D. 82
E. 77

82) Se con 64 litri di vino si sono riempite 110 bottiglie, quante bottiglie della stessa capacità si potrebbero riempire con 256 litri di vino?

A. 440 bottiglie
B. 450 bottiglie
C. 437 bottiglie
D. 390 bottiglie
E. 420 bottiglie

83) Determinare due numeri, sapendo che la loro somma è 155 e la loro differenza 23.

A. 88; 67
B. 87; 68
C. 89; 66
D. 86; 69
E. 88; 98

84) Sapendo che da 156 chilogrammi di olive si sono ottenuti 70 litri di olio, quanti chilogrammi di olive sono necessari per ottenere 245 litri di olio?

A. 580 chilogrammi
B. 550 chilogrammi
C. 546 chilogrammi
D. 540 chilogrammi
E. 548 chilogrammi

85) Quali sono i due numeri la cui somma risulta 56 e che sono proporzionali a 2 e 5 secondo lo stesso coefficiente?

A. Le informazioni non sono sufficienti per poter calcolare i due numeri
B. I due numeri sono 35 e 26
C. I due numeri sono 20 e 36
D. I due numeri sono 27 e 29
E. I due numeri sono 16 e 40

86) Calcolare l'interesse che produce un capitale di € 459.000 impiegato al tasso del 6% annuo in 7 mesi.

A. € 16.150

B. € 15.360
C. € 15.975
D. € 16.065
E. € 15.450

87) Calcolare quale somma avete pagato in totale se avete ottenuto la riduzione del 12% su una spesa di € 1.450 e dell'8% su una spesa di € 6.475.

A. € 7.369,40
B. € 7.174,50
C. € 7.233
D. € 7.144,45
E. € 7.234,30

88) In una classe mista di 25 alunni si sa che 1/3 del numero dei maschi, aumentato di 7, è uguale al numero delle femmine diminuito di 2. Determinare il numero dei maschi e quello delle femmine.

A. 9; 16
B. 12; 13
C. 11; 14
D. 10; 15
E. 15; 10

89) Un automobilista, in viaggio da Bari a Reggio Calabria, ha percorso 51 km, pari a 1/9 della distanza complessiva che deve percorrere. Qual è la distanza stradale fra le due città?

A. 459 km
B. 445 km
C. 467 km
D. 463 km
E. 435 km

90) $(-0{,}2)^2 =$

A. – 0,04
B. 0,004
C. 1/4
D. 0,04
E. – 2

91) Aumentando del 10% le lunghezze della base e dell'altezza di un rettangolo, l'area aumenta del:

A. 20%
B. 100%
C. 121%
D. 21%
E. 10%

92) Per il rivestimento di un appartamento si usano zoccoli d'ardesia lunghi 80 centimetri e ne occorrono 75. Se fossero lunghi 125 centimetri ne occorrerebbero:

A. 70
B. 60
C. 118
D. 48
E. 72

93) La somma delle età di tre fratelli è 28 anni. Il maggiore ha un'età doppia del secondo e il minore ha quattro anni meno del secondo. Quanti anni ha il fratello minore?

A. 8
B. 7
C. 4
D. 6
E. 5

94) La frazione reciproca di 11/12 è:

A. 12/11
B. 13/12
C. 11/12
D. 1/12
E. 10/13

95) Si deve dividere la somma di 2440 euro fra tre persone, facendo in modo che la prima abbia 120 euro meno della seconda e che la terza abbia il doppio del denaro ricevuto dalla prima. Calcolare le somme ricevute da ciascuna delle tre persone.

A. 645 euro; 792 euro; 1003 euro
B. 373 euro; 821 euro; 1246 euro
C. 450 euro; 670 euro; 1320 euro
D. 580 euro; 700 euro; 1160 euro
E. 809 euro; 631 euro; 1000 euro

96) I numeri romani XV, LIII e DII corrispondono ai numeri:

A. 15; 103; 52
B. 15; 23; 52
C. 20; 33; 102
D. 15; 53; 502
E. 15; 63; 520

97) 2 giorni a quanti secondi corrispondono?

A. 172.800 sec.
B. 137.800 sec.
C. 324.300 sec.
D. 184.200 sec.
E. 186.400 sec.

98) Una scuola media è frequentata da 294 ragazzi. I 2/3 di essi studiano inglese, i rimanenti francese. Quanti ragazzi studiano il francese?

A. 109
B. 98
C. 91
D. 103
E. 95

99) Moltiplicando il numero 275,15 per 7 e per 0,4 otteniamo:

A. 770,42
B. 754,42
C. 724,42
D. 762,42
E. 734,56

100) Prendendo un terzo di una torta e dividendola in 4 fette uguali, quale frazione dell'intera torta è ciascuna fetta?

A. 1/7
B. 1/3
C. 1/6
D. 1/12
E. 1/5

101) Calcolare l'area di un cerchio il cui raggio è la metà del raggio di un altro cerchio il cui diametro è lungo 20 cm.

A. 9π cm^2
B. 25π cm^2
C. 144π cm^2
D. 49π cm^2
E. 14π cm^2

102) In un trapezio la base maggiore è 5/2 dell'altezza e la base minore è 1/3 della maggiore. Calcolare l'area del trapezio sapendo che la base maggiore misura 45 cm.

A. 540 cm^2
B. 630 cm^2
C. 685 cm^2
D. 515 cm^2
E. 388 cm^2

103) Un arco è i 7/8 dell'intera circonferenza. Calcolare la misura dell'angolo al centro corrispondente.

A. 172°
B. 225°
C. 289°
D. 315°
E. 235°

104) I cateti di un triangolo rettangolo sono lunghi, rispettivamente, 303 e 404. Determinare la lunghezza dell'ipotenusa.

A. 507
B. 705
C. 707
D. 505
E. 575

105) Due angoli di un quadrilatero misurano rispettivamente 130° e 40°; calcolare le misure degli altri due angoli sapendo che la misura di uno è il quadruplo di quella dell'altro.

A. 38°; 152°
B. 46°; 128°
C. 29°; 145°
D. 53°; 81°
E. 45°; 138°

106) Un rettangolo avente il perimetro di 210 cm è inscritto in una circonferenza. Sapendo che il rapporto tra i due lati è 3/4, determinare la misura della circonferenza.

A. 225 cm
B. 105 cm
C. 75 π cm
D. 150 π cm
E. 57 π cm

107) Un triangolo ha la superficie che misura 5,46 cm^2 ed il perimetro che misura 10,5 cm. Determinare la misura del raggio della circonferenza inscritta al triangolo.

A. 1 cm
B. 1,2 cm
C. 0,42 cm
D. 1,04 cm
E. 2 cm

108) Un rombo, la cui diagonale minore è 3/4 dell'altra, ha la superficie che misura 1.536 dam^2. Determinare la misura dell'area del cerchio inscritto nel rombo.

A. 361 π dam^2
B. 1.111 dam^2
C. 1.160 dam^2
D. 368,64 π dam^2
E. 2.100 dam^2

109) Un triangolo rettangolo ha l'area di 245,76 cm^2 e il cateto minore misura 19,2 cm. Calcolare l'ipotenusa e il perimetro.

A. 27 cm; 63,4 cm
B. 35 cm; 81,3 cm
C. 25 cm; 60,9 cm
D. 32 cm; 76,8 cm
E. 35 cm; 45,8 cm

110) Un triangolo isoscele ABC ha l'area di 300 cm^2 e la base di 40 cm. Calcolare la lunghezza del contorno della figura delimitata da tre semicirconferenze aventi per diametri i lati del triangolo.

A. 129,66 cm
B. 165,11 cm
C. 141,3 cm
D. 132,6 cm
E. 135,8 cm

111) Quando due rette hanno in comune uno ed un solo punto, queste si dicono:

A. tangenti
B. incidenti
C. parallele
D. ortogonali
E. perpendicolari

112) Se due circonferenze hanno tre punti in comune, allora sono:

A. non necessariamente appartenenti allo stesso piano
B. tangenti
C. coincidenti
D. secanti
E. parallele

113) Il tetraedro regolare è formato da:

A. 4 triangoli isosceli
B. 6 quadrati
C. 6 rettangoli

D. 4 triangoli equilateri
E. 4 triangoli scaleni

114) Calcolare il perimetro e l'area di un trapezio rettangolo sapendo che l'altezza ha una lunghezza doppia della base minore, la differenza fra le misure delle basi è 7 cm mentre la loro somma è 19 cm (approssimare alla seconda cifra decimale).

A. 44,89 cm; 114 cm^2
B. 32,56 cm; 125 cm^2
C. 45,32 cm; 120 cm^2
D. 32,56 cm; 210 cm^2
E. 33,78 cm; 330 cm^2

115) Un ottagono regolare si ottiene sovrapponendo:

A. due rettangoli
B. due parallelogrammi
C. due esagoni
D. due quadrati
E. due rombi

116) In un quadrato il perimetro è 56 cm. Calcolare la misura della diagonale del rettangolo avente l'altezza lunga quanto la diagonale del quadrato e la base che misura 46 cm (approssimare alla seconda cifra decimale).

A. 48,71 cm
B. 53,75 cm
C. 50,08 cm
D. 43,18 cm
E. 50,15 cm

117) Determinare il numero di giri compiuti dalla ruota di un veicolo avente un raggio di 22 cm quando questa percorre 8 km, 289 m e 6 cm (approssimare alla cifra intera).

A. 4.000
B. 5.000
C. 3.000
D. 6.000
E. 2.000

118) Un trapezio isoscele è circoscritto ad una circonferenza ed ha il perimetro che misura 160 cm. Sapendo che la base maggiore è 5/3 della minore, determinare le misure delle basi e del lato obliquo.

A. 35 cm; 45 cm; 40 cm
B. 27 cm; 45 cm; 44 cm
C. 30 cm; 50 cm; 40 cm
D. 33 cm; 55 cm; 36 cm
E. 25 cm; 50 cm; 43 cm

119) A quanti metri quadrati equivalgono 10 ettari?

A. 100
B. 1.000.000
C. 100.000
D. 1.000
E. 10.000

120) Se ABC è un angolo ottuso la sua bisettrice lo divide in:

A. due angoli retti
B. due angoli ottusi
C. due angoli acuti
D. due angoli maggiori di 180°
E. un angolo retto ed uno acuto

121) Come si può definire la corda di un cerchio?

A. Un tratto di circonferenza pari alla lunghezza del diametro
B. Un tratto di circonferenza pari alla lunghezza del raggio
C. Un arco di circonferenza
D. Un segmento che unisce due punti della circonferenza
E. L'esatta metà della circonferenza

122) Come si definisce una parte di retta compresa tra due punti?

A. Corda

B. Secante
C. Semiretta
D. Segmento
E. Diagonale

123) In un parallelogramma un lato misura 9,1 m e l'altezza relativa al secondo lato misura 7 m. Sapendo che l'area è 109,2 m^2, calcolare il secondo lato e l'altezza relativa al primo lato.

A. 14,3 m; 9,8 m
B. 9,8 m; 14,3 m
C. 15,6 m; 12 m
D. 12 m; 18,6 m
E. 16,5 m; 14 m

124) Quale delle seguenti affermazioni è corretta?

A. La somma degli angoli interni di un triangolo è 270°
B. Gli angoli interni di un triangolo isoscele misurano sempre 60°
C. Un triangolo isoscele può avere due angoli di 90°
D. Un triangolo rettangolo può avere un angolo di 60°
E. Gli angoli interni di un triangolo equilatero misurano sempre 90°

125) Quale di questi poligoni non è sempre inscrivibile e circoscrivibile ad una circonferenza?

A. Quadrato
B. Esagono
C. Triangolo isoscele
D. Triangolo equilatero
E. Triangolo scaleno

126) Un rombo è equivalente ai 3/5 di un rettangolo avente il perimetro di 130 dm e la base lunga 40 dm. Calcolare la misura della diagonale minore del rombo sapendo che la diagonale maggiore è il triplo dell'altezza del rettangolo.

A. 21 dm
B. 27 dm
C. 19 cm
D. 16 dm
E. 15 dm

127) In un cerchio di area 169 π cm^2, la corda AB misura 24 cm e la corda BC (situata dalla parte opposta di AB rispetto al centro) è 5/12 di AB. Calcolare la distanza di ciascuna delle due corde dal centro O, la lunghezza del perimetro e l'area del quadrilatero ABCO.

A. 4 cm; 11 cm; 61 cm; 117 cm^2
B. 6 cm; 10 cm; 69 cm; 126 cm^2
C. 5 cm; 12 cm; 60 cm; 120 cm^2
D. 7 cm; 13 cm; 58 cm; 134 cm^2
E. 3 cm; 12 cm; 50 cm; 110 cm^2

128) Un triangolo rettangolo, ruotando intorno all'ipotenusa, genera:

A. due coni uniti per la base
B. un prisma
C. un tronco di cono
D. un cono retto
E. un cilindro

129) Un parallelogramma ABCD ha la superficie che misura 10.140 m^2. Calcolare la misura del perimetro di un trapezio rettangolo, equivalente ad 1/3 del parallelogramma, avente l'altezza e la base minore che misurano rispettivamente 52 m e 45,5 m.

A. 257 m
B. 201,5 m
C. 234 m
D. 260 m
E. 247 m

130) Calcolare, in m, la misura della base di un triangolo sapendo che l'area è 1,68 m^2 e l'altezza misura 42 dm.

A. 3,4 m
B. 6,5 m

C. 8 m
D. 0,8 m
E. 0,5 m

131) La diagonale di un cubo:

A. passa per il centro del cubo
B. ha lunghezza minore della lunghezza della diagonale di ciascuna faccia
C. ha lunghezza pari alla lunghezza della diagonale di ciascuna faccia
D. è la base di un triangolo isoscele formato da due spigoli
E. ha lunghezza pari al doppio della lunghezza dello spigolo

132) In un quadrato il perimetro è 100 m. Calcolare il perimetro di un rettangolo equivalente al quadrato sapendo che la sua altezza è lunga il doppio del lato del quadrato.

A. 112 m
B. 136 m
C. 148 m
D. 125 m
E. 135 m

133) Un arco è lungo 1 mm ed è ampio 1°. Quanto è lunga la circonferenza a cui appartiene?

A. 150 mm
B. 280 mm
C. 430 mm
D. 180 mm
E. 360 mm

134) Un parallelogrammo è equivalente a un quadrato il cui lato è lungo 28 cm. Sapendo che la base del parallelogrammo è i 7/4 del lato del quadrato, calcolare l'altezza del parallelogrammo.

A. 27 cm
B. 16 cm
C. 42 cm
D. 53 cm
E. 14 cm

135) Dato un triangolo di lati 12 cm, 9 cm e 17 cm, determinare la misura del raggio del cerchio ad esso inscritto.

A. 6,77 cm
B. 5,8 cm
C. 5,4 cm
D. 2,71 cm
E. 5,54 cm

136) Per tre punti non allineati:

A. passano infinite rette
B. passa una e una sola retta
C. passa uno e un solo piano
D. passano solo due rette
E. passano infiniti piani

137) Due segmenti che hanno un estremo in comune ed appartengono alla stessa retta sono detti:

A. secanti
B. tangenti
C. adiacenti
D. consecutivi
E. congruenti

138) Calcolare l'area di un cerchio il cui raggio misura il doppio di quello di un'altra circonferenza il cui diametro è lungo 27 cm.

A. 729 π cm^2
B. 636 π cm^2
C. 444 π cm^2
D. 556 π cm^2
E. 675 π cm^2

139) Ciascuna delle due parti in cui un piano è diviso da una retta giacente sullo stesso piano si chiama:

A. poligonale
B. semipiano
C. angolo

D. arco
E. poligono

140) Un angolo i cui lati sono due semirette coincidenti si definisce:

A. piatto
B. acuto
C. giro
D. retto
E. ottuso

141) Ad un angolo al centro ampio 90° corrisponde un arco lungo 8 π cm. Calcolare la misura del diametro della circonferenza a cui appartiene l'arco.

A. 24 cm
B. 16 cm
C. 35 cm
D. 40 cm
E. 32 cm

142) In un triangolo rettangolo, il lato opposto all'angolo retto è detto:

A. ipotenusa
B. mediana
C. cateto
D. bisettrice
E. diagonale

143) Due rette perpendicolari sono anche:

A. parallele
B. sghembe
C. incidenti
D. generatrici
E. coincidenti

144) Due figure si dicono equivalenti quando:

A. hanno uguale perimetro
B. hanno tutti gli angoli uguali
C. hanno uguale area
D. giacciono sullo stesso piano
E. hanno un solo lato uguale

145) La somma di due segmenti è lunga 18 cm e il secondo è la metà del primo; calcolare la lunghezza di ciascuno dei due segmenti.

A. 20 cm; 10 cm
B. 12 cm; 6 cm
C. 8 cm; 4 cm
D. 16 cm; 8 cm
E. 15 cm; 6 cm

146) Un trapezio rettangolo ha l'altezza lunga 19 cm e l'area è 361 cm^2. Calcolare la lunghezza di ciascuna delle due basi sapendo che la maggiore supera la minore di 2 cm.

A. 13 cm; 15 cm
B. 21 cm; 23 cm
C. 18 cm; 20 cm
D. 12 cm; 14 cm
E. 19 cm; 25 cm

147) Le diagonali di un rombo sono una la metà dell'altra e la loro somma è 96 m. Calcolare il perimetro del rombo (approssimare la misura del suo lato alla prima cifra decimale).

A. 115,6 m
B. 163,2 m
C. 234,8 m
D. 142,8 m
E. 132,3 m

148) Un trapezio è equivalente a un quadrato avente il perimetro lungo 168 cm; sapendo che le basi del trapezio sono lunghe rispettivamente 36 cm e 27 cm, calcolare la lunghezza dell'altezza del trapezio.

A. 19 cm
B. 67 cm
C. 56 cm
D. 45 cm
E. 43 cm

149) Nella geometria euclidea, quali sono gli enti primitivi?

A. Punto, angolo e segmento
B. Piano, semipiano e semiretta
C. Punto, retta e piano
D. Semiretta, segmento e poligonale
E. Retta, segmento e poligono

150) Quale dei seguenti quadrilateri ha quattro angoli congruenti?

A. Rombo
B. Parallelogramma
C. Rettangolo
D. Trapezio
E. Nessuno tra quelli citati

RISPOSTE CORRETTE

1) B	26) D	51) B	76) B	101) B	126) D
2) B	27) C	52) D	77) D	102) A	127) C
3) C	28) C	53) C	78) B	103) D	128) A
4) D	29) B	54) B	79) A	104) D	129) E
5) A	30) B	55) D	80) C	105) A	130) D
6) B	31) C	56) C	81) B	106) C	131) A
7) E	32) D	57) C	82) A	107) D	132) D
8) B	33) C	58) A	83) C	108) D	133) E
9) D	34) D	59) B	84) C	109) D	134) B
10) C	35) B	60) D	85) E	110) C	135) D
11) B	36) C	61) C	86) D	111) B	136) C
12) B	37) D	62) A	87) C	112) C	137) C
13) D	38) B	63) A	88) B	113) D	138) A
14) B	39) A	64) C	89) A	114) A	139) B
15) E	40) D	65) E	90) D	115) D	140) C
16) A	41) B	66) B	91) D	116) C	141) E
17) B	42) C	67) D	92) D	117) D	142) A
18) B	43) D	68) D	93) C	118) C	143) C
19) A	44) B	69) C	94) A	119) C	144) C
20) C	45) A	70) B	95) D	120) C	145) B
21) C	46) B	71) C	96) D	121) D	146) C
22) B	47) A	72) A	97) A	122) D	147) D
23) A	48) C	73) A	98) B	123) C	148) C
24) A	49) D	74) C	99) A	124) D	149) C
25) B	50) B	75) C	100) D	125) B	150) C

LINGUA STRANIERA

CAPITOLO 1 | Inglese

CAPITOLO 1
Inglese

1.1 • Grammatica

1) Tom's sister has started a relationship ____ .

A. with one of best Richard's friends
B. with one Richard's best friends
C. with one of Richard best friends
D. with one of Richard's best friends
E. with one of the best friends of Richard

2) The following verbs can all be followed by the reflexive pronoun but one. Which one?

A. To wash
B. To regret
C. To shave
D. To behave
E. To dress

3) There are ____ things I like more than staying in bed late on Sunday.

A. any
B. some
C. few
D. no
E. a few

4) We felt very tired after the meeting yesterday because we ____ for hours.

A. talked
B. used to talking
C. used to talk
D. have been talking
E. had been talking

5) It has been snowing ____ five days.

A. from
B. in
C. for
D. since
E. to

6) Dorothy ____ working on that manuscript for 2 years now.

A. has been
B. still is
C. is
D. will be
E. had been

7) I haven't had so much fun ____ I was a young boy!

A. since
B. when
C. for
D. when ever
E. from

8) John has lived in Rome ____ 1989.

A. for
B. at
C. in
D. from
E. since

9) She apologized ____ late.

A. why she was
B. for being
C. to be
D. that she was
E. because of being late

10) Luis generally prefers ____ in a team than ____ alone.

A. working/to work
B. work/working
C. working/working
D. to working/work
E. to work/to work

11) ____ Paris ____ weekend.

A. We visit/next
B. We're visiting/on
C. We visiting/next
D. We H're visiting/next
E. We are visiting/last

12) Try ____ the window really hard if you want to open it.

A. push
B. pushed
C. pushes
D. pushing
E. to pushing

13) This group of musicians has been ____ the clubs in the north of England for the last three months.

A. touring
B. going
C. travelling
D. performing
E. attempting

14) Fill in the blank. "The book I'm reading ____ by Henry Fielding".

A. was written
B. was writing
C. was wrote
D. wrote
E. was writed

15) The first pair of denim blue jeans ____ produced in 1873.

A. had
B. did
C. would be
D. is
E. was

16) Hong Kong ____ to China in 1997.

A. was ceded
B. has been reverting
C. has reverted
D. reverts
E. is reverting

17) The part of the following sentence between square brackets contains one or more mistakes; choose the correct form. "The new bridge [shall not have been built] so quickly without the help of international cooperation projects".

A. used to be built
B. wouldn't have been built
C. shouldn't be builded
D. wouldn't have been builded
E. wouldn't been built

18) I'm not wearing my glasses today because they ____.

A. mend
B. were mended
C. are being mended
D. are mending
E. are mended

19) I offered to pay for the meal last night, but Jack said he ____ for it.

A. would have paid
B. could have paid
C. paid
D. will pay
E. would pay

20) Alan promised he ____ .

A. had won
B. would have won
C. should win

D. would win
E. had to win

21) She ____ at school tomorrow because she's ill.

A. won't be
B. isn't to being
C. hasn't be
D. has to be
E. want be

22) Choose the correct answer to this question: When will she be back home?

A. She'll be back home as soon as possible
B. She comes home soon
C. She'll be returning home now
D. She returns as soon as possible
E. She is at home very soon

23) No matter what happens next John ____ help you.

A. will
B. have
C. is
D. am
E. would

24) Choose the alternative which is closest in meaning to the expression between square brackets in the following sentence. "[He's not very likely to do] what she says".

A. He will probably not do
B. He doesn't really like doing
C. He doesn't like doing
D. He probably will not like doing
E. He looks as if he is going to do

25) Choose the correct question for this answer: He'll be back by Monday.

A. When David returns?
B. When is David coming back?
C. Is David away for a long time?
D. Does David comes back?
E. Is David returning?

26) Don't eat all the biscuits, ____?

A. shall you
B. will you
C. will you not
D. don't you
E. do you

27) Children, ____ me if I've told you this joke before.

A. stopped
B. stop
C. stopping
D. to stop
E. stops

28) English people carry umbrellas ____ themselves dry.

A. for keeping
B. to keeping
C. to keep
D. to kept
E. for keep

29) I regret ____ you that the bill is now overdue.

A. to inform
B. I inform
C. inform that
D. to be informing
E. informing

30) When we got to the party, ____ were already a ____ people.

A. they/no
B. their/much of
C. them/number
D. they/many
E. there/lot of

31) My father wants my sister ____ harder.

A. studies
B. to study
C. studying
D. study
E. studies

32) My brother and ____ are ____ holiday.

A. me/at
B. I/in
C. I/on
D. me/in
E. myself/at

33) ____ fishing when you were little?

A. Were you going
B. Did you use to go
C. Were you used to going
D. Did you used to go
E. Were you

34) I ____ smoke a lot, but I don't any more.

A. use to
B. am used to
C. was used
D. used to
E. used

35) They were watching TV when the lights ____ out.

A. went
B. go
C. are going
D. goes
E. going

36) When I ____ to the park I ____ Henry. He ____ football with Ian.

A. am going/see/plays
B. went/saw/was playing
C. was going/saw/played
D. go/saw/played
E. went/was seeing/was playing

37) Fill in the blank. "James opened the door and ____ a man in the room".

A. has seen
B. see
C. seal
D. saw
E. seed

38) Choose the correct sentence.

A. I were disappointed that I didn't get the job
B. I was disappointing that I didn't get the job
C. It was disappointed that I didn't get the job
D. I was disappointed that I didn't get the job
E. I was disappointed that I didn't take the job

39) I assumed Henry ____ paying until the end of last year.

A. have been
B. is being
C. are being
D. had been
E. was been

40) Fill in the blank. "If I … about her earlier I would have told you".

A. knew
B. heard
C. would know
D. had known
E. would hear

41) When Lisa left the company, Kate didn't apply for her job. She said she ____ .

A. had never liked it
B. doesn't like it
C. hadn't never liked it
D. liked it not
E. would never like it

42) The trial ____ in a theatrical manner, full of extravagant histrionics.

A. conduces
B. was been conducted
C. was conducted
D. to conduce
E. are conducted

43) Places near the Equator have ____ climate all year round.

A. warm
B. a warm
C. more warm
D. the warm
E. the warmer

44) I asked Dan to meet me at 5 yesterday, but he arrived late and said he ____ leave work early.

A. hadn't been able to
B. couldn't
C. can't
D. hadn't could
E. might not

45) We felt very tired yesterday because we ____ hard all day.

A. worked
B. have been working
C. had been working
D. have worked
E. has been working

46) How long ____ him when he ____ you to marry him?

A. did you know/asked
B. knew/asked
C. had you known/asked
D. had you been knowing/asked
E. had you known/was asking

47) Fill in the blank. "If she loses her job, she ____ be able to pay her rent".

A. would not
B. doesn't
C. didn't
D. can't
E. won't

48) Choose the correct ending for this sentence: If I had a lot of money, ____ .

A. I'll go to the coast more often
B. my father bought me a motorbike
C. I'd go to South America
D. I was not going to work
E. I had a party every month

49) Fill in the blank. "We were fined ____ exceeding the speed limit".

A. with
B. for
C. from
D. by
E. because

50) Please, contact me ____ e-mail if necessary.

A. by
B. with
C. on
D. through
E. in

51) I really appreciate her ____ me at this difficult time.

A. helped
B. help
C. helping
D. helps
E. to helping

52) How long ____ Kate?

A. have you known
B. have you been knowing
C. did you know
D. do you know
E. are you knowing

53) The guard ____a nap when the prisoner____

A. took / escaped
B. had / escaped
C. is having / escaped
D. was having / was escaping
E. was having / escaped

54) Fill in the blank: "Her brothers ____ in Jakarta".

A. born
B. were born
C. are born
D. have born
E. borned

55) Bill ____ reading the newspaper just now.

A. has finished
B. is finished
C. finished
D. has finish
E. finish

56) I ____ in herbal medicine for years.

A. have been believing
B. have believed
C. did believe
D. believe
E. am believing

57) Choose the correct sentence.

A. Did you ever study philosophy?
B. Have you ever been studying philosophy?
C. Had you ever been studying philosophy?
D. Have you ever studied philosophy?
E. Were you studying philosophy?

58) Fill in the blank. "____ Bob lately?"

A. Are you seeing
B. Do you see
C. Have you seen
D. Were you seeing
E. Did you see

59) Fill in the blank. "I ____ sleeping for two hours".

A. am
B. have being
C. did
D. could have
E. have been

60) I ____ on this project since Monday and yet I still haven't finished it.

A. ad worked
B. worked
C. have worked
D. have been working
E. have been worked

61) ____ have we been waiting for the bus?

A. How long
B. How many times
C. When
D. How long is it since
E. How much

62) Choose the correct sentence.

A. How long time has it snowed?
B. For how long does it snow?
C. For how long has it snowed?
D. How long is it since it has snowed?
E. How long has it been snowing?

63) Ryan ____ for jobs in advertising for six months.

A. has applied
B. was applying
C. has been applied
D. applied
E. has been applying

64) Hurry up! The bus ____.

A. came

B. is come
C. is coming
D. was coming
E. comes

65) Choose the correct sentence.

A. The apartment consists of two rooms, a kitchen and bathroom
B. The apartment consists in two rooms, a kitchen and bathroom
C. The apartment consists on two rooms, a kitchen and bathroom
D. The apartment consists about two rooms, a kitchen and bathroom
E. The apartment consists approximately two rooms, a kitchen and bathroom

66) Choose the correct sentence.

A. Sarah is having the hairs cut
B. Sarah is having her hairs cut
C. Sarah is cutting her hair
D. Sarah cuts her hair
E. Sarah is having her hair cut

67) My teeth are in good condition because I ____ by my dentist every year.

A. did check them
B. have checked them
C. check them
D. have them checked
E. have them check

68) Madonna's agent ____ change her name at the start of her career.

A. have made her to
B. makes her
C. made her to
D. made her
E. makes her to

69) Fill in the blank. "I ____ my appendix removed when I was twelve".

A. have
B. do
C. did
D. has
E. had

70) These shoes look awful. I'll have to ____.

A. get them repaired
B. get repaired them
C. to go to repair them
D. repaired them
E. have repaired them

71) Do you remember Silvia? I ____ engaged to her

A. got
B. will
C. have
D. had
E. get

72) Why ____ some plants for our flat?

A. we don't get
B. we not get
C. don't we get
D. don't get we
E. we get not

73) ____ get tired of asking the same questions every day?

A. Does you ever
B. Had you ever
C. Do you ever
D. Have you ever
E. Are you ever

74) Fill in the blank. "Don't you remember that we ____ to the cinema tonight?".

A. will be
B. go
C. will be gone
D. would go
E. are going

75) People drive too fast on the road. I think ____ a speed limit.

A. there should be
B. they would have
C. there would be
D. they may have
E. their would be

76) Choose the correct answer to this question: Shall we invite Jim to the party?

A. Yes, I'd like he does come
B. Yes, I'd like that he comes
C. Yes, I'd like him come
D. Yes, I'd like him to come
E. Yes, I'd like he comes

77) Fill in the blank. "____ you like to be met at the airport, or will you get a taxi?"

A. Will
B. Would
C. Could
D. Should
E. Can

78) Choose the correct question for this answer: Yes, I can.

A. May you get the dinner ready for me?
B. Will you help me get the dinner ready
C. Can you help me get the dinner ready?
D. Would you help with my dinner?
E. Might you help with dinner?

79) Choose the correct answer to this question: What are you doing this summer?

A. We are doing something in Spain with our parents
B. We are staying in Spain
C. We might go to Spain with our parents
D. We might reach Spain with our parents
E. We are visiting Spain somewhere

80) You ____ let the long plane journey ____ you from visiting this wonderful country.

A. mustn't/stop
B. need to/achieve
C. may not/get
D. don't have to/hold
E. couldn't/make

81) What's the ____ river ____ the world?

A. longest/in?
B. longer/in
C. longest/of
D. longest/for
E. longe/in

82) The part in square brackets of the following sentence contains one or more mistakes; choose the correct form. "I liked [either of them]; none of two fully convinced me".

A. neither of them
B. no other
C. neither off them
D. either and more
E. both

83) Fill in the blank. "There is ____ food for everybody".

A. plenty
B. many of
C. too
D. lots
E. enough

84) ____ group of tourists has to be accompanied by a guide.

A. Some
B. Each
C. Any
D. All
E. One

85) He was wearing ____ riding boots.

A. Spanish red old leather
B. old red Spanish leather
C. leather old red Spanish
D. old leather red Spanish
E. red old Spanish leather

86) English is ____ than French.

A. easier
B. more easier
C. difficultier
D. more easiest
E. more easy

87) ____ watch is this?

A. Who the
B. Whose
C. Whom
D. Of whom
E. Of whose

88) Does he ever go to the theatre? No, he ____ does.

A. for ever
B. ever
C. sometimes
D. usually not
E. never

89) Penicillin is a ____ recent discovery.

A. comparably
B. generally
C. very
D. considerably
E. relatively

90) Very ____ people can study abroad.

A. a small
B. few
C. little
D. less
E. short

91) Fill in the blank. "____ says that we will not leave?".

A. Why
B. Who
C. Whose
D. Because
E. Where

92) Fill in the blank. "I'll have to work hard this week, ____ is very annoying".

A. so
B. but
C. which
D. what
E. that

93) This skirt is too ____ for me.

A. large
B. great
C. high
D. big
E. much

94) Fill in the blank. "A midwife is a qualified nurse ____ extra training in obstetrics".

A. has had
B. who has had
C. that has
D. whom had
E. which has had

95) This is Sylvia; ____ family is from Edinburgh.

A. his
B. her's
C. hers
D. her
E. their

96) It's ____ interesting film! You must see it!

A. such
B. so

C. a so
D. such an
E. so an

97) Tim looks ____ when he wears glasses.

A. oldest
B. greater
C. older
D. bigger
E. more old

98) Sam drove ____ along the narrow road.

A. seriously
B. slow
C. carefully
D. careful
E. faster

99) Choose the correct sentence.

A. Whose this is watch? It's he
B. Whose this is watch? It's she
C. Whose of watch is this? It is Amy's
D. Whose watch is this? It is hers
E. Whose this watch? It's hers

100) Once the earth_________the centre of the universe.

A. was believed of being
B. was believed to be
C. was believed that was
D. was believed to being
E. was believed been

1.2 • Lessico

101) Choose the alternative which best completes the following sentence. "Diabetes, ____, is sometimes caused by an antibody that destroys the pancreas cells producing this hormone".

A. a serious disease in which the body cannot produce enough insulin
B. a seriously disease in which the body cannot produce insulin enough
C. a seriously disease in which the body cannot make enough insulin
D. a serious disease in which the body cannot enough produce insulin
E. a serious disease in which the body cannot make insulin enough

102) After he was made ____ Chris got a temporary job in a restaurant.

A. out of place
B. fired
C. out of order
D. redundant
E. sacked

103) Hyde Park is a very large park in ____ London.

A. town of
B. centre
C. within
D. inside
E. central

104) Fill in the blank. "We have ____ sugar. Ask Mrs Brown to give us some".

A. run down
B. run with short
C. run over with
D. run off
E. run out of

105) Fill in the blank. "____ Paul is doing some research in London. He'll be back next week".

A. Actually
B. In this time
C. Momentarily
D. In this moment
E. At the moment

106) What ____ evening!

A. a fine

B. fine
C. this
D. such
E. such an

107) Choose the alternative which is closest in meaning to the word in square brackets and which does not change the meaning of the sentence. "We asked a man where the bank was, but he didn't [answer]".

A. replay
B. reply
C. produce
D. come back
E. require

108) After the walk, Janice noticed that she had ____ her ring.

A. disappeared
B. cancelled
C. lost
D. missed
E. stolen

109) Choose the correct sentence.

A. Madonna is known to continuously reinventing her name
B. Madonna is known for continuously reinventing both her music and image
C. Madonna doesn't know how to reinvent both her music and image
D. Madonna is known for never changing both her music and image
E. Madonna is known for rarely reinventing both her music and image

110) Fill in the blank. "____ are flying insects known for their role in pollination and for producing honey and wax".

A. Apes
B. Bees
C. Bumblebees
D. Ladybirds
E. Flies

111) We've run ____ of coffee. Could you please buy some more?

A. down on
B. away from
C. out of
D. off of
E. on with

112) ____ World War II there was ____ rationing.

A. After/coke
B. During/holiday
C. On/food
D. Due to/no food
E. During/food

113) The building burnt down ______ my eyes.

A. before
B. beyond
C. behind
D. beneath
E. beside

114) Sony is a ____ name.

A. house
B. brandtrade
C. household
D. companionship
E. farm

115) You must not ____ anything from the room.

A. bring
B. place
C. fetch
D. remove
E. receive

116) We had to ____ house because it was too small when my twin sisters were born.

A. move
B. choose

C. leave
D. close
E. change

117) Choose the alternative which is closest in meaning to the words in brackets and which does not change the meaning of the sentence. "It was [an endless] list of terrible events".

A. endlessly
B. an infinity
C. a without end
D. a less-end
E. a never-ending

118) Il verbo "to relinquish" significa:

A. chiarificare
B. scherzare
C. dire barzellette
D. ridere
E. abbandonare

119) Il sinonimo di "Rubbish" è:

A. trash
B. elevator
C. petrol
D. first floor
E. pavement

120) Choose the alternative which means the same as this sentence: Nothing of value is left in this van at night.

A. Valuables should not be left in the van
B. This van will keep no value at night
C. Valuable objects are removed at night
D. This van is locked at night
E. There is nothing in the van at night

121) I ____ some old photographs of my sister's wedding while I was tidying up the attic.

A. came round
B. came across
C. came into
D. came up with
E. came in with

122) My friend Ann works ____ . She's so lazy!

A. very few
B. very short
C. very little
D. very less
E. very a few

123) Choose the correct answer to this question: What's the matter?

A. We are thirsty
B. Yes, thank you
C. Fine, thank you
D. We're right
E. Fine, and you?

124) On his birthday Jason invited ____ friends to the cinema.

A. all of his
B. all
C. some of
D. some his
E. any of his

125) L'espressione idiomatica "go off at the deep-end" significa:

A. non portare a termine qualcosa
B. essere commosso
C. essere sorpreso
D. andare via in malo modo
E. arrabbiarsi

126) You should send him to bed without any supper. That will teach him a ____.

A. theory
B. way
C. trick
D. subject
E. lesson

127) He is becoming well known ____ the world.

A. in all over
B. all over
C. in all
D. of all over
E. all in

128) Choose the synonym to the word between square brackets. "The show was very [amusing]".

A. frightening
B. entertaining
C. crowded
D. boring
E. exciting

129) Choose the correct sentence.

A. The British Flag is called the Stars and Stripes
B. The American Flag is nominated the Stars and Stripes
C. The American Flag is called the Union Jack
D. The American Flag is called the Stars and Stripes
E. The American Flag is named the Stars and Stripes

130) Il verbo "to knit" significa:

A. stirare
B. smagliarsi (di calza)
C. gattonare
D. lavorare a maglia
E. inginocchiarsi

131) Fill in the blank. "Bill drank a ____ while he was at the market".

A. glass with water
B. glass of water
C. glass for water
D. water's glass
E. water glass

132) Un sinonimo di "get the wind up" è:

A. to abide by the law
B. to listen to somebody
C. to be ashamed
D. to be afraid
E. to be silly

133) Tra i pesci, "la carpa" in inglese viene tradotta con il termine di:

A. round-fish
B. still-fish
C. trout
D. dazzle-fish
E. slander

134) If you have an accident, ____ to tell the police?

A. you supposed
B. are you supposed
C. did you need
D. were you supposed
E. do you suppose

135) I don't think ____ on this website is correct.

A. information
B. an information
C. the informations
D. the information
E. informing

136) Il sinonimo di "autumn" è:

A. sell
B. spring
C. send
D. summer
E. fall

137) Choose the correct sentence.

A. All roads are arriving to Rome
B. All roads take you to Paris
C. All roads go to Rome
D. All roads lead to Rome
E. All maps lead to Rome

138) The software provides a ____ of options for the advanced user.

A. variation
B. scope
C. range
D. scale
E. variety

139) Could you park your motorcycle ____?

A. Elsewhere
B. Whereby
C. Wherever
D. Whenever
E. Whoever

140) Il significato di "To share a room" è:

A. to rent a room
B. to split a room
C. to divide a room
D. to steal a room
E. to sell a room

141) The President has a team of ____ to ____ him.

A. athletes/defend
B. people/shield
C. men/repair
D. persons/guard
E. bodyguards/protect

142) Perhaps because he was so different, he became the black ____ of the family.

A. cat
B. cow
C. bear
D. donkey
E. sheep

143) Il significato di "To be afraid of" è:

A. to be silly
B. to be astounded
C. to be ashamed
D. to be frightened
E. to be dependable

144) Con l'espressione "hit it off" si intende:

A. cacciare fuori una persona da qualche luogo
B. portare a cavalcioni qualcuno
C. mangiare molto
D. diventare buoni amici
E. sorreggere una persona

145) Sinonimo dell'espressione "fly the coop" è:

A. nascondersi
B. indugiare
C. rimanere
D. abbandonare
E. fuggire via

146) The ____ are not good, but I have a lot of free time.

A. fares
B. fees
C. charges
D. wages
E. costs

147) Ask David to give you a hand: he's as strong as ____ .

A. a bear
B. a horse
C. an elephant
D. a mountain
E. a gorilla

148) Fill in the blank. "They washed their swimsuits ____ hand".

A. in
B. by
C. of
D. with
E. off

149) Nick said he wanted to ____ the meeting.

A. frequent
B. take in
C. be up at
D. attend
E. involve into

150) The Statue of Liberty is at the ____ to New York Harbour.

A. exit
B. door
C. entering
D. arrival
E. entrance

151) The innovations of the ____ Age have had ____ effects on people in all walks of life.

A. electronic/universal
B. computer/astonishing
C. atomic/irrelevant
D. nuclear/profane
E. bronze/pretentious

152) Choose the correct sentence.

A. I find it hard to remember people's names
B. I find it heard to recall people's names
C. I find it harmful to remind people's names
D. I find it hard to remember population's names
E. I find it rough to remember people's names

153) The ancient Egyptians' ... of picture writing was called hieroglyphics.

A. manner
B. plan
C. system
D. practice
E. program

154) I'm sorry, Carol isn't ____ at the moment. Can I take a message?

A. up
B. in
C. off
D. away
E. on

155) Choose the correct sentence.

A. Italians usually put away Christmas decorations in the 8th of December
B. Italians usually put up Christmas decorations on the 8th of December
C. Italians usually place Christmas decorations at the 8th of December
D. Italians usually open up Christmas decorations after the 8th of December
E. Italians usually show up Christmas decorations before the 8th of December

156) L'espressione idiomatica "go the whole hog" significa:

A. andare via in malo modo
B. mangiare tutto il pranzo
C. fare qualcosa completamente
D. portare a termine qualcosa
E. non portare a termine qualcosa

157) Do you know the man who ____ our local supermarket?

A. holds
B. keeps
C. began
D. runs
E. turns

158) Choose the correct question for this answer: He's tall and slim with black hair.

A. What like is he?
B. What does he like?
C. What does he look like?
D. He is what like?
E. What like he is?

159) If you like being out of ____, you can spend the day in one of the city's many splendid parks.

A. home
B. way
C. doors
D. house
E. street

160) Il verbo inglese "to moor" significa:

A. incontrarsi per caso
B. veleggiare
C. azzerare
D. ormeggiare
E. riscuotere

161) Laura thinks her son is perfect; he's the apple of her ____.

A. head
B. eye
C. heart
D. mind
E. ear

162) Columbus made his first voyage to America ____ 1492.

A. around
B. on
C. at
D. in
E. about

163) Choose the correct answer for this question: Indicare tra le alternative indicate quale risponde correttamente alla domanda: Is Lisa coming to the party?

A. I so think
B. I think
C. I think yes
D. I think so
E. So I think

164) My father's as deaf as ____; whenever I talk to him, I have to shout.

A. a post
B. a leaf
C. a politician
D. a bell
E. a stone

165) Individuare il significato corretto della seguente espressione inglese: "To wait for":

A. To take a commitment
B. To spend time with friends
C. To put weight on
D. To spend time before something happens
E. To attend a performance

166) The phone rang ____ I walked through the door.

A. since
B. before
C. until
D. while
E. as soon as

167) Getting to be the greatest violinist ____ the world is not easy.

A. in
B. of all
C. from
D. of
E. at

168) You won't become more intelligent if you eat a lot of fish: that's just an old ____ tale.

A. wives'
B. ladies'
C. witches'
D. mothers'
E. maids'

169) The company wants to ____ the sales of the product.

A. rise
B. correct
C. make up
D. increase
E. create

170) Choose the correct sentence.

A. Elvis Presley is one of the most popular singers of the 20th century
B. Elvis Presley is one of the most popular actors of the 20th century
C. Elvis Presley is one of the many singers of the 20th century
D. Elvis Presley is one of the most popular opera singers of the 20th century
E. Elvis Presley is one of the most popular singers of the 19th century

171) Campers should always remember to ____ the area clean and tidy.

A. leave
B. let
C. linger
D. remain
E. stay

172) There was a very strong ____ last night and it blew down some trees.

A. wind
B. snow
C. rain
D. hail
E. fog

173) I had left my wallet at home, but Alan ____ some of his money.

A. let me borrow
B. made me borrow
C. had me borrowed
D. could borrow me
E. borrowed me

174) Choose the correct answer for this question: What was the film like?

A. It was good to be seen
B. It was worse seeing
C. It was the best to see
D. It was worth seeing
E. It's better seeing it

175) Choose the correct sentence.

A. USA gained independence from Great Britain on 4th July 1776
B. USA won independence from Canada on 4th July 1776
C. USA gained independence from Great Britain on 1860
D. USA has got independence from Great Britain on 4th July 1776
E. USA gained liberty from Great Britain on 4th July 1776

176) Have you seen the new boss? She's the ____ image of Marylyn Monroe.

A. spitting
B. same
C. real
D. live
E. true

177) You can get wonderful views of the waterfall. It's a wellknown beauty ____ .

A. spot
B. point
C. place
D. scene
E. position

178) Forest fires can cause devastation ____ a wide scale.

A. in
B. over
C. at
D. on
E. by

179) Fill in the blank. "I have a terrible ____. Have you got an aspirin?".

A. bad head
B. headache
C. sore head
D. head hurt
E. suffering in my head

180) Choose the correct sentence.

A. Horse gambling at Ascot is often 300 years old
B. Horse playing at Ascot is not less than 300 years old
C. Horse running at Ascot is mostly 300 years old
D. Horse riding at Ascot is more than 300 years old
E. Horse racing at Ascot is almost 300 years old

181) When Claire comes to see me she always ____ some chocolates.

A. brings me
B. carries me
C. fetches me
D. takes me
E. holds me

182) The police are looking for ____ in his twenties.

A. the unemployed man
B. unemployed men
C. the unemployed
D. an unemployed man
E. two unemployed men

183) This suitcase is as light as ____ .

A. a fish
B. dust
C. a bird
D. a feather
E. lightning

184) Il sinonimo di "engine" è:

A. motor
B. line
C. handbag
D. freeway
E. lift

185) L'espressione idiomatica "for keeps" significa:

A. per volontà
B. per sempre
C. per gioco
D. per niente
E. per tenerlo stretto

186) The increase in the use of cars and improvements in camping ____ have allowed more people to travel longer distances.

A. property
B. baggage
C. tools
D. estate
E. equipment

187) In some cultures it is polite to raise one's hand to ____ attention.

A. hold
B. find
C. take
D. obtain
E. attract

188) ____ Alison was scared, she decided to take flying lessons.

A. In spite
B. Despite
C. Although
D. Also if
E. Nevertheless

189) Trovare tra le alternative quella che esprime una relazione simile a quella proposta nel testo dell'esercizio: modesty : arrogance

A. pratice : perfection
B. debility : strenght
C. passion : emotion
D. cause : reason
E. finance : pauper

190) The North Star Hotel is located in the ____ of Dublin.

A. suburb
B. inside
C. coast
D. centre
E. village

1.3 • Le prove di comprensione di brani

191) Studies are taking place to assess the benefits to dental health of adding fluoride to drinking water, a process known as mass medication. The Health Minister has urged consideration of fluoridation, particularly in deprived areas where dental care is poor. Fluoride can occur naturally in the water because of fluoride containing minerals. Fluoride, if in the water, improves dental health by up to 50 percent. Even so, fluoridation should not take place. A campaign leader opposed to fluoridation has spoken of her experiences of living in a fluoridated area of the USA. She experienced feelings of apathy and depression; her 2 year old son showed autistic tendencies and had white flecks on his teeth. These symptoms disappeared when they returned home from the USA.
Which one of the following is an underlying assumption of the argument above?

A. Mass medication is always wrong
B. The reported health symptoms were caused by fluoride in the water
C. Fluoridation is cheaper than improving dental facilities
D. Fluoridation is only necessary in deprived areas
E. Fluoridation of water is a person's only source of fluoride

192) Climate scientists in Greenland studying patterns of plant growth have suggested that the early arrival of spring in the Arctic threatens to drive down populations of migrating animals such as caribou. However, comparable studies elsewhere show that their fears are unfounded. A recent study of great tits in Oxfordshire showed the birds are capable of adapting to climate change better than many scientists expected. Over the past half century, the birds have brought forward the date they lay their eggs by two weeks, so that young are born when planteating grubs are most plentiful.
Which one of the following is an underlying assumption of the above argument?

A. Birds are more adaptable than large mammals such as caribou
B. Climate change in Greenland and climate change in Oxfordshire are of the same scale
C. The scientists working in Oxfordshire have greater expertise than those working in Greenland
D. Migrating animals in the Arctic can adapt to climate change as successfully as great tits in Oxfordshire
E. Unless animals like the caribou produce their young earlier in the year, their population will fall

193) Now, it might be thought an amazing coincidence if Earth were the only planet in the galaxy on which intelligent life evolved. If it happened here, the one planet we have studied closely, surely one would expect it to have happened on a lot of other planets in the galaxy – planets we have not yet had the chance to examine.

This objection, however, rests on a fallacy: it overlooks what is known as an 'observation selection effect', so it wouldn't be such a coincidence. Whether intelligent life is common or rare, every observer is guaranteed to originate from a place where intelligent life did, in fact, arise. Since only the successes give rise to observers who can wonder about their existence, it would be a mistake to regard our planet as a randomly selected sample from all planets.

Which one of the following best expresses the main conclusion of the above argument?

A. If life had evolved here on Earth, it would probably have happened on a lot of other planets in the galaxy
B. There would be no amazing coincidence if we discovered that Earth were the only planet in the galaxy on which intelligent life evolved
C. It would be an amazing coincidence if Earth were the only planet in the galaxy on which intelligent life evolved
D. Our planet is not a randomly selected sample from all planets
E. However common intelligent life is, every observer will certainly originate from a place where intelligent life did, in fact, arise

194) Although it is sometimes suggested that the congestion caused by the bunching of cars on motorways could be eased by increasing the speed limit to 150 km/hr, such an increase would not be a good thing. An estimated 35 per cent of drivers exceed the speed limit by 20 km/hr and would continue to do so if the limit were raised. Since bunching is caused by speeding drivers trying to pass those who observe the speed limit, raising the limit to 150 km/hr would result in the same amount of congestion, but at an increased speed. Moreover, a higher speed limit would encourage all drivers to drive faster, and thus would increase the existing danger from those who drive too close to the car in front.

Which one of the following best expresses the main conclusion of the above argument?

A. Raising the speed limit to 150 km/hr would not reduce congestion on motorways
B. It would not be a good thing to increase the speed limit to 150 km/hr
C. A higher speed limit on motorways would encourage all drivers to drive faster
D. An increase in the speed limit would increase the existing danger from those drivers who drive too close
E. Congestion on motorways is caused by speeding drivers trying to pass those who observe the speed limit

195) Food producers are resisting pressure to reduce still further the levels of salt in food. Although it is proven that salt intake must be reduced by those with hypertension, there is no evidence that reducing salt intake prevents hypertension. So why should we all be deprived of the pleasures of salt in food? We certainly need to identify those with hypertension and give them advice on their salt intake, but why should everyone else be deprived of salt? Food producers are right to resist the pressure.

Which one of the following best illustrates the principle underlying the argument above?

A. Adding fluoride to drinking water has reduced tooth decay, but fluoride is unwelcome to some people. Instead, dentists should advise patients with tooth problems on better tooth care
B. The requirement to wear seatbelts has reduced deaths in car accidents

but was unpopular when first introduced. People eventually accepted such changes even if it has not benefited them personally

C. Retailers cannot sell alcohol to people under 18 years, but providing more general advice on alcohol in schools would be better, as it would encourage young people to be self limiting in their consumption of alcohol
D. Advice to wear sun block to protect the skin from harmful rays is ignored by some people. Those people should be charged for medical treatment for skin cancer
E. Passive smoking is still a problem for people who share a home with a smoker. The law should be extended to make smoking illegal even in the home

196) Sports are played either as a means of getting exercise or as a competition with an opponent. Some sports, such as football, involve a large amount of running and some people are more motivated to run when it is part of a game. Other sports, such as pool, do not involve much physical activity and so it is unlikely that they would be played for the exercise.

Which one of the following conclusions is best supported by the passage above?

A. People who play pool are more likely to be interested in the competition than those who play football
B. Since the main reason for playing sports is to get exercise, pool should not be classified as a sport
C. It is easier to exercise when it is as part of another activity, such as playing sport
D. Football is a better sporting activity than pool
E. There is no point in running as a hobby, since football is more fun

197) Concern about the effects of chemicals upon the environment has led to calls for more research. But we should not wait for further research before we ban some of the chemicals used by industry. If anyone has a good reason to think something is harmful, it should not be used until, or unless, the risk is found to be zero. We know enough about past mistakes to be forewarned. Much of the harm to wildlife and humans is longterm, and the disturbing results we see today reflect the chemical environment 40 years ago. Thousands more chemicals have been released into the environment since then.

Which one of the following most closely matches the reasoning above?

A. People should not be able to adopt children until proper checks have been carried out. Serious consequences may follow if adoptive parents are unsuitable
B. Some cars that have passed the annual roadworthiness test would not pass 6 months later. Cars should be tested more than once a year once they pass a certain age
C. Some homes for the elderly have been found to give dangerously substandard care. Therefore they should be closed down and the residents found acceptable alternatives
D. Cyclists should not place too much confidence in the benefits of helmets, because there is no conclusive evidence as yet that helmets prevent serious injuries
E. A suspected terrorist should be arrested at once. Waiting for conclusive evidence in the past has resulted in atrocities that could have been avoided by acting on suspicion, and the threat of terrorism has grown

198) Children are being encouraged to take up gardening through special events at shows and activities in schools. It is hoped that an interest in gardening, and particularly growing one's own food, will make children more interested in learning about their food and they will therefore be deterred from eating junk food. The initiative should be supported and spread to more schools as quickly as possible.

Which one of the following, if true, would most weaken the above argument?

A. Most children have enjoyed the events provided, but have not gained an interest in gardening itself
B. The practical experience of gardening is not a traditional academic subject
C. It tends to be older people who are interested in gardening and growing their own food
D. Some schools do not have a garden
E. The events to encourage children to garden also included stands where junk food was for sale

199) Although the Earth supports life, it has a mysterious carbon deficit. Compared with other bodies in the solar system the Earth has far less carbon than would be expected for a planet that supports life. Originally it was thought that in the inner region of the dust disc where the Earth formed, temperatures soared high enough for the carbon to boil away. However, observations of developing solar systems have now suggested that the temperature would not have been high enough. It is more likely that fire is to blame. Hot oxygen atoms would have readily combined with carbon, burning to produce carbon dioxide. There would have been fewer of these oxygen atoms further away from the Sun.

Which one of the following, if true, would most strengthen the above argument?

A. The abundance of carbon in the asteroid belt surrounding the inner planets increases the further away you get from the Sun
B. There is no theoretical reason why life has to be carbon-based
C. At temperatures that are high enough for carbon to boil away, oxygen would also have boiled away
D. The carbon that is present on the Earth could have arrived at a later date from an asteroid
E. There are other solar systems with Earthlike planets that have an abundance of carbon on them

200) Undercover police investigators sometimes commit 'crimes' in order to convince the 'real criminals' that they are on the same side as them. Some of these activities have victims, although in the main these are other criminals – rival gang members for example. In committing what are technically offences the officers are preventing many more serious crimes by helping to convict and imprison dangerous criminals who might otherwise remain at liberty. But that is not really the point. A breach of the law is a breach of the law, whoever commits it and for whatever reason. Preventing a crime does not make it right to commit another crime.

Which one of the following is the general principle underlying the above argument?

A. An act is criminal only if it is committed for criminal reasons
B. Serious crime must be prevented by any reasonable means
C. The end does not justify the means
D. The police have a duty to protect law-abiding citizens from violence
E. There is no such thing as a victimless crime

RISPOSTE CORRETTE

1) D	35) A	69) E	103) E	137) D	171) A
2) B	36) B	70) A	104) E	138) C	172) A
3) C	37) D	71) A	105) E	139) A	173) A
4) E	38) D	72) C	106) A	140) C	174) D
5) C	39) D	73) C	107) B	141) E	175) A
6) A	40) D	74) E	108) C	142) E	176) A
7) A	41) A	75) A	109) B	143) D	177) A
8) E	42) C	76) D	110) B	144) D	178) D
9) B	43) B	77) B	111) C	145) E	179) B
10) C	44) A	78) C	112) E	146) D	180) E
11) D	45) C	79) C	113) A	147) B	181) A
12) D	46) C	80) A	114) C	148) B	182) D
13) A	47) E	81) A	115) D	149) D	183) D
14) A	48) C	82) A	116) A	150) E	184) A
15) E	49) B	83) E	117) E	151) B	185) B
16) A	50) A	84) B	118) E	152) A	186) E
17) B	51) C	85) B	119) A	153) C	187) E
18) C	52) A	86) A	120) C	154) B	188) C
19) E	53) E	87) B	121) B	155) B	189) B
20) D	54) B	88) E	122) C	156) C	190) D
21) A	55) A	89) E	123) A	157) D	191) B
22) A	56) B	90) B	124) A	158) C	192) D
23) A	57) D	91) B	125) E	159) C	193) B
24) A	58) C	92) C	126) E	160) D	194) B
25) B	59) E	93) A	127) B	161) B	195) A
26) B	60) D	94) B	128) B	162) D	196) A
27) B	61) A	95) D	129) D	163) D	197) E
28) C	62) E	96) D	130) D	164) A	198) A
29) A	63) E	97) C	131) B	165) D	199) A
30) E	64) C	98) C	132) D	166) E	200) C
31) B	65) A	99) D	133) A	167) A	
32) C	66) E	100) B	134) B	168) A	
33) B	67) D	101) A	135) D	169) D	
34) D	68) D	102) D	136) E	170) A	

SIMULAZIONI D'ESAME

TEST CISIA • TOLC-SU

TEST 1

Comprensione del testo e conoscenza della lingua italiana

Il punto sulle cellule staminali

(Modificato da: *Luciano Conti e Elena Cattaneo, "Il punto sulle staminali", Le Scienze,* ottobre 2011)

Nell'uomo, come in tutte le forme di vita multicellulari, la rigenerazione dei tessuti è un processo fisiologico di rinnovamento cellulare necessario per la sopravvivenza dell'organismo. Per tessuti come il sangue e l'epidermide si tratta di un ricambio quotidiano con cellule giovani che sostituiscono quelle vecchie. In altri tessuti, come il tessuto nervoso e il muscolo cardiaco, questo ricambio è assai più ridotto. Alla base di questi processi rigenerativi ci sono popolazioni di cellule di riserva localizzate nei diversi tessuti, tanto più abbondanti quanto maggiore è la capacità e la necessità rigenerativa di quel tessuto. Si tratta delle cellule staminali, cellule immature in grado di moltiplicarsi ripetutamente generando cellule identiche a se stesse. Oltre a replicarsi, le cellule staminali hanno anche la capacità di differenziarsi (specializzarsi) nelle diverse tipologie cellulari mature dei tessuti e degli organi in cui si trovano.

Normalmente lo sviluppo dei mammiferi procede a senso unico, con cellule prima immature che successivamente si differenziano divenendo meno versatili. Le primissime fasi dello sviluppo sono caratterizzate dalla comparsa di cellule speciali, le cellule staminali embrionali (cellule ES), presenti esclusivamente nella blastocisti, uno stadio precoce dello sviluppo embrionale dei mammiferi.

Nell'uomo le cellule ES, circa un centinaio per blastocisti, possono essere isolate da blastocisti generate con le tecniche di fecondazione *in vitro* e, nei paesi dove la legge lo permette, donate alla ricerca perché in sovrannumero o difettose. In questi casi, si preleva dalla blastocisti la massa cellulare interna che viene messa in coltura. Dopo alcuni giorni, le cellule ES cominceranno a proliferare generando una linea di cellule identiche tra loro, capaci di dividersi in modo illimitato pur conservando un elevato potenziale differenziativo. Queste cellule, infatti, possono dare origine a tutti i tipi cellulari differenziati – circa 220 – dell'organismo umano adulto, ma anche generare le cellule staminali adulte che permangono nei diversi tessuti dell'organismo. Per questa ragione, le cellule ES sono definite pluripotenti. Le cellule ES presentano segni particolari unici: nucleo di grandi dimensioni, citoplasma ridotto e soprattutto la presenza di proteine specifiche, come i fattori di trascrizione Oct4 e Nanog e molte altre, che ne definiscono e istruiscono la pluripotenza. La straordinarietà delle cellule ES è tutta nella loro incredibile e molteplice capacità differenziativa.

Possono essere infatti convertite in cellule della pelle, dei vasi sanguigni, dell'osso, del muscolo, del cuore, del pancreas e del fegato.

Secondo la classificazione proposta da Giulio Bizzozero, medico e istologo dell'Ottocento, accettata fino agli anni '50 del Novecento, i tessuti umani possono essere suddivisi in labili, stabili e perenni.
In base a questa classificazione, il sangue è un tessuto labile, in quanto è dotato di un'estrema capacità rigenerativa, assicurata da una consistente riserva di "cellule staminali professioniste" presenti nel midollo osseo (cellule ematopoietiche). Ogni giorno queste cellule sono capaci di produrre 2,5 miliardi di eritrociti, 2,5 miliardi di piastrine e 1 miliardo di leucociti per chilogrammo di peso corporeo in modo da sostituire le cellule "usurate".
Un altro tessuto labile ricco di cellule staminali è l'epidermide, che ogni minuto perde, e quindi rigenera, 30.000 cellule del suo strato più superficiale. Una posizione intermedia hanno i tessuti stabili, o potenzialmente rinnovabili, le cui cellule esprimono una capacità rigenerativa solo in seguito a lesione. Ne è un esempio il fegato, un organo prevalentemente ghiandolare la cui attività rigenerativa è nota da moltissimo tempo. All'estremo opposto troviamo il tessuto nervoso, tessuto considerato perenne per eccellenza che, a fronte dei circa 100 miliardi di neuroni presenti nel cervello umano adulto, subisce una perdita di circa 85.000 neuroni sottocorticali al giorno, che non sono più sostituiti. In realtà già nel 1965, Joseph Altman e Gopal Das avevano descritto la formazione di nuovi neuroni nell'ippocampo adulto, l'area cerebrale deputata alla memoria e all'apprendimento, sollevando la possibilità che alcune aree circoscritte del cervello maturo possano rigenerare, sebbene in modo parziale. Questa scoperta non fu riconosciuta dalla comunità scientifica fino agli inizi degli anni '90 quando gli esperimenti di Samuel Weiss e Brent Reynolds confermarono che anche il cervello adulto possiede una riserva di elementi staminali, le cellule staminali neurali. Si tratta di un numero esiguo di cellule scarsamente attive, che sostengono la produzione di un numero limitato di nuovi neuroni ogni giorno e solo in due aree specifiche del cervello: l'ippocampo e la zona sottoventricolare dei ventricoli laterali.
Nel 2006, Shinya Yamanaka e collaboratori, in Giappone, hanno riprogrammato cellule adulte facendole ritornare ad uno stadio pluripotente simile a quello delle cellule ES. Queste nuove cellule staminali sono state denominate con l'acronimo iPS (da *induced pluripotent stem cell*, cellule staminali pluripotenti indotte). Questo risultato è stato ottenuto grazie all'espressione, in fibroblasti adulti, di soli quattro geni codificanti per i fattori di trascrizione associati allo stadio di pluripotenza (*oct4*, *sox2*, *klf4* e *c-myc*). Soprattutto, queste cellule sembrano mantenere molte caratteristiche delle staminali embrionali vere, inclusa la potenzialità differenziativa, anche se sembra ormai chiaro che le cellule iPS non sono proprio identiche alle cellule ES.
La prova che il DNA delle cellule specializzate mantiene la straordinaria capacità di parlare alfabeti diversi (e più giovani), se sollecitato con segnali appropriati, stravolge molti dogmi della biologia.
Oggi non c'è scienziato al mondo che non consideri la scoperta della riprogrammazione cellulare come una tra le più rivoluzionarie degli ultimi decenni.

1) Secondo il brano presentato, le cellule staminali adulte:

A. possono dare origine a tutti i tipi cellulari specializzati dell'organismo

B. danno origine solo ai tipi cellulari del tessuto cui appartengono
C. danno origine a un nuovo individuo
D. possono dividersi una sola volta prima di andare incontro al differenziamento
E. danno sempre origine ad un solo tipo di cellula specializzata

2) Secondo il brano proposto, la classificazione di Bizzozero dei tessuti in labili, stabili e perenni:

A. è stata messa in discussione dalla scoperta che il tessuto nervoso contiene elementi staminali
B. prevedeva la presenza di elementi deputati al rinnovamento cellulare in tutti i tessuti
C. è stata messa in discussione dalla scoperta che il fegato è costituito da cellule che si moltiplicano attivamente in seguito alle lesioni
D. è sempre valida
E. è stata messa in discussione dalla scoperta che il tessuto nervoso perde ogni giorno migliaia di neuroni

3) Secondo il brano presentato, cellule staminali pluripotenti possono avere origine in tutti i seguenti modi, tranne uno. Quale?

A. Dalla divisione delle cellule differenziate
B. Da cellule staminali pluripotenti preesistenti
C. Dalle cellule ES pluripotenti
D. Dalla divisione delle iPS pluripotenti
E. Dalla riprogrammazione delle cellule differenziate

4) L'espressione in fibroblasti adulti di 4 geni codificanti fattori di trascrizione che ne inducono la conversione:

A. permette di riportare le cellule alla potenzialità dello zigote
B. impedisce alle cellule di autorinnovarsi
C. permette di riprogrammare cellule mature in cellule pluripotenti
D. permette di riprogrammare cellule mature in cellule ES
E. non modifica la potenzialità differenziativa delle cellule

5) Le cellule staminali neurali:

A. danno origine a circa 1 miliardo di neuroni al giorno
B. sono in numero esiguo e poco attive
C. sono equamente distribuite in tutte le aree cerebrali
D. sono pluripotenti
E. si trovano solo nell'ippocampo

Il significato della storia

Per Delacroix, capo riconosciuto della "scuola romantica", la storia non è esempio o guida dell'agire umano, è un dramma che è cominciato con l'umanità e dura nel presente. La storia contemporanea è lotta politica per la libertà. "La libertà guida il popolo" è il primo quadro politico nella storia della pittura moderna: esalta l'insurrezione che, nel luglio del 1830, ha posto fine al terrore bianco della restaurata monarchia borbonica. Nel quadro che esalta le giornate di luglio c'è un entusiasmo sincero e un significato politico ambiguo. Per Delacroix e in genere per i romantici libertà è indipendenza nazionale. Nella vasta tela del 1830 la donna che sventola il tricolore sulle barricate è, allo stesso tempo, la Libertà e la Francia. E chi combatte per la libertà? Popolani e intellettuali borghesi: nel nome della Libertà-Patria si suggella la "union sacrée" dei popolani scamiciati e dei borghesi in cilindro. Non è un quadro storico: non rappresenta un fatto o una situazione. Non è un quadro allegorico: di allegorico non c'è che la figura della Libertà-Patria. È un quadro realistico, che culmina con una tirata retorica. Persino la figura allegorica è un misto di realismo e retorica: una figura "ideale" che, per l'occasione, s'è vestita con gli stracci della popolana e, invece della simbolica spada, impugna un fucile d'ordinanza. Nelle note realistiche si scende alla caratterizzazione sociale delle figure per dimostrare che ragazzi, giovani, adulti, operai, contadini, intellettuali, soldati legittimisti e soldati ribelli, tutti sono popolo e tutti affratella il tricolore. È proprio con il romanticismo di Delacroix che l'arte comincia a proporsi di essere, a tutti i costi, del proprio tempo.

(Da: G. C. Argan, *L'arte moderna 1770/1970*, Sansoni)

6) Quale delle seguenti affermazioni NON può essere dedotta dal brano?

A. "La libertà guida il popolo" è stato dipinto nel secondo semestre del 1830
B. Delacroix inizia a far sì che l'arte appartenga al proprio tempo
C. Clero, monarchia e borghesia sono legati da una "union sacrée"
D. Delacroix reinterpreta in chiave realistica la figura allegorica della libertà, raffigurandola con un fucile
E. "La libertà guida il popolo" non ha un significato politico univoco

7) Stando al testo, il dipinto di Delacroix è considerato il primo quadro politico nella storia della pittura moderna perché:

A. nessuno prima di Delacroix aveva messo sullo stesso piano popolani e borghesi
B. nessuno prima di Delacroix aveva osato celebrare la caduta di una dinastia reale
C. vi si trova un riferimento a un preciso evento politico
D. pur non rappresentando fedelmente un evento, ha una tirata retorica
E. esalta il sostegno popolare all'instaurazione della monarchia borbonica

8) Come è definito il quadro di Delacroix?

A. Globalmente retorico
B. Realistico
C. Allegorico
D. Storico
E. Sociale

9) Stando al contenuto del brano, quale significato attribuisce Delacroix alla storia?

A. Quello di essere un dramma in continuo divenire
B. Quello di essere un esempio per l'uomo
C. Quello di essere una guida per le azioni dell'uomo
D. Quello di non rappresentare fatti o situazioni
E. Quello di essere il compimento di un destino di indipendenza nazionale

10) La figura allegorica della donna che sventola il tricolore sulle barricate è descritta dall'autore del brano come un misto di realismo e retorica perché:

A. imbraccia un fucile e non una spada, e proprio nel fucile sta il vero messaggio finale del quadro, ossia quello di esortare il popolo a combattere
B. la donna guerriera è un cliché tipico dell'arte francese, che Delacroix riprende per dare al suo quadro nazionalistico un carattere decisamente radicato nella cultura francese
C. tramite questa figura si completa l'identificazione tra Libertà, Francia

e donna del popolo, dato che Delacroix voleva celebrare la Francia come Paese libero e "popolano"
D. essa incarna il messaggio finale del dipinto, che è quello di esortare i francesi a combattere, altrimenti i popolani conquisteranno nuovamente il potere
E. la donna rappresenta la Libertà e la Francia, ma è raffigurata in maniera realistica, come una popolana che combatte per il suo Paese

Specialità olimpiche

Una certa specialità olimpica prevede che, a ogni edizione dei Giochi, vengano assegnate esattamente tre medaglie (oro, argento e bronzo) ad altrettanti atleti. In ciascuna edizione, ogni Stato partecipante ha diritto a partecipare a questa competizione con uno e un solo atleta. Sempre con riferimento alla medesima specialità olimpica, è inoltre noto che:

1) considerando le ultime tre edizioni dei giochi, l'Austria ha ottenuto nel complesso tre medaglie, mentre Belgio e Canada hanno ottenuto due medaglie ciascuno;
2) nell'ultima edizione, la medaglia d'argento è andata alla Danimarca;
3) nella penultima edizione, la medaglia d'oro è andata all'Estonia;
4) nella terzultima edizione, la medaglia di bronzo è andata all'Austria;
5) considerando le ultime tre edizioni dei Giochi, nessun Paese ha mai vinto due volte la stessa medaglia.

11) Nella terzultima edizione quali Stati hanno occupato il podio? (L'ordine non deve necessariamente coincidere con quello di premiazione).

A. Austria, Belgio e Canada
B. Austria, Canada e Danimarca
C. Austria, Belgio e Danimarca
D. Austria, Danimarca ed Estonia
E. Austria, Belgio ed Estonia

12) Considerando le ultime tre edizioni dei Giochi, il podio è stato occupato esclusivamente da nazioni europee:

A. solo in occasione dell'ultima edizione
B. solo in occasione della terzultima edizione
C. in due edizioni, ma è impossibile determinare quali
D. in una e una sola edizione, ma è impossibile determinare quale
E. solo in occasione della penultima edizione

La storia del cavallo poliploide

Si dice che ancor oggi per gettare nell'imbarazzo i signori del premio Nobel basti menzionare i cavalli poliploidi. Vero o no, verso la fine degli Anni Ottanta il dottor P.U. Posif, il grande genetista erewhoniano, ricevette il premio per le sue manipolazioni del DNA del comune cavallo da tiro (*Equus caballus*). Si disse che egli aveva apportato un grande contributo all'ancor giovane scienza della trasportologia. In ogni caso vinse il premio per aver creato (nessun'altra parola potrebbe render giustizia a un'operazione di scienza applicata che quasi usurpava l'attività divina), creato, dico, un cavallo di dimensioni esattamente doppie di quelle del comune Clydesdale. Era lungo il doppio, alto e largo il doppio: era un poliploide, con un numero di cromosomi quadruplo del normale. Posif sostenne sempre che c'era stato un tempo in cui questo animale straordinario, quando era ancora un puledro, poteva reggersi sulle quattro zampe. Dovette certo essere uno spettacolo fantastico!

Fatto sta che quando fu esposto al pubblico e ripreso e immortalato da tutti gli strumenti di comunicazione della civiltà moderna, il cavallo non si reggeva affatto in piedi. Per farla breve, era *troppo pesante*. Pesava, naturalmente, otto volte un normale Clydesdale. Per le sue comparse in pubblico o alla televisione, il dotto Posif faceva sempre chiudere gli idranti, che erano altrimenti costantemente necessari per mantenere l'animale alla normale temperatura di un mammifero; ma c'era sempre il timore che le parti più interne cominciassero a cuocere. Dopo tutto, la pelle e il pannicolo adiposo della povera bestia erano spessi il doppio del normale, mentre la sua superficie era solo quattro volte quella di un cavallo comune, sicché esso non si raffreddava adeguatamente. Ogni mattina il cavallo doveva essere sollevato sulle zampe con una piccola gru e infilato in una sorta di scatola a ruote dove poggiava su una serie di molle, calibrate per alleggerirlo di metà del suo peso. Il dotto Posif sosteneva che l'animale era straordinariamente intelligente. Aveva, naturalmente, otto volte più cervello (in peso) di qualsiasi altro cavallo, ma io non ebbi mai l'impressione che si occupasse di problemi più complessi di quelli che interessano gli altri cavalli. Aveva pochissimo tempo libero, tutto preso com'era sempre a sbuffare in parte per raffreddarsi, in parte per ossigenare il suo corpo ottuplo. Dopo tutto la sua trachea aveva una sezione soltanto quadrupla di quella normale. Poi c'era l'alimentazione. Ogni giorno doveva ingerire in qualche modo una quantità pari a otto volte quella sufficiente a un comune cavallo, e doveva far scendere tutto quel cibo lungo un esofago che aveva un calibro solo quadruplo del normale. Anche i vasi sanguigni avevano dimensioni relativamente ridotte, e ciò rendeva più difficile la circolazione e imponeva al cuore un lavoro supplementare. Una bestia infelice! Questo apologo mostra ciò che inevitabilmente accade quando interagiscono due o più variabili le cui curve siano discrepanti. Questo è ciò che produce l'interazione tra cambiamento e tolleranza. Ad esempio, la crescita graduale di una popolazione (di automobili o di persone) non ha effetti manifesti su un sistema di trasporto finché *improvvisamente* la soglia di tolleranza viene superata e il traffico s'ingorga. Il cambiamento di una delle variabili rivela un valore critico dell'altra. Nel caso del cavallo immaginario, lunghezza, superficie e volume (o massa) sono in discrepanza perché le loro curve di crescita hanno caratteristiche mutuamente non lineari. La superficie varia come quadrato della lunghezza e il volume come cubo della lunghezza, sicché la superficie varia come volume elevato alla potenza di 2/3. Per il cavallo (e per tutte le creature reali) la faccenda si fa più seria, poiché per rimanere in vita devono essere assicurate molte dinamiche interne. C'è una logistica interna del sangue, del cibo, dell'ossigeno e delle scorie, e una logistica dell'informazione, sotto forma di messaggi neurali e ormonali. Nelle cose viventi il fenomeno della crescita aggiunge un ulteriore ordine di complessità ai problemi della grandezza. La crescita altererà le proporzioni dell'organismo? I problemi relativi ai limiti della crescita sono risolti in modi assai diversi dalle diverse creature. Un caso semplice è quello delle palme, che non modificano la circonferenza per compensare l'altezza. Una quercia, che tra il legno e la corteccia ha un tessuto che cresce (il cambio), si sviluppa in altezza e in larghezza durante tutta la sua esistenza. Una palma del cocco, invece, dove il tessuto soggetto a crescita si trova solo all'apice del fusto (la cosiddetta insalata dei miliardari, e ottenerla significa uccidere la palma), presenta solo uno sviluppo in altezza accompagnato da un lento ingrossamento alla base del tronco. Per quest'organismo la limitazione dell'altezza è semplicemente un normale aspetto dell'adattamento a una nicchia. È la pura e semplice instabilità meccanica provocata da un'altezza eccessiva non compensata da una circonferenza adeguata che normalmente la conduce alla morte.

13) L'autore del Testo si propone di mostrare che:

A. i processi di crescita di vegetali ed animali trovano un limite esclusivamente nel tempo di invecchiamento delle cellule
B. le difficoltà di ossigenazione e di smaltimento del calore corporeo del cavallo poliploide derivavano da diverse natura e conformazione degli organi interni
C. il cavallo poliploide non riusciva a reggersi sulle proprie zampe perché il suo corpo aveva dimensioni eccessive rispetto a quelle delle zampe
D. quando, in un qualsiasi fenomeno, vi sono parametri legati da leggi non lineari, uno di questi non può variare a piacere, senza rendere impossibile la sussistenza del fenomeno stesso
E. i parametri che legano tra loro i diversi aspetti di un fenomeno fisico sono sempre tra loro indipendenti

14) Il cavallo poliploide pesava otto volte un cavallo normale, e non riusciva a reggersi sulle zampe, perché:

A. il cavallo era troppo alto, e le zampe si flettevano per carico di punta
B. il cavallo si debilitava per l'insufficiente smaltimento del calore corporeo
C. il peso è proporzionale al volume, ed il volume è proporzionale al cubo della lunghezza
D. le zampe del cavallo non avevano articolazioni adeguate
E. la quantità di cibo necessaria a nutrire un corpo così grande era tale da appesantirlo eccessivamente

15) Il cavallo poliploide, quando era ancora un puledro, riusciva a reggersi in piedi sulle proprie zampe, poiché:

A. faceva meno fatica a respirare
B. aveva dimensioni adeguate a sopportare il peso corporeo
C. essendo giovane, aveva più energia
D. da giovane, aveva una muscolatura più resistente
E. aveva meno calorie da smaltire

16) Secondo quanto è affermato nel testo, a cosa si deve il limite della vita di una palma?

A. Al fatto che l'apparato radicale non si sviluppa adeguatamente
B. Al fatto che la chioma non si sviluppa a sufficienza per mantenerla in vita
C. Al fatto che la palma cresce più in altezza che in diametro del tronco
D. Al deperimento organico delle funzioni vegetative
E. All'indebolimento progressivo del legno

17) Quale tra le seguenti cause concorre a determinare l'infelicità del cavallo?

A. Non era amato dal suo padrone
B. Aveva dimensioni e peso simili a quelle di un cavallo normale
C. Aveva sempre freddo
D. Non poteva riprodursi
E. Faticava ad ingoiare il cibo

La torbiera?

Un ambiente pericoloso, minaccioso, oscuro. Persino Frodo, il protagonista del *Signore degli anelli*, ha corso il rischio di morire in una torbiera (le "Paludi morte"). Eppure, visti con gli occhi di un ricercatore, pochi ambienti sono più affascinanti di queste distese di muschi in decomposizione, di piccoli cespugli e di specie vegetali e animali molto adattate. E le torbiere non sono neppure ambienti marginali: coprono infatti 400 milioni di ettari delle terre emerse, in gran parte nelle nazioni più vicine al Polo Nord, come Russia e Finlandia, e rappresentano circa il 50% delle zone umide del mondo. Le torbiere si creano quando il territorio umido, come un lago non molto profondo o una palude, è lentamente ricoperto da uno strato di muschi che, nel giro di migliaia di anni, vanno a riempire l'intero bacino. L'ambiente che si forma è una strana combinazione di morte e vita, perché il muschio, di solito del genere *Sphagnum*, è sepolto nelle profondità a mano a mano che i suoi piccoli steli crescono verso la luce. Si forma così un tappeto di piante vive che ricopre metri e metri di materiale spugnoso che si decompone a fatica. Lontani dall'ossigeno dell'aria, infatti, i muschi e i resti organici sepolti rimangono intatti per secoli. È un ambiente a volte estremamente acido, che quindi ospita specie adatte a un ecosistema particolare. Le piante, per esempio, devono riuscire a sopravvivere con poco azoto, che si trova solo nei terreni ricchi di materiale organico decomposto. Per questo nelle torbiere vivono spesso piante carnivore come la Drosera, che estraggono l'azoto dalle loro prede: piccoli animali come insetti o ragni.
L'estrema immobilità delle torbiere le ha trasformate in un vero e proprio archivio vivente. Scavare nello strato, profondo metri, di stagni morti o in via di decomposizione, permette di risalire, quasi anno per anno, ai cambiamenti di vegetazione avvenuti nel corso dei secoli (spesso la torba ha cominciato a depositarsi oltre 10 mila anni fa). Il polline, le foglie o i fiori delle piante testimoniano le modifiche nel clima della regione.
E a volte è possibile trovare corpi umani, le "mummie delle torbiere", che secondo alcuni studi sono abitanti locali dell'età del ferro, forse sacrificati durante misteriose cerimonie.

(M. Ferrari, «Focus»)

18) La torbiera viene definita come una combinazione di morte e di vita perché:

A. insetti e ragni si nutrono di piante morte
B. in superficie vi sono piante vive e in profondità materiale in lentissima decomposizione
C. le specie animali che vi si trovano si nutrono di materiale in decomposizione
D. in superficie vi è materiale in lenta decomposizione e in profondità piante vive
E. le specie vegetali che vi si trovano prosperano grazie al materiale in decomposizione

19) Quale delle seguenti affermazioni sulle torbiere è FALSA?

A. Non vi si trovano piante d'alto fusto
B. Costituiscono circa la metà delle zone umide del mondo
C. Coprono più di 300 milioni di ettari delle terre emerse
D. Spesso costituiscono un ambiente acido
E. Sono tipiche di zone particolarmente ricche di luce

20) Dal brano si può dedurre che:

A. il vaiolo è la più antica malattia nota, risalendo al Neolitico
B. il vaiolo resiste in Bangladesh e in Somalia
C. prima che venisse debellato si conoscevano almeno due forme di vaiolo
D. attualmente gli ultimi ceppi di vaiolo sono custoditi nella sede dell'OMS
E. l'esercito si è aggiudicato le ultime dosi di vaccino disponibili contro il vaiolo

21) Dalla lettura del brano si può ragionevolmente desumere che:

A. si teme un'epidemia di vaiolo imminente nell'esercito USA
B. i ceppi superstiti del virus del vaiolo si trovano solo in un laboratorio
C. non ci sono più stati casi di vaiolo successivi al 1977
D. la ditta Dynport ha numerose sedi negli USA
E. non ci sono più stati casi conosciuti di vaiolo successivi al 1975

22) Quale delle seguenti affermazioni può essere dedotta dal brano?

A. La ditta Dynport è fornitrice attuale della U.S. Army
B. L'interruzione della vaccinazione della popolazione mondiale non è anteriore al 1977
C. La ditta Dynport ha stretti rapporti con l'OMS
D. Dato che la popolazione mondiale non è più vaccinata contro il vaiolo, la notizia che quest'anno l'esercito statunitense riceverà trecentomila dosi di vaccino contro il vaiolo non ha senso
E. I fautori della non distruzione degli ultimi ceppi del virus del vaiolo erano animati da mero interesse scientifico

L'educatore

Ogni riflessione che riguardi l'educatore dovrebbe opportunamente iniziare con un'accurata ricognizione attorno alla figura professionale, cioè attorno alle origini, al ruolo, alle competenze, alle normative di riferimento, ai percorsi formativi e altro ancora. Sarebbe una ricognizione indispensabile per delineare con precisione l'oggetto di studio, facendolo diventare un punto fermo iniziale, dal quale far discendere ogni ulteriore, più o meno originale e organica, riflessione.
Fare ciò sarebbe opportuno, auspicabile e, in un certo qual modo, esaustivo se ci trovassimo al cospetto di una figura professionale definibile con completezza e precisione nei suoi tratti teorici e solare nelle sue manifestazioni operative. Una figura, cioè, esente dal dover obbligatoriamente affrontare (per convincere se stessa e gli altri della propria essenzialità e originalità) alcune annose e difficili questioni. Per esempio, la questione dei valori dei quali dovrebbe, o non dovrebbe, essere portatrice, testimone, e divulgatrice; la questione del rapporto esistente tra l'agire educativo "spontaneo" e quello "artificiale", il problema della ricerca e della dichiarazione delle fonti che la legittimerebbero a "formare" i soggetti in un certo modo e non in altri e via discorrendo.
Inoltre, la figura dell'educatore professionale è una figura costitutivamente incerta, alle volte quasi sfuggente, costantemente in via di definizione, restia a qualsiasi tentativo di stabilizzazione all'interno di una rassegna esaustiva di compiti e funzioni: una figura – parafrasando Zygmunt Bauman – liquida, malgrado i tentativi di pensarla e descriverla come solida, ma non per questo una figura eterea. Quella dell'educatore è una "debolezza" strutturale, non eludibile da qualsivoglia riflessione e non eliminabile

a seguito di qualsivoglia riflessione. Ma è una debolezza essenziale e salutare, che rappresenta anche la sua (paradossale) intrinseca forza, se interpretata come una costante apertura di possibilità, una ricerca ininterrotta sul senso dell'agire educativo, una costante messa in discussione del proprio orizzonte di finalità, degli obiettivi, dell'universo dei soggetti e delle esperienze di vita ritenuti destinatari e/o co-costruttori dell'azione educativa.

L'educatore è incerto perché l'educare (professionale e non) è stato ed è sempre incerto, ma anche perché, oggi, la figura professionale è la risultante di molte chiamate in causa, di molte assunzioni di responsabilità. E questo sia per il ventaglio di compiti progressivamente attribuiti alla figura (riabilitazione, prevenzione e promozione educativa), sia per soggetti (individuali, collettivi, comunitari) di riferimento: dalle famiglie problematiche a senza dimora, dalla depravazione culturale di contesti territoriali agli anziani portatori di Alzheimer, dagli ex detenuti agli studenti "normali". Tant'è che oggi possiamo affermare – con tranquilla inquietudine – che tutta l'esistenza di tutte le persone è potenzialmente interessabile dal pensiero e dall'azione dell'educatore professionale.

23) Con quale aggettivo viene definita nel brano la figura dell'educatore?

A. Solida
B. Sintetica
C. Spontanea
D. Eterea
E. Liquida

24) Per definire in modo esaustivo la propria figura, l'educatore professionale, oggi, dovrebbe:

A. saper trasformare in punti di forza le sue debolezze strutturali
B. rinsaldare le proprie finalità e i propri obiettivi evitando di mettere continuamente in discussione il proprio orizzonte di esperienze educative
C. interrogarsi sulla capacità della propria figura professionale di promuovere e veicolare valori
D. stabilire che tipo di formazione personale sia più idonea per ricoprire il proprio ruolo professionale
E. stabilire chiaramente se sia più sensata una cultura dell'educazione in senso pianificato, e quindi artificiale, o interattivo, e quindi spontaneo

25) Nel brano si afferma che la figura dell'educatore professionale:

A. è una figura marginale nei compiti e nelle mansioni
B. ha precise e definite mansioni operative
C. si incarna, per natura, in una persona indecisa
D. si inquadra agevolmente all'interno di una rassegna esaustiva di compiti e funzioni
E. è una figura in continua evoluzione e definizione

A casa con i genitori

La dilatazione temporale del periodo di dipendenza dalla famiglia d'origine ha causato un diffuso orientamento delle giovani generazioni a posticipare sempre di più la conquista dell'autonomia abitativa. I dati a livello europeo mostrano il consolidamento e la diffusione di questo comportamento in tutti i Paesi dell'Europa meridionale (Italia, Spagna, Grecia e Portogallo) e con peculiarità specifiche rispetto alle altre nazioni dell'Unione Europea, tanto che si è consolidato l'approccio che contrappone due modelli di transizione alla vita adulta: il modello mediterraneo e quello nordico. A questi due modelli Galland aggiunge il modello britannico, caratterizzato dalla maggiore precocità nel raggiungimento delle varie fasi. La transizione dei giovani britannici, quindi, è contraddistinta dal precoce accesso al mercato del lavoro e da una più giovane età media di matrimonio, mentre, all'opposto, la maternità e la paternità sono eventi tendenzialmente rinviati. Il modello mediterraneo, di cui l'Italia è l'esempio più emblematico, è caratterizzato da un accentuato prolungamento della transizione e, soprattutto, del periodo di permanenza nella famiglia d'origine. Il modello nordico, diffuso nei Paesi dell'Europa centro-settentrionale, si presenta più complesso perché meno lineare, in quanto alcune fasi possono sovrapporsi ad altre e avere un carattere transitorio. Una delle differenze più rilevanti con il modello precedente è che l'abbandono della casa dei genitori avviene precocemente, in quanto prevale l'adozione di diverse strategie abitative, anche solo in via sperimentale. Le convivenze con il/la partner o con amici, la vita da single o la sistemazione in residenze universitarie per tutta la durata degli studi sono forme residenziali molto diffuse tra i giovani. Per il loro carattere temporaneo, tuttavia, non sempre danno esito all'acquisizione definitiva dell'autonomia abitativa. In Italia e negli altri Paesi del Sud Europa, invece, lasciare la famiglia d'origine impone quasi sempre una scelta definitiva, motivata, nella maggior parte dei casi, da eventi socialmente legittimati, quali il matrimonio o un cambiamento di residenza per ragioni di lavoro.

26) In base a quanto scritto nel brano, quale elemento caratterizza il modello nordico rispetto a quello mediterraneo?

A. Il precoce abbandono della famiglia d'origine in favore di altre strategie abitative
B. Una maggiore linearità oltre che una maggiore precocità nel raggiungimento delle varie fasi (accesso al mercato del lavoro, matrimonio, maternità e paternità ecc.)
C. La precoce acquisizione di una definitiva autonomia abitativa
D. L'abbandono della casa dei genitori motivata dall'acquisizione di un nuovo stato civile
E. Un accentuato prolungamento della permanenza nella famiglia d'origine

27) Il cosiddetto modello mediterraneo, secondo quanto affermato nel brano, comporta fra l'altro:

A. che l'autonomia abitativa, prima di diventare definitiva, è raggiunta anche in modo temporaneo
B. la sperimentazione di soluzioni abitative diverse, come la convivenza sia di coppia sia di gruppi di amici
C. che l'autonomia abitativa venga raggiunta, per lo più in coincidenza con eventi socialmente rilevanti quali trasferimenti per lavoro
D. che l'autonomia abitativa viene raggiunta spesso mediante trasferimento per motivi di lavoro nell'Europa centro-settentrionale
E. che gli studenti universitari raggiungano un'autonomia abitativa più tardi rispetto ai coetanei lavoratori

28) Del seguente passo *Dei Sepolcri*: "Ma ove dorma il furor d'inclite geste e sien ministri al vivere civile l'opulenza e il tremore, inutil pompa e inaugurate imagini dell'Orco sorgon cippi e marmorei monumenti." Scegli la parafrasi corretta:

A. Ma nei casi in cui il delirio delle gesta eroiche appartenga ormai al passato e la vita civile sia serenamente guidata dalla ricchezza e dal timore del ritorno agli orrori trascorsi, non serve inaugurare con gran pompa steli sepolcrali e monumenti ai caduti
B. Ma nei casi in cui la follia della guerra sia sopita, e i rappresentanti del Governo possano proporre ai cittadini ricchezza e passione, non serve rappresentare, con cippi e monumenti in marmo, i rischi mortali dello scontro tra le civiltà
C. Ma nei casi in cui il desiderio ardente di imprese eroiche non esista più e la vita dei cittadini sia guidata dal desiderio di ricchezza e dalla paura, non serve inaugurare con gran pompa steli sepolcrali e monumenti ai caduti, che appaiono come funeste immagini dell'Aldilà
D. Ma nei casi in cui il desiderio ardente di imprese nobili sia spento e la vita civile sia governata dal desiderio di ricchezza e dal timore di perderla, cippi e monumenti sepolcrali rappresentano un inutile lusso e forniscono un'immagine indesiderata della Morte
E. Ma nei paesi in cui la follia della guerra sia sopita, e i ministri propongano ai cittadini la ricchezza unita alla minaccia di perderla, è uno spreco inutile inaugurare ogni tipo di monumenti marmorei per ricordare il terribile castigo che attende chi sbaglia

29) "I processi ... sono un fattore decisivo nell'evoluzione geochimica della superficie della Terra e della sua atmosfera: per esempio le piante verdi hanno un ruolo importante nel limitare la concentrazione di anidride carbonica nell'atmosfera e così molti altri composti ... sono controllati dall'attività biologica e sono originati direttamente dalla biosfera. Si potrebbe immaginare che nei confronti dell'ambiente ... terrestre, la biosfera avesse un ruolo analogo a quello che ha un termostato nel regolare la temperatura di una stanza, mantenendola intorno a un valore prestabilito. Naturalmente, negli organismi viventi agiscono meccanismi ... molto più complessi di quello costituito dal termostato, meccanismi in grado di controllare contemporaneamente ma in modo simile un gran numero di variabili...".

Dal brano precedente sono stati cancellati cinque aggettivi che vengono riportati qui di seguito, non declinati, in diversa successione. Scegli la serie con la successione di aggettivi che corrisponde alle esigenze logiche del testo:
A. Chimico-fisico, fisico, biologico, chimico, omeostatico
B. Chimico-fisico, biologico, fisico, omeostatico, chimico
C. Biologico, chimico, chimico-fisico, omeostatico, fisico
D. Fisico, chimico, biologico, chimico-fisico, omeostatico
E. Omeostatico, chimico, chimico-fisico, fisico, biologico

30) "Dico che un buon cittadino e amante della patria non solo debba accettare di collaborare col tiranno per sua sicurtà, perché è in pericolo se diventa sospetto, ma anche per il bene della patria, perché comportandosi così gli viene l'occasione, con i consigli e con le opere, di promuovere molto bene e di evitare molto male. E questi che biasimano chi così si comporta sono pazzi: perché starebbe fresca la città e loro, se il tiranno non avesse intorno altro che malvagi".

Francesco Guicciardini, *Ricordi,* prima stesura, n. 220

QUAL È, tra quelle sotto elencate, LA DEFINIZIONE CORRETTA della concezione della politica che ispira il giudizio di Guicciardini sul comportamento del buon cittadino in tempi di tirannia?

A. Trasformista
B. Opportunistica
C. Utopistica
D. Realista
E. Cinica

Conoscenze e competenze acquisite negli studi

31) Con il termine "idealismo" ci si riferisce essenzialmente:

A. a quella grande corrente di pensiero basata sugli ideali rivoluzionari ottocenteschi
B. a quella grande corrente di pensiero nata in Austria durante l'Ottocento
C. a quella grande corrente di pensiero basata sul principio che l'"astratto" prevalga sempre sul "materiale"
D. a quella grande corrente di pensiero nata in Germania durante l'Ottocento
E. a quella grande corrente di pensiero diffusasi in Europa subito dopo la seconda guerra mondiale

32) Si identifichi la serie numerica che corrisponde alla reale successione storica degli avvenimenti, relativi alla Storia d'Italia, sotto elencati: (1) suffragio universale maschile e femminile, (2) spedizione dei Mille, (3) marcia su Roma, (4) presa di Porta Pia, (5) entrata in vigore della Costituzione Repubblicana, (6) concordato tra Stato e Chiesa.

A. 4 – 3 –1 – 6 – 2 – 5
B. 3 – 5 – 1 - 6 – 2 – 4
C. 2 – 3 – 4 – 5 – 1 – 6
D. 2 – 4 – 3 – 6 – 1 – 5
E. 2 – 4 – 3 – 5 – 1 – 6

33) 1 – Cavour; 2 – Riccardo III; 3 – Enrico IV; 4 – Garibaldi; 5 – Giulio Cesare; 6 – Luigi XIV.
A) Un cavallo, un cavallo, il mio regno per un cavallo!; B) Parigi vale bene una messa; C) Libera chiesa in libero stato; D) Il dado è tratto; E) Obbedisco; F) Lo stato sono io
Scegliete la sequenza in cui a ciascun personaggio corrisponde la frase celebre che la tradizione gli attribuisce:

A. 1 + a; 2 + c; 3 + b; 4 + f; 5 + d; 6 + e
B. 1 + e; 2 + f; 3 + a; 4 + c; 5 + d; 6 + b
C. 1 + b; 2 + a; 3 + c; 4 + e; 5 + f; 6 + d
D. 1 + b; 2 + a; 3 + d; 4 + c; 5 + f; 6 + e
E. 1 + c; 2 + a; 3 + b; 4 + e; 5 + d; 6 + f

34) "Per ____________ s'intende la consegna, da parte dello Stato richiesto allo Stato richiedente, di una persona ricercata, o perché oggetto di una sentenza di condanna definitiva ad una pena detentiva o ad una misura di sicurezza privativa della libertà personale, o perché oggetto di una ordinanza di custodia cautelare in carcere".

(www.giustizia.it)

Tra quelli che seguono, qual è il termine da inserire nello spazio vuoto?

A. Abdicazione
B. Estradizione
C. Surroga
D. Contumacia
E. Denuncia

35) Quale branca del diritto privato disciplina i diritti di successione, i diritti reali e le obbligazioni?

A. Il diritto civile
B. Il diritto del lavoro
C. Il diritto industriale
D. Il diritto amministrativo
E. Il diritto commerciale

36) Il ruolo del capo del Governo consiste:

A. nel dare sollecita esecuzione alle deliberazioni del Consiglio dei Ministri
B. nel rivestire una posizione preminente nei confronti di tutti i componenti del Governo, ai quali impartisce precise e inderogabili direttive
C. nell'approvare e promulgare le leggi dello Stato
D. nel gestire di concerto con il Ministro dell'Economia la spesa pubblica
E. nell'esplicare funzioni di rappresentanza del Governo unitamente al coordinamento dell'attività dei Ministri

37) Il referendum che permette alla popolazione di esprimere un proprio giudizio sull'abrogazione totale o parziale di una legge o di un atto avente forza di legge è detto:

A. consultivo
B. abrogativo
C. confermativo
D. elettorale
E. costituzionale

38) Parlando dell'Italia degli anni Sessanta NON è corretta l'affermazione:

A. L'inurbamento di grandi masse contadine fa esplodere una speculazione edilizia
B. In politica estera l'Italia si lega all'ONU e alla NATO
C. Già all'inizio di questi anni la crescita economica subisce un cospicuo calo
D. L'economia italiana è in netta ascesa
E. Il nuovo settore terziario si sviluppa rapidamente

39) Nel Regno Unito la regina Elisabetta II è anche:

A. Presidente della Camera dei Lord
B. Presidente del Consiglio dei Ministri
C. Governatore Supremo della Chiesa Anglicana
D. Ministro dello Scacchiere
E. Giudice Capo delle Corti d'Appello

40) In quale romanzo è protagonista Arturo Bandini?

A. "L'isola di Arturo" di Elsa Morante
B. "Chiedi alla polvere" di John Fante
C. "Sostiene Pereira" di Antonio Tabucchi
D. "Il Libro dell'inquietudine" di Fernando Pessoa
E. "Il piacere" di Gabriele D'Annunzio

Ragionamento logico

41) "Se è vero che tutti i filosofi sono saggi alcuni filosofi sono anche matematici. Aristotele fu un importante filosofo greco". Se ne deduce necessariamente che:

A. esistono matematici che non sono saggi
B. alcuni matematici sono saggi
C. i saggi greci furono filosofi
D. Aristotele fu anche un matematico
E. tutte le persone sagge sono anche matematici

42) "Chi legge romanzi o va in chiesa ama passeggiare. Chi ama passeggiare ama la natura". Se le precedenti affermazioni sono vere, allora è vero che:

A. chi ama la natura va abitualmente in chiesa
B. chi legge romanzi va in chiesa
C. chi legge romanzi ama la natura
D. chi ama la natura e legge romanzi va abitualmente in chiesa
E. chi ama passeggiare va in chiesa

43) Alcuni legumi sono borlotti, tutti i borlotti sono fagioli. Quindi:

A. tutti i legumi sono fagioli
B. tutti i fagioli sono borlotti
C. nessun fagiolo è un legume
D. nessun legume è un fagiolo
E. alcuni legumi sono fagioli

44) "Eugenio sta bevendo un'aranciata". In base alla precedente informazione, quale delle seguenti affermazioni è sicuramente esatta?

A. Eugenio beve sempre aranciata
B. Eugenio è costretto a bere aranciata
C. Eugenio non beve mai aranciata
D. Eugenio talvolta beve aranciata
E. Ad Eugenio piace l'aranciata

45) Se l'affermazione "tutti i calciatori sono ricchi" è FALSA, quale delle seguenti proposizioni è necessariamente vera?

A. Nessun calciatore è ricco
B. Tutti i ricchi sono calciatori
C. Almeno un calciatore non è ricco
D. Non esiste nessun calciatore che non sia ricco
E. Molti calciatori sono ricchi

46) Se Q viene prima di P; O viene prima di P; P viene prima di R; O viene prima di Q, quale tra queste affermazioni è corretta?

A. La P è a fianco alla R
B. La P è l'ultima della serie
C. L'ordine è alfabetico
D. La Q viene prima della O
E. La O viene dopo la R

47) Un operaio specializzato nella posa di mosaici dispone di 702 tessere quadrate, tutte delle stesse dimensioni. Ha costruito con esse, affiancandole, il quadrato più grande possibile. Quante sono le tessere non utilizzate?

A. 20
B. 77
C. 27
D. 26
E. 25

48) Secondo un'indagine svolta su cento famiglie che abitano nella stessa strada, 60 hanno un gatto, 40 un cane e 20 non hanno né un cane né un gatto. Quante famiglie hanno un gatto ma non un cane?

A. 10
B. 40
C. 20
D. 50
E. 30

49) In una corsa, Giuseppe è più veloce di Alfio, il quale a sua volta è più lento di Federico. Di conseguenza:

A. Federico è più veloce di Giuseppe
B. Alfio impiega lo stesso tempo degli altri due
C. Giuseppe è più lento di Federico
D. Giuseppe è più veloce di Federico
E. Alfio impiega più tempo degli altri due

50) Elio è nato prima di Franco, il quale è nato prima di Giorgio. Anche Italo è nato prima di Giorgio. Pertanto:

A. Italo e Franco hanno la stessa età
B. È certo che Elio sia il più anziano
C. Franco ha il doppio dell'età di Giorgio
D. Elio e Franco hanno sicuramente età diverse
E. Italo è sicuramente il più anziano

RISPOSTE CORRETTE

1) B	11) A	21) C	31) D	41) B
2) A	12) D	22) B	32) D	42) C
3) A	13) D	23) E	33) E	43) E
4) C	14) C	24) A	34) B	44) D
5) B	15) B	25) E	35) A	45) C
6) C	16) C	26) A	36) E	46) A
7) C	17) E	27) C	37) B	47) D
8) B	18) B	28) C	38) C	48) B
9) A	19) E	29) C	39) C	49) E
10) E	20) C	30) B	40) B	50) D

TEST 2

Comprensione del testo e conoscenza della lingua italiana

Curare il diabete non è mai stato così semplice. Dall'ippocampo e dal bulbo olfattivo, nella parte frontale del cervello, si possono ricavare, in maniera molto semplice e poco invasiva, moltissime cellule staminali ancora non specializzate e quindi capaci di trasformarsi. Queste cellule, una volta impiantate nel pancreas, diventano spontaneamente cellule beta in grado di controllare il livello di glucosio nel sangue e di produrre grandi quantità di insulina. E il gioco è fatto. La ricerca, pubblicata sull'*EMBO Molecular Medicine Journal*, è stata portata avanti dal team di Tomoko Kuwabara dell'istituto AIST di Tsukuba. Lo studio è stato condotto su topi da laboratorio e, se dovesse risultare applicabile anche per l'uomo, costituirebbe la cura definitiva alla malattia che, ogni anno, uccide 200 milioni di persone in tutto il mondo. "La scoperta di cellule staminali che si rinnovano illimitatamente fa crescere grandi aspettative per il loro uso nella medicina rigenerativa. L'isolamento e la coltivazione di queste cellule, come risorsa rinnovabile di cellule beta, costituirebbe un incredibile passo avanti": è quanto hanno scritto Onur Basak e Hans Clevers, dell'istituto Hubrecht di ricerca e sviluppo delle cellule staminali, in un commento allo studio. Lo scorso 12 gennaio è morto Ernest McCulloch, colui che dimostrò l'esistenza delle staminali insieme al suo collega James Till ed effettuò i primi esperimenti in laboratorio. Il suo lavoro ha rivoluzionato la biologia cellulare e la battaglia contro le leucemie. Come dichiarò la Fondazione canadese delle cellule staminali in seguito alla sua morte, "gli scienziati di tutto il mondo possono considerarsi suoi eredi, e la sua influenza cresce parallelamente al progresso dei loro lavori".

(Valeria Dammicco, *Il Quotidiano Italiano*)

1) Da quale parte del cervello si possono ricavare cellule staminali?

A. Dal pancreas
B. Da diverse zone
C. Dalla parte anteriore del tronco encefalico
D. Dalle cellule beta
E. Dalla parte dell'amigdala collegata all'olfatto

2) Nel pancreas, le cellule beta:

A. si rinnovano illimitatamente
B. producono glucosio in grandi quantità
C. abbassano il livello di insulina e glucosio
D. inibiscono la produzione di insulina
E. controllano il glucosio e producono insulina

3) La ricerca di cui parla l'articolo, se dovesse risultare applicabile:

A. migliorerebbe le condizioni della maggior parte dei malati di diabete
B. sarebbe fondamentale per prevenire il diabete
C. costituirebbe la cura definitiva del diabete
D. potrebbe salvare la vita a 200 milioni di persone
E. costituirebbe la conferma definitiva dell'importanza del lavoro di McCulloch e Till

4) Onur Basak e Hans Clevers, a proposito della ricerca citata nell'articolo, pensano che:

A. gli scienziati di tutto il mondo possano considerarsi suoi eredi
B. rappresenterebbe un progresso straordinario
C. non troverebbe applicazione nella medicina rigenerativa
D. abbia rivoluzionato la biologia cellulare e la battaglia contro le leucemie
E. se dovesse risultare applicabile anche per l'uomo, rappresenterebbe la misura più efficace di prevenzione del diabete

5) Concetto cardine per l'approccio McKenzie è che la maggior parte dei dolori lombari abbiano un'origine di natura meccanica. Il dolore insorge per una deformazione meccanica dei tessuti molli tale da attivare il sistema nocicettivo. L'esame di McKenzie utilizza metodi meccanici, movimenti ripetuti e posizioni mantenute per determinare le caratteristiche di tale deformazione del tessuto molle. Ciò consente di inquadrare il paziente in una o più delle sindromi meccaniche e di scegliere il metodo di trattamento appropriato. Avvicinando il problema da una prospettiva meccanica, McKenzie ha identificato due principali fattori di predisposizione derivanti dallo stile di vita: A. la postura seduta scorretta; B. la frequenza della flessione. Tali fattori meccanici sono causati da un complessivo stile di vita che porta a un cedimento, per eccesso di logoramento, dei tessuti molli che sostengono la spina dorsale. Tali fattori predisponenti sono affrontati nel piano di trattamento a breve e lungo termine per ciascun paziente, in quanto specificamente collegati al disturbo del paziente stesso.

In base al brano, individuare tra le seguenti l'affermazione vera.

A. La possibilità di effettuare un trattamento adeguato è legata alla diagnosi di una specifica sindrome
B. Il mal di schiena deriva dall'attività del meccanico
C. Per guarire il mal di schiena occorre correggere la postura scorretta
D. Le persone che non fanno mai flessioni non hanno mal di schiena
E. Il trattamento a breve termine della lombaggine è una questione meccanica

Nel corso del '700 vennero inventati molti congegni meccanici per filare e tessere su più vasta scala (sostituendo l'arcolaio, usato nel Medioevo). In un primo tempo questi macchinari venivano azionati dalla forza muscolare degli animali o da ruote idrauliche, ma nel 1790 fu compiuto il passo cruciale: venne adottata la macchina a vapore per azionarli. Così gli impianti tessili di nuova costruzione non richiedevano più la vicinanza di correnti d'acqua veloci né la disponibilità di animali, ma si potevano costruire in qualsiasi località. La Gran Bretagna entrò in una fase di trasformazione rivoluzionaria: i lavoratori lasciavano la campagna e abbandonavano le manifatture familiari per riversarsi in massa nelle grandi fabbriche [...]. La stessa trasformazione si verificò in altri Paesi che adottarono il nuovo sistema basato sull'uso della macchina a vapore: era la Rivoluzione industriale (un'espressione introdotta nel 1837 dall'economista francese Jerome Adolphe Blanqui).

6) Prima dell'introduzione della macchina a vapore, gli impianti tessili venivano azionati:

A. dalla forza muscolare degli uomini o da ruote idrauliche
B. con mulini ad acqua
C. dalla forza muscolare degli animali o da ruote idrauliche
D. con pale eoliche
E. solamente dalle ruote idrauliche

7) Con l'introduzione della macchina a vapore nella produzione tessile, gli impianti potevano essere posizionati:

A. in prossimità di zone ventose
B. solo in prossimità di correnti d'acqua veloci
C. solo in campagna, dove era più disponibile la forza animale
D. lungo i litorali marini
E. in qualsiasi località, anche in città

Così tanto intelligenti che di più non si può: è questa la sintesi di una ricerca condotta dagli scienziati dell'Università di Cambridge secondo i quali il cervello umano avrebbe raggiunto il limite fisico del proprio sviluppo e delle proprie capacità. Secondo i ricercatori ci sarebbero insomma dei limiti biologici che impedirebbero all'uomo di diventare più intelligente di quanto lo sia adesso.
Gli scienziati inglesi hanno analizzato la struttura del cervello e hanno calcolato il suo fabbisogno energetico. «Abbiamo dimostrato che il cervello umano, per funzionare, consuma energia e questa evidenza da sola è sufficiente per affermare che esiste un limite alle sue performance» spiega Simon Laughlin, professore di neurobiologia presso l'ateneo britannico.
Una capacità deduttiva molto più sviluppata rispetto a quella attuale richiederebbe una quantità di energia significativamente maggiore perché il nostro cervello dovrebbe mettere in relazione tra loro informazioni provenienti da molte più fonti.
Altri studi sostengono che le connessioni tra le diverse aree del cervello non potrebbero essere più efficienti di quanto lo siano ora senza grandi investimenti in termini di energia. E proprio l'efficienza di queste connessioni sembra essere direttamente legata al quoziente intellettivo degli individui: chi ha la rete di comunicazione cerebrale più efficiente e veloce ha una maggior capacità di elaborazione e quindi è più intelligente.
Aumentare sensibilmente la "potenza di calcolo" del cervello richiederebbe insomma un aumento più che proporzionale nei consumi energetici. «Prevedere il futuro è sempre rischioso, ma sembra evidente che le possibilità di sviluppo della nostra intelligenza siano fortemente limitate da fattori energetici», spiega Martijn van den Heuvel, docente di psichiatria presso l'*Utrecht medical center*, in Olanda.

(www.focus.it)

8) L'efficienza delle connessioni interne al cervello umano, secondo alcuni studiosi:

A. è connessa al quoziente intellettivo degli individui e per aumentare richiederebbe un grosso investimento di energia
B. non è connessa al quoziente intellettivo degli individui e per aumentare richiederebbe un grosso investimento di energia

C. è connessa al quoziente intellettivo, ma non alla capacità deduttiva degli individui
D. è connessa alla capacità deduttiva, ma non al quoziente intellettivo degli individui
E. è inversamente proporzionale al quoziente intellettivo degli individui

9) Secondo quanto riportato nel brano, è più intelligente colui che:

A. riesce ad aumentare la propria potenza di calcolo
B. consuma neurologicamente più energia degli altri
C. possiede connessioni cerebrali più attive e funzionanti
D. dimostra negli studi citati un fabbisogno energetico minore del resto delle persone
E. dimostra di poter superare i limiti biologici propri dell'essere umano

10) Secondo una ricerca condotta dall'Università di Cambridge:

A. il cervello umano non ha raggiunto lo sviluppo massimo delle sue capacità, ma comunque non è plausibile un'ulteriore crescita dell'intelligenza
B. il cervello umano con lo sviluppo delle sue capacità è causa di limiti biologici, che non consentono un'ulteriore crescita dell'intelligenza
C. il cervello umano, anche se ha raggiunto il limite di sviluppo delle sue capacità, può ancora contemplare un'ulteriore crescita dell'intelligenza
D. prevedere il futuro delle possibilità di sviluppo dell'intelligenza umana è sempre rischioso
E. il cervello umano avrebbe raggiunto il limite di sviluppo delle sue capacità, a causa di limiti biologici che non consentono un'ulteriore crescita dell'intelligenza

11) Simon Laughlin:

A. ha ipotizzato che il cervello umano consumi energia per funzionare; questo comporterebbe un limite alle sue performance
B. ha dimostrato che il cervello umano consuma energia per funzionare, quindi ha un limite alle sue performance
C. ha dimostrato che il cervello umano consuma energia per funzionare, ma questo non implica un limite alle sue performance
D. ha ipotizzato che il cervello umano consumi energia per funzionare, analizzando la struttura del cervello e il suo fabbisogno energetico
E. ha calcolato il fabbisogno energetico del cervello umano, ovvero quanta energia sarebbe necessario consumare per sviluppare la massima performance potenziale

"Fu forse mezzo milione di anni fa che i nostri antenati ominidi "scoprirono" il fuoco; ciò avveniva assai prima che comparisse l'"Homo sapiens", cioè l'uomo moderno. Certamente anche prima di allora gli ominidi si erano imbattuti in incendi di boscaglie e foreste appiccati dai fulmini, e probabilmente si erano dati alla fuga. Ma la scoperta delle virtù del fuoco venne solo quando la curiosità divenne più forte della paura. Deve esserci stato un momento in cui un essere primitivo – forse una donna, o più probabilmente un bambino – fu attratto dai residui in lenta combustione di uno di questi incendi e cominciò a divertirsi giocando con le braci, alimentandole con qualche ramoscello e osservando i guizzi delle fiamme. Senza dubbio qualche adulto sarà intervenuto a por fine al gioco pericoloso, finché un giorno qualcuno, dotato di maggior immaginazione, deve aver compreso quali vantaggi si potevano avere domando il fuoco e trasformando un gioco infantile in un'attività utile agli adulti".

12) Secondo quanto sostenuto nel brano, il fuoco fu scoperto:

A. dall'"Homo sapiens"
B. molto prima della comparsa dell'"Homo sapiens"
C. dagli antenati degli ominidi
D. dalle scimmie
E. dall'"Homo sapiens sapiens"

13) Il maneggiare il fuoco può essere definito un gioco:

A. esclusivamente infantile e pericoloso
B. infantile e pericoloso, ma anche un'attività utile agli adulti
C. vantaggioso per gli ominidi
D. con cui si divertivano le scimmie
E. per cui serve molta immaginazione

14) Prima della scoperta del fuoco, gli ominidi si erano imbattuti in incendi appiccati da:

A. qualche adulto
B. i fulmini
C. una donna o un bambino
D. le scimmie
E. strani e misteriosi eventi naturali

Verso il 9000 avanti Cristo gli esseri umani cominciarono a coltivare piante e addomesticare animali: nacquero così l'agricoltura e la pastorizia, che accrebbero le risorse alimentari e fornirono la fonte diretta di energia costituita dagli animali. I buoi, gli asini, i cammelli e alla fine anche i cavalli (per non parlare delle renne, degli yak, dei bufali indiani, dei lama e degli elefanti, utilizzati nei più svariati angoli del globo) potevano, con la loro forte muscolatura, sbrigare i lavori essenziali, nutrendosi di alimenti troppo grossolani per gli uomini.

15) L'agricoltura nacque:

A. dopo la pastorizia
B. per far fronte ai periodi di carestia
C. per nutrirsi di alimenti più elaborati
D. verso il 9000 a.C.
E. per fornire alimentazione agli animali

16) Con l'introduzione della pastorizia, gli animali:

A. accrebbero la loro forte muscolatura
B. iniziarono a svolgere lavori piuttosto complessi
C. si nutrirono degli stessi alimenti dell'uomo
D. sbrigarono i lavori essenziali
E. furono addestrati e divennero più mansueti

17) Stando al contenuto del brano, la nascita dell'agricoltura e della pastorizia accrebbero:

A. la forza degli animali
B. la capacità di far fronte alle calamità naturali
C. il numero di animali
D. il numero di uomini
E. le risorse alimentari

18) Indicare il significato della parola "gittata" nella frase: "il collasso cardiovascolare rappresenta un'alterazione dell'omeostasi circolatoria associata ad una perdita di volume ematico circolante, ad una riduzione della gittata cardiaca e/o ad una appropriata resistenza ventricolare periferica".

A. Portata
B. Ritmo
C. Frequenza delle pulsazioni
D. Pressione
E. Distanza raggiunta

I francobolli italiani

La funzione del francobollo è di affrancare la corrispondenza al fine di inoltrarla al destinatario, attraverso i servizi postali, pubblici o privati. Affinché possa espletare questa funzione è indispensabile che il francobollo rechi l'indicazione dell'autorità che lo ha emesso (indicazione che denota anche l'origine della corrispondenza affrancata) includendo anche una cifra relativa al suo valore facciale. In altre parole, il francobollo è un mezzo di comunicazione grafica latore di due messaggi, l'uno relativo all'autorità emittente, l'altro riguardante il suo costo, che è anche il costo della funzione cui è destinato.
Costituito da un piccolo pezzo di carta dai contorni regolari, di formato rettangolare, quadrato o (raramente) triangolare (non interessa qui se il verso ne sia gommato o no, e neppure se i suoi margini siano dentellati o debbano essere singolarmente ritagliati con le forbici) il francobollo reca sulla sua faccia, eseguiti a stampa, i due messaggi che ne costituiscono gli elementi essenziali. In condizioni ideali, da cui fosse esente ogni elemento accessorio, dati costitutivi e funzione dovrebbero identificarsi. Ma tali condizioni vengono meno nella nascita stessa del francobollo, la cui genesi e la cui realizzazione ne comportano necessariamente una serie di scelte grafiche, tecniche e simboliche. Il tipo della stampa, i caratteri delle scritte e delle cifre, l'immagine con cui l'autorità emittente si dichiara, sono tutti dati da cui il bollo postale deriva una precisa posizione storica, ben più complessa di quel che sia implicito nel suo semplice atto di nascita. Ed è una posizione le cui radici assumono valori e legami culturali, divenuti via via più articolati con il diffondersi delle emissioni commemorative (di cui la più antica, dedicata al cinquantesimo anniversario dell'assunzione al trono della regina Vittoria, apparve nel 1887 nel Regno Unito d'Inghilterra) seguite poi da altri tipi, celebrativi di speciali occasioni, di avvenimenti di particolare significato politico, oppure relativi ad aspetti di costume e di arte, della fauna o della flora.
Beninteso, non mancheranno certo occasioni in cui il francobollo (come la carta moneta) potrà presentarsi sotto aspetti di estrema concisione, con le indicazioni indispensabili ridotte al minimo; ma anche in casi siffatti (e infrequenti) saranno il tipo della carta, l'anonimità generica dei caratteri di stampa, la rozzezza dell'esecuzione a costituire le precipue componenti di stile e di connotati, denunciando anormali circostanze di crisi sociale o politica, dalle quali è stata preclusa la necessaria gestazione preliminare, la rosa delle scelte e la cura nel realizzarle.
Provvisto di connotati così vari e complessi, di una carica semantica talmente ampia e di radici storiche e figurative tanto profonde e articolate, il francobollo può anche venire considerato e giudicato sotto il semplice profilo estetico, alla stregua cioè di un'incisione o di una stampa più o meno d'arte. Una lettura del genere non terrà in alcun conto la sua ricca (e praticamente infinita) serie di allusioni, simboli, riferimenti, né si preoccuperà di rilevare quello che è il suo significato primario: di essere un indicatore assai preciso di situazioni politiche e culturali. Ma un'interpretazione delle opere figurative maggiori, siano esse dipinti o sculture, architetture o incisioni, risulta parziale, quando venga condotta sotto il solo ed esclusivo aspetto formale (senza tenere cioè in alcun conto i connotati iconografici o iconologici, e gli aspetti socio-culturali) risul-

tandone una successione di testi figurativi avulsi dalla realtà storica e legati tra di loro da una astratta rete di rapporti di stile e di evoluzione delle forme; così la lettura del francobollo, se condotta in modo unilaterale sotto l'esclusivo aspetto grafico, rimane sorda e cieca ai suoi connotati più validi e significativi. In realtà, il francobollo è oggi il mezzo figurativo più stringato e concentrato di propaganda, quasi un manifesto murale ridotto ai minimi termini, dal quale il substrato sociale e politico si rivela con estrema chiarezza e pregnanza. Ed è anche il mezzo figurativo di propaganda più capillarmente diffuso, sia nei diversi strati della società, cioè a livello locale, sia, in senso orizzontale, per i suoi destinatari situati in un sistema terminale che ignora distanze e frontiere.

19) Il valore facciale è:

A. il costo del trasporto
B. il costo di produzione del francobollo
C. il costo effettivo del servizio postale
D. il prezzo convenzionale unico
E. il prezzo di acquisto del francobollo

20) La lettura del francobollo sotto l'aspetto estetico:

A. serve per stabilirne l'origine
B. ignora il valore simbolico
C. costituisce una lettura parziale
D. è completamente fuorviante
E. ne mette in risalto il valore funzionale

21) La "posizione storica" del francobollo indica:

A. l'ente emittente
B. la durata della sua validità
C. l'anno di emissione
D. i suoi elementi figurativi e culturali
E. il territorio per cui è valido

22) Un francobollo di aspetto rozzo e con indicazioni estremamente concise indica:

A. la sua antichità
B. il suo minor pregio
C. la provenienza dal terzo mondo
D. una crisi sociale o politica
E. la sua rarità

23) Una emissione speciale:

A. ha finalità filateliche
B. vale solo per certi territori
C. è fatta per scopi commemorativi o celebrativi
D. ha validità limitata
E. serve per corrispondenze particolari

La rivoluzione della new economy

L'era industriale si caratterizzava come un mondo di forza bruta, corpi e sudore; un'epoca in cui l'uomo pensava e costruiva macchine gigantesche per scoprire, estrarre e trasformare la materia, e farne bei materiali; un'epoca in cui i risultati dell'attività umana venivano misurati in altezza, peso e densità, nella convinzione che "grande" fosse anche "bello". Nell'era industriale, l'uomo ha colato cemento su ogni spazio disponibile della crosta terrestre, per creare un gigantesco pavimento fra se stesso e il mondo naturale; ha tracciato autostrade nei grandi spazi; ha costruito fino all'altezza delle nuvole e oltre la linea dell'orizzonte, trasformando intere aree naturali in proprietà lottizzate. L'odore pungente della combustione dei materiali fossili, le nubi degli scarichi industriali che oscurano il cielo e il suono inarrestabile delle macchine che sibilano, martellano e ronzano incessantemente sono i simboli del gigantesco esperimento faustiano con cui l'uomo ha creduto di poter trasformare il mondo a propria immagine e somiglianza. Egli ha poi ricostruito

un simulacro di natura attraverso la giustapposizione di minuscoli frammenti di proprietà privata, trasformando ogni individuo in un dio minore, padre e padrone del proprio Eden in formato tascabile, stipato all'inverosimile di totem e simulacri della creazione primigenia.
In un'era di proprietà e di mercati intrisi di valori materiali, essere onnipresenti era ciò che rendeva l'uomo simile a Dio; ed essere in grado di espandere la propria presenza fisica, impadronendosi quanto più possibile dell'esistenza materiale, era ciò a cui tutti tendevano. Si trattava davvero, come cantava Madonna, di un "mondo materiale".
La nuova era, al contrario, è più immateriale e cerebrale; è un mondo di forme platoniche, di idee, immagini, archetipi, concetti e finzioni. Se l'individuo, nell'epoca industriale, si preoccupava di possedere la materia per manipolarla, il rappresentante tipico della prima generazione dell'era dell'accesso è assai più interessato alla manipolazione delle menti. Nell'epoca dell'accesso e delle reti, in cui le idee sono il fondamento dei commerci, essere onnisciente è ciò che rende l'uomo simile a Dio; ed essere universalmente connesso, in modo da poter dare forma alla stessa coscienza umana, è quello che muove l'attività economica in ogni settore.
L'uomo si nutre di idee e di pensiero come di pane e di vino. Se l'era industriale ha nutrito il nostro essere corporeo, l'era dell'accesso alimenta il nostro essere mentale, emotivo e spirituale. Mentre l'era che sta volgendo al termine si caratterizzava per il controllo dello scambio di beni, la nuova era si caratterizza per il controllo dello scambio di concetti. Nel ventunesimo secolo, le imprese saranno sempre più coinvolte nello scambio di idee e, a loro volta, gli individui saranno sempre più propensi ad acquistare l'accesso a tali idee ed all'involucro materiale in cui saranno contenute.
La capacità di controllare e vendere pensiero diventerà la forma più sofisticata di abilità commerciale.
I bilanci sociali raccontano la storia. La proprietà di beni materiali sta diventando meno importante e contribuisce sempre meno alla creazione di valore; la proprietà intellettuale, invece, è la nuova ricchezza. Nella nuova era, la mente domina la materia. Prodotti più leggeri, miniaturizzazione, contrazione degli spazi di lavoro, scorte just-in-time, leasing e outsourcing sono le prove della svalutazione di una visione materiale del mondo che ha posto l'accento sulla fisicità.
Questo, però, non deve creare l'illusione che egoismo, avidità e sfruttamento stiano per scomparire: anzi, l'età dell'accesso rischia più che mai di nascere sotto il segno dello sfruttamento. Nel mondo di oggi, controllare le idee dà più potere del controllo sullo spazio e sul capitale fisico: la disponibilità della comunità finanziaria ad investire nel capitale intellettuale nella sua forma più pura, a colpi di centinaia di miliardi di dollari, testimonia il cambiamento delle priorità del sistema capitalistico, la cui identità troppo a lungo è stata vincolata al capitale fisico.

24) Con la new economy il sistema capitalistico:

A. ha soltanto cambiato le sue priorità
B. potrà rimuovere avidità e sfruttamento
C. è ancora vincolato al capitale fisico
D. ha ridotto il proprio controllo sulla società
E. si è dissolto nella globalizzazione

25) Un paradiso in formato tascabile è:
A. un frammento della proprietà pubblica
B. un parco naturale lontano dalle grandi città
C. un rifugio dallo stress della vita cittadina
D. un luogo dove abbondano le merci
E. un piccolo spazio privato, artificiosamente naturale

26) L'equivalenza: "grande" uguale "bello"
A. è un giudizio condiviso da tutte le epoche
B. rispecchia la mentalità dell'era dell'accesso
C. è un aforisma che caratterizza l'era industriale
D. è un paradigma estetico della new economy
E. è tipica di una mentalità ingenua o infantile

27) Nell'era dell'accesso la ricchezza:
A. è strettamente legata all'industria
B. nasce dal controllo delle merci
C. si fonda sulla proprietà intellettuale
D. dipende sempre dalla buona fortuna
E. è basata sul possesso dei beni materiali

28) L'era industriale è chiamata faustiana perché in essa, come Faust, gli uomini hanno:
A. cercato di ottenere successo e potere ad ogni costo
B. voluto dominare la natura trasformando il mondo
C. cercato di trarre piacere da esperienze sempre nuove
D. intrapreso grandi opere per il bene della comunità
E. stretto patti infernali per oltrepassare i limiti naturali

29) «Miglioramento e "progresso" sono oggi intimamente legati alle nozioni di piccolo, leggero, trasferibile. Viaggiare a mani libere, anziché attaccarsi tenacemente a cose ritenute attraenti per la loro affidabilità e concretezza (vale a dire per il loro peso, solidità e resistenza): questo è oggi il tratto distintivo del potere. Ancorarsi a un posto non è così importante se questo posto può essere raggiunto e abbandonato quando si vuole, in poco tempo [...]. Per contro, ancorarvisi eccessivamente, sovraccaricare il legame con un coinvolgimento reciprocamente vincolante può rivelarsi estremamente dannoso qualora spuntino altrove nuove opportunità. [...] Ribaltando una tradizione millenaria, oggi sono i ricchi e potenti a odiare tutto quanto è durevole e a cercare il transitorio, mentre i più poveri si aggrappano a quel po' che posseggono e tentano disperatamente e contro tutte le avversità di farlo durare il più a lungo possibile».

tratto da: Zygmunt Bauman, *Modernità liquida*, Laterza, Bari, 2002, p. XXI

Si scelga, per il brano riportato, La FRASE CHE SINTETIZZA LA TESI di Bauman:
A. viaggiare a mani libere senza attaccarsi a niente
B. stabile non è più bello
C. i poveri non hanno bisogno del superfluo
D. i poveri si ancorano, i ricchi no
E. ricchezza e povertà sono in eterno conflitto

30) Qual è il significato di accedere nel contesto indicato: "Spero che acceda alla transazione"?

A. Pervenire
B. Intervenire
C. Acconsentire
D. Adeguarsi
E. Transigere

Conoscenze e competenze acquisite negli studi

31) Uno dei seguenti abbinamenti non è congruente con gli altri. Quale?

A. Basilare / secondario
B. Perspicuo / incomprensibile
C. Pernicioso / deleterio
D. Irreprensibile / censurabile
E. Cauto / avventato

32) Individuare l'alternativa che completa la seguente frase: "Tutti i cittadini hanno pari ______ sociale e sono eguali davanti alla legge, senza ______ di sesso, di razza, di lingua, di religione, di opinioni ______ , di condizioni personali e sociali".

A. dignità; distinzione; politiche
B. etica; parità; collettive
C. moralità; differenza; personali
D. opportunità; similitudine; pubbliche
E. libertà; distacco; prevalenti

33) Quale tra i seguenti avvenimenti è accaduto prima?

A. L'Iraq invade il Kuwait
B. Gorbaciov annuncia il "nuovo corso" della perestrojka
C. Il premier israeliano Netanyahu autorizza la costruzione di case nella zona est di Gerusalemme
D. Il presidente sudafricano Frederik De Klerk proclama la fine totale dell'apartheid
E. La fine della Repubblica Socialista Federativa di Jugoslavia

34) Quale dei seguenti avvenimenti si situa cronologicamente tra la fondazione della Repubblica Popolare Cinese e la Rivoluzione Cubana?

A. L'atterraggio del primo uomo sulla Luna
B. L'istituzione dell'Organizzazione delle Nazioni Unite
C. La fine della guerra nel Vietnam
D. L'istituzione del Mercato Comune Europeo
E. Referendum sulla Monarchia in Italia

35) Quale dei seguenti non fa parte dei diritti inviolabili, riconosciuti e garantiti dalla Costituzione?

A. La libertà personale
B. Il diritto di professare liberamente la propria fede religiosa
C. Il diritto di associarsi e di riunirsi
D. La libertà e la segretezza della corrispondenza
E. Il diritto di estradizione del cittadino

36) In una forma di governo parlamentare il Governo deve ottenere la fiducia:

A. del Senato
B. della Camera dei deputati
C. del Consiglio dei Ministri
D. del Parlamento
E. dei Consigli regionali

37) Quale innovazione tecnologica conobbe un boom eccezionale tra gli anni Venti e Trenta del Novecento?

A. Il telegrafo
B. La televisione
C. La radio
D. Il frigorifero
E. La lavatrice

38) Quale tra i seguenti avvenimenti è avvenuto prima?

A. Muore Giovanni Paolo I dopo 33 giorni di pontificato
B. L'Urss viene ufficialmente sciolta
C. Nelson Mandela viene eletto Presidente del Sud Africa
D. Neil Armstrong sbarca sulla Luna
E. Cade il muro di Berlino

39) Il grafico seguente rappresenta i prezzi delle case in Irlanda del Nord come percentuale rispetto alla media del Regno Unito (1980 = 100%) tra il 1980 e il 1986.

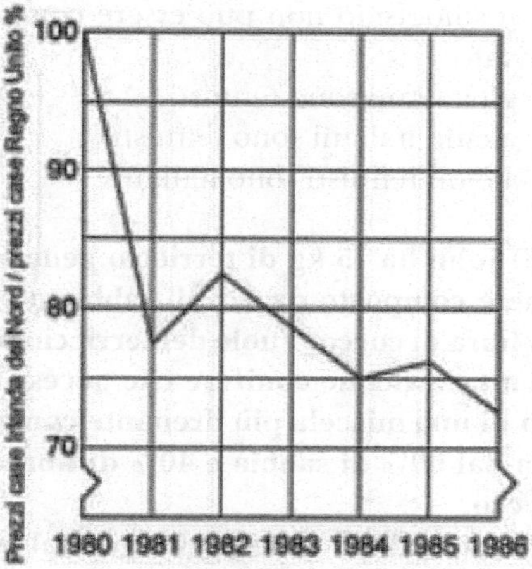

Quale delle seguenti informazioni può essere dedotta dal grafico sopra?

A. I prezzi delle case in Irlanda del Nord hanno raggiunto un picco nel 1980
B. I prezzi delle case in Irlanda del Nord sono crollati quasi del 30% nel periodo indicato
C. I prezzi medi delle case nel Regno Unito (fuori dall'Irlanda del Nord), nel periodo indicato, sono aumentati
D. In alcuni anni, i prezzi medi in Irlanda del Nord sono aumentati in confronto a quelli dell'intero Regno Unito
E. I prezzi delle case in Irlanda del Nord in alcuni anni sono aumentati e in altri diminuiti

40) "Una conoscenza rudimentale della ______ guidava anticamente i contadini; osservando la posizione del sole e delle stelle riuscivano ad anticipare le variazioni di stagione"; scegliere, tra le seguenti, l'opzione che completa la frase precedente in modo corretto.

A. Botanica
B. Astronomia
C. Astrologia
D. Agricoltura
E. Medicina

Ragionamento logico

41) Se una squadra di calcio ha vinto una partita, si può affermare che:

A. ha segnato una sola rete
B. ha segnato almeno una rete
C. ha segnato più di una rete
D. l'avversario non ha segnato
E. ha segnato almeno due reti

42) "Se il pomeriggio ho lavorato, la sera ho fame e se la sera ho fame, allora sono nervoso". Quale delle seguenti conclusioni non posso trarre da queste premesse?

A. Se la sera non ho fame, allora non ho lavorato il pomeriggio
B. Se la sera sono nervoso, il pomeriggio ho lavorato
C. Se la sera ho fame, allora sono nervoso, oppure ho lavorato il pomeriggio
D. Se lavoro il pomeriggio, allora la sera ho fame e sono nervoso
E. Se la sera non ho fame, allora non sono nervoso

43) "Se e solo se mangio le patatine fritte, ingrasso". In base alla precedente informazione, quale delle seguenti affermazioni è certamente vera?

A. Se ingrasso non ho mangiato le patatine fritte
B. Se ingrasso è perché ho mangiato le patatine fritte
C. Ingrasso solo prima di mettermi a dieta
D. A volte, anche se mangio le patatine fritte, non ingrasso
E. Quando ingrasso non è detto che io abbia mangiato le patatine fritte

44) "Soltanto se la porta è chiusa, riesco a concentrarmi". In base alla precedente affermazione, è necessariamente vero che:

A. riesco a concentrarmi anche con la porta aperta
B. se la porta è chiusa, sicuramente riesco a concentrarmi
C. se la porta non è chiusa non riesco a concentrarmi
D. se non riesco a concentrarmi, significa che la porta non è chiusa
E. è sufficiente che la porta sia chiusa per riuscire a concentrarmi

45) Giovanni ha tre figli, Michele, Giampiero e Andrea, due dei quali sono alti e uno è basso. Se Michele è alto, allora lo è anche Giampiero; se Giampiero è alto allora lo è anche Andrea. In base a queste informazioni, quale delle seguenti è sicuramente vera?

A. Michele e Giampiero sono alti
B. Michele è basso e Andrea è alto
C. Michele è alto e Andrea è basso
D. Andrea e Giampiero sono bassi
E. Giampiero è basso e Michele è alto

46) Su un pianetino vivono tre persone: Antonio, Marco, Giovanni. Marco è più ricco di Antonio. Antonio è più povero di Giovanni. Quale delle seguenti conclusioni è sicuramente VERA?

A. Giovanni è il più ricco
B. Antonio non è il più ricco
C. Marco è il più ricco
D. Giovanni è più povero di Marco
E. Marco e Giovanni hanno quantità diverse di soldi

47) "Gli italiani sono sciatori. Gli sciatori possono essere tennisti". Indicare con quale delle seguenti conclusioni può essere completato il sillogismo proposto:

A. gli italiani possono essere tennisti
B. il sillogismo non può essere completato
C. gli italiani sono tennisti
D. alcuni italiani sono tennisti
E. alcuni tennisti sono italiani

48) John ha 15 kg di terriccio generico che è composto da 1/3 di sabbia e 2/3 di fibra di cocco. Vuole del terriccio per piantare alcune conifere che necessitano di una miscela più drenante composta dal 60% di sabbia e 40% di fibra di cocco.
Quanta sabbia deve aggiungere al suo terriccio generico per poterlo usare con le conifere?
A. 5 kg
B. 15 kg
C. 25 kg
D. 20 kg
E. 10 kg

49) Durante un anno particolare, il mese di gennaio (che conta 31 giorni) comprende cinque venerdì.
Quale delle seguenti affermazioni NON potrebbe essere vera?
A. Il 31 gennaio è un lunedì
B. Ci sono anche 5 domeniche
C. L'1 gennaio è un mercoledì

D. Il primo venerdì del mese cade prima del 4
E. Ci sono solo quattro martedì

50) Uno spettacolo teatrale che, ormai da lungo tempo, è rappresentato nel West End di Londra, va in scena ogni sera, a parte la domenica. Inoltre, si può andare agli spettacoli pomeridiani ogni mercoledì, giovedì e sabato. Qual è il numero massimo di rappresentazioni che può andare in scena durante un mese da 31 giorni?
A. 39
B. 42
C. 41
D. 38
E. 36

RISPOSTE CORRETTE

1) B	11) B	21) D	31) C	41) B
2) E	12) B	22) D	32) A	42) E
3) C	13) B	23) C	33) B	43) B
4) B	14) B	24) A	34) D	44) C
5) A	15) D	25) E	35) E	45) B
6) C	16) D	26) C	36) D	46) B
7) E	17) E	27) C	37) C	47) A
8) A	18) A	28) B	38) D	48) E
9) C	19) E	29) D	39) D	49) A
10) E	20) C	30) C	40) B	50) C

TEST 3

Comprensione del testo e conoscenza della lingua italiana

Il linguaggio architettonico

Parto dal presupposto di una conoscenza generale dell'argomento: per esempio, che si sappia che la cattedrale di St Paul a Londra è un edificio classico, mentre l'abbazia di Westminster non lo è; che il British Museum è un edificio classico, mentre il Natural History Museum a South Kensington non lo è; che tutti gli edifici intorno a Trafalgar Square, cioè la National Gallery, la chiesa di St Martin-in-the-Fields, la Canada House e anche South Africa House sono classici; che tutti gli edifici pubblici nella Whitehall sono classici, ma che non lo è il palazzo del parlamento. Si tratta di distinzioni elementari, tanto che sulle prime mi si potrebbe accusare di perdere tempo in cose scontate. Quand'è che un edificio classico non è tale? E ciò ha davvero importanza? Le principali caratteristiche architettoniche non hanno forse un rilievo maggiore e non sono forse indipendenti da una simile terminologia stilistica? Certamente. Tuttavia non mi è possibile giungere a quanto intendo dire in queste conversazioni senza isolare subito da tutti gli altri quegli edifici che, prima facie, sono classici. Tratterò dell'architettura come linguaggio e mi limiterò per il momento a presumere che il mio pubblico riconoscerà il latino dell'architettura quando se lo troverà di fronte.

Il latino dell'architettura: ecco ciò che mi induce a un altro presupposto di carattere generale. L'architettura classica affonda le sue radici nell'antichità, nel mondo greco e in quello romano, nell'architettura dei templi del mondo greco e nell'architettura religiosa, militare e civile dei romani. Ma questa serie di conversazioni non è destinata all'architettura greca e romana, non è destinata allo sviluppo e all'elaborazione del linguaggio classico dell'architettura, ma verte sulla natura e il suo uso: il suo uso come linguaggio architettonico comune, ereditato da Roma, da parte di quasi tutto il mondo civile nei cinque secoli che intercorrono fra il Rinascimento e l'epoca attuale.

Dunque, d'ora in poi potremo essere più precisi. Consideriamo il termine "classico" applicato all'architettura. È un errore cercare di definire il classicismo. Esso assume ogni sorta di significati utili in contesti differenti e io propongo di considerarne soltanto due che saranno entrambi utili nel corso di queste conversazioni. Il primo significato è il più evidente. Un edificio classico è quello i cui elementi decorativi derivano direttamente o indirettamente dal vocabolario architettonico del mondo antico: il mondo "classico", come è spesso chiamato. Questi elementi sono facilmente identificabili: per esempio, le colonne di cinque tipi determinati, usate in determinati modi; modi determinati di trattare porte e finestre e le estremità del frontone, e determinati tipi di modanature applicabili a tutte queste cose. Benché spesso si prescinda da questi "elementi determinati", essi sono ancora riconoscibili come tali in ogni parte di tutti gli edifici che possono essere considerati classici in questo senso.

Quanto precede costituisce, mi sembra, una schematizzazione esatta, benché superficiale, di ciò che è l'architettura classica; essa consente di riconoscere l'"uniforme" indossata da una certa categoria di edifici, la categoria che chiamiamo classica. Ma non dice nulla sugli elementi essenziali del classicismo in architettura. A questo punto, tuttavia, dobbiamo procedere piuttosto cautamente. Dire "elementi essenziali" è molto vago e, documentandosi, si scopre spesso che essi non esistono. Ciò nondimeno, la storia dell'architettura classica è costellata da una serie di giudizi sugli elementi essenziali dell'architettura, e tali giudizi sono concordi per un lungo periodo di tempo, al punto che possiamo affermare che lo scopo dell'architettura classica è stato sempre quello di ottenere un'armonia delle parti suscettibile di dimostrazione. Si è sempre ritenuto che questa armonia fosse propria degli edifici dell'antichità e fosse in gran parte "incorporata" negli elementi principali antichi, particolarmente nei cinque "ordini" di cui ora parleremo. Ma tale armonia è stata anche teorizzata da una serie di trattatisti, i quali hanno dimostrato che in una costruzione si raggiunge un'armonia analoga a quella musicale mediante la proporzione, garantendo cioè che i rapporti di un edificio abbiano soltanto funzioni aritmetiche e che i rapporti di tutte le sue parti siano quei rapporti stessi o si ricolleghino ad essi in modo diretto. Molte pretenziose inesattezze sono state scritte sulla proporzione e non intendo soffermarmici. Il concetto rinascimentale di proporzione è molto semplice. Scopo della proporzione è di ottenere l'armonia attraverso una struttura: un'armonia resa intelligibile mediante l'uso manifesto di uno o più ordini come componente dominante, oppure soltanto mediante l'uso di dimensioni che implicano la replica di semplici rapporti. Questo è sufficiente per consentirci di proseguire.

Vi è tuttavia un punto, in questa teorizzazione di ciò che è classico, che costituisce un problema. È possibile, ci si può chiedere, che un edificio non presenti alcuna delle caratteristiche proprie dell'architettura classica, eppure si qualifichi come edificio "classico" soltanto in virtù della proporzione? Ritengo che la risposta debba essere negativa. Si può dire, descrivendo un edificio simile, che le sue proporzioni sono classiche, ma sostenere che è classico non farebbe che disorientare e costituirebbe un abuso di terminologia.

1) Un edificio classico:

A. ha dimensioni contenute
B. non si distingue esteriormente dagli altri
C. è elementare
D. è riconoscibile facilmente a prima vista
E. presenta caratteri ereditati dal contesto

2) Gli elementi decorativi dell'architettura classica:

A. non sono facilmente identificabili
B. rappresentano lo scopo dell'edificio
C. non esistono
D. costituiscono la categoria dell'edificio
E. è un errore cercare di definirli

3) L'armonia di un edificio dipende da:

A. l'accordo tra struttura e decorazione
B. i rapporti di proporzionalità tra le parti
C. un aspetto esteriore piacevole
D. la coerenza con la finalità di uso
E. la coerenza stilistica con l'ambiente

4) La presenza della proporzione:

A. è sufficiente per qualificare classico un edificio
B. da sola non consente la qualifica di classico
C. è suscettibile ai diversi ordini architettonici
D. è importante solo se riguarda la struttura
E. può esistere con un insieme disarmonico

La criminalità prima della mafia

Tra le cause di povertà c'erano l'elevata criminalità e la dispersione di tanti talenti e di tanta energia nelle attività della malavita che paralizzavano la vita economica. In questo campo i Borboni erano altrettanto impotenti quanto lo erano stati tutti i precedenti regimi. A Bentinck era sembrato che a Palermo si commettessero tanti assassinii quanti se ne commettevano in tutto il resto dell'Europa insieme, e il segretario di Bentinck aveva messo in luce le difficoltà particolari offerte da un ambiente sociale in cui la vendetta personale era considerata un piacere e un dovere.
Come al solito, uno dei reati più comuni era il contrabbando di cibo che veniva introdotto in città frodando i funzionari del dazio. Meno comune, ma ancora grave, era il controllo illecito dei rifornimenti idrici, e sappiamo da rapporti ufficiali che l'inaridirsi della superficie freatica a sud di Palermo aveva reso questa pratica molto lucrativa intorno al 1840. Al primo posto per la frequenza era l'abigeato o furto di animali, che era reso facile dal sistema seminomade di allevamento nelle zone dell'interno prive di strade. La minaccia di rubare il bestiame o di appiccare il fuoco allo zolfo nelle miniere era un mezzo comunemente usato per estorcere denaro ai proprietari terrieri in cambio di protezione; e i latifondisti venivano poi sottoposti a forti pressioni perché assumessero dei criminali come guardiani sui loro terreni. Queste antiche forme di organizzazione clandestina per imporre la protezione furono largamente responsabili dell'influenza dominante assunta dalle bande nell'interno. Il sequestro di persona era frequente e anche qui i preti, che non erano analfabeti ed erano in grado di scrivere le lettere per il riscatto, erano talvolta usati come intermediari.
Sappiamo che una volta, per qualche controversia locale, un intero villaggio si mosse con fucili e falci all'attacco di un villaggio vicino.
Tutti gli ingredienti della mafia erano già presenti, tranne la parola. All'inizio del secolo le truppe britanniche si erano trovate di fronte delle associazioni segrete che godevano fama di coraggio, di senso dell'onore, di crudeltà e di completa irriverenza verso la legge. Circolavano molte voci di proprietari terrieri che davano asilo a gruppi di banditi, di altri che talvolta li guidavano, ma più spesso essi si limitavano ad assumerli come guardie del corpo. Esistevano anche altri gruppi del genere, composti, sembra, da contadini che si difendevano contro le usurpazioni feudali, e sappiamo di uno che era comandato dall'arciprete locale. Non tutte le loro attività erano illegali. A volte svolgevano un'attività politica o in favore dei Borboni o contro di loro. In un modo o nell'altro, i gruppi che avevano maggior successo

si procuravano i mezzi per corrompere i testimoni e i funzionari o, in caso di necessità, per ottenere la condanna di vittime innocenti.
Un tema dominante nelle campagne erano gli sforzi di una banda per eliminare le altre e stabilire il dominio di un notabile su una certa zona, ma talvolta molte lavoravano insieme cosicché un gregge di pecore poteva scomparire ed essere subito venduto in una città lontana. Esistevano dei mediatori che potevano ottenere la restituzione dei beni rubati in cambio di una somma, e i visitatori stranieri imparavano presto a chi dovevano rivolgersi per comprarsi la protezione. L'unica cosa che mancava a questo complicato e illegale mondo clandestino era un nome, e questo fu coniato dopo il 1860.
Era impossibile controllare una criminalità di questa natura su così larga scala. Venticinque compagnie d'armi pattugliavano la campagna, ma in totale c'erano generalmente meno di 350 poliziotti per tutta l'isola. Due o tre volte all'anno una compagnia di armati arrivava in ogni villaggio e circondava un piccolo gruppo di malfattori, ma a questo facevano seguito altri mesi di completa impunità. I poliziotti onesti ed efficienti suscitavano l'odio universale. L'avversione per la polizia, infatti, fu uno degli elementi più importanti nello sviluppo di un'opposizione al regime borbonico. Le compagnie d'armi erano gruppi reclutati privatamente che stipulavano un contratto col governo in base al quale ricevevano un salario e potevano essere costretti a rispondere dei furti: talvolta erano dipendenti feudali di un proprietario e continuavano ad agire nel suo interesse; a volte estorcevano denaro in cambio di protezione a somiglianza di quanto facevano le altre bande e agivano in collusione con i criminali in modo da poter scoprire i beni rubati e restituirli in cambio di denaro. Nella peggiore delle ipotesi, le compagnie di polizia erano bande di briganti vere e proprie. Non stupisce, dunque, che in questo mondo di omertà vi fossero proporzionalmente meno arresti e ancora meno condanne che a Napoli, e il problema era piuttosto come convivere con la malavita che come dominarla. Il re promise il perdono a ogni brigante che ne denunciasse un altro, e se uno riusciva ad uccidere il capo di una banda otteneva anche una ricompensa in denaro; ma gli altri rimedi erano in genere una pia illusione. Il governo una volta fece delle trattative con il Portogallo per deportare alcuni banditi siciliani nell'Africa meridionale, ma non se ne fece nulla.

5) L'imposizione di taglie:

A. servì a pacificare le campagne siciliane
B. era tipica di governi forti
C. segnalava il primato della giustizia e delle legge
D. esprimeva una decisa volontà di controllo
E. costituiva uno strumento di repressione di poca efficacia

6) Il limite tra legalità ed illegalità:

A. appariva confuso ed incerto
B. era stabile nel tempo
C. era lo stesso per i signori e per le classi inferiori
D. era delimitato dalle norme e dalla giurisdizione
E. era stabilito dagli usi e dalla tradizione

7) Le diverse realtà criminali:

A. non entravano in conflittualità tra di loro

B. miravano ad assumere l'egemonia sui rispettivi territori
C. erano sempre in lotta l'una con l'altra
D. difendevano gli interessi di tutti
E. cercavano la legittimazione da parte delle istituzioni

8) Il ricorso alla giustizia privata:

A. era più frequente nei periodi di stabilità economica e politica
B. coesisteva con una giustizia pubblica efficiente
C. aveva origine dall'inefficienza e dalla frammentazione delle istituzioni
D. consentiva agli strati sociali inferiori di ottener giustizia nei confronti dei potenti
E. non prevedeva l'uso della vendetta personale

9) Le meteoriti sono corpi solidi provenienti dallo spazio caduti sulla superficie terrestre. La loro origine legata a comete o a piccoli pianeti (asteroidi) la cui orbita si localizza tra Giove e Marte. Con il nome di meteora gli scienziati indicano la scia luminosa prodotta dal passaggio di porzioni di materiale meteoritico nelle parti superiori dell'atmosfera. Generalmente queste masse si consumano prima di arrivare sulla terra e sono chiamate popolarmente "stelle cadenti". Alcune meteore particolarmente luminose vengono chiamate "bolidi" e talora precipitano sul nostro pianeta dando origine ai cosiddetti crateri di impatto. Le meteoriti non sono altro che frammenti di bolidi dispersi sulla superficie terrestre in seguito a queste collisioni.
Delle seguenti affermazioni una sola è falsa, quale?

A. L'origine delle meteoriti è legata agli asteroidi
B. Le stelle cadenti hanno origine dalla caduta di materiale meteoritico
C. I crateri di impatto sono determinati dai bolidi
D. I bolidi sono delle meteoriti
E. Il materiale meteoritico produce una scia luminosa

10) In una data popolazione, il numero annuo di nuovi casi registrati di una certa malattia, definito come incidenza, ed in genere riferito ad un milione di abitanti, indica il numero delle nuove diagnosi. Questo numero non coincide necessariamente con il numero reale dei soggetti che si ammalano della malattia in questione; infatti, se la malattia è difficile da diagnosticare, la sua "incidenza annua" registrata potrà risultare in seguito inferiore a quella reale. Per questo e molti altri motivi, quali la presenza di controindicazioni di vario tipo, un trattamento specifico di un processo morboso può non venire utilizzato in tutti i soggetti che ne sono realmente affetti: ne risulta che il numero dei nuovi casi che ogni anno vengono sottoposti ad un trattamento di questo genere non coincide necessariamente con l'incidenza reale della malattia per la quale il trattamento è indicato e neppure sempre con il numero delle nuove diagnosi. Analizzare l'incidenza nel tempo di alcune malattie può essere utile, ad esempio, per valutare l'efficacia della loro prevenzione. Si tratta di analisi interessanti, ma non facili, soprattutto per la necessità di disporre di rilevazioni complete ed attendibili non soltanto sulla malattia in esame, ma anche sulla composizione della popolazione generale. In effetti, se la malattia è più comune in una o più decadi di età che in altre, variazioni della composizione anagrafica della popolazione generale potranno determinare modificazioni dell'incidenza della malattia in esame. La malattia NR, di interesse quasi esclusivamente pediatrico, è dovuta in gran parte a fattori congeniti, ed è di difficile diagnosi. Nel biennio 1989/90, nella popolazione considerata, ne è stata registrata un'incidenza superiore di quattro volte a quella del biennio 1981/82.

Anche in base alle informazioni fornite nei paragrafi precedenti, può essere dedotta UNA SOLA delle affermazioni di seguito elencate.

A. L'aumento è legato alla maggiore natalità
B. Si tratta di un fenomeno apparente, legato alle modificazioni della popolazione in esame
C. L'aumento può essere dovuto alla migliore accuratezza diagnostica
D. L'aumento è dovuto alla minor mortalità infantile
E. Non è affatto vero che la malattia NR sia di interesse prevalentemente pediatrico

---

Alla fine del 1504 Raffaello, alla ricerca di commissioni pubbliche importanti, giunse a Firenze al cospetto del gonfaloniere della repubblica Pier Soderini con una lettera di raccomandazione in piena regola. L'aveva scritta il primo ottobre la sorella di Guidobaldo da Montefeltro, duca di Urbino, Giovanna Feltria, duchessa di Sora, vedova di Giovanni Della Rovere, signore di Senigallia e prefetto di Roma. Anche se il Soderini non poté esimersi dal leggere con attenzione quelle righe, dalla Repubblica fiorentina, Raffaello non ebbe le prestigiose commissioni che sperava. Ebbe però l'opportunità di rimanere a Firenze in un periodo tra i più fertili, intensi e affascinanti della storia di quella città. Protagonisti indiscussi di tale stagione felice e vitale erano Leonardo e Michelangelo, che come altri erano tornati a Firenze alla ricerca delle ambite opportunità che il Soderini sembrava elargire. Portando la lettera di Giovanna Feltria al gonfaloniere nel Palazzo vecchio, Raffaello certo si sarà fermato in piazza della Signoria ad ammirare il David di Michelangelo, emblema dell'intelligenza repubblicana, posto sulla "ringhiera" davanti al palazzo poco tempo prima, l'8 settembre del 1504. E una volta entrato, qualcuno certo gli avrà mostrato, nel maestoso salone del Gran Consiglio, la parete dove si attendevano al più presto Leonardo e Michelangelo ad affrescare la *"Battaglia di Anghiari"* e la *"Battaglia di Cascina"*; speranza vana, dato che – come è noto – dei due grandi progetti furono realizzati solo i cartoni, che fecero scuola anche a Raffaello. Infine, qualche tempo dopo, qualcun altro forse avrà accompagnato l'artista a vedere il *"Giudizio Universale"* affrescato da Fra Bartolomeo e Mariotto Albertinelli nel convento di San Marco, di cui era stato priore fra' GirolamoSavonarola.

(da: *"Raffaello"*, Elena Capretti, Giunti Editore)

---

11) Raffaello Sanzio andò a Firenze per:

A. incontrarsi con Girolamo Savonarola
B. ammirare i lavori di Michelangelo e Leonardo
C. ottenere commesse pubbliche prestigiose
D. consegnare una lettera di Pier Soderini
E. accompagnare Giovanna Feltria, duchessa di Sora

---

12) Per quale motivo, stando al contenuto del brano, il soggiorno di Raffaello a Firenze si rivela proficuo?

A. Perché Raffaello, consegnando una lettera a Firenze, si è garantito il favore e la protezione politica del Ducato di Urbino

B. Perché Raffaello ha contribuito a rafforzare il legame politico tra il Gonfaloniere Soderini e il ducato di Urbino
C. Perché Raffaello ha potuto ammirare lo splendore di Palazzo Vecchio per la consegna di una lettera
D. Perché Raffaello ha conosciuto Fra Bartolomeo e Mariotto Albertinelli nel convento di San Marco
E. Perché Raffaello ha l'opportunità di entrare in contatto con le opere di artisti di grande calibro come Michelangelo e Leonardo

13) Qual era il simbolo dell'intelligenza repubblicana?

A. Il David
B. La "Battaglia di Anghiari"
C. La "Battaglia di Cascina"
D. Il "Giudizio Universale"
E. Leonardo

14) La lettera di Giovanna Feltria:

A. si rivelò inutile per Raffaello Sanzio, poiché fu scritta dalla duchessa che aveva molto meno potere e influenza politica rispetto al fratello Giudobaldo
B. si rivelò determinante per Raffaello Sanzio, poiché gli permise di conoscere personalmente Leonardo e Michelangelo
C. si rivelò inutile per Raffaello Sanzio, poiché il Solderini la lesse con poca attenzione
D. si rivelò inutile per Raffaello Sanzio, poiché non gli venne affidato alcun incarico
E. si rivelò determinante per Raffaello Sanzio perché, mentre la consegnava, poté assistere alla realizzazione dell'affresco della "Battaglia di Anghiari"

15) Quale dei seguenti progetti influì sulla formazione di Raffaello?

A. Il David
B. Il "Giudizio Universale"
C. La "Battaglia di Cascina"
D. Piazza della Signoria
E. Gli affreschi del salone del Gran Consiglio

A pochi giorni dall'inaugurazione delle Olimpiadi di Pechino, mentre il Comitato Olimpico Cinese dichiara aperta la guerra al doping con ogni mezzo, un team di ricercatori americani annuncia alla stampa di aver raggiunto l'ultima frontiera della chimica applicata allo sport: il doping mirato. Ronald Evans, dell'*Howard Hughes Medical Institute* di La Jolla (California), ha infatti messo a punto un farmaco capace di migliorare le prestazioni degli atleti sulle gare di resistenza, come la maratona. Per i test, Evans ha somministrato ad alcuni topi una sostanza chiamata GW1516 e li ha fatti "allenare" sulla ruota per 5 settimane. I topi dopati hanno corso fino al 70% in più dei loro compagni, ugualmente allenati ma non trattati con il nuovo farmaco. Evans ha poi somministrato una seconda sostanza ad altri topi: l'AICAR, un acceleratore del metabolismo dei grassi e degli zuccheri. Questi, pur senza alcun allenamento, hanno corso fino al 44% più a lungo dei topi "puliti".
[2] Visti i risultati dei test e – per sua stessa ammissione – vista la relativa semplicità del cocktail dopante, Evans ha sì pubblicato la sua ricerca, ma ha anche fornito alla WADA, l'Agenzia Mondiale Antidoping, le informazioni chiave per identificare queste sostanze nel sangue degli atleti che volessero "accorciare" i loro tempi di preparazione. Obiettivo delle ricerche di Evans, che non è nuovo a studi di questo tipo, è quello di miglio-

rare le condizioni di vita di chi è costretto all'immobilità da incidenti o malattie.

(Da: *"Doping: un cocktail bomba oscura le Olimpiadi"* di Alessandro Bolla)

16) Qual è l'obiettivo delle ricerche di Evans?

A. Migliorare le prestazioni degli atleti sulle gare di resistenza
B. Migliorare le prestazioni dei topi sulla ruota
C. Pubblicare le sue ricerche scientifiche su riviste specializzate
D. Aiutare chi non si può muovere a seguito di incidenti o malattie
E. Fornire alla WADA informazioni sulle nuove sostanze dopanti utilizzate dagli atleti

17) Secondo quanto riportato nel brano, Evans:

A. ha dato all'Agenzia mondiale antidoping le informazioni necessarie per scoprire eventuali usi delle sostanze dopanti da lui scoperte
B. custodisce gelosamente il segreto della formula del doping che ha scoperto
C. lavora per l'Agenzia mondiale antidoping
D. è un grande atleta e scienziato
E. ha effettuato i suoi test prima sui topi e poi sugli sportivi

18) Il brano è verosimilmente tratto da:

A. una rivista divulgativa
B. un libro sulla storia delle Olimpiadi
C. un fascicolo informativo di una campagna contro i test sugli animali
D. un articolo di cronaca sportiva
E. una telecronaca in diretta da Pechino

19) Secondo quanto riportato nel brano, il Comitato olimpico cinese:

A. è favorevole al doping
B. ha chiesto l'aiuto dell'Howard Hughes Medical Institute di La Jolla per la guerra al doping
C. considera possibile il pericolo di doping solo per le gare di atletica
D. ha diffuso i risultati dei test sul "doping mirato"
E. nessuna delle altre alternative è corretta

20) Nella malattia X i risultati dell'esame A risultano normali (e il test è definito come positivo) complessivamente nel 60% dei pazienti; nel sottogruppo dei casi più gravi di questa malattia la percentuale di positività è però più elevata e raggiunge l'80%. Nell'85% dei pazienti nei quali il test A risulta positivo si trova la malattia X in forma avanzata. Un secondo test, qui indicato come B, risulta positivo nel 30% dei casi gravi di malattia X, ma una positività è riscontrabile anche in un 78% dei casi affetti dalla malattia Y, ben distinta da quella X e nei confronti della quale è molto importante la diagnosi differenziale, in quanto il trattamento è diverso. L'esame A è negativo in caso di malattia Y. Nel 92% dei casi con una contemporanea positività del test A e di quello B si ritrova la malattia X in fase avanzata. In caso di positività del test B e di negatività di quello A, può essere presente sia la malattia X sia quella Y.

In base al brano proposto, UNA sola delle seguenti affermazioni è ERRATA.

A. Una netta positività del test B, con sicura negatività del test A orienta verso la malattia Y, pur non permettendo di escludere la malattia X
B. Se vien fatto riferimento solo ai test A e B può risultare impossibile diagnosticare una forma lieve di malattia X

C. Una negatività del test B consente di escludere sia la malattia X sia quella Y
D. La contemporanea positività del test A e di quello B è fortemente indicativa per la presenza della malattia X, ma non consente una certezza assoluta
E. Una negatività del test A non permette di escludere la malattia Y

21) "Cos'è l'intuizione, dopotutto? È un fatto facilmente osservabile che talvolta le persone raggiungono improvvisamente, d'emblé, la soluzione del problema che li assilla ed esse hanno allora un'esperienza "aha!" variamente graduata per intensità. Non vi è alcun dubbio sulla genuinità del fenomeno e, d'altronde, le soluzioni che le persone raggiungono quando hanno di queste esperienze, quando cioè emettono giudizi intuitivi, sono molto spesso corrette. Dati affidabili sono disponibili a questo proposito per i campioni di scacchi. Mostrate una figura di scacchi, relativa ad una situazione intermedia nel corso della partita, ad un campione o ad un grande campione: dopo averla osservata per soli cinque, dieci secondi, sarà generalmente in grado di proporre una mossa risolutiva, molto spesso proprio la mossa che è oggettivamente la migliore ipotizzabile in quella situazione. Se invece la stessa configurazione gli si presenta nel corso di una partita contro un forte avversario, non vorrà fare quella stessa mossa immediatamente e potrà indugiare alcuni minuti e magari anche mezz'ora per decidere se la sua prima intuizione sia o non sia effettivamente corretta; comunque nell'ottanta o novanta per cento dei casi il suo primo impulso gli avrà indicato la mossa più opportuna. La spiegazione della profonda intuizione del campione di scacchi è ben nota agli psicologi e non è veramente sorprendente, né è più complicata di quanto non sia la spiegazione della nostra abilità, in termini di secondi, nel riconoscere uno dei nostri amici incontrandolo per strada mentre ci rechiamo al lavoro. Ora, in qualsiasi campo si sia raggiunta una considerevole esperienza, abbiamo acquisito un gran numero di "amici", un gran numero di stimoli immediatamente riconoscibili. (...) Quasi ogni persona di istruzione superiore può distinguere, ricordandone il significato, da cinquantamila a centomila parole. Nel corso degli anni abbiamo "fatto amicizia" con cinquanta o centomila di esse. Qualsiasi entomologo professionista ha una paragonabile capacità di riconoscere gli insetti che incontra, e lo stesso dicasi di un botanico per le piante. In ogni settore di specializzazione, la padronanza di un'elaborata rete di criteri di distinzione è uno degli strumenti fondamentali dell'esperto e la principale fonte delle sue intuizioni. (...) Per quale motivo dovremmo credere che il meccanismo di riconoscimento ci dia la spiegazione della maggioranza delle esperienze "aha!" di cui è testimonianza la storia della creatività? Un motivo importante è che le valide esperienze "aha!" accadono solo alle persone in possesso delle appropriate cognizioni: Raymond Poincaré giustamente osservava che l'ispirazione viene solo alle menti preparate. Al giorno d'oggi disponiamo anche di alcuni dati che indicano quanto tempo sia necessario per preparare una mente umana ad un'attività creativa di livello mondiale. (...) I dati empirici raccolti da John P. Hayes per i campioni di scacchi ed i compositori e, in modo leggermente meno sistematico per i pittori e i matematici, indicano che dieci anni è il numero magico: quasi nessuno, nelle discipline citate, ha raggiunto una prestazione a livello mondiale senza avere prima trascorso almeno dieci anni di studio intensivo e di strenua applicazione. Che dire allora degli enfants prodige? Mozart compose capolavori forse a partire dai suoi diciassette anni, certo non prima. (...) Certamente bisogna dire che Mozart aveva già iniziato a comporre all'età di quattro anni... Mozart resta comunque il tipico esempio di questi enfants prodige le cui biografie sono state studiate da Hayes e il suo esempio conferma che condicio sine qua non per ottenere un'opera rilevante è la diligente applicazione alla propria disciplina per almeno una decina d'anni o più".

Herbert A. Simon, *La ragione nelle vicende umane*, Il Mulino, Bologna 1988

UNA SOLA delle seguenti affermazioni è rigorosamente deducibile dal testo di Herbert A. Simon, quale?

A. La storia della creatività attesta che lo studio intensivo e l'applicazione non bastano a produrre opere valide a livello mondiale
B. Gli psicologi sono in grado di spiegare le capacità intuitive delle persone eccezionalmente dotate, ma la spiegazione è particolarmente complicata
C. L'esempio di un enfant prodige come Mozart vanifica ogni tentativo di analizzare in modo convincente le condizioni dei meccanismi creativi
D. Si inganna sempre chi è convinto di aver risolto un problema complesso grazie ad una intuizione improvvisa
E. Le biografie di molti degli enfants prodige confermano che la creatività non può esplicarsi senza un lungo e approfondito studio

22) "Non v'è quasi altra differenza tra un medico buono ed uno cattivo che questa: il primo è innamorato della guarigione, il secondo della malattia. Il cattivo medico non desidera guarire radicalmente l'ammalato; ma solo calmare i sintomi che lo fanno soffrire. Così il cliente, grato del sollievo, ritorna. (Il ragionamento è – si capisce – inconscio. O almeno...)".

Umberto Saba, *Scorciatoie e raccontini*, 44, Mondadori, Milano 1964

UNA sola, tra le seguenti affermazioni, È RIGOROSAMENTE DEDOTTA dal testo di Saba, quale?

A. Il cliente sa raramente riconoscere il medico capace di guarirlo
B. Il disinteresse è essenziale al comportamento di un buon medico
C. Il medico buono non si preoccupa della sofferenza ma solo della guarigione del cliente
D. Il medico buono si preoccupa soprattutto della guarigione del cliente
E. Il medico cattivo agisce esclusivamente per interesse

23) "La realtà storica è unica, le diverse discipline e scienze operano su di essa, la interpretano e la rappresentano attraverso specifici linguaggi, artistici, tecnici, comuni, matematici, scientifici, musicali, filosofici. Dietro ogni linguaggio c'è un'epistemologia, una particolare struttura logica che coglie una prospettiva, un punto di vista, ma l'acquisizione dei diversi sistemi concettuali deve essere coerente. È solo l'unità delle prospettive che forma il patrimonio culturale, che consente di cogliere sistemi, connessioni e relazioni nel tutto. Interdisciplinarità non significa allora fine delle discipline né annullamento delle differenze. Annullare una disciplina potrebbe comportare la riduzione di una parte della realtà. L'interdisciplinarietà non è un complesso di conoscenze, è una metodologia, anche didattica, una forma mentis, un modo diverso non solo di costruire conoscenze e d'insegnare, ma anche di comprendere e di vivere la realtà, l'ambiente socio-culturale e storico-geografico che ci circonda. Uno dei più rilevanti problemi del nostro tempo è proprio 'la sintesi delle conoscenze, possibile solo in una visione interdisciplinare complessiva che riconduca anche le scienze e la tecnologia alla ricerca sull'uomo. La sintesi interdisciplinare non è mai una somma, né il risultato di esemplificazioni: è l'interazione di linguaggi diversi, tradotti, confrontati, interconnessi e armonizzati attraverso la scoperta di analogie e differenze. La cultura della complessità si sviluppa in una difficile e sofferta dicotomia tra umanisti e scienziati, che non sembra ancora riuscire a conciliare la differenziazione e l'autonomizzazione con l'interconnessione sistemica. Scienza e tecnologia debbono tornare a essere strumenti finalizzati all'uomo, alla sua felicità e libertà, per prevenire quella eliminazione della libertà personale, quella dittatura non più fisica, ma mentale, ipotizzata da George Orwell in 1984, attraverso il tentativo di rendere immortale il Grande Fratello. La scuola deve confrontarsi sulla dicotomia tra la cultura umanistica e quella scientifico-tecnologica, e i docenti non possono delegare ai singoli studenti il problema, rimasto insoluto all'interno del loro team, di far interagire linguaggi, significati, messaggi ed epistemologie".

L. Salvucci, *I limiti delle discipline*, Iter, Treccani, IV, 13, 2001

UNA SOLA delle seguenti affermazioni PUÒ essere dedotta dal testo di Salvucci. Quale?

A. Differenziazione e autonomizzazione possono essere conciliate ed è interesse di tutti che si lavori in questa direzione
B. Quando non vi riescano i docenti, saranno gli studenti a mettere in relazione le diverse discipline e metodologie
C. L'interdisciplinarietà permette straordinarie acquisizioni conoscitive in ogni campo del sapere
D. Non è lecito finalizzare la scienza, che è autonoma, e la tecnologia alla felicità dell'uomo
E. La tecnologia minaccia sempre inevitabilmente la libertà degli uomini, come dichiara Orwell nel suo 1984

24) "*La giustizia non esiste di per se stessa, ma solo nei rapporti reciproci e nei luoghi dove si stipula il patto di non fare o di non ricevere danno*".

Epicuro, *Massime*

La concezione della giustizia quale appare in questa massima di Epicuro è:

A. universale
B. umanitaria
C. civile
D. relativa
E. naturale

25) "*Il maestro disse: «Soltanto dopo i primi freddi ci accorgiamo che il pino e il cipresso conservano più a lungo le loro foglie»*".

(Confucio, *Massime*, a c. di P. Santangelo, Roma, Newton Compton, 2005, p. 92)

Fuor di metafora l'aforisma intende verosimilmente suggerire che:

A. non tutte le specie vegetali possiedono la stessa vitalità
B. i primi freddi sfrondano la maggior parte delle piante
C. solo gli alberi d'alto fusto resistono alle intemperie
D. nei momenti difficili si riconoscono gli uomini superiori

E. gli uomini sono come le foglie degli alberi d'autunno

La memoria è la capacità di conservare esperienze e informazioni del mondo che ci circonda; questa capacità influenza notevolmente il nostro modo di affrontare la vita e le nuove esperienze. Il funzionamento della memoria è ben diverso da quello di una macchina cinematografica: mentre quest'ultima registra ciò che avviene davanti all'obbiettivo e lo ripresenta agli spettatori sempre nello stesso modo, la memoria registra e conserva solo alcune informazioni. A distanza di tempo, solo alcune permangono intatte, altre vengono cancellate o divengono di difficile recupero, altre ancora vengono trasformate in modo irriconoscibile. Un ricco quadro dei meccanismi della memoria si può ritrovare negli scritti di Proust, che descrive la realtà attraverso le distorsioni e le omissioni prodotte dalla memoria. I ricordi in Proust sono qualcosa di più di "vivide immaginazioni del passato, rappresentano una categorizzazione di eventi del passato e del presente, colorati da reazioni emozionali". Proust mostra, in particolare, che i ricordi possono essere suscitati da sensazioni banali, come sapori e odori. Le sue descrizioni letterarie vengono di recente considerate ricche di intuizioni stimolanti anche da parte di ricercatori nel campo delle neuroscienze. La memoria per gli antichi era un artificio per retori e predicatori che dovevano parlare in pubblico senza appunti. Poi diventa nei secoli una disciplina di più ampia portata che si carica perfino di significati filosofici e religiosi. Nell'Ottocento inizia a essere studiata da medici, neurologi e psicologi e in questo secolo anche dagli informatici. Gli studi sulla memoria devono essere inquadrati nell'ambito delle teorie contrastanti relative al cervello. Nel corso dell'Ottocento si sono contrapposte due teorie sul cervello: una teoria olistica e una teoria della localizzazione delle funzioni. Secondo la prima, il cervello funziona come una totalità ed è impossibile, per esempio, predire le conseguenze specifiche di qualsiasi forma di lesione cerebrale. La seconda sostiene invece che il cervello è composto da un insieme di regioni funzionali altamente specializzate, relative, per esempio, alla parola, al movimento o alla visione.

26) In base a quanto riportato nel brano, secondo la teoria olistica:

A. il cervello è formato da regioni funzionali altamente specializzate
B. la memoria è un artificio per retori e predicatori
C. non è possibile suddividere il cervello in base alle sue funzioni
D. la parola e il movimento hanno sede in regioni differenti del cervello
E. è possibile prevedere le conseguenze specifiche di un danno cerebrale

27) In base a quanto riportato dall'autore del brano, quale delle seguenti alternative è deducibile correttamente?

A. Il funzionamento della memoria è simile a quello di una macchina cinematografica
B. A distanza di tempo dalla registrazione da parte della memoria delle informazioni, la maggior parte di esse viene cancellata
C. La memoria è la capacità di conservare intatte, a distanza di tempo, la maggior parte delle esperienze e informazioni del mondo che ci circonda
D. Tutte le informazioni conservate nella memoria subiscono un processo di modifica che le rende irriconoscibili

E. Sono due le teorie ottocentesche sul cervello entro cui inquadrare gli studi sulla memoria: una teoria olistica e una teoria della localizzazione delle funzioni

28) In base a quanto riportato nel brano, secondo Proust i ricordi:

A. alloggiano in una regione limitata del cervello
B. sono legati esclusivamente ai sapori e agli odori
C. possono essere suscitati da odori
D. non sono mai suscitati da sensazioni banali
E. sono solo "vivide immaginazioni del passato"

29) Secondo l'autore del brano, la memoria:

A. riproduce le informazioni similmente a una macchina cinematografica
B. nel secolo attuale è studiata dai soli informatici
C. è un artificio
D. è una facoltà attinente all'intero cervello e non una sua funzione
E. influenza il modo di affrontare la vita

30) Data la frase: "La piazza era il luogo dove le persone si conoscevano, discorrevano, facevano affari, trascorrevano il tempo libero", quale delle seguenti alternative sostituisce correttamente il termine *discorrevano* senza alterare il significato della frase?

A. Litigavano
B. Correvano
C. Livellavano
D. Conversavano
E. Blateravano

Conoscenze e competenze acquisite negli studi

31) Secondo i principi del liberismo economico:

A. è necessario l'intervento dello Stato nella economia
B. lo Stato deve intervenire nelle fasi di recessione economica con misure volte a sostenere l'occupazione
C. il libero agire del mercato garantisce l'equilibrio, senza alcun intervento da parte dello Stato
D. il libero agire del mercato porta inevitabilmente alla recessione e alla disoccupazione
E. ogni Stato deve specializzarsi in produzioni economiche compatibili con le risorse possedute

32) Da chi è esercitato nel nostro ordinamento il potere esecutivo?

A. Dal Parlamento
B. Dalla Magistratura
C. Dal Governo
D. Dalla Corte dei Conti
E. Dalle Regioni

33) Quale tra i seguenti avvenimenti è accaduto prima?

A. L'uragano Katrina devasta la città di New Orleans
B. Esplode un reattore nucleare a Chernobyl
C. A Pechino viene repressa nel sangue la protesta pacifica di piazza Tien An Men
D. Alle Olimpiadi di Monaco di Baviera, un commando palestinese uccide undici atleti israeliani
E. Un forte terremoto scuote l'Irpinia

34) Quale dei seguenti avvenimenti si colloca cronologicamente tra il crollo del regime di Salazar in Portogallo e l'unificazione delle due Germanie?

A. La fine dell'impero cinese
B. L'inizio della guerra del Vietnam
C. L'indipendenza dell'India
D. L'avvio della Perestrojka di Michail Gorbacëv
E. La guerra di Corea

35) Ritenevano che la quantità totale di ricchezza fosse più o meno stabile e che si dovesse quindi cercare di acquisirne la maggior parte possibile; tendevano ad identificare la ricchezza con la moneta e i metalli preziosi; si sforzavano di scoraggiare le importazioni; facevano di tutto per favorire le produzioni nazionali e le esportazioni; puntavano ad esportare prodotti ad alto valore aggiunto piuttosto che materie prime; valorizzavano le corporazioni come strumento per favorire la competitività delle merci nazionali.
Stiamo parlando degli esponenti di uno dei seguenti orientamenti:

A. socialismo
B. liberismo
C. fisiocrazia
D. mercantilismo
E. liberalismo

36) Considerando che alcune parole cambiano completamente significato passando da un genere all'altro, indicare tra le seguenti la coppia di termini del tutto estranei.

A. Alunno – alunna
B. Postino – postina
C. Gatto – gatta
D. Collo – colla
E. Muro – mura

37) Osservando il grafico proposto, che evidenzia la ripartizione della forza lavoro in Italia con riferimento ai diversi settori produttivi, si può affermare che:

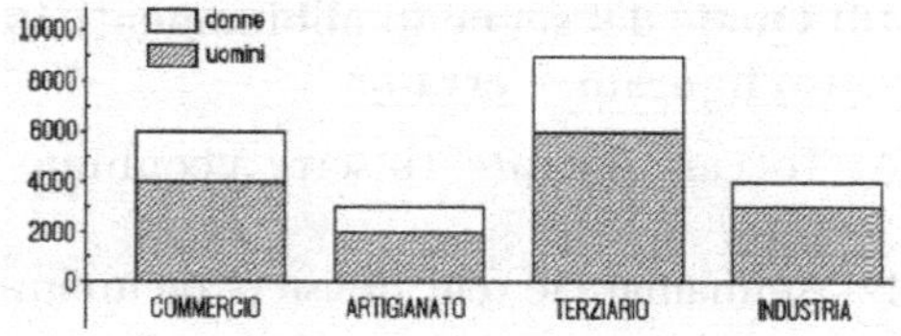

A. I settori industria e terziario presentano uguali tassi occupazionali per le donne
B. Il settore che mostra un maggior numero di donne occupate è l'industria
C. Il settore che mostra un maggior numero di donne occupate è il terziario
D. Il settore che mostra un maggior numero di donne occupate è il commercio
E. Il settore che mostra un maggior numero di donne occupate è l'artigianato

38) Individuare l'alternativa che completa la seguente frase: "Tutti i cittadini hanno pari ______ sociale e sono eguali davanti alla legge, senza ______ di sesso, di razza, di lingua, di religione, di opinioni ______ , di condizioni personali e sociali".

A. dignità; distinzione; politiche
B. etica; parità; collettive
C. moralità; differenza; personali
D. opportunità; similitudine; pubbliche
E. libertà; distacco; prevalenti

39) Individuare l'abbinamento non corretto tra autore e opera:

A. *All'ombra delle fanciulle in fiore* – Marcel Proust
B. *1984* – Ray Bradbury
C. *Gita al faro* – Virginia Woolf

D. *Il giovane Holden* – Jerome David Salinger
E. *Il ritratto di Dorian Gray* – Oscar Wilde

40) Quale dei seguenti abbinamenti, in senso figurato, è errato?

A. Toccare il cuore: riuscire a commuovere
B. Ammainare le vele: desistere da un'impresa
C. Mettere molta carne al fuoco: voler fare molte cose in una volta
D. Puntare i piedi: impuntarsi in un proposito
E. Starsene nel proprio brodo: condividere euforicamente un risultato conseguito

Ragionamento logico

41) "Affinché l'atleta vinca le Olimpiadi, occorre che si alleni tutto l'anno". Se l'affermazione precedente è vera, quale delle seguenti deve essere vera?

A. È sufficiente che l'atleta si alleni tutto l'anno perché vinca le Olimpiadi
B. Se l'atleta non ha vinto le Olimpiadi, allora non si è allenato tutto l'anno
C. Se l'atleta non si allena tutto l'anno, allora non vince le Olimpiadi
D. Se l'atleta si allena tutto l'anno, allora vince le Olimpiadi
E. Anche se l'atleta si allena tutto l'anno non vince le Olimpiadi

42) Uno dei seguenti abbinamenti non è congruente con gli altri. Quale?

A. Dannoso/nocivo
B. Biasimevole/reprensibile
C. Negletto/curato
D. Negligente/svogliato
E. Perspicace/acuto

43) "Alcuni animali belano. Ponny bela. Alcuni animali sono pecore". In base alle precedenti informazioni, quale delle seguenti affermazioni è certamente vera?

A. Ponny è un animale
B. È possibile che Ponny sia un animale
C. Gli animali che belano sono pecore
D. Ponny è una pecora
E. Ponny è un animale, ma non una pecora

44) "Tutti i postini sono dinamici; Arturo è audace; tutte le persone audaci sono dinamiche". In base alle precedenti affermazioni, quale delle seguenti è necessariamente vera?

A. Tutti i postini si chiamano Arturo
B. Arturo è un postino
C. Arturo è dinamico
D. Tutti i postini sono audaci
E. Tutte le persone dinamiche sono audaci

45) La frase "ogni giorno in cui vado al mare c'è vento" è falsa. Allora è vero che:

A. vado al mare perché c'è vento
B. non ho mai trovato vento al mare
C. un solo giorno in cui sono andato al mare c'era vento
D. quando c'è vento io sono al mare
E. vi è almeno una giornata in cui sono andato al mare e non c'era vento

46) In un circo, Enrico, l'unica persona incaricata di dare da mangiare agli animali nei recinti, inizia il suo lavoro alle 6:30 del mattino. Si sa che:

1) Enrico si ferma 15 minuti presso ciascun recinto
2) le tigri vengono nutrite prima degli elefanti ma dopo gli orsi
3) i cavalli sono nutriti 15 minuti dopo gli orsi
4) i leoni sono nutriti dopo gli elefanti

Enrico alle 6:50 nutrirà:

A. i cavalli
B. gli orsi
C. le tigri
D. gli elefanti
E. i leoni

47) Negare la frase "Tutti gli uomini ricchi sono intelligenti" significa affermare che:

A. almeno un uomo ricco non è intelligente
B. tutti gli uomini poveri sono intelligenti
C. nessun uomo povero è intelligente
D. nessun uomo ricco è intelligente
E. almeno un uomo povero non è intelligente

48) Un tassista applica una tariffa di euro 1,00 a chilometro per i primi 3 chilometri, e 70 centesimi a chilometro per il resto del tragitto. Io vado in taxi dalla stazione a casa e pago un importo di euro 10,00 al tassista, inclusi 70 centesimi di mancia.
Quanto dista casa mia dalla stazione?

A. 12 chilometri
B. 9 chilometri
C. 14 chilometri
D. 13 chilometri
E. 10 chilometri

49) Il biglietto del bus per un bambino è più economico di quello per un adulto, ma costa più della metà di quello di un adulto. Il costo totale di una corsa per un adulto e due bambini è 1,20 euro. Le tariffe del biglietto per gli adulti sono multipli di 0,10 euro.
Qual è la tariffa del biglietto per adulti?

A. 0,60 euro
B. 0,30 euro
C. 0,70 euro
D. 0,50 euro
E. 0,40 euro

50) Un quadrato è costituito di 49 piccoli quadrati bianchi tutti uguali tra di loro. Vengono colorati in rosso i quadrati che ne costituiscono il bordo. Quanti quadrati restano bianchi?

A. 35
B. 36
C. 25
D. 16
E. 21

RISPOSTE CORRETTE

1) D	11) C	21) E	31) C	41) C
2) D	12) E	22) D	32) C	42) C
3) B	13) A	23) A	33) D	43) B
4) B	14) D	24) D	34) D	44) C
5) E	15) C	25) D	35) D	45) E
6) A	16) D	26) C	36) D	46) A
7) B	17) A	27) E	37) C	47) A
8) C	18) A	28) C	38) A	48) A
9) D	19) E	29) E	39) B	49) D
10) C	20) C	30) D	40) E	50) C

TEST 4

Comprensione del testo e conoscenza della lingua italiana

La decadenza moderna

Una chiara differenza tra il mondo antico e l'epoca in cui viviamo oggi è la velocità del progresso tecnologico e l'applicazione immediata dei risultati delle ricerche scientifiche, grazie ad una tecnologia sempre più sofisticata. Mentre l'eolipila inventata da Erone di Alessandria, considerata l'antenata della macchina a vapore, rimase un giocattolo, le scoperte degli scienziati e degli inventori moderni sono state immediatamente utilizzate a fini pratici. A questo riguardo il XIX e il XX secolo differiscono dalle epoche precedenti "per l'elevato numero di scoperte scientifiche che hanno trovato un'applicazione utilitaristica; si tratta di un numero così elevato da non avere precedenti nella storia dell'umanità".

Il fatto che il progresso tecnologico prosegua e sia sempre più veloce non permette di cogliere il declino della nostra epoca, anche se questo declino non ha assolutamente raggiunto il grado di sterilità culturale della Roma del III e del IV secolo d.C. La nostra situazione è più simile a quella dei Greci, la cui fiducia nel progresso, soprattutto nella tecnologia e nella medicina, proseguì dal periodo d'oro del V secolo fino al IV secolo a.C.; analogamente, una simile fiducia nel progresso e in particolare nella tecnologia e nella medicina si ritrova a partire dal XIX secolo fino ad oggi. Non ci fu tuttavia "alcuna diminuzione dell'energia creativa": fu l'epoca dei più grandi oratori e filosofi, si svilupparono nuove forme di arte e letteratura, furono compiuti importanti progressi in matematica e in astronomia. Ma, come nel nostro caso, "almeno qualcosa dell'antica fiducia era andato perduto".

Oggigiorno il progresso scientifico e tecnologico prosegue senza sosta e l'esplorazione dello spazio ha condotto a straordinarie scoperte astronomiche. La creatività che ha dato vita a nuove forme di cultura – i romanzi di fantascienza, l'impressionismo in arte e in letteratura, i risultati raggiunti dal cinema, dalla radio e dalla televisione – continua: siamo molto lontani dalla sterilità culturale che regnava a Roma nel IV secolo d.C. Ciò che, invece, minaccia questo sviluppo culturale e che più assomiglia alla situazione dell'antica Roma è l'architettura contemporanea. Nel III secolo l'ordine classico si era dissolto in pareti spoglie e facciate nude, allo stesso modo in cui le nostre abitazioni in vetro e cemento hanno preso il posto degli edifici del XIX e dell'inizio del XX secolo, così variegati nello stile e nelle decorazioni.

In scultura, Thorwaldsen, Gibson e Bates, uniti al fascino spensierato di Carpeaux, segnano il tramonto di una lunga tradizione, sebbene alcuni elementi di essa permangono nelle forme voluminose di Maillol e Henry Moore. Con Rodin qualcosa di nuovo è comparso: il suo "Balzac" riflette lo spirito e la personalità del soggetto per mezzo di effetti di chiaroscuro, illusioni ottiche che si sostituiscono a forme ben delineate, oppure nell'argilla modellata per dare corpo alle sue figure umane dotate di una plasticità che permane nella colata di bronzo e persino nella copia di marmo. Questo stile ricorda la scultura impressionista del III secolo ed è proseguito con molti esperimenti moderni di natura più o meno astratta. A questo proposito poi il ruolo giocato dal disegno astratto può essere equiparato alla varietà di motivi non-figurativi del post-classicismo e del periodo bizantino, più tardi intensificato dall'iconoclastia e dall'influenza dell'Islam. Le tendenze eterogenee e anarchiche dell'arte contemporanea sono espressione dell'angoscia dei tempi moderni – ciò si vede maggiormente negli stili pittorici che rompono con la forma classica, fino alla successiva corrente artistica rappresentata da Picasso, dal naturalismo all'astrattismo e al simbolismo.

L'imminente angoscia dell'epoca è espressa, nel XIX secolo, da artisti come Van Gogh, in particolare nei suoi autoritratti, nei suoi paesaggi tormentati e angosciosi e nell'"Urlo" di Munch del 1893. Quasi un secolo prima Goya dipinse il suo "3 maggio 1808". Nei "Disastri della guerra" e nelle "Pitture nere" dell'ultima fase della sua vita egli presenta la guerra e ogni sorta di malvagità in un modo completamente diverso dal classicismo accademico. Un altro secolo dovette trascorrere prima che il crudele spreco e la mutilazione di giovani vite giungesse alla coscienza pubblica nei terribili anni che seguirono le entusiasmanti aspettative dell'agosto 1914. Goya, tuttavia, aveva già ritratto gli effetti della guerra negando l'umanità tra corpi in decomposizione, donne stuprate e i gemiti dei loro figli. La sete di sangue, il male sadico è rappresentato nelle "Follie" – in esse non vi è spazio per il riso – e nei volti lascivi e nel mostruoso satanismo del "Sabba delle streghe" e in altre raffigurazioni del lato oscuro dell'esistenza umana. Anche Johann Heinrich Füssli guarda alle forze occulte che prendono potere, ma la completa visione di questa minaccia con cui il XIX secolo si è aperto è lasciata a Goya: l'inizio sinistro di una fase della storia, con tutte le sue torture, olocausti e massacri di soldati, il suo terrore e inumanità, comincia a rivaleggiare, nelle vite e nelle morti di milioni di individui, con le miserie dell'ultimo secolo a.C.

1) Quale tra le seguenti NON è una caratteristica dell'età contemporanea?

A. Una tecnologia sempre più sofisticata
B. Nuove forme di cultura
C. Una diminuzione dell'energia creativa
D. Tendenze anarchiche nell'arte
E. Un'architettura priva di decorazioni

2) Quale tra i seguenti fattori NON caratterizza la decadenza dell'arte nell'antica Roma?

A. I motivi non-figurativi
B. La scomparsa dell'ordine classico in architettura
C. La scultura impressionista
D. L'iconoclastia e l'influenza dell'Islam
E. L'arte divenuta sterile

3) Rodin segna uno snodo nello sviluppo della scultura moderna perché:

A. lavorava il bronzo e il marmo
B. ha rifiutato il fascino spensierato di Carpeaux
C. nelle sue opere non c'è continuità con il passato
D. il suo stile anticipa le scelte formali di Maillol e Moore

E. ha utilizzato illusioni ottiche e chiaroscuri per riflettere la personalità del soggetto rappresentato

4) Prendendo in considerazione i lavori artistici menzionati nel brano, la cosiddetta *"angoscia dell'epoca"* è stata espressa in pittura per la prima volta:

A. nei paesaggi di Van Gogh
B. negli autoritratti di Van Gogh
C. nell'"Urlo" di Munch
D. nelle opere di Füssli
E. nei "Disastri della guerra" di Goya

5) Per quale aspetto l'età contemporanea è più simile alla Roma del IV secolo d.C.?

A. La vita nell'antica Roma era culturalmente sterile così come nella nostra epoca
B. La fiducia nel progresso, soprattutto nella matematica e nell'astronomia
C. Ci sono delle similitudini tra l'architettura di Roma e quella della nostra epoca
D. L'arte dell'antica Roma ha continuato a svilupparsi così come accade nella nostra epoca
E. Sia a Roma che nella nostra epoca vi è fiducia nel progresso

Il giardino di Mendeleev

(Liberamente tratto da: *Oliver Sacks, "Zio Tungsteno", Adelphi Edizioni*)

Nel 1945 il Museo della Scienza di South Kensington fu riaperto e per la prima volta vidi la gigantesca tavola periodica che vi era esposta. La tavola, che copriva un'intera parete in cima alle scale, era in realtà una vetrina di legno scuro con una novantina di scomparti, ciascuno dei quali portava scritto il nome del proprio elemento, il suo peso atomico e il suo simbolo chimico. In ogni scomparto, poi, c'era un campione dell'elemento stesso. Il cartellino informava: «La classificazione periodica degli elementi secondo Mendeleev».

I primi che vidi furono i metalli, esposti a decine in tutte le forme possibili: barrette, cubi, fili, fogli, dischi, cristalli, masse di forma indefinita. Perlopiù erano grigi o argentei, alcuni avevano sfumature azzurre o rosa. In qualche caso le superfici erano brunite e risplendevano debolmente di giallo; poi c'erano i colori intensi del rame e dell'oro.

Nell'angolo in alto a destra c'erano i non metalli – i cristalli gialli dello zolfo e quelli rossi del selenio; il fosforo, immerso nell'acqua; e il carbonio, sotto forma di minuscoli diamanti e grafite.

C'era poi il boro, una polvere brunastra; e i cristalli di silicio, di una lucentezza nera, intensa, simile alla grafite.

A sinistra c'erano i metalli alcalini e i metalli alcalino-terrosi, tutti, tranne il magnesio, immersi in bagni protettivi di nafta. Fui colpito dal litio, nell'angolo più in alto a sinistra, perché, leggero com'era, galleggiava sulla nafta; e anche dal cesio, più in basso, che formava una pozzanghera luccicante sotto la nafta. Il cesio, questo lo sapevo bene, aveva un bassissimo punto di fusione, e quello era un giorno d'estate molto caldo. Tuttavia, non mi ero del tutto reso conto fino ad allora, che il cesio puro fosse dorato: al principio lanciava solo un bagliore, un lampo d'oro, sembrava emettere un'iridescenza con una lucentezza dorata; ma poi, osservato da un'angolazione diversa, appariva di un color oro puro, e sembrava un mare d'oro, o del mercurio dorato.

C'erano poi altri elementi che fino ad allora erano stati per me solo dei nomi e adesso per la prima volta li vedevo in tutta la loro diversità e la loro realtà. In quella mia prima, sensuale panoramica, percepii la tavola come un sontuoso ban-

chetto, un enorme desco apparecchiato con un'ottantina di portate diverse.
A quell'epoca avevo ormai acquisito familiarità con le proprietà di molti elementi e sapevo che essi formavano un certo numero di famiglie naturali, come quella dei metalli alcalini, dei metalli alcalino-terrosi e degli alogeni. Queste famiglie (che Mendeleev chiamò «gruppi») formavano le colonne verticali della tavola, con i metalli alcalini e quelli alcalino-terrosi a sinistra, gli alogeni e i gas inerti a destra, e tutto il resto collocato in quattro gruppi intermedi situati nel mezzo. Questi gruppi intermedi erano «gruppi» in un modo un po' meno chiaro - nel Gruppo VI, per esempio, vedevo lo zolfo, il selenio e il tellurio. Sapevo bene che questi tre elementi erano molto simili – ma che ci faceva in mezzo a loro l'ossigeno, proprio in testa al gruppo? Doveva esserci un principio più profondo – e infatti c'era. Era stampato in cima alla tavola, ma nella mia impazienza di osservare gli elementi, non gli avevo prestato attenzione alcuna.
Il principio più profondo, vidi poi, era la valenza. Il termine *valenza* non esisteva nei miei libri, Mendeleev fu uno dei primi ad avvalersene e a usarlo come fondamento per la classificazione, offrendo così qualcosa che non era mai stato chiaro prima: una base razionale per spiegare la tendenza degli elementi a formare famiglie naturali e ad avere profonde analogie chimiche e fisiche gli uni con gli altri. Mendeleev ora riconosceva otto di tali gruppi di elementi in termini di valenza.
Gli elementi del Gruppo I, ossia i metalli alcalini, avevano valenza 1: un atomo di questi elementi si combinava con un atomo di idrogeno per formare composti come LiH, NaH, KH, e così via. (Oppure con un atomo di cloro, per formare composti come LiCl, NaCl o KCl).
Gli elementi del Gruppo II, i metalli alcalino-terrosi, avevano valenza 2, e quindi formavano composti come $CaCl_2$, $SrCl_2$, $BaCl_2$, e così via. Gli elementi del Gruppo VIII avevano valenza massima 8.
Tuttavia, mentre classificava gli elementi in base alla valenza, Mendeleev era affascinato anche dal loro peso atomico, dal fatto che esso fosse unico e specifico per ciascun elemento. E se cominciò a elencare mentalmente gli elementi in base alla valenza, lo fece anche in termini di peso atomico. E ora, come per magia, i due criteri confluirono. Infatti, se disponeva gli elementi, in modo molto semplice, in ordine di peso atomico, costruendo quelli che chiamò «periodi» orizzontali, egli poteva constatare il ricorrere delle stesse proprietà e delle stesse valenze a intervalli regolari.

6) Quanti gruppi in termini di valenza individua Mendeleev?

A. Cinque gruppi
B. Tre gruppi
C. Otto gruppi
D. Quattro gruppi
E. Un gruppo

7) Mendeleev utilizzò anche il peso atomico per classificare gli elementi, in quanto:

A. è correlato alla valenza di un elemento
B. determina quali composti si possono formare con l'idrogeno
C. determina quali composti si possono formare con l'ossigeno
D. è unico e specifico per ciascun elemento
E. individua lo stato fisico di un elemento

8) Mendeleev si avvalse del concetto di "valenza":

A. per interpretare lo stato fisico degli elementi

B. per spiegare come il calcio e il bario formassero i composti CaCl e BaCl
C. per spiegare come gli elementi del gruppo VIII si combinassero con l'idrogeno
D. per sistemare il tellurio nel gruppo II
E. per spiegare le analogie chimiche e fisiche degli elementi

9) Nella classificazione degli elementi proposta da Mendeleev il peso atomico e la valenza:

A. non permettono di identificare in modo univoco i Gruppi e i Periodi
B. permettono di prevedere lo stato fisico nel quale si trova ogni elemento
C. sono due proprietà che devono essere utilizzate in alternativa per la costruzione della tavola periodica
D. non permettono di evidenziare il ricorrere ad intervalli regolari di proprietà chimicofisiche
E. sono due proprietà che devono essere utilizzate congiuntamente per la costruzione della tavola periodica

10) A proposito dei metalli alcalini e alcalino terrosi, l'autore osserva che:

A. il cesio aveva colore uguale a quello del mercurio
B. il litio aveva una densità maggiore di quella della nafta
C. la temperatura dell'ambiente era prossima al punto di fusione del cesio
D. il magnesio non doveva essere esposto all'aria
E. il cesio era opaco

Il cervello umano

Anche se computer e microscopi ci permettono oggi di raccogliere informazioni fino a poco tempo fa considerate irraggiungibili, le conoscenze acquisite corrispondono tuttavia a meno dell'1% di tutto quello che dovremmo sapere. Proprio quando i test in uso sembrano dimostrare che la mente funziona in un determinato modo, si scopre un nuovo test che prova esattamente il contrario o si trova un soggetto il cui cervello funziona in modo completamente diverso.
Grazie alle nostre ricerche ci siamo resi conto che la mente è infinitamente più complessa di quello che avevamo precedentemente supposto, e che un individuo con una mente "normale" ha potenzialità e capacità maggiori di quello che pensavamo.
Alcuni esempi chiariranno il concetto. La maggior parte delle discipline scientifiche, anche se riguardanti campi diversi, ruota attorno allo studio della mente. I chimici hanno un particolare interesse per le complesse strutture chimiche che esistono e interagiscono nelle nostre menti; i biologi sono sempre in lotta con le funzioni biologiche del cervello; i fisici trovano paralleli con le loro ricerche sulle estreme possibilità dello spazio; gli psicologi stanno tentando di comprendere la mente in modo completo e trovano l'esperienza frustrante come se tentassero di mettere un dito su una piccola goccia di mercurio; i matematici, che hanno elaborato modelli per i più sofisticati computer e per l'universo intero, ancora non hanno trovato una formula per le operazioni che hanno luogo nelle nostre menti, regolarmente, giorno dopo giorno.
Quello che siamo riusciti a scoprire in questi ultimi dieci anni è che il nostro cervello è diviso in due parti, ciascuna delle quali svolge attività molto diverse; i modelli potenziali del cervello sono risultati inoltre molto più estesi di quanto si pensasse alla fine degli anni Sessanta e abbiamo anche capito che il cervello ha bisogno di tipi di alimenti molto differenti, se lo si vuole mantenere in vita.

Nei laboratori della California, fra la fine degli anni Sessanta e l'inizio degli anni Settanta, furono avviate delle ricerche che avrebbero cambiato la storia della nostra comprensione del cervello umano; quelle stesse ricerche avrebbero condotto Roger Sperry, del California Institute of Technology, al premio Nobel e avrebbero recato a Robert Ornstein fama mondiale per il suo lavoro sulle onde del cervello e sulla specializzazione delle funzioni.
Furono proprio Sperry e Ornstein a scoprire che le due parti del cervello, o i nostri due cervelli, collegati da un sistema straordinariamente complesso di fibre nervose chiamato Corpus Callosum, hanno a che fare con tipi diversi di attività mentale.

(Archivio Selexi)

11) La tesi di fondo sostenuta dall'autore del brano è che:

A. il funzionamento del cervello umano è ancora avvolto da molti misteri
B. esistono test in grado di chiarire in modo inequivocabile il funzionamento del cervello
C. la scienza riuscirà a risolvere ogni dubbio sul funzionamento del cervello
D. il cervello ha una struttura più semplice di quanto non si pensasse nella prima metà del secolo scorso
E. il funzionamento del cervello, per quanto molto complesso, è identico in tutti gli individui

12) Nel brano si afferma che:

A. Sperry e Ornstein confutarono che le due parti del cervello sono collegate dal Corpus Callosum
B. nella seconda metà del XIX secolo, nei laboratori californiani, si effettuarono ricerche sull'attività cerebrale dell'uomo
C. Roger Sperry ebbe grande fama per le sue scoperte sulle onde del cervello
D. i matematici non sono ancora stati in grado di rappresentare le operazioni che hanno luogo nella mente umana
E. Robert Ornstein vinse il premio Nobel

13) Dal brano si ricava che le due parti del cervello umano:

A. dipendono dall'ampiezza del Corpus Callosum
B. svolgono attività diverse
C. si mantengono vitali grazie a pochi tipi di alimenti
D. risultano molto più estese di quanto si pensasse tre decenni fa
E. producono onde identiche

14) In quale periodo è stato scritto il brano?

A. Non vi è alcun riferimento univoco per poterlo dedurre
B. Nel 1969
C. Prima del 1970
D. Negli anni Sessanta
E. Dopo il 1970

15) Dal brano si deduce che:

A. i fisiologi hanno scarso interesse a studiare il funzionamento del cervello
B. fino al 1960 il funzionamento del cervello umano era totalmente sconosciuto
C. gli psicologi fanno esperimenti con il mercurio
D. lo studio della mente è il perno di molte discipline scientifiche
E. il cervello utilizza lo zucchero come fonte di energia

Le comunicazioni pubblicitarie di farmaci

In Italia la materia della pubblicità dei farmaci è regolata dal decreto legislati-

vo n. 541 del 30 dicembre 1992 (attuazione della Direttiva 92/28/CEE). Il decreto definisce la pubblicità in questo campo come "qualsiasi azione di informazione, di ricerca della clientela o di esortazione, intesa a promuovere la prescrizione, la fornitura, la vendita o il consumo di medicinali" (art. 1 comma 1), descrive dettagliatamente i requisiti necessari per ogni messaggio pubblicitario che abbia per oggetto farmaci e vieta qualsiasi forma di pubblicità al pubblico di farmaci che necessitano di prescrizione. Sono esclusi dal provvedimento gli operatori sanitari autorizzati a prescrivere o a dispensare un certo medicinale (medici e farmacisti) ai quali, appunto, le case farmaceutiche possono indirizzare messaggi pubblicitari (art. 7 comma 1).
È in ragione di questo assetto legislativo che, mentre dalla stampa e dalla tv sono banditi messaggi promozionali relativi agli psicofarmaci (e agli altri farmaci che necessitano di prescrizione), essi abbondano nelle riviste cosiddette "specialistiche" o "scientifiche", anche italiane, quelle che non si trovano abitualmente in commercio ma che necessitano di un abbonamento integrale, di un ordine di acquisto direttamente all'editore per singoli numeri, o che più semplicemente possono essere consultate nelle biblioteche scientifiche presso ospedali e poli universitari. Nel decreto non si fa menzione delle comunicazioni pubblicitarie elettroniche e la materia resta sostanzialmente priva di regolamentazione: il risultato è che la pubblicistica "medica", già fenomeno di massa negli altri media, sfugge in internet a qualsiasi possibilità di porre distinzioni nette nello spettro di declinazioni tra informazione scientifica e pubblicità dichiarata. Il caso delle farmacie elettroniche è solo il più eclatante.
Mentre il vecchio continente è sostanzialmente allineato a queste direttive, le cose negli Stati Uniti vanno diversamente e la pubblicità di farmaci prescrivibili, già autorizzata negli anni passati, ha recentemente conosciuto un'ulteriore accelerazione grazie a nuove e più permissive disposizioni della FDA in relazione al contenuto informativo degli spot pubblicitari.

(Da: Adamo e Benzoni, "Psychofarmers", Isbn Edizioni)

16) In Italia le case farmaceutiche possono indirizzare messaggi pubblicitari:

A. solo attraverso internet
B. a stampa e televisione
C. a chiunque
D. a operatori sanitari autorizzati a prescrivere o dispensare medicinali
E. alla clientela che consuma medicinali

17) Le riviste scientifiche:

A. arrivano in abbonamento solo a ospedali e poli universitari
B. sono l'unico canale promozionale per i medici negli Stati Uniti
C. si possono consultare solo nelle biblioteche scientifiche
D. sono l'unico canale promozionale degli psicofarmaci in Italia
E. hanno maggiore libertà di pubblicizzare farmaci in Europa piuttosto che in Italia

18) Secondo la legge italiana la pubblicità di medicinali può essere definita anche come:

A. pubblicistica "medica"
B. messaggio diretto a medici e farmacisti
C. informazione specialistica
D. esortazione che promuova la prescrizione e l'uso
E. informazione scientifica

19) Le farmacie elettroniche sono un fenomeno:

A. legato alla mancanza di regolamentazione della pubblicità elettronica di farmaci
B. solamente statunitense e non europeo
C. connesso al commercio di riviste "mediche" o "scientifiche"
D. esclusivamente italiano e non statunitense
E. sorto in Italia successivamente al 1992

20) Le comunicazioni pubblicitarie di farmaci che circolano attraverso internet:

A. rappresentano un escamotage attivato in Europa al fine di aggirare le limitazioni imposte dalla Direttiva 92/28/CEE
B. hanno recentemente subito un'accelerazione
C. non permettono di distinguere tra informazione scientifica e pubblicità dichiarata
D. vengono inviate a cura delle case farmaceutiche
E. sono vietate in Italia, ma non negli Stati Uniti

L'architetto nella società industriale

Abbiamo ancora presente alla memoria quell'unità dell'ambiente e dello spirito che vigeva ai tempi del cavallo e del landò. Sentiamo che la nostra epoca l'ha perduta, che la morbosità del nostro caotico ambiente attuale, la sua bruttezza spesso pietosa e il suo disordine sono nati dalla nostra incapacità a porre le fondamentali esigenze umane al di sopra di quelle industriali ed economiche. Sopraffatti dai miracolosi poteri della macchina, i desideri umani hanno naturalmente interferito col ciclo biologico della socialità umana, che è la salute stessa della comunità. Ai più bassi livelli sociali, l'essere umano è stato degradato, perché è stato usato come un utensile produttivo.
È questa la causa reale della lotta tra capitale e lavoro e del deteriorarsi delle relazioni comunitarie. Dobbiamo oggi fronteggiare il difficile compito di riequilibrare la vita della comunità e di rendere umano l'impulso della macchina. Comincia ad essere chiaro ai nostri occhi che le componenti sociali hanno un peso maggiore di tutti i relativi problemi tecnici, economici ed estetici. La chiave per ricostruire con successo il nostro ambiente – che è il grande compito dell'architetto – sarà la nostra determinazione a fare dell'elemento umano il fattore predominante. Tuttavia, malgrado lo sforzo di alcuni pochi tra noi, è evidente che non abbiamo ancora trovato il vincolo spirituale che ci unisca nello sforzo concertato di stabilire un denominatore culturale stabile almeno quanto basti a sopire i nostri timori e ad assurgere a un livello espressivo comune. Gli artisti tra noi devono essere ormai impazienti di giungere a questa sintesi, che renderebbe unitario quanto ancor oggi è infelicemente disintegrato e sconnesso.
Non può negarsi che l'arte e l'architettura erano divenute fini a se stesse, sul puro piano estetico, perché avevano perduto il contatto con la comunità e col popolo durante la rivoluzione industriale. Gli ornamenti esterni di un edificio erano disegnati principalmente per emulare e superare quelli dell'edificio vicino, anziché per evolversi come tipo ed essere continuativamente ed unitariamente usati entro un'organica struttura comunitaria. Il rilievo dato alla diversità anziché alla ricerca di un denominatore comune, ha caratterizzato l'ultima generazione di architetti, che paventavano l'influenza antiumana della macchina.

La teoria dell'architettura moderna riconosce la priorità delle esigenze sociali e umane e accetta la macchina come il moderno vincolo formale per soddisfare appunto queste esigenze.
Se ci guardiamo indietro scopriamo nel passato un fatto curioso: veniva realizzata una combinazione di ambedue gli elementi, un denominatore comune di espressione formale e di verità individuale. Il desiderio di produrre una forma tipica soddisfacente sembra essere una funzione della società, e ciò è stato vero assai prima dell'impulso dato dall'industrializzazione.
Il termine "standard" in quanto tale non ha nulla a che vedere con i mezzi di produzione – l'utensile manuale o la macchina. Le nostre future case non saranno necessariamente uguali, irreggimentate, a causa della standardizzazione e della prefabbricazione: la naturale concorrenza sul libero mercato s'incaricherà di assicurare la varietà differenziata delle parti componenti gli edifici, allo stesso modo in cui oggi rinveniamo sul mercato una ricca varietà di tipi di oggetti fatti a macchina, di uso quotidiano. Gli uomini non hanno esitato ad accettare forme standard, forme "tipo", largamente riprodotte, nei periodi anteriori alla civiltà industriale. Queste forme unitarie derivavano dai loro mezzi di produzione e dalla loro maniera di vivere. Rappresentavano una combinazione dei migliori contributi che molti individui avevano portato alla soluzione di un problema. Le forme architettoniche tipo del passato esprimono un felice connubio di tecnica e di fantasia, anzi una completa fusione di ambedue. Dovrebbe essere resuscitato quello spirito – ma niente affatto le sue determinate forme espressive – col nostro nuovo mezzo di produzione, la macchina.

21) Il carattere caotico del nostro ambiente deriva:

A. da un'infausta contingenza economica e industriale
B. da un malinteso senso della monumentalità
C. dalla prevalenza di istanze economiche e industriali su quelle umane
D. dalla lotta fra capitale e lavoro
E. dal contrasto fra l'ambiente ed il ciclo biologico della socialità umana

22) Il difetto dell'architettura consiste:

A. nell'arretratezza tecnologica
B. nella passiva imitazione degli ornamenti del passato
C. nell'eccessiva standardizzazione
D. nella ricerca della diversità ad ogni costo
E. nella mancanza di funzionalità

23) Per combattere il degrado dell'ambiente occorre:

A. accettare la macchina come vincolo formale
B. condividere un riferimento culturale comune
C. riaffermare l'autonomia degli artisti
D. lasciare libertà ai singoli
E. migliorare una educazione puramente artistica

24) La standardizzazione:

A. ha caratterizzato l'ultima generazione di architetti
B. nasce dall'omologazione culturale
C. rappresenta un ritorno al passato
D. sottende fedeltà alla tradizione artigianale
E. non esclude soluzioni differenziate

25) La ricerca di forme tipiche:

A. deriva dal processo di accettazione sociale

B. è la soluzione del problema
C. esprime una costante esigenza della società
D. è caratteristica solo dell'età moderna
E. dimostra la prevalenza della fantasia

L'unità politica e culturale

Tra questa varia opera pratica e culturale, e dei singoli non meno dello stato, si veniva svolgendo un processo di somma importanza, sebbene non avvertito, la formazione di una comune vita italiana, cioè il superamento delle vite regionali, chiuse ciascuna nel suo circolo e, tra loro, se non ostili, estranee e indifferenti.
Si suol dire che l'Italia già esisteva prima che pervenisse a unità statale; e, certo, esistevano una lingua e letteratura italiana, talune comuni sebbene remote e in parte immaginarie origini storiche, e, assai recenti, alcune aspirazioni politiche simili o analoghe, che cercavano di appoggiarsi le une alle altre e prender forza dall'unione. Ma una vita sociale e culturale comune non è veramente effettiva senza la base dell'unità statale, con comuni interessi politici, comuni fortune e sfortune, con la collaborazione delle varie parti agli stessi fini; la quale unità statale non ha interesse ad ostacolare, ma anzi a promuovere la comunione in tutto il rimanente.
Non è meraviglia che il processo unitario italiano facesse udire, al suo principio, qualche stridore di contrasti; e meraviglioso è piuttosto che quello stridore fosse così lieve e così presto svanisse, contro le attese e le speranze, all'interno, di coloro che avevano di mal grado subito l'unità e tenevano impossibile che i piemontesi e napoletani e toscani e siciliani se ne sarebbero stati in pace e in accordo, e di parecchi stranieri, che, innamorati della pittoresca varietà delle popolazioni italiane, e inferendo da essa radicali e insuperabili differenze, facevano non diverso prognostico. Quegli stessi piccoli contrasti vennero segnatamente da uomini che, per aver trascorso una parte dei loro anni migliori nei vecchi stati italiani, erano ricordevoli del passato, delicati nell'amor proprio regionale, corrivi a veder dappertutto offese di legittimi interessi e di cari e rispettabili sentimenti, e a giudicare superflui e dannosi, e fatti per cervellotica smania di uniformità, i mutamenti di leggi e di istituti; ma si dileguarono con quegli uomini o col rasserenarsi dei loro animi.
Pure, anche quando il malessere economico del Mezzogiorno proruppe, non prese forma di rivolta o protesta regionale, ma di disfavore a un partito governante e di favore a un altro, che prometteva miglior governo e grandi benefici a tutti gli italiani; e le cattive condizioni di quelle provincie furono svelate e proposte alla discussione prima da italiani di altre parti d'Italia che da quelli del Mezzogiorno, e questi stessi trovarono ascolto e consenso più nella grande vita italiana che nelle loro particolari regioni.
Il vero è che gli uffici esercitati dalle medesime persone nelle più varie parti d'Italia, gli agevoli e frequenti viaggi, l'amministrazione, il parlamento, la capitale, il commercio e i viaggiatori di commercio, i giornali, la letteratura rendevano di giorno in giorno più familiari gli affetti, le costumanze, la psicologia, le favelle di tutte le parti d'Italia a tutte le parti; e il servizio militare, come si è detto, non regionale, produceva simili effetti tra i popolani e i contadini. Riprese a fiorire la letteratura dialettale d'arte, che è, per l'appunto, un moto centripeto e non, come talvolta stortamente fu interpretato, centrifugo; e le commedie piemontesi del Bersezio, e quelle veneziane del Gallina e del Selvatico, e quel-

le milanesi del Ferravilla, e altre di altri dialetti, fecero ridere o lagrimare tutti i pubblici d'Italia, e le canzoni del Di Giacomo e degli altri canzonettisti napoletani furono cantate dappertutto, e i versi romaneschi del Belli e del Passarella dappertutto ripetuti e citati come motti e proverbi. La quale più stretta conoscenza reciproca non diminuì ma accrebbe le virtù e le attitudini di ciascuno, e la Toscana fu maestra di temperanza e di garbo, la Lombardia di operosità industriale e commerciale, l'Italia meridionale di un modo più robusto e filosofico d'intendere i problemi della teoria e della pratica, e via discorrendo.

Non si disciolsero gli antichi centri di cultura, perché la capitale politica non era in grado di attirare a sé la vita spirituale della nazione, né tutta né nella sua maggiore e miglior parte: Milano (per la quale sorse allora la denominazione di "capitale morale" d'Italia), Torino, Bologna, Firenze, Napoli e le altre grandi città mantennero un loro proprio ufficio variamente specificato, che è di gran vantaggio per la più ricca vita culturale della nazione e che la troppo accentrata Francia soffre di non possedere; ma il loro chiuso carattere regionale venne grandemente scemando. Chi nacque ancora in tempo da vedere quelle città tra il vecchio e il nuovo, e conobbe quella generazione che era stata già suddita del re di Sardegna, del reale imperiale governo, del granduca di Toscana, del Papa e dei Borboni delle Due Sicilie, e godé gli ultimi strascichi di certe costumanze popolari, e ammirò la magnificenza dei palagi signorili e lo sfoggio dei cavalli e dei cocchi, e ricevette le parole dei vecchi dotti e letterati e magistrati e militari, i loro giudizi e i loro racconti, che recavano ancora le aure dei tempi napoleonici e delle restaurazioni e del ventuno, e perfino talvolta le più lontane e quasi leggendarie del '99, sente la dolcezza e insieme la malinconia del ricordo, ma prova nient'altro che quello che sempre si prova allo spettacolo dei tramonti, e, fuori di questa nostalgia del sentimento, deve giudicare che al passato che tramontava succedeva un presente più civile, più intelligente, più serio, e che al perduto fascino della vecchia Torino e della vecchia Napoli era buon compenso il largo respiro della vita italiana. Più attuali, e assai dolci, erano le conoscenze che si legavano con uomini di tutte le parti d'Italia, e nelle argute conversazioni il reciproco comunicarsi di notizie, e di quel che faceva il Carducci a Bologna, il Boito e il Giacosa a Milano, e il De Sanctis e il Morelli a Napoli, e il Verga in Sicilia, e simili, e di quel che si preparava dagli uni e dagli altri, e i disegni di opere comuni.

26) L'unità politica:

A. ebbe solo un carattere dinastico-militare
B. rispecchiò gli interessi delle classi meno abbienti
C. fu preceduta da manifestazioni di unità sul piano culturale
D. trovò la società impreparata
E. ebbe il suo centro nel Regno delle due Sicilie

27) Il centralismo:

A. fu analogo a quello francese
B. non fu sostenuto dai ceti borghesi
C. non eliminò le funzioni dei centri regionali
D. inasprì la pressione fiscale
E. fece sparire le culture locali

28) Le difficoltà di ordine economico sofferte dal Mezzogiorno italiano:

A. furono l'effetto di speculazioni finanziarie

B. produssero una reazione diretta contro un certo fronte politico
C. generarono reazioni violente fra la popolazione
D. penalizzarono soprattutto il proletariato industriale
E. si esaurirono rapidamente

29) Il processo di unificazione:

A. fu accompagnato da sentimenti nostalgici
B. non ebbe risvolti di carattere religioso
C. si giovò di un compatto appoggio internazionale
D. fu contrastato da un'ampia base sociale
E. nacque da interessi particolari

30) Termine che in origine indicava il codice di pergamena su cui, raschiata la prima scrittura, si vergava un nuovo testo (dal greco […] "raschiato di nuovo"). […] Nel linguaggio televisivo è utilizzato per definire il prospetto o quadro d'insieme delle trasmissioni programmate da una rete per un dato periodo […], con titoli dei programmi, caratteristiche tecniche, durata, orari di messa in onda. Lo schema della programmazione può essere continuamente rielaborato in rapporto agli obiettivi della rete (proprio come le antiche pergamene venivano continuamente corrette, raschiate e riutilizzate).

A. Grasso, *Storia della televisione. Vol. II: dizionario dei personaggi; glossario dei termini tecnici e gergali*, Garzanti, 1998, pp. 414-415

La definizione si riferisce ad UNA delle voci sotto elencate:

A. palinsesto
B. copione
C. vademecum
D. diorama
E. organigramma

Conoscenze e competenze acquisite negli studi

31) Individuare l'alternativa che completa la frase nel modo più corretto nel contesto dato: "Annalisa ha iniziato a lavorare come ______ in un istituto bancario".

A. sportantina
B. sportellente
C. sportellista
D. sportelliera
E. sportelleria

32) Qual è il significato di *sindacare*?

A. Criticare
B. Fare proselitismo
C. Difendere
D. Perorare
E. Eleggere

33) Strasburgo, Bruxelles e Lussemburgo sono:

A. le sedi delle tre agenzie dell'ONU
B. le tre capitali dell'Unione Europea più ricche
C. le tre sedi del Consiglio d'Europa
D. le tre sedi di lavoro del Parlamento europeo
E. le sedi itineranti del Consiglio di sicurezza dell'ONU

34) Nell'ordinamento costituzionale italiano costituisce espressione della democrazia diretta:

A. il decreto legislativo
B. il regolamento della Camera dei deputati
C. il referendum abrogativo
D. il decreto legge

E. il regolamento del Senato della Repubblica

35) Individuare, tra le alternative proposte, quella che completa correttamente la frase. "Per ______ si intende qualsiasi opinione precostituita, generalizzata e semplicistica, non basata sull'esperienza diretta, che prescindendo dalla valutazione dei singoli casi attribuisce indistintamente determinate caratteristiche a un'intera categoria di persone".

A. stereotipo
B. credenza
C. transfert
D. condizionamento
E. somatizzazione

36) Qual è l'esatta sequenza cronologica tra gli eventi sottoriportati?
a) Promulgazione della Costituzione italiana
b) Nascita della Repubblica Italiana
c) Designazione di Roma come capitale
d) Marcia su Roma
e) Fine della seconda guerra mondiale

A. a-b-c-e-d
B. c-d-e-a-b
C. c-e-d-b-a
D. d-c-e-b-a
E. c-d-e-b-a

37) "La giovane rispose in maniera brusca, quasi a voler dissimulare il sentimento che la pervadeva". Qual è il significato della parola "dissimulare" nella frase proposta?

A. Dissentire
B. Ostentare
C. Nascondere
D. Manifestare
E. Dissestare

38) Come si definisce la pianta in cui il braccio longitudinale è più lungo di quello trasversale?

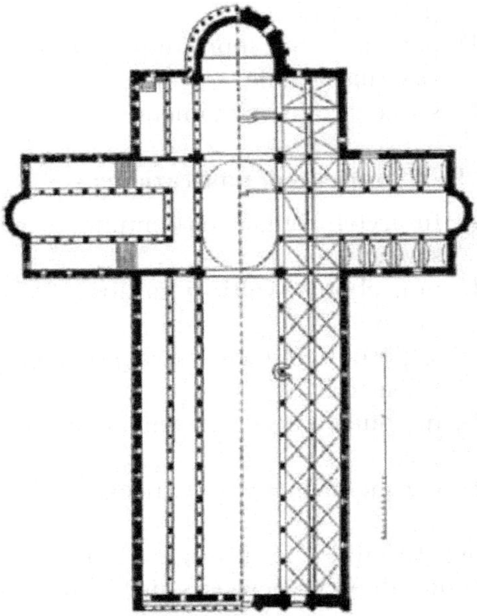

A. A croce latina
B. A croce greca
C. A croce commissa
D. A croce di S. Andrea
E. A croce di Lorena

39) A quale opera appartiene il seguente incipit? "1. Noi vogliamo cantare l'amor del pericolo, l'abitudine all'energia e alla temerità. 2. Il coraggio, l'audacia, la ribellione, saranno elementi essenziali della nostra poesia. 3. La letteratura esaltò fino ad oggi l'immobilità pensosa, l'estasi e il sonno. Noi vogliamo esaltare il movimento aggressivo, l'insonnia febbrile, il passo di corsa, il salto mortale, lo schiaffo ed il pugno."

A. "Le vergini delle rocce" di Gabriele D'Annunzio
B. A "Sei personaggi in cerca d'autore" di Luigi Pirandello
C. "Myricae" di Giovanni Pascoli

D. Al "Manifesto del Futurismo" di Filippo Tommaso Marinetti
E. "Senilità" di Italo Svevo

40) Tra le caratteristiche di alcuni dei più celebri protagonisti della letteratura e della cinematografia poliziesca UNA NON CORRISPONDE alla "verità romanzesca" del personaggio:

A. Montalbano ha una fidanzata di nome Angelica
B. Miss Marple lavora a maglia
C. Sherlock Holmes suona il violino
D. Poirot ha la testa a uovo e i baffi
E. Maigret fuma la pipa

Ragionamento logico

41) Se Giovanna ama i quadri di Kandinskij; Kandinskij è un pittore astrattista; a chi ama Kandinskij non piacciono tutti i quadri di Picasso, quale delle seguenti affermazioni è sicuramente VERA?

A. Giovanna va a vedere tutte le mostre di pittura che si tengono nella sua città
B. Giovanna apprezza solo alcune opere di Picasso
C. Tutti coloro che amano Kandinskij amano anche Picasso
D. Chi ama Picasso non va a vedere mostre di quadri di Kandinskij
E. Giovanna ama tutti i pittori astrattisti

42) "Tutti i francesi sono romantici". "Jean è francese". In base alle precedenti informazioni, quale delle seguenti affermazioni è certamente VERA?

A. I francesi hanno molte relazioni sentimentali
B. Jean ha successo con le donne
C. Jean ha avuto molte donne nella sua vita
D. Jean è romantico
E. Jean non è romantico

43) Aldo è titolare di una azienda casearia, e in un dato giorno può produrre formaggio se e solo se ha a disposizione sia latte che caglio. Determinare quale delle seguenti deduzioni è corretta.

A. Aldo oggi non può produrre formaggio, quindi non possiede caglio
B. Aldo oggi possiede caglio, quindi può produrre formaggio
C. Aldo oggi possiede latte ma non può produrre formaggio, quindi non ha caglio
D. Aldo oggi non può produrre formaggio, quindi non possiede latte
E. Aldo oggi non può produrre formaggio, quindi non possiede né latte né caglio

44) *Tempo* sta a *cronometro* come *pressione* sta a:

A. altimetro
B. termometro
C. barometro
D. igrometro
E. anemometro

45) "L'autobus partirà se e solo se i posti saranno tutti occupati". In base alla precedente affermazione, quale delle seguenti non è necessariamente vera?

A. L'autobus non partirà se i posti non saranno tutti occupati
B. Anche se i posti saranno tutti occupati, l'autobus potrà non partire
C. Se i posti saranno tutti occupati, l'autobus potrà partire
D. Nessuna delle risposte è vera
E. È sufficiente che i posti siano tutti occupati perché l'autobus parta

46) Lorenzo discute con Matteo. Quest'ultimo sostiene che, se i marziani esistessero, nessuna persona potrebbe vederli. Lorenzo invece crede il con-

trario. In quale caso Lorenzo avrebbe certamente torto?

A. I marziani esistono, ma non possono essere visti da alcuna persona
B. I marziani non esistono
C. I marziani esistono e almeno una persona può vederli
D. I marziani esistono e qualcuno potrebbe non vederli
E. I marziani esistono e, se arrivano sulla Terra, tutti possono vederli

47) In una gara di corsa a ostacoli hanno partecipato: Antonio, Bruno, Carlo, Davide, Franco, Gianni e Ivan. Tutti sono arrivati al traguardo ma non in questo ordine. Si sa che: Bruno è arrivato prima di Antonio e dopo di Franco; Davide dopo Carlo ma prima di Ivan; Gianni prima di Franco ma dopo Ivan. Chi è arrivato per ultimo?

A. Antonio
B. Bruno
C. Davide
D. Carlo
E. Ivan

48) In un giardino botanico vi sono complessivamente 84 piante tra cactacee, euforbiacee e lauracee, 14 in ogni settore, 6 di ogni settore sono lauracee. Quante sono complessivamente le cactacee e le euforbiacee?

A. 8
B. 48
C. 11
D. 599
E. 16

49) "Andrea è laureato. I ricchi vivono in case di loro proprietà. Tutti i laureati sono persone responsabili". Se le precedenti informazioni sono corrette, quale delle seguenti informazioni addizionali non consentirebbe di concludere che Andrea vive in una casa di sua proprietà?

A. Andrea è una persona responsabile
B. Andrea è ricco
C. Tutti i laureati sono ricchi
D. Le persone responsabili vivono in case di loro proprietà
E. Tutte le persone responsabili sono ricche

50) "Tutti gli insegnanti sono competenti; Roberto è tenace; tutte le persone tenaci sono competenti". In base alle precedenti affermazioni, quale delle seguenti è necessariamente vera?

A. Roberto è competente
B. Non esistono insegnanti tenaci
C. Tutte le persone tenaci sono insegnanti
D. Roberto è un insegnante
E. Tutti gli insegnanti sono tenaci

RISPOSTE CORRETTE

1) C	11) A	21) C	31) C	41) B
2) D	12) D	22) D	32) A	42) D
3) E	13) B	23) B	33) D	43) C
4) E	14) E	24) E	34) C	44) C
5) C	15) D	25) C	35) A	45) B
6) C	16) D	26) C	36) E	46) A
7) D	17) D	27) C	37) C	47) A
8) E	18) D	28) B	38) A	48) B
9) E	19) A	29) A	39) D	49) A
10) C	20) C	30) A	40) A	50) A

TEST 5

Comprensione del testo e conoscenza della lingua italiana

La realtà fisica dell'odore

(Fonte, Jim Al-Khalili e Johnjoe McFadden, *La fisica della vita*, Bollati-Boringhieri, 2015)

Al contrario dei sensi della vista e dell'udito, che catturano informazioni indirettamente attraverso onde elettromagnetiche o sonore, l'olfatto e il gusto ricevono informazioni direttamente dal contatto con l'oggetto rilevato (una molecola), portandoci messaggi da una realtà materiale.
Entrambi sembrano funzionare tramite principi molto simili. Le molecole che rilevano sono disciolte nella saliva o galleggiano nell'aria e sono raccolte da recettori che si trovano sulla lingua (nel caso del gusto) o nell'epitelio olfattivo all'interno delle narici (nel caso dell'olfatto). La volatilità implica che gran parte delle molecole odorose siano molto piccole e leggere.
Il naso non ha un ruolo diretto nell'odorare, eccetto quello di incanalare l'aria verso l'epitelio olfattivo, che è più arretrato. Questo tessuto è piuttosto piccolo, misura solo tre centimetri quadrati (più o meno come un francobollo) negli umani, ed è rivestito di ghiandole che secernono muco e anche di milioni di neuroni olfattivi, un tipo di cellule nervose che stanno all'olfatto come i coni e i bastoncelli sulla retina stanno al senso della vista. La parte frontale del neurone olfattivo è fatta un po' come una scopa, con una testa a forma di spazzola in cui la membrana cellulare si ripiega a formare moltissime ciglia, sottili come capelli. Questa spazzola con le sue ciglia spunta fuori dallo strato cellulare, dove può catturare le molecole odorose che passano. La parte posteriore della cellula è come il manico della scopa; si tratta dell'assone, il nervo che attraversa un piccolo osso sul retro della cavità nasale ed entra nel cervello, dove si collega con una regione chiamata bulbo olfattivo.

L'anatomia dell'olfatto

Forse sarebbe opportuno leggere il resto di questo capitolo tenendo un'arancia a portata di mano, magari tagliata a pezzi, così che l'aroma pungente possa entrare nel naso e raggiungere l'epitelio nasale. Magari si può anche mettere uno spicchio in bocca, così che le sostanze odorose volatili passino dalla parte posteriore del naso e raggiungano il medesimo tessuto. Come tutti gli odori naturali, il profumo dell'arancia è molto complesso, costituito da centinaia di composti volatili, ma uno dei più fragranti si chiama «limonene», del quale ora seguiremo il percorso, da molecola a fragranza.
Il limonene, come dice il nome, si trova in abbondanza negli agrumi, come le arance e i limoni, ed è il principale responsabile del loro aroma e del sapore pungente. Appartiene a una classe di composti noti con il nome di terpeni, che sono i costituenti profumati degli oli essenziali di molte piante e fiori, quelli che generano il buon profumo del pino, della rosa, dell'uva e del luppolo.

Quindi, volendo, si può sostituire l'arancia con un bicchiere di vino o di birra, se preferite. Questo composto chimico è prodotto in molte zone della pianta, incluse le foglie, ma è più abbondante nella buccia del frutto, dalla quale è più facile ottenere il limonene puro.
Il limonene è un liquido volatile, che evapora lentamente a temperatura ambiente, facendo sì che l'arancia rilasci milioni di molecole di questa molecola nell'aria circostante. Gran parte di queste molecole voleranno nella stanza, e poi fuori dalla finestra o dalla porta; qualcuna arriverà vicino al vostro naso. Al primo respiro, un notevole volume di aria zeppa di sostanze odorose sarà risucchiato attraverso le narici verso l'epitelio nasale, che è rivestito da circa dieci milioni di neuroni olfattivi.
Quando le molecole di limonene si diffondono vicino all'epitelio olfattivo, restano intrappolate dai neuroni olfattivi. La cattura di una singola molecola di limonene è sufficiente a scatenare l'apertura di un minuscolo canale nella membrana cellulare del neurone, che permette un flusso di ioni positivi di calcio dall'esterno all'interno della cellula. Quando circa 35 molecole di limonene sono catturate, il flusso di ioni all'interno della cellula diventa una minuscola corrente elettrica, di circa un picoampere in tutto. Questo livello di corrente agisce come un interruttore e fa partire un segnale elettrico, chiamato «potenziale d'azione» lungo il manico della scopa, l'assone della cellula. Il segnale viaggia fino al bulbo olfattivo del cervello, e dopo l'elaborazione da parte dei neuroni, noi finalmente percepiamo il «messaggio dalla realtà materiale» sotto forma del pungente aroma degli agrumi. L'evento chiave in questo processo è naturalmente la cattura delle molecole odorose da parte dei neuroni olfattivi. Come funziona? In analogia con la vista e con la sensibilità alla luce dei coni e dei bastoncelli nella retina (anch'essi un tipo di neuroni), ci si aspetterebbe che il senso dell'olfatto sia conferito da qualche tipo di recettore olfattivo posizionato sulla superficie del tessuto. Eppure, ancora negli anni settanta, l'identità e la natura dei recettori olfattivi era completamente sconosciuta.

1) Secondo gli autori del testo, relativamente al meccanismo di percezione dell'odore:

A. alla fine degli anni settanta, c'erano molti aspetti importanti non ancora chiariti
B. alla fine degli anni settanta, la sua comprensione era paragonabile a quella sulla decodifica dei colori da parte dell'apparato visivo
C. si è giunti alla sua completa comprensione
D. la comunità scientifica ha deciso di abbandonare le ricerche
E. alla fine degli anni settanta, la sua comprensione da parte degli scienziati era allo stesso livello di quella attuale

2) A che cosa può essere paragonato il neurone olfattivo?

A. Alle ciglia degli occhi
B. Al bulbo di una lampada
C. Ad una scopa in cui la parte anteriore del neurone costituisce una testa a forma di spazzola e l'assone è il manico
D. Ad una spazzola per capelli
E. Ad un cono gelato

3) A che classe di composti organici appartiene il limonene?

A. Chetoni
B. Terpeni
C. Alcoli

D. Acidi carbossilici
E. Aldeidi

4) Perché gli autori propongono di sostituire un bicchiere di birra all'arancia durante la lettura del testo?

A. Perché la birra e l'arancia hanno lo stesso odore
B. Perché la birra ha un odore più forte dell'arancia
C. Perché gli autori pensano che i lettori siano in genere dei bevitori di birra
D. Perché l'aroma della birra e dell'arancia condividono alcune sostanze odorose
E. Perché vi sono meno rischi di sporcare le pagine leggendo

5) Da che cosa è costituito il profumo dell'arancia?

A. Il profumo dell'arancia è costituito da pochi composti
B. Nessuno ha mai analizzato i componenti del profumo dell'arancia
C. Il profumo dell'arancia è costituito da centinaia di composti volatili, tra cui il limonene
D. Il profumo dell'arancia è costituito da composti non volatili
E. Il profumo dell'arancia è costituito dall'olio essenziale di bergamotto

I cambiamenti climatici: alcuni effetti sugli ecosistemi

(Fonte, D. Rubolini: *Effetti ecologici dei cambiamenti climatici*, Treccani online)

Negli ultimi due secoli, le attività antropiche hanno provocato un notevole aumento delle concentrazioni atmosferiche di gas serra, tra cui l'anidride carbonica, in grado di modificare la temperatura terrestre. Ai ritmi attuali, la crescita media delle temperature superficiali globali potrebbe essere di 0,2 °C per decennio, con una previsione di aumento compresa tra 1,8 °C e 4 °C per la fine del XXI secolo.

Per l'emisfero boreale, sono già documentate alterazioni nella distribuzione spaziale delle specie in risposta al riscaldamento globale. Un aumento delle temperature medie può consentire a molte specie con distribuzione geografica limitata dalle basse temperature, di espandere il margine settentrionale dell'areale verso nord. Analogamente, in specie con distribuzione altitudinale limitata dalle basse temperature, uno scenario di riscaldamento globale può consentire un'espansione degli areali verso quote più elevate. Viceversa, ci si attende che specie tipiche di alte latitudini o montane mostrino una contrazione del margine meridionale dell'areale, oppure un innalzamento del margine inferiore della distribuzione altitudinale. In entrambi i casi, questi fenomeni possono comportare una contrazione complessiva dell'areale, una contrazione numerica e un maggiore grado di frammentazione delle popolazioni, con un conseguente aumento del rischio di estinzione locale o globale.

Numerosi studi evidenziano modificazioni di areale delle specie in relazione ai cambiamenti climatici. Lo studio della distribuzione geografica degli uccelli nidificanti nei periodi 1968-1972 e 1988-1991 evidenzia che 59 specie di uccelli nidificanti a distribuzione prevalentemente meridionale avevano espanso verso nord il margine settentrionale dell'areale di 18,9 km in media. Per specie di clima caldo, pertanto, questi andamenti costituiscono un ampliamento netto di areale. Gran parte degli studi relativi alle variazioni latitudinali di areale documentano espansioni verso nord dei margini settentrionali degli areali, ma non contrazioni dei margini meridionali.

Tra le specie circumpolari, si sono osservate marcate riduzioni delle popolazioni più settentrionali del pinguino di Adelia *Pygoscelis adeliae* e del pinguino imperatore *Aptenodytes forsteri* in Antartide. Il pinguino imperatore, in particolare, ha subito un drastico calo della popolazione (50%) nidificante a Terra Adelia nel periodo compreso tra il 1952 e il 2000. Questo calo è avvenuto in un periodo prolungato di elevate temperature, che ha determinato una netta riduzione della copertura glaciale e della disponibilità di *krill* e di molluschi predatori del *krill*, che costituiscono la principale fonte alimentare del pinguino imperatore. La riduzione della popolazione è stata attribuita a una minore sopravvivenza degli adulti a causa della scarsità di risorse alimentari. È interessante notare che, nello stesso periodo, il successo di schiusa delle uova è aumentato a causa della minore densità di adulti riproduttori, ma questo incremento del successo riproduttivo non è stato sufficiente a bilanciare gli effetti negativi dell'aumento di mortalità degli adulti.
Studi sulle variazioni altitudinali di areale di piante vascolari, condotti in zone montane, hanno mostrato un evidente innalzamento della distribuzione di molte specie verso quote più elevate, nel corso del XX secolo. In particolare, in stazioni di alta quota (2900-3500m s.l.m.) si è osservato un incremento nella ricchezza di specie pari a circa il 12% tra il 1994 e il 2004. Tuttavia, tutte le specie dell'orizzonte nivale o subnivale hanno mostrato un decremento significativo della percentuale di copertura.
I cambiamenti climatici e le conseguenti contrazioni di areale possono condurre a fenomeni di estinzione locale o globale e a una riduzione della diversità biologica complessiva, in particolare nelle aree circumpolari o montane. Un caso eclatante è rappresentato dalla scomparsa di oltre il 65% delle 110 specie di anfibi del genere *Atelopus* nelle foreste tropicali montane dell'America Centrale e Meridionale, registrata negli ultimi 20-30 anni del secolo scorso. La rapida scomparsa di queste specie è stata attribuita all'aumento delle epidemie di chitridiomicosi, provocate dal fungo patogeno *Batrachochytrium dendrobatidis*, nelle regioni di alta quota. Si è osservato infatti un innalzamento delle temperature notturne e della copertura nuvolosa, entrambe condizioni favorevoli allo sviluppo del fungo, nella fascia altitudinale compresa tra 1000 e 2400m s.l.m., fascia maggiormente interessata dalle estinzioni.

6) Nella seconda metà del secolo scorso, la popolazione del pinguino imperatore nidificante nella Terra Adelia ha subito un drastico calo della densità, dovuto a:

A. aumento della mortalità degli adulti e concomitante riduzione della fecondità
B. incremento della competizione con altre specie di pinguini
C. estensione dell'areale dei predatori in risposta ai cambiamenti climatici
D. riduzione della fecondità causata dall'incremento della temperatura
E. riduzione delle risorse trofiche a causa dei cambiamenti climatici

7) Quale di queste considerazioni emerge dal testo presentato?

A. I cambiamenti climatici influenzano prevalentemente le specie che vivono nell'emisfero australe, che spostano i loro areali verso sud
B. In risposta alle variazioni di temperatura, l'areale delle specie tende sempre ad espandersi
C. Nell'emisfero boreale, l'incremento di temperatura può provocare l'e-

spansione verso nord di alcune specie senza modificare significativamente i margini meridionali dell'areale
D. Le specie rispondono ai cambiamenti climatici in maniera molto variabile e ci sono molte specie che non modificano il proprio areale in relazione alla temperatura
E. La competizione interspecifica impedisce spesso alle specie di estendere il proprio areale, nonostante le variazioni di temperatura

8) Qual è l'effetto dell'incremento di temperatura sugli areali delle piante vascolari delle aree montane?

A. Riduzione significativa dell'areale in tutte le stazioni
B. Espansione della distribuzione delle specie tipiche dell'orizzonte nivale
C. Completa sostituzione delle specie di alta quota con quelle tipiche dei livelli inferiori
D. Incremento nel numero totale di specie nelle stazioni di alta quota
E. Conservazione dell'areale di tutte le specie

9) Per quale motivo il 65% delle specie di anfibi del genere Atelopus sono scomparse nelle foreste tropicali montane dell'America Centrale e Meridionale negli ultimi decenni del '900?

A. Per l'aumento dei predatori degli anfibi alle temperature più alte
B. Per l'incapacità degli anfibi di sopravvivere all'innalzamento della temperatura notturna
C. Per la contrazione dell'habitat derivato dall'incremento delle temperature medie
D. Per il proliferare di funghi patogeni in seguito alle variazioni climatiche
E. Per le ripetute epidemie batteriche che hanno colpito gli anfibi

10) Perché, nella seconda metà del secolo scorso, il successo riproduttivo del pinguino imperatore nidificante nella Terra Adelia è aumentato contestualmente all'incremento della temperatura ambientale?

A. Per lo scioglimento dei ghiacci e una maggiore disponibilità di cibo
B. Per un aumento nel numero delle uova deposte
C. Per la minore densità degli adulti riproduttori
D. Per il drastico calo dei predatori naturali
E. Per la minore densità di competitori per le risorse trofiche

Lo spazio, protagonista dell'architettura

Il carattere per cui l'architettura si distingue dalle altre attività artistiche sta nel suo agire con un vocabolario tridimensionale che include l'uomo.
La pittura agisce su due dimensioni, anche se può suggerirne tre o quattro. La scultura agisce su tre dimensioni, ma l'uomo ne resta all'esterno, separato, guarda dal di fuori le tre dimensioni. L'architettura invece è come una grande scultura scavata nel cui interno l'uomo penetra e cammina.
La scoperta della prospettiva, cioè della rappresentazione grafica delle tre dimensioni – altezza, profondità e larghezza – poteva far credere agli artisti del XV secolo di possedere finalmente le dimensioni dell'architettura e il metodo di rappresentarle. Tuttavia, nell'ultimo decennio del XIX secolo, la mente dell'uomo scoprì che, oltre le tre dimensioni prospettiche, ne esisteva una quarta. E fu la rivoluzione dimensionale cubista. Un pittore nel 1912 fece questo ragionamento: io vedo e rappresento un oggetto, per esempio una scatola o un

tavolo, lo vedo da un punto di vista. Ma se giro tra le mani la scatola, o vado attorno al tavolo, ad ogni passo cambio il mio punto di vista e per rappresentare l'oggetto da quel punto devo fare una nuova prospettiva. La realtà dell'oggetto dunque non si esaurisce nelle tre dimensioni prospettiche; per possederla integralmente, dovrei fare un numero infinito di prospettive dagli infiniti punti di vista. C'è dunque un altro elemento oltre alle tre dimensioni tradizionali, ed è appunto lo spostamento successivo dell'angolo visuale. Fu così battezzato il tempo, "quarta dimensione".

La quarta dimensione sembrò rispondere esaurientemente al quesito delle dimensioni dell'architettura. Ogni opera di architettura, per essere compresa e vissuta, richiede il tempo del nostro cammino, la quarta dimensione.

Senonché una dimensione che è comune a tutte le arti non può essere evidentemente caratteristica di nessuna, e perciò lo spazio architettonico non si esaurisce nelle quattro dimensioni. Questo nuovo fattore "tempo" ha poi due significati antitetici in architettura e in pittura. In pittura, la quarta dimensione è una qualità rappresentativa di un oggetto, è un elemento della realtà dell'oggetto che un pittore può scegliere di proiettare sul piano, e che non richiede nessuna partecipazione fisica dell'osservatore. Nella scultura avviene la stessa cosa: il "moto" di una forma di Boccioni è una qualità propria della statua che contempliamo e che dobbiamo rivivere psicologicamente e visivamente. Ma in architettura il fenomeno è totalmente diverso e concreto: qui è l'uomo che muovendosi nell'edificio, studiandolo dai successivi punti di vista, crea, per così dire, la quarta dimensione, dona allo spazio la sua realtà integrale.

Per essere più precisi, la quarta dimensione è sufficiente a definire il volume architettonico, cioè la scatola muraria che racchiude lo spazio. Ma lo spazio in sé – l'essenza dell'architettura – trascende i limiti della quarta dimensione.

Allora quante dimensioni ha questo "vuoto" architettonico, lo spazio? Cinque, dieci. Infinite, forse. Ma, ai nostri fini, basta stabilire che lo spazio architettonico non è definibile nei termini delle dimensioni della pittura e della scultura. È un fenomeno che si concreta solo in architettura, e che di questa costituisce perciò il carattere specifico.

11) Dalle informazioni ricavabili nel brano, che cosa indusse gli artisti del XV secolo a credere di possedere le dimensioni dell'architettura?

A. La collaborazione tra architetti e pittori
B. La scoperta della prospettiva
C. La scoperta della quarta dimensione
D. La nascita di nuovi stili architettonici
E. Il rinnovato interesse per l'arte e la cultura umanistica proprio dell'epoca

12) Dalle informazioni ricavabili nel brano, la rivoluzione dimensionale cubista ha introdotto:

A. l'uso della prospettiva in pittura e in scultura
B. il ritratto di un oggetto nelle sue tre dimensioni (altezza, profondità e larghezza.
C. la rappresentazione di oggetti di uso quotidiano quali scatole e tavoli
D. un vocabolario tridimensionale che include l'uomo
E. il tempo, ovvero la "quarta dimensione"

13) Secondo l'autore del brano, la partecipazione fisica dell'osservatore è indispensabile:

A. nella scultura e nella pittura

B. solo nella scultura
C. solo nella pittura
D. solo nell'architettura
E. nella scultura e nell'architettura

14) Dalle informazioni ricavabili nel brano, in architettura la quarta dimensione è sufficiente a definire:

A. il volume architettonico che racchiude lo spazio
B. una qualità rappresentativa di un oggetto
C. il moto di una forma che dobbiamo rivivere psicologicamente e visivamente
D. una tecnica che consente la rappresentazione prospettica
E. la realtà totale di un oggetto

15) Secondo l'autore del brano, qual è l'essenza dell'architettura?

A. Il tempo
B. La coesistenza delle quattro dimensioni
C. La quarta dimensione
D. Il punto di vista prospettico
E. Lo spazio

Una città antica

La concezione urbanistica romana deriva da quella greco-ellenistica ippodamèa. Le strade, per lo più rettilinee, si dispongono a scacchiera, parallelamente ai due assi viari principali: il cardo maximus a Nord e il decumanus maximus da Est a Ovest, l'uno e l'altro in corrispondenza con le quattro porte di accesso alla città. Questa struttura non si trova a Roma, che è nata dall'unione di vari insediamenti sui colli e nelle valli contigue. Si trova invece (ed è spesso ancora riconoscibile) nelle città costruite dai romani o romanizzate e corrisponde a quella che essi davano agli accampamenti militari, molti dei quali si sono successivamente trasformati in centri abitati.

Alcune città moderne conservano nel nome attuale l'origine dall'accampamento romano, il castrum, non soltanto in Italia, ma anche fuori (Chester, in Inghilterra, per esempio).

Nel punto d'incontro fra cardo e decumanus si apriva, di solito, il foro, la piazza principale della città, centro politico, religioso, amministrativo, ove sorgevano i più importanti edifici pubblici. Di alcuni di questi parleremo durante l'esame dei singoli monumenti, mentre è interessante vedere adesso la forma della casa di abitazione.

Conosciamo bene in modo particolare il tipo delle case di Pompei ed Ercolano. Le due città, come è noto, scomparvero durante la terribile eruzione del Vesuvio nel 79 d.C., la prima sotto una coltre di cenere e di lapilli, la seconda sotto una grande colata di fango. Esse ci possono restituire perciò, più d'ogni altro nucleo abitato, che ha subíto, nel corso dei secoli, infinite trasformazioni, l'aspetto della città antica, sia nelle strutture generali, sia nei singoli edifici, dai più nobili, dai più belli, ai più umili.

Il tipo più semplice della casa pompeiana, con nessuna o poche finestre sulla strada, si articola intorno a una corte, l'atrio, al centro della quale si raccolgono, entro un bacino quadrangolare (impluvio), le acque piovane che scendono dall'apertura sovrastante (compluvio). Tutt'intorno è un porticato nel quale immettono le stanze dell'alloggio (cubicoli). In fondo all'atrio, di fronte all'ingresso principale, è il tablino, l'ambiente più sacro, il luogo di riunione della famiglia e di ricevimento degli ospiti. Di qui si passa all'hortus, il giardino circondato da colonne (peristilio). Accanto al tablino si trova generalmente la sala da pranzo, il triclinio, con tre letti accostati ai tre lati del tavolo.

(Da: P. Adorno, "*L'arte italiana*", Casa Editrice G. D'Anna)

16) Le città di Pompei e di Ercolano possono restituire più di tutte l'aspetto di una città antica perché:

A. la cenere e il fango hanno fatto sì che conservassero l'aspetto che avevano al momento dell'eruzione
B. le strutture generali sono rimaste quelle della città antica, mentre i singoli edifici hanno subito trasformazioni
C. nonostante le trasformazioni, avvenute nel corso dei secoli, hanno conservato sia strutture generali sia singoli edifici dell'età romana
D. l'eruzione del Vesuvio non ha colpito le strutture generali né gli edifici singoli
E. sono le uniche due città romane di cui ci sia giunta traccia

17) La struttura urbanistica tipicamente romana spesso si ritrova ancora oggi:

A. in tutti i centri storici
B. nella città di Roma
C. nei centri abitati romani trasformatisi in accampamenti
D. in tutte le città inglesi
E. nelle città costruite dai romani

18) Nella città romana il foro era collocato:

A. nel punto di intersezione dei colli
B. nel punto d'incontro degli assi viari paralleli
C. nel punto di intersezione tra il cardo e il decumanus
D. lontano dai più importanti edifici pubblici
E. vicino al centro politico e religioso

19) Nella casa romana, qual è il punto di raccolta delle acque piovane?

A. Il compluvio
B. L'atrio
C. L'impluvio
D. La corte
E. L'hortus

20) Quale delle seguenti affermazioni è coerente con il contenuto del brano?

A. La casa pompeiana di tipo semplice non aveva mai finestre sulla strada, ma solo sul cortile interno
B. Alcune città tuttora esistenti sono nate come accampamenti militari romani
C. La tipica città romana aveva solo due porte d'accesso: una in corrispondenza del cardo maximus e una in corrispondenza del decumanus maximus
D. La casa pompeiana, come la città romana, era fatta a scacchiera
E. La sala da pranzo della casa romana era di forma triangolare, per accogliere un tavolo a tre lati e tre letti

Farmaci per i più poveri

Il sistema dei brevetti sui farmaci e la corsa al profitto delle società farmaceutiche hanno spesso l'effetto di impedire ai più poveri l'accesso alle cure e di bloccare la ricerca su farmaci per le malattie diffuse nel terzo mondo, come la malaria. Oggi qualcosa sta però cambiando. La multinazionale GlaxoSmithKline ha annunciato che rinuncerà al brevetto sui suoi farmaci anti AIDS, compreso l'avanzato Abacavir, per lasciare che siano prodotti come farmaci generici e venduti a basso prezzo. Metterà inoltre in comune i risultati delle sue ricerche con la Pfizer (USA) per accelerare i tempi. L'istituto Cambia (Australia) ha messo a disposizione software e strumenti di ricerca per rendere i brevetti più accessibili. La multinazionale Novartis sta sviluppando con enti no-profit farmaci contro la diarrea che è il principale killer dei bambini in Africa.

(da: "Focus")

21) Quale dei seguenti NON è uno degli effetti benefici del nuovo atteggiamento delle case farmaceutiche?

A. La rinuncia alla ricerca del profitto
B. L'agevolazione allo sviluppo di farmaci
C. Alcuni farmaci potranno essere prodotti come farmaci generici
D. Alcuni farmaci potranno essere prodotti a basso prezzo
E. La condivisione dei risultati delle ricerche effettuate

22) Il nuovo atteggiamento delle case farmaceutiche:

A. consentirà anche ai più poveri di accedere alle cure più agevolmente
B. permetterà di aumentare il numero delle società no profit
C. ha determinato la scomparsa del sistema dei brevetti
D. ha reso più accessibili i farmaci contro la diarrea
E. ha reso possibile la distribuzione gratuita di farmaci anti AIDS

23) Dalla lettura del brano è possibile dedurre che:

A. condizione necessaria e sufficiente per consentire ai poveri l'accesso alle cure è eliminare il sistema dei brevetti sui farmaci
B. la Pfizer ha effettuato ricerche sui farmaci anti AIDS
C. senza software adatti non è possibile sviluppare farmaci avanzati
D. i profitti di GlaxoSmithKline e Novartis si sono oggi ridotti
E. solo le multinazionali detengono i brevetti su farmaci per malattie come la malaria

Maastricht

Maastricht ha un reticolo di strade acciottolate illuminate da vecchi lampioni, con le case affacciate direttamente sulla Mosa. Il centro è pieno di piccoli alberghi di lusso, gallerie d'arte, boutique e ristoranti eleganti. Le facoltà sono sparse all'interno di ville, chiese e conventi rimessi a nuovo. I potenziali studenti in visita con i genitori si riconoscono molto facilmente. I ragazzi portano i capelli stile boy band, mentre i padri borbottano dei costi contenuti delle rette.
Callum Bramley è venuto a Maastricht con la famiglia. Hanno tutti l'aria smarrita. L'idea di scegliere i Paesi Bassi è venuta al nonno del ragazzo, che ha visto un documentario in tv sull'università di Maastricht in cui si spiegava che i costi sono molto più bassi che in Gran Bretagna. "È una grande opportunità", commenta il padre di Callum. A Maastricht la retta annuale dell'università è di 1.700 euro. Il costo della vita è basso (250 euro al mese per un appartamento, quattro euro per una birra) e se uno studente accetta di lavorare per otto ore alla settimana, l'amministrazione locale olandese gli paga un sussidio di 265 euro al mese (in qualità di "residente non nativo economicamente produttivo"). Callum potrà laurearsi senza contrarre debiti. Sua madre Janet si augura che Maastricht gli dia un vantaggio. "Spero che Callum abbia spirito d iniziativa", dice, "e che impari un paio di lingue". Quando gli chiedo se pensa di mettersi a studiare l'olandese, Callum mi risponde con aria nervosa: "Forse".
Il presidente dell'università di Maastricht è Martin Paul, un imponente professore di farmacologia clinica. Gli chiedo perché uno studente straniero dovrebbe

scegliere Maastricht. "Istruzione, istruzione e ancora istruzione", esclama. "Dal primo giorno insegniamo agli studenti a risolvere i problemi e ad affrontare più situazioni alla volta". All'università di Maastricht si usa la didattica chiamata "apprendimento per problemi": le lezioni consistono in una serie di domande a cui gli studenti devono rispondere lavorando in gruppo. È così che oggi lavora la maggior parte delle aziende.

(da: "Matricole in fuga", Internazionale n. 954)

24) Quale tra le seguenti affermazioni NON è deducibile dal brano?

A. Maastricht è una città lussuosa ed economicamente poco accessibile
B. Il metodo di studio usato nell'università di cui parla il brano prepara al metodo di lavoro di molte aziende
C. Maastricht è una città universitaria
D. In Olanda gli studenti stranieri sono aiutati economicamente se sono disponibili a fare un lavoretto part-time
E. Laurearsi in Gran Bretagna è molto costoso

25) A quanto può ammontare, per uno studente, l'affitto mensile nella città di Maastricht?

A. Le informazioni contenute nel brano non consentono di rispondere
B. A nulla, perché viene sovvenzionato dall'amministrazione locale
C. 1.700 euro
D. 265 euro
E. 250 euro

26) Con l'espressione "potrà laurearsi senza contrarre debiti" l'autore del brano intende dire che:

A. grazie al sussidio olandese, Callum potrà vivere e pagarsi la retta dell'università a Maastricht
B. se rimanesse a studiare in Gran Bretagna, Callum pagherebbe molto di più i propri studi
C. il titolo di studio conseguito all'estero sarà riconosciuto dal proprio Paese d'origine
D. Callum Bramley potrà godere di un sussidio inglese se studierà all'estero
E. lavorando per un numero necessario di ore, uno studente riceve un sussidio che gli consente di pagare sia la retta dell'università, sia vitto e alloggio

27) Il presidente dell'università di Maastricht è:

A. felice che sia offerta un'opportunità agli studenti stranieri
B. esperto di *problem solving* e organizzazione aziendale, oltre che di farmacologia clinica
C. orgoglioso degli studenti che scelgono di apprendere dai problemi
D. sicuro dell'efficacia della didattica offerta agli studenti
E. un insegnante burbero

Tornano in piazza i "reclusi del welfare"

I disabili di tutta Italia si sono dati appuntamento oggi a Roma, piazza Montecitorio, per protestare contro lo smantellamento dei fondi destinati alle politiche sociali, con tagli che superano il 90% e mettono a rischio il futuro di 3,7 milioni di persone. Con l'azzeramento del fondo per la non autosufficienza viene infatti cancellata la speranza di emanciparsi di quanti sono costretti a pesare sulle proprie famiglie o a rinchiudersi in costose strutture di assistenza, anche quando non è necessario. Potrebbero uscirne grazie ai "progetti di vita indipendente", che assegnano direttamente ai disabili gravi le risorse per gestire la propria assistenza, garantendo recupe-

ro sociale e risparmio per lo Stato. Il nostro Paese ha fatto la legge 14 anni fa ma non ha poi erogato i finanziamenti per metterla in pratica, scaricando l'onere di spesa sugli enti locali, che, salvo rare eccezioni, sono costretti a respingere le richieste dei disabili.
Ecco perché, a oggi, i progetti avviati sono appena un migliaio. E con una spesa pro-capite per i servizi alla disabilità di soli 23 euro contro i 125 della media europea, il welfare italiano rimane a carico delle famiglie che pagano un prezzo altissimo al disimpegno dei governi. Paragonate alle altre famiglie, infatti, sono più povere: il reddito dei nuclei con almeno una persona con disabilità è sotto la media, mentre già nel 2007 il 40% di queste famiglie dichiarava di non poter affrontare una spesa imprevista, contro il 28% delle famiglie senza membri disabili (dati Istat). Una realtà ben lontana dagli impegni sottoscritti nel 2009 dall'Italia con la ratifica della convenzione Onu sul diritto all'autodeterminazione delle persone con disabilità.
Al di là dei dati che fotografano una situazione drammatica, il punto è che i progetti di vita indipendente sarebbero un affare per lo Stato. Ma l'affare, chissà perché, lo fa qualcun altro. Gli studi e le analisi sulla spesa per l'assistenza indicano chiaramente che se a scegliere e retribuire chi lo assiste è direttamente il disabile, lo Stato risparmia fino a un terzo di quanto spende. Molto meno dei 380 milioni di euro che finiscono direttamente nei bilanci delle cliniche che hanno in cura 21mila invalidi, il cui onere principale ricade soprattutto sui Comuni.

(da: F. Baraggino, T. Mackinson, "Disabili, fondi azzerati. Protesta in piazza: "L'aiuto diretto costa meno dei ricoveri", Il Fatto Quotidiano)

28) I "progetti di vita indipendente":

A. hanno un costo pro-capite di 23 euro
B. sono un elemento importante per i disabili di tutta Europa, mentre in Italia manca ancora una legge
C. nessuna delle alternative è corretta
D. sono a carico delle famiglie
E. costano moltissimo al governo

29) Quale tra le seguenti affermazioni NON è deducibile dal brano?

A. L'Italia spende molto meno per i disabili rispetto alla media europea
B. Lo Stato ha tagliato il 90% dei fondi destinati alle politiche di welfare
C. L'aiuto diretto ai disabili è più costoso, per lo Stato, delle sovvenzioni alle grandi strutture
D. I tagli alle politiche sociali colpiranno quasi 4 milioni di persone
E. Le famiglie con un membro disabile sono più povere delle altre

30) La legge varata 14 anni fa:

A. istituiva i progetti di vita indipendente
B. non è attuabile perché troppo onerosa per lo Stato
C. è diventata inapplicabile a causa dei tagli ai fondi destinati alle politiche sociali che hanno originato l'odierna manifestazione di protesta
D. scaricava sugli enti locali la spesa riguardante i disabili non autosufficienti
E. aveva suscitato grandi speranze poi deluse e frustrate, da cui l'odierna manifestazione di protesta

Conoscenze e competenze acquisite negli studi

31) Qual è il significato di *lena*?

A. Vigore
B. Infamia

C. Debolezza
D. Dissolutezza
E. Virtù

32) Individuare l'alternativa che completa la frase nel modo più corretto nel contesto dato: "Trovai lavoro come _______ in un'azienda informatica".

A. Sistematico
B. Sistemico
C. Sistemista
D. Sistemato
E. Sistolico

33) Qual è l'età minima per essere eleggibili alla carica di deputato?

A. 25 anni
B. 18 anni
C. 40 anni
D. 35 anni
E. 21 anni

34) Secondo la concezione più moderna come è denominato il trasferimento di determinate attribuzioni, prevalentemente deliberative, dalla sfera di competenza degli organi centrali dello Stato agli organi o enti locali?

A. Delegificazione
B. Deregulation
C. Decentramento amministrativo
D. Escussione
E. Derubricazione

35) Quale tra i seguenti luoghi fa parte della "topografia" del Purgatorio nella *Divina Commedia*?

A. Monte scosceso
B. Burrone scosceso
C. Città infuocata
D. Lago ghiacciato
E. Terra del fuoco

36) Quale tra i seguenti avvenimenti è accaduto prima?

A. Il generale Badoglio annuncia l'entrata in vigore dell'armistizio di Cassibile
B. Viene proclamata la nascita dello Stato di Israele
C. L'India ottiene l'indipendenza
D. Entra in vigore la Costituzione della Repubblica italiana
E. Viene proclamata la Repubblica Popolare Cinese

37) "Attraverso le vicende raccontate nel romanzo, l'autore intraprende l'amara quanto lucida analisi della piega assunta dalla società del dopoguerra, disposta a sacrificare le proprie origini in nome di un vano arricchimento". Qual è il significato della parola "piega" nella frase proposta?

A. Andamento
B. Grinza
C. Curva
D. Ruga
E. Anfratto

38) Nel brano è stato eliminato un termine che ricorre due volte. Quale? "Il _______ è il capo dello Stato e il rappresentate dell'unità nazionale: è la più alta carica istituzionale. Il _______ non è investito, in particolare, di nessuno dei tre poteri fondamentali dello Stato (esecutivo, legislativo e giudiziario), che spettano al parlamento, al governo e alla magistratura. Gli è però conferita l'importante funzione di coordinamento e di equilibrio fra questi organi".

A. ministro della Difesa
B. presidente del Consiglio
C. senatore
D. deputato
E. presidente della Repubblica

39) "Circostanza o complesso di circostanze da cui si teme possa derivare un grave danno" è la definizione associata a quale fra queste parole?

A. Frangente
B. Incognita
C. Allarme
D. Pericolo
E. Incidenza

40) Quale coppia NON abbina correttamente il pittore e il movimento artistico che ne caratterizza maggiormente la produzione artistica?

A. Edgar Degas – Impressionismo
B. Antonio Canova – Neoclassicismo
C. Edvard Munch – Espressionismo
D. Carlo Carrà – Cubismo
E. Vassily Kandinsky – Astrattismo

Ragionamento logico

41) Tutti i bambini piangono quando hanno freddo. Marco ha freddo, pertanto:

A. Marco è un bambino
B. Marco ha freddo ma resiste
C. Marco si copre
D. Marco piange
E. non è possibile stabilire il comportamento di Marco

42) Nel paese di Belpoggio tutti i ragazzi praticano qualche sport. Se:
- **chi gioca a calcio fa anche nuoto**
- **chi gioca a tennis non fa nuoto**
- **chi gioca a pallavolo gioca anche a calcio**

si può concludere che:

A. chi fa nuoto gioca anche a calcio
B. chi gioca a tennis gioca anche a calcio
C. chi fa nuoto e gioca a pallavolo, gioca anche a tennis
D. chi non gioca a calcio non fa nuoto
E. chi gioca a pallavolo fa anche nuoto

43) UNA sola delle soluzioni completa correttamente l'eguaglianza di significati proposta: "grafomane : x = y : lirica"
A. x = scrittura; y = canto
B. x = scrittore; y = libro
C. x = scrittura; y = melomane
D. x = libro; y = operetta
E. x = melomane; y = scrittore

44) Se A + B = C e C – D = A, allora:

A. 2B = A
B. C = B
C. 3D = C
D. B = D
E. C > D

45) La probabilità che lanciando 3 monete si ottengano tre risultati identici (tutte teste ovvero tutte croci) è:

A. 3/8
B. 2/8
C. 0
D. 1
E. nessuna delle alternative è corretta

46) "Tutti i ballerini sono eleganti; Alessandro è agile; tutte le persone agili sono eleganti". In base alle precedenti affermazioni, quale delle seguenti è necessariamente vera?

A. Alessandro è elegante
B. Non esistono ballerini agili
C. Tutte le persone agili sono ballerini
D. Alessandro è un ballerino
E. Tutti i ballerini sono agili

47) Sherlock Holmes sta interrogando tre sospettati di un delitto. Marco dice: "Io sono innocente, e anche Giulia lo è". Giulia dice: "Silvio è colpevole e Marco è innocente". Silvio dice: "Io sono innocente e Giulia è colpevole". Il

colpevole mente e i due innocenti dicono la verità. Chi ha commesso il delitto?

A. Giulia
B. Marco
C. Silvio
D. Tutti e tre
E. Nessuno dei tre

48) "Tutti i mari italiani sono molto profondi". In base alla precedente informazione, quale delle seguenti affermazioni è certamente vera?

A. Almeno un mare italiano è poco profondo
B. È impossibile negare che esista almeno un mare italiano poco profondo
C. Non esistono mari italiani poco profondi
D. È impossibile affermare che la maggior parte dei mari italiani siano profondi
E. Non esistono mari più profondi di quelli italiani

49) Mario ha incontrato passeggiando l'unico cognato della moglie dell'unico fratello di suo padre. Chi era?

A. Suo padre
B. Suo fratello
C. Suo zio
D. Suo nipote
E. Suo cugino

50) Quale delle seguenti affermazioni è logicamente equivalente a: "I giovani non dimenticano mai nulla"?

A. Gli anziani dimenticano tutto
B. Gli anziani dimenticano sovente
C. Chi non dimentica nulla è giovane
D. I giovani ricordano sempre tutto
E. Quando i giovani diventano anziani dimenticano tutto

RISPOSTE CORRETTE

1) A	11) B	21) A	31) A	41) E
2) C	12) E	22) A	32) C	42) E
3) B	13) D	23) B	33) A	43) C
4) D	14) A	24) A	34) C	44) D
5) C	15) E	25) E	35) A	45) B
6) E	16) A	26) B	36) A	46) A
7) C	17) E	27) D	37) A	47) C
8) D	18) C	28) C	38) E	48) D
9) D	19) C	29) C	39) D	49) A
10) C	20) B	30) A	40) D	50) D

TEST 6

Comprensione del testo e conoscenza della lingua italiana

La fragilità emotiva del malato

Nel mondo del malato, le emozioni regnano sovrane; la paura è lì, a un passo. La grande fragilità emotiva del malato si basa in parte sull'illusione di essere invulnerabili. La malattia – soprattutto se grave – manda in pezzi quell'illusione, sferrando un duro attacco alla nostra rassicurante convinzione di un mondo tutto nostro, protetto e sicuro. Improvvisamente ci sentiamo deboli, impotenti e vulnerabili.

Il problema si presenta quando medici e infermieri ignorano le reazioni emotive dei pazienti, anche quando si prendono gran cura delle loro condizioni fisiche. Questa indifferenza verso la realtà emozionale della malattia ignora i dati, sempre più numerosi, che dimostrano come lo stato emotivo possa avere a volte un ruolo significativo nella vulnerabilità dell'individuo alla malattia e nel decorso della convalescenza. Troppo spesso l'assistenza sanitaria moderna manca di intelligenza emotiva.

Per il paziente, ogni interazione con un'infermiera o con un medico può rappresentare un'occasione per ricevere informazioni rassicuranti, conforto e sollievo oppure, se lo scambio è gestito in modo infelice, può tradursi in un invito alla disperazione. Ma troppo spesso medici e infermieri sono frettolosi e indifferenti al disagio e alla sofferenza dei pazienti. Sicuramente, ci sono tra loro persone compassionevoli che trovano il tempo di rassicurare e informare oltre a quello di somministrare medicine. Ma la tendenza corrente sembra portare a un universo professionale nel quale il personale sanitario sia del tutto ignaro della vulnerabilità dei pazienti, o comunque troppo sotto pressione per occuparsene. Dovendosi confrontare con la dura realtà di un sistema sanitario nel quale i tempi sono sempre più spesso scanditi da contabili e ragionieri, le cose sembrano andare peggiorando.

(da: "Intelligenza emotiva", di D. Goleman, Rizzoli)

1) Quale delle seguenti è una ragione per cui il personale sanitario spesso non provvede a rassicurare i pazienti?

A. Vi sono poche persone compassionevoli tra di loro
B. La mancanza di tempo
C. La formazione professionale di medici e infermieri non è adeguata alle realtà emotive di un ospedale
D. Il personale sanitario con il tempo diviene indifferente alle sofferenze altrui
E. La sottovalutazione sistematica delle conseguenze degli stati emotivi

2) Quale delle seguenti è una causa della fragilità emotiva del malato?

A. La mancanza di tempo del personale sanitario
B. La perdita della sensazione di sicurezza

C. La malattia, che colpisce la psiche non meno del corpo
D. Il disinteresse del personale sanitario
E. Il mondo odierno, troppo protetto e sicuro

3) Quale delle seguenti conclusioni è autorizzata dal brano?

A. L'assistenza emozionale gioverebbe, per la guarigione, non meno di quella medicinale
B. L'assistenza sanitaria moderna è sotto qualche punto di vista peggiore di quella precedente
C. L'economicità del funzionamento del settore sanitario è considerata un'esigenza fondamentale, infatti il ruolo dei contabili e dei ragionieri è sempre più rilevante
D. Vi è sempre minor attenzione per la sofferenza emozionale dei pazienti
E. Il personale sanitario spesso non è all'altezza del compito affidatogli

Il cinema e i fatti di dolore

Giovani, belli, ricchi, non soffrono ma muoiono sempre. Perlopiù anziani, non ricchi, lancinati dai dolori, ma sopravvivono nel 60% dei casi. Sono i malati di cancro secondo il cinema e come invece sono nella realtà. Dopo la peste e altre epidemie nella letteratura, la tubercolosi nel teatro e nell'opera lirica, e la medicina di emergenza in tv, tanto per fare qualche esempio, è arrivato il momento del cancro nel cinema e le ricerche, qualche anno dopo, scoprono quanto l'arte non rispecchi la realtà.
Proprio il rapporto fra la malattia legata a tumori e la sua rappresentazione cinematografica è l'oggetto dello studio presentato al congresso della Società europea di oncologia medica (Esmo) a Vienna. L'indagine è stata condotta da due italiani che hanno censito 82 film sull'argomento, prodotti dal 1939 (l'anno in cui è uscito il primo "Dark Victory" dove Bette Davis moriva per un tumore al cervello) al 2012: "Abbiamo rilevato una notevole differenza con la realtà della malattia, ha spiegato uno degli autori dello studio, Giovanni Rosti, dell'ospedale Cà Foncello di Treviso. Nei film i malati sono più giovani rispetto alla realtà, intorno ai 40-45 anni massimo, appartengono alle classi sociali elevate, hanno tumori poco frequenti o rari, quando vengono dichiarati, e alla fine muoiono".
Secondo i due medici, sarebbe meglio che il cinema trasmettesse un'immagine del tumore meno "strappalacrime" e più vicina alla realtà. E quindi raccontasse fatti di dolore (che solitamente nei film si percepisce ma non si vede, mentre nella realtà abbonda e viene curato poco, specie in Italia); ma anche delle cure sempre meno tossiche, delle più lunghe sopravvivenze e delle sempre più frequenti guarigioni. L'intenzione ora è di proseguire la ricerca per scoprire come invece viene raccontato il cancro nelle serie tv, con l'obiettivo di capire meglio l'immaginario collettivo dominante e contribuire a migliorare la comunicazione.
"Oggi – hanno osservato alcuni oncologi – rispetto al passato i pazienti interagiscono molto di più con i medici e l'avere in testa degli stereotipi sbagliati li può limitare nelle aspettative e nelle richieste da fare al dottore".

(da: Umberto Veronesi, "La Repubblica")

4) L'autore del brano sostiene che nella realtà i malati di tumore:

A. muoiono giovani ma senza dolori
B . guariscono molto raramente
C. sopravvivono nel 60% dei casi

D. adottano terapie del dolore inefficaci nonostante le cure siano meno tossiche
E. appartengono alle classi sociali elevate e alla fine muoiono

5) La frase "Dopo la peste e altre epidemie in letteratura, la tubercolosi nel teatro e nell'opera lirica e la medicina di emergenza TV ... è arrivato il momento del cancro nel cinema" significa che:

A. la malattia è spesso stata scelta come soggetto nelle opere narrative ed espressive
B. il cinema è il mezzo di comunicazione privilegiato per trattare le problematiche riguardanti i malati di tumore
C. le arti tradizionali non hanno mai affrontato il problema del cancro: finalmente, grazie al cinema, anche questa malattia ha avuto il risalto che le spetta
D. finalmente, dopo molte resistenze culturali, si può trattare il cancro attraverso il cinema
E. parlare delle malattie del passato nella letteratura e in teatro non è più di moda

6) Secondo l'autore del brano avere stereotipi sbagliati:

A. induce i pazienti a pensare che il cancro sia sempre mortale e che colpisca prevalentemente gli anziani
B. può limitare il paziente nelle richieste da fare ai medici
C. può indurre il paziente a immedesimarsi con il protagonista malato di cancro di un film
D. può impedire al malato oncologico di sottoporsi con fiducia alle terapie consigliate
E. può indurre il paziente a non avere più aspettative

7) Al congresso della Esmo di Vienna due ricercatori italiani hanno presentato:

A. i risultati di una ricerca che mette in relazione le rappresentazioni letterarie e cinematografiche delle malattie che hanno caratterizzato un'epoca
B. i risultati di un'indagine relativa alla rappresentazione cinematografica di persone colpite da tumore
C. una ricerca sulla rappresentazione del cancro nel cinema e nelle serie TV
D. una ricerca relativa alla rappresentazione cinematografica delle malattie e delle epidemie nei film prodotti dal 1939 al 2012
E. una ricerca per invitare il personale medico a intraprendere cure più efficaci e meno tossiche per i malati di tumore

La radio

Nel 1894 Guglielmo Marconi conduce a Bologna i primi esperimenti che provano la possibilità della comunicazione a distanza in codice morse attraverso le onde hertziane. Nel 1901 egli realizza il primo collegamento senza fili attraverso l'Atlantico. Nel 1908 si ha la prima trasmissione a distanza della voce umana che parte dalla Tour Eiffel a Parigi. Agli inizi la radio ha un'importanza che è soprattutto civile e militare. Sarà soltanto negli anni '20 che nasceranno i programmi di trasmissione al pubblico. Era il 3 novembre 1920 quando la stazione KDKA della Westinghouse iniziò a trasmettere regolarmente. La radiodiffusione, negli USA, si rivelò presto un buon affare grazie agli introiti pubblicitari. Per questo essa poté affermarsi ed entrare nelle abitudini quotidiane della gente. Il risultato fu un sistema di

mercato. In Europa fu invece seguita un'altra strada: quella di un monopolio pubblico sul tipo della BBC (British Broadcast Corporation), che si finanziava tramite abbonamenti. Nella storia dei mezzi di comunicazione di massa, la radio rappresenta un vero e proprio salto evolutivo. Essa è un media del tutto nuovo rispetto a quelli precedenti, sia per quanto riguarda il tipo di apparati che si rendono necessari, sia per il tipo di pubblici a cui dà vita. A differenza del cinema, infatti, la radio permette potenzialmente di rivolgersi a milioni di persone in ascolto contemporaneo e di far loro sentire parole e suoni nel momento stesso in cui vengono prodotti, cosa che prima soltanto la comunicazione orale poteva fare. È l'inizio della comunicazione in diretta. Cambiano perciò gli stili di comunicazione ed anche il pubblico della radio cambia forma sociale, perché questo mezzo raggiunge gli ascoltatori a casa propria, dando vita ad una enorme platea formata da persone separate le une dalle altre, che stanno da sole o sono riunite in piccoli gruppi familiari. Inoltre, fatto da non trascurare in quell'epoca, essa "parla" anche agli analfabeti e può far arrivare i suoi suoni e le sue voci anche nelle zone più lontane e sperdute del pianeta. Le generazioni più anziane ricordano ancora con emozione la suggestione quasi magica che si provava, quando la televisione ancora non era stata introdotta, nel cambiare la sintonia e nel ricevere stazioni lontane, da cui provenivano, in mezzo ai ronzii, parole in lingue sconosciute e musiche esotiche.
Negli anni '60, poi, la diffusione dei transistor alimentati a pila consente la fruizione dei programmi anche fuori casa, potenziando le occasioni comunicative (notiziari, sport, musica) dello strumento.
Dagli anni '80, infine, la liberalizzazione delle frequenze porta alla nascita delle radio private e al moltiplicarsi delle emittenti e delle offerte di programmi.

8) La nascita della radio:

A. si colloca negli anni Venti del XX secolo
B. è opera della Westinghouse
C. è avvenuta a Bologna
D. è resa possibile da studi di Guglielmo Marconi
E. è stata possibile grazie alla BBC

9) La diffusione del mezzo di comunicazione "radio":

A. segna l'inizio della comunicazione in diretta
B. è una logica conseguenza dello sviluppo degli altri mezzi di comunicazione
C. avviene dopo gli anni '80
D. è parallela allo sviluppo del cinema
E. annulla la differenza esistente tra nuovi media e la comunicazione orale

10) Dal punto di vista della comunicazione, l'invenzione della radio:

A. è contemporanea a quella della televisione
B. dà vita alle prime forme di monopolio pubblico
C. non rappresenta una innovazione rispetto al cinema
D. rappresenta un salto evolutivo
E. aiutò a combattere l'analfabetismo

11) "La conoscenza aumenta sicuramente nel corso degli studi medici, mentre successivamente alla laurea sono possibili sia un suo ulteriore incremento, sia un impoverimento legato alla perdita delle nozioni non strettamente legate alla routine professionale. In ogni caso, le caratteristiche della conoscenza si modificano sostanzialmente quando il sanitario entra in contatto con la realtà professionale".

Quale delle seguenti affermazioni NON può essere dedotta dalla lettura del brano precedente?

A. Gli studenti di medicina aumentano le loro conoscenze durante gli studi
B. Gran parte delle nozioni acquisite durante gli studi va comunque perduta dopo la laurea
C. Una parte delle nozioni acquisite durante gli studi può andare perduta dopo la laurea
D. È possibile che alcuni medici aumentino le loro conoscenze dopo la laurea
E. A contatto con la realtà professionale si verificano modifiche qualitative della conoscenza

12) Pochi giorni fa, l'Istituto archeologico di Halle, in Germania, ha annunciato di aver risolto il mistero del manufatto di bronzo con Sole, Luna e stelle d'oro, datato 1.600 avanti Cristo, ritrovato vicino alla città tedesca di Nebra: il Disco di Nebra è un orologio astronomico usato per calcolare le discrepanze fra il calendario solare e quello lunare. La notizia contiene due rivelazioni. La prima è che, nell'Età del bronzo, i nordeuropei erano più evoluti di quanto ci si aspettasse. E la seconda è che, già 3.600 anni fa, gli esseri umani – da Babilonia alle rive del Reno – erano alle prese con il grande ingannatore: il tempo. La scienza deve ancora trovare la risposta a un mistero ancor più grande del Disco di Nebra: per quale meccanismo biologico il tempo passa lentamente in gioventù – dando la sensazione che la vita sia lunga – e si mette a correre con l'età adulta? In compenso, sappiamo che il corpo umano è pieno di "cronometri" cellulari, regolati chimicamente: sono la dopamina e altre molecole, a far sì che il fluire del tempo paia interminabile durante un convegno sui tassi d'interesse argentini e che invece voli via, in una notte d'amore. Ma il più spettacolare degli enigmi, rimane quello della freccia del tempo. Ai nostri occhi – giovani o vecchi che siano – il tempo dà sempre la sensazione di un flusso, che va diritto lungo la traiettoria passato-presente-futuro. Peccato che, in fisica, questo tempo unidirezionale non abbia significato. "Passato, presente e futuro sono solo illusioni", scrisse Einstein a un amico. Secondo la Relatività speciale, due eventi che possono apparire simultanei da una visuale, possono non esserlo da un'altra. "La conclusione più immediata – osserva il divulgatore Paul Davies – è che sia il passato che il futuro siano prefissati. Per questo motivo, i fisici concepiscono il tempo nella sua interezza: un "tempo-rama" analogo a un panorama, con tutti gli eventi passati e futuri osservati insieme". La percezione del tempo è soggettiva, e pure illusoria. Per di più, secondo la teoria della gravità quantistica, lo spazio e il tempo non sarebbero continui come ci appaiono, bensì avanzerebbero in pezzi "discreti". Un po' come la musica che ascoltiamo: è codificata in blocchi di bit, ma la udiamo come una cosa continua.

Secondo il testo del brano, la percezione del tempo come più lento durante la giovinezza e più veloce durante l'età adulta è dovuta:

A. a un fenomeno quantistico denominato futurama
B. all'invecchiamento del sistema cerebrale
C. ad alcune molecole che fungono da cronometri chimici
D. alla sensazione di unidirezionalità del tempo: passato – presente – futuro

E. al fatto che i giovani non vedono l'ora di diventare adulti

13) "Il clima della Valle d'Aosta presenta una notevole varietà, legata alla complessità morfologica del territorio; in genere il clima stesso può essere definito come semicontinentale di montagna, di tipo temperato freddo, con precipitazioni assai scarse, specie in autunno e in inverno: la piovosità è assai ridotta soprattutto nella parte centrale della valle (Aosta 580 mm di pioggia media annua, Saint Marcel 475 mm, circa la metà di Napoli). Ciò obbliga a ricorrere all'irrigazione artificiale delle colture".
Quale delle seguenti affermazioni PUÒ essere dedotta dalla lettura del brano?

A. L'irrigazione artificiale delle colture in Valle d'Aosta deve essere effettuata in autunno e in inverno
B. La piovosità media annua a Napoli è inferiore a 475 mm
C. La piovosità media annua a Napoli è di poco superiore a 1 m
D. A Napoli non è necessario ricorrere all'irrigazione artificiale delle colture
E. A Napoli piove sempre più che ad Aosta

14) Una recente stima compiuta negli U.S.A. ha valutato che il 10% della popolazione è destinata a soffrire di depressione con sintomatologia clinica nel corso della propria vita. Questa stima, che pure molti esperti considerano prudente, è più alta di quella che potrebbe essere fatta per altri paesi occidentali e per il Giappone – che pure hanno uno stile di vita analogo a quello degli U.S.A. – semplicemente perché i medici di questi paesi tendono a formulare meno facilmente la diagnosi di depressione, preferendo dire al paziente che è affetto da gastrite, insonnia, stanchezza psicofisica e così via, in realtà tutti sintomi che discendono dalla malattia psichiatrica principale.
La percentuale di individui destinati a soffrire di depressione viene valutata maggiore negli U.S.A. che in altri paesi occidentali ed in Giappone perché:

A. negli U.S.A. è maggiore il numero dei pazienti affetti da gastrite, insonnia o stanchezza psicofisica
B. lo stile di vita degli U.S.A. è analogo a quello degli altri paesi occidentali e del Giappone
C. la depressione è in realtà una conseguenza di altre affezioni, quali insonnia, stanchezza psicofisica, gastrite, etc.
D. gastrite, insonnia o stanchezza psicofisica sono, in realtà, tutti sintomi della depressione
E. i medici degli U.S.A. tendono a formulare più facilmente la diagnosi di depressione

15) "Durante la guerra qualcuno tentò di convincere un grande scienziato olandese che il potere veniva prima del diritto nella storia dell'uomo. – Non so confutare l'esattezza della vostra affermazione – egli rispose – ma so che non mi importerebbe di vivere in un tale mondo. Dobbiamo pensare, sentire e agire come quest'uomo, rifiutandoci di accettare dei compromessi fatali!" (A. Einstein).
Quale delle seguenti deduzioni È AUTORIZZATA dal testo proposto?

A. Einstein è in grado di dimostrare che la giustizia è il risultato di imposizioni a cui l'umanità si è adattata
B. Einstein è in grado di dimostrare che la giustizia non è il risultato di imposizioni a cui l'umanità si è adattata
C. Einstein ritiene che lo scienziato non si possa sottrarre al compromesso

con il potere sotto cui si opera, qualunque esso sia
D. Einstein è in grado di dimostrare che esiste un diritto naturale, da cui procede la giustizia
E. Einstein ritiene che talvolta si debba rifiutare ogni compromesso con il potere, anche quando qualunque forma di resistenza sembri destinata allo scacco

16) Durante il processo a un bambino di 10 anni che era stato accusato di crimini violenti frequenti, le leggi sulla privacy prevedevano che i giornali si potessero riferire al bambino solamente come "bambino B". Un giornale, però, lo definiva continuamente il "Bambino diabolico". Nonostante numerose fonti mediatiche riferissero di un'educazione difficile e violenta ricevuta dal bambino, invocando quindi comprensione e indulgenza, molte lettere inviate ai giornali e molti commenti scritti sui forum di internet dimostravano una forte rabbia da parte del pubblico che chiedeva la punizione più severa possibile. Quasi tutte queste richieste di adottare misure severe usavano il termine il "Bambino diabolico". Ciò dimostra che era stato solo il nome a influenzare l'opinione pubblica e a impedire al pubblico di provare empatia nei confronti del bambino. **Quale delle seguenti affermazioni, se vera, rafforzerebbe il ragionamento espresso sopra?**
1. Il giornale che ha utilizzato l'espressione "Bambino diabolico" ha descritto il caso e l'educazione del bambino in modo accurato.
2. Anche gli editori del giornale che hanno utilizzato l'espressione "Bambino diabolico" hanno richiesto la punizione più severa possibile.
3. Il giornale che ha utilizzato l'espressione "Bambino diabolico" si è anche continuamente riferito alle vittime come "innocenti" e "indifese".

A. Solo la 1
B. 1 e 3
C. Solo la 3
D. Solo la 2
E. 1 e 2

17) "Il male non ci ferma: possiamo cadere mille volte, ma il male non ci definisce, come invece definisce la mentalità mondana, per cui alla fine gli uomini giustificano quello che non riescono a non fare. Caratteristica della vera moralità è allora il desiderio di correzione. Il termine "correggere", che traduce il latino "*regere cum*", indica il camminare reggendosi assieme". **Una sola delle seguenti affermazioni è coerente con il significato del brano precedente. Quale?**

A. Non importa fare il male o il bene: l'importante è fare, tanto poi qualcuno potrà intervenire a correggere gli errori
B. Le persone non possono essere fermate dalle azioni malvagie perché alla fine qualcuno giustificherà quello che non riescono a fare
C. Una persona veramente morale non ha come caratteristica quella di non fare mai il male, bensì il desiderio di correzione
D. Se si cammina assieme si può fare ciò che si vuole perché il giudizio morale deriva dal sorreggersi a vicenda
E. Gli uomini con il desiderio di correzione giustificano quello che non riescono a non fare

18) "L'avvenimento era di una portata tale da richiedere l'attenzione di tutti gli esponenti politici". Qual è il significato della parola "portata" nella frase proposta?

A. Rilevanza

B. Gittata
C. Inconsistenza
D. Fretta
E. Distanza

19) Richard C. Lewontin, eminente genetista di popolazioni dell'Università di Harvard, e Martin Kreitman, suo giovane collaboratore, stanno sequenziando un gene particolare in diverse varietà di Drosofila. La Drosofila è il celeberrimo moscerino della frutta che costituisce da oltre mezzo secolo il banco di prova preferito dei genetisti. Il gene di cui Kreitman e Lewontin stanno analizzando la sequenza dirige la sintesi di un enzima piuttosto banale, una deidrogenasi dell'alcool, ideale per cogliere le differenze genetiche, spesso infinitesime, tra individui di una stessa specie. In genetica queste differenze si chiamano polimorfismi. Il più noto caso nell'uomo è quello dei gruppi sanguigni (A, B, AB, O). Uno dei risultati più sorprendenti delle ricerche di Kreitman e Lewontin è che le regioni silenti dei geni, dette introni, mutano esattamente alla stessa frequenza delle regioni codificanti, dette esoni. Questi segmenti dormienti, che si trovano all'interno dei geni degli organismi superiori, non sono mai "tradotti" o "espressi" in prodotti finiti, cioè in proteine.

Delle seguenti affermazioni, una sola NON è tratta dal brano. Quale?

A. La Drosofila è stata lungamente studiata dai genetisti
B. La deidrogenasi dell'alcool è un enzima
C. Le differenze genetiche tra individui di una stessa specie si chiamano polimorfismi
D. I polimorfismi dei gruppi sanguigni sono diversi da quelli degli enzimi
E. Le regioni dei geni si distinguono in introni ed esoni

20) L'isola di Creta è in una posizione geografica particolarmente favorevole: allungandosi da Ovest a Est, è un ponte naturale dal Peloponneso all'Asia Minore. Il suo carattere prevalentemente montuoso consente lo sfruttamento del suolo soltanto in piccole zone: la fascia costiera Canea, la pianura di Eraclion, dove sorge Cnosso, la pianura orientale costiera dove c'è Zakros e la pianura di Mesarà, nella quale si trovano Festos e Haghia Triada. La disposizione stessa dei palazzi al centro delle aree pianeggianti mostra subito quale fosse la loro principale funzione: la raccolta dei prodotti agricoli e la loro ridistribuzione. Nel neolitico, con la trasformazione dell'uomo da cacciatore in agricoltore, il passaggio dall'insediamento più antico, in grotta, allo stanziamento all'aperto è molto probabilmente legato allo sviluppo dell'agricoltura. Dei primi insediamenti all'aperto, presumibilmente capanne di paglia e fango, non sono rimaste tracce. Le più antiche strutture risalgono al sub-neolitico/Minoico Antico I e testimoniano, pur nella loro semplicità, un'abitazione legata all'agricoltura. La pianta di una casa di Magasà (circa 2800 a.C.) presenta un ingresso che si affaccia su di un vestibolo usato forse come magazzino, da dove si passa in un'unica stanza. Questa struttura racchiude in sé i due elementi tipici dell'architettura minoica.

Su quale dei seguenti argomenti NON sono fornite informazioni dal testo?

A. La morfologia dell'isola di Creta
B. L'uso del territorio in epoca minoica
C. Il passaggio dal Paleolitico al Neolitico
D. La topografia dell'edilizia privata
E. La topografia dell'edilizia pubblica

Tra tutte le invenzioni del Medioevo, la più importante è quella attribuita al tedesco Johann Gutenberg. Verso il 1450, questi introdusse i caratteri mobili da stampa, che dovevano diventare una potente forza innovatrice della società umana. [...] Insieme alla sostituzione della pergamena con la carta [...], queste invenzioni consentirono la produzione e la diffusione su vasta scala dei libri e di altri materiali scritti. Nessun'altra invenzione, prima dell'epoca moderna, si diffuse così rapidamente: nel giro di una generazione, furono stampati qualcosa come 40 mila libri. Il sapere umano non era più sepolto nelle raccolte di manoscritti presso le corti, ma diventava accessibile nelle biblioteche, a disposizione di tutti coloro che sapevano leggere. La carta stampata cominciò a creare l'opinione pubblica e a permetterle di esprimersi. (L'esistenza della stampa fu un fattore decisivo per il successo della ribellione del 1517 di Martin Lutero contro il papato, ribellione che altrimenti non sarebbe forse andata al di là di una polemica personale tra monaci).

21) A cavallo tra il XV e il XVI secolo, il sapere umano era:

A. sepolto in raccolte presso le corti
B. rinchiuso in manoscritti nelle biblioteche
C. a disposizione di tutti coloro che sapevano leggere
D. accessibile soltanto ai monaci amanuensi
E. accessibile esclusivamente al clero

22) La produzione su vasta scala dei libri contribuì:

A. all'ampliamento delle polemiche tra i monaci
B. alla diffusione della cultura clericale
C. alla creazione dell'opinione pubblica
D. alla diffusione del sapere anche presso le corti
E. alla ribellione del papato contro Lutero

23) Nel XV secolo, in quale arco di tempo vennero stampati circa 40 mila libri?

A. In trent'anni
B. In un solo anno, il 1450
C. In un secolo
D. In una generazione
E. In cinquant'anni

"La psicoanalisi è stata, nel corso di tutta la sua storia e nelle diverse sue evoluzioni, un approccio che valuta i conflitti tra tendenze opposte che si danno battaglia per un ruolo dominante nella vita mentale degli individui: questa prospettiva considera il conflitto come un fattore costitutivo del soggetto in quanto utile alla strutturazione della personalità. Nella teoria classica delle pulsioni elaborata da Freud, la conflittualità riguarda la contrapposizione intrinseca tra pulsioni istintuali (altrimenti dette "pulsioni psicosessuali e aggressive") e realtà sociale: il conflitto intrapsichico è predeterminato e universale. In quest'ottica il conflitto si verifica tra le funzioni esercitate da es, io e super-io: l'es è visto come la fonte di impulsi derivati da tensioni pulsionali; il super-io è alimentato da impulsi istintuali organizzati intorno a immagini interiorizzate di figure parentali; l'io funge da negoziatore tra le richieste di gratificazione pulsionale dell'es, gli aspetti dei genitori interiorizzati nel super-io e le esigenze del mondo esterno. L'io agisce in funzione del raggiungimento di un'armonia interna e di una buona posizione rispetto al mondo esterno. La struttura conflittuale della psiche fa sì che l'antagonismo delle pulsioni possa condurre gli individui a psicosi, a nevrosi e a stati di psicopatologia grave: la condizione che rende il conflitto intrapsichico non deleterio è il suo superamento. Il conflitto non risolto è ritenuto infatti patologico perché fonte di aggressività e quindi di devastazione sia a livello individuale sia a livello sociale. Il superamento dell'antagonismo conflittuale si può ottenere in fase di costituzione della personalità solo in particolari condizioni di equilibrio tra le diverse istanze della vita psichica, quando cioè tra loro non vi siano discrepanze troppo radicali o intense: le eccessive differenze portano alla distruzione di una delle due parti in conflitto o al totale squilibrio della dinamica psicologica. In questo caso la teoria psicoanalitica indica la terapia come via di uscita psiche fa sì che l'antagonismo delle pulsioni possa condurre gli individui a psicosi, a nevrosi e a stati di psicopatologia grave: la condizione che rende il conflitto intrapsichico non deleterio è il suo superamento. Il conflitto non risolto è ritenuto infatti patologico perché fonte di aggressività e quindi di devastazione sia a livello individuale sia a livello sociale. Il superamento dell'antagonismo conflittuale si può ottenere in fase di costituzione della personalità solo in particolari condizioni di equilibrio tra le diverse istanze della vita psichica, quando cioè tra loro non vi siano discrepanze troppo radicali o intense: le eccessive differenze portano alla distruzione di una delle due parti in conflitto o al totale squilibrio della dinamica psicologica. In questo caso la teoria psicoanalitica indica la terapia come via di uscita dalla condizione conflittuale patologica".

24) Nel brano si afferma che:

A. l'antagonismo delle pulsioni può ingenerare stati psicopatologici più o meno gravi se il conflitto intrapsichico non viene superato
B. il superamento del conflitto intrapsichico non rende immune il soggetto da psicosi e nevrosi
C. l'antagonismo delle pulsioni, anche se superato e risolto, è ritenuto patologico perché può produrre danni a livello individuale e sociale
D. la struttura conflittuale della psiche è sempre dannosa
E. il conflitto intrapsichico, poiché è predeterminato e universale, è insuperabile

25 In relazione alla teoria classica delle pulsioni, quale funzione svolge l'io?

A. L'io permette di creare un buon equilibrio interno e una perfetta sintonia con il mondo grazie alla sua funzione di negoziatore tra il super-io e la realtà
B. L'io assorbe gli impulsi istintuali legati alle rappresentazioni delle figure parentali
C. L'io svolge la funzione di negoziatore tra le esigenze del mondo esterno, che si esprimono nel super-io, e le richieste dell'es, in modo da ottenere una perfetta sintonia interna e con la realtà circostante
D. L'io costituisce la sorgente delle tensioni pulsionali
E. L'io svolge la funzione di negoziatore tra le pulsioni dell'es, quelle del super-io e le pressioni della realtà circostante, al fine di ottenere armonia interna ed equilibrio rispetto al mondo esterno

26) Qual è il tema del brano?

A. Il principio di costanza nell'approccio psicoanalitico di Freud
B. La funzione coesiva dell'aggressività
C. La terapia nel conflitto, secondo l'approccio psicoanalitico di Freud
D. Il conflitto nell'approccio psicoanalitico di Freud

E. Alcune teorie per comprendere i conflitti

27) Cercavo in tutti i modi di calcare le orme di mia madre". Qual è il significato della parola "calcare" nella frase proposta?

A. Cavalcare
B. Calpestare
C. Recitare
D. Esagerare
E. Imitare

28) La colonizzazione romana ha prodotto cambiamenti nel sistema politico, amministrativo, commerciale, edilizio, piuttosto che sostituzioni di intere popolazioni. Analogamente, l'adozione di un'unica lingua, il latino, non è certo stata completa, se ancora oggi ciascuna regione d'Italia parla un dialetto diverso, in cui si trovano molti relitti delle lingue usate dagli abitanti più antichi. L'analisi genetica dell'Italia sembra concordare con alcune osservazioni che la dialettologia aveva da tempo avanzato. Si è detto, per esempio, che la maggior fedeltà e somiglianza del toscano al latino rispetto ad altri dialetti sarebbe dovuta al substrato etrusco, troppo differente dal latino per consentire ibridazioni.
Anche le affinità linguistiche dei dialetti nord-occidentali, dall'Emilia-Romagna al Piemonte, ma escludendo il Veneto, sono dovute al substrato comune celto-ligure di queste regioni, cioè ad insediamenti che precedono la nostra era.
Dal brano si inferiscono alcune affermazioni. Di quelle che seguono una sola, benché vera, non è tratta dal testo.

A. I Romani hanno provocato nelle colonie mutamenti di tipo politico, militare, amministrativo, commerciale
B. Il latino non è stato ovunque adottato senza contaminazioni con le lingue preesistenti
C. Il dialetto toscano è, più degli altri dialetti italiani, simile al latino
D. Esistono affinità linguistiche tra i dialetti dell'Emilia Romagna e del Piemonte
E. Il dialetto veneto non possiede un substrato celto-ligure

29) "Lina Presotto, la mia formosa e alacre domestica che pochi giorni or sono lasciò il mio servizio per esordire nel varietà, parlando con me e con mia moglie o con i miei figli usava il verbo aspettare, ma al telefono usava il verbo attendere. (pensa che attendere sia più elegante che aspettare). Nella terza edizione del *Furioso*, Ariosto cambia tutti gli attendere in altrettanti aspettare. Resta a vedere se è meglio prendere esempio dal nostro Ludovico o da Lina Presotto, la mia domestica alacre e formosa, passata or non è molto ai fasti del varietà".

da Alberto Savinio, *Nuova Enciclopedia*

Tra le seguenti note UNA È SCORRETTA, in quanto fraintende il senso che la parola assume nel testo:

A. Varietà: genere teatrale di intrattenimento, misto di prosa e canto
B. Formosa: di belle e procaci forme
C. Alacre: veloce, come fornita di ali
D. Fasti: vita brillante, che dà notorietà
E. Esordire: incominciare, fare la prima Prova

30) "Supponiamo che un individuo possa ricostruire elettronicamente un'immagine animata del suo oggetto del desiderio, che nella vita reale non può manipolare come meglio crede, magari semplicemente perché non suscita nell'altro un analogo stimolo. Ammettiamo che attraverso pratiche sessuali elettroniche quell'individuo possa piegare alla sua volontà quell'immagine. Se ciò accadesse nella vita reale sarebbe un'aggressione violenta, uno stupro e quell'individuo finirebbe in cella (si spera). Nel ciberspazio tutto è permesso, anche la proliferazione di patologie violente e crudeli, se pur virtuali. Questa sarebbe liberazione? Forse liberazione degli istinti più bassi. Se ciò può accadere è perché viviamo in una società che produce numerose frustrazioni tenute a freno da regole sociali e morali, ma che vengono liberate in ambienti virtuali (...) ma come agirebbe sul terreno reale un individuo abituato a realizzare le proprie aggressioni violente, a dettare ordini, a piegare alla propria volontà immagini virtuali di altre persone reali? "Il potere teme la libertà dell'immaginazione (...) Non dimentichiamo che sia Stalin sia Hitler sono noti per aver bandito la pubblicazione dei racconti di fate" (Stenger, 1991). Forse sarebbe meglio capovolgere questa osservazione e constatare invece che il "potere" cerca di fornire proprio strumenti di evasione. In fin dei conti è più facile accettare di esser schiavi su questa terra se poi nel ciberspazio tutto è lecito. Il ciberspazio, dove il corpo è assente, potrebbe diventare un illusorio conforto per il corpo martoriato dallo stress e dallo sfruttamento che subisce nel mondo reale. Hitler e Stalin sarebbero stati ben contenti se avessero avuto a disposizione anche questa possibilità, oltre ai loro campi di sterminio di massa. Nella visione di Orwell i media entravano nel mondo reale per condizionare la vita concreta degli individui, con il ciberspazio il mondo reale può seguire tranquillamente il suo corso, purché l'individuo si riconosca nelle vaste possibilità e personificazioni del ciberspazio. Il ciberspazio rischia di essere veicolato come la "droga" più micidiale che sia mai stata inventata".

Alberto Pian, *Computer, scuola e formazione*, Centro scientifico editore, Torino 1996

Delle seguenti affermazioni UNA SOLA è rigorosamente deducibile dal testo di Alberto Pian, quale?

A. La libertà dell'immaginazione è sicuramente un pericolo per il potere
B. Un individuo aggressivo nel ciberspazio non potrebbe non essere aggressivo anche nel mondo reale
C. Le regole sociali e morali possono produrre, ma anche frenare, le frustrazioni degli individui
D. La visione di Orwell è una conturbante ma precisa profezia dell'uso dei media nelle società del nostro tempo
E. Le pratiche sessuali elettroniche neutralizzano le pulsioni violente degli individui aggressivi

Conoscenze e competenze acquisite negli studi

31) Intervenendo alla Conferenza di pace di Parigi il 10 agosto 1946, ______ ricostruiva il percorso dell'Italia antifascista. Di chi si parla qui?

A. Alcide De Gasperi
B. Luigi Einaudi
C. Pietro Badoglio
D. Ferruccio Parri
E. Enrico De Nicola

32) Individuare la coppia anomala.

A. Firenze – Galleria degli Uffizi
B. Washington – Metropolitan Museum of Art
C. Parigi – Louvre
D. Londra – British Museum
E. Madrid – Museo Nacional Del Prado

33) Dante la definì una "veritade ascosa sotto bella menzogna". Che cosa?

A. Allocuzione
B. Antifrasi
C. Metonimia
D. Perìfrasi
E. Allegoria

34) Quella sottostante è la pianta di una chiesa:

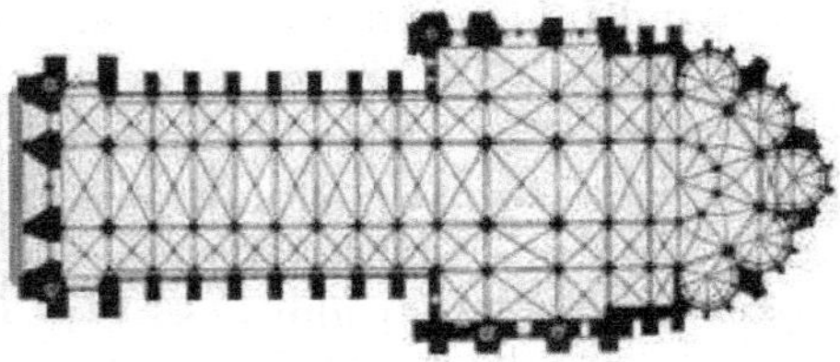

A. rinascimentale
B. barocca
C. paleocristiana
D. romanica
E. gotica

35) Di seguito è riportata una parte dell'articolo 33 della Costituzione della Repubblica Italiana: "________ sono libere e libero ne è l'insegnamento." Come inizia questo periodo?

A. La cultura e la ricerca scientifica
B. Le lettere e la tecnica
C. L'arte e la cultura
D. Le lettere e la scienza
E. L'arte e la scienza

36) Quale sequenza cronologica è giusta?

A. Masaccio, Filippo Lippi, Verrocchio, Leonardo
B. Verrocchio, Filippo Lippi, Masaccio, Leonardo
C. Leonardo, Verrocchio, Masaccio, Filippo Lippi
D. Filippo Lippi, Masaccio, Verrocchio, Leonardo
E. Masaccio, Leonardo, Verrocchio, Filippo Lippi

37) Individuare, tra le alternative proposte, quella che completa correttamente la frase seguente.
"L'anafora è una figura retorica di posizione che consiste nel ________ un termine all'inizio di frasi successive".

A. ripetere
B. considerare
C. concordare
D. rimuovere
E. segnalare

38) Quale dei seguenti avvenimenti si colloca cronologicamente tra la Rivoluzione francese e l'Unità d'Italia?

A. La guerra di Crimea
B. La firma dei Patti Lateranensi
C. La Rivoluzione americana
D. L'avvento del Terzo Reich
E. La Rivoluzione inglese

39) Qual è l'esatta sequenza cronologica tra gli eventi sotto riportati?
a) Presa della Bastiglia
b) Campagna di Russia di Napoleone Bonaparte
c) Dichiarazione di indipendenza degli Stati Uniti
d) Congresso di Vienna
e) Fine dell'impero di Napoleone III

A. c-a-d-b-e
B. a-c-d-b-e
C. c-a-b-d-e
D. a-e-b-d-c
E. c-a-b-e-d

40) Questa è una mappa dell'isola di Metallica che raffigura le otto città principali (da P a W) e le strade che le collegano, mentre nella tabella sono specificate le distanze più brevi (in km) tra ogni coppia di città.

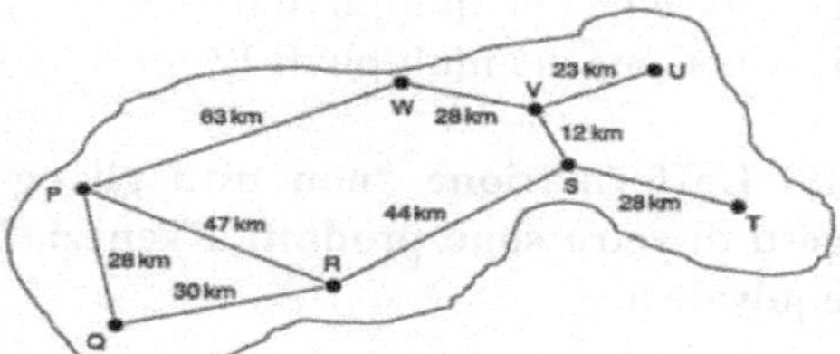

	Copper	Gold	Iron	Lead	Nickel	Silver	Tin
Gold	74						
Iron	28	91					
Lead	86	12	91				
Nickel	102	28	119	40			
Silver	91	40	63	28	68		
Tin	109	35	114	23	63	51	
Zinc	30	44	47	56	72	84	79

Quale città nella mappa è Nickel?

A. S
B. T
C. R
D. W
E. Q

Ragionamento logico

41) L'affermazione "se uso troppo lo smartphone mi viene l'emicrania" implica che:

A. se non mi viene l'emicrania allora non ho usato troppo lo smartphone
B. se ho l'emicrania vuol dire che ho usato troppo lo smartphone
C. a volte capita che non abbia l'emicrania pur avendo usato troppo lo smartphone
D. o uso troppo lo smartphone o mi viene l'emicrania
E. non ho l'emicrania pur avendo usato troppo lo smartphone

42) "Non esiste favola senza lieto fine". Se la precedente affermazione è FALSA, quale delle seguenti è necessariamente vera?

A. Tutte le favole hanno un lieto fine
B. Tutte le favole sono senza lieto fine
C. Nessuna favola ha un lieto fine
D. Esiste almeno una favola senza lieto fine
E. Tutte le storie con un lieto fine sono favole

43) Completa i termini mancanti della seguente proporzione:
"strumento : orchestra = x : y"

A. x = tromba; y = assolo
B. x = uccello; y = stormo
C. x = marmo; y = statua
D. x = rima; y = poesia
E. x = violino; y = suonata

44) In una scuola lavorano Amilcare, Basilio e Concetto, come bidello, professore e segretario (non necessariamente in quest'ordine). Amilcare è figlio di Concetto, ed è più basso di statura del professore. Il bidello è il più alto di statura, e non ha figli. Quale delle seguenti affermazioni è compatibile con le premesse?

A. Amilcare è il segretario, Basilio è il bidello, Concetto è il professore
B. Basilio è il segretario, Amilcare è il bidello, Concetto è il professore
C. Non è possibile attribuire esattamente a ciascuna persona il proprio ruolo
D. Concetto è il segretario, Basilio è il bidello, Amilcare è il professore
E. Amilcare è il segretario, Basilio è il professore

45) "Recenti ricerche hanno convalidato la tesi secondo la quale è impossibile negare l'esistenza di computer alimentati con l'energia solare". Qual è il corretto significato della precedente affermazione?

A. Recenti ricerche hanno confermato che esistono computer alimentati con l'energia solare
B. Recenti ricerche hanno dimostrato che non esiste alcun computer alimentato con l'energia solare
C. Recenti ricerche hanno dimostrato che esiste un solo computer alimentato con l'energia solare
D. Recenti ricerche non hanno confutato la tesi secondo la quale non è possibile confermare l'inesistenza di computer non alimentati con l'energia solare
E. Nessuna delle risposte è corretta

46) Se l'affermazione "tutte le diete fanno dimagrire" è FALSA, quale delle seguenti alternative è necessariamente vera?

A. Tutte le diete fanno ingrassare
B. Almeno una dieta fa dimagrire
C. Nessuna dieta fa dimagrire
D. Almeno una dieta non fa dimagrire
E. Alcune diete fanno ingrassare

47) In un certo mese dell'anno per 3 volte il martedì cade in una data pari del mese. In che giorno cade il 19 di quel determinato mese?

A. Giovedì
B. Martedì
C. Mercoledì
D. Venerdì
E. Sabato

48) Se A è l'insieme dei numeri pari e B è l'insieme dei multipli di 3, allora l'insieme intersezione $A \cap B$ è:

A. l'insieme dei multipli dispari di 3
B. l'insieme dei numeri dispari non divisibili per 3
C. l'insieme dei numeri pari non divisibili per 3
D. l'insieme dei multipli di 6
E. l'insieme dei multipli di 12

49) L'affermazione "non tutti gli oggetti di vetro sono prodotti a Venezia" equivale a:

A. alcuni oggetti di vetro non sono prodotti a Venezia
B. tutti gli oggetti di vetro vengono prodotti fuori Venezia
C. non tutti gli oggetti prodotti a Venezia sono oggetti di vetro
D. tutti gli oggetti di vetro sono prodotti a Venezia
E. alcuni oggetti prodotti a Venezia non sono oggetti di vetro

50) "Tutti i camerieri amano le donne bionde. Tutti gli attori vanno spesso dall'estetista. Chi ama le donne bionde va spesso dall'estetista". Se le precedenti informazioni sono vere, quale delle seguenti affermazioni è necessariamente vera?

A. Tutti i camerieri vanno spesso dall'estetista
B. Chi va spesso dall'estetista è un attore o un cameriere
C. Alcuni camerieri, che fanno anche gli attori, vanno spesso dall'estetista
D. Chi ama le donne bionde è un cameriere
E. Tutti gli attori amano le donne bionde

RISPOSTE CORRETTE

1) B	11) B	21) C	31) A	41) A
2) B	12) C	22) C	32) B	42) C
3) D	13) A	23) D	33) E	43) B
4) C	14) E	24) A	34) E	44) A
5) A	15) E	25) E	35) E	45) A
6) B	16) A	26) D	36) A	46) D
7) B	17) C	27) E	37) A	47) D
8) D	18) A	28) A	38) A	48) D
9) A	19) D	29) C	39) C	49) A
10) D	20) E	30) C	40) B	50) A

TEST 7

Comprensione del testo e conoscenza della lingua italiana

Sfruttando l'elevata capacità di modificarsi del virus, un laboratorio di Strasburgo, di cui fanno parte due ricercatori italiani, ha individuato un "mutante" in grado di portare alla morte delle cellule tumorali con bassi dosaggi di medicinali.

Usare una malattia per sconfiggerne un'altra può sembrare paradossale, ma presto potrebbe rivelarsi una nuova frontiera delle cure anti-tumore. È la pista seguita dal laboratorio Retrovirus ed evoluzione molecolare di Strasburgo, diretto da Matteo Negroni dell'Istituto di biologia molecolare e cellulare del CNRS (il Centro nazionale francese di ricerca scientifica), che ha modificato il genoma del virus ottenendo ottimi risultati nella morte delle cellule tumorali, con un dosaggio di medicinali inferiore di 300 volte rispetto a quello utilizzato nelle terapie moderne.

L'HIV presenta una caratteristica fondamentale: l'elevata capacità di mutazione. Sfruttando questa peculiarità del virus, i ricercatori ne hanno combinato il genoma, privato della sua forza infettiva, con un gene umano presente in tutte le cellule, la desossicitidina chinasi (o dCK), che funziona da "attivatore" dei medicinali antitumorali. "In questo modo – spiega Matteo Negroni – si è ottenuta una banca dati di ottanta proteine mutanti. Tra loro i ricercatori hanno poi individuato la variante con la capacità maggiore di agire sulle cellule cancerose, uccidendole anche con un basso dosaggio di medicinali".

La proteina modificata, poi, non ha bisogno di essere iniettata in tutte le cellule malate. "Basta infatti che agisca su poche di loro perché, grazie all'effetto conosciuto come bystander, si assista alla morte delle altre cellule", continua lo studioso. La ricerca, pubblicata su PLoS Genetics, apre prospettive verso un trattamento terapeutico alternativo, in grado di limitare i problemi legati alla tossicità di alcuni medicinali. Gli esperimenti, durati tre anni e guidati da un'altra ricercatrice italiana, Paola Rossolillo, sono stati effettuati solo in provetta.

"Bisognerà aspettare un anno e mezzo, forse due, per iniziare la sperimentazione preclinica sugli animali. Finanziamenti permettendo", conclude Negroni. Test sulla modificazione del virus dell'Aids potrebbero rivelarsi utili anche per la cura di altre malattie.

1) Quale delle seguenti affermazioni è vera?

A. Tutte le altre affermazioni sono vere
B. La scoperta di cui si parla nel testo è stata fatta da un'équipe di ricercatori francesi
C. Grazie alla scoperta fatta, in futuro le cure antitumorali potrebbero essere al tempo stesso più leggere e più efficaci
D. A breve inizieranno i test per verificare la validità dell'esperimento del laboratorio di Strasburgo

E. L'effetto bystander impedisce che un medicinale si propaghi e raggiunga le cellule malate

2) Quale delle seguenti alternative sintetizza meglio il modo in cui hanno proceduto i ricercatori?

A. Hanno iniziato l'analisi in laboratorio e hanno poi continuato la sperimentazione preclinica sugli animali
B. Hanno analizzato il comportamento del gene della desossicitidina al momento della somministrazione di medicinali antitumorali
C. Hanno associato il gene della dCK al genoma dell'HIV per ottenere una serie di proteine da cui estrarre quella più tossica per le cellule tumorali
D. Hanno analizzato la banca dati delle proteine mutanti dell'HIV per capire quale potesse essere più efficace nel distruggere le cellule cancerose
E. Hanno studiato l'effetto bystander per capire quante cellule potessero essere eliminate grazie alla proteina dell'HIV

3) Secondo quanto riportato nel testo:

A. i medicinali anti-tumore hanno problemi di tossicità
B. Matteo Negroni dirige uno dei laboratori di ricerca dell'ospedale di Strasburgo
C. il virus dell'Aids difficilmente potrà essere impiegato per curare altre patologie
D. la desossicitidina chinasi si trova solo in alcune cellule
E. vi sono ben ottanta proteine mutanti efficaci nell'eliminazione delle cellule cancerose

4) La proteina modificata non deve essere necessariamente inoculata in tutte le cellule cancerose perché:

A. perde di efficacia se viene inoculata numerose volte
B. in parecchi casi è più che sufficiente che agisca su poche cellule per ottenere un buon risultato
C. in alta concentrazione potrebbe riacquistare la sua forza infettiva
D. il livello di tossicità non sarebbe più tollerabile dal corpo del malato
E. l'effetto che ha sulle poche cellule in cui viene inoculata si trasmette anche alle altre

5) "Non domandarci la formula che mondi possa aprirti, sì qualche storta sillaba e secca come un ramo. Codesto solo oggi possiamo dirti, ciò che non siamo, ciò che non vogliamo". Eugenio Montale con questi versi afferma che il poeta:

A. è un superuomo della conoscenza
B. non ha alcuna risposta ottimistica
C. si sente offeso da una richiesta così pretenziosa
D. non ha intenzione di condividere con altri il suo privilegio
E. accortamente minimizza le sue competenze

6) "Si assumeva molti più compiti di quanti potesse svolgerne per sollevare i familiari dalla miseria". Qual è il significato della parola "sollevare" nella frase proposta?

A. Liberare
B. Rincuorare
C. Spostare
D. Suscitare
E. Alzare

7) "... <u>volete un esempio</u> che ha il vantaggio di essere oltre che attuale anche più didattico? La storia di un campo di prigionia è un coacervo di storie individuali non molto interessanti, storie di ognuno e di ogni giorno, esili fili d'acqua, un succedersi di atti e di pensieri difficili da ricostruire, anche se c'è chi tiene un giornale di bordo. È anche la storia di piccoli eventi "pubblici": un'evasione, una disputa, una diceria. Anche in questo caso sarà difficile fare veramente luce sui fatti: tante teste tanti pareri, tanti testimoni tante versioni. Provate a immaginare le difficoltà per stabilire il giorno, l'ora, e il luogo, le precise responsabilità. Facilissimo, invece, ricostruirne la storia collettiva, le condizioni di vita materiali, i diversi periodi della vita morale del gruppo: periodi che si susseguono e, come tutti sappiamo, non si rassomigliano. (...) Al di là dell'evenemenziale, al di là dell'individuale è la storia dei gruppi ad offrirci un solido terreno di ricerca. In questa direzione dobbiamo convogliare i nostri sforzi".

Fernand Braudel, *Storia, misura del mondo,* Il Mulino, Bologna 1997

UNO SOLO dei titoli proposti coglie il nocciolo della tesi sostenuta da Braudel nel paragrafo citato, quale?

A. Un campo di prigionia
B. La storia evenemenziale
C. Il ruolo del caso nella storia
D. La storia come scienza sociale
E. I documenti e lo storico

8) Mal di test

"Il suo colore preferito?", chiede una delle tante domande del test. (...) I questionari, d'ogni genere, si moltiplicano e arrivano da ogni parte; (...). Non è il caso di deplorare il fenomeno con la patetica predica sulla parcellizzazione della vita e dell'individuo nella società contemporanea; rispondere a test era un gioco non disdegnato da scrittori come Proust e Thomas Mann, che è difficile accusare di superficialità. (...) Anche se le domande sono numerose, si pensa di sbrigarle rapidamente, sia perché le risposte devono essere telegrafiche sia perché si è persuasi di avere idee, opinioni, gusti, convinzioni, amori, odi, pensieri. (...) Ma invece, sin dai primi passi, si annaspa. Come si fa a indicare il poeta preferito? Leopardi o Baudelaire? Già in quest'alternativa c'è una violenza invadente, o forse questa è una nobile scusa per la propria irresolutezza. Anche considerando – ma è un modo per trarsi un po' d'impaccio – fuori categoria Dante o Shakespeare, come autori per i quali la definizione di poeta è troppo restrittiva, altri si affollano subito, legittimi e imperiosi; lasciar fuori Petrarca è un disagio troppo grande, (...) E gli scrittori? Due – indiscutibili – sono due non scrittori, due entità sovrapersonali e plurime, lo Spirito Santo e Omero, se è vero che hanno scritto la Bibbia e l'Iliade e l'Odissea. Ma gli altri? È subito una gran confusione, come in certi pasticci sentimentali in cui si finisce per non sapere chi si ama di più e non si sa che pesci pigliare. (...) Sino a questo punto si tratta, tutt'al più, di una patologica indecisione critica o di una incoercibile ma felice vocazione poligamica; forse è bene non saper scegliere fra chi si ama, è certo giusto non scegliere tra i propri figli, anche se ne hanno cento come Priamo. Le cose saranno certo più chiare per quel che riguarda non la finzione letteraria, bensì la vita, la realtà; uno saprà certo dire cosa ama, odia, tiene o desidera di più, i luoghi che preferisce e quelli che aborre. (...) Man mano che si prosegue nel questionario, si è risucchiati in un vortice di incertezza; non sono tanto le idee, i gusti, le predilezioni a traballare, quanto lo stesso io chiamato a declinarli, che si sente improvvisamente astratto, irreale (...) Come si può dunque osare indicare, nella risposta alla domanda numero 16, il tratto principale del proprio carattere, se quelle botte e risposte fanno anzitutto dubitare di avere un carattere? L'io si frantuma e le sue qualità svaporano. Non si può farne una colpa alla computerizzazione che governa il mondo. Quella logica non snatura la vita, come protestano i nostalgici del buon tempo antico, ma ne dice forse la verità, mette a nudo il meccano di cui siamo fatti (...) Il gesto di narrare crea, finge e costruisce un'identità, mentre chi risponde ai test sente di perderla, come un accusato dinanzi al poliziotto o al giudice che lo interroga".

Claudio Magris, *Utopia e disincanto*, Garzanti, Milano 2001

UNA SOLA delle osservazioni sullo scritto di Magris è correttamente DEDOTTA dal testo. Quale?

A. È evidente che tra i poeti e gli scrittori Magris ama Leopardi e Baudelaire, Omero, Virgilio e Dante
B. La logica del nostro mondo computerizzato non rispetta l'originalità dell'individuo del quale disgrega l'unità naturale
C. Il compilare un questionario agli scrittori di qualche valore è sempre sembrato un gioco poco serio, da intellettuali superficiali e disoccupati
D. Se è difficile scegliere tra le letture predilette, non lo è meno scegliere tra le persone, gli oggetti e gli eventi in mezzo a cui viviamo
E. Rispondere ai test, come il narrare storie, mette a rischio di disperdersi e di trasferire la propria identità nella propria opera

Le pietre di Venezia

Da che il dominio degli uomini fu per la prima volta affermato sull'oceano, tre troni, di importanza superiore di gran lunga a tutti gli altri, furono imposti alle sue sabbie: i troni di Tiro, di Venezia e di Inghilterra.

Della prima di queste grandi potenze rimane solo la memoria; della seconda, la rovina; la terza, che è erede della loro grandezza, se pure è dimentica del loro esempio, potrà esser tratta, attraverso una supremazia più superba, a una distruzione meno compianta. L'esaltazione, la colpa e la punizione di Tiro, sono state tramandate alla memoria, per noi, nelle parole forse più commoventi che mai pronunciarono i profeti di Israele contro le città dello straniero.

Ma noi le leggiamo come una soave melodia e chiudiamo l'orecchio al rigore del loro ammonimento, perché proprio la profondità della caduta di Tiro ci ha resi ciechi alla sua realtà, e noi scordiamo, quando guardiamo le sue rocce che biancheggianofra il sole e il mare, che esse furono un giorno "come nell'Eden, il giardino di Dio".

Quella che le succedette, simile a lei in perfezione di bellezza, sebbene fu minore la durata del suo dominio, è ancora lasciata alla nostra contemplazione nell'ultimo periodo del suo declinare: uno spettro sulle sabbie del mare, così debole, così quieta, così spoglia di tutto, tranne che della sua grazia, che si potrebbe dubitare, nel riguardare il suo pallido riflesso nello specchio della laguna, quale sia la città e quale l'ombra.

Io vorrei tentare di tracciar le linee di quest'immagine prima che vada per sempre perduta; e ricordare, per quanto io sappia, l'esortazione che mi sembra sia formulata da ognuna delle onde che salgono veloci e picchiano, come campane a morto, contro le Pietre di Venezia.

Sarebbe difficile esagerare il valore delle lezioni che possono esser tratte da uno studio fedele della storia di questa città potente e strana: una storia che, nonostante la fatica di innumerevoli cronisti, rimane ancora in una linea vaga e discutibile, solcata di luce e ombra, come la sponda lontana del suo mare, dove i frangenti sui banchi di sabbia si confondono col cielo. Sarà difficile che le ricerche che dovremo iniziare rendano più chiara questa linea, ma i loro risultati ne altereranno in certa misura l'aspetto; e presentano un interesse di un grado assai maggiore di quello che normalmente si addica a ricerche architettoniche.

Io potrei, forse, fin da principio e in poche parole, rendere il lettore normale capace di formarsi un'idea dell'importanza di ogni espressione esistente del carattere veneziano attraverso l'arte veneziana, e dell'ampiezza di interesse compreso dalla vera storia di Venezia, assai più chiara di quella che egli potrebbe aver raggranellato dalle favole sul suo mistero e sulla sua magnificenza. Venezia è concepita solitamente come una oligarchia: essa fu tale durante un periodo minore di metà della sua esistenza, inclusi i giorni della decadenza; ed è una delle prime questioni che dobbiamo seriamente esaminare, se quella decadenza fosse dovuta in qualche modo al mutamento della sua forma di governo, o piuttosto – come certamente lo fu in gran parte – a mutamenti nel carattere delle persone che lo componevano.

Lo Stato di Venezia esistette per milletrecentosettantasei anni, dalla prima fondazione di un governo consolare sull'isola di Rialto, al momento in cui il generale in capo dell'armata francese in Italia dichiarò la repubblica veneta cosa del passato.

Di questo periodo, duecentosettantasei anni trascorsero in una soggezione nominale alle città dell'antica Venezia, specialmente a Padova, e in una agitata forma di democrazia, i cui poteri esecutivi pare siano stati affidati a tribuni, scelti ciascuno fra gli abitanti di ciascuna delle isole principali.

Per seicento anni, durante i quali la potenza di Venezia era in continuo accrescimento, il suo governo fu una monarchia elettiva, poiché il suo re, o doge, possedeva, almeno nei primi tempi, altrettanta autorità indipendente quanto qualsiasi altro sovrano europeo, autorità che fu, però, gradatamente assoggettata a limitazioni, e ristretta quasi quotidianamente nelle sue prerogative, mentre cresceva in un'ombra di inetta magnificenza.

L'ultimo governo dei nobili, sotto la parvenza di un re, durò per cinquecento anni, durante i quali Venezia maturò i frutti delle sue energie precedenti, li consumò e spirò.

9) La potenza di Tiro:

A. non fu di esempio
B. è solo un ricordo
C. è l'erede del trono di Venezia
D. fu superiore a tutte le altre
E. è in stato di rovina

10) La storia di Venezia:

A. presenta ancora lati poco conosciuti
B. è stata scritta in modo esaustivo
C. è stata raccontata da pochi cronisti
D. non è esauriente sulle origini
E. non pone più alcun problema

11) La "grazia" di Venezia:

A. è un'immagine spettrale
B. rappresenta la quieta bellezza della città
C. è un riflesso pallido della laguna
D. non è un'ombra
E. è ciò che resta del suo declinare

12) La questione della decadenza di Venezia:

A. dipende solo dal governo oligarchico
B. è attribuibile in buona misura al carattere (mutato) dei governanti
C. è già stata ampiamente indagata

D. riguarda un periodo pari a quasi tutta la sua storia
E. non deve essere chiarita

13) L'autorità del doge:

A. non subì mai limitazioni
B. crebbe costantemente e senza ombre
C. fu superiore a quella degli altri sovrani europei
D. nel tempo vide una restrizione delle prerogative
E. non era indipendente

L'ideale della certezza

La scienza non è un sistema di asserzioni certe, o stabilite una volta per tutte, e non è neppure un sistema che avanzi costantemente verso uno stato definitivo. La nostra scienza non è conoscenza (*episteme*): non può mai pretendere di aver raggiunto la verità, e neppure un sostituto della verità, come la probabilità.
Non sappiamo, possiamo solo tirare a indovinare. E i nostri tentativi di indovinare sono guidati dalla fede non scientifica, metafisica (se pur biologicamente spiegabile) nelle leggi, nelle regolarità che possiamo svelare, scoprire. Come Bacone, potremmo descrivere la nostra scienza contemporanea – il «metodo di ragionamento che oggi gli uomini applicano ordinariamente alla natura» – come consistente di «anticipazioni, affrettate e premature» e di «pregiudizi».
Ma queste congetture meravigliosamente immaginative e ardite, o anticipazioni, sono controllate accuratamente e rigorosamente da controlli sistematici. Una volta avanzata, nessuna delle nostre «anticipazioni» viene sostenuta dogmaticamente. Il nostro metodo di ricerca non è quello che consiste nel difenderle, per provare quanta ragione avessimo. Al contrario, tentiamo di rovesciarle. Usando tutte le armi della nostra armeria logica, matematica e tecnica, tentiamo di provare che le nostre anticipazioni erano false, allo scopo di avanzare, in loro luogo, nuove anticipazioni ingiustificate e ingiustificabili, nuovi «pregiudizi affrettati e prematuri», per usare l'espressione denigratoria con cui li chiama Bacone. È possibile interpretare più prosaicamente le strade percorse dalla scienza. Si potrebbe dire che il progresso può «...aver luogo, solo in due modi: raccogliendo nuove esperienze percettive e organizzando meglio quelle già a nostra disposizione». Ma questa descrizione del progresso scientifico, pur non essendo di fatto falsa, sembra fuori bersaglio. Risente troppo di reminescenze dell'induzione baconiana: suggerisce troppo da vicino l'industriosa raccolta degli «innumerevoli grappoli, ubertosi e maturi», da cui Bacone si aspettava di veder fluire il vino della scienza: ricorda troppo il mito baconiano di un metodo scientifico che parte dall'osservazione e dall'esperimento e di qui procede alle teorie (tra l'altro, questo metodo leggendario ispira ancor oggi alcuni degli scienziati più moderni, che tentano di praticarlo, per via della credenza predominante secondo cui si tratterebbe del metodo della fisica sperimentale).
Il progresso della scienza non è dovuto al fatto che, coll'andar del tempo, si accumulano esperienze percettive in numero sempre maggiore. E non è dovuto al fatto che facciamo un uso sempre migliore dei nostri sensi. Per quanto industriosamente le raccogliamo e le scegliamo, da esperienze sensibili non interpretate non potremo mai distillare la scienza. I soli mezzi a nostra disposizione per interpretare la natura sono le idee ardite, le anticipazioni ingiustificate e le speculazioni infondate: sono il solo organo, i soli strumenti di cui disponiamo. E per guadagnare il nostro premio dobbiamo

azzardarci ad usarli. Quelli tra noi che non espongono volentieri le loro idee al rischio della confutazione non prendono parte al gioco della scienza.

Anche il controllo sperimentale delle nostre idee, sobrio e accurato, è a sua volta ispirato da idee; l'esperimento è azione pianificata, ciascun passo della quale è guidato dalla teoria. Non per caso andiamo a inciampare nelle nostre esperienze; e neppure le lasciamo scorrer su di noi, come una corrente. Invece, dobbiamo essere attivi: dobbiamo «fare» le nostre esperienze. Siamo sempre noi a formulare le questioni da porre alla natura: siamo noi a tentare sempre di nuovo di porre queste questioni, in modo da ottenere un «sì» o un «no» ben chiari (perché la natura non ci dà una risposta, se non facciamo pressione per ottenerla). E alla fine, siamo ancora noi a dare la risposta: siamo noi che, dopo esami severi, decidiamo la risposta alla domanda che abbiamo posto alla natura, dopo lunghi e seri tentativi di ottenere dalla natura un «no» non equivoco.

Il vecchio ideale scientifico dell'episteme – della conoscenza assolutamente certa, dimostrabile – si è rivelato un idolo.

L'esigenza dell'oggettività scientifica rende ineluttabile che ogni asserzione della scienza rimanga necessariamente e *per sempre allo stato di tentativo.* È bensì vero che un'asserzione scientifica può essere corroborata, ma ogni corroborazione è relativa ad altre asserzioni che a loro volta hanno natura di tentativi. Possiamo essere «assolutamente certi» solo nelle nostre esperienze soggettive di convinzione, nella nostra fede soggettiva.

Con l'idolo della certezza (compreso quello dei gradi di certezza imperfetta, o probabilità) crolla una delle linee di difesa dell'oscurantismo, che sbarrano la strada al progresso scientifico. Perché la venerazione che tributiamo a quest'idolo è d'impedimento non solo all'arditezza delle nostre questioni ma anche al rigore dei nostri controlli.

La concezione sbagliata della scienza si tradisce proprio per il suo smodato desiderio di essere quella giusta. Perché non il possesso della conoscenza, della verità irrefutabile, fa l'uomo di scienza, ma la ricerca critica, persistente e inquieta, della verità.

14) La funzione della scienza:

A. si risolve nella sua utilità pratica
B. sta nel fornire assolute certezze
C. è la difesa delle teorie
D. è essenzialmente critica
E. consiste nel registrare ciò che l'esperienza offre

15) Una passata concezione di episteme:

A. è sempre raggiungibile con un buon metodo
B. consiste nell'affermare una verità probabile
C. porta facilmente al dogmatismo
D. non ha carattere scientifico ma metafisico
E. permette alla scienza di progredire

16) Le teorie sono:

A. l'esito di esperimenti
B. il risultato di procedure induttive
C. il risultato di deduzione da assiomi
D. generalizzazioni improprie
E. il frutto di anticipazioni e congetture

17) Il controllo sperimentale:

A. è una costruzione puramente soggettiva
B. non è una passiva constatazione
C. può soltanto confermare le teorie
D. raccoglie le risposte spontanee della natura
E. è sempre indipendente dalle idee

18) L'accumulo di esperienze:

A. non è il vero motore del progresso scientifico
B. serve per individuare le soluzioni probabili
C. costituisce la base delle deduzioni
D. vale senza bisogno di interpretazione
E. impedisce di fare ipotesi accettabili

19) "I Sumeri furono i creatori del primo sistema di scrittura della storia. I segni erano tracciati con uno stilo di legno su tavolette di argilla ancora fresche". Qual è il significato della parola "stilo" nella frase proposta?

A. Asticella di legno appuntita all'estremità
B. Pugnale di ferro
C. Coltello appuntito
D. Penna
E. Osso appuntito all'estremità

Il viaggio della sonda europea Venus Express sta per concludersi. Dopo 153 giorni e 400 milioni di chilometri di volo, domani, intorno alle 8.03 ora italiana, la navicella inizierà la delicatissima sequenza di manovre per farsi catturare dalla forza di gravità di Venere, nella cui orbita entrerà circa un'ora e mezza dopo. In quel momento, Venus Express (o Vex, come la chiamano più familiarmente gli scienziati dell'Esa, l'agenzia spaziale europea) si troverà a 120 milioni di chilometri dalla Terra; ancora qualche giorno per raggiungere la cosiddetta "orbita operativa", e la sua missione scientifica avrà ufficialmente inizio. E forse non è un caso che questo avvenga proprio in aprile, il mese che gli antichi romani dedicavano alla dea dell'amore, così come non è casuale che sull'ogiva del razzo Soyuz-Fregat che ha lanciato Vex fosse riprodotta la Venere di Botticelli: un giusto omaggio al pianeta che più di ogni altro fa parte dell'immaginario dell'umanità fin dall'antichità. Ma a dispetto della sua fama, dei millenni di osservazioni (è il pianeta più vicino alla Terra e il più facile da vedere a occhio nudo) e delle sedici sonde spaziali che l'hanno già visitato, Venere è ancora in gran parte un mistero. Un mistero, per giunta, trascurato, poiché Vex è la prima sonda che torna a studiarlo dopo quindici anni di assenza, e ha il compito di trovare le risposte a moltissimi enigmi. I più importanti riguardano le dinamiche dell'atmosfera venusiana, un'infernale mistura composta per oltre il 96 per cento da anidride carbonica, dominata negli strati superiori da una coltre di nubi di acido solforico così spessa da risultare impenetrabile alle osservazioni ottiche. Sono queste nubi, che intrappolano il calore solare, le responsabili dello spaventoso effetto serra di Venere, la cui temperatura media si avvicina ai 500 gradi centigradi. Che cosa accada esattamente al loro interno, però, non si sa, e gli scienziati vorrebbero proprio capire che cosa ha reso così differente dalla Terra un pianeta che per molti altri versi è tanto simile al nostro da essere considerato quasi il suo gemello. Così come si ignora quali processi diano vita, per esempio, a due giganteschi vortici polari e al fenomeno della "super rotazione": lo strato più esterno delle nubi è scosso da venti che soffiano alla pazzesca velocità di 100 km al secondo, facendo ruotare completamente l'atmosfera intorno al pianeta in appena quattro giorni. Con i suoi sette strumenti, due dei quali di concezione e fabbricazione completamente italiane, Vex è particolarmente ben attrezzata per svelare questi misteri. Strumenti, inoltre, realizzati in breve tempo e a un costo relativamente basso (la missione costa in tutto 220 milioni di euro), poiché si tratta di apparecchiature già progettate per altre missioni spaziali europee, e adattate alle condizioni di Venere. L'ingresso di Vex nell'orbita venusiana segna anche una tappa importante di uno dei momenti più felici dell'esplorazione umana del sistema solare. Mentre il presente del volo umano è ancora segnato dai problemi degli Shuttle (il prossimo sarebbe dovuto partire a maggio, ma il lancio è stato rimandato all'estate), le missioni robotizzate verso i pianeti sono infatti sempre più numerose. E con l'arrivo di Venus Express in pratica non c'è angolo del sistema solare che non abbia ricevuto, o sia sul punto di ricevere, una visita dalla Terra. Intorno, e sopra, Marte ci sono ben cinque tra sonde e robot; a Saturno e al suo satellite Titano ci sta pensando la sonda Cassini, che, strada facendo, ha incontrato e studiato Giove, mentre il remotissimo Plutone è la destinazione della sonda New Horizons, partita lo scorso gennaio. Asteroidi e comete sono gli obiettivi di missioni come Near e Deep Impact, della Nasa, e Rosetta, dell'Esa, e il Sole è oggetto di studio della sonda Soho già da 10 anni. Neanche la Luna è stata trascurata: l'agenzia spaziale europea la sta riprendendo in dettaglio con la sonda Smart 1. E sarà sempre l'Europa, ma tra qualche anno, a inviare verso Mercurio la missione BepiColombo, confermandosi grande protagonista di questa nuova stagione di esplorazioni spaziali.

20) Nel brano si parla della "super rotazione", cioè del fenomeno per cui:

A. ben cinque robot stanno ruotando intorno a Marte
B. l'atmosfera di Venere ruota in soli 4 giorni
C. lo Shuttle ha problemi tecnici nel ruotare in orbita intorno a Venere
D. la nuova sonda ruota intorno a Venere a 100 km al secondo
E. i poli di Venere ruotano uno più velocemente dell'altro

21) Secondo il brano, la missione di Vex costa relativamente poco perché:

A. utilizza strumenti progettati per altre operazioni spaziali
B. Venere ha condizioni adatte ai suoi strumenti
C. realizzata con manodopera e materiali di fattura cinese
D. i forti venti di Venere favoriscono lo spostamento della sonda
E. Venere è il pianeta più vicino alla Terra

22) Quali sono gli apporti dell'Italia alla missione spaziale oggetto del brano?

A. Sette strumenti di Vex sono stati progettati e prodotti in Italia
B. Vex è stata lanciata da un razzo italiano
C. La missione inizia in aprile, mese dedicato dai romani alla dea dell'amore
D. Due dei sette strumenti di Vex sono stati progettati e prodotti dagli Italiani
E. Vex porta su Venere la riproduzione della Venere di Botticelli

Se è vero che le differenze dovute alla lingua, all'appartenenza etnica e alla religione sono significative, non bisogna dimenticare altri elementi che costituiscono altri tipi di diversità: l'età, il genere, l'accesso alla formazione e all'informazione, la relazione con il mondo della produzione (l'identità, ad esempio, di un disoccupato non è la stessa di quella di un lavoratore con impiego), l'accesso alle cure mediche, il diritto alla retribuzione, il tipo di ambiente nel quale si vive, il grado di libertà di movimento che si possiede (il cittadino libero di circolare e il detenuto), l'handicap ecc. Tali differenze indicano anche la complessità dell'appartenenza di un determinato gruppo o di un individuo a questo insieme di diversità. Spesso la diversità percepita è solamente quella dell'uomo e della donna e non quella della natura. Com'è possibile constatare le violenze compiute sugli uomini nella loro specificità e nella loro varietà, allo stesso modo è possibile anche osservare che la natura ha subito e subisce ancora violenze inaudite che riguardano le sue diversità. Come per l'uomo anche per la natura, le giustificazioni sono basate sulla razionalità economica. La violenza dell'uomo nei confronti della natura ha conseguenze nefaste per l'uomo stesso. Non solo c'è una progressiva disparità di lingue, ma anche di creature animali e vegetali. Attraverso le manipolazioni transgeniche e la clonazione, la natura tende a essere uniformata e con essa gli esseri umani che vivono e lavorano nell'ambito del mondo animale e vegetale. Talvolta non esiste possibilità di ripensamento perché sono state distrutte ormai le specie naturali. Gli allevatori e i coltivatori non hanno più la possibilità né il piacere di seguire una riproduzione animale e vegetale naturale. Oltre le manipolazioni, la globalizzazione significa la distruzione dei patrimoni naturali senza alcuna preoccupazione di riprodurre ciò che è stato distrutto. Numerosi Stati nazionali attirano, ricevono e accettano le multinazionali e le loro "leggi" senza avere diritto d'intervento per stabilire con loro un capitolato d'oneri. La natura è composta di terre e di acque (oceani, mari, fiumi, laghi), con ricchezza di fauna e flora. Il loro sfruttamento, accelerato dalla globalizzazione, significa anche la progressiva distruzione dei patrimoni acquatici e di alcune specie. Se il controllo ecologico delle terre emerse è difficile, ancora più arduo risulta quello concernente le distese acquatiche che, in estensione, superano l'area terrestre.

23) Per quale ragione risulta particolarmente complesso il controllo ecologico delle distese acquatiche?

A. A causa degli interessi economici delle multinazionali
B. A causa della mancanza di una cultura che educhi alla salvaguardia dei patrimoni acquatici
C. A causa della loro estensione
D. A causa della loro diversità faunistica
E. A causa della vastità della loro flora

24) L'autore nel brano afferma che la globalizzazione:

A. rende i mercati nazionali interdipendenti
B. rispetta gli ecosistemi
C. favorisce lo sviluppo economico dei Paesi arretrati
D. è responsabile della distruzione dei patrimoni naturali
E. tende ad esaltare le differenze linguistiche, etniche e religiose

25) In base a quanto riportato nel brano, quale effetto nefasto producono le manipolazioni transgeniche e la clonazione sulla natura e sull'uomo?

A. Sterminio delle creature più deboli
B. Salvaguardia delle specificità presenti in natura
C. Un rapporto conflittuale uomo-natura
D. Omogeneità standardizzata
E. Eterogeneità

26) Nel brano si afferma che le violenze perpetrate sull'uomo e sulla natura derivano da ragioni:

A. economiche
B. scientifiche

C. religiose
D. politiche
E. indecifrabili

27) La doppia elica

Quando la mattina dopo entrai nello studio ancora vuoto, spazzai via tutte le carte dalla scrivania, in modo da avere un'ampia superficie libera su cui formare coppie di basi tenute insieme da legami idrogeno. Da principio mi ostinai con la mia formula del "simile con simile" ma poi mi accorsi che non mi avrebbe veramente mai condotto in porto. Quando entrò Jerry [Donohue, un cristallografo americano che lavorava nel mio laboratorio], alzai la testa, vidi che non era Francis e cominciai a spostare le basi avanti e indietro, secondo altre possibilità di accoppiamento. Improvvisamente notai che una coppia adenina-timina, tenuta insieme da due legami idrogeno, era identica nella forma a una coppia guanina-citosina tenuta insieme da almeno due legami idrogeno. Tutti i legami sembravano formarsi spontaneamente; non occorrevano artifici per ottenere i due tipi di coppie della stessa forma. Subito chiamai Jerry per chiedergli se avesse obiezioni da muovere alle nuove coppie di basi. Quando mi rispose di no, il mio morale balzò alle stelle: ora mi sembrava di aver finalmente afferrato la ragione del perché il numero dei residui di purina uguagliasse esattamente il numero dei residui di pirimidina. Due sequenze irregolari di basi potevano inserirsi regolarmente al centro di un'elica, se ogni purina si legava sempre mediante l'idrogeno con una pirimidina. Inoltre, la necessità del legame idrogeno significava che l'adenina si sarebbe sempre accoppiata alla timina, mentre la guanina poteva accoppiarsi solo con la citosina. Di colpo le regole di Chargaff mi apparvero la conseguenza logica di una struttura a doppia elica. Ma soprattutto, questo tipo di doppia elica suggeriva uno schema di duplicazione molto più soddisfacente dell'accoppiamento "simile con simile". L'appaiamento costante dell'adenina con la timina e della guanina con la citosina significava che le sequenze delle basi delle due catene intrecciate erano complementari l'una all'altra. Data la sequenza di una catena, risultava automaticamente determinata quella dell'altra. Era quindi facile immaginare concettualmente come ogni singola catena potesse essere lo stampo per la sintesi di una catena con la sequenza complementare. Francis non era ancora entrato dalla porta che mi precipitai ad annunciargli la vittoria. Per principio rimase scettico ancora qualche minuto, ma poi l'analogia formale delle coppie A-T e G-C travolse i suoi ultimi dubbi. Si mise subito a spostare e a riunire le basi in diversi modi, senza però scoprire un'altra via di soddisfare le regole di Chargaff. Pochi minuti dopo individuò il fatto che due legami glicosidici di ogni coppia di basi venivano sistematicamente correlati da un asse perpendicolare all'asse dell'elica. Perciò le due coppie potevano venire ribaltate eppure mantenere i legami glicosidici rivolti nella stessa direzione. Ne derivava l'importante conseguenza che una data catena poteva contenere sia purine sia pirimidine. E al tempo stesso veniva da pensare che gli scheletri delle due catene corressero in direzioni opposte.

Tratto da *"La doppia elica"*
di James Watson, 1968
(edizione italiana, Garzanti)

Quale delle seguenti caratteristiche del DNA possono essere desunte dalla lettura del brano precedente?

A. Le due catene del DNA sono corrispondenti

B. La sequenza delle basi azotate è colineare con la sequenza degli amminoacidi
C. Ogni catena della doppia elica contiene lo stesso numero di purine e pirimidine
D. Le due catene del DNA sono antiparallele
E. Adenina e timina sono unite da un numero variabile di legami idrogeno

Organismi e ambiente

L'ecologia è la scienza che studia le interazioni tra gli organismi e l'ambiente. Quando si parla di ambiente ci si riferisce tanto alle caratteristiche abiotiche, cioè all'ambiente fisico e chimico, quanto alla componente biotica, formata da tutti gli organismi che vivono nella medesima area. Ogni organismo durante la sua vita interferisce con l'ambiente modificandolo e rendendolo quindi più adatto o meno adatto per sé e per altri organismi. Un esempio può essere costituito dal movimento attraverso il terreno di un lombrico che ingerisce sedimento con determinate caratteristiche, per trarne nutrimento, e lo espelle completamente modificato dal passaggio nel proprio tubo digerente. La sua attività permette all'ossigeno di penetrare più profondamente nel terreno, agevolando od ostacolando l'esistenza di altri organismi. Ciascun individuo ha una serie di possibilità di interagire con le varie componenti dell'ambiente che lo circonda; in condizioni analoghe le interazioni degli individui con l'ambiente avvengono con modalità ricorrenti. L'ecologia studia non solo come si attuano e di che tipo sono queste interazioni, ma cerca anche di definire quali possano essere le modalità ricorrenti che si verificano e quali leggi le governino. Questi fenomeni vengono studiati a diversi livelli di organizzazione biologica: quello di organismo, di popolazione, di comunità. Una popolazione è costituita da un gruppo di organismi della stessa specie (in grado quindi di incrociarsi fra di loro dando origine a prole fertile) che occupano una determinata area. Una specie può essere formata da diverse popolazioni ciascuna delle quali vive in un habitat differente. Una comunità è un insieme di popolazioni, appartenenti a specie differenti, che vivono in un determinato habitat fisico, fra le quali si vengono a instaurare rapporti di interrelazione. L'ecosistema, a sua volta, è l'entità costituita dagli organismi viventi presenti in una determinata area (la comunità) e dall'ambiente fisico circostante, fra cui si vengono a creare interazioni reciproche. In un ecosistema si può distinguere la componente autotrofa da quella eterotrofa; gli autotrofi sono in grado di trasformare sostanze inorganiche (ad esempio CO_2) in sostanze organiche che entrano a costituire la biomassa (ad esempio carboidrati); il processo con cui gli autotrofi trasformano la sostanza inorganica in biomassa prende il nome di produzione primaria. La produzione primaria può avvenire per fotosintesi (da parte ad esempio delle piante verdi) o per chemiosintesi (da parte ad esempio di batteri come i solfobatteri) a seconda che l'energia che permette lo svolgimento del processo sia rispettivamente energia solare o energia derivata da reazioni chimiche; gli organismi animali, che non sono in grado di attuare processi di questo tipo e che quindi dipendono da sostanza organica precostituita dagli autotrofi, sono detti eterotrofi.

28) Quale di queste affermazioni è corretta?

A. Gli organismi autotrofi dipendono dalla sostanza organica prodotta dagli organismi eterotrofi

B. I batteri chemiosintetici sono in grado di produrre biomassa tramite fotosintesi
C. Le piante superiori sono in grado di produrre biomassa mediante processi di produzione primaria chemiosintetica
D. La principale fonte di carbonio per gli organismi autotrofi è costituita dai carboidrati
E. La chemiosintesi è un processo di produzione primaria

29) Quale di queste affermazioni è corretta?

A. Il lombrico scavando nel sedimento produce ossigeno
B. Il lombrico modifica il terreno con la sua attività e favorisce la sua aerazione
C. Il canale digerente di un lombrico è dotato di un'unica apertura
D. L'alimentazione del lombrico riduce l'ossigeno nel terreno
E. Il lombrico striscia sul terreno dove cattura gli animali di cui si nutre

30) Molto frequenti, soprattutto nelle donne, che in un 20-30% ne soffrono almeno una volta nella vita, le infezioni urinarie costituiscono un gruppo complesso di situazioni patologiche. Talora isolate, ma non di rado recidivanti o persistenti, sono spesso asintomatiche. Anche se sono sintomatiche e molto fastidiose, sono in genere prive di reale importanza clinica: nella maggioranza dei casi l'infezione resta confinata alla vescica, senza conseguenze importanti per l'organismo. Ma questa non è purtroppo la regola: per quanto in una percentuale di casi ridotta, possono infatti essere gravi, sino a richiedere un ricovero ospedaliero. In casi sfortunati può essere interessato il rene, con infezioni acute o croniche che possono causare danni irreversibili. Nel soggetto sano, le urine prelevate direttamente dalla vescica non contengono batteri. Durante la minzione spontanea avviene in genere una contaminazione delle urine, principalmente per contatto con le mucose del tratto più distale dell'uretra, canale che collega la vescica con l'esterno, e che è fisiologicamente colonizzata da batteri. La presenza di batteri nelle urine non è quindi sufficiente a far porre diagnosi di infezione urinaria. Nella pratica medica, per superare questo ostacolo, importante soprattutto nei casi asintomatici, si ricorre d'abitudine al cosiddetto conteggio batterico, in grado di discriminare contaminazione e batteriurie di reale significato clinico. In base ad un'ampia e consolidata esperienza si ritiene che, di massima, possa essere significativa la presenza di almeno 100.000 batteri per millimetro cubo di urina.

Delle seguenti affermazioni UNA sola NON CONSEGUE con quanto riferito nel testo.

A. Tra i giovani le donne sono più esposte alle infezioni urinarie degli uomini
B. La presenza di un conteggio batterico di 10.000 batteri per mL non è di per sé significativo per una diagnosi di infezione urinaria
C. Il conteggio batterico è un test fondamentale per diagnosticare le infezioni urinarie
D. Non si può porre diagnosi di infezione urinaria in assenza di sintomi clinici
E. Le urine dei soggetti sani inviate in laboratorio contengono d'abitudine un certo numero di batteri

Conoscenze e competenze acquisite negli studi

31) Individuare, tra le alternative proposte, quella che completa correttamente la frase. "I verbi _____ si definiscono così perché, oltre ad avere funzione autonoma, si usano per "aiutare" gli altri verbi nella coniugazione delle forme dei tempi composti".

A. ausiliari
B. riflessivi
C. difettivi
D. impersonali
E. fraseologici

32) Quale dei seguenti avvenimenti si colloca cronologicamente tra la rivolta ungherese e la primavera di Praga?

A. L'assassinio a Dallas del presidente americano John Kennedy
B. La guerra del Kosovo
C. La "Notte dei lunghi coltelli" in Germania
D. Morte di Mao Tse-tung
E. Morte di Palmiro Togliatti

33) Individuare, tra le alternative proposte, quella che completa correttamente la frase seguente: "La scienza che studia la costituzione, la struttura e l'evoluzione della crosta terrestre è la: _____".

A. Vulcanologia
B. Geotermia
C. Geodesia
D. Geologia
E. Geometria

34) Il Presidente della Repubblica può, in casi eccezionali, abrogare la Costituzione?

A. Sì, ma solo dopo tre anni di mandato
B. Sì, ma solo se è stato eletto per la seconda volta
C. Sì
D. No
E. Sì, ma limitatamente alla Parte I del testo costituzionale

35) Individuate l'esatta successione cronologica dei presidenti del Consiglio italiani del primo dopoguerra.

A. Giolitti, Nitti, Bonomi, Facta, Mussolini
B. Nitti, Giolitti, Salandra, Bonomi, Mussolini
C. Vittorio Emanuele Orlando, Nitti, Giolitti, Bonomi, Facta, Mussolini
D. Giolitti, Turati, Bonomi, Mussolini, Facta
E. Vittorio Emanuele Orlando, Nitti, Zanardelli, Facta, Mussolini

36) Determinare la pianta della chiesa in figura.

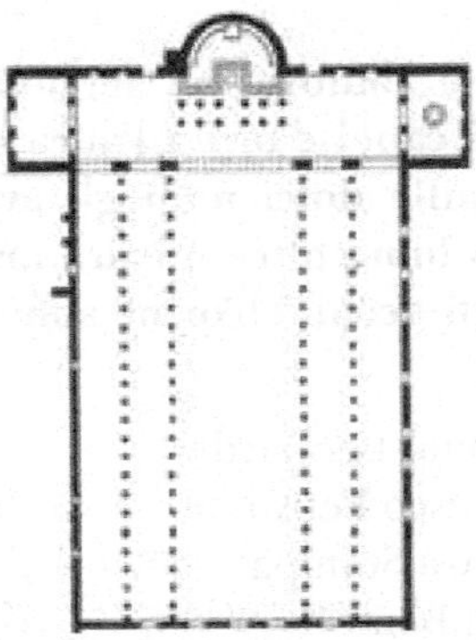

A. Croce latina, 5 navate con transetto absidato
B. Croce greca, 5 navate con transetto
C. Croce greca, 3 navate con transetto
D. Croce latina, 3 navate senza transetto
E. Croce latina, 5 navate con transetto

37) UNO SOLO dei seguenti abbinamenti libro/autore è CORRETTO. Individuatelo:

A. Le città invisibili – Italo Calvino
B. La montagna incantata – Hans Christian Andersen

C. Vino e pane – Leonardo Sciascia
D. Oceano mare – Jacques Cousteau
E. La fattoria degli animali – Konrad Lorenz

38) L'art. 84 della Costituzione della Repubblica Italiana recita: "Può essere eletto Presidente della Repubblica ogni cittadino che abbia compiuto _____ anni di età e goda dei diritti civili e politici. L'ufficio di Presidente della Repubblica e incompatibile con qualsiasi altra carica. L'assegno e la dotazione del Presidente sono determinati per legge". Quale fra le seguenti proposte completa correttamente l'articolo?

A. Quarantacinque
B. Quaranta
C. Cinquanta
D. Venticinque
E. Cinquantacinque

39) Chi è l'autore dei seguenti versi? "Erano i capei d'oro a l'aura sparsi, / che 'n mille dolci nodi gli avolgea, / e 'l vago lume oltre misura ardea / ei quei begli occhi, ch'or ne son sì scarsi, / (...)".

A. Giacomo Leopardi
B. Francesco Petrarca
C. Gaspara Stampa
D. Pietro Bembo
E. Dante Alighieri

40) Indicate, tra le seguenti alternative, quella che propone gli abbinamenti corretti tra i nomi degli autori e i titoli delle rispettive opere.

1. Leonardo Sciascia – a) I sommersi e i salvati
2. Pier Paolo Pasolini – b) Il giorno
3. Giuseppe Parini – c) Il nome della rosa
4. Primo Levi – d) Il giorno della civetta
5. Umberto Eco – e) Ragazzi di vita

A. 1-d; 2-e; 3-b; 4-a; 5-c
B. 1-b; 2-d; 3-e; 4-c; 5-a
C. 1-a; 2-c; 3-d; 4-b; 5-e
D. 1-d; 2-b; 3-a; 4-c; 5-e
E. 1-e; 2-d; 3-b; 4-a; 5-c

Ragionamento logico

41) Se l'affermazione "tutti i Watussi sono alti" è vera, allora è anche vero che:

A. chi non è Watusso non è alto
B. non esistono Watussi bassi
C. alcuni Watussi sono bassi
D. alcuni Watussi sono alti e alcuni Watussi sono bassi
E. tutte le persone alte sono Watussi

42) L'affermazione "non tutti gli oggetti di ceramica sono prodotti a Vietri" equivale a:

A. alcuni oggetti di ceramica non sono prodotti a Vietri
B. tutti gli oggetti di ceramica vengono prodotti fuori Vietri
C. non tutti gli oggetti prodotti a Vietri sono oggetti di ceramica
D. tutti gli oggetti di ceramica sono prodotti a Vietri
E. alcuni oggetti prodotti a Vietri non sono oggetti di ceramica

43) "È sufficiente che Sandra segua la dieta perché il medico non le prescriva il farmaco Obex". Se l'argomentazione precedente è vera, quale delle seguenti è certamente vera?

A. Sandra segue la dieta soltanto se il medico le prescrive il farmaco Obex
B. Se il medico non prescrive a Sandra il farmaco Obex vuol dire che lei segue la dieta
C. Se il medico prescrive a Sandra il farmaco Obex vuol dire che lei non segue la dieta

D. Se Sandra non segue la dieta allora il medico le prescrive il farmaco Obex
E. Se il medico non prescrive a Sandra il farmaco Obex vuol dire che lei non segue la dieta

44) In base alle informazioni in suo possesso, l'ispettore Colombo non può negare che è falso quanto affermato dal suo informatore, il quale dichiara di non conoscere l'autore della rapina di ieri. Basandosi su queste affermazioni, individuare quale delle seguenti alternative è esatta:

A. l'informatore conosce l'autore della rapina di ieri
B. l'informatore non conosce l'autore della rapina di ieri
C. non è possibile sapere se l'informatore conosce l'autore della rapina di ieri
D. l'ispettore Colombo non ha alcuna informazione
E. nessuna delle risposte è esatta

45) Carlo legge 30 pagine al giorno più di Christian che, a sua volta, ne legge un terzo più di Emilio. Sapendo che Emilio legge 60 pagine al giorno, qual è il numero minimo di giorni necessari ai tre amici insieme per leggere complessivamente 1.000 pagine?

A. 4 giorni
B. 6 giorni
C. 8 giorni
D. 5 giorni
E. 10 giorni

46) "Tutti coloro che inviano sms sanno accendere un cellulare; Luca sa accendere il cellulare; chi invia sms sa effettuare una telefonata". Se le precedenti affermazioni sono vere, quale delle seguenti è necessariamente falsa?

A. È probabile che chi effettua una telefonata sappia anche inviare sms
B. È probabile che chi sappia accendere un cellulare sia in grado di effettuare una telefonata
C. È probabile che Luca talvolta invii sms
D. È probabile che esista una persona in grado di inviare sms, ma che non sappia accendere il cellulare
E. È probabile che Luca possieda un cellulare

47) Andrea possiede un mazzo di carte: su ogni carta sono segnati due numeri, uno su ogni faccia. Nel suo mazzo, dietro ogni numero pari c'è un multiplo di 3. Ne consegue che, nel mazzo di carte di Andrea:

A. ci può essere una carta che contiene 11 su un lato e 18 sull'altro
B. nessuna carta può avere su un lato un numero doppio di quello che c'è sul lato opposto
C. una carta può contenere 3 su un lato e 5 sull'altro
D. nessuna carta può avere lo stesso numero su entrambi i lati
E. se su un lato c'è 15, sull'altro lato non ci può essere 7

48) Se l'affermazione "tutte le porte sono aperte" è FALSA, allora necessariamente:

A. poche porte sono aperte
B. molte porte sono chiuse
C. tutte le porte sono chiuse
D. nessuna porta è aperta
E. almeno una porta non è aperta

49) "Se e solo se studio con impegno, supero l'esame di Stato".
In base alla precedente informazione, quale delle seguenti affermazioni è certamente vera?

A. Supero l'esame di Stato solo se finisco di studiare i miei appunti

B. Se supero l'esame di Stato, non significa che ho studiato con impegno
C. Non e sufficiente che io studi con impegno perché io superi l'esame di Stato
D. Anche se studio con impegno, non supero l'esame di Stato
E. Se supero l'esame di Stato significa che ho studiato con impegno

50) Aldo, Biagio, Luca, Diego e Sandro sono nati in cinque citta diverse: Perugia, Bari, Catania, Imperia e Verona, non necessariamente in questo ordine. Le loro età sono: 27, 26, 25, 24 e 22 anni, non necessariamente in questo ordine. È noto che: Diego è il più giovane ed è nato in una citta meridionale; Luca è il più anziano ed è nato a Verona; Biagio proviene da Perugia e ha un'età divisibile per 5; colui che è nato a Catania ha 2 anni meno di Luca e non si chiama Aldo.
In base alle precedenti informazioni, quanti anni ha Aldo e in quale citta è nato?

A. 26 anni ed è nato a Bari
B. 26 anni ed è nato a Imperia
C. 24 anni ed è nato a Bari
D. 26 anni ma non si può stabilire dove è nato
E. 24 anni ed è nato a Imperia

RISPOSTE CORRETTE

1) C	11) E	21) A	31) A	41) B
2) C	12) B	22) D	32) A	42) A
3) B	13) D	23) C	33) D	43) C
4) E	14) D	24) D	34) D	44) A
5) B	15) C	25) D	35) C	45) A
6) A	16) E	26) A	36) E	46) D
7) D	17) B	27) D	37) A	47) C
8) D	18) A	28) E	38) C	48) E
9) B	19) A	29) B	39) B	49) E
10) A	20) B	30) A	40) A	50) E

TEST CISIA • INGLESE

TEST 1

1) Choose the correct answer to this question: Where's Strasbourg?

A. It is French
B. It is in French
C. It is in France
D. It in France
E. It is in Germany

2) Choose the correct question for this answer: Yes, he is. It's bedtime.

A. Does he want to sleep?
B. Does he have sleep?
C. Is he sleep?
D. Is he sleepy?
E. Is he at home?

3) I can't remember the name of the museum we visited in Madrid. Was it ...?

A. The Prado Museum
B. Prado Museum
C. Prado
D. Museum Prado
E. The museum of Prado?

4) ... three girls ... the bus stop.

A. They are / next
B. There is / in
C. There are / at
D. There are / on
E. They are / over

5) Choose the correct answer to this question: Hasn't Henry got your e-mail address?

A. No, he not has it
B. No, he hasn't
C. No, he hasn't got
D. No, he doesn't
E. No, he has got not

6) Choose the correct answer to this question: How old is this building?

A. Yes, it's old
B. It's got 30 years
C. It's 30 years
D. It's 30 years old
E. It's old 30 years

7) Choose the correct reply to this statement: Rose has got a new hairstyle!

A. Yes, her hair are horrible
B. Yes, her hair is horrible
C. Yes, her hairs are horrible
D. Yes, her hairs is horrible
E. Yes, her hairs are new

8) Choose the correct answer to this question: Does Jane have any tickets for us?

A. No, she doesn't
B. No, not
C. No, hasn't she any
D. No, she hasn't got none
E. No, she has not

9) All the rooms are fully equipped ... business meetings.

A. at
B. with
C. for
D. without
E. on

10) Do you know ... who can speak Spanish?

A. if anyone
B. is someone
C. if someone
D. anyone there
E. if there is

11) Mark and Joe ... squash together two or three times a week.

A. are playing
B. play
C. played
D. were playing
E. playing

12) I'm quite lazy, so I ... much at weekends.

A. don't do
B. can do
C. wasn't doing
D. I'm not doing
E. do nothing much

13) My ... names are Pat and John.

A. mother's and father
B. parent's
C. mother and father's
D. parents'
E. parent

14) Choose the correct sentence:

A. How much does cost?
B. How much it cost?
C. How much it costs?
D. How much cost it?
E. How much does it cost?

15) Choose the correct sentence:

A. Who does play tennis with Katie?
B. Who plays tennis with Katie?
C. Who Katie plays tennis with?
D. Who play tennis with Katie?
E. Who with Katie play?

16) Choose the correct sentence:

A. What time does the last train usually leave?
B. What time the last train usually leaves?
C. What time leaves usually the last train?
D. What time usually the last train leaves?
E. Usually what time leaves the last train?

17) Choose the correct sentence:

A. Why she wants to stay home?
B. Why wants she to stay home?
C. Why is she wanting to stay home?
D. Why does she want to stay home?
E. Why she wants staying home?

18) Choose the correct sentence:

A. Don't leave children in the kitchen on them own
B. Don't leave children in the kitchen on theirs own
C. Don't leave children in the kitchen on their own
D. Don't leave children in the kitchen on themselves
E. Don't leave children in the kitchen on there on

19) Choose the correct sentence:

A. Good friends respect themselves
B. Good friends respect each other
C. Good friends respect them other
D. Good friends respect their others
E. Good friends respect each others

20) Choose the correct answer to this question: Does she like her job?

A. Yes, she does
B. Yes, she likes
C. She would like to be a dancer
D. No, she don't

E. Yes, she like it

21) Choose the correct sentence:

A. Jamie meeting the boss after lunch
B. Jamie meets the boss after lunch
C. Jamie is meeting the boss after lunch
D. Jamie meet the boss after lunch
E. Jamie is meet the boss after lunch

22) Choose the correct sentence:

A. Are you knowing Dylan?
B. You know Dylan?
C. Do you know Dylan?
D. You do know Dylan?
E. Does you know Dylan?

23) Choose the correct sentence:

A. Why do you not coming with me?
B. Why do you not come with me?
C. Why you not come with me?
D. Why don't you come with me?
E. Why don't you are coming with me?

24) Choose the correct question for this answer: He's a photographer.

A. What Tim does?
B. What is Tim doing?
C. What does Tim do?
D. What do Tim does?
E. Which does Tim do?

25) Choose the correct reply to this sentence: It's cold in here.

A. I'm agree
B. I agree
C. I'm agreeing
D. I'm agreed
E. I'm agreeable

26) Ben ... very cooperative at the moment.

A. not is
B. isn't
C. doesn't be
D. isn't being
E. don't is

27) Choose the correct reply to this sentence: We've got a dog.

A. So do we have
B. So do we
C. So we have
D. So we've got
E. So have we

28) Choose the correct answer to this question: Do you think Kevin knows Stewart?

A. I don't think so
B. Yes, he knows
C. No, I'm thinking
D. Yes, I think
E. Yes, I do think

29) I wonder who ...; do you know that man?

A. Beth is talking
B. is talking Beth
C. Beth is talking to
D. is Beth talking to
E. Does Beth talk to

30) Choose the correct answer to this question: Is Mark coming to the cinema with us tonight?

A. I'm thinking so
B. I don't think so
C. I think not
D. I think yes
E. I doesn't so

RISPOSTE CORRETTE

1) C	7) B	13) D	19) B	25) B
2) D	8) A	14) E	20) A	26) D
3) C	9) C	15) B	21) C	27) E
4) C	10) D	16) A	22) C	28) A
5) B	11) B	17) D	23) D	29) C
6) D	12) A	18) C	24) C	30) B

TEST 2

1) Choose the correct answer to this question: Has Sarah gone into town?

A. Yes, she has gone
B. Yes, she has
C. Yes, she has been
D. Yes, she gone
E. Yes, she went

2) Choose the correct sentence:

A. Where you did grow up?
B. Where did grow up you?
C. Where you grew up?
D. Where did you grow up?
E. Where have you grown?

3) Why … to Australia?

A. have Bob and Lucy went
B. have Bob and Lucy gone
C. Bob and Lucy have gone
D. have gone Bob and Lucy
E. had Bob and Lucy gone

4) My sister … to stay with me for a few days.

A. has come
B. came
C. has been coming
D. has came
E. has to come

5) Choose the alternative which means the same as this sentence: He's never spoken to me before.

A. He can't speak when I'm present
B. It's the first time he's spoken
C. He doesn't like speaking
D. It's the first time he's spoken to me
E. He never speaks first to me

6) Richard … me this week.

A. hasn't been phoning
B. hasn't phoned
C. didn't phone
D. hadn't phoned
E. never phones

7) Have you … got your old skis?

A. yet
B. still
C. again
D. once more
E. ever

8) How much of … she says is true?

A. things
B. that
C. which
D. what
E. whom

9) It is surprising how … little errors of fact are published by journalists.

A. many
B. much
C. lots
D. few
E. several

10) You … flu because you haven't got a temperature.

A. can't be having
B. must have
C. should have
D. can't have

E. will have

11) Sue used to … speak Arabic fluently.

A. be able to
B. could
C. can
D. was able to
E. ably

12) I … have something to eat before I go out. I'm starving.

A. would
B. can
C. could
D. need
E. must

13) You … write on the walls.

A. don't have to
B. mustn't
C. needn't
D. don't need
E. should

14) Choose the alternative which means the same as this sentence: I think Jane has gone out with Sean.

A. Jane is probably out with Sean
B. Jane went out with Sean
C. Jane and Sean never go out together
D. I don't know where Jane is
E. Jane is usually not out with Sean

15) Choose the correct sentence:

A. Bess told me that I went out
B. Bess told me go out
C. Bess told me to go out
D. Bess told me I go out
E. Bess told me that I went out

16) Choose the alternative which means the same as this sentence: The house was upside-down. They must have left in a hurry.

A. I think they left in a hurry
B. They were obliged to leave in a hurry
C. They didn't have to leave in a hurry
D. They needn't have left in a hurry
E. They were going out in a hurry

17) Choose the alternative which means the same as this sentence: We don't have to take an entry test.

A. We shouldn't take a test
B. It isn't necessary for us to take an entry test
C. It is prohibited to take an entry test
D. We mustn't take an entry test
E. We shouldn't have taken an entry test

18) Choose the alternative which means the same as this sentence: She had to change a tyre by herself.

A. She needed to change a tyre by herself
B. She should have changed a tyre by herself
C. She had a tyre to change by herself
D. She was obliged to change a tyre by herself
E. She had changed a tyre by herself

19) Choose the alternative which means the same as this sentence: She can't have picked flowers in the park.

A. She shouldn't have picked flowers in the park
B. She was forbidden to pick flowers in the park
C. I'm sure she didn't pick flowers in the park
D. She didn't have to pick flowers in the park
E. She wasn't obliged to pick flowers in the park

20) Choose the alternative which means the same as this sentence: Place your order at the bar and we will call your order number.

A. The bar might serve you food
B. The bar will call your number when your food is ready
C. You should give your order number to the bar
D. The bar will call your number to order food
E. The food will be ready if you call the bar

21) I ... to Michael by George at a party several years ago.

A. was being introduced
B. have been introduced
C. introduced
D. was introduced
E. was to be introducing

22) I remember ... quite often at school.

A. getting punished
B. to be punished
C. get punished
D. punishing
E. I were punished

23) ... enough help by his company when he became ill.

A. For Andrew wasn't offered
B. Andrew wasn't offered
C. Andrew didn't offer
D. At Andrew wasn't offered
E. To Andrew it was offered

24) If I'd caught an earlier train, I ... for so long on the way to work.

A. might have no delay
B. might not delay
C. might not have delayed
D. might not have been delayed
E. might having no delay

25) If the police think a driver has been drinking they ... a breath test.

A. let him take
B. make him to take
C. ask him to take
D. get him to take
E. want to take him

26) I wonder what time ... tomorrow.

A. was to be the meeting
B. is the meeting
C. will be the meeting
D. will the meeting be
E. the meeting is

27) Gary ... Charlotte that there were some emails for her.

A. informed
B. advised
C. said
D. explained
E. talked

28) Ted admitted ... the Chinese vase.

A. dropping
B. to drop
C. drop of
D. dropping
E. to dropping

29) He told me ...

A. to not move
B. not to move
C. don't move
D. that I don't move
E. that I had not to move

30) The concert was ... because several of the singers were ill.

A. held off
B. called off
C. taken off
D. turned off
E. erased

RISPOSTE CORRETTE

1) B	7) B	13) B	19) C	25) C
2) D	8) D	14) A	20) B	26) E
3) B	9) A	15) C	21) D	27) A
4) A	10) D	16) A	22) A	28) D
5) D	11) A	17) B	23) B	29) B
6) B	12) E	18) D	24) D	30) B

TEST 3

1) Towards the end of the XIX century, cities were ... more crowded.

A. becoming
B. coming
C. continuing
D. developing
E. expanding

2) William rang ... an ambulance when he discovered his mother had broken her leg.

A. to
B. for
C. off
D. with
E. out

3) The world's first film ... of short, simple scenes.

A. held
B. contained
C. belonged
D. consisted
E. included

4) With the arrival of television in the 1950s, ... people went to see films.

A. other
B. fewer
C. each
D. any
E. more

5) I used to have picnics in a wood which was ... of wild flowers.

A. complete
B. busy
C. crowded
D. full
E. covered

6) The Phoenicians' alphabet was improved by the Romans and is now used ... throughout the world.

A. deeply
B. broadly
C. widely
D. hugely
E. mostly

7) Choose the correct answer to this question: What do you study?

A. I'm a student in the third year at high school
B. I do many different subjects
C. I really hate Maths
D. After I've done my homework, I usually do sport
E. History is my favourite subject

8) He worked hard and, over the ... twenty years, he expanded the business.

A. next
B. later
C. last
D. final
E. following

9) Last week, Tom ... a letter from Jane.

A. fetched
B. got
C. arrived
D. gave
E. came

10) To be a costume designer, you have to be … in theatre, film and drama.

A. pleased
B. interested
C. keen
D. excited
E. liked

11) There are … ways of learning how to be a cook.

A. much
B. lots
C. plenty
D. several
E. number

12) The company wants to … the sales of the product.

A. correct
B. increase
C. rise
D. create
E. make up

13) Nowadays, we see many different … of advertisements.

A. kinds
B. systems
C. ways
D. methods
E. manners

14) The Galapagos are a national park. This … it possible to protect their natural beauty.

A. allows
B. gets
C. puts
D. makes
E. permits

15) … group of tourists has to be accompanied by a guide.

A. One
B. Some
C. All
D. Each
E. Any

16) You must not … anything from the room.

A. receive
B. remove
C. fetch
D. place
E. bring

17) Choose the correct ending for this sentence: If I had a lot of money, …

A. my father bought me a motorbike
B. I had a party every month
C. I'll go to the coast more often
D. I'd go to South America
E. I was not going to work

18) He was bored with the picnic … he started digging a hole.

A. although
B. because
C. so
D. but
E. however

19) I … my sister to post my letter on her way to the bus stop.

A. explained
B. remembered
C. suggested
D. reminded
E. ordered

20) The … of people going to university is rising each year.

A. number
B. sum
C. total
D. quantity
E. amount

21) I didn't like Mara when I first met her, but in the ... we became good friends.

A. conclusion
B. final
C. end
D. finish
E. termination

22) We went along the narrow ... which led to the waterfall.

A. route
B. path
C. walk
D. road
E. street

23) Why not ask your family for a loan? After all, blood is ... than water.

A. thinner
B. denser
C. heavier
D. thicker
E. better

24) Choose the correct answer to this question: Is Paul enjoying his new job?

A. Yes, he does
B. No, he does
C. Yes, he is
D. Yes, he likes it
E. Yes

25) Choose the correct question for this answer: Yes, he is. It's lunch time.

A. Does John want to eat?
B. Does John have to eat?
C. Is John eating?
D. Does John feel angry?
E. Is John at school?

26) How long have Mary and Bill known ......?

A. both
B. themselves
C. them
D. one another
E. each other

27) Last winter it was very cold and ...... was a lot of snow.

A. there
B. their
C. it
D. them
E. theirs

28) People drive too fast on the road. I think ...... a speed limit.

A. their would be
B. there would be
C. they may have
D. there should be
E. they would have

29) I don't want ...... to drink. I'm not thirsty.

A. much
B. anything
C. something
D. nothing
E. everything

30) It was such a beautiful day we ...... to go to the beach.

A. did
B. were
C. wanted
D. went
E. decided

RISPOSTE CORRETTE

1) A	7) B	13) A	19) D	25) C
2) B	8) E	14) D	20) A	26) E
3) D	9) B	15) D	21) C	27) A
4) B	10) B	16) B	22) B	28) D
5) D	11) D	17) D	23) D	29) B
6) C	12) B	18) C	24) C	30) E

SCHEDE DELLE RISPOSTE

Test ______________________________

	A	B	C	D	E		A	B	C	D	E		A	B	C	D	E		A	B	C	D	E
1	☐	☐	☐	☐	☐	14	☐	☐	☐	☐	☐	27	☐	☐	☐	☐	☐	40	☐	☐	☐	☐	☐
2	☐	☐	☐	☐	☐	15	☐	☐	☐	☐	☐	28	☐	☐	☐	☐	☐	41	☐	☐	☐	☐	☐
3	☐	☐	☐	☐	☐	16	☐	☐	☐	☐	☐	29	☐	☐	☐	☐	☐	42	☐	☐	☐	☐	☐
4	☐	☐	☐	☐	☐	17	☐	☐	☐	☐	☐	30	☐	☐	☐	☐	☐	43	☐	☐	☐	☐	☐
5	☐	☐	☐	☐	☐	18	☐	☐	☐	☐	☐	31	☐	☐	☐	☐	☐	44	☐	☐	☐	☐	☐
6	☐	☐	☐	☐	☐	19	☐	☐	☐	☐	☐	32	☐	☐	☐	☐	☐	45	☐	☐	☐	☐	☐
7	☐	☐	☐	☐	☐	20	☐	☐	☐	☐	☐	33	☐	☐	☐	☐	☐	46	☐	☐	☐	☐	☐
8	☐	☐	☐	☐	☐	21	☐	☐	☐	☐	☐	34	☐	☐	☐	☐	☐	47	☐	☐	☐	☐	☐
9	☐	☐	☐	☐	☐	22	☐	☐	☐	☐	☐	35	☐	☐	☐	☐	☐	48	☐	☐	☐	☐	☐
10	☐	☐	☐	☐	☐	23	☐	☐	☐	☐	☐	36	☐	☐	☐	☐	☐	49	☐	☐	☐	☐	☐
11	☐	☐	☐	☐	☐	24	☐	☐	☐	☐	☐	37	☐	☐	☐	☐	☐	50	☐	☐	☐	☐	☐
12	☐	☐	☐	☐	☐	25	☐	☐	☐	☐	☐	38	☐	☐	☐	☐	☐						
13	☐	☐	☐	☐	☐	26	☐	☐	☐	☐	☐	39	☐	☐	☐	☐	☐						

Test ______________________________

	A	B	C	D	E		A	B	C	D	E		A	B	C	D	E		A	B	C	D	E
1	☐	☐	☐	☐	☐	14	☐	☐	☐	☐	☐	27	☐	☐	☐	☐	☐	40	☐	☐	☐	☐	☐
2	☐	☐	☐	☐	☐	15	☐	☐	☐	☐	☐	28	☐	☐	☐	☐	☐	41	☐	☐	☐	☐	☐
3	☐	☐	☐	☐	☐	16	☐	☐	☐	☐	☐	29	☐	☐	☐	☐	☐	42	☐	☐	☐	☐	☐
4	☐	☐	☐	☐	☐	17	☐	☐	☐	☐	☐	30	☐	☐	☐	☐	☐	43	☐	☐	☐	☐	☐
5	☐	☐	☐	☐	☐	18	☐	☐	☐	☐	☐	31	☐	☐	☐	☐	☐	44	☐	☐	☐	☐	☐
6	☐	☐	☐	☐	☐	19	☐	☐	☐	☐	☐	32	☐	☐	☐	☐	☐	45	☐	☐	☐	☐	☐
7	☐	☐	☐	☐	☐	20	☐	☐	☐	☐	☐	33	☐	☐	☐	☐	☐	46	☐	☐	☐	☐	☐
8	☐	☐	☐	☐	☐	21	☐	☐	☐	☐	☐	34	☐	☐	☐	☐	☐	47	☐	☐	☐	☐	☐
9	☐	☐	☐	☐	☐	22	☐	☐	☐	☐	☐	35	☐	☐	☐	☐	☐	48	☐	☐	☐	☐	☐
10	☐	☐	☐	☐	☐	23	☐	☐	☐	☐	☐	36	☐	☐	☐	☐	☐	49	☐	☐	☐	☐	☐
11	☐	☐	☐	☐	☐	24	☐	☐	☐	☐	☐	37	☐	☐	☐	☐	☐	50	☐	☐	☐	☐	☐
12	☐	☐	☐	☐	☐	25	☐	☐	☐	☐	☐	38	☐	☐	☐	☐	☐						
13	☐	☐	☐	☐	☐	26	☐	☐	☐	☐	☐	39	☐	☐	☐	☐	☐						

Test ____

	A	B	C	D	E		A	B	C	D	E		A	B	C	D	E		A	B	C	D	E
1	☐	☐	☐	☐	☐	14	☐	☐	☐	☐	☐	27	☐	☐	☐	☐	☐	40	☐	☐	☐	☐	☐
2	☐	☐	☐	☐	☐	15	☐	☐	☐	☐	☐	28	☐	☐	☐	☐	☐	41	☐	☐	☐	☐	☐
3	☐	☐	☐	☐	☐	16	☐	☐	☐	☐	☐	29	☐	☐	☐	☐	☐	42	☐	☐	☐	☐	☐
4	☐	☐	☐	☐	☐	17	☐	☐	☐	☐	☐	30	☐	☐	☐	☐	☐	43	☐	☐	☐	☐	☐
5	☐	☐	☐	☐	☐	18	☐	☐	☐	☐	☐	31	☐	☐	☐	☐	☐	44	☐	☐	☐	☐	☐
6	☐	☐	☐	☐	☐	19	☐	☐	☐	☐	☐	32	☐	☐	☐	☐	☐	45	☐	☐	☐	☐	☐
7	☐	☐	☐	☐	☐	20	☐	☐	☐	☐	☐	33	☐	☐	☐	☐	☐	46	☐	☐	☐	☐	☐
8	☐	☐	☐	☐	☐	21	☐	☐	☐	☐	☐	34	☐	☐	☐	☐	☐	47	☐	☐	☐	☐	☐
9	☐	☐	☐	☐	☐	22	☐	☐	☐	☐	☐	35	☐	☐	☐	☐	☐	48	☐	☐	☐	☐	☐
10	☐	☐	☐	☐	☐	23	☐	☐	☐	☐	☐	36	☐	☐	☐	☐	☐	49	☐	☐	☐	☐	☐
11	☐	☐	☐	☐	☐	24	☐	☐	☐	☐	☐	37	☐	☐	☐	☐	☐	50	☐	☐	☐	☐	☐
12	☐	☐	☐	☐	☐	25	☐	☐	☐	☐	☐	38	☐	☐	☐	☐	☐						
13	☐	☐	☐	☐	☐	26	☐	☐	☐	☐	☐	39	☐	☐	☐	☐	☐						

Test ____

	A	B	C	D	E		A	B	C	D	E		A	B	C	D	E		A	B	C	D	E
1	☐	☐	☐	☐	☐	14	☐	☐	☐	☐	☐	27	☐	☐	☐	☐	☐	40	☐	☐	☐	☐	☐
2	☐	☐	☐	☐	☐	15	☐	☐	☐	☐	☐	28	☐	☐	☐	☐	☐	41	☐	☐	☐	☐	☐
3	☐	☐	☐	☐	☐	16	☐	☐	☐	☐	☐	29	☐	☐	☐	☐	☐	42	☐	☐	☐	☐	☐
4	☐	☐	☐	☐	☐	17	☐	☐	☐	☐	☐	30	☐	☐	☐	☐	☐	43	☐	☐	☐	☐	☐
5	☐	☐	☐	☐	☐	18	☐	☐	☐	☐	☐	31	☐	☐	☐	☐	☐	44	☐	☐	☐	☐	☐
6	☐	☐	☐	☐	☐	19	☐	☐	☐	☐	☐	32	☐	☐	☐	☐	☐	45	☐	☐	☐	☐	☐
7	☐	☐	☐	☐	☐	20	☐	☐	☐	☐	☐	33	☐	☐	☐	☐	☐	46	☐	☐	☐	☐	☐
8	☐	☐	☐	☐	☐	21	☐	☐	☐	☐	☐	34	☐	☐	☐	☐	☐	47	☐	☐	☐	☐	☐
9	☐	☐	☐	☐	☐	22	☐	☐	☐	☐	☐	35	☐	☐	☐	☐	☐	48	☐	☐	☐	☐	☐
10	☐	☐	☐	☐	☐	23	☐	☐	☐	☐	☐	36	☐	☐	☐	☐	☐	49	☐	☐	☐	☐	☐
11	☐	☐	☐	☐	☐	24	☐	☐	☐	☐	☐	37	☐	☐	☐	☐	☐	50	☐	☐	☐	☐	☐
12	☐	☐	☐	☐	☐	25	☐	☐	☐	☐	☐	38	☐	☐	☐	☐	☐						
13	☐	☐	☐	☐	☐	26	☐	☐	☐	☐	☐	39	☐	☐	☐	☐	☐						